7년 연속 합격자 배출

강정훈 편저

동영상강의 www.pmg.co.kr

박문각

박문각 감정평가사

감정평가 및 보상법규를 교재를 많이 사랑해 주셔서 진심으로 감사인사 드립니다. 이번 **감정평가 및 보상법규 찍기강의**는 그동안 감정평가 및 보상법규 스터디, 감정평가 및 보상법규 종합문제 등에서 중요한 문제들을 선별하여 다시 구성하였습니다. 감정평가 및 보상법규 시험이 최근에 3법 판례를 중심으로 출제되는 경향으로 바뀌었습니다.

감정평가 및 보상법규 찍기강의 교재의 특성은 다음과 같습니다.

먼저 최근의 개정된 법령 규정을 모두 반영하였습니다. 결국 감정평가 및 보상법규는 현장 실천학문이기 때문에 법령의 변화를 잘 반영하여 답안을 기술하는 것이 매우 중요합니다.

두 번째로 최근의 나온 대법원 판례를 모두 반영하여 문제를 구성하였습니다. 대법원에서 나오는 판례들이 무수히 많지만 3법인 토지보상법, 부동산공시법, 감정평가법에 주안점을 두어 해당 판례들이 어떻게 유기적으로 연결되어 있는지를 보여주고 있습니다.

세 번째로는 수험생 입장에서 답안지에 어떤 내용을 잘 써야 고득점되는지를 분석하여 수험자의 입장을 최대한 고려하여 법규 고득점을 할 수 있는 답안의 논리와 맥락을 잡도록 하였습니다.

네 번째로는 다양한 문제를 수록하여 수험생 여러분들이 다각도로 문제를 적응하여 법규 문제를 풀 수 있도록 하였습니다. 하나의 판례에서도 시각을 달리하는 문제가 나올 수 있기 때문에 다양한 시각에서 접근이 필요합니다.

다섯 번째로 시중에서 중요하다고 생각되는 모든 문제가 들어가 있으므로 해당 감정평가 및 보상법규 찍기강의 문제와 관련 규정, 관련 판례 정도를 살펴보신다면 수험자가 얻고자 하는 감정평가 및 보상법규 기본점수를 받으실 수 있을 것입니다.

감정평가 및 보상법규 공부는 끊임없는 암기와 그 암기를 통해서 답안을 현출하고, 현출된 답안을 다시 다듬어서 재구성하여 양질의 명품 답안을 만드는 과정입니다. 단순 암기만 해서는 답안지에 균형되게 쓸 수가 없고, 답안지 훈련만 해서는 내용의 충실도를 높여 고득점을 받을 수 없는 것입니다. 감정평가 및 보상법규 공부는 단순 서브 암기식으로 공부해서는 최근의 고난도 문제를 해결하기 어렵습니다. 따라서 감정평가 및 보상법규 찍기강의 교재도 하나의 교보재로 사용하셔서 실력을 향상시키는 도구로 활용하시면 되시겠습니다.

좋은 책을 출간하는 데 많은 도움을 주신 박용 회장님과 출판부 노일구 부장님과 임직원 여러분들에게 감사드립니다. 본 교재의 편집과 자료수집에 많은 도움을 준 김가연 예비감정평가사에게도 고마운 마음을 전합니다. 수험생 여러분들의 건승을 기원합니다.

편저자 강정훈

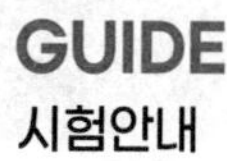

감정평가사란?

감정평가란 토지 등의 경제적 가치를 판정하여 그 결과를 가액으로 표시하는 것을 말한다. 감정평가사(Certified Appraiser)는 부동산 · 동산을 포함하여 토지, 건물 등의 유무형의 재산에 대한 경제적 가치를 판정하여 그 결과를 가액으로 표시하는 전문직업인으로 국토교통부에서 주관, 산업인력관리공단에서 시행하는 감정평가사시험에 합격한 사람으로 일정기간의 수습과정을 거친 후 공인되는 직업이다.

시험과목 및 시험시간

가. 시험과목(감정평가 및 감정평가사에 관한 법률 시행령 제9조)

시험구분	시험과목
제1차 시험	❶ 「민법」 중 총칙, 물권에 관한 규정 ❷ 경제학원론 ❸ 부동산학원론 ❹ 감정평가관계법규(「국토의 계획 및 이용에 관한 법률」, 「건축법」, 「공간정보의 구축 및 관리 등에 관한 법률」 중 지적에 관한 규정, 「국유재산법」, 「도시 및 주거환경정비법」, 「부동산등기법」, 「감정평가 및 감정평가사에 관한 법률」, 「부동산 가격공시에 관한 법률」 및 「동산 · 채권 등의 담보에 관한 법률」) ❺ 회계학 ❻ 영어(영어시험성적 제출로 대체)
제2차 시험	❶ 감정평가실무 ❷ 감정평가이론 ❸ 감정평가 및 보상법규(「감정평가 및 감정평가사에 관한 법률」, 「공익사업을 위한 토지 등의 취득 및 보상에 관한 법률」, 「부동산 가격공시에 관한 법률」)

나. 과목별 시험시간

시험구분	교시	시험과목	입실완료	시험시간	시험방법
제1차 시험	1교시	❶ 민법(총칙, 물권) ❷ 경제학원론 ❸ 부동산학원론	09:00	09:30~11:30(120분)	객관식 5지 택일형
	2교시	❹ 감정평가관계법규 ❺ 회계학	11:50	12:00~13:20(80분)	

구분	교시	과목	입실	시험시간	문항수
제2차 시험	1교시	❶ 감정평가실무	09:00	09:30~11:10(100분)	과목별 4문항 (주관식)
	중식시간 11:10 ~ 12:10(60분)				
	2교시	❷ 감정평가이론	12:10	12:30~14:10(100분)	
	휴식시간 14:10 ~ 14:30(20분)				
	3교시	❸ 감정평가 및 보상법규	14:30	14:40~16:20(100분)	

※ 시험과 관련하여 법률 · 회계처리기준 등을 적용하여 정답을 구하여야 하는 문제는 시험시행일 현재 시행 중인 법률·회계처리기준 등을 적용하여 그 정답을 구하여야 함

※ 회계학 과목의 경우 한국채택국제회계기준(K-IFRS)만 적용하여 출제

다. 출제영역 : 큐넷 감정평가사 홈페이지(www.Q-net.or.kr/site/value) 자료실 게재

응시자격 및 결격사유

가. 응시자격 : 없음

※ 단, 최종 합격자 발표일 기준, 감정평가 및 감정평가사에 관한 법률 제12조의 결격사유에 해당하는 사람 또는 같은 법 제16조 제1항에 따른 처분을 받은 날부터 5년이 지나지 아니한 사람은 시험에 응시할 수 없음

나. 결격사유(감정평가 및 감정평가사에 관한 법률 제12조, 2023. 8. 10. 시행)

다음 각 호의 어느 하나에 해당하는 사람

1. 파산선고를 받은 사람으로서 복권되지 아니한 사람
2. 금고 이상의 실형을 선고받고 그 집행이 종료(집행이 종료된 것으로 보는 경우를 포함한다)되거나 그 집행이 면제된 날부터 3년이 지나지 아니한 사람
3. 금고 이상의 형의 집행유예를 받고 그 유예기간이 만료된 날부터 1년이 지나지 아니한 사람
4. 금고 이상의 형의 선고유예를 받고 그 선고유예기간 중에 있는 사람
5. 제13조에 따라 감정평가사 자격이 취소된 후 3년이 지나지 아니한 사람. 다만, 제6호에 해당하는 사람은 제외한다.
6. 제39조 제1항 제11호 및 제12호에 따라 자격이 취소된 후 5년이 지나지 아니한 사람

합격자 결정

가. 합격자 결정(감정평가 및 감정평가사에 관한 법률 시행령 제10조)

- 제1차 시험

  영어 과목을 제외한 나머지 시험과목에서 과목당 100점을 만점으로 하여 모든 과목 40점 이상이고, 전 과목 평균 60점 이상인 사람

- 제2차 시험

  - 과목당 100점을 만점으로 하여 모든 과목 40점 이상, 전 과목 평균 60점 이상을 득점한 사람
  - 최소합격인원에 미달하는 경우 최소합격인원의 범위에서 모든 과목 40점 이상을 득점한 사람 중에서 전 과목 평균점수가 높은 순으로 합격자를 결정

  ※ 동점자로 인하여 최소합격인원을 초과하는 경우에는 동점자 모두를 합격자로 결정. 이 경우 동점자의 점수는 소수점 이하 둘째 자리까지만 계산하며, 반올림은 하지 아니함

나. 제2차 시험 최소합격인원 결정(감정평가 및 감정평가사에 관한 법률 시행령 제10조)

공인어학성적

가. 제1차 시험 영어 과목은 영어시험성적으로 대체

- 기준점수(감정평가 및 감정평가사에 관한 법률 시행령 별표 2)

시험명	토플		토익	텝스	지텔프	플렉스	토셀	아이엘츠
	PBT	IBT						
일반응시자	530	71	700	340	65 (level-2)	625	640 (Advanced)	4.5 (Overall Band Score)
청각장애인	352	-	350	204	43 (level-2)	375	145 (Advanced)	-

- 제1차 시험 응시원서 접수마감일부터 역산하여 2년이 되는 날 이후에 실시된 시험으로, 제1차 시험 원서 접수 마감일까지 성적발표 및 성적표가 교부된 경우에 한해 인정함

※ 이하 생략(공고문 참조)

PART 01 감정평가 및 보상법규 최종점검 찍기강의 논점-1

Chapter 01 토지보상법

PART 02 감정평가 및 보상법규 최종점검 찍기강의 논점-2

Chapter 01 부동산공시법

Chapter 02 감정평가법

Chapter 03 약술

PART 03 대법원 중요 판례

부록 쟁점체크

제 1 부

감정평가 및 보상법규 최종점검 찍기강의 논점 - 1

Chapter 01 토지보상법

Chapter 01

토지보상법

쟁점 1 간접손실보상과 공익사업지구 밖 영업손실보상

소유자 한석봉은 호남고속철도(오송~광주송정)가 통과하는 1구간(이하 '이 사건 노선'이라 한다) 중 6공구로부터 최소 25m부터 최대 45m 지점에 위치한 한석봉 소유 김제시 목장용지 4,365m^2(이하 '이 사건 토지'라 한다) 지상에서 '대박잠업사'(이하 '이 사건 잠업사'라 한다)라는 상호로 양잠업을 하고 있는 사람이다. 사업시행자는 한국철도시설공단이다. 공익사업을 위한 토지 등의 취득 및 보상에 관한 법률상 사업인정고시는 2023년 10월 18일에 고시되었다. 이 사건 토지는 이 사건 공익사업의 사업구역에 포함되지 아니한 공익사업시행지구 밖이다. 그러나 해당 철도 공익사업이 완료되었으나, 소음, 진동으로 인하여 잠업사의 누에들이 스트레스를 받아 상당량이 죽었다. 잠업사를 운영하던 소유자 한석봉은 휴업이 불가피한 상황이며, 환경정책기본법 제44조 제1항에 따른 손해배상과 아울러 공익사업을 위한 토지 등의 취득 및 보상에 관한 법률상 손실보상을 검토하고 있다. 다음 물음에 답하시오(단, 각 물음은 상호독립적임). 20점

(1) 해당 사안처럼 잠업사를 운영하는 공익사업시행지구 밖의 보상에 대하여 설명하시오. 5점

(2) 공익사업을 위한 토지 등의 취득 및 보상에 관한 법률 시행규칙 제64조 제1항 제2호에서 정한 공익사업시행지구 밖 영업손실보상의 요건인 '공익사업의 시행으로 인한 그 밖의 부득이한 사유로 일정 기간 동안 휴업이 불가피한 경우'에 공익사업의 시행 결과로 휴업이 불가피한 경우가 포함되는지 여부를 설명하시오. 5점

(3) 실질적으로 같은 내용의 손해에 관하여 공익사업을 위한 토지 등의 취득 및 보상에 관한 법률 제79조 제2항에 따른 손실보상과 환경정책기본법 제44조 제1항에 따른 손해배상청구권이 동시에 성립하는 경우, 영업자가 두 청구권을 동시에 행사할 수 있는지 여부와 '해당 사업의 공사완료일(현행 사업완료일)로부터 1년'이라는 손실보상 청구기간이 지나 손실보상청구권을 행사할 수 없는 경우에도 손해배상청구가 가능한지 여부를 설명하시오. 5점

(4) 공익사업으로 인하여 공익사업시행지구 밖에서 영업을 휴업하는 자가 공익사업을 위한 토지 등의 취득 및 보상에 관한 법률 제34조, 제50조 등에 규정된 재결절차를 거치지 않은 채 곧바로 사업시행자를 상대로 공익사업을 위한 토지 등의 취득 및 보상에 관한 법률 시행규칙 제47조 제1항에 따라 영업손실에 대한 보상을 청구할 수 있는지 여부를 설명하고, 공익사업시행지구 밖의 간접손실의 경우 어떤 보상항목이 공익사업을 위한 토지 등의 취득 및 보상에 관한 법령상 손실보상대상에 해당함에도 관할 토지수용위원회가 사실을 오인하거나 법리를 오해함으로써 손실보상대상에 해당하지 않는다고 잘못된 내용의 재결을 한 경우, 피보상자가 제기할 소송과 그 상대방은 무엇인지 설명하시오. 5점

참조 조문

〈공익사업을 위한 토지 등의 취득 및 보상에 관한 법률〉

제79조(그 밖의 토지에 관한 비용보상 등)

① 사업시행자는 공익사업의 시행으로 인하여 취득하거나 사용하는 토지(잔여지를 포함한다) 외의 토지에 통로・도랑・담장 등의 신설이나 그 밖의 공사가 필요할 때에는 그 비용의 전부 또는 일부를 보상하여야 한다. 다만, 그 토지에 대한 공사의 비용이 그 토지의 가격보다 큰 경우에는 사업시행자는 그 토지를 매수할 수 있다.

② 공익사업이 시행되는 지역 밖에 있는 토지 등이 공익사업의 시행으로 인하여 본래의 기능을 다할 수 없게 되는 경우에는 국토교통부령으로 정하는 바에 따라 그 손실을 보상하여야 한다.

③ 사업시행자는 제2항에 따른 보상이 필요하다고 인정하는 경우에는 제15조에 따라 보상계획을 공고할 때에 보상을 청구할 수 있다는 내용을 포함하여 공고하거나 대통령령으로 정하는 바에 따라 제2항에 따른 보상에 관한 계획을 공고하여야 한다.

④ 〈생략〉

목차 index

주요 내용 contents

Ⅰ. 논점의 정리

해당 사안은 공익사업을 위한 토지 등의 취득 및 보상에 관한 법률(이하 '토지보상법')에서 간접손실보상에 관한 쟁점이다. 물음1에서는 간접손실보상에 대해 설명하고, 물음2에서는 판례를 통해 토지보상법 제79조 제2항과 동법 시행규칙 제64조 제1항 제2호의 해석을 통해, 공익사업의 시행 결과 휴업이 불가피한 경우가 포함되는지 여부를 검토한다. 또한, 물음3과 관련하여 개별 법령에 규정된 손해배상과 손실보상 청구권이 동시에 성립함을 밝히고, 물음4와 관련하여 재결절차를 거치지 않고 사업시행자를 상대로 직접 손실보상 청구는 불가능함을, 물음5와 관련하여 손실보상 대상이 되지 않는다는 재결에 불복하는 경우에는 분쟁의 일회적 해결을 위해 보상금증감청구소송을 제기해야 함을 밝힌다.

Ⅱ. (물음1)

1. 간접손실보상의 의의

공익사업으로 인하여 사업시행지 밖의 재산권자에게 가해지는 손실 중 공익사업으로 인하여 필연적으로 발생하는 손실이 간접손실이다. 간접손실은 공익사업의 시공 또는 완성 후의 시설이 사업시행지구 외에 미치는 손실이다. 손실의 발생은 직접 또는 간접적으로 발생할 수 있고, 손실은 재산가액의 감소는 물론 생활피해, 정신적 피해 등을 포함한다고 볼 수 있다. 학계에서는 일반적으로 물리적·기술적 손실과 사회적·경제적 손실로 구분한다. 물리적·기술적 손실은 이를 간접침해보상이라고 하고, 사회적·경제적 손실을 간접손실이라고 한다. 또한 공익사업의 시행 시 발생하는 피해와 사업이 완료된 후 발생하는 피해로 구분할 수 있다. 사업시행 시 발생하는 피해는 사업과정 중의 소음, 진동, 먼지 등으로 인한 피해이고, 사업완료 후 발생하는 손실은 토지와 건물의 경우 지가하락, 지반변동, 주거 및 생활의 불편, 영업 등의 영위 곤란, 전파수신 장애, 지하수 고갈, 소음과 진동 등이 있다. 대법원 2018두227 판결이 나옴으로 인하여 이제는 손실보상의 제척기간이면 손실보상을 하고, 만약 손실보상의 제척기간이 경과하였다고 하더라도 손해배상의 요건을 충족하면 손해배상을 하도록 판시하고 있다.

2. 간접손실보상의 법적 성격

손실보상은 사인에게 가해진 특별한 희생을 공평부담을 통해 조절함을 목적으로 하기 때문에, 간접 손실보상도 보상의 일반적 논거가 적용된다. 간접손실보상은 비록 공익사업의 비용 부담을 가중시키나, 그로 인해 발생한 피해가 구제되는 것이 공평한 원칙에서 보더라도 타당하다. 간접손실보상의 법적 성질에 대해서는 손해배상설, 손실보상설, 결과책임설 등이 주장되고 있으나, 손실보상설이 합리적이라 할 수 있다. 학자에 따라서는 특별한 수인한도를 넘는 경우에는 그 피해에 대하여 손실보상이 아닌 손해배상이 주어져야 한다는 주장도 있다.

3. 간접손실보상의 논거

간접손실보상의 논거는 생활권보상에서 찾을 수 있다. 공익사업이 시행됨으로 인하여 생활의 기반을 상실하게 될 때 종전과 같은 생활을 영위할 수 없는 것은 말할 것도 없고, 인간다운 생활을 유지할 수 없게 되는 경우도 있을 수 있다. 생활보상이 피수용자나 관계인의 인간다운 생활을 회복시켜 주기 위한 것이라면 간접손실도 마땅히 인간다운 생활을 보장하기 위해 보상되어야 하는 것이다. 생활보상이 수용이 없었던 것과 같은 생활상태를 재현하는 것이라는 것을 전제하고 있다. 종래와 같은 수준을 유지할 수 있을 정도의 생활안정을 위해 간접손실보상이 이루어져야 한다. 생활보상은 지역 주민의 갈등을 해소하고, 사업의 원활한 시행에 협조를 구하는 수단이 될 수 있으므로, 이는 간접손실보상에도 타당한 것이므로 공익사업의 원활화를 위해 필요하다.

4. 간접손실의 헌법 제23조 제3항 포함여부

(1) 학설의 대립

헌법 제23조 제3항은 공용침해로 인하여 재산권자에게 직접적으로 발생한 손실만을 보상하는 것으로 규정하고 있다고 보는 부정설, 간접손실도 적법한 공용침해에 의해 필연적으로 발생한 손실이므로 헌법 제23조 제3항의 손실보상에도 포함시키는 것이 타당하다는 긍정설이 대립한다.

(2) 판례의 태도 및 검토

판례는 간접손실을 헌법 제23조 제3항에서 규정한 손실보상의 대상이 된다고 본다. 간접손실도 적법한 공용침해로 인하여 예견되는 통상의 손실이고, 헌법 제23조 제3항을 손실보상에 관한 일반적 규정으로 보는 것이 타당하므로, 간접손실을 헌법 제23조 제3항의 손실에 포함시키는 것이 타당하다고 판단된다.

【판시사항】

[1] 공공사업의 시행 결과 공공사업의 기업지 밖에서 발생한 간접손실에 대하여 사업시행자와 협의가 이루어지지 아니하고, 그 보상에 관한 명문의 법령이 없는 경우, 피해자는 공공용지의 취득 및 손실보상에 관한 특례법 시행규칙상의 손실보상에 관한 규정을 유추적용하여 사업시행자에게 보상을 청구할 수 있는지 여부(적극)

[2] 공유수면매립사업으로 인하여 수산업협동조합이 관계 법령에 의하여 대상지역에서의 독점적 지위가 부여되어 있던 위탁판매사업을 중단하게 된 경우, 그로 인한 위탁판매수수료 수입 상실에 대하여 공공용지의 취득 및 손실보상에 관한 특례법 시행규칙을 유추적용하여 손실보상을 하여야 하는지 여부(적극)

[3] 어업권의 취소 등으로 인한 손실보상액 산정 시 판매수수료를 공제하도록 규정한 수산업법 시행령 제62조의 의미

【판결요지】

[1] 공공사업의 시행 결과 그 공공사업의 시행이 기업지 밖에 미치는 간접손실에 관하여 그 피해자와 사업시행자 사이에 협의가 이루어지지 아니하고 그 보상에 관한 명문의 근거 법령이 없는 경우라고

하더라도, 헌법 제23조 제3항은 "공공필요에 의한 재산권의 수용·사용 또는 제한 및 그에 대한 보상은 법률로써 하되, 정당한 보상을 지급하여야 한다."고 규정하고 있고, 이에 따라 국민의 재산권을 침해하는 행위 그 자체는 반드시 형식적 법률에 근거하여야 하며, 토지수용법 등의 개별 법률에서 공익사업에 필요한 재산권 침해의 근거와 아울러 그로 인한 손실보상 규정을 두고 있는 점, 공공용지의 취득 및 손실보상에 관한 특례법 제3조 제1항은 "공공사업을 위한 토지 등의 취득 또는 사용으로 인하여 토지 등의 소유자가 입은 손실은 사업시행자가 이를 보상하여야 한다."고 규정하고, 같은법 시행규칙 제23조의2 내지 7에서 공공사업시행지구 밖에 위치한 영업과 공작물 등에 대한 간접손실에 대하여도 일정한 조건하에서 이를 보상하도록 규정하고 있는 점에 비추어, 공공사업의 시행으로 인하여 그러한 손실이 발생하리라는 것을 쉽게 예견할 수 있고 그 손실의 범위도 구체적으로 이를 특정할 수 있는 경우라면 그 손실의 보상에 관하여 공공용지의 취득 및 손실보상에 관한 특례법 시행규칙의 관련 규정 등을 유추적용할 수 있다고 해석함이 상당하다.

[2] 수산업협동조합이 수산물 위탁판매장을 운영하면서 위탁판매 수수료를 지급받아 왔고, 그 운영에 대하여는 구 수산자원보호령(1991.3.28. 대통령령 제13333호로 개정되기 전의 것) 제21조 제1항에 의하여 그 대상지역에서의 독점적 지위가 부여되어 있었는데, 공유수면매립사업의 시행으로 그 사업대상지역에서 어업활동을 하던 조합원들의 조업이 불가능하게 되어 일부 위탁판매장에서의 위탁판매사업을 중단하게 된 경우, 그로 인해 수산업협동조합이 상실하게 된 위탁판매수수료 수입은 사업시행자의 매립사업으로 인한 직접적인 영업손실이 아니고 간접적인 영업손실이라고 하더라도 피침해자인 수산업협동조합이 공공의 이익을 위하여 당연히 수인하여야 할 재산권에 대한 제한의 범위를 넘어 수산업협동조합의 위탁판매사업으로 얻고 있는 영업상의 재산이익을 본질적으로 침해하는 특별한 희생에 해당하고, 사업시행자는 공유수면매립면허 고시 당시 그 매립사업으로 인하여 위와 같은 영업손실이 발생한다는 것을 상당히 확실하게 예측할 수 있었고 그 손실의 범위도 구체적으로 확정할 수 있으므로, 위 위탁판매수수료 수입손실은 헌법 제23조 제3항에 규정한 손실보상의 대상이 되고, 그 손실에 관하여 구 공유수면매립법(1997.4.10. 법률 제5335호로 개정되기 전의 것) 또는 그 밖의 법령에 직접적인 보상규정이 없더라도 공공용지의 취득 및 손실보상에 관한 특례법 시행규칙상의 각 규정을 유추적용하여 그에 관한 보상을 인정하는 것이 타당하다.

[3] 어업권의 취소 등으로 인한 손실보상액을 산출함에 있어서 판매수수료를 어업경영에 필요한 경비에 포함시켜 공제하도록 한 수산업법시행령 제62조의 의미는 판매수수료를 지급하는 측의 입장에서 그 성격을 경비로 보아 그 보상액 산정 시에 이를 공제한다는 것에 불과하고, 보상을 받을 자가 판매수수료를 수입으로 하고 있는 경우에는 그와 같이 해석할 수는 없다.

(출처: 대법원 1999.10.8. 선고 99다27231 판결 [손해배상(기)])

5. 간접손실보상의 요건

(1) 간접손실의 존재

간접손실보상을 받기 위해서는 간접손실이 존재해야 한다. 이때 간접손실이란 공공사업 시행으로 사업시행지 밖의 토지소유자 등이 입은 손실이어야 하고, 그 손실의 발생이 예견가능할 뿐만 아니라, 그 손실의 범위가 구체적으로 특정될 수 있어야 한다.

(2) 특별한 희생의 발생

간접손실뿐만 아니라 사회적 제약을 넘는 특별한 희생을 요한다. 구별기준으로 인적범위의 특정성이라는 형식적 기준설과 침해의 본질과 강도라는 실질적 기준설이 있다. 한가지 기준으로는 불충분한 바, 양자를 모두 고려함이 타당하다.

(3) 보상규정의 존재

마지막으로 보상규정이 존재해야 한다. 토지보상법 제79조 제2항은 '공익사업시행지 밖 토지 등이 본래의 기능을 다할 수 없는 경우'라 하여 동법 시행규칙 제59조 내지 제65조에 간접손실보상을 구체적으로 규정하고 있다.

Ⅲ. (물음2)

1. 법률평가 보상주의

모든 국민의 재산권은 보장되고, 공공필요에 의한 재산권의 수용 등에 대하여는 정당한 보상을 지급하여야 하는 것이 헌법의 대원칙이고(헌법 제23조), 법률도 그런 취지에서 공익사업의 시행 결과 공익사업의 시행이 공익사업시행지구 밖에 미치는 간접손실 등에 대한 보상의 기준 등에 관하여 상세한 규정을 마련해 두거나 하위법령에 세부사항을 정하도록 위임하고 있다.

2. 관련 규정의 검토

토지보상법 제79조(그 밖의 토지에 관한 비용보상 등)

① 사업시행자는 공익사업의 시행으로 인하여 취득하거나 사용하는 토지(잔여지를 포함한다) 외의 토지에 통로・도랑・담장 등의 신설이나 그 밖의 공사가 필요할 때에는 그 비용의 전부 또는 일부를 보상하여야 한다. 다만, 그 토지에 대한 공사의 비용이 그 토지의 가격보다 큰 경우에는 사업시행자는 그 토지를 매수할 수 있다.

② 공익사업이 시행되는 지역 밖에 있는 토지 등이 공익사업의 시행으로 인하여 본래의 기능을 다할 수 없게 되는 경우에는 국토교통부령으로 정하는 바에 따라 그 손실을 보상하여야 한다.

③ 사업시행자는 제2항에 따른 보상이 필요하다고 인정하는 경우에는 제15조에 따라 보상계획을 공고할 때에 보상을 청구할 수 있다는 내용을 포함하여 공고하거나 대통령령으로 정하는 바에 따라 제2항에 따른 보상에 관한 계획을 공고하여야 한다.

④ 제1항부터 제3항까지에서 규정한 사항 외에 공익사업의 시행으로 인하여 발생하는 손실의 보상 등에 대하여는 국토교통부령으로 정하는 기준에 따른다.

⑤ 제1항 본문 및 제2항에 따른 비용 또는 손실의 보상에 관하여는 제73조 제2항을 준용한다.

⑥ 제1항 단서에 따른 토지의 취득에 관하여는 제73조 제3항을 준용한다.

⑦ 제1항 단서에 따라 취득하는 토지에 대한 구체적인 보상액 산정 및 평가 방법 등에 대하여는 제70조, 제75조, 제76조, 제77조, 제78조 제4항, 같은 조 제6항 및 제7항을 준용한다.

토지보상법 시행규칙 제64조(공익사업시행지구 밖의 영업손실에 대한 보상)

① 공익사업시행지구 밖에서 제45조에 따른 영업손실의 보상대상이 되는 영업을 하고 있는 자가 공익사업의 시행으로 인하여 다음 각 호의 어느 하나에 해당하는 경우에는 그 영업자의 청구에 의하여 당해 영업을 공익사업시행지구에 편입되는 것으로 보아 보상하여야 한다.

1. 배후지의 3분의 2 이상이 상실되어 그 장소에서 영업을 계속할 수 없는 경우
2. 진출입로의 단절, 그 밖의 부득이한 사유로 인하여 일정한 기간 동안 휴업하는 것이 불가피한 경우

② 제1항에 불구하고 사업시행자는 영업자가 보상을 받은 이후에 그 영업장소에서 영업이익을 보상받은 기간 이내에 동일한 영업을 하는 경우에는 실제 휴업기간에 대한 보상금을 제외한 영업손실에 대한 보상금을 환수하여야 한다

3. 관련 판례의 태도

【판시사항】
공익사업을 위한 토지 등의 취득 및 보상에 관한 법률 시행규칙 제64조 제1항 제2호에서 정한 공익사업 시행지구 밖 영업손실보상의 요건인 '공익사업의 시행으로 인한 그 밖의 부득이한 사유로 일정 기간 동안 휴업이 불가피한 경우'에 공익사업의 시행 결과로 휴업이 불가피한 경우가 포함되는지 여부(적극)

【판결요지】
모든 국민의 재산권은 보장되고, 공공필요에 의한 재산권의 수용 등에 대하여는 정당한 보상을 지급하여야 하는 것이 헌법의 대원칙이고(헌법 제23조), 법률도 그런 취지에서 공익사업의 시행 결과 공익사업의 시행이 공익사업시행지구 밖에 미치는 간접손실 등에 대한 보상의 기준 등에 관하여 상세한 규정을 마련해 두거나 하위법령에 세부사항을 정하도록 위임하고 있다.
이러한 공익사업시행지구 밖의 영업손실은 공익사업의 시행과 동시에 발생하는 경우도 있지만, 공익사업에 따른 공공시설의 설치공사 또는 설치된 공공시설의 가동·운영으로 발생하는 경우도 있어 그 발생원인과 발생시점이 다양하므로, 공익사업시행지구 밖의 영업자가 발생한 영업상 손실의 내용을 구체적으로 특정하여 주장하지 않으면 사업시행자로서는 영업손실보상금 지급의무의 존부와 범위를 구체적으로 알기 어려운 특성이 있다. 공익사업을 위한 토지 등의 취득 및 보상에 관한 법률 제79조 제2항에 따른 손실보상의 기한을 공사완료일부터 1년 이내로 제한하면서도 영업자의 청구에 따라 보상이 이루어지도록 규정한 것[공익사업을 위한 토지 등의 취득 및 보상에 관한 법률 시행규칙(이하 '시행규칙'이라 한다) 제64조 제1항]이나 손실보상의 요건으로서 공익사업시행지구 밖에서 발생하는 영업손실의 발생원인에 관하여 별다른 제한 없이 '그 밖의 부득이한 사유'라는 추상적인 일반조항을 규정한 것(시행규칙 제64조 제1항 제2호)은 간접손실로서 영업손실의 이러한 특성을 고려한 결과이다.
위와 같은 공익사업시행지구 밖 영업손실보상의 특성과 헌법이 정한 '정당한 보상의 원칙'에 비추어 보면, 공익사업시행지구 밖 영업손실보상의 요건인 '공익사업의 시행으로 인한 그 밖의 부득이한 사유로 일정 기간 동안 휴업이 불가피한 경우'란 공익사업의 시행 또는 시행 당시 발생한 사유로 휴업이 불가피한 경우만을 의미하는 것이 아니라 공익사업의 시행 결과, 즉 그 공익사업의 시행으로 설치되는 시설의 형태·구조·사용 등에 기인하여 휴업이 불가피한 경우도 포함된다고 해석함이 타당하다.

(출처: 대법원 2019.11.28. 선고 2018두227 판결 [보상금])

4. 검토

생각건대, 공익사업시행지구 밖 영업손실보상의 특성과 헌법이 정한 '정당한 보상의 원칙'에 비추어 보면, 토지보상법 시행규칙 제64조 제1항이 정한 손실보상의 요건으로 '그 밖의 부득이한 사유'는 공익사업의 시행 또는 시행당시 발생한 사유로 휴업이 불가피한 경우만을 의미하는 것이 아니라 공익사업의 시행 결과, 즉 그 공익사업의 시행으로 설치되는 시설의 형태, 구조, 사용 등에 기인하여 휴업이 불가피한 경우도 포함된다고 해석하는 판례의 태도가 타당하다.

Ⅲ. (물음3)

1. 영업자의 청구권 동시행사 가능 여부

(1) 관련 판례의 태도

판례는 토지보상법 제79조 제2항에 따른 손실보상과 환경정책기본법 제44조 제1항에 따른 손해배상은 근거 규정과 요건 및 효과를 달리하는 것으로서, 각 요건이 충족되면 성립하는 별개의 청구권이다. 다만, 손실보상청구권에는 이미 '손해 전보'라는 요소가 포함되어 있어 실질적으로 같은 내용의 손해에 관하여 양자의 청구권을 동시에 행사할 수 있다고 본다면 이중배상의 문제가 발생하므로, 실질적으로 같은 내용의 손해에 관하여 양자의 청구권이 동시에 성립하더라도 영업자는 어느 하나만을 선택적으로 행사할 수 있을 뿐이고, 양자의 청구권을 동시에 행사할 수는 없다고 판시하고 있다.

(2) 검토

생각건대, 두 개의 청구권 모두 손해전보의 취지를 가지고 있으며 개별법령상에서 규정하고 있는 청구권을 행사하기 위한 요건을 충족하였다면 동시에 성립이 가능하다. 다만, 그 취지상 동시에 행사한다면 손해전보를 이중으로 받아 과다해질 우려가 있다는 점에서 동시에 선택하더라도 하나만을 선택적으로 행사할 수 있을 뿐이고, 양자의 청구권을 동시에 행사할 수는 없다고 보는 것이 타당하다 판단된다.

2. 청구기간 경과 이후 손해배상 청구 가능성

(1) 관련 판례의 태도

판례는 또한 해당 사업의 공사완료일로부터 1년이라는 손실보상 청구기간이 도과하여 손실보상청구권을 더 이상 행사할 수 없는 경우에도 손해배상의 요건이 충족되는 이상 여전히 손해배상청구는 가능하다고 판시하고 있다.

(2) 검토

생각건대, 개별법령에서 청구권을 행사하기 위한 요건을 각각 충족하였다면 이는 동시에 성립하는 것이라고 볼 수 있다. 따라서 동시에 행사만 불가능할 뿐 어느 하나만을 선택적으로 행사할 수 있다. 그렇기 때문에 손실보상청구권을 행사할 수 없는 경우라도 손해배상청구의 요건과 행사 기간 범위 내라면 여전히 손해배상청구는 가능하다고 보는 것이 타당하다 판단된다.

【판시사항】

실질적으로 같은 내용의 손해에 관하여 공익사업을 위한 토지 등의 취득 및 보상에 관한 법률 제79조 제2항에 따른 손실보상과 환경정책기본법 제44조 제1항에 따른 손해배상청구권이 동시에 성립하는 경우, 영업자가 두 청구권을 동시에 행사할 수 있는지 여부(소극) 및 '해당 사업의 공사완료일로부터 1년'이라는 손실보상 청구기간이 지나 손실보상청구권을 행사할 수 없는 경우에도 손해배상청구가 가능한지 여부(적극)

【판결요지】

공익사업을 위한 토지 등의 취득 및 보상에 관한 법률(이하 '토지보상법'이라 한다) 제79조 제2항(그 밖의 토지에 관한 비용보상 등)에 따른 손실보상과 환경정책기본법 제44조 제1항(환경오염의 피해에 대한 무과실책임)에 따른 손해배상은 근거 규정과 요건・효과를 달리하는 것으로서, 각 요건이 충족되면 성립하는 별개의 청구권이다. 다만 손실보상청구권에는 이미 '손해 전보'라는 요소가 포함되어 있어 실질적으로 같은 내용의 손해에 관하여 양자의 청구권을 동시에 행사할 수 있다고 본다면 이중배상의 문제가 발생하므로, 실질적으로 같은 내용의 손해에 관하여 양자의 청구권이 동시에 성립하더라도 영업자는 어느 하나만을 선택적으로 행사할 수 있을 뿐이고, 양자의 청구권을 동시에 행사할 수는 없다. 또한 '해당 사업의 공사완료일로부터 1년'이라는 손실보상 청구기간(토지보상법 제79조 제5항, 제73조 제2항)이 도과하여 손실보상청구권을 더 이상 행사할 수 없는 경우에도 손해배상의 요건이 충족되는 이상 여전히 손해배상청구는 가능하다.

(출처: 대법원 2019.11.28. 선고 2018두227 판결 [보상금])

V. (물음4)

1. 시행규칙 제47조 제1항에 따라 영업손실에 대한 보상을 청구할 수 있는지 여부

(1) 관련 규정의 검토

토지보상법 제80조(손실보상의 협의 · 재결)

① 제79조 제1항 및 제2항에 따른 비용 또는 손실이나 토지의 취득에 대한 보상은 사업시행자와 손실을 입은 자가 협의하여 결정한다.

② 제1항에 따른 협의가 성립되지 아니하였을 때에는 사업시행자나 손실을 입은 자는 대통령령으로 정하는 바에 따라 관할 토지수용위원회에 재결을 신청할 수 있다.

(2) 관련 판례의 태도

【판시사항】

공익사업으로 인하여 공익사업시행지구 밖에서 영업을 휴업하는 자가 공익사업을 위한 토지 등의 취득 및 보상에 관한 법률 제34조, 제50조 등에 규정된 재결절차를 거치지 않은 채 곧바로 사업시행자를 상대로 공익사업을 위한 토지 등의 취득 및 보상에 관한 법률 시행규칙 제47조 제1항에 따라 영업손실에 대한 보상을 청구할 수 있는지 여부(소극)

【판결요지】

공익사업을 위한 토지 등의 취득 및 보상에 관한 법률(이하 '토지보상법'이라 한다) 제26조, 제28조, 제30조, 제34조, 제50조, 제61조, 제79조, 제80조, 제83조 내지 제85조의 규정 내용과 입법취지 등을 종합하면, 공익사업으로 인하여 공익사업시행지구 밖에서 영업을 휴업하는 자가 사업시행자로부터 공익사업을 위한 토지 등의 취득 및 보상에 관한 법률 시행규칙 제47조 제1항에 따라 영업손실에 대한 보상을 받기 위해서는, 토지보상법 제34조, 제50조 등에 규정된 재결절차를 거친 다음 그 재결에 대하여 불복이 있는 때에 비로소 토지보상법 제83조 내지 제85조에 따라 권리구제를 받을 수 있을 뿐이다. 이러한 재결절차를 거치지 않은 채 곧바로 사업시행자를 상대로 손실보상을 청구하는 것은 허용되지 않는다.

(출처: 대법원 2019.11.28. 선고 2018두227 판결 [보상금])

(3) 검토

생각건대, 토지보상법의 입법취지상 공익사업의 효율적인 시행과 피수용자의 적정한 재산권 보호를 통해 신속한 권리구제를 목적으로 한다는 점, 법 제83조 및 85조에서 재결에 불복하는 별도의 불복규정을 두고 있다는 점에서 이러한 재결 절차를 거치지 않은 채 곧바로 사업시행자를 상대로 손실보상을 청구하는 것은 허용되지 않는다고 판단된다.

2. 피보상자가 제기할 소송과 그 상대방

(1) 관련 규정의 검토

토지보상법 제50조(재결사항)

① 토지수용위원회의 재결사항은 다음 각 호와 같다.

1. 수용하거나 사용할 토지의 구역 및 사용방법
2. 손실보상
3. 수용 또는 사용의 개시일과 기간
4. 그 밖에 이 법 및 다른 법률에서 규정한 사항

② 토지수용위원회는 사업시행자, 토지소유자 또는 관계인이 신청한 범위에서 재결하여야 한다. 다만, 제1항 제2호의 손실보상의 경우에는 증액재결(增額裁決)을 할 수 있다.

토지보상법 제85조(행정소송의 제기)

① 사업시행자, 토지소유자 또는 관계인은 제34조에 따른 재결에 불복할 때에는 재결서를 받은 날부터 90일 이내에, 이의신청을 거쳤을 때에는 이의신청에 대한 재결서를 받은 날부터 60일 이내에 각각 행정소송을 제기할 수 있다. 이 경우 사업시행자는 행정소송을 제기하기 전에 제84조에 따라 늘어난 보상금을 공탁하여야 하며, 보상금을 받을 자는 공탁된 보상금을 소송이 종결될 때까지 수령할 수 없다.

② 제1항에 따라 제기하려는 행정소송이 보상금의 증감(增減)에 관한 소송인 경우 그 소송을 제기하는 자가 토지소유자 또는 관계인일 때에는 사업시행자를, 사업시행자일 때에는 토지소유자 또는 관계인을 각각 피고로 한다.

(2) 관련 판례의 태도

【판시사항】

어떤 보상항목이 공익사업을 위한 토지 등의 취득 및 보상에 관한 법령상 손실보상대상에 해당함에도 관할 토지수용위원회가 사실을 오인하거나 법리를 오해함으로써 손실보상대상에 해당하지 않는다고 잘못된 내용의 재결을 한 경우, 피보상자가 제기할 소송과 그 상대방

【판결요지】

어떤 보상항목이 공익사업을 위한 토지 등의 취득 및 보상에 관한 법령상 손실보상대상에 해당함에도 관할 토지수용위원회가 사실을 오인하거나 법리를 오해함으로써 손실보상대상에 해당하지 않는다고 잘못된 내용의 재결을 한 경우에는, 피보상자는 관할 토지수용위원회를 상대로 그 재결에 대한 취소소송을 제기할 것이 아니라, 사업시행자를 상대로 공익사업을 위한 토지 등의 취득 및 보상에 관한 법률 제85조 제2항에 따른 보상금증감소송을 제기하여야 한다.

(출처: 대법원 2019.11.28. 선고 2018두227 판결 [보상금])

(3) 피보상자가 제기할 소송

생각건대, 관할 토지수용위원회가 손실보상대상에 해당함에도 불구하고 손실보상대상에 해당하지 않는다는 잘못된 내용의 재결을 할 경우 이에 대해 불복하는 피보상자는 사실상 수용자체가 아닌 손실보상금에 대해서 불복한다고 볼 수 있고, 분쟁의 일회적인 해결을 위해서도 재결에 대한 취소소송이 아닌 토지보상법 제85조 제2항의 보상금증감청구소송을 제기하는 것이 타당하다고 판단된다.

(4) 피보상자가 제기할 소송의 상대방

또한, 보상금증감청구소송은 과거와 달리 재결청을 규정에서 삭제하여 전형적인 형식적 당사자 소송에 해당하며, 토지보상법 제85조 제2항에서도 피보상자가 소송을 제기할 경우 사업시행자를 피고로 하여야 한다고 규정하고 있는바, 피보상자는 사업시행자를 상대로 소송을 제기해야 한다.

Ⅵ. 사안의 해결

설문을 통해, 판례는 간접손실보상과 관련한 규정의 해석에 있어 헌법 제23조 제3항에 따른 정당보상을 위해 보상범위를 폭 넓게 인정해주고 있다고 판단된다. 또한, 만일 토지보상법상 손실보상청구권의 행사기간이 도과하더라도 다른 개별법령의 요건을 충족하는 청구권이 있다면 이를 행사할 수 있도록 손해배상으로 권리구제를 받을 수 있다고 판단된다. 최근 학계에서는 간접손실보상에 대하여 그동안의 학설의 논란을 지양하고 토지보상법 제79조 제2항을 확대 적용하거나 관계 규정을 유추 적용하여 보상할 수 있도록 활발한 논의를 하고 있다. 법령을 정비하여 형식적인 소송형식보다는 권리구제를 위해 다양한 권리구제수단을 인정해주는 방법으로의 법령 정비 개선이 필요하다고 생각한다.

쟁점 2 묵시적 이의유보에 해당하는지 여부 및 무효확인 가능성

원주지방국토관리청장(이하 '이 사건 사업시행자'라고 한다)이 시행하는 이 사건 공익사업을 위하여 2013.1.18. 원고(이하 '피수용자 甲 또는 원고 토지소유자 甲') 소유인 경기도 광주시 임야 3,505㎡ 등 5필지(이하 '이 사건 토지'라고 한다)를 수용하고, 그 손실보상금은 합계 976,261,750원으로 하며, 수용개시일은 2013.3.13.로 한다는 내용의 수용재결(이하 '이 사건 수용재결'이라고 한다)을 하였다. 당시 이 사건 사업시행자는 이 사건 수용재결의 보상금액에 관하여 감액 청구소송을 제기할지를 검토하고 있었다. 한편 원고(토지소유자)는 '50억 원이 넘는 대출금채무로 인해 매일 300만 원에 달하는 지연손해금 채무가 발생하고 있다'라고 언급하면서, 이 사건 사업시행자에게 하루라도 빨리 이 사건 토지의 손실보상금을 지급해 주고, 나아가 이 사건 토지에 인접한 잔여지 6필지(이하 '이 사건 잔여지'라고 한다)도 매수해 줄 것을 요청하였다. 이러한 상황에서 원고와 이 사건 사업시행자는 2013.2.18. 이 사건 토지에 관하여 보상금액을 943,846,800원으로, 이 사건 잔여지에 관하여 보상금액을 693,573,430원으로 정한 각 '공공용지의 취득협의서'를 작성하였고, 원고가 이 사건 사업시행자에게 위 각 금액을 청구하는 내용의 각 보상금청구서 및 같은 금액을 영수한다는 내용의 각 영수증을 작성·교부하였으며, 2013.2.21. 이 사건 토지 및 잔여지에 관하여 '2013.2.18. 공공용지의 협의취득'을 원인으로 소유권이전등기가 마쳐졌다. 한편 이 사건 토지에 관한 위 보상금청구서에는 이의를 유보한다는 취지와 함께 "보상금액이 너무 억울하여 이의 유보를 기재하고 향후 조치를 취하려 한다."는 내용이 기재되어 있다. 이 사안은 특이하게도 수용재결(2013.1.18.)이 있었고, 수용의 개시일(2013.3.13.) 사이에 협의하여(2013.02.18. ~ 2013.2.21. 소유권이전 등기 경료) 소유권까지 넘긴 상황이다.(대법원 2017.4.13. 선고 2016두64241 판결) 위와 같은 상황에서 교묘하게도 피수용자는 수용재결이 나온 다음에 협의를 진행하여 사업시행자에게 소유권을 넘기면서 잔여지 보상도 받아놓고도 수용재결에서 수용의 개시일에 보상금지급을 공탁하지 않았다는 이유로 수용재결 무효확인소송을 제기하였다. 다음의 물음에 답하시오. (각각의 문제는 별개의 문제임) 40점

(1) 토지보상법상 수용재결의 의의 및 법적 성질을 설명하시오. 10점

(2) 만약 사업시행자가 수용재결에 의하여 보상금을 바로 공탁하였고, 피수용자인 토지소유자가 수용재결의 보상금을 바로 수령한 것으로 전제하였을때 토지보상법상 보상금 공탁 요건을 설명하시오. 또한 토지소유자가 수용재결에서 정한 공탁된 보상금은 이의유보하여 수령하였으나, 보상금증감에 관한 행정소송을 제기한 후, 이의재결에서 증액된 보상금에 대하여 이의유보의 뜻을 표시하지 않은 채 수령한 사안에서 이를 묵시적 이의유보라고 볼 수 있는지를 검토하시오(사실관계를 살펴보니 토지소유자가 상당한 감정비용을 예납하였고, 이의재결 증액 보상금은 토지소유자가 주장한 금액에 1/4도 미치지 못하고, 토지소유자는 수용재결 보상금증액청구소송에서 이의재결 증액을 다툴 수 있다고 인식하였고, 사업시행자 대리인인 변호사도 6개월 이상 아무런 이의를 제기하지 않았고, 사업시행자가 보상금증액청구소송을 통해 토지소유자가 해당 보상금에 승복하지 못한다는 사실을 인지하고 있었다고 추정됨). 10점

(3) 위 문제 사실관계에서 수용재결에서 정한 수용의 개시일에 당사자가 협의의 형태로 소유권을 이전하고 보상금을 지급하였을 뿐만 아니라 잔여지까지 보상을 마친 경우에 피수용자는 수용재결 무효확인 주장을 하고 있다. 다음에 구체적인 내용을 설명하고 검토하시오. 20점
① 사업인정 전후의 협의의 성립으로 소유권 취득을 설명하시오.
② 수용의 개시일에 소유권 취득에 대해 설명하시오.
③ 수용재결 이후에 협의로 취득할 수 있는지 여부를 검토하시오.
④ 수용재결 무효확인을 구할 실익이 있는지 여부를 검토하시오.

참조 조문

〈공익사업을 위한 토지 등의 취득 및 보상에 관한 법률〉

제16조(협의)
사업시행자는 토지 등에 대한 보상에 관하여 토지소유자 및 관계인과 성실하게 협의하여야 하며, 협의의 절차 및 방법 등 협의에 필요한 사항은 대통령령으로 정한다.

제26조(협의 등 절차의 준용)
① 제20조에 따른 사업인정을 받은 사업시행자는 토지조서 및 물건조서의 작성, 보상계획의 공고·통지 및 열람, 보상액의 산정과 토지소유자 및 관계인과의 협의 절차를 거쳐야 한다. 이 경우 제14조부터 제16조까지 및 제68조를 준용한다.
② 사업인정 이전에 제14조부터 제16조까지 및 제68조에 따른 절차를 거쳤으나 협의가 성립되지 아니하고 제20조에 따른 사업인정을 받은 사업으로서 토지조서 및 물건조서의 내용에 변동이 없을 때에는 제1항에도 불구하고 제14조부터 제16조까지의 절차를 거치지 아니할 수 있다. 다만, 사업시행자나 토지소유자 및 관계인이 제16조에 따른 협의를 요구할 때에는 협의하여야 한다.

제34조(재결)
① 토지수용위원회의 재결은 서면으로 한다.
② 제1항에 따른 재결서에는 주문 및 그 이유와 재결일을 적고, 위원장 및 회의에 참석한 위원이 기명날인한 후 그 정본(正本)을 사업시행자, 토지소유자 및 관계인에게 송달하여야 한다.

목차 index

Ⅰ. (물음1)에 대하여
1. 수용재결의 의의 및 취지(토지보상법 제34조)
2. 수용재결의 법적 성질
(1) 형성적 행정행위 여부
(2) 기속행위·재량행위 여부
(3) 제3자효 행정행위 및 공법상 대리의 성격
3. 수용재결의 효과
4. 소결

Ⅱ. (물음2)에 대하여
1. 토지보상법상 공탁제도(토지보상법 제40조)
(1) 공탁의 의의 및 취지
(2) 토지보상법상 공탁의 요건
2. 공탁의 효과
(1) 적법한 공탁
(2) 하자 있는 공탁
(3) 하자 있는 공탁 수령의 효과

3. 쟁송제기를 묵시적 이의유보로 볼 수 있는지
   (1) 학설
   (2) 관련 판례의 태도
      1) 이의유보에 대한 종전 대법원 판례
      2) 묵시적 이의유보에 대한 최근 대법원 판결(2006두15462)
   (3) 사안의 경우

Ⅲ. (물음3)에 대하여
1. 사업인정 전·후 협의의 성립으로 소유권 취득
   (1) 사업인정 전 협의에 의한 소유권 취득(토지보상법 제16조)
   (2) 사업인정 후 협의에 의한 소유권 취득(토지보상법 제26조)
2. 수용의 개시일에 소유권 취득
   (1) 보상금의 지급 및 공탁
   (2) 수용의 개시일에 소유권 취득
3. 수용재결 이후에 협의로 취득할 수 있는지 여부
   (1) 관련 규정의 검토
   (2) 관련 판례의 태도
   (3) 소결
4. 수용재결 무효확인을 구할 실익이 있는지 여부
   (1) 관련 판례의 태도
   (2) 소결

주요 내용 contents

Ⅰ. (물음1)에 대하여

1. 수용재결의 의의 및 취지(토지보상법 제34조)

공익사업을 위한 토지 등의 취득 및 보상에 관한 법률(이하 '토지보상법')상 수용재결이란 사업시행자에게 부여된 수용권의 구체적인 내용을 결정하고 그 실행을 완성시키는 형성적 행위로서 수용의 최종단계에서 공사익 조화를 도모하여 수용목적을 달성함에 제도적 의미가 인정된다. 토지보상법 제34조에 근거한다.

2. 수용재결의 법적 성질

(1) 형성적 행정행위 여부

재결의 본질이 수용권내용을 확정하고 그 실행의 완성에 있으므로 형성적인 행정처분으로 사료된다. 대법원도 '일정한 법률효과의 발생을 목적으로 하는 점에서 일반의 행정처분과 다를 바 없다'고 판시하였다.

(2) 기속행위·재량행위 여부

사업시행자가 재결신청을 하면 관할 토지수용위원회는 형식적 요건이 미비되지 않는 한 재결을 해야 하므로, 재결의 발령 자체는 기속행위로 볼 수 있다. 그러나 토지보상법 제50조 제2항의 단서에 따르면 손실보상금에 관하여 증액재결을 할 수 있고, 사업인정 단계에서 확정된 모든 토지를 수용할 의무를 부담하는 것은 아니고, 재결단계에서 공공성의 판단, 사업시행자의 사업수행의 의사나 능력을 판단하는 점에 비추어 재결의 내용에 있어서는 재량행위로 볼 수 있다.

(3) 제3자효 행정행위 및 공법상 대리의 성격

수용재결은 사업시행자에게는 재산권 취득의 수익적 효과를 피수용자에게는 재산권 박탈의 침익적 효과를 부여하므로, 제3자효 행정행위이다. 또한, 관할 토지수용위원회가 독립적 판단작용을 하므로, 준사법작용과 유사한 당사자심판의 성격, 시심적 쟁송의 성격을 갖고, 수용권자와 피수용권자를 대신하여 수용재결의 사항을 판단하므로 공법상 대리의 성격도 갖고 있다.

3. 수용재결의 효과

사전보상실현 및 사업의 원활한 시행을 위해서 수용재결 시와 개시일로 효력 발생시기를 달리하고 있다.① "수용재결 시"에는 손실보상청구권, 담보물권자의 물상대위권, 인도이전의무, 위험부담이전의 효과가 ② "수용개시일"에는 사업시행자에게는 목적물의 원시취득, 대행 및 대집행권, 토지소유자에게는 환매권 등의 효과가 발생한다.

4. 소결

수용재결은 관할 토지수용위원회가 수용결정을 종국적으로 판단하는 것으로서, 형성적 행정행위이며, 제3자효 행정행위성과 공법상 대리의 성격을 지닌 것이다. 이는 결과적으로 공익사업에 있어서 공사익형량의 마지막 단계라고 할 것이다.

II. (물음2)에 대하여

1. 토지보상법상 공탁제도

(1) 공탁의 의의 및 취지(토지보상법 제40조)

공탁이란 채무를 변제할 의사와 능력이 있는 채무자로 하여금 채권자의 사정으로 채무관계에서 벗어나지 못하게 되는 경우를 대비할 수 있도록 만든 제도이다. 보상금의 공탁이란 사업시행자가 보상금을 관할 공탁소에 공탁함으로써 보상금 지급에 갈음하게 하는 것을 말한다. 사업시행자는 재결에서 정한 수용·사용의 개시일까지 재결에서 정한 보상금을 지급하고자 하여도 보상금을 지급할 수 없는 경우가 있는바, 이러한 경우에 대비하기 위한 것이다. 보상금 공탁제도는 보상금의 공탁을 통해서 재결실효로 인하여 공익사업에 지장이 초래되는 것을 방지하고, 사전보상의 원칙을 관철하며 담보권자 등 관계인의 권익을 보호하고자 하는 취지이다.

(2) 토지보상법상 공탁의 요건(**거알불압**)

① 보상금을 받을 자가 그 수령을 **거**부하거나 보상금을 수령할 수 없는 때, ② 사업시행자의 과실 없이 보상금을 받을 자를 **알** 수 없는 때, ③ 관할 토지수용위원회가 재결한 보상금에 대하여 사업시행자의 **불**복이 있는 때, ④ **압**류 또는 가압류에 의하여 보상금의 지급이 금지

된 때에는 보상금을 공탁할 수 있다. 다만, ③의 경우 사업시행자는 보상금을 받을 자에게 자기가 산정한 보상금을 지급하고 그 금액과 재결한 보상금과의 차액을 공탁하여야 한다.

> 토지보상법 제40조(보상금의 지급 또는 공탁)
> ① 사업시행자는 제38조 또는 제39조에 따른 사용의 경우를 제외하고는 수용 또는 사용의 개시일(토지수용위원회가 재결로써 결정한 수용 또는 사용을 시작하는 날을 말한다. 이하 같다)까지 관할 토지수용위원회가 재결한 보상금을 지급하여야 한다.
> **② 사업시행자는 다음 각 호의 어느 하나에 해당할 때에는 수용 또는 사용의 개시일까지 수용하거나 사용하려는 토지 등의 소재지의 공탁소에 보상금을 공탁(供託)할 수 있다.**
> **1. 보상금을 받을 자가 그 수령을 거부하거나 보상금을 수령할 수 없을 때**
> **2. 사업시행자의 과실 없이 보상금을 받을 자를 알 수 없을 때**
> **3. 관할 토지수용위원회가 재결한 보상금에 대하여 사업시행자가 불복할 때**
> **4. 압류나 가압류에 의하여 보상금의 지급이 금지되었을 때**
> ③ 사업인정고시가 된 후 권리의 변동이 있을 때에는 그 권리를 승계한 자가 제1항에 따른 보상금 또는 제2항에 따른 공탁금을 받는다.
> ④ 사업시행자는 제2항 제3호의 경우 보상금을 받을 자에게 자기가 산정한 보상금을 지급하고 그 금액과 토지수용위원회가 재결한 보상금과의 차액(差額)을 공탁하여야 한다. 이 경우 보상금을 받을 자는 그 불복의 절차가 종결될 때까지 공탁된 보상금을 수령할 수 없다.

2. 공탁의 효과

(1) 적법한 공탁

사업시행자가 보상금을 지급한 것과 동일하므로 의무이행 효과가 발생하므로 수용의 개시일에 목적물의 권리를 취득한다.

(2) 하자 있는 공탁

토지보상법 제40조 공탁요건에 해당되지 않음에도 불구하고 보상금을 지급하지 않고 공탁하는 경우, 보상금의 전부가 아닌 일부분만을 공탁소에 공탁하는 경우는 무효이며, 채권에 부착하고 있지 아니한 조건을 붙여서 행하는 조건부 공탁 역시 「토지수용보상금의 공탁에 관한 사무처리지침」에서도 "반대급부 이행조건부 공탁의 불인정"이라 하여 토지수용보상금의 지급과 수용으로 인한 소유권이전등기는 동시이행관계에 있는 것이 아니므로 토지수용보상금의 공탁서에 소유권이전등기 서류의 교부를 반대급부로 기재한 공탁은 이를 수리할 수 없고 수용대상토지에 대하여 제한물권이나 처분제한의 등기가 있는 경우 그러한 등기의 말소를 반대급부로 기재한 공탁도 이를 수리할 수 없다 하여 이를 인정하고 있지 않다.

(3) 하자 있는 공탁 수령의 효과

피수용자가 보상금에 대하여 불복한다는 의사를 유보하고 공탁금을 수령한 경우에는 재결에 승복하지 않은 것이 되어 쟁송제기가 가능하다. 이때 이의유보의 방법은 공탁금 수령 전에 사업시행자 또는 공탁공무원에게 명시적 또는 묵시적 의사표시를 함으로써 가능하다. 그러나 보상금을 수령하면서 아무런 이의를 제기하지 않은 경우에는 재결에 대하여 승복한 것으로 보아 하자가 치유되며 공탁일에 소급하여 보상금 지급의 효과가 발행한다. 쟁송제기 중에 이의유보 없이 공탁금을 수령한 경우에 이를 이의유보로 보는가에 대해서는 견해가 나뉘나 판례는 행정쟁송을 제기한 경우라 하더라도 이의유보를 하지 않으면 재결에 대한 승복으로 본다.

3. 쟁송제기를 묵시적 이의유보로 볼 수 있는지

(1) 학설

보상금증감청구소송을 제기하고 이의재결된 공탁금을 받아 간 사안에서 명시적인 이의유보가 없는 경우 보상금증감청구소송 자체를 묵시적 이의유보로 볼 수 있는지에 대해 논의가 존재한다. 이와 관련한 학설에는 ① 이의신청 또는 행정쟁송 자체가 '이의유보'에 해당한다는 견해와 ② 이의유보 없이 공탁금을 수령한 경우 '재결에 대한 승복'이라는 견해가 대립한다.

(2) 관련 판례의 태도

1) 이의유보에 대한 종전 대법원 판례

종전 판례는 단순히 소송·이의유보가 있었다는 사실만으로는 이의유보로 볼 수 없다고 판시하였다(대판 1982.11.9, 82누197 전원합의체)

【판결요지】

기업자가 토지수용법 제61조 제2항 제1호에 따라서 토지수용위원회가 재결한 토지수용보상금을 공탁하는 경우, 그 공탁금은 기업자가 토지의 수용에 따라 토지소유자에 대하여 부담하게 되는 보상금의 지급의무를 이행하기 위한 것으로서 민법 제487조에 의한 변제공탁과 다를 바 없으므로, 토지소유자가 아무런 이의도 보류하지 아니한 채 공탁금을 수령하였다면, 공탁의 효력을 인정하고 토지수용위원회의 재결에 승복하여 공탁의 취지에 따라 보상금을 수령한 것으로 보는 것이 상당하고, 따라서 공탁사유에 따른 법률효과가 발생되어 기업자의 보상금 지급의무는 확정적으로 소멸하는 것인 바, <u>이 경우 이의보류의 의사표시는 반드시 명시적으로 하여야 하는 것은 아니지만 토지소유자가 공탁물을 수령할 당시 원재결에서 정한 보상금을 증액하기로 한 이의신청의 재결에 대하여 토지소유자가 제기한 행정소송이 계속 중이었다는 사실만으로는, 묵시적인 이의보류의 의사표시가 있었다고 볼 수 없다.</u>

(출처: 대법원 1990.1.25. 선고 89누4109 판결 [토지수용재결처분취소])

2) 묵시적 이의유보에 대한 최근 대법원 판결(2006두15462)

최근 판례의 태도는 '소송 후 상당한 비용을 감정평가 비용으로 지출한 점', '청구금액에 상당히 미달하는 금액을 수령한 점', '사업시행자도 수령자의 보상금 수령행위가 수용법률관계의 종결의사가 아니라고 인식한 점'을 종합적으로 고려할 때 이는 묵시적 이의유보 의사 표시로 볼 수 있다고 판시하였다(대판 2009.11.12, 2006두15462).

대법원 2009.11.12. 선고 2006두15462 판결 [손실보상금]

【판시사항】

[1] 토지수용절차에서 보상금 수령 시 사업시행자에 대한 이의유보의 의사표시를 반드시 명시적으로 하여야 하는지 여부(소극)

[2] 도시계획시설사업지구에 편입된 토지 등의 소유자가 수용재결에서 정한 토지 보상금은 이의를 유보하여 수령하였으나 보상금증감에 관한 행정소송을 제기한 후 이의재결에서 증액된 보상금에 대하여는 이의유보의 뜻을 표시하지 않은 채 수령한 사안에서, 묵시적인 이의유보의 의사표시가 있었다고 볼 수 있다고 한 사례

【이유】

토지수용절차에서 보상금 수령 시 사업시행자에 대한 이의유보의 의사표시는 반드시 명시적으로 하여야 하는 것은 아니므로(대법원 1989.7.25, 88다카11053 판결 참조), 위와 같이 원고가 이의재결에 따라 증액된 보상금을 수령할 당시 수용보상금의 액수를 다투어 행정소송을 제기하고 상당한 감정비용(그 이후 결정된 이의재결의 증액된 보상금을 초과하는 금액이다)을 예납하여 시가감정을 신청한 점, 원고가 수령한 이의재결의 증액 보상금은 원고가 이 사건 소장에 시가감정을 전제로 잠정적으로 기재한 최초 청구금액의 1/4에도 미치지 못하는 금액인 점, 수용보상금의 증감만을 다투는 행정소송에서 통상 시가감정 외에는 특별히 추가적인 절차비용의 지출이 요구되지는 않으므로 원고로서는 이의재결의 증액 보상금 수령 당시 이 사건 소송결과를 확인하기 위하여 더 이상의 부담되는 지출을 추가로 감수할 필요는 없는 상황이었던 점, 피고 소송대리인도 위와 같은 증액 보상금의 수령에 따른 법률적 쟁점을 제1심에서 즉시 제기하지 아니하고 그로부터 약 6개월이 경과하여 원심에서 비로소 주장하기 시작한 점 등에 비추어 보면, 이미 상당한 금액의 소송비용을 지출한 원고가 이 사건 소장에 기재한 최초 청구금액에도 훨씬 못 미치는 이의재결의 증액분을 수령한 것이 이로써 이 사건 수용보상금에 관한 다툼을 일체 종결하려는 의사는 아니라는 점은 피고도 충분히 인식하였거나 인식할 수 있었다고 봄이 상당하고, 따라서 원고는 위와 같은 소송 진행 과정과 시가감정의 비용지출 등을 통하여 이의재결의 증액 보상금에 대하여는 이 사건 소송을 통하여 확정될 정당한 수용보상금의 일부로 수령한다는 묵시적인 의사표시의 유보가 있었다고 볼 수 있다.

(3) 사안의 경우

최근 대법원 판례의 태도는 구체적인 사안의 개별성을 검토하여 공탁 취지의 실효성을 고려한 것으로 판단된다. 사안에서 피수용자는 보상금증액청구소송을 제기하면서 감정비용을 예납한 사실을 알 수 있듯이 이에 대한 불복 의사를 가지고 있었다. 또한 피수용자가 수령한 증액보상금은 청구금액의 1/4에도 미치지 못하는 금액이고 사업시행자는 변론과정에서 이의유보를 하지 않은 것에 대해, 알면서도 별다른 이의를 제기하지 않았다. 이러한 점들을 고려한다면 피수용자는 이의재결의 증액 보상금에 대하여는 보상금증감청구소송을 통하여 확정될 정당한 수용보상금의 일부로 수령한다는 묵시적인 의사표시의 유보가 있었다고 볼 수 있다.

Ⅲ. (물음3)에 대하여

1. 사업인정 전·후 협의의 성립으로 소유권 취득

(1) 사업인정 전 협의에 의한 소유권 취득(토지보상법 제16조)

1) 사업인정 전 협의의 의의 및 취지

토지보상법 제20조에 따른 사업인정을 받기 이전에 사업시행자와 피수용자가 협의하는 것을 말하며, 이는 수용당사자 간의 의사를 존중하여 최소침해 원칙을 실현하고자 함에 제도적 취지가 인정된다.

2) 사업인정 전 협의에 의한 소유권 취득

법률행위에 의한 물권변동으로서, 협의에 의하여 계약이 체결되면 사업시행자는 토지소유자 및 관계인에게 보상금을 지급하고 공익사업에 필요한 토지 등을 취득하게 된다. 이 경우의 취득은 승계취득으로서 등기를 요하게 된다.

(2) 사업인정 후 협의에 의한 소유권 취득(토지보상법 제26조)

1) 사업인정 후 협의의 의의 및 취지

사업인정 후 협의란 사업인정 이후 토지 등의 권리취득 등에 대한 사업시행자 및 토지소유자 등 양당사자의 의사의 합치로서 최소침해요청과 사업의 원활한 진행 및 피수용자의 의견존중에 취지가 있다.

2) 사업인정 후 협의에 의한 소유권 취득

법률행위에 의한 물권변동으로서, 협의가 성립되면 계약내용에 따라 목적물을 취득한다. 판례는 협의성립확인이 없으면 승계취득에 해당한다고 보며, 이 역시 등기를 요하게 된다.

【판결요지】

기업자와 토지 소유자 사이에 토지수용법 제25조가 정하는 협의가 성립하였으나 기업자가 같은 법 제25조의2가 정하는 바에 따라 협의성립에 관하여 관할 토지수용위원회의 확인을 받지 아니한 경우에 기업자가 토지소유권을 취득하기 위하여는 법률행위로 인한 부동산물권변동의 일반원칙에 따라 소유권이전등기를 마쳐야 하고, 소유권이전등기를 마치지 아니하고도 토지소유권을 원시취득하는 것은 아니다.

(출처: 대법원 1997.7.8. 선고 96다53826 판결 [소유권이전등기말소등])

2. 수용의 개시일에 소유권 취득

(1) 보상금의 지급 및 공탁

사업시행자는 위와 같은 협의가 성립되지 아니하거나 협의를 할 수 없을 때에는 사업인정고시가 된 날부터 1년 이내에 대통령령으로 정하는 바에 따라 관할 토지수용위원회에 재결을 신청할 수 있고(제28조 제1항), 이때 토지수용위원회는 '1. 수용하거나 사용할 토지의 구역 및 사용방법, 2. 손실보상, 3. 수용 또는 사용의 개시일과 기간' 등에 관하여 재결하며(제50조 제1항), 사업시행자가 수용 또는 사용의 개시일까지 관할 토지수용위원회가 재결한 보상금을 지급하거나 공탁하지 아니하여 재결이 효력을 상실하지 않는 이상(제42조 제1항), 사업시행자는 수용이나 사용의 개시일에 토지나 물건의 소유권 또는 사용권을 취득한다.

(2) 수용의 개시일에 소유권 취득

수용재결에 의한 취득은 법률규정에 의한 물권변동에 해당하게 되며, 수용재결을 통해 수용의 개시일에 소유권을 취득하게 되면 이는 원시취득의 성질을 지니게 된다. 취득을 위해서 별도의 등기를 필요로 하지는 않지만, 이후 처분을 하기 위해서는 등기가 필요하다.

3. 수용재결 이후에 협의로 취득할 수 있는지 여부

(1) 관련 규정의 검토

토지보상법 제1조(목적)

이 법은 공익사업에 필요한 토지 등을 협의 또는 수용에 의하여 취득하거나 사용함에 따른 손실의 보상에 관한 사항을 규정함으로써 공익사업의 효율적인 수행을 통하여 공공복리의 증진과 재산권의 적정한 보호를 도모하는 것을 목적으로 한다.

토지보상법 제42조(재결의 실효)

① 사업시행자가 수용 또는 사용의 개시일까지 관할 토지수용위원회가 재결한 보상금을 지급하거나 공탁하지 아니하였을 때에는 해당 토지수용위원회의 재결은 효력을 상실한다.

② 사업시행자는 제1항에 따라 재결의 효력이 상실됨으로 인하여 토지소유자 또는 관계인이 입은 손실을 보상하여야 한다.

③ 제2항에 따른 손실보상에 관하여는 제9조 제5항부터 제7항까지의 규정을 준용한다.

토지보상법 제83조(이의의 신청)

① 중앙토지수용위원회의 제34조에 따른 재결에 이의가 있는 자는 중앙토지수용위원회에 이의를 신청할 수 있다.

② 지방토지수용위원회의 제34조에 따른 재결에 이의가 있는 자는 해당 지방토지수용위원회를 거쳐 중앙토지수용위원회에 이의를 신청할 수 있다.

③ 제1항 및 제2항에 따른 이의의 신청은 재결서의 정본을 받은 날부터 30일 이내에 하여야 한다.

토지보상법 제85조(행정소송의 제기)

① 사업시행자, 토지소유자 또는 관계인은 제34조에 따른 재결에 불복할 때에는 재결서를 받은 날부터 90일 이내에, 이의신청을 거쳤을 때에는 이의신청에 대한 재결서를 받은 날부터 60일 이내에 각각 행정소송을 제기할 수 있다. 이 경우 사업시행자는 행정소송을 제기하기 전에 제84조에 따라 늘어난 보상금을 공탁하여야 하며, 보상금을 받을 자는 공탁된 보상금을 소송이 종결될 때까지 수령할 수 없다.

② 제1항에 따라 제기하려는 행정소송이 보상금의 증감(增減)에 관한 소송인 경우 그 소송을 제기하는 자가 토지소유자 또는 관계인일 때에는 사업시행자를, 사업시행자일 때에는 토지소유자 또는 관계인을 각각 피고로 한다.

(2) 관련 판례의 태도

【판결요지】

공익사업을 위한 토지 등의 취득 및 보상에 관한 법률(이하 '토지보상법'이라 한다)은 사업시행자로 하여금 우선 협의취득 절차를 거치도록 하고, 협의가 성립되지 않거나 협의를 할 수 없을 때에 수용재결취득 절차를 밟도록 예정하고 있기는 하다. 그렇지만 일단 토지수용위원회가 수용재결을 하였더라도 사업시행자로서는 수용 또는 사용의 개시일까지 토지수용위원회가 재결한 보상금을 지급 또는 공탁하지 아니함으로써 재결의 효력을 상실시킬 수 있는 점, 토지소유자 등은 수용재결에 대하여 이의를 신청하거나 행정소송을 제기하여 보상금의 적정 여부를 다툴 수 있는데, 그 절차에서 사업시행자와 보상금액에 관하여 임의로 합의할 수 있는 점, 공익사업의 효율적인 수행을 통하여 공공복리를 증진시키고, 재산권을 적정하게 보호하려는 토지보상법의 입법 목적(제1조)에 비추어 보더라도 수용재결이 있은 후에 사법상 계약의 실질을 가지는 협의취득 절차를 금지해야 할 별다른 필요성을 찾기 어려운 점 등을 종합해 보면, <u>토지수용위원회의 수용재결이 있은 후라고 하더라도</u>

토지소유자 등과 사업시행자가 다시 협의하여 토지 등의 취득이나 사용 및 그에 대한 보상에 관하여 임의로 계약을 체결할 수 있다고 보아야 한다.

(출처: 대법원 2017.4.13. 선고 2016두64241 판결 [수용재결무효확인])

(3) 소결

생각건대, 협의취득은 공용수용절차에 있어서 피수용자에게 최소침해의 원칙을 관철하기 위한 것이라는 점, 토지보상법 제1조의 공익사업의 효율적인 수행을 위해서 협의취득을 금지할 별다른 필요성이 없는 점, 또한 공용수용은 헌법상 재산권 보호의 요청상 최소침해의 원칙을 관철해야 한다는 헌법 제23조의 취지에 따르면, 수용재결이 있다고 하더라도 별도로 협의취득을 할 수 있다고 보는 판례의 태도가 타당하다.

4. 수용재결 무효확인을 구할 실익이 있는지 여부

(1) 관련 판례의 태도

【판결요지】

중앙토지수용위원회가 지방국토관리청장이 시행하는 공익사업을 위하여 갑 소유의 토지에 대하여 수용재결을 한 후, 갑과 사업시행자가 '공공용지의 취득협의서'를 작성하고 협의취득을 원인으로 소유권이전등기를 마쳤는데, 갑이 '사업시행자가 수용개시일까지 수용재결보상금 전액을 지급·공탁하지 않아 수용재결이 실효되었다'고 주장하며 수용재결의 무효확인을 구하는 소송을 제기한 사안에서, 갑과 사업시행자가 수용재결이 있은 후 토지에 관하여 보상금액을 새로 정하여 취득협의서를 작성하였고, 이를 기초로 소유권이전등기까지 마친 점 등을 종합해 보면, 갑과 사업시행자가 수용재결과는 별도로 '토지의 소유권을 이전한다는 점과 그 대가인 보상금의 액수'를 합의하는 계약을 새로 체결하였다고 볼 여지가 충분하고, 만약 이러한 별도의 협의취득 절차에 따라 토지에 관하여 소유권이전등기가 마쳐진 것이라면 설령 갑이 수용재결의 무효확인 판결을 받더라도 토지의 소유권을 회복시키는 것이 불가능하고, 나아가 무효확인으로써 회복할 수 있는 다른 권리나 이익이 남아 있다고도 볼 수 없다고 한 사례

(출처: 대법원 2017.4.13. 선고 2016두64241 판결 [수용재결무효확인])

(2) 소결

생각건대, 당사자가 협의 취득을 통해서 소유권이 이전되었다면, 수용재결의 무효확인을 구하더라도 협의 자체가 착오 또는 사기 등으로 인해 하자가 있는 것이 아니라면 다시 소유권을 회복할 수는 없다고 판단된다. 따라서 무효확인을 통해 회복할 수 있는 다른 권리나 이익이 남아있다고 보지 않은 판례의 태도가 타당하다고 생각된다.

쟁점 3 농업손실보상청구권의 법적 성질과 손실보상

공익사업을 위한 토지 등의 취득 및 보상에 관한 법률(이하 '토지보상법') 시행규칙 제48조 제1항, 제2항에 의하면 실제소득을 입증하는 경작지에 대하여는 그 면적에 단위경작면적당 3년간 실제소득 평균의 2년분을 곱하여 산정한 금액을 영농손실액으로 보상하도록 하고 있는데, 농지를 소유하고 농사를 짓는 甲은 영위한 콩나물재배업(이하 '시설콩나물'이라고 한다)의 단위경작면적당 실제소득은 농작물실제소득인정기준(2013.7.5. 국토교통부 고시 제2013-401호, 이하 '이 사건 기준'이라 한다) 제4조에서 정한 바에 의하여 증명되므로 甲은 토지보상법 시행규칙 제48조 제2항에 따라 영농손실을 보상받아야 한다고 주장하고 있다. 다음 물음에 답하시오. 30점 **(아래 문제는 대법원 2023.8.18. 선고 2022두34913 판결을 기초함)**

(1) 대법원 2011.10.13. 선고 2009다43461 판결에 따라 토지보상법 제77조 제2항에서 정한 농업손실보상청구권에 관한 쟁송은 행정소송절차에 의하여야 하는지 여부와 공익사업으로 인하여 농업손실을 입게 된 자가 사업시행자에게서 위 규정에 따른 보상을 받기 위해서는 재결절차를 거쳐야 하는지 여부를 설명하시오. 10점

(2) 토지보상법 제77조 제2항, 같은 법 시행규칙 제48조 제2항 본문에서 정한 '영농손실보상'의 법적 성격을 설명하고, 같은 법 시행규칙 제48조에서 규정한 영농손실보상은 공익사업시행지구 안에서 수용의 대상인 농지를 이용하여 경작을 하는 자가 그 농지의 수용으로 인하여 장래에 영농을 계속하지 못하게 되어 특별한 희생이 생기는 경우 이를 보상하기 위한 것인지 여부를 설명하시오. 10점

(3) 토지보상법 시행규칙 제48조 제2항 단서 제2호의 '직접 해당 농지의 지력을 이용하지 아니하고 재배 중인 작물을 이전하여 해당 영농을 계속하는 것이 가능하다고 인정하는 작목 및 재배방식'을 규정한 '농작물실제소득인정기준'(국토교통부고시) 제6조 제3항 [별지 2]에 열거되어 있지 아니한 시설콩나물 재배업에 관하여도 같은 시행규칙 제48조 제2항 단서 제2호를 적용할 수 있는지 여부를 설명하시오. 10점

목차 index

Ⅲ. (물음2)에 대하여
  1. 농업손실보상의 법적 성질
    (1) 학설의 대립
    (2) 판례의 태도
    (3) 검토
  2. 영농손실보상이 장래에 영농을 계속하지 못하게 되어 특별한 희생이 생기는 경우 이를 보상하기 위한 것인지 여부
    (1) 특별한 희생의 의미 및 판단기준
    (2) 관련 판례의 검토
    (3) 검토

Ⅳ. (물음3)에 대하여
  1. 관련 규정의 검토('토지보상법' 시행규칙 제48조 제2항)
  2. 관련 판례의 검토
  3. 사안의 경우

Ⅴ. 사안의 해결

주요 내용 contents

Ⅰ. 논점의 정리

해당 사안은 공익사업을 위한 토지 등의 취득 및 보상에 관한 법률(이하 '토지보상법')에서 농업손실보상에 대한 쟁점이다. 손실보상이란 공공필요에 의한 적법한 공권력의 행사로 가하여진 개인의 특별한 재산권침해에 대하여, 행정주체가 사유재산권보장과 평등부담원칙 및 생존권 보장차원에서 행하는 조절적인 재산권 전보를 말한다. 이는 재산권보장에 대한 예외적인 조치이므로 이에 대한 검토는 국민의 권리보호와 관련하여 중대한 위치를 차지한다. 이하에서 농업손실보상에 대하여 설명한 후, 물음에 답하도록 한다.

Ⅱ. (물음1)에 대하여

1. 농업손실보상의 의의 및 근거규정

농업손실보상이란 공익사업시행지구에 편입되는 농지에 대하여 당해 지역의 단위 경작 면적당 농작물 수입의 2년분을 보상함을 의미한다. 토지보상법 제77조 및 동법 시행규칙 제48조에 근거 규정을 두고 있다.

2. 농업손실보상의 성격

수용대상인 농지의 경작자 등에 대한 2년분의 영농손실보상은 그 농지의 수용으로 인하여 장래에 영농을 계속하지 못하게 되어 생기는 이익 상실 등에 대한 보상을 하기 위한 것이다. 즉, 농업손실보상은 전업에 소요되는 기간을 고려한 합리적 기대이익의 상실에 대한 보상으로 일실손실의 보상이며, 유기체적인 생활을 종전상태로 회복하는 의미에서 생활보상의 성격도 존재한다.

3. 농업손실보상을 받기 위해서 재결절차를 거쳐야 하는지 여부

(1) 관련 판례의 태도

【판시사항】

[1] 구 공익사업을 위한 토지 등의 취득 및 보상에 관한 법률 제77조 제2항에서 정한 농업손실보상 청구권에 관한 쟁송은 행정소송절차에 의하여야 하는지 여부(적극) 및 공익사업으로 인하여 농업손실을 입게 된 자가 사업시행자에게서 위 규정에 따른 보상을 받기 위해서는 재결절차를 거쳐야 하는지 여부(적극)

[2] 갑 등이 자신들의 농작물 경작지였던 각 토지가 공익사업을 위하여 수용되었음을 이유로 공익사업 시행자를 상대로 구 공익사업을 위한 토지 등의 취득 및 보상에 관한 법률 제77조 제2항에 의하여 농업손실보상을 청구한 사안에서, 갑 등이 재결절차를 거쳤는지를 전혀 심리하지 아니한 채 농업손실보상금 청구를 민사소송절차에 의하여 처리한 원심판결을 파기한 사례

【판결요지】

[1] 구 공익사업을 위한 토지 등의 취득 및 보상에 관한 법률(2007.10.17. 법률 제8665호로 개정되기 전의 것, 이하 '구 공익사업법'이라 한다) 제77조 제2항은 "농업의 손실에 대하여는 농지의 단위면적당소득 등을 참작하여 보상하여야 한다."고 규정하고, 같은 조 제4항은 "제1항 내지 제3항의 규정에 의한 보상액의 구체적인 산정 및 평가방법과 보상기준은 건설교통부령으로 정한다."고 규정하고 있으며, 이에 따라 구 공익사업을 위한 토지 등의 취득 및 보상에 관한 법률 시행규칙(2007.4.12.건설교통부령 제556호로 개정되기 전의 것)은 농업의 손실에 대한 보상(제48조), 축산업의 손실에 대한 평가(제49조), 잠업의 손실에 대한 평가(제50조)에 관하여 규정하고 있다. 위 규정들에 따른 농업손실보상청구권은 공익사업의 시행 등 적법한 공권력의 행사에 의한 재산상의 특별한 희생에 대하여 전체적인 공평부담의 견지에서 공익사업의 주체가 그 손해를 보상하여 주는 손실보상의 일종으로 공법상의 권리임이 분명하므로 그에 관한 쟁송은 민사소송이 아닌 행정소송절차에 의하여야 할 것이고, 위 규정들과 구 공익사업법 제26조, 제28조, 제30조, 제34조, 제50조, 제61조, 제83조 내지 제85조의 규정 내용 및 입법 취지 등을 종합하여 보면, 공익사업으로 인하여 농업의 손실을 입게 된 자가 사업시행자로부터 구 공익사업법 제77조 제2항에 따라 농업손실에 대한 보상을 받기 위해서는 구 공익사업법 제34조, 제50조 등에 규정된 재결절차를 거친 다음 그 재결에 대하여 불복이 있는 때에 비로소 구 공익사업법 제83조 내지 제85조에 따라 권리구제를 받을 수 있다.

[2] 갑 등이 자신들의 농작물 경작지였던 각 토지가 공익사업을 위하여 수용되었음을 이유로 공익사업 시행자를 상대로 구 공익사업을 위한 토지 등의 취득 및 보상에 관한 법률(2007.10.17. 법률 제8665호로 개정되기 전의 것, 이하 '구 공익사업법'이라 한다) 제77조 제2항에 의하여 위 농작물에 대한 농업손실보상을 청구한 사안에서, 원심으로서는 농업손실보상금 청구가 구 공익사업법 제34조, 제50조 등에 규정된 재결절차를 거쳐 같은 법 제83조 내지 제85조에 따른 당사자소송에 의한 것인지를 심리했어야 함에도, 이를 간과하여 갑 등이 재결절차를 거쳤는지를 전혀 심리하지 아니한 채 농업손실보상금 청구를 민사소송절차에 의하여 처리한 원심판결에는 농업손실보상금 청구의 소송형태에 관한 법리오해의 위법이 있다고 한 사례

(대판 2011.10.13, 2009다43461)

(2) 검토

농업손실보상청구권은 공익사업의 시행 등 적법한 공권력의 행사에 의한 재산상의 특별한 희생에 대하여 전체적인 공평부담의 견지에서 공익사업의 주체가 그 손해를 보상하여 주는

손실보상의 일종으로 공법상의 권리임이 분명하므로 그에 관한 쟁송은 민사소송이 아닌 행정소송절차에 의하여야 할 것이다. 또한, 농업손실에 대한 보상을 받기 위해서는 토지보상법 제34조, 제50조 등에 규정된 재결절차를 거친 다음 그 재결에 대하여 불복이 있는 때에 비로소 토지보상법 제83조 내지 제85조에 따라 권리구제를 받을 수 있을 것으로 판단된다.

Ⅲ. (물음2)에 대하여

1. 농업손실보상의 법적 성질

(1) 학설의 대립

손실보상청구권은 원인이 되는 공용침해행위와는 별개의 권리이며 기본적으로 금전지급청구권이므로 사법상의 금전지급청구권과 다르지 않다고 보는 사권설과 손실보상청구권은 공권력 행사인 공용침해로 인하여 발생한 권리이며 공익성이 고려되어야 하므로 공권으로 보아야 한다는 공권설이 대립한다.

(2) 판례의 태도

【판결요지】

구 공익사업을 위한 토지 등의 취득 및 보상에 관한 법률(2007.10.17. 법률 제8665호로 개정되기 전의 것, 이하 '구 공익사업법'이라 한다) 제77조 제2항은 "농업의 손실에 대하여는 농지의 단위면적당 소득 등을 참작하여 보상하여야 한다."고 규정하고, 같은 조 제4항은 "제1항 내지 제3항의 규정에 의한 보상액의 구체적인 산정 및 평가방법과 보상기준은 건설교통부령으로 정한다."고 규정하고 있으며, 이에 따라 구 공익사업을 위한 토지 등의 취득 및 보상에 관한 법률 시행규칙(2007.4.12. 건설교통부령 제556호로 개정되기 전의 것)은 농업의 손실에 대한 보상(제48조), 축산업의 손실에 대한 평가(제49조), 잠업의 손실에 대한 평가(제50조)에 관하여 규정하고 있다. 위 규정들에 따른 농업손실보상청구권은 공익사업의 시행 등 적법한 공권력의 행사에 의한 재산상의 특별한 희생에 대하여 전체적인 공평부담의 견지에서 공익사업의 주체가 그 손해를 보상하여 주는 손실보상의 일종으로 공법상의 권리임이 분명하므로 그에 관한 쟁송은 민사소송이 아닌 행정소송절차에 의하여야 할 것이고, 위 규정들과 구 공익사업법 제26조, 제28조, 제30조, 제34조, 제50조, 제61조, 제83조 내지 제85조의 규정 내용 및 입법 취지 등을 종합하여 보면, 공익사업으로 인하여 농업의 손실을 입게 된 자가 사업시행자로부터 구 공익사업법 제77조 제2항에 따라 농업손실에 대한 보상을 받기 위해서는 구 공익사업법 제34조, 제50조 등에 규정된 재결절차를 거친 다음 그 재결에 대하여 불복이 있는 때에 비로소 구 공익사업법 제83조 내지 제85조에 따라 권리구제를 받을 수 있다.

(출처: 대법원 2011.10.13. 선고 2009다43461 판결 [농업손실보상금])

(3) 검토

손실보상은 공법상 원인을 이유로 이루어지고, 개정안에서는 손실보상에 관한 소송을 당사자소송으로 하도록 규정하고 있는 점에 비추어 공권으로 봄이 타당하다고 생각한다.

2. 영농손실보상이 장래에 영농을 계속하지 못하게 되어 특별한 희생이 생기는 경우 이를 보상하기 위한 것인지 여부

(1) 특별한 희생의 의미 및 판단기준

특별한 희생이란 재산권의 사회적 제약(헌법 제23조 제2항)을 넘어서는 손해를 의미하는데 이에 대한 판단에 있어 학설은 인적 범위의 특정 여부로 판단하는 형식적 기준설과, ① 보호가치설, ② 수인한도설, ③ 목적위배설, ④ 사적효용설 등 침해의 성질과 강도에 따라 판단하는 실질적 기준설이 있다. 한편, 대법원은 개발제한구역 지정을 특별한 희생이 아니라 한 바 있으며, 헌법재판소는 개발제한구역 내 예외적인 경우 ① 종래 목적위배, ② 사적효용이 없는 경우 등에 특별한 희생을 인정한 바 있다.

(2) 관련 판례의 검토

【판시사항】

[1] 구 공익사업을 위한 토지 등의 취득 및 보상에 관한 법률 제77조 제2항, 같은 법 시행규칙 제48조 제2항 본문에서 정한 '영농손실보상'의 법적 성격 / 같은 법 시행규칙 제48조에서 규정한 영농손실보상은 공익사업시행지구 안에서 수용의 대상인 농지를 이용하여 경작을 하는 자가 그 농지의 수용으로 인하여 장래에 영농을 계속하지 못하게 되어 특별한 희생이 생기는 경우 이를 보상하기 위한 것인지 여부(적극)

【판결요지】

[1] 공공필요에 의한 재산권의 수용・사용 또는 제한 및 그에 대한 보상은 법률로써 하되, 정당한 보상을 지급하여야 한다(헌법 제23조 제3항). 구 공익사업을 위한 토지 등의 취득 및 보상에 관한 법률(2020.6.9. 법률 제17453호로 개정되기 전의 것, 이하 '구 토지보상법'이라고 한다) 제77조 소정의 영업의 손실 등에 대한 보상은 위와 같은 헌법상의 정당한 보상 원칙에 따라 공익사업의 시행 등 적법한 공권력의 행사에 의한 재산상의 특별한 희생에 대하여 사유재산권의 보장과 전체적인 공평부담의 견지에서 행하여지는 조절적인 재산적 보상이다. 특히 구 토지보상법 제77조 제2항, 구 **공익사업을 위한 토지 등의 취득 및 보상에 관한 법률 시행규칙(2020.12.11. 국토교통부령 제788호로 개정되기 전의 것, 이하 '구 토지보상법 시행규칙'이라고 한다) 제48조 제2항 본문에서 정한 영농손실보상(이하 '영농보상'이라고 한다)은 편입토지 및 지장물에 관한 손실보상과는 별개로 이루어지는 것으로서, 농작물과 농지의 특수성으로 인하여 같은 시행규칙 제46조에서 정한 폐업보상과 구별해서 농지가 공익사업시행지구에 편입되어 공익사업의 시행으로 더 이상 영농을 계속할 수 없게 됨에 따라 발생하는 손실에 대하여 원칙적으로 같은 시행규칙 제46조에서 정한 폐업보상과 마찬가지로 장래의 2년간 일실소득을 보상함으로써, 농민이 대체 농지를 구입하여 영농을 재개하거나 다른 업종으로 전환하는 것을 보장하기 위한 것이다. 즉, 영농보상은 원칙적으로 농민이 기존 농업을 폐지한 후 새로운 직업활동을 개시하기까지의 준비기간 동안에 농민의 생계를 지원하는 간접보상이자 생활보상으로서의 성격을 가진다.**

영농보상은 그 보상금을 통계소득을 적용하여 산정하든, 아니면 해당 농민의 최근 실제소득을 적용하여 산정하든 간에, 모두 장래의 불확정적인 일실소득을 예측하여 보상하는 것으로, 기존에 형성된 재산의 객관적 가치에 대한 '완전한 보상'과는 그 법적 성질을 달리한다.

결국 <u>구 토지보상법 시행규칙 제48조 소정의 영농보상 역시 공익사업시행지구 안에서 수용의 대상인 농지를 이용하여 경작을 하는 자가 그 농지의 수용으로 인하여 장래에 영농을 계속하지</u>

> 못하게 되어 특별한 희생이 생기는 경우 이를 보상하기 위한 것이기 때문에, 위와 같은 재산상의 특별한 희생이 생겼다고 할 수 없는 경우에는 손실보상 또한 있을 수 없고, 이는 구 토지보상법 시행규칙 제48조 소정의 영농보상이라고 하여 달리 볼 것은 아니다.
> (대법원 2023.8.18. 선고 2022두34913 판결 [손실보상금])

(3) 검토

영농손실보상은 편입토지 및 지장물에 대한 보상과는 별개로 이루어지는 것으로서 공익사업에 편입됨으로인해 더 이상 영농을 계속할 수 없게 됨에 따라 발생하는 손실에 대해 장래 2년간 일실소득을 보상하여 농민의 생계를 지원하는 간접보상이자 생활보상의 성격을 가진다. 결국 영농보상 역시 공익사업지구 내에서 농지를 이용하여 경작하는 자가 농지의 수용으로 인해 장래 영농을 계속하지 못하게 되어 특별한 희생이 발생하는 경우에 이를 보상하기 위한 것으로, 재산상의 특별한 희생이 생겼다고 볼 수 없는 경우에는 손실보상이 있을 수 없다고 판단된다.

Ⅳ. (물음3)에 대하여

1. 관련 규정의 검토(토지보상법 시행규칙 제48조 제2항)

토지보상법 시행규칙 제48조(농업의 손실에 대한 보상)

① 공익사업시행지구에 편입되는 농지(「농지법」 제2조 제1호 가목 및 같은 법 시행령 제2조 제3항 제2호 가목에 해당하는 토지를 말한다. 이하 이 조와 제65조에서 같다)에 대하여는 그 면적에 「통계법」 제3조 제3호에 따른 통계작성기관이 매년 조사・발표하는 농가경제조사통계의 도별 농업총수입 중 농작물수입을 도별 표본농가현황 중 경지면적으로 나누어 산정한 도별 연간 농가평균 단위경작면적당 농작물총수입(서울특별시・인천광역시는 경기도, 대전광역시는 충청남도, 광주광역시는 전라남도, 대구광역시는 경상북도, 부산광역시・울산광역시는 경상남도의 통계를 각각 적용한다)의 직전 3년간 평균의 2년분을 곱하여 산정한 금액을 영농손실액으로 보상한다.

② 국토교통부장관이 농림축산식품부장관과의 협의를 거쳐 관보에 고시하는 농작물실제소득인정기준(이하 "농작물실제소득인정기준"이라 한다)에서 정하는 바에 따라 실제소득을 입증하는 자가 경작하는 편입농지에 대해서는 제1항에도 불구하고 그 면적에 단위경작면적당 3년간 실제소득 평균의 2년분을 곱하여 산정한 금액을 영농손실액으로 보상한다. 다만, 다음 각 호의 어느 하나에 해당하는 경우에는 각 호의 구분에 따라 산정한 금액을 영농손실액으로 보상한다.

1. 단위경작면적당 실제소득이 「통계법」 제3조 제3호에 따른 통계작성기관이 매년 조사・발표하는 농축산물소득자료집의 작목별 평균소득의 2배를 초과하는 경우: 해당 작목별 단위경작면적당 평균생산량의 2배(단위경작면적당 실제소득이 현저히 높다고 농작물실제소득인정기준에서 따로 배수를 정하고 있는 경우에는 그에 따른다)를 판매한 금액을 단위경작면적당 실제소득으로 보아 이에 2년분을 곱하여 산정한 금액
2. 농작물실제소득인정기준에서 직접 해당 농지의 지력(地力)을 이용하지 아니하고 재배 중인 작물을 이전하여 해당 영농을 계속하는 것이 가능하다고 인정하는 경우: 단위경작면적당 실제소득(제1호의 요건에 해당하는 경우에는 제1호에 따라 결정된 단위경작면적당 실제소득을 말한다)의 4개월분을 곱하여 산정한 금액

〈이하 생략〉

2. 관련 판례의 검토

【판시사항】

[2] 구 공익사업을 위한 토지 등의 취득 및 보상에 관한 법률 시행규칙 제48조 제2항 단서 제2호의 '직접 해당 농지의 지력을 이용하지 아니하고 재배 중인 작물을 이전하여 해당 영농을 계속하는 것이 가능하다고 인정하는 작목 및 재배방식'을 규정한 '농작물실제소득인정기준'(국토교통부고시) 제6조 제3항 [별지 2]에 열거되어 있지 아니한 시설콩나물 재배업에 관하여도 같은 시행규칙 제48조 제2항 단서 제2호를 적용할 수 있는지 여부(적극)

【판결요지】

[2] 관련 법리와 구 공익사업을 위한 토지 등의 취득 및 보상에 관한 법률 시행규칙(2020.12.11. 국토교통부령 제788호로 개정되기 전의 것, 이하 '구 토지보상법 시행규칙'이라고 한다) 제48조 제2항 단서 제2호의 신설 경과 등에 비추어 보면, 국토교통부장관이 농림축산식품부장관과의 협의를 거쳐 관보에 고시하는 '농작물실제소득인정기준' 제6조 제3항 [별지 2]에 열거된 작목 및 재배방식에 시설콩나물 재배업이 포함되어 있지 않더라도 시설콩나물 재배업에 관하여도 구 토지보상법 시행규칙 제48조 제2항 단서 제2호를 적용할 수 있다고 봄이 타당하다. 그 이유는 다음과 같다.

(가) 관련 법령의 내용, 형식 및 취지 등에 비추어 보면, 공공필요에 의한 수용 등으로 인한 손실의 보상은 정당한 보상이어야 하고, 영농손실에 대한 정당한 보상은 수용되는 '농지의 특성과 영농상황' 등 고유의 사정이 반영되어야 한다.

(나) 농지의 지력을 이용한 재배가 아닌 용기에 식재하여 재배되는 콩나물과 같이 용기를 기후 등 자연적 환경이나 교통 등 사회적 환경 등이 유사한 인근의 대체지로 옮겨 생육에 별다른 지장을 초래함이 없이 계속 재배를 할 수 있는 경우에는, 유사한 조건의 인근대체지를 마련할 수 없는 등으로 장래에 영농을 계속하지 못하게 되는 것과 같은 특단의 사정이 없는 이상 휴업보상에 준하는 보상이 필요한 범위를 넘는 특별한 희생이 생겼다고 할 수 없다.

(다) 시설콩나물 재배시설에서 재배하는 콩나물과 '농작물실제소득인정기준' 제6조 제3항 [별지 2]에서 규정하고 있는 작물인 버섯, 화훼, 육묘는 모두 직접 해당 농지의 지력을 이용하지 않고 재배한다는 점에서 상호 간에 본질적인 차이가 없으며, 특히 '용기(트레이)에 재배하는 어린묘'와 그 재배방식이 유사하다.

(라) 시설콩나물 재배방식의 본질은 재배시설이 설치된 토지가 농지인지 여부, 즉 농지의 특성에 있는 것이 아니라 '고정식온실' 등에서 용기에 재배하고, 특별한 사정이 없는 한 그 재배시설 이전이 어렵지 않다는 점에 있다. 본질적으로 같은 재배방식에 대하여 '고정식온실' 등이 농지에 설치되어 있다는 사정만으로 2년간의 일실소득을 인정하는 것은 정당한 보상 원칙에 부합하지 않는다.

(마) 구 토지보상법 시행규칙 제48조 제2항 단서 제2호가 적용되어 실제소득의 4개월분에 해당하는 농업손실보상을 하는 작물에 관하여 규정한 '농작물실제소득인정기준' 제6조 제3항 [별지 2]는 '직접 해당 농지의 지력을 이용하지 아니하고 재배 중인 작물을 이전하여 해당 영농을 계속하는 것이 가능하다고 인정하는 경우'를 예시한 것으로, 거기에 열거된 작목이 아니더라도 객관적이고 합리적으로 '직접 해당 농지의 지력을 이용하지 아니하고 재배 중인 작물을 이전하여 해당 영농을 계속하는 것이 가능'하다고 인정된다면 구 토지보상법 시행규칙 제48조 제2항 단서 제2호에 따라 4개월분의 영농손실보상을 인정할 수 있다고 보는 것이 영농손실보상제도의 취지에 부합한다.

(대법원 2023.8.18. 선고 2022두34913 판결 [손실보상금])

3. 사안의 경우

손실보상은 정당보상이어야 하고 정당보상은 완전보상이어야 하며, 영농손실에 대한 정당한 보상이 되기 위해서는 수용되는 '농지의 특성과 영농상황' 등 고유의 사정이 반영되어야 한다. 따라서 정당보상이 이루어지기 위해서는 '농작물실제소득인정기준' 제6조 제3항 [별지 2]는 '직접 해당 농지의 지력을 이용하지 아니하고 재배 중인 작물을 이전하여 해당 영농을 계속하는 것이 가능하다고 인정하는 경우'를 예시한 것으로 봄이 타당하며, 열거되어 있지 아니한 시설콩나물 재배업에 관하여도 같은 시행규칙 제48조 제2항 단서 제2호를 적용하는 것이 타당하다고 생각된다.

V. 사안의 해결

(물음1) 농업손실보상은 공법상 권리로서 재결절차를 거쳐야 하는 재결전치주의가 타당하다고 생각된다.

(물음2) 영농보상 역시 공익사업지구 내에서 농지를 이용하여 경작하는 자가 농지의 수용으로 인해 장래 영농을 계속하지 못하게 되어 특별한 희생이 발생하는 경우에 이를 보상하기 위한 것으로, 재산상의 특별한 희생이 생겼다고 볼 수 없는 경우에는 손실보상을 하지 않는 것이 타당하다고 판단된다.

(물음3) 영농손실에 대한 정당보상이 되기 위해서는 수용되는 농지의 특성과 영농상황 등을 고려해야 하고, 시설콩나물 재배시설에서 재배하는 콩나물과 '농작물실제소득인정기준' 제6조 제3항 [별지 2]에서 규정하고 있는 작물인 버섯, 화훼, 육묘는 모두 직접 해당 농지의 지력을 이용하지 않고 재배한다는 점에서 상호 간에 본질적인 차이가 없으므로 열거되어 있지 아니한 시설콩나물 재배업에 관하여도 같은 시행규칙 제48조 제2항 단서 제2호를 적용할 수 있다고 봄이 타당하다고 생각된다.

쟁점 4 사실상 사도의 판단 기준 및 예정공도부지가 사실상 사도에 해당하는지 여부

甲 소유 토지는 서울 양천구 신월동 소재 신월 I · C 서쪽에 있고, 주변은 주거지역 내 저개발지대로서 영업장을 비롯하여 수 곳의 건설폐기물 중간집하장이 영업 중이다. 甲 소유 토지는 남쪽으로 폭 약 6m의 도로에 접하고, 국립과학수사연구소 쪽에서 경인고속도로 상부의 고가도로를 통하여 해당 토지까지 차량의 진입이 가능하며, 해당 토지는 부정형의 평지로서, 건설폐기물 중간집하장으로 이용되고 있는 상태이다. 해당 토지 일대가 신월정수장부지 공원 조성사업으로 도시계획시설사업인정을 득하고, 甲과 사업시행자(서울특별시) 간의 협의진행 중에 협의가 진행되지 않아 사업시행자는 수용재결 신청을 하였고 관할 지방토지수용위원회는 수용재결을 받았다. 해당 수용재결에서는 "사실상 사도(私道)의 부지는 인근 토지에 대한 평가액의 3분의 1 이내로 평가한다."고 규정하고 있는 토지 등의 취득 및 보상에 관한 법률 시행규칙(이하 '토지보상법 시행규칙') 제26조 제2항 제1호와 제2호의 규정에 따라, 甲의 토지를 인근 토지가에 비하여 3분의 1의 가격으로 평가하였다. 이 수용재결에 대하여 이의가 있는 甲은 적절한 권리구제 수단을 강구하고자 한다. 다음의 물음에 답하시오. **30점** (출처: 서울행정법원 2010.1.15. 선고 판결 [토지수용보상금증액]) (각 물음은 별개의 문제임)

(1) 토지보상법상 사실상 사도에 대하여 설명하고, 위 甲 토지는 사실상 사도로 보아 인근 토지 평가액의 1/3 이내로 하여 1억원으로 낮게 보상평가된 사실상 사도 부지(1필지)에 대해 불복하고자 하는 바, 토지보상법상 甲의 행정쟁송상 권리구제 수단을 설명하시오. **15점**

(2) ① 토지보상법 시행규칙 제26조 제2항 제1호에서 규정한 '도로개설 당시의 토지소유자가 자기 토지의 편익을 위하여 스스로 설치한 도로'에 해당하는지 판단하는 기준과 ② 동 시행규칙 제26조 제2항 제2호가 규정한 '토지소유자가 그 의사에 의하여 타인의 통행을 제한할 수 없는 도로'의 의미 및 그에 해당하는지 판단하는 기준을 설명하시오. **10점**

(3) 만약 甲소유 토지가 '공익계획사업이나 도시계획의 결정 · 고시 때문에 이에 저촉된 토지가 현황도로로 이용되고 있지만 공익사업이 실제로 시행되지 않은 상태에서 일반공중의 통행로로 제공되고 있는 상태로서 계획제한과 도시계획시설의 장기미집행상태로 방치되고 있는 도로' 곧 예정공도부지가 토지보상법 시행규칙 제26조 제2항에서 정한 사실상의 사도에 해당하는지 여부(대법원 2019.1.17. 선고 2018두55753 판결 [관리처분계획무효확인의소])에 대하여 설명하시오. **5점**

목차 index

(3) 사실상 사도의 판단기준
1) 토지보상법 시행규칙 제26조 제2항
2) 판례의 태도
2. 행정쟁송상 권리구제 수단
(1) 이의신청(토지보상법 제83조)
1) 이의신청의 개념
2) 요건 및 효과
3) 재결 및 재결의 효력
(2) 보상금증감청구소송(토지보상법 제85조 제2항)
1) 보상금증감청구소송의 개념
2) 소송의 성질
3) 소송의 대상
4) 제기 요건
5) 심리 범위
6) 판결의 효력, 청구의 병합

Ⅲ. (물음2) 사실상의 사도의 판단기준
1. 토지보상법 시행규칙 제26조 제2항 제1호의 의미
2. 토지보상법 시행규칙 제26조 제2항 제2호의 의미
3. 사안의 경우

Ⅳ. (물음3) 예정공도가 사실상의 사도에 해당하는지
1. 예정공도의 의미
2. 예정공도부지가 토지보상법 시행규칙 제26조 제2항에서 정한 사실상의 사도에 해당하는지 여부
(1) 관련 판례의 검토(2018두55753 판결)
(2) 검토

Ⅴ. 사안의 해결

주요 내용 contents

Ⅰ. 논점의 정리

사안은 사실상의 사도의 판단기준 및 토지보상액에 불복하는 경우 불복수단을 묻고 있다. (물음1)에서는 재결에서 결정된 토지보상액에 대한 불복방안을 묻는바, 「공익사업을 위한 토지 등의 취득 및 보상에 관한 법률」(이하 '토지보상법')은 공익사업의 원활한 시행을 위해 재결의 신속한 확정을 도모하고자 행정심판법 및 행정소송법에 대한 특례를 인정하고 있는 점을 고려하여, 토지보상법상 이의신청 및 보상금증감청구소송에 관하여 검토한다. (물음2)에서는 토지보상법 시행규칙 제26조 제2항 제1호, 제2호의 판단에 대하여 관련 판례를 통해 사안을 해결하고자 한다. (물음3)에서는 예정공도에 대해 살피고, 예정공도부지를 사실상의 사도로 볼 수 있는지 검토한다.

Ⅱ. (물음1) 사실상의 사도의 개념 및 토지보상액에 불복하는 경우 권리구제수단

1. 사실상의 사도(토지보상법 시행규칙 제26조)

(1) 사실상의 사도의 의의

토지보상법은 사도법상의 사도, 사실상의 사도, 그 외의 도로부지로 분류하여 그 평가기준을 달리 정하고 있다(규칙 제26조). 여기서 사도법상의 사도는 사도개설의 허가를 얻은 도로를 말하며, 사실상의 사도는 사도법에 의한 사도 외의 도로로서 토지소유자가 자기 토지

의 이익증진을 위하여 스스로 개설한 도로로 도시계획으로 결정된 도로가 아닌 것을 말하며 "그 외의 도로"란 사도법상 사도도 아니고 사실상의 사도도 아닌 모든 도로를 포함한다고 할 수 있다.

(2) 도로부지를 감가보상하는 이유(화체이론)

도로의 평가를 함에 있어서 인근 토지보다 낮게 평가한다고 규정한 취지는 현실 이용상황이 도로로 되었기 때문에 이를 감가한다는 뜻이 아니고 도로의 가치가 그 도로로 인하여 보호되고 있는 토지의 효용이 증가됨으로써 보호되고 있는 토지에 가치가 화체되었기 때문에 그 평가액은 당연히 낮아야 한다는 이유를 배경으로 일반토지에 비해 감가보상되는 것이다. 즉, 인근 토지에 비하여 낮게 평가하는 이유는 도로 자체를 독립하여 그 값을 평가할 수는 없으나, 인근 토지의 값을 증가시키는 데에 기여하였으므로 인근 토지에 기여한 정도를 파악하여 도로의 값을 산출할 수 있다는 논리에 근거하고 있다.

(3) 사실상 사도의 판단기준

1) 토지보상법 시행규칙 제26조 제2항

동 규칙에서는 ① 도로개설 당시의 토지소유자가 자기 토지의 편익을 위하여 스스로 설치한 도로, ② 토지소유자가 그 의사에 의하여 타인의 통행을 제한할 수 없는 도로, ③ 「건축법」 제45조에 따라 건축허가권자가 그 위치를 지정·공고한 도로, ④ 도로개설 당시의 토지소유자가 대지 또는 공장용지 등을 조성하기 위하여 설치한 도로를 사실상 사도로 규정하고 있다.

토지보상법 시행규칙 제26조(도로 및 구거부지의 평가)

① 도로부지에 대한 평가는 다음 각 호에서 정하는 바에 의한다.

1. 「사도법」에 의한 사도의 부지는 인근 토지에 대한 평가액의 5분의 1 이내
2. 사실상의 사도의 부지는 인근 토지에 대한 평가액의 3분의 1 이내
3. 제1호 또는 제2호 외의 도로의 부지는 제22조의 규정에서 정하는 방법

② 제1항 제2호에서 "사실상의 사도"라 함은 「사도법」에 의한 사도 외의 도로(「국토의 계획 및 이용에 관한 법률」에 의한 도시·군관리계획에 의하여 도로로 결정된 후부터 도로로 사용되고 있는 것을 제외한다)로서 다음 각 호의 1에 해당하는 도로를 말한다.

1. 도로개설 당시의 토지소유자가 자기 토지의 편익을 위하여 스스로 설치한 도로
2. 토지소유자가 그 의사에 의하여 타인의 통행을 제한할 수 없는 도로
3. 「건축법」 제45조에 따라 건축허가권자가 그 위치를 지정·공고한 도로
4. 도로개설 당시의 토지소유자가 대지 또는 공장용지 등을 조성하기 위하여 설치한 도로

③ 구거부지에 대하여는 인근 토지에 대한 평가액의 3분의 1 이내로 평가한다. 다만, 용수를 위한 도수로부지(개설 당시의 토지소유자가 자기 토지의 편익을 위하여 스스로 설치한 도수로부지를 제외한다)에 대하여는 제22조의 규정에 의하여 평가한다.

④ 제1항 및 제3항에서 "인근 토지"라 함은 당해 도로부지 또는 구거부지가 도로 또는 구거로 이용되지 아니하였을 경우에 예상되는 표준적인 이용상황과 유사한 토지로서 당해 토지와 위치상 가까운 토지를 말한다.

2) 판례의 태도

대법원은 '도로개설 당시의 토지소유자가 자기 토지의 편익을 위하여 스스로 설치한 도로' 인지 여부는 인접 토지의 획지면적, 소유관계, 이용상태 등이나 개설경위, 목적, 주위환경 등에 의하여 객관적으로 판단하여야 하고, '토지소유자가 그 의사에 의하여 타인의 통행을 제한할 수 없는 도로'에는 법률상 소유권을 행사하여 통행을 제한할 수 없는 경우뿐만 아니라 사실상 통행을 제한하는 것이 곤란하다고 보이는 경우도 해당한다고 할 것이나, 적어도 도로로의 이용상황이 고착화되어 해당 토지의 표준적 이용상황으로 원상회복하는 것이 용이하지 않은 상태에 이르러야 할 것이어서 단순히 해당 토지가 불특정 다수인의 통행에 장기간 제공되어 왔고 이를 소유자가 용인하여 왔다는 사정만으로는 사실상의 도로에 해당한다고 볼 수 없다고 판시한 바 있다(대판 2007.4.12, 2006두18492).

2. 행정쟁송상 권리구제 수단

(1) 이의신청(토지보상법 제83조)

1) 이의신청의 개념

토지보상법상 이의신청이란 토지수용위원회의 위법 또는 부당한 재결처분으로 인하여 권리 또는 이익을 침해당한 자가 중앙토지수용위원회에 그 처분의 취소·변경을 구하는 쟁송을 말한다. 토지수용위원회의 재결은 수용재결과 보상재결로 분리되는데, 이 중 어느 한 부분만에 대하여 불복이 있는 경우에도 토지수용위원회의 재결 자체가 이의신청의 대상이 된다.

토지보상법 제83조(이의의 신청)
① 중앙토지수용위원회의 제34조에 따른 재결에 이의가 있는 자는 중앙토지수용위원회에 이의를 신청할 수 있다.
② 지방토지수용위원회의 제34조에 따른 재결에 이의가 있는 자는 해당 지방토지수용위원회를 거쳐 중앙토지수용위원회에 이의를 신청할 수 있다.
③ 제1항 및 제2항에 따른 이의의 신청은 재결서의 정본을 받은 날부터 30일 이내에 하여야 한다.

토지보상법 제84조(이의신청에 대한 재결)
① 중앙토지수용위원회는 제83조에 따른 이의신청을 받은 경우 제34조에 따른 재결이 위법하거나 부당하다고 인정할 때에는 그 재결의 전부 또는 일부를 취소하거나 보상액을 변경할 수 있다.
② 제1항에 따라 보상금이 늘어난 경우 사업시행자는 재결의 취소 또는 변경의 재결서 정본을 받은 날부터 30일 이내에 보상금을 받을 자에게 그 늘어난 보상금을 지급하여야 한다. 다만, 제40조 제2항 제1호·제2호 또는 제4호에 해당할 때에는 그 금액을 공탁할 수 있다.

토지보상법 제86조(이의신청에 대한 재결의 효력)
① 제85조 제1항에 따른 기간 이내에 소송이 제기되지 아니하거나 그 밖의 사유로 이의신청에 대한 재결이 확정된 때에는 「민사소송법」상의 확정판결이 있은 것으로 보며, 재결서 정본은 집행력 있는 판결의 정본과 동일한 효력을 가진다.
② 사업시행자, 토지소유자 또는 관계인은 이의신청에 대한 재결이 확정되었을 때에는 관할 토지수용위원회에 대통령령으로 정하는 바에 따라 재결확정증명서의 발급을 청구할 수 있다.

2) 요건 및 효과(처분청 경유주의, 기간특례 등)

① 양 당사자는 재결서 정본을 받은 날로부터 30일 이내에 처분청을 경유하여 중앙토지수용위원회에 이의를 신청할 수 있다. 판례는 30일의 기간은 수용의 신속을 기하기 위한 것으로 합당하다고 한다. ② 이의신청은 사업의 진행 및 토지의 사용・수용을 정지시키지 아니하며(토지보상법 제88조) 행정쟁송법에 의한 집행정지 규정이 적용될 것이다.

3) 재결 및 재결의 효력(법 제86조)

① 재결이 위법, 부당하다고 인정하는 때에는 재결의 전부 또는 일부를 취소하거나 보상액을 변경할 수 있다. ② 이의재결이 확정된 경우에는 민사소송법상의 확정판결이 있는 것으로 본다. 즉, 사업시행자가 이의재결에서 증액재결한 보상금의 지급을 이행하지 않는 경우 피수용자는 확정판결의 효력을 바탕으로 재결확정증명서를 받아 강제집행할 수 있게 된다.

(2) 보상금증감청구소송(토지보상법 제85조 제2항)

1) 보상금증감청구소송의 개념

토지수용위원회의 보상재결에 대하여 토지소유자 및 관계인은 보상금의 증액을 청구하는 소송을 제기할 수 있고 사업시행자는 보상금의 감액을 청구하는 소송을 제기할 수 있다. 이를 보상금증감청구소송이라 한다. 이는 보상금만에 대한 소송을 인정함으로써 분쟁의 일회적 해결・소송경제・권리구제의 신속성・실효성 확보를 도모함에 제도적 취지가 인정된다.

> 토지보상법 제85조(행정소송의 제기)
> ① 사업시행자, 토지소유자 또는 관계인은 제34조에 따른 재결에 불복할 때에는 재결서를 받은 날부터 90일 이내에, 이의신청을 거쳤을 때에는 이의신청에 대한 재결서를 받은 날부터 60일 이내에 각각 행정소송을 제기할 수 있다. 이 경우 사업시행자는 행정소송을 제기하기 전에 제84조에 따라 늘어난 보상금을 공탁하여야 하며, 보상금을 받을 자는 공탁된 보상금을 소송이 종결될 때까지 수령할 수 없다.
> ② 제1항에 따라 제기하려는 행정소송이 보상금의 증감(增減)에 관한 소송인 경우 그 소송을 제기하는 자가 토지소유자 또는 관계인일 때에는 사업시행자를, 사업시행자일 때에는 토지소유자 또는 관계인을 각각 피고로 한다.

2) 소송의 성질

〈형식적 당사자소송〉 보상금증감청구소송은 기본적으로 보상금액을 다투는 소송이며 소송을 제기함에 있어 재결청을 피고로 하는 것이 아니라 그 법률관계의 일방 당사자를 피고로 하는 소송에 해당하게 되므로 순수한 의미의 형식적 당사자소송이라 할 것이다. 〈형성소송인지, 확인・급부소송인지〉 형성소송인지, 확인・급부소송인지 견해의 대립이 있으나, 보상금증감청구소송은 재결청을 제외한 보상당사자만을 피고로 규정하고 있으므로 보상재결의 취소・변경 없이 헌법상 정당보상조항(헌법 제23조 제3항)에 의하여 당연히 발생・확정되는 정당보상액을 확인하고, 부족액의 급부를 구하는 확인・급부소송이 타당하다고 생각한다.

3) 소송의 대상

형식적 당사자소송의 대상은 법률관계이다. 따라서 보상금증감청구소송은 관할 토지수용위원회가 행한 재결로 형성된 법률관계인 보상금의 증감에 관한 것을 소송의 대상으로 삼아야 하며 보상금의 증감에 관한 사항 외에는 소송의 대상이 될 수 없다.

4) 제기 요건

① 관할 토지수용위원회가 행한 재결로 형성된 법률관계인 보상금의 증감에 관한 것을 소송의 대상으로 삼아야 하며, ② 재결서정본 송달일로부터 90일 또는 60일(이의재결 시) 이내에, ③ 양 당사자는 각각을 피고로 하여, ④ 관할법원에 소를 제기할 수 있다.

5) 심리 범위

① 손실보상의 지급방법(채권보상 여부 포함), ② 손실보상액의 범위, 보상액과 관련한 보상 면적, ③ 지연손해금, 잔여지수용 여부, 보상항목 간의 유용도 심리범위에 해당한다고 본다(판례).

6) 판결의 효력, 청구의 병합

보상금증감소송에서 법원은 스스로 보상액의 증감을 결정할 수 있고 토지수용위원회는 별도의 처분을 할 필요가 없다. 법원의 판결이 있게 되면 기판력, 형성력, 기속력이 발생하고, 소의 각하・기각 또는 취하의 효과로서 법정이율의 가산지급(법 제87조)은 당사자소송에 있어서도 적용되는 것으로 보아야 할 것이다. 또한, 수용재결에 대한 취소소송에서 보상금증액청구소송을 예비적으로 병합하여 제기할 수 있는가 하는 것이 문제되는데, 분쟁의 일회적 해결을 위한다는 점에서 청구의 병합을 인정함이 타당하다.

Ⅲ. (물음2) 사실상의 사도의 판단기준

1. 토지보상법 시행규칙 제26조 제2항 제1호의 의미

공익사업을 위한 토지 등의 취득 및 보상에 관한 법률 시행규칙 제26조 제2항 제1호에서 규정한 '도로개설 당시의 토지소유자가 자기 토지의 편익을 위하여 스스로 설치한 도로'에 해당한다고 하려면, 토지소유자가 자기 소유 토지 중 일부에 도로를 설치한 결과 도로부지로 제공된 부분으로 인하여 나머지 부분 토지의 편익이 증진되는 등으로 그 부분의 가치가 상승됨으로써 도로부지로 제공된 부분의 가치를 낮게 평가하여 보상하더라도 전체적으로 정당보상의 원칙에 어긋나지 않는다고 볼 만한 객관적인 사유가 있다고 인정되어야 하고, 이는 도로개설 경위와 목적, 주위환경, 인접 토지의 획지면적, 소유관계 및 이용상태 등 제반 사정을 종합적으로 고려하여 판단할 것이다.

대법원 2013.6.13. 선고 2011두7007 판결 [토지수용보상금증액]

【판결요지】

[1] 공익사업을 위한 토지 등의 취득 및 보상에 관한 법률 시행규칙 제26조 제1항 제2호에 의하여 '사실상의 사도'의 부지로 보고 인근 토지 평가액의 3분의 1 이내로 보상액을 평가하려면, 도로법에 의한

일반 도로 등에 연결되어 일반의 통행에 제공되는 등으로 사도법에 의한 사도에 준하는 실질을 갖추고 있어야 하고, 나아가 위 규칙 제26조 제2항 제1호 내지 제4호 중 어느 하나에 해당하여야 할 것이다.

[2] 공익사업을 위한 토지 등의 취득 및 보상에 관한 법률 시행규칙 제26조 제2항 제1호에서 규정한 '도로개설 당시의 토지소유자가 자기 토지의 편익을 위하여 스스로 설치한 도로'에 해당한다고 하려면, 토지 소유자가 자기 소유 토지 중 일부에 도로를 설치한 결과 도로 부지로 제공된 부분으로 인하여 나머지 부분 토지의 편익이 증진되는 등으로 그 부분의 가치가 상승됨으로써 도로부지로 제공된 부분의 가치를 낮게 평가하여 보상하더라도 전체적으로 정당보상의 원칙에 어긋나지 않는다고 볼 만한 객관적인 사유가 있다고 인정되어야 하고, 이는 도로개설 경위와 목적, 주위환경, 인접 토지의 획지 면적, 소유관계 및 이용상태 등 제반 사정을 종합적으로 고려하여 판단할 것이다.

(출처: 대법원 2013.6.13. 선고 2011두7007 판결 [토지수용보상금증액])

대법원 2007.4.12. 선고 2006두18492 판결 [보상금]

【판시사항】

[2] 공익사업을 위한 토지 등의 취득 및 보상에 관한 법률 시행규칙 제26조 제2항 제1호, 제2호에서 정한 '도로개설 당시의 토지소유자가 자기 토지의 편익을 위하여 스스로 설치한 도로' 및 '토지소유자가 그 의사에 의하여 타인의 통행을 제한할 수 없는 도로'의 판단 기준

【판결요지】

[2] 구 공익사업을 위한 토지 등의 취득 및 보상에 관한 법률 시행규칙(2005.2.5. 건설교통부령 제424호로 개정되기 전의 것) 제26조 제1항 제2호, 제2항 제1호, 제2호는 사도법에 의한 사도 외의 도로(국토의 계획 및 이용에 관한 법률에 의한 도시관리계획에 의하여 도로로 결정된 후부터 도로로 사용되고 있는 것을 제외한다)로서 '도로개설 당시의 토지소유자가 자기 토지의 편익을 위하여 스스로 설치한 도로'와 '토지소유자가 그 의사에 의하여 타인의 통행을 제한할 수 없는 도로'는 '사실상의 사도'로서 인근 토지에 대한 평가액의 1/3 이내로 평가하도록 규정하고 있는데, 여기서 '도로개설 당시의 토지소유자가 자기 토지의 편익을 위하여 스스로 설치한 도로'인지 여부는 인접토지의 획지 면적, 소유관계, 이용상태 등이나 개설경위, 목적, 주위환경 등에 의하여 객관적으로 판단하여야 하고, '토지소유자가 그 의사에 의하여 타인의 통행을 제한할 수 없는 도로'에는 법률상 소유권을 행사하여 통행을 제한할 수 없는 경우뿐만 아니라 사실상 통행을 제한하는 것이 곤란하다고 보이는 경우도 해당한다고 할 것이나, 적어도 도로로의 이용상황이 고착화되어 당해 토지의 표준적 이용상황으로 원상회복하는 것이 용이하지 않은 상태에 이르러야 할 것이어서 단순히 당해 토지가 불특정 다수인의 통행에 장기간 제공되어 왔고 이를 소유자가 용인하여 왔다는 사정만으로는 사실상의 도로에 해당한다고 할 수 없다.

2. 토지보상법 시행규칙 제26조 제2항 제2호의 의미

대법원 2013.6.13. 선고 2011두7007 판결

【판결요지】

[3] **공익사업을 위한 토지 등의 취득 및 보상에 관한 법률 시행규칙 제26조 제2항 제2호가 규정한 '토지소유자가 그 의사에 의하여 타인의 통행을 제한할 수 없는 도로'는 사유지가 종전부터 자연발생적으로 또는 도로예정지로 편입되어 있는 등으로 일반 공중의 교통에 공용되고 있고 그 이용상황이 고착**

> 되어 있어, 도로부지로 이용되지 아니하였을 경우에 예상되는 표준적인 이용상태로 원상회복하는 것이 법률상 허용되지 아니하거나 사실상 현저히 곤란한 정도에 이른 경우를 의미한다고 할 것이다. 이때 어느 토지가 불특정 다수인의 통행에 장기간 제공되어 왔고 이를 소유자가 용인하여 왔다는 사정이 있다는 것만으로 언제나 도로로서의 이용상황이 고착되었다고 볼 것은 아니고, 이는 당해 토지가 도로로 이용되게 된 경위, 일반의 통행에 제공된 기간, 도로로 이용되고 있는 토지의 변적 등과 더불어 그 도로가 주위 토지로 통하는 유일한 통로인지 여부 등 주변 상황과 당해 토지의 도로로서의 역할과 기능 등을 종합하여 원래의 지목 등에 따른 표준적인 이용상태로 회복하는 것이 용이한지 여부 등을 가려서 판단해야 할 것이다.
>
> (출처: 대법원 2013.6.13. 선고 판결 [토지수용보상금증액])

공익사업을 위한 토지 등의 취득 및 보상에 관한 법률 시행규칙 제26조 제2항 제2호가 규정한 '토지소유자가 그 의사에 의하여 타인의 통행을 제한할 수 없는 도로'는 **사유지가 종전부터 자연발생적으로 또는 도로예정지로 편입되어 있는 등으로 일반 공중의 교통에 공용되고 있고 그 이용상황이 고착되어 있어, 도로부지로 이용되지 아니하였을 경우에 예상되는 표준적인 이용상태로 원상회복하는 것이 법률상 허용되지 아니하거나 사실상 현저히 곤란한 정도에 이른 경우를 의미한다고 할 것이다. 이때 어느 토지가 불특정 다수인의 통행에 장기간 제공되어 왔고 이를 소유자가 용인하여 왔다는 사정이 있다는 것만으로 언제나 도로로서의 이용상황이 고착되었다고 볼 것은 아니고, 이는 해당 토지가 도로로 이용되게 된 경위, 일반의 통행에 제공된 기간, 도로로 이용되고 있는 토지의 면적 등과 더불어 그 도로가 주위 토지로 통하는 유일한 통로인지 여부 등 주변 상황과 해당 토지의 도로로서의 역할과 기능 등을 종합하여 원래의 지목 등에 따른 표준적인 이용상태로 회복하는 것이 용이한지 여부 등을 가려서 판단해야 할 것이다.**

3. 사안의 경우

甲 소유 토지는 남쪽으로 폭 약 6m의 도로에 접하고, 국립과학수사연구소 쪽에서 경인고속도로 상부의 고가도로를 통하여 해당 토지까지 차량의 진입이 가능하다. 甲소유 토지를 사실상의 사도로 보기 위해서는 실제로 도로로 이용되며, 도로로 이용되고 있는 토지의 면적 등과 더불어 그 도로가 주위 토지로 통하는 유일한 통로인지 여부, 주변 상황과 해당 토지의 도로로서의 역할과 기능, 원상회복 가능성 등을 고려하여 판단해야 하는데, 甲소유 토지는 남쪽으로 폭 약 6m의 도로에 접하고, 경인고속도로 상부의 고가도로를 통하여 해당 토지까지 차량의 진입한 것으로 보아 유일한 통로도 아니므로, 사실상의 사도로 볼 수 없다고 판단된다.

Ⅳ. (물음3) 예정공도가 사실상의 사도에 해당하는지

1. 예정공도의 의미

공익계획사업이나 도시관리계획의 결정・고시 때문에 이에 저촉된 토지가 현황도로로 이용되고 있지만 공익사업이 실제로 시행되지 않은 상태에서 일반공중의 통행로로 제공되고 있는 상태로서 계획제한과 도시관리계획시설의 장기미집행 상태로 방치되고 있는 도로를 말하며, 미지급용지의 평가규정을 준용한다.

2. 예정공도부지가 토지보상법 시행규칙 제26조 제2항에서 정한 사실상의 사도에 해당하는지 여부

(1) 관련 판례의 검토(2018두55753 판결)

'공익사업이 실제로 시행되지 않은 상태에서 일반공중의 통행로로 제공되고 있는 상태로서 계획제한과 도시계획시설의 장기미집행상태로 방치되고 있는 도로', 즉 예정공도부지의 경우 보상액을 사실상의 사도를 기준으로 평가한다면 토지가 도시·군 관리계획에 의하여 도로로 결정된 후 곧바로 도로사업이 시행되는 경우의 보상액을 수용 전의 사용현황을 기준으로 산정하는 것과 비교하여 토지소유자에게 지나치게 불리한 결과를 가져온다는 점 등을 고려하면, 예정공도부지는 공익사업법 시행규칙 제26조 제2항에서 정한 사실상의 사도에서 제외된다.

대법원 2019.1.17. 선고 2018두55753 판결 [관리처분계획무효확인의소]

【판시사항】

'공익계획사업이나 도시계획의 결정·고시 때문에 이에 저촉된 토지가 현황도로로 이용되고 있지만 공익사업이 실제로 시행되지 않은 상태에서 일반공중의 통행로로 제공되고 있는 상태로서 계획제한과 도시계획시설의 장기미집행상태로 방치되고 있는 도로' 곧 예정공도부지가 공익사업을 위한 토지 등의 취득 및 보상에 관한 법률 시행규칙 제26조 제2항에서 정한 사실상의 사도에 해당하는지 여부(소극)

【판결요지】

공익사업을 위한 토지 등의 취득 및 보상에 관한 법률 시행규칙(이하 '공익사업법 시행규칙'이라 한다) 제26조 제2항은 사실상의 사도는 '사도법에 의한 사도 외의 도로로서, 도로개설 당시의 토지소유자가 자기 토지의 편익을 위하여 스스로 설치한 도로와 토지소유자가 그 의사에 의하여 타인의 통행을 제한할 수 없는 도로'를 의미한다고 규정하면서 국토의 계획 및 이용에 관한 법률에 의한 도시·군 관리계획에 의하여 도로로 결정된 후부터 도로로 사용되고 있는 것은 사실상의 사도에서 제외하고 있는바, '공익계획사업이나 도시계획의 결정·고시 때문에 이에 저촉된 토지가 현황도로로 이용되고 있지만 공익사업이 실제로 시행되지 않은 상태에서 일반공중의 통행로로 제공되고 있는 상태로서 계획제한과 도시계획시설의 장기미집행상태로 방치되고 있는 도로', 즉 예정공도부지의 경우 보상액을 사실상의 사도를 기준으로 평가한다면 토지가 도시·군 관리계획에 의하여 도로로 결정된 후 곧바로 도로사업이 시행되는 경우의 보상액을 수용 전의 사용현황을 기준으로 산정하는 것과 비교하여 토지소유자에게 지나치게 불리한 결과를 가져온다는 점 등을 고려하면, 예정공도부지는 공익사업법 시행규칙 제26조 제2항에서 정한 사실상의 사도에서 제외된다.

(2) 검토

예정공도부지란 도시관리계획의 결정고시 후 이에 저촉된 토지가 현황도로로 사용하고 있지만 공익사업이 실제로 시행되지 않은 경우를 말한다. 만약 이를 사실상의 사도로 보아 평가한다면, 곧바로 공익사업에 시행되는 경우 수용 전의 상태로 보상받게 되는 반면, 예정공도부지인 경우 결정고시 후 사업이 지체되고 있다는 이유만으로 인근 토지의 1/3 이내로 보상받게 되는 형평성의 문제가 발생한다. 이는 토지소유자에게 지나치게 불리한 결과를 가져오므로 예정공도부지는 사실상의 사도로 보지 않은 판례의 태도는 타당하다고 생각된다.

V. 사안의 해결

헌법 제23조 제3항은 정당보상을 천명하고 있는바, 정당보상은 어떠한 경우에도 완전보상이어야 한다. 완전한 보상의 시기, 방법 등에서 어떠한 제한을 두어서는 아니 된다고 대법원 판례는 보고 있다. 대법원 판례는 사실상 사도 모두를 인근 토지의 3분의 1 이내로 평가한다는 것이 아니라 그 도로의 개설 경위, 목적, 이용상태 등의 제반 사정에 비추어 해당 토지소유자가 자기 토지의 편익을 위하여 스스로 공중의 통행에 제공하는 등 인근 토지에 비하여 낮은 가격으로 보상하여 주어도 될 만한 객관적인 사유가 인정되는 경우에만 인근 토지의 3분의 1 이내에서 평가하고 그러한 사유가 인정되지 아니하는 경우 위 규정의 적용에서 제외해야 한다고 보고 있음에 유의해야 할 것이며, 이는 완전보상 평가를 위한 취지로 이해함이 타당하고, 사실상의 사도에 이르게 된 경위 등을 종합적으로 고려하여 완전보상을 하여야 하는 것이 정당보상 취지에 부합된다고 판단된다. 또한 "토지소유자가 그 의사에 의하여 타인의 통행을 제한할 수 없는 도로"에는 법률상 소유권을 행사하여 통행을 제한할 수 없는 경우뿐만 아니라 사실상 통행을 제한하는 것이 곤란하다고 보이는 경우도 해당한다고 할 것이나, 적어도 도로로의 이용상황이 고착화되어 당해 토지의 표준적 이용상황으로 원상회복하는 것이 용이하지 않은 상태에 이르러야 할 것이어서 단순히 당해 토지가 불특정 다수인의 통행에 장기간 제공되어 왔고 이를 소유자가 용인하여 왔다는 사정만으로는 사실상 도로에 해당한다고 할 수 없다고 할 것이다. 최근 대법원 판례에서는 예정공도에 대해서는 사실상 사도가 아니라 정상 보상평가하여야 한다고 판시함으로써 국민의 재산권을 제대로 보호할 수 있도록 판시하고 있다.

쟁점 5 이주대책의 법적 성질 및 2차 처분이 새로운 거부처분인지

피수용자 甲은 2000.7.26. 고양시 일산서구 대화동 지상의 1층 철골조 창고 99㎡(이하 '이 사건 건물'이라 한다)에 관하여 사용승인을 받았다. 공익사업을 위한 토지 등의 취득 및 보상에 관한 법률(이하 '토지보상법')에 따라 사업시행자 乙은 한국국제전시장 2단계부지 조성사업의 시행자로서 2017.8.24. 고양시 고시 제2017-77호로 피수용자 甲 소유의 이 사건 건물이 포함된 지역을 이 사건 사업의 사업구역으로 지정고시하고, 고양시 공고 제2017-587호로 보상계획을 공고하였다. 피수용자 甲과 사업시행자 乙은 이 사건 사업의 시행에 따라 2017.12.20. 이 사건 건물에 대하여 지장물보상계약을 체결하였고, 피수용자 甲은 지장물 보상금을 수령하였다. 피수용자 甲은 사업시행자 乙에게 이 사건 사업구역 내에 편입된 이 사건 건물의 소유자로서 이주대책 대상자로 선정해 줄 것을 신청하였으나, 사업시행자 乙은 이 사건 건물은 농업용 창고로서 허가된 것이고 주거용 주택으로 건축허가를 받은 사실이 없음에도 피수용자 甲이 주거용 주택으로 용도변경하여 사용한 것이므로 피수용자 甲은 이주대책 대상자가 아니며 이주대책이 불가능하다는 요지를 회신하는 이 사건 처분을 하였다. 다음 물음에 대하여 설명하시오(각 설문은 별개의 사안임). 40점

(1) 토지보상법상 주거용 건축물에 대한 이주대책을 설명하고, 이주대책 전원합의체 판결(대법원 2007다63089 · 63096 판결)에서 토지보상법 제78조 제1항과 토지보상법 제78조 제4항은 어떤 성격을 지닌 것인지 여부를 설명하시오. 15점

(2) 위 사례를 통해 토지보상법령상 피수용자는 주거용 용도(단독주택 또는 공동주택)가 아닌 창고시설(농업용)로 건축허가를 받아 건물을 신축하여 건축물대장에도 창고시설(농업용)로 등재한 후, 공부상 주거용이 아닌 건물을 적법절차에 의하지 않고 임의로 주거용으로 용도를 변경하여 소유 · 사용한 자이므로 이주대책 대상자 여부를 법령과 판례에 따라 설명하시오. 10점

(3) 만약 새로운 이주대책 대상자 丙은 1차 이주대책을 신청하였고, 1차 이주대책 결정에 대해서는 처분으로 보아 불복할 수 있었으나, 새로운 내용으로 2차 이주대책 신청을 하였으나 이를 사업시행자가 거부하였고, 새로운 이주대책대상자 丙은 2차 결정에 대하여 중앙행정심판위원회에 행정심판을 제기하였으나 2차 결정은 처분이 아니라고 각하하였다. 대법원 2021.1.14. 선고 2020두50324 판결에서 행정청의 행위가 항고소송의 대상이 될 수 있는지 결정하는 방법 및 행정청의 행위가 '처분'에 해당하는지 불분명한 경우, 이를 판단하는 방법을 설명하고, 수익적 행정처분을 구하는 신청에 대한 거부처분이 있은 후 당사자가 새로운 신청을 하는 취지로 다시 신청을 하였으나 행정청이 이를 다시 거절한 경우, 새로운 거부처분인지 여부를 설명하시오. 15점

목차 index

주요 내용 contents

Ⅰ. 논점의 정리

손실보상의 범위는 재산권보장을 넘어서 범위가 넓어져 가고 있고, 생활보상은 그러한 일환의 하나라고 볼 수 있다. 이하에서는 생활보상 및 생활보상의 유형으로 이주대책에 대하여 설명한 뒤, 이주대책의 내용을 규정하고 있는 공익사업을 위한 토지 등의 취득 및 보상에 관한 법률(이하 '토지보상법') 제1항 및 동법 제78조 제4항의 강행규정 여부에 대하여 검토한다. 또한 사안과 관련하여 임의로 용도를 변경한 건축물의 소유자가 이주대책 대상자가 될 수 있는지, 이주대책대상자제외처분취소 이의신청 2차 결정이 1차 결정과 별도로 행정심판 및 취소소송의 대상이 되는 '처분'에 해당하는지 관련 판례를 통해 사안을 해결한다.

Ⅱ. (물음1) 이주대책 개관 및 토지보상법 제78조 제1항과 제4항의 강행규정 여부

1. 토지보상법상 이주대책

(1) 이주대책의 의의 및 취지(토지보상법 제78조)

토지보상법상 이주대책이란 공익사업의 시행으로 인하여 주거용 건축물을 제공함에 따라 생활의 근거를 상실하게 되는 자에 대하여 사업시행자가 대지를 조성하거나 주택을 건설하여 공급하는 것을 말한다. 대법원 다수의견을 생활보상의 일환으로 국가의 적극적이고 정책적인 배려에 의하여 마련된 제도로 보지만, 소수의견은 생활보상의 일환으로 마련된 제도로서 헌법 제23조 제3항이 규정하는 손실보상의 한 형태로 보아야 한다고 한다.

토지보상법 제78조(이주대책의 수립 등)

① 사업시행자는 공익사업의 시행으로 인하여 주거용 건축물을 제공함에 따라 생활의 근거를 상실하게 되는 자(이하 "이주대책대상자"라 한다)를 위하여 대통령령으로 정하는 바에 따라 이주대책을 수립・실시하거나 이주정착금을 지급하여야 한다.

② 사업시행자는 제1항에 따라 이주대책을 수립하려면 미리 관할 지방자치단체의 장과 협의하여야 한다.

③ 국가나 지방자치단체는 이주대책의 실시에 따른 주택지의 조성 및 주택의 건설에 대하여는 「주택도시기금법」에 따른 주택도시기금을 우선적으로 지원하여야 한다.

④ 이주대책의 내용에는 이주정착지(이주대책의 실시로 건설하는 주택단지를 포함한다)에 대한 도로, 급수시설, 배수시설, 그 밖의 공공시설 등 통상적인 수준의 생활기본시설이 포함되어야 하며, 이에 필요한 비용은 사업시행자가 부담한다. 다만, 행정청이 아닌 사업시행자가 이주대책을 수립・실시하는 경우에 지방자치단체는 비용의 일부를 보조할 수 있다.

⑤ 제1항에 따라 이주대책의 실시에 따른 주택지 또는 주택을 공급받기로 결정된 권리는 소유권이전등기를 마칠 때까지 전매(매매, 증여, 그 밖에 권리의 변동을 수반하는 모든 행위를 포함하되, 상속은 제외한다)할 수 없으며, 이를 위반하거나 해당 공익사업과 관련하여 다음 각 호의 어느 하나에 해당하는 경우에 사업시행자는 이주대책의 실시가 아닌 이주정착금으로 지급하여야 한다.

1. 제93조, 제96조 및 제97조 제2호의 어느 하나에 해당하는 위반행위를 한 경우
2. 「공공주택 특별법」 제57조 제1항 및 제58조 제1항 제1호의 어느 하나에 해당하는 위반행위를 한 경우
3. 「한국토지주택공사법」 제28조의 위반행위를 한 경우

⑥ 주거용 건물의 거주자에 대하여는 주거 이전에 필요한 비용과 가재도구 등 동산의 운반에 필요한 비용을 산정하여 보상하여야 한다.

⑦ 공익사업의 시행으로 인하여 영위하던 농업・어업을 계속할 수 없게 되어 다른 지역으로 이주하는 농민・어민이 받을 보상금이 없거나 그 총액이 국토교통부령으로 정하는 금액에 미치지 못하는 경우에는 그 금액 또는 그 차액을 보상하여야 한다.

⑧ 사업시행자는 해당 공익사업이 시행되는 지역에 거주하고 있는 「국민기초생활 보장법」 제2조 제1호・제11호에 따른 수급권자 및 차상위계층이 취업을 희망하는 경우에는 그 공익사업과 관련된 업무에 우선적으로 고용할 수 있으며, 이들의 취업 알선을 위하여 노력하여야 한다.

⑨ 제4항에 따른 생활기본시설에 필요한 비용의 기준은 대통령령으로 정한다.

⑩ 제5항 및 제6항에 따른 보상에 대하여는 국토교통부령으로 정하는 기준에 따른다.

토지보상법 제78조의2(공장의 이주대책 수립 등)

사업시행자는 대통령령으로 정하는 공익사업의 시행으로 인하여 공장부지가 협의 양도되거나 수용됨에 따라 더 이상 해당 지역에서 공장(「산업집적활성화 및 공장설립에 관한 법률」 제2조 제1호에 따른 공장을 말한다)을 가동할 수 없게 된 자가 희망하는 경우 「산업입지 및 개발에 관한 법률」에 따라 지정・개발된 인근 산업단지에 입주하게 하는 등 대통령령으로 정하는 이주대책에 관한 계획을 수립하여야 한다.

(2) 이주대책의 수립 및 대상자 요건

1) 이주대책의 수립 요건

토지보상법 제78조(이주대책의 수립 등) 제1항과 제2항, 동법 시행규칙 제53조(이주정착금 등)에서 이에 대한 구체적인 규정을 두고 있다.

> 토지보상법 제78조(이주대책의 수립 등)
>
> ① 사업시행자는 공익사업의 시행으로 인하여 주거용 건축물을 제공함에 따라 생활의 근거를 상실하게 되는 자(이하 "이주대책대상자"라 한다)를 위하여 대통령령으로 정하는 바에 따라 이주대책을 수립·실시하거나 이주정착금을 지급하여야 한다.
>
> ② 사업시행자는 제1항에 따라 이주대책을 수립하려면 미리 관할 지방자치단체의 장과 협의하여야 한다.

> 토지보상법 시행규칙 제53조(이주정착금 등)
>
> ① 영 제40조 제2항 본문에서 "국토교통부령으로 정하는 부득이한 사유"란 다음 각 호의 어느 하나에 해당하는 경우를 말한다.
>
> 1. 공익사업시행지구의 인근에 택지 조성에 적합한 토지가 없는 경우
> 2. 이주대책에 필요한 비용이 당해 공익사업의 본래의 목적을 위한 소요비용을 초과하는 등 이주대책의 수립·실시로 인하여 당해 공익사업의 시행이 사실상 곤란하게 되는 경우
>
> ② 영 제41조에 따른 이주정착금은 보상대상인 주거용 건축물에 대한 평가액의 30퍼센트에 해당하는 금액으로 하되, 그 금액이 1천2백만원 미만인 경우에는 1천2백만원으로 하고, 2천4백만원을 초과하는 경우에는 2천4백만원으로 한다.

2) 이주대책의 대상자 요건

① 주거용 건축물을 제공하는 경우

허가를 받거나 신고를 하고 건축 또는 용도변경을 하여야 하는 주거용 건축물일 것, 1989.1.24 이전 무허가 및 무신고 주거용 건축물일 것, 해당 건축물의 소유자일 것, 해당 건축물에 공익사업을 위한 관계 법령에 의한 고시 등이 있은 날부터 계약체결일 또는 수용재결일까지 계속하여 거주하고 있는 자일 것, 다만 질병으로 인한 요양, 징집으로 인한 입영, 공무, 취학, 해당 공익사업지구 내 타인이 소유하고 있는 건축물에의 거주, 그 밖에 이에 준하는 부득이한 사유로 인하여 거주하지 아니한 경우에는 그러하지 아니한다고 규정하고 있다.

② 공장부지 제공자의 경우

사업시행자는 토지보상법령상으로 정하는 공익사업의 시행으로 인하여 공장부지가 협의 양도되거나 수용됨에 따라 더 이상 해당 지역에서 공장을 가동할 수 없게 된 자가 희망하는 경우 '산업입지 및 개발에 관한 법률'에 따라 지정, 개발된 인근 산업단지에의 입주 등 대통령령으로 정하는 이주대책에 관한 계획을 수립하여야 한다.

(3) 이주대책의 절차

사업시행자가 이주대책계획을 수립하려면 미리 관할 지방자치단체장과 협의를 해야 하며,

이주대책대상자들에게 관련된 사항을 통지하여야 한다. 통지받은 이주대책 대상자가 분양신청을 하면 사업시행자가 분양여부에 대한 확인 및 결정을 거쳐 대상자에게 분양을 실시하는 절차를 거친다.

(4) 이주대책의 내용

이주정착지에 대한 도로, 급수 및 배수시설, 그 밖의 공공시설 등 통상적인 수준의 생활기본시설이 포함되어야 한다. 이때 필요한 비용은 사업시행자가 부담하되 행정청이 아닌 사업시행자가 수립 및 실시하는 경우에는 지방자치단체가 비용의 일부를 보조할 수 있다. 판례는 사업시행자가 이주대책기준을 정하여 대책을 수립, 실시해야 할 자를 선정하여 그들에게 공급할 택지나 주택의 내용이나 수량을 정할 수 있고 이를 정하는데 재량을 가진다고 판시한 바 있다.

2. 제78조 제1항 및 제4항의 강행규정 여부

(1) 관련 판례의 태도

■ 대법원 2011.6.23. 선고 2007다63089,63096 전원합의체 판결

[채무부존재확인·채무부존재확인]

【판시사항】

[1] 계약당사자 중 일방이 상대방 및 제3자와 3면 계약을 체결하거나 상대방의 승낙을 얻어 계약상 당사자의 지위를 포괄적으로 제3자에게 이전하는 경우, 제3자가 종래 계약에서 이미 발생한 채권·채무도 모두 이전받는지 여부(적극)

[2] 사업시행자가 구 공익사업을 위한 토지 등의 취득 및 보상에 관한 법률 시행령 제40조 제2항 단서에 따라 택지개발촉진법 또는 주택법 등 관계 법령에 의하여 이주대책대상자들에게 택지 또는 주택을 공급하는 경우에도 이주정착지를 제공하는 경우와 마찬가지로 사업시행자 부담으로 구 공익사업을 위한 토지 등의 취득 및 보상에 관한 법률 제78조 제4항에서 정한 생활기본시설을 설치하여 이주대책대상자들에게 제공하여야 하는지 여부(적극)

[3] 사업시행자의 이주대책 수립·실시의무를 정하고 있는 구 공익사업을 위한 토지 등의 취득 및 보상에 관한 법률 제78조 제1항과 이주대책의 내용을 정하고 있는 같은 조 제4항 본문이 강행법규인지 여부(적극)

[4] 구 공익사업을 위한 토지 등의 취득 및 보상에 관한 법률 제78조 제4항에서 정한 '도로·급수시설·배수시설 그 밖의 공공시설 등 당해 지역조건에 따른 생활기본시설'의 의미 및 이주대책대상자들과 사업시행자 등이 체결한 택지 또는 주택에 관한 특별공급계약에서 위 조항에 규정된 생활기본시설 설치비용을 분양대금에 포함시킴으로써 이주대책대상자들이 그 비용까지 사업시행자 등에게 지급하게 된 경우, 사업시행자가 그 비용 상당액을 부당이득으로 이주대책대상자들에게 반환하여야 하는지 여부(적극)

【판결요지】

[1] 계약당사자 중 일방이 상대방 및 제3자와 3면 계약을 체결하거나 상대방의 승낙을 얻어 계약상 당사자로서의 지위를 포괄적으로 제3자에게 이전하는 경우 이를 양수한 제3자는 양도인의 계약상 지위를 승계함으로써 종래 계약에서 이미 발생한 채권·채무도 모두 이전받게 된다.

[2] [다수의견] 구 공익사업을 위한 토지 등의 취득 및 보상에 관한 법률(2007.10.17. 법률 제8665호

로 개정되기 전의 것, 이하 '구 공익사업법'이라 한다) 제78조 제1항은 사업시행자의 이주대책 수립·실시의무를 정하고 있고, 구 공익사업을 위한 토지 등의 취득 및 보상에 관한 법률 시행령(2008.2.29. 대통령령 제20722호로 개정되기 전의 것, 이하 '구 공익사업법 시행령'이라 한다) 제40조 제2항은 "이주대책은 건설교통부령이 정하는 부득이한 사유가 있는 경우를 제외하고는 이주대책대상자 중 이주를 희망하는 자가 10호 이상인 경우에 수립·실시한다. 다만 사업시행자가 택지개발촉진법 또는 주택법 등 관계 법령에 의하여 이주대책대상자에게 택지 또는 주택을 공급한 경우(사업시행자의 알선에 의하여 공급한 경우를 포함한다)에는 이주대책을 수립·실시한 것으로 본다."고 규정하고 있으며, 한편 구 공익사업법 제78조 제4항 본문은 "이주대책의 내용에는 이주정착지에 대한 도로·급수시설·배수시설 그 밖의 공공시설 등 당해 지역조건에 따른 생활기본시설이 포함되어야 하며, 이에 필요한 비용은 사업시행자의 부담으로 한다."고 규정하고 있다. 위 각 규정을 종합하면 사업시행자가 구 공익사업법 시행령 제40조 제2항 단서에 따라 택지개발촉진법 또는 주택법 등 관계 법령에 의하여 이주대책대상자들에게 택지 또는 주택을 공급(이하 '특별공급'이라 한다)하는 것도 구 공익사업법 제78조 제1항의 위임에 근거하여 사업시행자가 선택할 수 있는 이주대책의 한 방법이므로, 특별공급의 경우에도 이주정착지를 제공하는 경우와 마찬가지로 사업시행자의 부담으로 같은 조 제4항이 정한 생활기본시설을 설치하여 이주대책대상자들에게 제공하여야 한다고 보아야 하고, 이주대책대상자들이 특별공급을 통해 취득하는 택지나 주택의 시가가 공급가액을 상회하여 그들에게 시세차익을 얻을 기회나 가능성이 주어진다고 하여 달리 볼 것은 아니다.

[대법관 양창수, 대법관 신영철, 대법관 민일영의 별개의견] 사업시행자가 구 공익사업을 위한 토지 등의 취득 및 보상에 관한 법률 시행령(2008.2.29. 대통령령 제20722호로 개정되기 전의 것) 제40조 제2항 단서에 따라 이주대책대상자에게 택지 또는 주택을 특별공급한 경우에는 그로써 이주대책을 수립·실시한 것으로 보아 별도의 이주대책을 수립·실시하지 않아도 되므로, 사업시행자는 특별공급한 택지 또는 주택에 대하여는 그것이 이주정착지임을 전제로 생활기본시설을 설치해 줄 의무가 없다고 보아야 한다.

[3] <u>구 공익사업을 위한 토지 등의 취득 및 보상에 관한 법률(2007.10.17. 법률 제8665호로 개정되기 전의 것, 이하 '구 공익사업법'이라 한다)은 공익사업에 필요한 토지 등을 협의 또는 수용에 의하여 취득하거나 사용함에 따른 손실보상에 관한 사항을 규정함으로써 공익사업의 효율적인 수행을 통하여 공공복리의 증진과 재산권의 적정한 보호를 도모함을 목적으로 하고 있고, 위 법에 의한 이주대책은 공익사업의 시행에 필요한 토지 등을 제공함으로 인하여 생활의 근거를 상실하게 되는 이주대책대상자들에게 종전 생활상태를 원상으로 회복시키면서 동시에 인간다운 생활을 보장하여 주기 위하여 마련된 제도이므로, 사업시행자의 이주대책 수립·실시의무를 정하고 있는 구 공익사업법 제78조 제1항은 물론 이주대책의 내용에 관하여 규정하고 있는 같은 조 제4항 본문 역시 당사자의 합의 또는 사업시행자의 재량에 의하여 적용을 배제할 수 없는 강행법규이다.</u>

[4] **[다수의견]** 구 공익사업을 위한 토지 등의 취득 및 보상에 관한 법률(2007.10.17. 법률 제8665호로 개정되기 전의 것, 이하 '구 공익사업법'이라 한다) 제78조 제4항의 취지는 이주대책대상자들에게 생활 근거를 마련해 주고자 하는 데 목적이 있으므로, 위 규정의 '도로·급수시설·배수시설 그 밖의 공공시설 등 당해 지역조건에 따른 생활기본시설'은 주택법 제23조 등 관계 법령에 의하여 주택건설사업이나 대지조성사업을 시행하는 사업주체가 설치하도록 되어 있는 도로 및 상하수도시설, 전기시설·통신시설·가스시설 또는 지역난방시설 등 간선시설을 의미한다고 보아야 한다. 따라서 만일 이주대책대상자들과 사업시행자 또는 그의 알선에 의한 공급자에 의하여 체결된 택지 또는 주택에 관한 특별공급계약에서 구 공익사업법 제78조 제4항에 규정

된 생활기본시설 설치비용을 분양대금에 포함시킴으로써 이주대책대상자들이 생활기본시설 설치비용까지 사업시행자 등에게 지급하게 되었다면, 사업시행자가 직접 택지 또는 주택을 특별공급한 경우에는 특별공급계약 중 분양대금에 생활기본시설 설치비용을 포함시킨 부분이 강행법규인 위 조항에 위배되어 무효이고, 사업시행자의 알선에 의하여 다른 공급자가 택지 또는 주택을 공급한 경우에는 사업시행자가 위 규정에 따라 부담하여야 할 생활기본시설 설치비용에 해당하는 금액의 지출을 면하게 되어, 결국 사업시행자는 법률상 원인 없이 생활기본시설 설치비용 상당의 이익을 얻고 그로 인하여 이주대책대상자들이 같은 금액 상당의 손해를 입게 된 것이므로, 사업시행자는 그 금액을 부당이득으로 이주대책대상자들에게 반환할 의무가 있다. 다만 구 공익사업을 위한 토지 등의 취득 및 보상에 관한 법률 제78조 제4항에 따라 사업시행자의 부담으로 이주대책대상자들에게 제공하여야 하는 것은 위 조항에서 정한 생활기본시설에 국한되므로, 이와 달리 사업시행자가 이주대책으로서 이주정착지를 제공하거나 택지 또는 주택을 특별공급하는 경우 사업시행자는 이주대책대상자들에게 택지의 소지(素地)가격 및 택지조성비 등 투입비용의 원가만을 부담시킬 수 있고 이를 초과하는 부분은 생활기본시설 설치비용에 해당하는지를 묻지 않고 그 전부를 이주대책대상자들에게 전가할 수 없다는 취지로 판시한 종래 대법원판결들은 이 판결의 견해에 배치되는 범위 안에서 모두 변경하기로 한다.

[대법관 김능환의 별개의견] 구 공익사업을 위한 토지 등의 취득 및 보상에 관한 법률(2007. 10.17. 법률 제8665호로 개정되기 전의 것, 이하 '구 공익사업법'이라 한다) 제78조 제4항의 '생활기본시설'이 그 항목에서는 다수의견처럼 주택법 제23조에서 규정하는 '간선시설'을 의미하는 것으로 볼 수밖에 없다고 하더라도, 그 범위에서는 이주대책대상자에게 주택단지 밖의 기간이 되는 시설로부터 주택단지의 경계선까지뿐만 아니라 경계선으로부터 이주대책대상자에게 공급되는 주택까지에 해당하는 부분의 설치비용까지를 포함하는 것으로 보아 비용을 이주대책대상자에게 부담시킬 수 없으며, 주택의 분양가에 포함되어 있는 이윤 역시 이주대책대상자에게 부담시킬 수 없다고 보는 것이 구 공익사업법 제78조 제4항의 취지에 부합하는 해석이다. 결국 이주대책대상자에게는 분양받을 택지의 소지가격, 위에서 본 바와 같은 의미의 생활기본시설 설치비용을 제외한 택지조성비 및 주택의 건축원가만을 부담시킬 수 있는 것으로 보아야 한다. 다수의견이 변경대상으로 삼고 있는 대법원판결들은 이러한 취지에서 나온 것들로서 옳고, 그대로 유지되어야 한다.

■ 대법원 2019.3.28. 선고 2015다49804 판결 [부당이득금]

【판시사항】

[1] 공익사업의 시행자가 이주대책대상자와 체결한 택지에 관한 특별공급계약에서 구 공익사업을 위한 토지 등의 취득 및 보상에 관한 법률 제78조 제4항에 규정된 생활기본시설 설치비용을 분양대금에 포함시킨 경우, 그 부분이 강행법규에 위배되어 무효인지 여부(적극)

[2] 공익사업의 시행자가 택지조성원가에서 일정한 금액을 할인하여 이주자택지의 분양대금을 정한 경우, 분양대금에 생활기본시설 설치비용이 포함되었는지와 포함된 범위를 판단하는 기준 및 이때 '택지조성원가에서 생활기본시설 설치비용을 공제한 금액'의 산정 방식 / 이주자택지의 분양대금에 포함된 생활기본시설 설치비용 상당의 부당이득액을 산정하는 경우, 사업시행자가 이주자택지 분양대금 결정의 기초로 삼은 택지조성원가를 산정할 때 실제 적용한 총사업면적과 사업비, 유상공급면적을 그대로 기준으로 삼아야 하는지 여부(적극)

[3] 공익사업의 시행자가 이주대책대상자에게 생활기본시설로서 제공하여야 하는 도로에 '주택단지 안의 도로를 해당 주택단지 밖에 있는 동종의 도로에 연결시키는 도로'가 포함되는지 여부(적극) 및 '사업시행자가 공익사업지구 안에 설치하는 도로로서 해당 사업지구 안의 주택단지 등의

입구와 사업지구 밖에 있는 도로를 연결하는 기능을 담당하는 도로'가 포함되는지 여부(원칙적 적극)

[4] 한국토지공사가 시행한 택지개발사업의 사업부지 중 기존 도로 부분과 수도 부분을 포함한 국공유지가 한국토지공사에 무상으로 귀속된 경우, 생활기본시설 용지비의 산정 방식이 문제 된 사안에서, 무상귀속부지 중 전체 공공시설 실치면적에 대한 생활기본시설 설치면적의 비율에 해당하는 면적을 제외하고 생활기본시설의 용지비를 산정한 원심판단에 법리오해의 잘못이 있다고 한 사례

【판결요지】

[1] 이주대책대상자와 공익사업의 시행자 사이에 체결된 택지에 관한 특별공급계약에서 구 공익사업을 위한 토지 등의 취득 및 보상에 관한 법률(2007.10.17. 법률 제8665호로 개정되기 전의 것, 이하 '구 토지보상법'이라 한다) 제78조 제4항에 규정된 생활기본시설 설치비용을 분양대금에 포함시킴으로써 이주대책대상자가 생활기본시설 설치비용까지 사업시행자에게 지급하게 되었다면, 특별공급계약 중 생활기본시설 설치비용을 분양대금에 포함시킨 부분은 강행법규인 구 토지보상법 제78조 제4항에 위배되어 무효이다.

[2] 공익사업의 시행자가 택지조성원가에서 일정한 금액을 할인하여 이주자택지의 분양대금을 정한 경우에는 분양대금이 '택지조성원가에서 생활기본시설 설치비용을 공제한 금액'을 초과하는지 등 그 상호관계를 통하여 분양대금에 생활기본시설 설치비용이 포함되었는지와 포함된 범위를 판단하여야 한다. 이때 구 공익사업을 위한 토지 등의 취득 및 보상에 관한 법률(2007.10.17. 법률 제8665호로 개정되기 전의 것, 이하 '구 토지보상법'이라 한다) 제78조 제4항은 사업시행자가 이주대책대상자에게 생활기본시설 설치비용을 전가하는 것만을 금지할 뿐 적극적으로 이주대책대상자에게 부담시킬 수 있는 비용이나 그로부터 받을 수 있는 분양대금의 내역에 관하여는 규정하지 아니하고 있으므로, 사업시행자가 실제 이주자택지의 분양대금 결정의 기초로 삼았던 택지조성원가 가운데 생활기본시설 설치비용에 해당하는 항목을 가려내어 이를 빼내는 방식으로 '택지조성원가에서 생활기본시설 설치비용을 공제한 금액'을 산정하여야 하고, 이와 달리 이주대책대상자에게 부담시킬 수 있는 택지조성원가를 새롭게 산정하여 이를 기초로 할 것은 아니다.

그리고 이주자택지의 분양대금 결정의 기초로 삼은 택지조성원가를 산정할 때 도시지원시설을 제외할 것인지 또는 도시지원시설 감보면적을 유상공급면적에서 제외할 것인지에 관하여 다투는 것도 이러한 택지조성원가 산정의 정당성을 다투는 것에 불과하기 때문에 이주대책대상자에 대한 생활기본시설 설치비용의 전가 여부와는 관련성이 있다고 할 수 없고, 이로 인하여 사업시행자가 구 토지보상법 제78조 제4항을 위반하게 된다고 볼 수도 없다. 따라서 이주자택지의 분양대금에 포함된 생활기본시설 설치비용 상당의 부당이득액을 산정함에 있어서는 사업시행자가 이주자택지 분양대금 결정의 기초로 삼은 택지조성원가를 산정할 때 실제 적용한 총사업면적과 사업비, 유상공급면적을 그대로 기준으로 삼아야 한다.

[3] 공익사업의 시행자가 이주대책대상자에게 생활기본시설로서 제공하여야 하는 도로에는 길이나 폭에 불구하고 구 주택법(2009.2.3. 법률 제9405호로 개정되기 전의 것) 제2조 제8호에서 정하고 있는 간선시설에 해당하는 도로, 즉 주택단지 안의 도로를 해당 주택단지 밖에 있는 동종의 도로에 연결시키는 도로가 포함됨은 물론, 사업시행자가 공익사업지구 안에 설치하는 도로로서 해당 사업지구 안의 주택단지 등의 입구와 사업지구 밖에 있는 도로를 연결하는 기능을 담당하는 도로도 특별한 사정이 없는 한 사업지구 내 주택단지 등의 기능 달성 및 전체 주민들의 통행을 위한 필수적인 시설로서 이에 포함된다.

[4] 한국토지공사가 시행한 택지개발사업의 사업부지 중 기존 도로 부분과 수도 부분을 포함한 국공유지가 한국토지공사에게 무상으로 귀속된 경우, 생활기본시설 용지비의 산정 방식이 문제된 사안에서, 한국토지공사가 이주대책대상자들에게 반환하여야 할 부당이득액은 이주자택지의 분양대금에 포함된 생활기본시설에 관한 비용 상당액이므로, 그 구성요소의 하나인 생활기본시설 용지비는 분양대금 산정의 기초가 된 총용지비에 포함된 전체 토지의 면적에 대한 생활기본시설이 차지하는 면적의 비율에 총용지비를 곱하는 방식으로 산출하여야 하고, 사업부지 중 한국토지공사에게 무상귀속된 부분이 있을 경우에는 무상귀속 부분의 면적도 생활기본시설의 용지비 산정에 포함시켜야 하는데도, 무상귀속부지 중 전체 공공시설 설치면적에 대한 생활기본시설 설치면적의 비율에 해당하는 면적을 제외하고 생활기본시설의 용지비를 산정한 원심판단에 법리오해의 잘못이 있다고 한 사례

(2) 검토

생각건대, 생활보상의 일환으로서 이주대책의 취지상 종전의 생활상태를 원상으로 회복하기 위한 것이라는 점과 피수용자에게 정당한 보상을 주기 위한 토지보상법 및 헌법 제23조 제3항의 취지상 토지보상법 제78조 제1항 및 제4항을 당사자의 합의 또는 사업시행자의 재량으로 배제할 수 없는 강행규정으로 보는 판례의 태도가 타당하다고 판단된다.

Ⅲ. (물음2) 무허가건축물 등의 이주대책

1. 무허가건축물 등의 의의

무허가건축물 등이란 허가를 받거나 신고를 하고 건축 또는 용도변경을 하여야 하는 건축물을 허가를 받지 아니하거나 신고를 하지 아니하고 건축 또는 용도변경을 한 건축물을 의미한다. 다만, 판례는 사용승인을 받지 않은 건축물에 대해서는 무허가건축물 등에 해당하지 않는다고 판시하였다.

대법원 2013.8.23. 선고 2012두24900 판결 [이주자택지공급대상제외처분취소]

【판시사항】

관할 행정청으로부터 건축허가를 받아 택지개발사업구역 안에 있는 토지 위에 주택을 신축하였으나 사용승인을 받지 않은 주택의 소유자 甲이 한국토지주택공사에 이주자택지 공급대상자 선정신청을 하였는데 위 주택이 사용승인을 받지 않았다는 이유로 한국토지주택공사가 이주자택지 공급대상자 제외 통보를 한 사안에서, 위 처분이 위법하다고 본 원심판단을 정당하다고 한 사례

【판결요지】

관할 행정청으로부터 건축허가를 받아 택지개발사업구역 안에 있는 토지 위에 주택을 신축하였으나 사용승인을 받지 않은 주택의 소유자 甲이 사업 시행자인 한국토지주택공사에 이주자택지 공급대상자 선정신청을 하였는데 위 주택이 사용승인을 받지 않았다는 이유로 한국토지주택공사가 이주자택지 공급대상자 제외 통보를 한 사안에서, 공공사업의 시행에 따라 생활의 근거를 상실하게 되는 이주자들에 대하여는 가급적 이주대책의 혜택을 받을 수 있도록 하는 것이 공익사업을 위한 토지 등의 취득 및 보상에 관한 법률이 규정하고 있는 이주대책 제도의 취지에 부합하는 점, 구 공익사업을 위한 토지 등의 취득 및 보상에 관한 법률 시행령(2011.12.28. 대통령령 제23452호로 개정되기 전의 것, 이하

'구 공익사업법 시행령'이라 한다) 제40조 제3항 제1호는 무허가건축물 또는 무신고건축물의 경우를 이주대책대상에서 제외하고 있을 뿐 사용승인을 받지 않은 건축물에 대하여는 아무런 규정을 두고 있지 않은 점, 건축법은 무허가건축물 또는 무신고건축물과 사용승인을 받지 않은 건축물을 요건과 효과 등에서 구별하고 있고, 허가와 사용승인은 법적 성질이 다른 점 등의 사정을 고려하여 볼 때, 건축허가를 받아 건축되었으나 사용승인을 받지 못한 건축물의 소유자는 그 건축물이 건축허가와 전혀 다르게 건축되어 실질적으로는 건축허가를 받은 것으로 볼 수 없는 경우가 아니라면 구 공익사업법 시행령 제40조 제3항 제1호에서 정한 무허가건축물의 소유자에 해당하지 않는다는 이유로 甲을 이주대책대상자에서 제외한 위 처분이 위법하다고 본 원심판단을 정당하다고 한 사례

2. 관련 규정의 검토 – 토지보상법 시행령 제40조(이주대책의 수립 · 실시)

토지보상법 시행령 제40조(이주대책의 수립 · 실시)

① 사업시행자가 법 제78조 제1항에 따른 이주대책(이하 "이주대책"이라 한다)을 수립하려는 경우에는 미리 그 내용을 같은 항에 따른 이주대책대상자(이하 "이주대책대상자"라 한다)에게 통지하여야 한다.

② 이주대책은 국토교통부령으로 정하는 부득이한 사유가 있는 경우를 제외하고는 이주대책대상자 중 이주정착지에 이주를 희망하는 자의 가구 수가 10호(戶) 이상인 경우에 수립 · 실시한다. 다만, 사업시행자가 「택지개발촉진법」 또는 「주택법」 등 관계 법령에 따라 이주대책대상자에게 택지 또는 주택을 공급한 경우(사업시행자의 알선에 의하여 공급한 경우를 포함한다)에는 이주대책을 수립 · 실시한 것으로 본다.

③ 법 제4조 제6호 및 제7호에 따른 사업(이하 이 조에서 "부수사업"이라 한다)의 사업시행자는 다음 각 호의 요건을 모두 갖춘 경우 부수사업의 원인이 되는 법 제4조 제1호부터 제5호까지의 규정에 따른 사업(이하 이 조에서 "주된사업"이라 한다)의 이주대책에 부수사업의 이주대책을 포함하여 수립 · 실시하여 줄 것을 주된사업의 사업시행자에게 요청할 수 있다. 이 경우 부수사업 이주대책대상자의 이주대책을 위한 비용은 부수사업의 사업시행자가 부담한다.

1. 부수사업의 사업시행자가 법 제78조 제1항 및 이 조 제2항 본문에 따라 이주대책을 수립 · 실시하여야 하는 경우에 해당하지 아니할 것
2. 주된사업의 이주대책 수립이 완료되지 아니하였을 것

④ 제3항 각 호 외의 부분 전단에 따라 이주대책의 수립 · 실시 요청을 받은 주된사업의 사업시행자는 법 제78조 제1항 및 이 조 제2항 본문에 따라 이주대책을 수립 · 실시하여야 하는 경우에 해당하지 아니하는 등 부득이한 사유가 없으면 이에 협조하여야 한다.

⑤ 다음 각 호의 어느 하나에 해당하는 자는 이주대책대상자에서 제외한다.

1. 허가를 받거나 신고를 하고 건축 또는 용도변경을 하여야 하는 건축물을 허가를 받지 아니하거나 신고를 하지 아니하고 건축 또는 용도변경을 한 건축물의 소유자
2. 해당 건축물에 공익사업을 위한 관계 법령에 따른 고시 등이 있은 날부터 계약체결일 또는 수용재결일까지 계속하여 거주하고 있지 아니한 건축물의 소유자. 다만, 다음 각 목의 어느 하나에 해당하는 사유로 거주하고 있지 아니한 경우에는 그러하지 아니하다.
   가. 질병으로 인한 요양
   나. 징집으로 인한 입영
   다. 공무
   라. 취학

마. 해당 공익사업지구 내 타인이 소유하고 있는 건축물에의 거주
바. 그 밖에 가목부터 라목까지에 준하는 부득이한 사유
3. 타인이 소유하고 있는 건축물에 거주하는 세입자. 다만, 해당 공익사업지구에 주거용 건축물을 소유한 자로서 타인이 소유하고 있는 건축물에 거주하는 세입자는 제외한다.
⑥ 제2항 본문에 따른 이주정착지 안의 택지 또는 주택을 취득하거나 같은 항 단서에 따른 택지 또는 주택을 취득하는 데 드는 비용은 이주대책대상자의 희망에 따라 그가 지급받을 보상금과 상계(相計)할 수 있다.

3. 관련 판례의 태도

대법원 2011.6.10. 선고 2010두26216 판결 [이주대책대상자 및 이주대책보상 등의 거부처분취소]

【판시사항】

[1] 공익사업을 위한 토지 등의 취득 및 보상에 관한 법률 시행령 제40조 제3항 제1호의 '허가를 받거나 신고를 하고 건축하여야 하는 건축물을 허가를 받지 아니하거나 신고를 하지 아니하고 건축한 건축물의 소유자'에, 주거용 아닌 다른 용도로 이미 허가를 받거나 신고를 한 건축물을 적법한 절차 없이 임의로 주거용으로 용도를 변경하여 사용하는 자도 포함되는지 여부(적극)

【판결요지】

[1] 공익사업을 위한 토지 등의 취득 및 보상에 관한 법률(이하 '공익사업법'이라 한다)에 의한 이주대책 제도는, 공익사업 시행으로 생활근거를 상실하게 되는 자에게 종전의 생활상태를 원상으로 회복시키면서 동시에 인간다운 생활을 보장하여 주기 위한 이른바 생활보상의 일환으로 국가의 적극적이고 정책적인 배려에 의하여 마련된 제도로서 건물 및 부속물에 대한 손실보상 외에는 별도의 보상이 이루어지지 않는 주거용 건축물의 철거에 따른 생활보상적 측면이 있다는 점을 비롯하여, 공익사업법 제78조 제1항, 공익사업법 시행령 제40조 제3항 제1호 각 규정의 문언, 내용 및 입법 취지 등을 종합하여 보면, 주거용 용도가 아닌 다른 용도로 이미 허가를 받거나 신고를 한 건축물을 소유한 자라 하더라도 이주대책기준일 당시를 기준으로 공부상 주거용 용도가 아닌 건축물을 허가를 받거나 신고를 하는 등 적법한 절차에 의하지 않고 임의로 주거용으로 용도를 변경하여 사용하는 자는, 공익사업법 시행령 제40조 제3항 제1호의 '허가를 받거나 신고를 하고 건축하여야 하는 건축물을 허가를 받지 아니하거나 신고를 하지 아니하고 건축한 건축물의 소유자'에 포함되는 것으로 해석하는 것이 타당하다.

4. 검토

생각건대, 관련 규정에서 무허가건축물 등에 임의로 용도변경한 건축물을 포함하도록 규정하고 있으며 정당보상의 관점에서도 관련 법령을 위반한 채 건축을 한 건축물의 소유자에 대해 이주대책을 실시하는 것은 타당하지 않다. 따라서 사안에서 피수용자는 이주대책대상자에서 제외되는 것이 타당하다고 판단된다.

Ⅳ. (물음3) 이주대책대상자 2차결정이 1차결정과 별도로 '처분'에 해당하는지 여부

1. 처분의 의미(행정소송법 제2조)

"처분등"이라 함은 행정청이 행하는 구체적 사실에 관한 법집행으로서의 공권력의 행사 또는

그 거부와 그 밖에 이에 준하는 행정작용(이하 "處分"이라 한다) 및 행정심판에 대한 재결을 말한다.

> 행정소송법 제2조(정의) ① 이 법에서 사용하는 용어의 정의는 다음과 같다.
> 1. "처분등"이라 함은 행정청이 행하는 구체적 사실에 관한 법집행으로서의 공권력의 행사 또는 그 거부와 그 밖에 이에 준하는 행정작용(이하 "處分"이라 한다) 및 행정심판에 대한 재결을 말한다.

2. 관련 판례의 태도

【판시사항】

[1] 행정청의 행위가 항고소송의 대상이 될 수 있는지 결정하는 방법 및 행정청의 행위가 '처분'에 해당하는지 불분명한 경우, 이를 판단하는 방법

[2] 수익적 행정처분을 구하는 신청에 대한 거부처분이 있은 후 당사자가 새로운 신청을 하는 취지로 다시 신청을 하였으나 행정청이 이를 다시 거절한 경우, 새로운 거부처분인지 여부(적극)

【판결요지】

[1] 항고소송의 대상인 '처분'이란 "행정청이 행하는 구체적 사실에 관한 법집행으로서의 공권력의 행사 또는 그 거부와 그 밖에 이에 준하는 행정작용"(행정소송법 제2조 제1항 제1호)을 말한다. 행정청의 행위가 항고소송의 대상이 될 수 있는지는 추상적·일반적으로 결정할 수 없고, 구체적인 경우에 관련 법령의 내용과 취지, 그 행위의 주체·내용·형식·절차, 그 행위와 상대방 등 이해관계인이 입는 불이익 사이의 실질적 견련성, 법치행정의 원리와 그 행위에 관련된 행정청이나 이해관계인의 태도 등을 고려하여 개별적으로 결정하여야 한다. 행정청의 행위가 '처분'에 해당하는지 불분명한 경우에는 그에 대한 불복방법 선택에 중대한 이해관계를 가지는 상대방의 인식가능성과 예측가능성을 중요하게 고려하여 규범적으로 판단하여야 한다.

[2] 수익적 행정처분을 구하는 신청에 대한 거부처분은 당사자의 신청에 대하여 관할 행정청이 이를 거절하는 의사를 대외적으로 명백히 표시함으로써 성립된다. 거부처분이 있은 후 당사자가 다시 신청을 한 경우에는 신청의 제목 여하에 불구하고 그 내용이 새로운 신청을 하는 취지라면 관할 행정청이 이를 다시 거절하는 것은 새로운 거부처분이라고 보아야 한다. 관계 법령이나 행정청이 사전에 공표한 처분기준에 신청기간을 제한하는 특별한 규정이 없는 이상 재신청을 불허할 법적 근거가 없으며, 설령 신청기간을 제한하는 특별한 규정이 있더라도 재신청이 신청기간을 도과하였는지는 본안에서 재신청에 대한 거부처분이 적법한가를 판단하는 단계에서 고려할 요소이지, 소송요건 심사단계에서 고려할 요소가 아니다.

(대법원 2021.1.14. 선고 2020두50324 판결 [이주대책대상자제외처분취소])

3. 사안의 경우

(1) 행정청의 행위가 항고소송의 대상이 될 수 있는지 결정하는 방법

항고소송의 대상인 '처분'이란 "행정청이 행하는 구체적 사실에 관한 법집행으로서의 공권력의 행사 또는 그 거부와 그 밖에 이에 준하는 행정작용"(행정소송법 제2조 제1항 제1호)을 말한다. 행정청의 행위가 항고소송의 대상이 될 수 있는지는 추상적·일반적으로 결정할 수 없고, 구체적인 경우에 관련 법령의 내용과 취지, 그 행위의 주체·내용·형식·절차, 그 행위와 상대방 등 이해관계인이 입는 불이익 사이의 실질적 견련성, 법치행정의 원

리와 그 행위에 관련된 행정청이나 이해관계인의 태도 등을 고려하여 개별적으로 결정하여야 한다. 행정청의 행위가 '처분'에 해당하는지 불분명한 경우에는 그에 대한 불복방법 선택에 중대한 이해관계를 가지는 상대방의 인식가능성과 예측가능성을 중요하게 고려하여 규범적으로 판단하여야 한다고 판시하였다.

(2) 수익적 행정처분을 구하는 신청에 대한 거부처분이 있은 후 당사자가 새로운 신청을 하는 취지로 다시 신청을 하였으나 행정청이 이를 다시 거절한 경우, 새로운 거부처분인지

수익적 행정처분을 구하는 신청에 대한 거부처분은 당사자의 신청에 대하여 관할 행정청이 이를 거절하는 의사를 대외적으로 명백히 표시함으로써 성립된다. 거부처분이 있은 후 당사자가 다시 신청을 한 경우에는 신청의 제목 여하에 불구하고 그 내용이 새로운 신청을 하는 취지라면 관할 행정청이 이를 다시 거절하는 것은 새로운 거부처분이라고 봄이 타당할 것이다.

(3) 사안의 경우

이주대책대상자제외처분취소 이의신청 2차 결정이 1차 결정과 별도로 행정심판 및 취소소송의 대상이 되는 '처분'에 해당하는지 여부가 쟁점이다. 수익적 행정처분을 구하는 신청에 대한 거부처분은 당사자의 신청에 대하여 관할 행정청이 이를 거절하는 의사를 대외적으로 명백히 표시함으로써 성립되므로, 거부처분이 있은 후 당사자가 다시 신청을 한 경우에는 신청의 제목 여하에 불구하고 그 내용이 새로운 신청을 하는 취지라면 관할 행정청이 이를 다시 거절하는 것은 새로운 거부처분이라고 봄이 타당하다. 따라서 이주대책대상자제외처분취소 이의신청 2차 결정은 1차 결정과 별도로 행정심판 및 취소소송의 대상이 되는 '처분'에 해당한다.

Ⅴ. 사안의 해결

생활보상의 일환으로서 종전의 생활상태를 원상으로 회복하기 위한 것이라는 이주대책의 취지, 피수용자에게 정당한 보상을 주기 위한 토지보상법 및 헌법 제23조 제3항의 취지를 고려할 때, 토지보상법 제78조 제1항 및 제4항을 당사자의 합의 또는 사업시행자의 재량으로 배제할 수 없는 강행규정으로 보는 판례의 태도가 타당하다 판단된다. 또한, 이주대책대상자제외처분취소 이의신청 2차 결정은 1차 결정과 별도로 행정심판 및 취소소송의 대상이 되는 '처분'에 해당한다고 보는 것이 타당하다고 생각된다.

참고 처분에 대한 이의신청에 대한 결과통지서가 별도의 처분인가인지 여부? ★★★

행정기본법 제36조(처분에 대한 이의신청)

① 행정청의 처분(「행정심판법」 제3조에 따라 같은 법에 따른 행정심판의 대상이 되는 처분을 말한다. 이하 이 조에서 같다)에 이의가 있는 당사자는 처분을 받은 날부터 30일 이내에 해당 행정청에 이의신청을 할 수 있다.

② 행정청은 제1항에 따른 이의신청을 받으면 그 신청을 받은 날부터 14일 이내에 그 이의신청에 대한 결과를 신청인에게 통지하여야 한다. 다만, 부득이한 사유로 14일 이내에 통지할 수 없는 경우에는 그 기간을 만료일 다음 날부터 기산하여 10일의 범위에서 한 차례 연장할 수 있으며, 연장 사유를 신청인에게 통지하여야 한다.

③ 제1항에 따라 이의신청을 한 경우에도 그 이의신청과 관계없이 「행정심판법」에 따른 행정심판 또는 「행정소송법」에 따른 행정소송을 제기할 수 있다.

④ 이의신청에 대한 결과를 통지받은 후 행정심판 또는 행정소송을 제기하려는 자는 그 결과를 통지받은 날(제2항에 따른 통지기간 내에 결과를 통지받지 못한 경우에는 같은 항에 따른 통지기간이 만료되는 날의 다음 날을 말한다)부터 90일 이내에 행정심판 또는 행정소송을 제기할 수 있다.

⑤ 다른 법률에서 이의신청과 이에 준하는 절차에 대하여 정하고 있는 경우에도 그 법률에서 규정하지 아니한 사항에 관하여는 이 조에서 정하는 바에 따른다.

※ 이주대책 1차 결정은 처분으로 보고 이에 대한 이의신청으로 2차 결정은 처분으로 보지 않은 위 판례의 경우에 행정기본법 제36조 제4항이 시행되기 전의 판례이다. 지금은 이를 이의신청으로 보아 그 이의신청 결과통지서를 받은 경우에는 새로운 처분으로 볼 수 있는 논거가 있다고 할 것이다.

쟁점 6 재결신청청구의 불복방법 및 당사자적격 상실 여부

국토교통부장관은 2013.11.18. 사업시행자를 'A공사'로, 사업시행지를 'X시 일대 8,958,000㎡로, 사업시행기간을 '2013.11.부터 2017.12.까지'로 하는 '00공구사업'에 대해서 「공익사업을 위한 토지 등의 취득 및 보상에 관한 법률」(이하 '토지보상법')에 따른 사업인정을 고시하였고, 사업시행기간은 이후 '2020.12.까지'로 연장되었다. 甲은 ㉮토지 78,373㎡와 ㉯토지 2,334㎡를 소유하고 있는데, ㉮토지의 전부와 ㉯토지의 일부가 사업시행지에 포함되어 있다. 종래 甲은 ㉮토지에서 하우스 딸기농사를 지어 왔고, ㉯토지에서는 농작물직거래판매장을 운영하여 왔다. 甲과 A공사는 사업시행지내의 토지에 대해 토지보상법에 따른 협의 매수를 하기 위한 협의를 시작하였다. 다음 물음에 답하시오(아래의 물음은 각 별개의 상황임). 30점

(1) 대법원 2019.8.29. 선고 2018두57865 판결 [수용재결신청청구거부처분취소]에서 토지보상법상 협의 과정에서 일부 지장물이나 농업손실보상에 관하여 협의가 이루어지지 않아 甲이 A공사에게 재결신청을 청구했으나 A공사(사업시행자)가 재결신청청구를 거부하거나 재결신청 자체를 하지 않는 경우 甲의 불복방법에 관하여 검토하시오. 15점

(2) 위 해당 토지 등에 대하여 토지보상법상 200억원의 수용재결이 있었다. 수용재결에서 정한 보상금에 대하여 토지보상법 제85조 제2항에 따른 보상금의 증액청구소송을 제기함에 있어서 토지보상법에 따른 토지소유자 또는 관계인(이하 '토지소유자 등'이라 한다)의 사업시행자에 대한 손실보상금 채권에 관하여 압류 및 추심명령이 있더라도, 추심채권자가 보상금 증액 청구의 소송을 제기할 수 없고, 채무자인 토지소유자 등이 보상금 증액 청구의 소송을 제기하고 그 소송을 수행할 당사자적격을 상실하지 않는다고 본 최근 대법원 판례(대법원 2018두67 판결)와 변경 전 대법원(대법원 2013두9526 판결) 판례를 논평하시오. 15점

목차 index

(물음1)에 대하여 15점

Ⅰ. 논점의 정리

Ⅱ. 재결신청청구제도

1. 재결신청청구의 의의 및 요건
   (1) 재결신청청구의 의의 및 취지
   (2) 재결신청청구의 요건
2. 재결신청청구 거부 시 거부가 처분이 되기 위한 요건
   (1) 거부가 처분이 되기 위한 요건
   (2) 법규상·조리상 신청권의 유무
3. 재결신청청구 부작위 시 부작위의 의미 및 요건
   (1) 부작위의 의미
   (2) 부작위의 요건

Ⅲ. 甲의 불복방법

1. 거부처분 취소소송으로 불복
   (1) 재결신청청구 거부처분취소소송

(2) 인용가능성
2. 부작위위법확인소송으로 불복
(1) 부작위위법확인소송의 의의
(2) 인용가능성

Ⅳ. 사안의 해결

(물음2)에 대하여 15점

Ⅰ. 논점의 정리

Ⅱ. 관련 법령의 검토
1. 행정소송법 제12조
2. 토지보상법 제85조 제2항

Ⅲ. 관련 판례의 태도
1. 최근 판례의 태도(대법원 2018두67 판결)
2. 변경 전 판례의 태도(대법원 2013두9526 판결)
3. 소결

주요 내용 contents

(물음1)에 대하여

Ⅰ. 논점의 정리

'공익사업을 위한 토지 등의 취득 및 보상에 관한 법률(이하 '토지보상법')'상 지장물에 대한 협의가 이루어지지 않아 甲이 A공사에게 재결신청을 청구하였으나 A공사가 재결신청을 하지 않은 경우, 이러한 A공사의 행위가 거부처분인지, 부작위인지 여부를 검토하고, 이에 대한 甲의 불복방법에 대해 검토한다.

Ⅱ. 재결신청청구제도

1. 재결신청청구의 의의 및 요건

(1) 재결신청청구의 의의 및 취지(토지보상법 제30조)

재결신청청구권은 사업인정 후 협의불성립의 경우에 피수용자가 사업시행자에게 재결신청을 조속히 할 것을 요청할 수 있는 권리를 말한다. 토지보상법 제30조에서 재결신청의 청구에 대하여 규정을 두고 있다. 사업시행자는 사업인정고시 후 1년 이내에 언제든지 재결을 신청할 수 있는 반면에 토지소유자 및 관계인은 재결신청권이 없으므로, 수용을 둘러싼 법률관계의 조속한 확정을 바라는 토지소유자 및 관계인의 이익을 보호하고 수용당사자 간의 공평을 기하기 위한 것이다.

토지보상법 제30조(재결 신청의 청구)
① 사업인정고시가 된 후 협의가 성립되지 아니하였을 때에는 토지소유자와 관계인은 대통령령으로 정하는 바에 따라 서면으로 사업시행자에게 재결을 신청할 것을 청구할 수 있다.
② 사업시행자는 제1항에 따른 청구를 받았을 때에는 그 청구를 받은 날부터 60일 이내에 대통령령으로 정하는 바에 따라 관할 토지수용위원회에 재결을 신청하여야 한다. 이 경우 수수료에 관하여는 제28조 제2항을 준용한다.

③ 사업시행자가 제2항에 따른 기간을 넘겨서 재결을 신청하였을 때에는 그 지연된 기간에 대하여 「소송촉진 등에 관한 특례법」 제3조에 따른 법정이율을 적용하여 산정한 금액을 관할 토지수용위원회에서 재결한 보상금에 가산(加算)하여 지급하여야 한다.

토지보상법 제28조(재결의 신청)

① 제26조에 따른 협의가 성립되지 아니하거나 협의를 할 수 없을 때(제26조 제2항 단서에 따른 협의 요구가 없을 때를 포함한다)에는 사업시행자는 사업인정고시가 된 날부터 1년 이내에 대통령령으로 정하는 바에 따라 관할 토지수용위원회에 재결을 신청할 수 있다.

② 제1항에 따라 재결을 신청하는 자는 국토교통부령으로 정하는 바에 따라 수수료를 내야 한다.

(2) 재결신청청구의 요건

1) 당사자

청구권자는 토지소유자 및 관계인이며, 피청구권자는 토지수용위원회에 재결을 신청할 수 있는 사업시행자가 됨이 원칙이며, 수행업무의 대행자가 있는 경우에는 그 업무대행자에게 신청하여도 된다.

【판시사항】

토지수용법 제25조의3 제1항 소정 재결신청청구의 형식 및 상대방 나. 토지수용법 제25조의3 제3항 소정 지연보상금의 발생요건

【판결요지】

재결신청청구서에 토지수용법 시행령 제16조의2 제1항 각 호 소정의 사유들이 명확히 항목별로 나뉘어 기재되어 있지는 아니하나, 그 내용을 자세히 검토하여 보면 위 청구서에 위 사항이 모두 포함되어 있다고 보여질 뿐 아니라, 법이 위와 같은 형식을 요구하는 취지는 토지소유자 등의 의사를 명확히 하려는 데 있고, 재결신청의 청구는 엄격한 형식을 요하지 아니하는 서면행위이고, 따라서 토지소유자 등이 서면에 의하여 재결청구의 의사를 명백히 표시한 이상 같은법 시행령 제16조의2 제1항 각 호의 사항 중 일부를 누락하였다고 하더라도 위 청구의 효력을 부인할 것은 아니고, 또한 기업자를 대신하여 협의절차의 업무를 대행하고 있는 자가 따로 있는 경우에는 특별한 사정이 없는 한 재결신청의 청구서를 그 업무대행자에게도 제출할 수 있다.

(출처: 대법원 1995.10.13. 선고 94누7232 판결 [토지수용재결처분취소])

2) 청구의 기간

토지보상법에 따르면 원칙적으로 사업인정고시 후에 사업시행자가 협의기간으로 통지한 기간이 경과하였음에도 불구하고 협의가 성립되지 못한 경우에 재결을 신청할 것을 청구할 수 있다(토지보상법 시행령 제14조 제1항). 따라서 청구의 기간은 협의기간 만료일로부터 재결신청할 수 있는 기간만료일까지이다.

3) 청구의 내용 및 형식

청구권의 내용은 사업시행자에게 재결신청을 할 것을 청구하는 것이다. 청구형식은 일정한 사항을 기재한 재결신청청구서를 사업시행자에게 직접 제출 또는 배달증명취급우편물로 우송하는 방법에 의한다.

2. 재결신청청구 거부 시 거부가 처분이 되기 위한 요건 - 실전에서는 이 부분을 강조하여 기술함

(1) 거부가 처분이 되기 위한 요건

공권력 행사로서의 거부 처분일 것, 국민의 권리와 의무에 직접적인 영향을 미칠 것, 법규상 조리상 신청권이 존재할 것으로 그 요건으로 하고 있다.

> **【판결요지】**
> 행정청이 국민의 신청에 대하여 한 거부행위가 항고소송의 대상이 되는 행정처분으로 되려면, 행정청의 행위를 요구할 법규상 또는 조리상의 신청권이 국민에게 있어야 하고, 이러한 신청권의 근거 없이 한 국민의 신청을 행정청이 받아들이지 아니한 경우에는 거부로 인하여 신청인의 권리나 법적 이익에 어떤 영향을 주는 것이 아니므로 이를 항고소송의 대상이 되는 행정처분이라 할 수 없다.
> (출처: 대법원 2014.7.10. 선고 2012두22966 판결 [재결신청거부처분취소])

(2) 법규상·조리상 신청권의 유무

> **토지보상법 제30조(재결 신청의 청구)**
> **① 사업인정고시가 된 후 협의가 성립되지 아니하였을 때에는 토지소유자와 관계인은 대통령령으로 정하는 바에 따라 서면으로 사업시행자에게 재결을 신청할 것을 청구할 수 있다.**
> ② 사업시행자는 제1항에 따른 청구를 받았을 때에는 그 청구를 받은 날부터 60일 이내에 대통령령으로 정하는 바에 따라 관할 토지수용위원회에 재결을 신청하여야 한다. 이 경우 수수료에 관하여는 제28조 제2항을 준용한다.
> ③ 사업시행자가 제2항에 따른 기간을 넘겨서 재결을 신청하였을 때에는 그 지연된 기간에 대하여 「소송촉진 등에 관한 특례법」 제3조에 따른 법정이율을 적용하여 산정한 금액을 관할 토지수용위원회에서 재결한 보상금에 가산(加算)하여 지급하여야 한다.

3. 재결신청청구 부작위 시 부작위의 의미 및 요건 - 실전에서는 이 부분은 간략히 정리요함

(1) 부작위의 의미

행정심판법 제2조 제2호 및 행정소송법 제2조 제2호에서는 행정심판과 행정소송의 대상이 되는 부작위에 대하여 '행정청이 당사자의 신청에 대하여 상당한 기간 내에 일정한 처분을 하여야 할 법률상 의무가 있음에도 불구하고 이를 하지 아니한 것'이라고 규정하고 있다. 재결신청청구의 부작위란 당사자의 신청(재결신청)에 대하여 상당한 기간 내에 일정한 처분을 하여야 할 법률상 의무가 있음에도 불구하고 이를 하지 아니하는 것을 의미한다.

(2) 부작위의 요건

1) 처분에 대한 당사자의 신청이 있을 것

① 처분에 대한 신청

부작위가 되기 위해서는 처분에 대한 신청이어야 한다. 판례는 비권력적 사실행위 등에 대한 신청은 그 요건을 결한 것으로 본다.

② 신청자에게 법규상·조리상 신청권이 필요한지 여부

가. 견해의 대립

판례는 당사자에게 법규상·조리상 신청권이 필요하다고 보며, 이는 대상적격인 동시에 원고적격의 문제로 보고 있다. 학설은 신청권의 존부에 대해 대상적격요건으로 보는 견해와 원고적격의 문제로 보는 견해, 신청권의 존부를 본안판단문제라고 보는 견해가 대립한다.

【판결요지】
부작위위법확인의 소에 있어 당사자가 행정청에 대하여 어떠한 행정행위를 하여 줄 것을 요구할 수 있는 법규상 또는 조리상 권리를 갖고 있지 아니한 경우에는 원고적격이 없거나 항고소송의 대상인 위법한 부작위가 있다고 볼 수 없어 그 부작위위법확인의 소는 부적법하다(대판 1999.12.7, 97누17568).

나. 검토

현행 행정소송법은 신청권에 대응하는 '일정한 처분을 하여야 할 의무'를 부작위의 요소로 규정하고 있는 점과 신청권을 소송요건으로 보게 되면 심리부담의 가중을 덜 수 있다는 점에서 대상적격요건설이 타당하다고 생각된다.

2) 행정청에게 일정한 처분을 할 법률상 의무가 있을 것

'일정한 처분을 할 법률상 의무'의 의미에 대하여 단순히 행정청의 응답의무라고 보는 견해와 신청에 따른 특정한 내용의 처분의무라고 보는 견해가 있다. 판례는 응답의무라고 본다. 생각건대, 특정의무라고 보면 부작위위법확인소송이 의무이행소송으로 변질될 우려가 있어 응답의무로 보는 것이 타당하다.

【판결요지】
부작위위법확인소송은 처분의 신청을 한 자로서 부작위의 위법확인을 구할 법률상 이익이 있는 자만이 제기할 수 있다 할 것이며 이를 통하여 구하는 행정청의 응답행위는 행정소송법 제2조 제1항 제1호 소정의 처분에 관한 것이라야 하므로… (대판 1993.4.23, 92누17099).

3) 상당한 기간 동안 행정청이 아무런 처분도 하지 않을 것

상당한 기간이란 사회통념상 행정청이 해당 신청에 대한 처분을 하는 데 필요한 합리적인 기간을 말한다. 또한 신청에 대하여 가부간에 처분이 행해지지 않았어야 한다.

Ⅲ. 甲의 불복방법

1. 거부처분 취소소송으로 불복

(1) 재결신청청구 거부처분취소소송

【판결요지】
항고소송의 대상인 '처분'이란 "행정청이 행하는 구체적 사실에 관한 법집행으로서의 공권력의 행사 또는 그 거부와 그 밖에 이에 준하는 행정작용"을 말한다(행정소송법 제2조 제1항 제1호). 행정청의 어떤 행위가 항고소송의 대상이 될 수 있는지는 추상적·일반적으로 결정할 수 없고, 관련 법령의 내용과 취지, 그 행위의 주체·내용·형식·절차, 그 행위와 상대방 등 이해관계인이 입는 불이익

과의 실질적 견련성, 그리고 법치행정의 원리와 당해 행위에 관련한 행정청 및 이해관계인의 태도 등을 참작하여 개별적으로 결정하여야 한다(대법원 2010.11.18. 선고 2008두167 전원합의체 판결 등 참조). 또한 구체적인 사안에서 행정청에 신청에 따른 처분을 할 권한이 있는지는 본안에서 당해 처분이 적법한가를 판단하는 단계에서 고려할 요소이지, 소송요건 심사단계에서 고려할 요소가 아니다.

(출처: 대법원 2019.8.29. 선고 2018두57865 판결 [수용재결신청청구거부처분취소])

(2) 인용가능성

사업시행자 A공사가 재결신청을 거부한 것은 공권력 행사에 대한 거부로서, 재결의 조속한 확정을 바라는 토지소유자의 권리의무에 직접적인 영향을 미치며, 토지소유자는 재결신청청구권의 행사가 가능한 바, 사업시행자 A공사의 재결신청청구의 거부는 처분에 해당한다. 또한 甲은 거부처분의 직접 상대방으로 그 거부처분의 취소를 구할 법률상 이익이 있다. 소송요건 등 다른 소송요건은 사안에서 구체적으로 검토할 근거가 없으므로 충족된 것으로 보면, 거부처분취소소송의 제기를 통해 권리구제를 받을 수 있다.

2. 부작위위법확인소송으로 불복

(1) 부작위위법확인소송의 의의

행정소송법 제4조 제3호에서는 부작위위법확인소송을 행정청의 부작위가 위법하다는 것을 확인하는 소송으로 규정하고 있다.

(2) 인용가능성

甲은 사업시행자 A공사에게 재결신청청구권에 기하여 재결신청을 청구하였으나, A공사가 아무런 처분을 하지 않고 있는 바, 이는 부작위에 해당한다. 또한 甲은 부작위 처분의 직접 상대방으로 부작위의 위법을 다툴 법률상 이익이 있다. 따라서 甲은 부작위위법확인소송을 통해 권리구제를 받을 수 있다고 판단된다.

Ⅳ. 사안의 해결

【판결요지】

공익사업을 위한 토지 등의 취득 및 보상에 관한 법률 제28조, 제30조에 따르면, 편입토지 보상, 지장물 보상, 영업·농업 보상에 관해서는 사업시행자만이 재결을 신청할 수 있고 토지소유자와 관계인은 사업시행자에게 재결신청을 청구하도록 규정하고 있으므로, 토지소유자나 관계인의 재결신청 청구에도 사업시행자가 재결신청을 하지 않을 때 토지소유자나 관계인은 사업시행자를 상대로 거부처분 취소소송 또는 부작위 위법확인소송의 방법으로 다투어야 한다.

(출처: 대법원 2019.8.29. 선고 2018두57865 판결 [수용재결신청청구거부처분취소])

(물음 2)에 대하여

Ⅰ. 논점의 정리

일반적으로 금전채권에 대한 압류・추심명령이 있는 경우, 채무자는 그 대상채권의 이행을 구할 추심권을 상실하고 추심권은 압류채권자에게 인정되므로, 압류・추심명령의 효력이 발생한 이후에는 채무자는 그 대상채권이 이행의 소를 제기할 당사자적격을 상실한다. 이와 관련하여 토지보상법상 수용재결에서 정한 보상금에 대해 보상금증액청구소송을 제기함에 있어 토지소유자 등의 사업시행자에 대한 손실보상금 채권에 관한 압류 및 추심명령이 있는 경우 채무자인 토지소유자등이 보상금의 증액을 구하는 소송을 제기하고 그 소송을 수행할 당사자적격을 상실하는지에 대하여 최근 판례와 변경 전 판례를 중심으로 살펴보고자 한다.

Ⅱ. 관련 법령의 검토

1. 행정소송법 제12조

> 행정소송법 제12조(원고적격)
> 취소소송은 처분등의 취소를 구할 법률상 이익이 있는 자가 제기할 수 있다. 처분등의 효과가 기간의 경과, 처분등의 집행 그 밖의 사유로 인하여 소멸된 뒤에도 그 처분등의 취소로 인하여 회복되는 법률상 이익이 있는 자의 경우에는 또한 같다.

2. 토지보상법 제85조 제2항

> 토지보상법 제85조(행정소송의 제기)
> ① 사업시행자, 토지소유자 또는 관계인은 제34조에 따른 재결에 불복할 때에는 재결서를 받은 날부터 90일 이내에, 이의신청을 거쳤을 때에는 이의신청에 대한 재결서를 받은 날부터 60일 이내에 각각 행정소송을 제기할 수 있다. 이 경우 사업시행자는 행정소송을 제기하기 전에 제84조에 따라 늘어난 보상금을 공탁하여야 하며, 보상금을 받을 자는 공탁된 보상금을 소송이 종결될 때까지 수령할 수 없다.
> ② 제1항에 따라 제기하려는 행정소송이 보상금의 증감(增減)에 관한 소송인 경우 그 소송을 제기하는 자가 토지소유자 또는 관계인일 때에는 사업시행자를, 사업시행자일 때에는 토지소유자 또는 관계인을 각각 피고로 한다.

Ⅲ. 관련 판례의 태도

1. 최근 판례의 태도(대법원 2018두67 전원합의체 판결)

손실보상금 증액 청구 소송은 실질적으로 재결을 다투는 항고소송인데 손실보상금 채권에 관하여 압류 및 추심명령이 있더라도 추심채권자가 재결을 다툴 지위까지 취득하였다고 볼 수 없다. 토지수용위원회의 재결을 거쳐 이루어지는 손실보상금 채권은 관계 법령상 손실보상의 요건에 해당한다는 것만으로 바로 존부 및 범위가 확정되지 않고, 토지보상법에서 정한 바에 따라 토지수용위원회의 재결 또는 행정소송 절차를 거쳐야 비로소 확정된다. 따라서 토지보상법상 손실보상금 채권에 관하여 압류 및 추심명령이 있더라도, 채무자인 토지소유자가 손실보상금 증액 청구의 소를 제기하고 그 소송을 수행할 당사자적격을 상실하지 않는다고 보는 것이 최근 변경된 전원합의체 판결의 내용이다.

대법원 2022.11.24. 선고 2018두67 전원합의체 판결 [손실보상금]

【판시사항】

공익사업을 위한 토지 등의 취득 및 보상에 관한 법률에 따른 토지소유자 또는 관계인의 사업시행자에 대한 손실보상금 채권에 관하여 압류 및 추심명령이 있는 경우, 채무자인 토지소유자 등이 보상금의 증액을 구하는 소를 제기하고 그 소송을 수행할 당사자적격을 상실하는지 여부(소극)

【판결요지】

공익사업을 위한 토지 등의 취득 및 보상에 관한 법률(이하 '토지보상법'이라 한다) 제85조 제2항에 따른 보상금의 증액을 구하는 소(이하 '보상금 증액 청구의 소'라 한다)의 성질, 토지보상법상 손실보상금 채권의 존부 및 범위를 확정하는 절차 등을 종합하면, 토지보상법에 따른 토지소유자 또는 관계인(이하 '토지소유자 등'이라 한다)의 사업시행자에 대한 손실보상금 채권에 관하여 압류 및 추심명령이 있더라도, 추심채권자가 보상금 증액 청구의 소를 제기할 수 없고, 채무자인 토지소유자 등이 보상금 증액 청구의 소를 제기하고 그 소송을 수행할 당사자적격을 상실하지 않는다고 보아야 한다. 그 상세한 이유는 다음과 같다.

① 토지보상법 제85조 제2항은 토지소유자 등이 보상금 증액 청구의 소를 제기할 때에는 사업시행자를 피고로 한다고 규정하고 있다. 위 규정에 따른 보상금 증액 청구의 소는 토지소유자 등이 사업시행자를 상대로 제기하는 당사자소송의 형식을 취하고 있지만, 토지수용위원회의 재결 중 보상금 산정에 관한 부분에 불복하여 그 증액을 구하는 소이므로 실질적으로는 재결을 다투는 항고소송의 성질을 가진다.
행정소송법 제12조 전문은 "취소소송은 처분 등의 취소를 구할 법률상 이익이 있는 자가 제기할 수 있다."라고 규정하고 있다. 앞서 본 바와 같이 보상금 증액 청구의 소는 항고소송의 성질을 가지므로, 토지소유자 등에 대하여 금전채권을 가지고 있는 제3자는 재결에 대하여 간접적이거나 사실적·경제적 이해관계를 가질 뿐 재결을 다툴 법률상의 이익이 있다고 할 수 없어 직접 또는 토지소유자 등을 대위하여 보상금 증액 청구의 소를 제기할 수 없고, 토지소유자 등의 손실보상금 채권에 관하여 압류 및 추심명령이 있더라도 추심채권자가 재결을 다툴 지위까지 취득하였다고 볼 수는 없다.

② 토지보상법 등 관계 법령에 따라 토지수용위원회의 재결을 거쳐 이루어지는 손실보상금 채권은 관계 법령상 손실보상의 요건에 해당한다는 것만으로 바로 존부 및 범위가 확정된다고 볼 수 없다. 토지소유자 등이 사업시행자로부터 손실보상을 받기 위해서는 사업시행자와 협의가 이루어지지 않으면 토지보상법 제34조, 제50조 등에 규정된 재결절차를 거친 뒤에 그 재결에 대하여 불복이 있는 때에 비로소 토지보상법 제83조 내지 제85조에 따라 이의신청 또는 행정소송을 제기할 수 있을 뿐이고, 이러한 절차를 거치지 않은 채 곧바로 사업시행자를 상대로 손실보상을 청구하는 것은 허용되지 않는다.
이와 같이 손실보상금 채권은 토지보상법에서 정한 절차로서 관할 토지수용위원회의 재결 또는 행정소송 절차를 거쳐야 비로소 구체적인 권리의 존부 및 범위가 확정된다. 아울러 토지보상법령은 토지소유자 등으로 하여금 위와 같은 손실보상금 채권의 확정을 위한 절차를 진행하도록 정하고 있다. 따라서 사업인정고시 이후 위와 같은 절차를 거쳐 장래 확정될 손실보상금 채권에 관하여 채권자가 압류 및 추심명령을 받을 수는 있지만, 그 압류 및 추심명령이 있다고 하여 추심채권자가 위와 같은 손실보상금 채권의 확정을 위한 절차에 참여할 자격까지 취득한다고 볼 수는 없다.

③ **요컨대, 토지소유자 등이 토지보상법 제85조 제2항에 따라 보상금 증액 청구의 소를 제기한 경우, 그 손실보상금 채권에 관하여 압류 및 추심명령이 있다고 하더라도 추심채권자가 그 절차에 참여할 자격을 취득하는 것은 아니므로, 보상금 증액 청구의 소를 제기한 토지소유자 등의 지위에 영향을 미친다고 볼 수 없다. <u>따라서 보상금 증액 청구의 소의 청구채권에 관하여 압류 및 추심명령이 있더라도 토지소유자 등이 그 소송을 수행할 당사자적격을 상실한다고 볼 것은 아니다.</u>**

2. 변경 전 판례의 태도(대법원 2013두9526 판결)

대법원 2013.11.14 선고 2013두9526 판결 [보상금증액]
【이유】
상고이유를 판단하기에 앞서 직권으로 본다.
채권에 대한 압류 및 추심명령이 있으면 제3채무자에 대한 이행의 소는 추심채권자만 제기할 수 있고 채무자는 피압류채권에 대한 이행소송을 제기할 당사자적격을 상실하나, 채무자의 이행소송 계속 중에 추심채권자가 압류 및 추심명령 신청의 취하 등에 따라 추심권능을 상실하게 되면 채무자는 당사자적격을 회복한다. **이러한 사정은 직권조사사항으로서 당사자가 주장하지 않더라도 법원이 직권으로 조사하여 판단하여야 하고, 사실심 변론종결 이후에 당사자적격 등 소송요건이 흠결되거나 그 흠결이 치유된 경우 상고심에서도 이를 참작하여야 한다(대법원 2010.11.25. 선고 2010다64877 판결 등 참조). 원심판결 이유에 의하면, 원심은 B가 의정부지방법원 2012타채893호로 이 사건 손실보상금 증액 채권 중 6,500만 원 부분(이하 '이 사건 계쟁채권'이라고 한다)에 관하여 채권압류 및 추심명령을 받음으로써 원고는 피고에 대하여 피압류채권인 이 사건 계쟁채권의 지급을 구하는 소를 제기할 당사자적격을 상실하였다는 이유로 이 사건 소 중 이 사건 계쟁채권 부분을 각하하였다. 그런데 기록에 의하면, B가 원심판결 선고 후인 2013.10.8. 의정부지방법원에 위 채권압류 및 추심명령에 대한 채권압류 해제 및 추심포기 신청서를 제출한 사실을 알 수 있다.**

앞에서 본 법리와 위 사실관계에 의하면, 채권압류 및 추심명령에 대한 해제 등으로 원고는 이 사건 계쟁채권의 지급을 구하는 소를 제기할 수 있는 당사자적격을 회복하였으므로, 원고에게 당사자적격이 없음을 이유로 이 사건 계쟁채권 부분을 각하한 원심판결은 더 이상 유지될 수 없게 되었다.

그러므로 상고이유에 대한 판단을 생략한 채 원심판결 중 이 사건 계쟁채권에 관한 원고 패소 부분을 파기하고 이 부분 사건을 다시 심리·판단하게 하기 위하여 원심법원에 환송하기로 하여 관여대법관의 일치된 의견으로 주문과 같이 판결한다.

변경 전 판례는 보상금증액청구소송의 경우에도 일반적인 민사소송과 같은 법리를 적용하여 토지보상법 상 압류 및 추심명령이 있는 경우 채무자(토지소유자 등)이 청구 소를 제기할 당사자 적격을 상실한다고 판시하였다. 토지보상법상 손실보상금 채권에 관하여 압류 및 추심명령이 있는 경우 채무자가 보상금 증액 청구의 소를 제기할 당사자적격을 상실하고 그 보상금 증액소송 계속 중 추심채권자가 압류 및 추심명령 신청의 취하 등에 따라 추심권능을 상실하게 되면 채무자는 당사자적격을 회복한다는 취지로 판시한 바 있으나, 이는 최근 전원합의체 판결을 통해 견해가 변경되었다.

3. 소결

대법원은 이번 전원합의체 판결을 통하여, 손실보상금 증액 청구 소송의 성질, 손실보상금 채권의 존부 및 범위 확정 절차 등의 특수성을 고려할 때, 일반적인 채권의 이행청구의 소송과 달리 손실보상금 증액 청구 소송에서는 압류 및 추심명령으로 인해 토지소유자 등의 당사자적격이 상실되지 않는다고 판단하고 전원일치 의견으로 종래의 판례를 변경하였다. 이에 토지보상금이 압류가 걸리더라도 토지소유자 등은 보상금증액청구소송을 제기할 수 있게 되었다. 토지소유자가 본인의 보상금에 대해 불만족하더라도 보상금채권에 대한 압류 및 추심명령으로 토지소유자가 보상금을 더 이상 다툴 수 없게 된다면 토지소유자 입장에서는 보상금(변제액)을 증액시킬 기회조차 상실하는 것으로 가혹하다. 이번 전원합의체 판결을 통하여 손실보상금 증액 청구 소송의 당사자적격에 관한 법리를 명확히 하고 토지소유자 등의 정당한 보상받을 지위를 실질적으로 강화하였다는 데 그 판결의 의의가 있다고 생각한다.

쟁점 7 공물의 수용가능성 및 의견청취를 결한 사업인정의 법리적 문제와 공익성 검토

대법원 2009두1051 판결로 공익사업을 위한 토지 등의 취득 및 보상에 관한 법률(이하 '토지보상법') 상 골프연습장 공익사업을 하겠다고 나섰던 사업시행자 甲(민간사업시행자)은 사업인정을 받아 공익사업을 진행 중에 중간에 골프연습장 토지도 취득을 못하고 임차료도 제대로 못 내는 등 공익사업 수행능력과 의사를 상실하여 사업진행이 파탄지경에 이르게 되었다. 이에 반해 대법원 2017두71031 판결로 풍납토성 보전을 위한 사업인정을 받은 사업시행자 乙(송파구청장)은 지방자치단체로 정부 국고보조금이나 지방채를 발행하면 지방문화유산 보전을 위한 공익사업을 충분히 할 수 있다고 믿고 있다. 다음 물음에 답하시오(아래 물음은 별개의 내용임). 40점

(1) 토지보상법상 사업인정의 법적 성질과 사업인정을 받기 위한 4가지 요건에 대하여 설명하고 사업시행자가 해당 공익사업을 수행할 의사나 능력을 상실한 경우, 그 사업인정에 터잡아 수용권을 행사할 수 있는지 여부를 설명하시오. 15점

(2) 만약 토지보상법상 사업인정을 받는 과정에서 토지보상법 제21조 중앙토지수용위원회와 협의하고 이해관계인의 의견청취를 제대로 하지 않았다면 해당 사업인정에 대한 법리적인 문제를 설명하고, 중앙토지수용위원회에 공익성 검토에 대하여 설명하시오. 15점

(3) 위 사안에서 국가지정문화유산에 대하여 관리단체로 지정된 지방자치단체의 장(송파구청장)이 문화유산의 보존 및 활용에 관한 법률 제83조 제1항 및 공익사업을 위한 토지 등의 취득 및 보상에 관한 법률에 따라 국가지정문화유산이나 그 보호구역에 있는 토지 등을 수용할 수 있는지 여부와 공익사업으로 과거 수서택지개발지구 사업으로 인한 광평대군 묘역에 대한 수용가능 여부에 대하여 설명하시오. 10점

목차 index

(2) 수용재결의 요건
(3) 검토

Ⅲ. (물음2)에 대하여

1. 이해관계인의 의견청취를 제대로 하지 않은 경우 해당 사업인정에 대한 법리적인 문제
(1) 관련 법령의 검토
(2) 절차하자의 독자적 위법성
(3) 위법성의 정도

2. 중앙토지수용위원회의 공익성 검토
(1) 공익성 검토 관련 규정의 내용 및 취지
(2) 판단 기준의 구분
(3) 형식적 검토기준
(4) 실질적 검토기준

Ⅳ. (물음3)에 대하여

1. 공물의 수용가능성에 대한 판단
(1) 공물의 의의
(2) 관련 규정의 검토 (토지보상법 제19조)
(3) 학설의 태도
(4) 소결

2. 국가지정문화유산을 수용할 수 있는지 여부
(1) 관련 규정의 검토
(2) 관련 판례의 검토(2017두71031 판결)
(3) 소결

3. 광평대군 묘역에 대한 수용가능여부
(1) 대법원 판례
(2) 소결

Ⅴ. 사안의 해결

주요 내용 contents

Ⅰ. 논점의 정리

사안은 공익사업을 위한 토지 등의 취득 및 보상에 관한 법률(이하 '토지보상법')상 사업인정 이후 사업시행자의 재정상황이 악화되어 해당 사업을 수행할 능력을 상실한 상태가 되는 중대한 사정변경이 발생했음에도 불구하고, 이를 고려하지 않고 수용재결을 한 것에 위법이 있는지가 쟁점이다. 이하에서는 사업인정의 요건과 수용재결의 위법성에 대해 검토해보고자 한다. 또한 사업인정 의제 시 공익성 판단을 하도록 하고 있는데, 이하에서 형식적 심사기준과 실질적 심사기준 등을 구체적으로 살펴보기로 한다.

Ⅱ. (물음1)에 대하여

1. 헌법 제23조와 공용수용

공용수용이란 타인의 재산권을 법률의 힘에 근거하여 공권력적, 강제적으로 박탈하는 것을 말한다. 공용수용은 사유재산제도를 보장하고 있는 헌법 제23조와 충돌되는바, 엄격한 요건 판단이 필수적이며 그 침해는 최소 침해 한도에 그쳐야 할 것이다.

2. 사업인정 의의 및 취지(토지보상법 제20조)

사업인정이란 공용수용의 제1단계 절차로, 토지 등을 수용 또는 사용할 사업으로 결정하는 것을 말한다. 판례는 일정한 절차를 거칠 것을 조건으로 사업시행자에게 수용권을 설정해주는

형성행위라 판시했다. 행정청이 공공성을 개별적으로 판단하는 절차를 법정화함으로써 피수용자의 권리를 보호하고 수용행정의 적정화를 기함에 취지가 있다. 따라서 공용수용의 본격적인 절차 전에 재산권자의 사전적인 권리구제 장치의 역할을 한다.

3. 사업인정의 법적 성질

국토교통부장관이 토지보상법 제20조에 따라서 사업인정을 함으로써 수용권이 설정되므로 이는 국민의 권리에 영향을 미치는 처분이다. 또한 사업시행자와 토지소유자에게 수익적, 침익적 효과를 동시에 발생시키는바 제3자효 행정행위에 해당하며, 토지보상법 제20조 규정상 '받아야 한다'라고 규정하여 불명확하나, 국토교통부장관이 사업인정 시에 이해관계인의 의견청취를 거치고 사업과 관련된 제 이익과의 형량을 거치는바 재량행위에 해당한다.

① 처분성, ② 특허, ③ 재량행위, ④ 제3자효 행정행위 - 배점이 크면 상세기술함

4. 사업인정을 받기 위한 4가지 요건

(1) 토지보상법 제4조의 공익사업에 해당할 것

국토교통부장관이 토지보상법 제20조에 따라서 사업인정을 함으로써 수용권이 설정되므로 이는 국민의 권리에 영향을 미치는 처분이다. 또한 사업시행자와 토지소유자에게 수익적, 침익적 효과를 동시에 발생시키는 바 제3자효 행정행위에 해당하며, 토지보상법 제20조 규정상 '받아야 한다'라고 규정하여 불명확하나, 국토교통부장관이 사업인정 시에 이해관계인의 의견청취를 거치고 사업과 관련된 제 이익과의 형량을 거치는 바 재량행위에 해당한다.

토지보상법 제4조(공익사업)

이 법에 따라 토지등을 취득하거나 사용할 수 있는 사업은 다음 각 호의 어느 하나에 해당하는 사업이어야 한다.

1. **국**방·군사에 관한 사업
2. 관계 법률에 따라 허가·인가·승인·지정 등을 받아 공익을 목적으로 시행하는 철도·**도**로·공항·항만·주차장·공영차고지·화물터미널·궤도(軌道)·하천·제방·댐·운하·수도·하수도·하수종말처리·폐수처리·사방(砂防)·방풍(防風)·방화(防火)·방조(防潮)·방수(防水)·저수지·용수로·배수로·석유비축·송유·폐기물처리·전기·전기통신·방송·가스 및 기상 관측에 관한 사업
3. 국가나 지방자치단체가 설치하는 **청**사·공장·연구소·시험소·보건시설·문화시설·공원·수목원·광장·운동장·시장·묘지·화장장·도축장 또는 그 밖의 공공용 시설에 관한 사업
4. 관계 법률에 따라 허가·인가·승인·지정 등을 받아 공익을 목적으로 시행하는 **학**교·도서관·박물관 및 미술관 건립에 관한 사업
5. 국가, 지방자치단체, 「공공기관의 운영에 관한 법률」 제4조에 따른 공공기관, 「지방공기업법」에 따른 지방공기업 또는 국가나 지방자치단체가 지정한 자가 임대나 양도의 목적으로 시행하는 주택 건설 또는 **택**지 및 산업단지 조성에 관한 사업
6. 제1호부터 제5호까지의 사업을 시행하기 위하여 필요한 통로, 교량, 전선로, 재료 적치장 또는 그 밖의 **부**속시설에 관한 사업

7. 제1호부터 제5호까지의 사업을 시행하기 위하여 필요한 주택, 공장 등의 이주단지 조성에 관한 사업
8. 그 밖에 별표에 규정된 법률에 따라 토지등을 수용하거나 사용할 수 있는 사업

(2) 해당 사업의 공공성(공공필요)

공공필요란, 헌법 제23조 제3항에서 요구하는 공용수용의 요건이다. 본 개념은 대표적인 불확정 개념인바, 구체화의 필요성이 제기된다. 비례의 원칙과 중앙토지위원회의 공익성 심사과정을 통해 객관적이고 균형 있는 법익의 형량을 통해 공공필요를 구체화한다. 공공필요의 개념은 정책적, 시대적으로 변화하는바, 현대는 복지국가의 확대 요구에 따라 점차 확대되는 추세에 있다.

(3) 비례의 원칙에 의한 공공필요의 판단

형식적으로 제4조 사업에 속한 사업이라고 하더라도, 관련자들의 공사익과 공익 간의 이익의 비교교량을 통해 공익사업 시행으로 달성되는 공익의 우월성이 인정되는 경우 공공필요가 있다고 판단한다.

행정기본법 제10조(비례의 원칙)

행정작용은 다음 각 호의 원칙에 따라야 한다.
1. 행정목적을 달성하는 데 유효하고 적절할 것〈적합성의 원칙〉
2. 행정목적을 달성하는 데 필요한 최소한도에 그칠 것〈필요성의 원칙〉
3. 행정작용으로 인한 국민의 이익 침해가 그 행정작용이 의도하는 공익보다 크지 아니할 것〈상당성의 원칙〉

헌재 2014.10.30, 2011헌바129 · 172(병합)

[판결요지]

헌법 제23조 제3항에서 규정하고 있는 '공공필요'는 "국민의 재산권을 그 의사에 반하여 강제적으로라도 취득해야 할 공익적 필요성"으로서, '공공필요'의 개념은 '공익성'과 '필요성'이라는 요소로 구성되어 있는바, '공익성'의 정도를 판단함에 있어서는 공용수용을 허용하고 있는 개별법의 입법목적, 사업내용, 사업이 입법목적에 이바지하는 정도는 물론, 특히 그 사업이 대중을 상대로 하는 영업인 경우에는 그 사업 시설에 대한 대중의 이용 · 접근가능성도 아울러 고려하여야 한다. 그리고 '필요성'이 인정되기 위해서는 공용수용을 통하여 달성하려는 공익과 그로 인하여 재산권을 침해당하는 사인의 이익 사이의 형량에서 사인의 재산권침해를 정당화할 정도의 공익의 우월성이 인정되어야 하며, 사업시행자가 사인인 경우에는 그 사업 시행으로 획득할 수 있는 공익이 현저히 해태되지 않도록 보장하는 제도적 규율도 갖추어져 있어야 한다. 그런데 이 사건에서 문제된 지구개발사업의 하나인 '관광휴양지 조성사업' 중에는 고급골프장, 고급리조트 등(이하 '고급골프장 등'이라 한다)의 사업과 같이 입법목적에 대한 기여도가 낮을 뿐만 아니라, 대중의 이용 · 접근가능성이 작아 공익성이 낮은 사업도 있다. 또한 고급골프장 등 사업은 그 특성상 사업 운영 과정에서 발생하는 지방세수 확보와 지역경제 활성화는 부수적인 공익일 뿐이고, 이 정도의 공익이 그 사업으로 인하여 강제수용 당하는 주민들의 기본권침해를 정당화할 정도로 우월하다고 볼 수는 없다.

(4) 사업시행자의 공익사업 수행능력과 의사

해당 공익사업을 수행하여 공익을 실현할 의사나 능력이 없는 자에게 타인의 재산권을 강제적으로 박탈할 수 있는 수용권을 설정하여 줄 수는 없으므로, 사업시행자에게 해당 공익사업을 수행할 의사와 능력이 있어야 한다는 것도 사업인정의 한 요건이라고 보아야 한다.

대법원 2011.1.27. 선고 2009두1051 판결 [토지수용재결처분취소]

【판시사항】

[1] 사업인정기관이 공익사업을 위한 토지 등의 취득 및 보상에 관한 법률상의 사업인정을 하기 위한 요건

[2] 사업시행자가 사업인정을 받은 후 그 사업이 공용수용을 할 만한 공익성을 상실하거나 사업인정에 관련된 자들의 이익이 현저히 비례의 원칙에 어긋나게 된 경우 또는 사업시행자가 해당 공익사업을 수행할 의사나 능력을 상실한 경우, 그 사업인정에 터잡아 수용권을 행사할 수 있는지 여부(소극)

【판결요지】

[1] 사업인정이란 공익사업을 토지 등을 수용 또는 사용할 사업으로 결정하는 것으로서 공익사업의 시행자에게 그 후 일정한 절차를 거칠 것을 조건으로 일정한 내용의 수용권을 설정하여 주는 형성행위이므로, 해당 사업이 외형상 토지 등을 수용 또는 사용할 수 있는 사업에 해당한다고 하더라도 사업인정기관으로서는 그 사업이 공용수용을 할 만한 공익성이 있는지의 여부와 공익성이 있는 경우에도 그 사업의 내용과 방법에 관하여 사업인정에 관련된 자들의 이익을 공익과 사익 사이에서는 물론, 공익 상호 간 및 사익 상호 간에도 정당하게 비교·교량하여야 하고, 그 비교·교량은 비례의 원칙에 적합하도록 하여야 한다. 그뿐만 아니라 해당 공익사업을 수행하여 공익을 실현할 의사나 능력이 없는 자에게 타인의 재산권을 공권력적·강제적으로 박탈할 수 있는 수용권을 설정하여 줄 수는 없으므로, 사업시행자에게 해당 공익사업을 수행할 의사와 능력이 있어야 한다는 것도 사업인정의 한 요건이라고 보아야 한다.

[2] 공용수용은 헌법상의 재산권 보장의 요청상 불가피한 최소한에 그쳐야 한다는 헌법 제23조의 근본취지에 비추어 볼 때, 사업시행자가 사업인정을 받은 후 그 사업이 공용수용을 할 만한 공익성을 상실하거나 사업인정에 관련된 자들의 이익이 현저히 비례의 원칙에 어긋나게 된 경우 또는 사업시행자가 해당 공익사업을 수행할 의사나 능력을 상실하였음에도 여전히 그 사업인정에 기하여 수용권을 행사하는 것은 수용권의 공익 목적에 반하는 수용권의 남용에 해당하여 허용되지 않는다.

대법원 2019.2.28. 선고 2017두71031 판결 [사업인정고시취소]

【판시사항】

[1] 사업인정의 법적 성격 및 사업인정기관이 공익사업을 위한 토지 등의 취득 및 보상에 관한 법률상의 사업인정을 하기 위한 요건

[2] 문화유산의 보존을 위한 사업인정 등 처분에 대하여 재량권 일탈·남용 여부를 심사하는 방법 및 이때 구체적으로 고려할 사항

[3] 국가지정문화유산에 대하여 관리단체로 지정된 지방자치단체의 장이 문화유산의 보존 및 활용에 관한 법률 제83조 제1항 및 공익사업을 위한 토지 등의 취득 및 보상에 관한 법률에 따라 국가지정문화유산나 그 보호구역에 있는 토지 등을 수용할 수 있는지 여부(적극)

[4] 사업시행자에게 해당 공익사업을 수행할 의사와 능력이 있어야 한다는 것이 사업인정의 한 요건인지 여부(적극)

【판결요지】

[1] 사업인정이란 공익사업을 토지 등을 수용 또는 사용할 사업으로 결정하는 것으로서 공익사업의 시행자에게 그 후 일정한 절차를 거칠 것을 조건으로 일정한 내용의 수용권을 설정하여 주는 형성행위이다. 그러므로 해당 사업이 외형상 토지 등을 수용 또는 사용할 수 있는 사업에 해당하더라도 사업인정기관으로서는 그 사업이 공용수용을 할 만한 공익성이 있는지 여부와 공익성이 있는 경우에도 그 사업의 내용과 방법에 관하여 사업인정에 관련된 자들의 이익을 공익과 사익 사이에서는 물론, 공익 상호 간 및 사익 상호 간에도 정당하게 비교·교량하여야 하고, 비교·교량은 비례의 원칙에 적합하도록 하여야 한다.

[2] 문화유산의 보존 및 활용에 관한 법률은 관할 행정청에 문화유산 보호를 위하여 일정한 행위의 금지나 제한, 시설의 설치나 장애물의 제거, 문화유산 보존에 필요한 긴급한 조치 등 수용권보다 덜 침익적인 방법을 선택할 권한도 부여하고 있기는 하다. 그러나 문화유산란 인위적이거나 자연적으로 형성된 국가적·민족적 또는 세계적 유산으로서 역사적·예술적·학술적 또는 경관적 가치가 큰 것을 말하는데(문화유산의 보존 및 활용에 관한 법률 제2조 제1항), 문화유산의 보존·관리 및 활용은 원형 유지를 기본원칙으로 한다(문화유산의 보존 및 활용에 관한 법률 제3조). 그리고 문화유산는 한번 훼손되면 회복이 곤란한 경우가 많을 뿐 아니라, 회복이 가능하더라도 막대한 비용과 시간이 소요되는 특성이 있다.

이러한 문화유산의 보존을 위한 사업인정 등 처분에 대하여 재량권 일탈·남용 여부를 심사할 때에는, 위와 같은 문화유산의 보존 및 활용에 관한 법률의 내용 및 취지, 문화유산의 특성, 사업인정 등 처분으로 인한 국민의 재산권 침해 정도 등을 종합하여 신중하게 판단하여야 한다. 구체적으로는 ① 우리 헌법이 "국가는 전통문화의 계승·발전과 민족문화의 창달에 노력하여야 한다."라고 규정하여(제9조), 국가에 전통문화 계승 등을 위하여 노력할 의무를 부여하고 있는 점, ② 문화유산의 보존 및 활용에 관한 법률은 이러한 헌법 이념에 근거하여 문화유산의 보존·관리를 위한 국가와 지방자치단체의 책무를 구체적으로 정하는 한편, 국민에게도 문화유산의 보존·관리를 위하여 국가와 지방자치단체의 시책에 적극 협조하도록 규정하고 있는 점(제4조), ③ 행정청이 문화유산의 역사적·예술적·학술적 또는 경관적 가치와 원형의 보존이라는 목표를 추구하기 위하여 문화유산의 보존 및 활용에 관한 법률 등 관계 법령이 정하는 바에 따라 내린 전문적·기술적 판단은 특별히 다른 사정이 없는 한 이를 최대한 존중할 필요가 있는 점 등을 고려하여야 한다.

[3] 문화유산의 보존 및 활용에 관한 법률 제83조 제1항은 "문화유산청장이나 지방자치단체의 장은 문화유산의 보존·관리를 위하여 필요하면 지정문화유산나 그 보호구역에 있는 토지, 건물, 입목(立木), 죽(竹), 그 밖의 공작물을 공익사업을 위한 토지 등의 취득 및 보상에 관한 법률(이하 '토지보상법'이라 한다)에 따라 수용(收用)하거나 사용할 수 있다."라고 규정하고 있다.

한편 국가는 문화유산의 보존·관리 및 활용을 위한 종합적인 시책을 수립·추진하여야 하고, 지방자치단체는 국가의 시책과 지역적 특색을 고려하여 문화유산의 보존·관리 및 활용을 위한 시책을 수립·추진하여야 하며(문화유산의 보존 및 활용에 관한 법률 제4조), 문화유산청장은 국가지정문화유산 관리를 위하여 지방자치단체 등을 관리단체로 지정할 수 있고(문화유산의 보존 및 활용에 관한 법률 제34조), 지방자치단체의 장은 국가지정문화유산와 역사문화환경 보존지역의 관리·보호를 위하여 필요하다고 인정하면 일정한 행위의 금지나 제한, 시설의 설치나 장애물의 제거, 문화유산 보존에 필요한 긴급한 조치 등을 명할 수 있다(문화유산의 보존 및 활용에 관한 법률 제42조 제1항).

이와 같이 문화유산의 보존 및 활용에 관한 법률은 지방자치단체 또는 지방자치단체의 장에게 시·도지정문화유산뿐 아니라 국가지정문화유산에 대하여도 일정한 권한 또는 책무를 부여하고 있고, 문화유산의 보존 및 활용에 관한 법률에 해당 문화유산의 지정권자만이 토지 등을 수용할 수 있다는 등의 제한을 두고 있지 않으므로, 국가지정문화유산에 대하여 관리단체로 지정된 지방자치단체의 장은 문화유산의 보존 및 활용에 관한 법률 제83조 제1항 및 토지보상법에 따라 국가지정문화유산나 그 보호구역에 있는 토지 등을 수용할 수 있다.

[4] 공익사업을 수행하여 공익을 실현할 의사나 능력이 없는 자에게 타인의 재산권을 공권력적·강제적으로 박탈할 수 있는 수용권을 설정하여 줄 수는 없으므로, 사업시행자에게 해당 공익사업을 수행할 의사와 능력이 있어야 한다는 것도 사업인정의 한 요건이라고 보아야 한다.

5. 사업시행자가 해당 공익사업을 수행할 의사나 능력을 상실한 경우, 그 사업인정에 터잡아 수용권을 행사할 수 있는지

(1) 수용재결의 의의 및 취지(토지보상법 제34조)

재결이란 사업인정의 고시가 있은 후 협의불성립 또는 불능의 경우에 사업시행자의 신청에 의해 관할 토지수용위원회가 행하는 공용수용의 종국적 절차로서, 침해되는 사익의 중대성을 감안하여 엄격한 형식과 절차규정을 두어 공용수용의 최종단계에서 공익과 사익의 조화를 이루기 위한 제도로서의 의미를 가지고 있다.

(2) 수용재결의 요건

1) 수용재결의 주체·절차 및 형식상 요건

수용재결은 관할 토지수용위원회에 의해 토지보상법 제31조(열람), 제32조(심리), 제33조(화해의 권고), 제34조(재결), 제35조(재결기간)의 절차를 준수하여 서면으로 이루어져야한다.

2) 수용재결의 내용상 요건 (관련 판례의 태도)

대법원 2011.1.27. 선고 2009두1051 판결 [토지수용재결처분취소]

【판시사항】

[1] 사업인정기관이 공익사업을 위한 토지 등의 취득 및 보상에 관한 법률상의 사업인정을 하기 위한 요건

[2] 사업시행자가 사업인정을 받은 후 그 사업이 공용수용을 할 만한 공익성을 상실하거나 사업인정에 관련된 자들의 이익이 현저히 비례의 원칙에 어긋나게 된 경우 또는 사업시행자가 해당 공익사업을 수행할 의사나 능력을 상실한 경우, 그 사업인정에 터잡아 수용권을 행사할 수 있는지 여부(소극)

【판결요지】

[1] 사업인정이란 공익사업을 토지 등을 수용 또는 사용할 사업으로 결정하는 것으로서 공익사업의 시행자에게 그 후 일정한 절차를 거칠 것을 조건으로 일정한 내용의 수용권을 설정하여 주는 형성행위이므로, 해당 사업이 외형상 토지 등을 수용 또는 사용할 수 있는 사업에 해당한다고 하더라도 사업인정기관으로서는 그 사업이 공용수용을 할 만한 공익성이 있는지의 여부와 공익성이 있는 경우에도 그 사업의 내용과 방법에 관하여 사업인정에 관련된 자들의 이익을 공익과 사익 사이에서는 물론, 공익 상호 간 및 사익 상호 간에도 정당하게 비교·교량하여야 하고,

그 비교·교량은 비례의 원칙에 적합하도록 하여야 한다. 그뿐만 아니라 해당 공익사업을 수행하여 공익을 실현할 의사나 능력이 없는 자에게 타인의 재산권을 공권력적·강제적으로 박탈할 수 있는 수용권을 설정하여 줄 수는 없으므로, 사업시행자에게 해당 공익사업을 수행할 의사와 능력이 있어야 한다는 것도 사업인정의 한 요건이라고 보아야 한다.

[2] 공용수용은 헌법상의 재산권 보장의 요청상 불가피한 최소한에 그쳐야 한다는 헌법 제23조의 근본취지에 비추어 볼 때, 사업시행자가 사업인정을 받은 후 그 사업이 공용수용을 할 만한 공익성을 상실하거나 사업인정에 관련된 자들의 이익이 현저히 비례의 원칙에 어긋나게 된 경우 또는 사업시행자가 해당 공익사업을 수행할 의사나 능력을 상실하였음에도 여전히 그 사업인정에 기하여 수용권을 행사하는 것은 수용권의 공익 목적에 반하는 수용권의 남용에 해당하여 허용되지 않는다.

(3) 검토

생각건대, 헌법 제23조의 입법취지를 고려할 때, 판례가 판시한 요건은 수용재결의 내용상 요건으로 판단된다. 사업인정 후 사정변경 등으로 사업인정 요건을 충족하지 못하게 된 경우, 사업시행자가 공익사업 수행능력과 의사를 상실하였음에도 불구하고, 수용재결을 신청하여 재결을 받은 것이라면 수용권의 남용에 해당한다고 판단된다.

Ⅲ. (물음2)에 대하여

1. 이해관계인의 의견청취를 제대로 하지 않은 경우 해당 사업인정에 대한 법리적인 문제

(1) 관련 법령의 검토

〈토지보상법〉

토지보상법 제21조(협의 및 의견청취 등)

① 국토교통부장관은 사업인정을 하려면 관계 중앙행정기관의 장 및 특별시장·광역시장·도지사·특별자치도지사(이하 “시·도지사”라 한다) 및 제49조에 따른 중앙토지수용위원회와 협의하여야 하며, 대통령령으로 정하는 바에 따라 미리 사업인정에 이해관계가 있는 자의 의견을 들어야 한다.

② 별표에 규정된 법률에 따라 사업인정이 있는 것으로 의제되는 공익사업의 허가·인가·승인권자 등은 사업인정이 의제되는 지구지정·사업계획승인 등을 하려는 경우 제1항에 따라 제49조에 따른 중앙토지수용위원회와 협의하여야 하며, 대통령령으로 정하는 바에 따라 사업인정에 이해관계가 있는 자의 의견을 들어야 한다.

③ 제49조에 따른 중앙토지수용위원회는 제1항 또는 제2항에 따라 협의를 요청받은 경우 사업인정에 이해관계가 있는 자에 대한 의견 수렴 절차 이행 여부, 허가·인가·승인대상 사업의 공공성, 수용의 필요성, 그 밖에 대통령령으로 정하는 사항을 검토하여야 한다.

④ 제49조에 따른 중앙토지수용위원회는 제3항의 검토를 위하여 필요한 경우 관계 전문기관이나 전문가에게 현지조사를 의뢰하거나 그 의견을 들을 수 있고, 관계 행정기관의 장에게 관련 자료의 제출을 요청할 수 있다.

⑤ 제49조에 따른 중앙토지수용위원회는 제1항 또는 제2항에 따라 협의를 요청받은 날부터 30일 이내에 의견을 제시하여야 한다. 다만, 그 기간 내에 의견을 제시하기 어려운 경우에는 한 차례만 30일의 범위에서 그 기간을 연장할 수 있다.

⑥ 제49조에 따른 중앙토지수용위원회는 제3항의 사항을 검토한 결과 자료 등을 보완할 필요가 있는 경우에는 해당 허가·인가·승인권자에게 14일 이내의 기간을 정하여 보완을 요청할 수 있다. 이 경우 그 기간은 제5항의 기간에서 제외한다.
⑦ 제49조에 따른 중앙토지수용위원회가 제5항에서 정한 기간 내에 의견을 제시하지 아니하는 경우에는 협의가 완료된 것으로 본다.
⑧ 그 밖에 제1항 또는 제2항의 협의에 관하여 필요한 사항은 국토교통부령으로 정한다.

〈공익사업을 위한 토지 등의 취득 및 보상에 관한 법률 시행령〉

제11조(의견청취 등)

① 법 제21조 제1항에 따라 국토교통부장관으로부터 사업인정에 관한 협의를 요청받은 관계 중앙행정기관의 장 또는 시·도지사는 특별한 사유가 없으면 협의를 요청받은 날부터 7일 이내에 국토교통부장관에게 의견을 제시하여야 한다.
② 국토교통부장관 또는 법 별표에 규정된 법률에 따라 사업인정이 있는 것으로 의제되는 공익사업의 허가·인가·승인권자 등은 법 제21조 제1항 및 제2항에 따라 사업인정에 관하여 이해관계가 있는 자의 의견을 들으려는 경우에는 사업인정신청서(법 별표에 규정된 법률에 따라 사업인정이 있는 것으로 의제되는 공익사업의 경우에는 허가·인가·승인 등 신청서를 말한다) 및 관계 서류의 사본을 토지 등의 소재지를 관할하는 시장(행정시의 시장을 포함한다. 이하 이 조에서 같다)·군수 또는 구청장(자치구가 아닌 구의 구청장을 포함한다. 이하 이 조에서 같다)에게 송부(전자문서에 의한 송부를 포함한다. 이하 이 조에서 같다)하여야 한다.
③ 시장·군수 또는 구청장은 제2항에 따라 송부된 서류를 받았을 때에는 지체 없이 다음 각 호의 사항을 시(행정시를 포함한다)·군 또는 구(자치구가 아닌 구를 포함한다)의 게시판에 공고하고, 공고한 날부터 14일 이상 그 서류를 일반인이 열람할 수 있도록 하여야 한다.
  1. 사업시행자의 성명 또는 명칭 및 주소
  2. 사업의 종류 및 명칭
  3. 사업예정지
④ 시장·군수 또는 구청장은 제3항에 따른 공고를 한 경우에는 그 공고의 내용과 의견이 있으면 의견서를 제출할 수 있다는 뜻을 토지소유자 및 관계인에게 통지(토지소유자 및 관계인이 원하는 경우에는 전자문서에 의한 통지를 포함한다. 이하 이 항에서 같다)하여야 한다. 다만, 통지받을 자를 알 수 없거나 그 주소·거소 또는 그 밖에 통지할 장소를 알 수 없을 때에는 그러하지 아니하다.
⑤ 토지소유자 및 관계인, 그 밖에 사업인정에 관하여 이해관계가 있는 자는 제3항에 따른 열람기간에 해당 시장·군수 또는 구청장에게 의견서를 제출(전자문서에 의한 제출을 포함한다)할 수 있다.
⑥ 시장·군수 또는 구청장은 제3항에 따른 열람기간이 끝나면 제5항에 따라 제출된 의견서를 지체 없이 국토교통부장관 또는 법 별표에 규정된 법률에 따라 사업인정이 있는 것으로 의제되는 공익사업의 허가·인가·승인권자 등에게 송부하여야 하며, 제출된 의견서가 없는 경우에는 그 사실을 통지(전자문서에 의한 통지를 포함한다)하여야 한다.

제11조의2(검토사항)

법 제21조 제3항에서 “대통령령으로 정하는 사항”이란 다음 각 호의 사항을 말한다.
1. 해당 공익사업이 근거 법률의 목적, 상위 계획 및 시행 절차 등에 부합하는지 여부
2. 사업시행자의 재원 및 해당 공익사업의 근거 법률에 따른 법적 지위 확보 등 사업수행능력 여부

(2) 절차하자의 독자적 위법성

절차상하자의 독자적 위법성 인정 여부와 관련하여 ① 적법절차의 보장 관점에서 절차하자의 독자적 위법성을 인정하여 취소·무효소송으로 다툴 수 있도록 하는 긍정설과 ② 절차는 수단에 불과하고, 절차하자의 치유 후 동일 처분이 가능하다는 점에서 행정경제상 독자적 위법성 인정은 불필요하다는 부정설이 대립한다. 판례는 일반적으로 절차하자의 독자적 위법성을 긍정하는 견해를 보이고 있다. 생각건대, 절차규정의 취지와 국민의 권익구제 측면에서 절차적 하자의 독자적 위법성을 인정하는 것이 타당하고, 행정소송법 제30조 제3항에서도 절차하자의 취소를 긍정하는 바 판례의 태도는 타당하다고 판단된다.

(3) 위법성의 정도

행정행위의 위법정도의 판단은 중대명백설에 의해 판단하도록 한다. 행정행위가 무효가 되기 위해서는 ① 중대한 위반으로 무효로 보는 것이 권리보호에 유리한 중대성과 ② 제3자 및 일반인의 식견에서 위법함이 명백하여야 한다는 명백성이 동시에 충족하여야 한다. 사안의 경우 의견청취 절차라는 법적 절차를 제대로행하지 않은 경우, 토지보상법상 절차를 준수하지 않은 것으로 법률 내용에 반하는 것으로 중대하나, 일반인의 견지에서 위법성의 판단이 명백하지 않으므로 취소정도의 사유에 해당한다고 판단된다.

【판결요지】

[다수의견] 하자 있는 행정처분이 당연무효가 되기 위하여는 그 하자가 법규의 중요한 부분을 위반한 중대한 것으로서 객관적으로 명백한 것이어야 하며 하자가 중대하고 명백한 것인지 여부를 판별함에 있어서는 그 법규의 목적, 의미, 기능 등을 목적론적으로 고찰함과 동시에 구체적 사안 자체의 특수성에 관하여도 합리적으로 고찰함을 요한다.

(출처: 대법원 1995.7.11. 선고 94누4615 전원합의체판결 [건설업영업정지처분무효확인])

2. 중앙토지수용위원회의 공익성 검토

(1) 공익성 검토 관련 규정의 내용 및 취지

토지보상법 제21조 제1항과 제2항은 국토교통부장관이 사업인정을 하거나, 관계 행정청이 사업인정이 의제되는 지구지정, 사업계획승인등을 하려는 경우 미리 중앙토지수용위원회와 협의하여야 한다고 규정하고 있다. 이는 사전적 권리구제 및 공익성 실현에 취지가 있다. 제3조에서는 사업인정에 이해관계가 있는 자에 대한 의견 수렴 절차 이행 여부, 허가·인가·승인대상 사업의 공공성, 수용의 필요성, 그 밖에 대통령령(령 제11조의 2)해당 공익사업이 근거 법률의 목적, 상위 계획 및 시행 절차 등에 부합하는지 여부. 사업시행자의 재원 및 해당 공익사업의 근거 법률에 따른 법적 지위 확보 등 사업수행능력 여부)으로 정하는 사항을 검토할 것을 규정한다.

(2) 판단 기준의 구분

① 외형상 수용사업의 적격성이 있는지, 사전 절차가 적법한지를 검토하는 〈형식적 심사〉와 ② 실질적으로 사업의 공공성과 수용의 필요성이 있는지 검토하는 〈실질적 심사〉로 구분된다.

(3) 형식적 검토기준

형식적 심사는 토지보상법 제4조상 토지수용이 가능한 사업인지 여부, 의견 수렴 및 사업시행절차의 준수여부 등 형식적 요건을 판단하는 과정이다. 이때 토지수용사업에 해당하지 않는 경우에는 사업인정 신청을 반려하며 의견수렴절차와 사업시행절차를 이행하지 않은 경우에는 보완요구 등을 하게 된다.

(4) 실질적 검토기준

실질적 심사는 헌법상 공공필요의 요건에 따라 토지수용사업의 공공성과 토지수용의 필요성으로 구분하여 공익성에 대한 실질적 내용을 판단하게 된다. 이때 판단기준으로 사업의 공공성 심사는 ① 사업시행의 공공성, ② 사업시행자의 유형, ③ 목적 및 상위계획 부합여부, ④ 사업의 공공기여도, ⑤ 공익의 지속성, ⑥ 시설의 대중성을 심사하며, 사업의 필요성 심사는 ① 피해의 최소성, ② 방법의 적절성, ③ 사업의 시급성, ④ 사업수행능력을 평가하게 된다.

Ⅳ. (물음3)에 대하여

1. 공물의 수용가능성에 대한 판단

(1) 공물의 의의

행정주체에 의하여 직접 행정목적에 공용되는 개개의 유체물이다. 공물은 소유권이 아니라 관리권을 중심으로 하는 개념이며, 직접 행정목적에 공용되는 개개의 유체물이라는 점에서 직접 행정목적에 공용되지 않는 일반재산이나 인적・물적 종합시설인 영조물(營造物)과 다르다. 특히 문화유산은 보존공물에 해당된다.

(2) 관련 규정의 검토(토지보상법 제19조)

토지보상법 제19조 2항에서는 공익사업에 수용되거나 사용되고 있는 토지등은 '특별히 필요한 경우'가 아니면 다른 공익사업을 위하여 수용하거나 사용할 수 없다고 규정하여, 특별히 필요한 경우의 의미가 논의된다.

> 토지보상법 제19조(토지등의 수용 또는 사용)
> ① 사업시행자는 공익사업의 수행을 위하여 필요하면 이 법에서 정하는 바에 따라 토지등을 수용하거나 사용할 수 있다.
> ② 공익사업에 수용되거나 사용되고 있는 토지등은 특별히 필요한 경우가 아니면 다른 공익사업을 위하여 수용하거나 사용할 수 없다.

(3) 학설의 태도

① 공물을 사용하고 있는 기존의 사업의 공익성보다 해당 공물을 수용하고자 하는 사업의 공익성이 큰 경우에 해당 공물에 대한 수용이 가능해지며, '공익사업에 수용되거나 사용되고 있는 토지 등'에는 공물도 포함된다고 한다. 즉, 용도폐지 선행 없이도 공물 수용이 가능하다고 보는 견해와 ② 공물은 이미 공적 목적에 제공되고 있기 때문에, 먼저 공용폐지가

되지 않는 한 수용의 대상이 될 수 없다고 한다. 또한 토지보상법 제19조 제2항에서 말하는 특별한 경우란 명문의 규정이 있는 경우라는 견해가 대립한다.

(4) 소결

공물에 대해서는 토지보상법 제19조 제2항을 적극적으로 해석하여 특별한 필요가 있다면 다수의 학설과 같이 용도 폐지 없이 수용이 가능하다고 보는 것이 타당하다고 판단된다.

2. 국가지정문화유산을 수용할 수 있는지 여부

(1) 관련 규정의 검토

문화유산의 보존 및 활용에 관한 법률 제83조(토지의 수용 또는 사용)

① 국가유산청장이나 지방자치단체의 장은 문화유산의 보존·관리를 위하여 필요하면 지정문화유산이나 그 보호구역에 있는 토지, 건물, 나무, 대나무, 그 밖의 공작물을 「공익사업을 위한 토지 등의 취득 및 보상에 관한 법률」에 따라 수용(收用)하거나 사용할 수 있다.

② 삭제

(2) 관련 판례의 검토(2017두71031 판결)

대법원 2019.2.28. 선고 2017두71031 판결 [사업인정고시취소]

【판결요지】

[3] 문화유산의 보존 및 활용에 관한 법률 제83조 제1항은 "문화유산청장이나 지방자치단체의 장은 문화유산의 보존·관리를 위하여 필요하면 지정문화유산나 그 보호구역에 있는 토지, 건물, 입목(立木), 죽(竹), 그 밖의 공작물을 공익사업을 위한 토지 등의 취득 및 보상에 관한 법률(이하 '토지보상법'이라 한다)에 따라 수용(收用)하거나 사용할 수 있다."라고 규정하고 있다. 한편 국가는 문화유산의 보존·관리 및 활용을 위한 종합적인 시책을 수립·추진하여야 하고, 지방자치단체는 국가의 시책과 지역적 특색을 고려하여 문화유산의 보존·관리 및 활용을 위한 시책을 수립·추진하여야 하며(문화유산의 보존 및 활용에 관한 법률 제4조), 문화유산청장은 국가지정문화유산 관리를 위하여 지방자치단체 등을 관리단체로 지정할 수 있고(문화유산의 보존 및 활용에 관한 법률 제34조), 지방자치단체의 장은 국가지정문화유산와 역사문화환경 보존지역의 관리·보호를 위하여 필요하다고 인정하면 일정한 행위의 금지나 제한, 시설의 설치나 장애물의 제거, 문화유산 보존에 필요한 긴급한 조치 등을 명할 수 있다(문화유산의 보존 및 활용에 관한 법률 제42조 제1항).
이와 같이 문화유산의 보존 및 활용에 관한 법률은 지방자치단체 또는 지방자치단체의 장에게 시·도지정문화유산뿐 아니라 국가지정문화유산에 대하여도 일정한 권한 또는 책무를 부여하고 있고, 문화유산의 보존 및 활용에 관한 법률에 해당 문화유산의 지정권자만이 토지 등을 수용할 수 있다는 등의 제한을 두고 있지 않으므로, 국가지정문화유산에 대하여 관리단체로 지정된 지방자치단체의 장은 문화유산의 보존 및 활용에 관한 법률 제83조 제1항 및 토지보상법에 따라 국가지정문화유산나 그 보호구역에 있는 토지 등을 수용할 수 있다.

[4] 공익사업을 수행하여 공익을 실현할 의사나 능력이 없는 자에게 타인의 재산권을 공권력적·강제적으로 박탈할 수 있는 수용권을 설정하여 줄 수는 없으므로, 사업시행자에게 해당 공익사업을 수행할 의사와 능력이 있어야 한다는 것도 사업인정의 한 요건이라고 보아야 한다.

(3) 소결

생각건대, 문화유산의 보존 및 활용에 관한 법률 제83조에서 토지 등을 수용할 수 있는 주체에 대해서 별도의 제한을 두고 있지 않기 때문에 지방자치단체의 장 역시 문화유산의 보존 및 활용에 관한 법률 제83조에 따라 국가지정문화유산이나 그 보호구역에 있는 토지 등을 수용할 수 있다고 보는 판례의 태도가 타당하다고 생각된다.

3. 광평대군 묘역에 대한 수용가능 여부

(1) 대법원 판례

(구)토지보상법 제5조의 제한 이외의 토지에 관하여는 아무런 제한을 하지 않으므로 지방문화유산으로 지정된 토지와 관련하여 수용의 대상이 된다고 판시한 바 있다. 생각건대, 토지보상법 제19조의 규정 취지상, 특별한 필요가 있는 경우 별도의 용도폐지가 없이도 공물이 수용가능하다고 보는 것이 타당하다. 또한 풍납토성 판례에서도 "문화유산의 보존 및 활용에 관한 법률은 지방자치단체 또는 지방자치단체의 장에게 시・도지정문화유산뿐 아니라 국가지정문화유산에 대하여도 일정한 권한 또는 책무를 부여하고 있고, 문화유산의 보존 및 활용에 관한 법률에 해당 문화유산의 지정권자만이 토지 등을 수용할 수 있다는 등의 제한을 두고 있지 않으므로, 국가지정문화유산에 대하여 관리단체로 지정된 지방자치단체의 장은 문화유산의 보존 및 활용에 관한 법률 제83조 제1항 및 토지보상법에 따라 국가지정문화유산이나 그 보호구역에 있는 토지 등을 수용할 수 있다."라고 판시함으로써 공물의 수용가능성을 인정하고 있다.

(2) 소결

토지보상법 제19조 제2항은 특별한 필요가 있는 경우 수용할 수 있다고 규정하고 있다. '특별한 필요'에 대해 논의가 있으나, 광평대군 묘역판례와 풍납토성판례에 의할 때 보다 큰 공익적 요청이 있는 경우에는 용도폐지 없이도 공물을 수용할 수 있다고 봄이 타당하다고 생각된다.

대법원 1996.4.26. 선고 95누13241 판결 [토지수용이의재결처분취소등]

【판결요지】

[1] 택지개발촉진법 제12조 제2항에 의하면 택지개발계획의 승인・고시가 있은 때에는 토지수용법 제14조 및 제16조의 규정에 의한 사업인정 및 사업인정의 고시가 있은 것으로 보도록 규정되어 있는바, 이와 같은 택지개발계획의 승인은 당해 사업이 택지개발촉진법상의 택지개발사업에 해당함을 인정하여 시행자가 그 후 일정한 절차를 거칠 것을 조건으로 하여 일정한 내용의 수용권을 설정해 주는 행정처분의 성격을 갖는 것이고, 그 승인고시의 효과는 수용할 목적물의 범위를 확정하고 수용권으로 하여금 목적물에 관한 현재 및 장래의 권리자에게 대항할 수 있는 일종의 공법상 권리로서의 효력을 발생시킨다고 할 것이므로 토지소유자로서는 선행처분인 건설부장관의 택지개발계획 승인단계에서 그 제척사유를 들어 쟁송하여야 하고, 그 제소기간이 도과한 후 수용재결이나 이의재결 단계에 있어서는 위 택지개발계획 승인처분에 명백하고 중대한 하자가 있어 당연무효라고 볼 특단의 사정이 없는 이상 그 위법 부당함을 이유로 재결의 취소를 구할 수는 없다.

[2] 토지수용법은 제5조의 규정에 의한 제한 이외에는 수용의 대상이 되는 토지에 관하여 아무런 제한을 하지 아니하고 있을 뿐만 아니라, 토지수용법 제5조, 문화유산의 보존 및 활용에 관한 법률 제20조 제4호, 제58조 제1항,부칙 제3조 제2항 등의 규정을 종합하면 구 문화유산의 보존 및 활용에 관한 법률(1982.12.31. 법률 제3644호로 전문 개정되기 전의 것) 제54조의2 제1항에 의하여 지방문화유산로 지정된 토지가 수용의 대상이 될 수 없다고 볼 수는 없다.

V. 사안의 해결

생각건대, 헌법 제23조의 취지를 고려해 본다면, 사업시행자의 공익사업 수행능력과 의사도 사업인정의 한 요건이라고 보아야 하며, 만일, 사업인정 이후 재정상황의 악화로 사업수행능력을 상실하게 되었다면 이러한 수용권에 기하여 타인의 재산권을 강제로 박탈할 수 없다고 할 것이다. 즉, 판례의 태도에 따른다면 이 경우는 수용권의 남용에 해당하게 된다.

공물의 수용가능성은 쟁점이 용도폐지를 선행하지 아니하고 공물을 수용할 수 있느냐가 핵심적 요소이다. 결국 이는 비례의 원칙으로서 단계적 심사과정을 거쳐서 판단해야 할 문제라고 할 수 있다. 토지보상법 제19조는 특별한 필요가 있는 경우에 수용을 할 수 있다고 규정하고 있어서 별도의 용도폐지에 대한 규정이 없이 더 큰 공익이 존재한다면 공익 간 충돌에 있어서도 수용가능성의 길을 열어 놓은 것이라고 볼 수 있겠다. 풍납토성 판례와 광평대군 묘역 판례에 의할 때 일정한 공익적 요청이 큰 경우에는 용도폐지를 선행하지 않고 공물의 수용가능성이 인정된다고 할 것으로 판단된다.

쟁점 8 주거이전비의 법적 성질 및 인도 거절, 위반죄 처벌이 가능한지 여부

2024년 2월 A도 도지사 甲은 도내의 심각한 주차난을 해결하기 위하여 A도내 B시 일대 40,000m² (이하 '이 사건 공익사업구역'이라 함)를 공영주차장으로 사용하고자 사업계획을 수립하고 「공익사업을 위한 토지 등의 취득 및 보상에 관한 법률」(이하 '토지보상법'이라 함)에 따른 절차를 거쳐, 국토교통부장관의 사업인정을 받고 이를 고시하였다. 이후 甲은 이 사건 공익사업구역 내 주택세입자 乙 등이 이 사건 공익사업이 시행되는 동안 임시로 거주할 수 있도록 B시에 임대아파트를 건립하여 세입자에게 제공하는 등 이주대책을 수립 · 시행하였다. 한편, 乙은 토지보상법 시행규칙 제54조 제2항에 해당하는 세입자이다. 다음 물음에 답하시오. 40점

(1) 토지보상법상 이주대책의 법적 성질(대법원 2007다63089 · 63096 판결)과 동법 시행규칙 제54조에 따른 세입자의 주거이전비의 법적 성질(대법원 2011두3685 판결)에 대하여 설명하시오. 10점

(2) 乙은 토지보상법 시행규칙에 따른 주거이전비를 받을 수 있는 권리를 포기한다는 취지의 '임대아파트 입주에 따른 주거이전비 포기각서'를 甲에게 제출하고 위 임대아파트에 입주하였지만, 이후 관련 법령이 임대아파트와 같은 임시수용시설 등을 제공받는 자를 주거이전비 지급대상에서 배제하지 않고 있는 점을 알게 되었다. 이에 乙은 포기각서를 무시하고 토지보상법 시행규칙상의 주거이전비를 청구하였다. 乙의 주거이전비 청구의 인용여부에 관하여 설명하시오. 20점

(3) 만약 주택세입자 임차인 乙이 주거이전비 미지급을 이유로 부동산의 인도를 거절할 수 있는지 여부를 설명하시오. 5점

(4) 물음2의 경우와 같이 주거이전비 미지급을 이유로 임차인 乙 등이 수용개시일까지 수용대상 부동산을 인도하지 않은 경우, 공익사업을 위한 토지 등의 취득 및 보상에 관한 법률 제43조, 제95조의2 제2호 위반죄로 처벌할 수 있는지 여부를 설명하시오. 5점

참조 조문

〈공익사업을 위한 토지 등의 취득 및 보상에 관한 법률 시행규칙〉

제54조(주거이전비의 보상)

① 공익사업시행지구에 편입되는 주거용 건축물의 소유자에 대하여는 해당 건축물에 대한 보상을 하는 때에 가구원수에 따라 2개월분의 주거이전비를 보상하여야 한다. 다만, 건축물의 소유자가 해당 건축물 또는 공익사업시행지구 내 타인의 건축물에 실제 거주하고 있지 아니하거나 해당 건축물이 무허가건축물등인 경우에는 그러하지 아니하다.

② 공익사업의 시행으로 인하여 이주하게 되는 주거용 건축물의 세입자(무상으로 사용하는 거주자를 포함하되,

> 법 제78조 제1항에 따른 이주대책대상자인 세입자는 제외한다)로서 사업인정고시일등 당시 또는 공익사업을 위한 관계 법령에 의한 고시 등이 있은 당시 해당 공익사업시행지구 안에서 3개월 이상 거주한 자에 대하여는 가구원수에 따라 4개월분의 주거이전비를 보상하여야 한다. 다만, 무허가건축물등에 입주한 세입자로서 사업인정고시일등 당시 또는 공익사업을 위한 관계 법령에 의한 고시 등이 있은 당시 그 공익사업지구 안에서 1년 이상 거주한 세입자에 대하여는 본문에 따라 주거이전비를 보상하여야 한다.

목차 index

주요 내용 contents

Ⅰ. 논점의 정리

사안은 공익사업을 위한 토지 등의 취득 및 보상에 관한 법률(이하 '토지보상법') 시행규칙 제54조에 규정된 주거이전비 청구의 인용여부에 관한 논의이다. 사안의 乙은 주거이전비 포기각서를 제출하였음에도 불구하고 이를 무시하고 주거이전비를 청구하였다. 이하에서는 먼저 이주대책 및 주거이전비의 의의, 법적 성질 등을 검토하고 시행규칙 제54조가 강행규정인지 여부를 관련 판례와 함께 판단하여 乙의 주거이전비 청구의 인용여부에 관하여 논한다. 또한, 주거이전비 미지급을 이유로 임차인이 부동산을 인도하지 않은 경우, 토지보상법 제43조 및 동법 제95조의 2 위반죄로 처벌할 수 있는지 살피고자 한다.

II. (물음1)에 대하여

1. 이주대책(토지보상법 제78조 등)

(1) 이주대책 의의, 취지

이주대책이란 공익사업의 시행으로 인하여 주거용 건축물을 제공함에 따라 생활의 근거를 상실하게 되는 자에게 이주할 택지나 주택을 공급하는 것이다. 토지보상법 제78조 제1항의 이주대책에 대하여 대법원의 다수의견은 생활보상의 일환으로 국가의 적극적이고 정책적인 배려에 의하여 마련된 제도로 보지만, 대법원의 소수의견은 생활보상의 일환으로 마련된 제도로서, 헌법 제23조 제3항이 규정하는 손실보상의 한 형태라고 보아야 한다고 주장한다. 재산권 보상으로는 부족한 생활안정을 위한 보상이라 할 수 있다. 개정된 토지보상법에서는 이주대책의 대상자를 주거용 건축물 제공자에서 공장부지 제공자까지 확대하여 국민의 권리구제를 두텁게 하고 있다.

(2) 이주대책 법적 성질

① 이주대책은 생활보호 차원의 시혜적인 조치로서 정책배려로 마련된 제도이다. 따라서 생활보상의 성격을 가지며, 판례도 이주대책을 생활보상의 일환으로 보고 있다. ② 또한, 사업시행자의 이주대책 수립・실시 의무를 규정하고 있는 토지보상법 제78조 제1항과 이주대책의 내용을 정하고 있는 같은 조 제4항 본문은 당사자의 합의 또는 사업시행자의 재량에 의하여 적용을 배제할 수 없는 강행규정이다.

【판시사항】

[3] 사업시행자의 이주대책 수립・실시의무를 정하고 있는 구 공익사업을 위한 토지 등의 취득 및 보상에 관한 법률 제78조 제1항과 이주대책의 내용을 정하고 있는 같은 조 제4항 본문이 강행법규인지 여부(적극)

【판결요지】

[3] 구 공익사업을 위한 토지 등의 취득 및 보상에 관한 법률(2007.10.17. 법률 제8665호로 개정되기 전의 것, 이하 '구 공익사업법'이라 한다)은 공익사업에 필요한 토지 등을 협의 또는 수용에 의하여 취득하거나 사용함에 따 른 손실보상에 관한 사항을 규정함으로써 공익사업의 효율적인 수행을 통하여 공공복리의 증진과 재산권의 적정한 보호를 도모함을 목적으로 하고 있고, 위 법에 의한 이주대책은 공익사업의 시행에 필요한 토지 등을 제공함으로 인하여 생활의 근거를 상실하게 되는 이주대책대상자들에게 종전 생활상태를 원상으로 회복시키면서 동시에 인간다운 생활을 보장하여 주기 위하여 마련된 제도이므로, 사업시행자의 이주대책 수립・실시의무를 정하고 있는 구 공익사업법 제78조 제1항은 물론 이주대책의 내용에 관하여 규정하고 있는 같은 조 제4항 본문 역시 당사자의 합의 또는 사업시행자의 재량에 의하여 적용을 배제할 수 없는 강행법규이다.

(대법원 2011.6.23. 선고 2007다63089・63096 전원합의체 판결 [채무부존재확인・채무부존재확인])

(3) 이주대책 수립요건

주거용 건축물의 제공자(이주대책대상자)의 이주대책은 부득이한 사유가 있는 경우를 제외하고는 이주대책 대상자 중 이주정착지에 이주를 희망하는 자가 10호 이상인 경우에 수립・실시한다(동 시행령 제40조 제2항). 한편, 사업시행자가 택지개발촉진법 또는 주택법 등 관계 법령에 의해 이주대책대상자에게 택지 또는 주택을 공급한 경우에는 이주대책을 수립한 것으로 본다(법 시행령 제40조 제2항 단서). 공장의 경우는 공익사업시행지역 내에서 공장부지를 제공하여 해당 지역에서 공장을 더 이상 가동할 수 없는 자가 희망하는 경우에 이주대책을 수립하여야 한다(토지보상법 제78조의2).

2. 주거이전비(토지보상법 시행규칙 제54조)

(1) 주거이전비 의의

주거이전비란 해당 공익사업 시행지구 안에 거주하는 거주자들의 조기이주를 장려하여 사업추진을 원활하게 하려는 정책적인 목적과 주거이전으로 인하여 특별한 어려움을 겪게 될 세입자들을 대상으로 하는 사회보장적인 차원에서 지급되는 금원의 성격을 가진 생활보상의 일환이다. 이는 공익사업의 시행으로 인해 주거용 건축물을 제공한 소유자 및 세입자에게 지급하는 주거이전에 필요한 비용을 의미한다.

(2) 주거이전비 법적 성질

1) 학설

〈사권설〉의 경우 주거이전비 청구는 대등한 당사자 사이의 금전청구에 관한 법률관계로서 사적인 권리라고 본다. 〈공권설〉의 경우 공공복리 증진을 위하여 시행되는 공익사업 등 공법상의 원인행위로서 발생한 권리로, 정책적・사회보장적 차원에서 공법상 권리라고 본다.

2) 판례

판례는 '주거이전비는 해당 공익사업시행지구 안에 거주하는 세입자들의 조기이주를 장려하여 사업추진을 원활하게 하려는 정책적인 목적과 주거이전으로 인하여 특별한 어려움을 겪게 될 세입자들을 대상으로 하는 사회보장적인 차원에서 지급되는 금원의 성격으로 공법상 권리이다'라고 판시한바 공권설의 입장이다.

【판결요지】

구 공익사업을 위한 토지 등의 취득 및 보상에 관한 법률(2007.10.17. 법률 제8665호로 개정되기 전의 것) 제2조, 제78조에 의하면, 세입자는 사업시행자가 취득 또는 사용할 토지에 관하여 임대차 등에 의한 권리를 가진 관계인으로서, 같은 법 시행규칙 제54조 제2항 본문에 해당하는 경우에는 주거이전에 필요한 비용을 보상받을 권리가 있다. 그런데 이러한 주거이전비는 당해 공익사업 시행지구 안에 거주하는 세입자들의 조기이주를 장려하여 사업추진을 원활하게 하려는 정책적인 목적과 주거이전으로 인하여 특별한 어려움을 겪게 될 세입자들을 대상으로 하는 사회보장적인 차원에서 지급되는 금원의 성격을 가지므로, 적법하게 시행된 공익사업으로 인하여 이주하게 된 주거용 건축물 세입자의 주거이전비 보상청구권은 공법상의 권리이고, 따라서 그 보상을 둘러싼 쟁송은 민사소송이 아니라 공법상의 법률관계를 대상으로 하는 행정소송에 의하여야 한다.

(출처: 대법원 2008.5.29. 선고 2007다8129 판결 [주거이전비등])

3) 검토

생각건대, 주거이전비는 공익사업시행이라는 공법상 원인에 기인하여 발생한 권리이며, 이를 보장하기 위하여 토지보상법상 명문 규정을 두고 있다. 즉, 공법상의 원인행위로 인한 공법상 권리로 보는 것이 타당하다고 판단된다.

Ⅲ. (물음2)에 대하여

1. 주거이전비 요건

(1) 시행규칙 제54조 제1항

공익사업시행지구에 편입되는 주거용 건축물의 소유자에 대하여는 해당 건축물에 대한 보상을 하는 때에 가구원수에 따라 2개월분의 주거이전비를 보상하여야 한다. 다만, 건축물의 소유자가 해당 건축물 또는 공익사업시행지구 내 타인의 건축물에 실제 거주하고 있지 아니하거나 해당 건축물이 무허가건축물인 경우에는 그러하지 아니하다.

(2) 시행규칙 제54조 제2항

공익사업의 시행으로 인하여 이주하게 되는 주거용 건축물의 세입자로서 사업인정고시일등 당시 또는 공익사업을 위한 관계 법령에 따른 고시 등이 있은 당시 해당 공익사업시행지구 안에서 3개월 이상 거주한 자에 대해서는 가구원수에 따라 4개월분의 주거이전비를 보상해야 한다. 다만, 무허가건축물등에 입주한 세입자로서 사업인정고시일등 당시 또는 공익사업을 위한 관계 법령에 따른 고시 등이 있은 당시 그 공익사업지구 안에서 1년 이상 거주한 세입자에 대해서는 주거이전비를 보상한다.

2. 乙의 포기각서의 효과

판례는 시행규칙 제54조 주거이전비청구권의 경우 그 법적 요건을 충족하는 때에 당연히 발생하는 형성권으로 보며, 이는 당사자의 합의 또는 재량에 의하여 배제할 수 없는 강행규정으로 보고 있다. 따라서 시행규칙 제54조 제2항에 규정된 주거이전비 지급요건에 해당하는 세입자인 경우, 임시수용시설인 임대아파트에 거주하게 하는 것과 별도로 주거이전비를 지급할 의무가 있고 갑이 임대아파트에 입주하면서 주거이전비를 포기하는 취지의 포기각서를 제출했다 하더라도, 포기각서 내용은 강행규정에 반하여 무효가 된다.

3. 관련 판례의 검토

【판시사항】

[1] 도시 및 주거환경정비법에 따라 사업시행자에게서 임시수용시설을 제공받는 세입자가 공익사업을 위한 토지 등의 취득 및 보상에 관한 법률 및 같은 법 시행규칙에서 정한 주거이전비를 별도로 청구할 수 있는지 여부(적극)

[2] **사업시행자의 세입자에 대한 주거이전비 지급의무를 정하고 있는 공익사업을 위한 토지 등의 취득 및 보상에 관한 법률 시행규칙 제54조 제2항이 강행규정인지 여부(적극)**

[3] 주택재개발사업 정비구역 안에 있는 주거용 건축물에 거주하던 세입자 甲이 주거이전비를 받을 수 있는 권리를 포기한다는 취지의 주거이전비 포기각서를 제출하고 사업시행자가 제공한 임대아파트에 입주한 다음 별도로 주거이전비를 청구한 사안에서, 위 포기각서의 내용은 강행규정에 반하여 무효라고 한 사례

【판결요지】

[1] 도시 및 주거환경정비법(이하 '도시정비법'이라 한다) 제36조 제1항 제1문 등에서 정한 세입자에 대한 임시수용시설 제공 등은 주거환경개선사업 및 주택재개발사업의 사업시행자로 하여금 주거환경개선사업 및 주택재개발사업의 시행으로 철거되는 주택에 거주하던 세입자에게 거주할 임시수용시설을 제공하거나 주택자금 융자알선 등 임시수용시설 제공에 상응하는 조치를 취하도록 하여 사업시행기간 동안 세입자의 주거안정을 도모하기 위한 조치로 볼 수 있는 반면, 공익사업을 위한 토지 등의 취득 및 보상에 관한 법률(이하 '공익사업법'이라 한다) 제78조 제5항, 공익사업을 위한 토지 등의 취득 및 보상에 관한 법률 시행규칙(이하 '공익사업법 시행규칙'이라 한다) 제54조 제2항 본문의 각 규정에 의하여 공익사업 시행에 따라 이주하는 주거용 건축물의 세입자에게 지급하는 주거이전비는 당해 공익사업 시행지구 안에 거주하는 세입자들의 조기이주를 장려하여 사업추진을 원활하게 하려는 정책적인 목적과 주거이전으로 말미암아 특별한 어려움을 겪게 될 세입자들을 대상으로 하는 사회보장적인 차원에서 지급하는 돈의 성격을 갖는 것으로 볼 수 있는 점, 도시정비법 및 공익사업법 시행규칙 등의 관련 법령에서 임시수용시설 등 제공과 주거이전비 지급을 사업시행자의 의무사항으로 규정하면서 임시수용시설 등을 제공받는 자를 주거이전비 지급대상에서 명시적으로 배제하지 않은 점을 비롯한 위 각 규정의 문언, 내용 및 입법 취지 등을 종합해 보면, 도시정비법에 따라 사업시행자에게서 임시수용시설을 제공받는 세입자라 하더라도 공익사업법 및 공익사업법 시행규칙에 따른 주거이전비를 별도로 청구할 수 있다고 보는 것이 타당하다.

[2] <u>공익사업을 위한 토지 등의 취득 및 보상에 관한 법률은 공익사업에 필요한 토지 등을 협의 또는 수용에 의하여 취득하거나 사용함에 따른 손실의 보상에 관한 사항을 규정함으로써 공익사업의 효율적인 수행을 통하여 공공복리의 증진과 재산권의 적정한 보호를 도모함을 목적으로 하고 있고, 위 법에 근거하여 공익사업을 위한 토지 등의 취득 및 보상에 관한 법률 시행규칙(이하 '공익사업법 시행규칙'이라 한다)에서 정하고 있는 세입자에 대한 주거이전비는 공익사업 시행으로 인하여 생활 근거를 상실하게 되는 세입자를 위하여 사회보장적 차원에서 지급하는 금원으로 보아야 하므로, 사업시행자의 세입자에 대한 주거이전비 지급의무를 정하고 있는 공익사업법 시행규칙 제54조 제2항은 당사자 합의 또는 사업시행자 재량에 의하여 적용을 배제할 수 없는 강행규정이라고 보아야 한다.</u>

[3] 주택재개발사업 정비구역 안에 있는 주거용 건축물에 거주하던 세입자 甲이 주거이전비를 받을 수 있는 권리를 포기한다는 취지의 '이주단지 입주에 따른 주거이전비 포기각서'를 제출한 후 사업시행자가 제공한 임대아파트에 입주한 다음 별도로 주거이전비를 청구한 사안에서, 사업시행자는 주택재개발 사업으로 철거되는 주택에 거주하던 甲에게 임시수용시설 제공 또는 주택자금 융자알선 등 임시수용에 상응하는 조치를 취할 의무를 부담하는 한편, 甲이 공익사업을 위한 토지 등의 취득 및 보상에 관한 법률 시행규칙(이하 '공익사업법 시행규칙'이라 한다) 제54조 제2항에 규정된 주거이전비 지급요건에 해당하는 세입자인 경우, 임시수용시설인 임대아파트에 거주하게 하는 것과 별도로 주거이전비를 지급할 의무가 있고, 甲이 임대아파트에 입주하면서 주거이전비를 포기하는 취지의 포기각서를 제출하였다 하더라도, 포기각서의 내용은 강행규정인 공익사업법 시행규칙 제54조 제2항에 위배되어 무효라고 한 사례

(대법원 2011.7.14. 선고 2011두3685 판결 [주거이전비등])

4. 乙의 주거이전비 청구의 인용여부

(1) 주거이전비 요건을 충족하는지 여부

乙은 이 사건 공익사업지구 내 주택세입자이다. 사안에는 명확한 판단이 불분명하다는 한계가 있으나, 乙이 거주하는 건물이 적법한 건물일 경우 사업인정고시일 등 당시 사업지구 내에 3개월 이상 거주, 무허가건축물일 경우 1년 이상 거주한 때에 시행규칙 제54조 제2항의 주거이전비 요건에 충족한다.

(2) 강행규정 위반 여부

乙이 공익사업이 시행되는 동안 임시로 거주하기 위한 목적으로 B시 임대아파트에 입주함과 동시에 주거이전비를 받을 수 있는 권리를 포기한다는 취지의 '임대아파트 입주에 따른 주거이전비 포기각서'를 제출했다 하더라도, 주거이전비 포기각서는 시행규칙 제54조 강행규정을 위반한 것으로서 무효에 해당한다.

(3) 乙의 주거이전비 청구의 인용 여부

을은 시행규칙 제54조 제2항의 세입자로서 주거이전비 요건을 충족하며, 주거이전비 포기각서는 강행규정의 위반으로 무효에 해당한다. 따라서 乙은 주거이전비 청구가 가능할 것이며, 乙이 사업시행자 甲에게 청구한 주거이전비는 인용 받을 수 있을 것으로 판단된다.

(4) 사업시행자가 거부 시 구제수단

대법원 판례에 의하면 ① 재결 이전 을이 주거이전비 요건에 충족함에도 불구하고 사업시행자 갑이 이를 거부할 때에는 행정소송법 제3조 제2호의 '당사자소송'이 타당하다. ② 그러나 재결이 이루어진 다음에 보상금증감에 대해 다투는 경우 토지보상법 제85조 제2항의 '보상금증감청구소송', 그 외의 경우 동조 제1항의 '행정소송'에 따라 권리구제를 받을 수 있을 것이다.

Ⅳ. (물음3)에 대하여

1. 관련 규정의 검토

〈공익사업을 위한 토지 등의 취득 및 보상에 관한 법률〉

제43조(토지 또는 물건의 인도 등)

토지소유자 및 관계인과 그 밖에 토지소유자나 관계인에 포함되지 아니하는 자로서 수용하거나 사용할 토지나 그 토지에 있는 물건에 관한 권리를 가진 자는 수용 또는 사용의 개시일까지 그 토지나 물건을 사업시행자에게 인도하거나 이전하여야 한다.

제78조(이주대책의 수립 등)

① 사업시행자는 공익사업의 시행으로 인하여 주거용 건축물을 제공함에 따라 생활의 근거를 상실하게 되는 자(이하 "이주대책대상자"라 한다)를 위하여 대통령령으로 정하는 바에 따라 이주대책을 수립·실시하거나 이주정착금을 지급하여야 한다.

② 사업시행자는 제1항에 따라 이주대책을 수립하려면 미리 관할 지방자치단체의 장과 협의하여야 한다.

③ 국가나 지방자치단체는 이주대책의 실시에 따른 주택지의 조성 및 주택의 건설에 대하여는 「주택도

시기금법」에 따른 주택도시기금을 우선적으로 지원하여야 한다.

④ 이주대책의 내용에는 이주정착지(이주대책의 실시로 건설하는 주택단지를 포함한다)에 대한 도로, 급수시설, 배수시설, 그 밖의 공공시설 등 통상적인 수준의 생활기본시설이 포함되어야 하며, 이에 필요한 비용은 사업시행자가 부담한다. 다만, 행정청이 아닌 사업시행자가 이주대책을 수립・실시하는 경우에 지방자치단체는 비용의 일부를 보조할 수 있다.

⑤ 제1항에 따라 이주대책의 실시에 따른 주택지 또는 주택을 공급받기로 결정된 권리는 소유권이전등기를 마칠 때까지 전매(매매, 증여, 그 밖에 권리의 변동을 수반하는 모든 행위를 포함하되, 상속은 제외한다)할 수 없으며, 이를 위반하거나 해당 공익사업과 관련하여 다음 각 호의 어느 하나에 해당하는 경우에 사업시행자는 이주대책의 실시가 아닌 이주정착금으로 지급하여야 한다.

1. 제93조, 제96조 및 제97조 제2호의 어느 하나에 해당하는 위반행위를 한 경우
2. 「공공주택 특별법」 제57조 제1항 및 제58조 제1항 제1호의 어느 하나에 해당하는 위반행위를 한 경우
3. 「한국토지주택공사법」 제28조의 위반행위를 한 경우

⑥ 주거용 건물의 거주자에 대하여는 주거 이전에 필요한 비용과 가재도구 등 동산의 운반에 필요한 비용을 산정하여 보상하여야 한다.

2. 부동산인도를 거절할 수 있는지 여부

(1) 관련 판례의 태도

【판시사항】

주택재개발사업의 사업시행자가 수용재결에 따른 보상금을 지급하거나 공탁하고 공익사업을 위한 토지 등의 취득 및 보상에 관한 법률 제43조에 따라 부동산의 인도를 청구하는 경우, 현금청산대상자나 임차인 등이 주거이전비 등을 보상받기 전에는 구 도시 및 주거환경정비법 제49조 제6항 단서에 따라 주거이전비 등의 미지급을 이유로 부동산의 인도를 거절할 수 있는지 여부(적극) / 이때 현금청산대상자나 임차인 등이 수용개시일까지 수용대상 부동산을 인도하지 않은 경우, 공익사업을 위한 토지 등의 취득 및 보상에 관한 법률 제43조, 제95조의2 제2호 위반죄로 처벌할 수 있는지 여부(소극)

【판결요지】

공익사업을 위한 토지 등의 취득 및 보상에 관한 법률(이하 '토지보상법'이라 한다)은 제43조에서 "토지소유자 및 관계인과 그 밖에 토지소유자나 관계인에 포함되지 아니하는 자로서 수용하거나 사용할 토지나 그 토지에 있는 물건에 관한 권리를 가진 자는 수용 또는 사용의 개시일까지 그 토지나 물건을 사업시행자에게 인도하거나 이전하여야 한다."라고 정하고, 제95조의2 제2호에서 이를 위반하여 토지 또는 물건을 인도하거나 이전하지 아니한 자를 처벌한다고 정하고 있다.

구 도시 및 주거환경정비법(2017.2.8. 법률 제14567호로 전부 개정되기 전의 것, 이하 '구 도시정비법'이라 한다) 제49조 제6항은 '관리처분계획의 인가・고시가 있은 때에는 종전의 토지 또는 건축물의 소유자・지상권자・전세권자・임차권자 등 권리자는 제54조의 규정에 의한 이전의 고시가 있은 날까지 종전의 토지 또는 건축물에 대하여 이를 사용하거나 수익할 수 없다. 다만 사업시행자의 동의를 받거나 제40조 및 토지보상법에 따른 손실보상이 완료되지 아니한 권리자의 경우에는 그러하지 아니하다.'고 정하고 있다. 이 조항은 토지보상법 제43조에 대한 특별규정으로서, 사업

시행자가 현금청산대상자나 임차인 등에 대해서 종전의 토지나 건축물의 인도를 구하려면 관리처분계획의 인가·고시만으로는 부족하고 구 도시정비법 제49조 제6항 단서에서 정한 대로 토지보상법에 따른 손실보상이 완료되어야 한다.

구 도시정비법 제49조 제6항 단서의 내용, 그 개정 경위와 입법 취지, 구 도시정비법과 토지보상법의 관련 규정의 체계와 내용을 종합하면, 토지보상법 제78조 등에서 정한 주거이전비, 이주정착금, 이사비 등(이하 '주거이전비 등'이라 한다)도 구 도시정비법 제49조 제6항 단서에서 정하는 '토지보상법에 따른 손실보상'에 해당한다. 따라서 주택재개발사업의 사업시행자가 공사에 착수하기 위하여 현금청산대상자나 임차인 등으로부터 정비구역 내 토지 또는 건축물을 인도받기 위해서는 협의나 재결절차 등에서 결정되는 주거이전비 등을 지급할 것이 요구된다. 사업시행자가 수용재결에서 정한 토지나 지장물 등 보상금을 지급하거나 공탁한 것만으로 토지보상법에 따른 손실보상이 완료되었다고 보기 어렵다.

사업시행자가 수용재결에 따른 보상금을 지급하거나 공탁하고 토지보상법 제43조에 따라 부동산의 인도를 청구하는 경우 현금청산대상자나 임차인 등이 주거이전비 등을 보상받기 전에는 특별한 사정이 없는 한 구 도시정비법 제49조 제6항 단서에 따라 주거이전비 등의 미지급을 이유로 부동산의 인도를 거절할 수 있다. 따라서 이러한 경우 현금청산대상자나 임차인 등이 수용개시일까지 수용대상 부동산을 인도하지 않았다고 해서 토지보상법 제43조, 제95조의2 제2호 위반죄로 처벌해서는 안 된다.

(대법원 2021.7.29. 선고 2019도13010 판결 [공익사업을 위한 토지 등의 취득 및 보상에 관한 법률위반])

(2) 검토 및 소결

공익사업에 필요한 토지 등을 협의 또는 수용에 의하여 취득하거나 사용함에 따른 손실의 보상에 관한 사항을 규정함으로써 공익사업의 효율적인 수행을 통하여 공공복리의 증진과 재산권의 적정한 보호를 도모하는 것을 목적으로 하는 토지보상법의 목적을 고려할 때 사업시행자가 세입자에 대해서 부동산의 인도를 구하려면 토지보상법에 따른 손실보상이 완료되어야 한다고 판단된다. 또한 도시정비법 및 토지보상법의 관련 규정들의 입법취지 및 규정들을 종합하여 보면, 토지보상법 제78조에서 정한 주거이전비 역시 토지보상법에 따른 손실보상에 해당한다. 따라서 사업시행자가 세입자로부터 부동산을 인도받기 위해서는 주거이전비 등이 지급할 것이 요구되어야 하므로 주택세입자 乙은 주거이전비 미지급을 이유로 부동산의 인도를 거절할 수 있다고 판단된다.

Ⅴ. (물음4)에 대하여

1. 관련 규정의 검토

〈공익사업을 위한 토지 등의 취득 및 보상에 관한 법률〉

제43조(토지 또는 물건의 인도 등)

토지소유자 및 관계인과 그 밖에 토지소유자나 관계인에 포함되지 아니하는 자로서 수용하거나 사용할 토지나 그 토지에 있는 물건에 관한 권리를 가진 자는 수용 또는 사용의 개시일까지 그 토지나 물건을 사업시행자에게 인도하거나 이전하여야 한다.

제95조의2(벌칙) 다음 각 호의 어느 하나에 해당하는 자는 1년 이하의 징역 또는 1천만원 이하의 벌금에 처한다.
1. 제12조 제1항을 위반하여 장해물 제거등을 한 자
2. 제43조를 위반하여 토지 또는 물건을 인도하거나 이전하지 아니한 자

2. 토지보상법상, 위반죄로 처벌할 수 있는지 여부

(1) 관련 판례의 검토

【판결요지】
구 도시정비법 제49조 제6항 단서의 내용, 그 개정 경위와 입법 취지, 구 도시정비법과 토지보상법의 관련 규정의 체계와 내용을 종합하면, 토지보상법 제78조 등에서 정한 주거이전비, 이주정착금, 이사비 등(이하 '주거이전비 등'이라 한다)도 구 도시정비법 제49조 제6항 단서에서 정하는 '토지보상법에 따른 손실보상'에 해당한다. 따라서 주택재개발사업의 사업시행자가 공사에 착수하기 위하여 현금청산대상자나 임차인 등으로부터 정비구역 내 토지 또는 건축물을 인도받기 위해서는 협의나 재결절차 등에서 결정되는 주거이전비 등을 지급할 것이 요구된다. 사업시행자가 수용재결에서 정한 토지나 지장물 등 보상금을 지급하거나 공탁한 것만으로 토지보상법에 따른 손실보상이 완료되었다고 보기 어렵다. 사업시행자가 수용재결에 따른 보상금을 지급하거나 공탁하고 토지보상법 제43조에 따라 부동산의 인도를 청구하는 경우 현금청산대상자나 임차인 등이 주거이전비 등을 보상받기 전에는 특별한 사정이 없는 한 구 도시정비법 제49조 제6항 단서에 따라 주거이전비 등의 미지급을 이유로 부동산의 인도를 거절할 수 있다. 따라서 이러한 경우 현금청산대상자나 임차인 등이 수용개시일까지 수용대상 부동산을 인도하지 않았다고 해서 토지보상법 제43조, 제95조의2 제2호 위반죄로 처벌해서는 안 된다.
(출처: 대법원 2021.7.29. 선고 2019도13010 판결 [공익사업을 위한 토지 등의 취득 및 보상에 관한 법률위반])

(2) 검토 및 소결

사업시행자가 토지보상법 제43조에 따라 부동산의 인도를 청구하는 경우 임차인 등이 주거이전비 등을 보상받기 전에는 특별한 사정이 없는 한 도시정비법 제81조 제1항 단서에 따라 주거이전비 등의 미지급을 이유로 부동산의 인도를 거절할 수 있다. 따라서 이러한 경우 임차인 乙등이 수용개시일까지 수용대상 부동산을 인도하지 않았다고 해서 토지보상법 제43조, 제95조의2 제2호 위반죄로 처벌해서는 안 된다고 판단된다.

Ⅵ. 사안의 해결

(물음1) 이주대책은 생활보호 차원의 시혜적인 조치로서 정책적 배려로 마련된 제도로 공권이며, 제78조 제1항 및 제4항은 강행규정이다. 주거이전비 또한 세입자들의 조기이주를 장려하고 사업을 원활히 추진하려는 목적으로 사회보장적인 차원에는 지급되는 금원의 성격으로 공법상 권리로 판단된다.

(물음2) 乙은 토지보상법 시행규칙 제54조 제2항의 세입자로서 주거이전비 요건을 충족하며, 주거이전비 포기각서는 판례에 따를 때 강행규정의 위반으로 무효에 해당한다. 따라서 乙은 주거이전비 청구가 가능할 것이며, 乙이 사업시행자 甲에게 청구한 주거이전비는 인용받을 수 있을 것으로 판단된다.

(물음3) 도시정비법 및 토지보상법의 관련 규정들의 입법 취지 및 규정들을 종합하여 보면, 토지보상법 제78조에서 정한 주거이전비 역시 토지보상법에 따른 손실보상에 해당한다. 따라서 사업시행자가 세입자로부터 부동산을 인도받기 위해서는 주거이전비 등이 지급할 것이 요구되어야 하므로 주택세입자 乙은 주거이전비 미지급을 이유로 부동산의 인도를 거절할 수 있다고 판단된다.

(물음4) 사업시행자가 수용재결에서 정한 토지나 지장물 등 보상금을 지급하거나 공탁한 것만으로 토지보상법에 따른 손실보상이 완료되었다고 보기 어렵다. 따라서 사업시행자가 주거이전비까지 지급한 것이 아니라면, 임차인 乙 등이 수용개시일까지 수용대상 부동산을 인도하지 않았다고 해서 토지보상법 제43조, 제95조의2 제2호 위반죄로 처벌해서는 안 된다고 판단된다.

쟁점 9 협의성립확인과 진정한 소유자의 동의

경기도 이천시 특전사 부지를 공공주택 개발을 하게 되어 한국토지주택공사가 사업시행자로 지정되었다. 공익사업을 위한 토지 등의 취득 및 보상에 관한 법률(이하 '토지보상법')상 사업인정 이후에 사업시행자는 피수용자인 甲(등기부상 명의자)과 협의를 하고 협의성립확인에 대한 동의를 받아 관할토지수용위원회에 수리를 요청하였다. 그런데 진정한 소유자 乙(상속자)이 나타나서 등기부상 명의자는 가짜 소유자라고 주장하며 관할토지수용위원회 협의성립확인수리처분은 위법하다고 주장하고 있다. 다음 물음에 답하시오. 20점

(출처: 대법원 2018.12.13. 선고 2016두51719 판결 [협의성립확인신청수리처분취소])

(1) 토지보상법상 협의성립확인의 의의・취지 및 법적 성질에 대하여 설명하시오. 5점

(2) 토지보상법상 협의성립확인을 받은 경우 소유권 취득의 효과는 일반적인 사업인정 전 협의 취득의 소유권 취득 효과와 어떤 차이가 있는지 설명하시오. 5점

(3) 토지보상법상 위의 사건에서 진정한 소유자(상속자)는 乙이고, 진정한 소유자가 동의한 것이 아니라 등기부상 명의인 甲이 동의한 것이기 때문에 이는 진정한 소유자 동의라고 볼 수 없다고 주장하며 행정소송을 제기하였다. 관할토지수용위원회의 협의성립확인신청수리처분의 적법 여부를 검토하시오. 10점

목차 index

Ⅰ. 논점의 정리

Ⅱ. (물음1) 협의성립확인

1. 협의성립확인의 의의 및 취지(토지보상법 제29조)
2. 협의성립확인의 법적 성질
3. 협의성립확인의 절차
4. 협의성립확인의 효과
5. 협의성립확인의 권리구제

Ⅲ. (물음2) 소유권 취득의 효과

1. 법적 성질
2. 취득효과
3. 성립효과
4. 권리구제

Ⅳ. (물음3) 협의성립확인신청수리처분의 적법 여부

1. 토지보상법상 공증에 의한 협의성립확인
2. 협의성립확인은 원시취득의 성질
3. 협의성립확인신청수리처분의 위법성
   (1) 관련 규정의 검토
   (2) 판례를 통한 사안의 해결

Ⅴ. 사안의 해결

주요 내용 contents

Ⅰ. 논점의 정리

공익사업을 위한 토지 등의 취득 및 보상에 관한 법률(이하 '토지보상법')상 협의성립확인은 사업시행자와 피수용자 사이에 협의가 성립한 이후 피수용자의 동의를 얻어 관할 토지수용위원회의 확인을 받아 재결로 간주하는 제도를 말한다. 이는 공익사업의 원활한 수행을 도모하기 위한 취지인바, 이때 동의의 주체인 소유자가 단순히 등기부상 소유자를 의미하는지가 문제된다. 이하에서는 협의성립확인의 의의, 취지 및 법적 성질과 이에 따른 취득의 효과를 설명하고, 최근 대법원 판례를 통해, 협의성립확인에 있어서 동의의 주체인 소유자가 단순히 등기부상 소유자가 아닌 진정한 소유자에 해당함을 밝히고자 한다.

Ⅱ. (물음1) 협의성립확인

1. 협의성립확인의 의의 및 취지(토지보상법 제29조)

협의성립확인이란 사업인정 후 협의성립 시 사업시행자가 피수용자의 동의를 받거나 또는 공증을 받아 관할 토지수용위원회에 협의성립확인을 받는 제도이다. 협의성립확인은 "신청할 수 있다"라고 되어 있어 신청은 필요적 사항이 아니며, 확인절차를 거치지 않았다고 하여 협의성립효력이 상실되는 것은 아니다. 이는 당사자 간의 합의에 의해 수용재결과 같은 효력을 부여함으로써 수용재결절차에 의하지 아니하고 수용의 목적을 달성하고, 계약 불이행에 따른 분쟁 예방, 공익사업의 원활한 진행을 기함에 취지가 있다.

> 토지보상법 제29조(협의 성립의 확인)
> ① 사업시행자와 토지소유자 및 관계인 간에 제26조에 따른 절차를 거쳐 협의가 성립되었을 때에는 사업시행자는 제28조 제1항에 따른 재결 신청기간 이내에 해당 토지소유자 및 관계인의 동의를 받아 대통령령으로 정하는 바에 따라 관할 토지수용위원회에 협의 성립의 확인을 신청할 수 있다.
> ② 제1항에 따른 협의 성립의 확인에 관하여는 제28조 제2항, 제31조, 제32조, 제34조, 제35조, 제52조 제7항, 제53조 제5항, 제57조 및 제58조를 준용한다.
> ③ 사업시행자가 협의가 성립된 토지의 소재지·지번·지목 및 면적 등 대통령령으로 정하는 사항에 대하여 「공증인법」에 따른 공증을 받아 제1항에 따른 협의 성립의 확인을 신청하였을 때에는 관할 토지수용위원회가 이를 수리함으로써 협의 성립이 확인된 것으로 본다.
> ④ 제1항 및 제3항에 따른 확인은 이 법에 따른 재결로 보며, 사업시행자, 토지소유자 및 관계인은 그 확인된 협의의 성립이나 내용을 다툴 수 없다.

2. 협의성립확인의 법적 성질

협의성립확인을 받으면 재결로 간주되어 처분성이 인정된다는 점에서 형성적 행정행위로 보아야 한다는 견해와 법규정에 의해 특정한 사실 또는 법률관계의 존부 또는 정부에 관해 분쟁의 여지가 없도록 확인하는 준법률행위적 행정행위로서 확인행위라는 견해가 있다. 토지보상법 규정상 협의성립확인은 재결로 보며, 확인 시 협의의 성립이나 내용은 다툴 수 없다는 확정력이 부여되므로 재결과 같은 형성적 행정행위로 봄이 타당하다고 판단된다.

3. 협의성립확인의 절차

(1) 일반적인 절차(토지보상법 제29조 제1항)

사업시행자는 수용재결신청기간 내에 피수용자의 동의를 얻어 관할토지수용위원회에 신청하여야 하며, 토지수용위원회는 재결신청서를 접수한 때에는 대통령령이 정하는 바에 따라 지체 없이 이를 공고하고 공고한 날부터 14일 이상 관계서류의 사본을 일반이 열람할 수 있도록 하여야 한다.

(2) 공증확인 절차(토지보상법 제29조 제3항)

사업시행자가 협의성립확인 신청서에 공증인의 공증을 받아 관할토지수용위원회에 확인을 신청한 때에는 관할 토지수용위원회가 이를 수리함으로써 협의성립이 확인된 것으로 본다.

4. 협의성립확인의 효과

(1) 재결간주로 인한 원시취득의 성질

사업시행자는 보상금의 지급 또는 공탁을 조건으로 수용목적물을 원시취득하고 피수용자의 의무불이행 시 대행・대집행을 신청할 수 있으며 위험부담이 이전된다. 피수용자는 목적물의 인도・이전의무와 손실보상청구권, 환매권이 발생하게 된다. 또한 계약에 의한 승계취득을 재결에 의한 원시취득으로 전환시키게 된다.

(2) 차단효 발생

협의성립확인이 있으면 사업시행자와 토지소유자 및 관계인은 그 확인된 협의의 성립이나 내용에 대하여 다툴 수 없는 확정력이 발생한다. 협의성립확인을 받은 후에도 협의에서 정한 보상일까지 보상금을 지급하지 않으면 재결의 실효규정이 적용되어서 확인행위의 효력은 상실된다고 보아야 할 것이다.

5. 협의성립 확인의 권리구제

협의성립확인을 받을 시 불가변력에 따라 재결로 간주된다. 재결에 대한 불복으로는 토지보상법 제83조 및 제85조에서 규정하고 있으므로 이에 따라 권리구제를 받게 된다. 즉, 제83조에 따른 이의신청 또는 제85조에 따른 행정소송을 제기하여 확인의 효력을 소멸시킨 후 비로소 협의에 관한 불복이 가능할 것이다.

Ⅲ. (물음2) 소유권 취득의 효과

1. 법적 성질

협의의 법적 성질에 대한 논의 대상은 “확인받지 아니한 협의”에 한하여 논의되며, 그 논의의 실익은 적용법규와 쟁송형태의 차이에 있다. 판례의 태도에 따를 때, 사업인정 전 협의는 사법상 계약에 해당한다. 반면, 협의성립확인은 토지보상법 제29조 제4항에 의거 재결로 간주되어 공법적 관계로 처분성이 인정된다.

【판시사항】

공익사업을 위한 토지 등의 취득 및 보상에 관한 법률에 의한 보상을 하면서 손실보상금에 관한 당사자 간의 합의가 성립한 경우, 그 합의 내용이 같은 법에서 정하는 손실보상 기준에 맞지 않는다는 이유로 그 기준에 따른 손실보상금 청구를 추가로 할 수 있는지 여부(원칙적 소극)

【판결요지】

공익사업을 위한 토지 등의 취득 및 보상에 관한 법률(이하 '공익사업법'이라고 한다)에 의한 보상합의는 공공기관이 사경제주체로서 행하는 사법상 계약의 실질을 가지는 것으로서, 당사자 간의 합의로 같은 법 소정의 손실보상의 기준에 의하지 아니한 손실보상금을 정할 수 있으며, 이와 같이 같은 법이 정하는 기준에 따르지 아니하고 손실보상액에 관한 합의를 하였다고 하더라도 그 합의가 착오 등을 이유로 적법하게 취소되지 않는 한 유효하다. 따라서 공익사업법에 의한 보상을 하면서 손실보상금에 관한 당사자 간의 합의가 성립하면 그 합의 내용대로 구속력이 있고, 손실보상금에 관한 합의 내용이 공익사업법에서 정하는 손실보상 기준에 맞지 않는다고 하더라도 합의가 적법하게 취소되는 등의 특별한 사정이 없는 한 추가로 공익사업법상 기준에 따른 손실보상금 청구를 할 수는 없다.

(출처: 대법원 2013.8.22. 선고 판결 [부당이득반환])

2. 취득효과

사업인정 전 협의취득은 사법상 계약의 성질을 가지며, 확인은 계약에 대한 확정력을 발생시키는 행정처분의 성질을 갖는다. 이러한 법적 성질을 어떻게 보느냐에 따라 목적물의 원시취득 여부가 달라지는바, 협의성립확인이 있게 되면 법률규정에 의한 물권변동으로 재결과 동일하게 보아 원시취득에 해당하나, 사업인정 전 협의취득의 경우는 법률행위에 의한 물권변동으로 승계취득에 해당한다.

3. 성립효과

협의가 성립하면 사업시행자는 목적물의 권리를 취득한다. 즉, 사업시행자는 협의에서 정한 시기까지 보상금을 지급 및 공탁하고 피수용자는 그 시기까지 토지 및 물건을 사업시행자에게 인도, 이전함으로써 목적물에 대한 권리를 취득하고 피수용자는 그 권리를 상실한다. 반면, 협의성립확인은 재결로 간주되므로 재결과 동일한 효과가 발생한다. 즉, 사업시행자는 보상금의 지급 또는 공탁을 조건으로 토지에 관한 소유권 및 기타의 권리를 원시취득하고 피수용자의 의무불이행 시 대집행을 신청할 수 있다. 피수용자는 목적물 인도, 이전 의무와 손실보상 청구권, 환매권 등을 갖는다.

4. 권리구제

착오를 이유로 다툴 수 있는지에 대하여, 협의취득의 경우 확인이 있기 전까지는 당사자는 계약에 관한 착오를 이유로 민법규정을 유추적용하여 또는 판례의 입장에 따라 민사소송으로 다툴 수 있으나, 확인을 받게 되면 협의의 성립이나 내용을 다툴 수 없는 확정력이 발생하여 더 이상 다툴 수 없게 된다. 다만, 협의성립확인에 대하여 처분성이 인정되므로 협의성립이나 내용이 아닌 다른 사유를 들어 행정쟁송을 통해 권리구제를 받을 수 있다.

Ⅳ. (물음3) 협의성립확인신청수리처분이 적법 여부

1. 토지보상법상 공증방법에 의한 협의성립확인

협의성립확인제도는 수용과 손실보상을 신속하게 실현시키기 위하여 도입되었다. 토지보상법 제29조는 이를 위한 전제조건으로 협의성립의 확인을 신청하기 위해서는 협의취득 내지 보상협의가 성립한 데에서 더 나아가 확인신청에 대하여도 토지소유자 등이 동의할 것을 추가적 요건으로 정하고 있다. 특히 토지보상법 제29조 제3항은, 공증을 받아 협의성립의 확인을 신청하는 경우에 공증에 의하여 협의당사자의 자발적 합의를 전제로 한 협의의 진정 성립이 객관적으로 인정되었다고 보아, 토지보상법상 재결절차에 따르는 공고 및 열람, 토지소유자 등의 의견진술 등의 절차 없이 관할 토지수용위원회의 수리만으로 협의성립이 확인된 것으로 간주함으로써, 사업시행자의 원활한 공익사업 수행, 토지수용위원회의 업무간소화, 토지소유자 등의 간편하고 신속한 이익실현을 도모하고 있다.

2. 협의성립확인은 원시취득의 성질

한편 토지보상법상 수용은 일정한 요건하에 그 소유권을 사업시행자에게 귀속시키는 행정처분으로서 이로 인한 효과는 소유자가 누구인지와 무관하게 사업시행자가 그 소유권을 취득하게 하는 원시취득이다. 반면, 토지보상법상 '협의취득'의 성격은 사법상 매매계약이므로 그 이행으로 인한 사업시행자의 소유권 취득도 승계취득이다. 그런데 토지보상법 제29조 제3항에 따른 신청이 수리됨으로써 협의성립의 확인이 있었던 것으로 간주되면, 토지보상법 제29조 제4항에 따라 그에 관한 재결이 있었던 것으로 재차 의제되고, 그에 따라 사업시행자는 사법상 매매의 효력만을 갖는 협의취득과는 달리 그 확인대상 토지를 수용재결의 경우와 동일하게 원시취득하는 효과를 누리게 된다.

3. 협의성립확인신청수리처분의 위법성

(1) 관련 규정의 검토

> 토지보상법 제29조(협의 성립의 확인)
>
> ① 사업시행자와 토지소유자 및 관계인 간에 제26조에 따른 절차를 거쳐 협의가 성립되었을 때에는 사업시행자는 제28조 제1항에 따른 재결 신청기간 이내에 해당 토지소유자 및 관계인의 동의를 받아 대통령령으로 정하는 바에 따라 관할 토지수용위원회에 협의 성립의 확인을 신청할 수 있다.
>
> ② 제1항에 따른 협의 성립의 확인에 관하여는 제28조 제2항, 제31조, 제32조, 제34조, 제35조, 제52조 제7항, 제53조 제4항, 제57조 및 제58조를 준용한다.
>
> ③ 사업시행자가 협의가 성립된 토지의 소재지·지번·지목 및 면적 등 대통령령으로 정하는 사항에 대하여 「공증인법」에 따른 공증을 받아 제1항에 따른 협의 성립의 확인을 신청하였을 때에는 관할 토지수용위원회가 이를 수리함으로써 협의 성립이 확인된 것으로 본다.
>
> ④ 제1항 및 제3항에 따른 확인은 이 법에 따른 재결로 보며, 사업시행자, 토지소유자 및 관계인은 그 확인된 협의의 성립이나 내용을 다툴 수 없다.

토지보상법 시행령 제13조(협의 성립 확인의 신청)

① 사업시행자는 법 제29조 제1항에 따라 협의 성립의 확인을 신청하려는 경우에는 국토교통부령으로 정하는 협의성립확인신청서에 다음 각 호의 사항을 적어 관할 토지수용위원회에 제출하여야 한다.

1. 협의가 성립된 토지의 소재지·지번·지목 및 면적
2. 협의가 성립된 물건의 소재지·지번·종류·구조 및 수량
3. 토지 또는 물건을 사용하는 경우에는 그 방법 및 기간
4. 토지 또는 물건의 소유자 및 관계인의 성명 또는 명칭 및 주소
5. 협의에 의하여 취득하거나 소멸되는 권리의 내용과 그 권리의 취득 또는 소멸의 시기
6. 보상액 및 그 지급일

② 제1항의 협의성립확인신청서에는 다음 각 호의 서류를 첨부하여야 한다.

1. 토지소유자 및 관계인의 동의서
2. 계약서
3. 토지조서 및 물건조서
4. 사업계획서

③ 법 제29조 제3항에서 "대통령령으로 정하는 사항"이란 제1항 각 호의 사항을 말한다.

(2) 판례를 통한 사안의 해결

■ **대법원 2012.2.23. 선고 2010다96164 판결**

【판시사항】

공익사업을 위한 토지 등의 취득 및 보상에 관한 법률 제29조 제3항에 따른 협의 성립의 확인 신청에 필요한 동의의 주체인 토지소유자는 협의 대상이 되는 '토지의 진정한 소유자'를 의미하는지 여부(적극) / 사업시행자가 진정한 토지소유자의 동의를 받지 못한 채 등기부상 소유명의자의 동의만을 얻은 후 관련 사항에 대한 공증을 받아 위 제29조 제3항에 따라 협의 성립의 확인을 신청하였으나 토지수용위원회가 신청을 수리한 경우, 수리 행위가 위법한지 여부(원칙적 적극) / 이와 같은 동의에 흠결이 있는 경우 진정한 토지소유자 확정에서 사업시행자의 과실 유무를 불문하고 수리 행위가 위법한지 여부(적극) 및 이때 진정한 토지소유자가 수리 행위의 위법함을 이유로 항고소송으로 취소를 구할 수 있는지 여부(적극)

【판결요지】

공익사업을 위한 토지 등의 취득 및 보상에 관한 법률(이하 '토지보상법'이라 한다) 제29조에서 정한 협의 성립 확인제도는 수용과 손실보상을 신속하게 실현시키기 위하여 도입되었다. 토지보상법 제29조는 이를 위한 전제조건으로 협의 성립의 확인을 신청하기 위해서는 협의취득 내지 보상협의가 성립한 데에서 더 나아가 확인 신청에 대하여도 토지소유자 등이 동의할 것을 추가적 요건으로 정하고 있다. 특히 토지보상법 제29조 제3항은, 공증을 받아 협의 성립의 확인을 신청하는 경우에 공증에 의하여 협의 당사자의 자발적 합의를 전제로 한 협의의 진정 성립이 객관적으로 인정되었다고 보아, 토지보상법상 재결절차에 따르는 공고 및 열람, 토지소유자 등의 의견진술 등의 절차 없이 관할 토지수용위원회의 수리만으로 협의 성립이 확인된 것으로 간주함으로써, 사업시행자의 원활한 공익사업 수행, 토지수용위원회의 업무 간소화, 토지소유자 등의 간편하고 신속한 이익실현을 도모하고 있다.

> 한편 토지보상법상 수용은 일정한 요건하에 그 소유권을 사업시행자에게 귀속시키는 행정처분으로서 이로 인한 효과는 소유자가 누구인지와 무관하게 사업시행자가 그 소유권을 취득하게 하는 원시취득이다. 반면, 토지보상법상 '협의취득'의 성격은 사법상 매매계약이므로 그 이행으로 인한 사업시행자의 소유권 취득도 승계취득이다. 그런데 토지보상법 제29조 제3항에 따른 신청이 수리됨으로써 협의 성립의 확인이 있었던 것으로 간주되면, 토지보상법 제29조 제4항에 따라 그에 관한 재결이 있었던 것으로 재차 의제되고, 그에 따라 사업시행자는 사법상 매매의 효력만을 갖는 협의취득과는 달리 확인대상 토지를 수용재결의 경우와 동일하게 원시취득하는 효과를 누리게 된다.
>
> 이처럼 간이한 절차만을 거치는 협의 성립의 확인에, 원시취득의 강력한 효력을 부여함과 동시에 사법상 매매계약과 달리 협의 당사자들이 사후적으로 그 성립과 내용을 다툴 수 없게 한 법적 정당성의 원천은 사업시행자와 토지소유자 등이 진정한 합의를 하였다는 데에 있다. 여기에 공증에 의한 협의 성립 확인 제도의 체계와 입법 취지, 그 요건 및 효과까지 보태어 보면, 토지보상법 제29조 제3항에 따른 협의 성립의 확인 신청에 필요한 동의의 주체인 토지소유자는 협의 대상이 되는 '토지의 진정한 소유자'를 의미한다. 따라서 사업시행자가 진정한 토지소유자의 동의를 받지 못한 채 단순히 등기부상 소유명의자의 동의만을 얻은 후 관련 사항에 대한 공증을 받아 토지보상법 제29조 제3항에 따라 협의 성립의 확인을 신청하였음에도 토지수용위원회가 신청을 수리하였다면, 수리 행위는 다른 특별한 사정이 없는 한 토지보상법이 정한 소유자의 동의 요건을 갖추지 못한 것으로서 위법하다. 진정한 토지소유자의 동의가 없었던 이상, 진정한 토지소유자를 확정하는 데 사업시행자의 과실이 있었는지 여부와 무관하게 그 동의의 흠결은 위 수리 행위의 위법사유가 된다. 이에 따라 진정한 토지소유자는 수리 행위가 위법함을 주장하여 항고소송으로 취소를 구할 수 있다.
>
> (출처: 대법원 2018.12.13. 선고 2016두51719 판결 [협의성립확인신청수리처분취소])

V. 사안의 해결

대법원 판례를 통해 협의성립확인에 있어서 동의의 주체인 소유자는 등기부상 소유자가 아닌 진정한 소유자에 해당함을 검토하였다. 이러한 협의성립확인이 있으면 확정력이 발생하는데도 불구하고 공증에 의한 확인절차의 경우에는 피수용자가 의견을 제출할 기회도 부여받지 못하게 되는 문제점이 있다. 따라서 공증에 의한 확인절차에도 피수용자의 절차적 참여를 보장할 수 있는 방안이 모색되어야 하며, 사업시행자가 피수용자에게 협의성립확인에 대한 동의를 요구할 때 확인의 효과를 고지하는 사전고지제도를 도입할 필요성이 있다.

쟁점 10 헌법상 정당보상의 의미 및 특별한 희생과 보상규정 결여

대법원은 "정당한 보상"이라 함은 원칙적으로 피수용재산의 객관적인 재산가치를 완전하게 보상하여야 한다는 완전보상을 뜻하는 것이라 할 것이나, 투기적인 거래에 의하여 형성되는 가격은 정상적인 객관적 재산가치로는 볼 수 없으므로 이를 배제한다고 하여 완전보상의 원칙에 어긋나는 것은 아니며, 공익사업의 시행으로 지가가 상승하여 발생하는 개발이익은 궁극적으로는 국민 모두에게 귀속되어야 할 성질의 것이므로 이는 완전보상의 범위에 포함되는 피수용 토지의 객관적 가치 내지 피수용자의 손실이라고는 볼 수 없다."라고 판시하고 있다. 다음 물음에 답하시오. 20점

(1) 헌법 제23조 제3항은 "공공필요에 의한 재산권의 수용·사용 또는 제한 및 그에 대한 보상은 법률로써 하되, 정당한 보상을 지급하여야 한다."라고 규정하고 있는데, 헌법 및 법률에서는 정당한 보상의 의미를 명시하고 있지 않다. 헌법상 정당보상의 의미에 대하여 설명하시오. 10점

(2) 손실보상의 요건에서 중요한 것이 특별한 희생과 보상규정 존재이다. 개별법률에 보상에 대한 구체적인 법률규정이 없는 경우를 상정하여 특별한 희생이란 어떤 것이며, 보상규정이 결여된 경우에 보상법리는 무엇인지 설명하시오. 10점

목차 index

Ⅰ. 논점의 정리

Ⅱ. (물음1) 헌법상 정당보상의 의미

1. 개설
2. 헌법상 정당보상의 의미
   (1) 학설
   (2) 헌법재판소의 결정 및 대법원 판례
   (3) 소결

Ⅲ. (물음2) 특별한 희생에 대한 판단기준 및 보상규정 흠결 시 손실보상

1. 특별한 희생의 판단기준
   (1) 특별한 희생의 의의
   (2) 특별한 희생의 판단기준
      1) 학설
      2) 대법원 및 헌법재판소의 입장
      3) 검토
2. 보상규정 결여 시 권리구제
   (1) 학설
   (2) 대법원 및 헌법재판소의 입장
   (3) 검토

Ⅳ. 사안의 해결

주요 내용 contents

Ⅰ. 논점의 정리

행정상 손실보상이란 적법한 공행정작용에 의한 개인의 재산권 침해로 인한 특별한 희생에 대하여 사유재산권의 보장과 공평부담의 견지에서 행정주체가 행하는 재산적 보상을 말하며, 헌법 제23조 제3항을 헌법적 근거로 하여 각 개별법상 보상규정을 마련하고 있다. 이하에서는, 헌법상 정당보상의 의미에 대해 검토한 후 보상규정이 흠결된 경우 어떤 방식으로 권리구제를 받을 수 있는지 검토해 보고자 한다.

Ⅱ. (물음1) 헌법상 정당보상의 의미

1. 개설

헌법 제23조 제3항은 공공필요에 의한 재산권의 수용・사용 또는 제한 및 그에 대한 보상은 법률로써 하되, 정당한 보상을 지급하여야 한다라고 규정하고 있는데, 헌법 제23조 제3항에서 제시하고 있는 손실보상의 기준인 정당보상은 추상적인 법개념으로서 일의적으로 정의하기는 어려우며 견해대립이 있다.

> 헌법 제23조
> ① 모든 국민의 재산권은 보장된다. 그 내용과 한계는 법률로 정한다.
> ② 재산권의 행사는 공공복리에 적합하도록 하여야 한다.
> ③ 공공필요에 의한 재산권의 수용・사용 또는 제한 및 그에 대한 보상은 법률로써 하되, 정당한 보상을 지급하여야 한다.

2. 헌법상 정당보상의 의미

(1) 학설

① 〈완전보상설〉미국 수정헌법 제5조의 해석을 중심으로 발전한 이론으로 피침해재산이 가지는 완전한 가치를 보상해야 한다는 견해이다. ② 〈상당보상설〉 독일의 바이마르 헌법 제153조의 재산권의 사회적 기속성을 중심으로 발전한 견해로서 사회통념에 비추어 공정・타당한 보상이면 된다는 견해와 합리적 이유가 있으면 하회할 수 있다는 견해가 있다. ③ 〈절충설〉손실보상의 원인이 되는 재산권 침해를 완전보상을 필요로 하는 경우와 상당보상을 필요로 하는 경우로 나누어 생각하는 견해로 학자에 따라 상당보상설의 일부로 보며 그 경우의 해석은 다양하게 나타난다.

(2) 헌법재판소의 결정 및 대법원 판례

헌법재판소는 "정당한 보상이란 원칙적으로 피수용재산의 객관적인 재산가치를 완전하게 보상하여야 한다는 완전보상을 뜻하는 것"이라 보면서 더 나아가 "보상의 시기 및 방법에 대하여 어떠한 제한도 없어야 한다."고 판시하였고, 다만 개발이익은 완전한 보상의 범위에 포함되는 피수용 재산권의 객관적 가치 내지 손실에 해당되지 않는다고 판시하여 개발이익 배제가 완전한 보상을 해하지 아니한다고 본다. 대법원도 헌법재판소와 같은 취지에서 “정당한 보상이란 원칙적으로 피수용재산의 객관적인 재산가치를 완전하게 보상하여야 한다는 완전보상을 뜻하는 것이라 할 것이나, 투기적인 거래에 의하여 형성되는 가격은 정상적인 객관적 재산가치로 볼 수 없으므로 이를 배제한다고 하여 완전보상의 원칙에 어긋나는 것은 아니다.”라고 판시하였다.

(3) 소결

생각건대, 공용침해에 의해 발생한 손실은 개인의 의사에 반하여 발생한 손실이라는 점, 평등원칙 및 국민의 법감정을 고려할 때 정당보상이란 침해된 재산권의 객관적 가치의 보상은 물론 그 보상의 시기, 방법 등에 제한이 없는 완전한 보상이어야 할 것이다. 보상의 범위와 관련하여 일반적으로 해당 재산권에 대한 객관적 가치로 이해되어 왔으나, 손실보상이론에 사회복리국가이념이 도입됨에 따라 보상은 부대적 손실까지 포함하는 재산권 보상은 물론 피수용자의 생활안정까지 확대하여 생활권 보상도 포함하여야 함이 법이념에 합치된다고 사료된다.

Ⅲ. (물음2) 특별한 희생에 대한 판단기준 및 보상규정 흠결 시 손실보상

1. 특별한 희생의 판단기준

(1) 특별한 희생의 의의

특별한 희생이란 사회적 제약을 넘어서는 손실을 의미한다. 구체적인 경우에 재산권의 침해에 의하여 발생된 손실이 사회적 기속에 해당하는지 또는 특별희생에 해당하는지에 관한 구별기준은 오랫동안 견해의 대립이 되어 왔다. 이에 대한 구별기준은 크게 형식적 기준설, 실질적 기준설 그리고 절충설로 구분할 수 있다.

(2) 특별한 희생의 판단기준

1) 학설

공행정작용으로 인한 손실이 보상을 요하는 특별희생인지 수인한도 내의 사회적 제약인지의 구별과 관련하여 첫째, 평등의 원칙을 형식적으로 해석하여 재산권에 대한 침해가 일반적인지 개별적인지 형식적 기준으로 판단하는 형식적 기준설, 둘째, 재산권 침해의 본질과 강도를 기준으로 판단하는 실질적 기준설, 셋째, 양자를 절충한 절충설이 있다.

2) 대법원 및 헌법재판소의 입장

과거 대법원 입장은 개발제한구역을 정하고 있는 (구)도시계획법 제21조의 위헌심판제청사건에서 개발제한구역 내 토지에 대한 공용제한에 대하여 “개발제한구역 안에 있는 토지소유자의 불이익은 명백하지만 이로 인한 토지소유자의 불이익은 공공복리를 위하여 감수하지 아니하면 안 될 정도의 것”이라 하여 특별한 희생은 아니라고 판시하였다.

3) 검토

생각건대 형식적 기준설과 실질적 기준설은 일면 타당성을 지니므로 양 설을 종합적으로 고려하여 개별적・구체적으로 판단하여 형식적 기준설에 따라 특정인 또는 특정집단에 대하여 생긴 손실에 대해서 보상해 주되, 이 경우에도 실질적 기준설에 비추어 재산권에 대한 침해가 종래 인정되어 오던 재산권의 목적에 위배되거나(목적위배설), 개인의 주관적인 이용목적 내지 효용가치를 불가능하게 만드는 정도(사적 효용설)이어서 수인한도를 넘어선 경우로 판단되면(수인한도설) 이는 보상을 요하는 특별희생이라고 본다.

2. 보상규정 결여 시 권리구제

(1) 학설

① 헌법 제23조 제3항의 규범적 효력을 부인하는 방침규정설, ② 헌법 제23조 제3항을 불가분조항으로 보아 보상규정이 없는 경우는 위헌무효이며 국가배상청구소송으로 해결해야 한다는 위헌무효설, ③ 헌법 제23조 제3항을 직접근거로 손실보상을 받을 수 있다는 직접효력설, ④ 헌법 제23조 제3항 및 관계규정을 유추적용하여 손실보상을 받을 수 있다는 유추적용설이 있고, ⑤ 보상입법부작위위헌설은 보상입법을 기다려 보상하는 것이 타당하다는 최근의 견해도 있다.

(2) 대법원 및 헌법재판소의 입장

대법원은 시대상황에 따라 직접효력설, 위헌무효설, 유추적용설 등 다른 입장의 판시를 해왔으며, 헌법재판소는 89헌마214 결정에서 침해규정만 두고 보상규정을 두지 않은 경우 손실보상을 직접 청구할 수는 없다고 보고 권력분립의 원칙에 입각하여 입법권자로 하여금 결정취지에 부합하는 보상입법을 마련하고 동 법률에서 정한 바에 따라 손실보상을 행하도록 판시한 바 있다.

(3) 검토

생각건대 비록 유추적용설이 구체적으로 무엇을 어떻게 유추적용할 것인지 분명하지 않다는 비판이 있으나 같은 성격의 침해에 대해서는 보상을 해주어도 공평의 원칙에 반하지 않는다는 점, 최근 대법원이 공공사업의 기업지 밖에서 발생한 간접손실에 대해 그에 대한 보상규정이 없는 경우 관계 법령의 유추적용이 가능하다고 판시한바 앞으로 제도적, 이론적 보완이 이루어질 때까지 보상수요를 감당하기 위해서 관계 법령의 유추적용을 통한 권익구제가 이루어져야 할 것이다.

Ⅳ. 사안의 해결

직접적인 보상규정이 없는 경우라 하더라도 헌법 제23조의 취지상 재산권 침해를 받은 자에 대한 손실보상은 해주어야 한다고 판단된다. 또한, 입법적 해결과 관련하여 금전보상뿐만 아니라 손실을 대체하거나 완화할 수 있는 방법에 대해서도 고려해 볼 수 있다고 생각한다. 이와 관련해서는 대토보상, 공사대행보상 등이 있고, 손실완화제도로는 매수청구권 부여나 규제완화, 보조금지급 등의 방법을 생각할 수 있을 것이다. 입법이 미비하여 손실보상을 제대로 해주지 못한다면 실질적 법치주의에 대한 중대한 도전 행위인바, 입법적 정비를 통해 국민의 권익이 보호될 수 있도록 하는 것이 매우 중요하다고 판단된다.

쟁점 11 환매권 행사 요건과 대항력 및 공익사업의 변환

2013.11.24. 국토의 계획 및 이용에 관한 법률(이하 '국토계획법'이라 한다) 제30조에 의하여 오산시 양산동 114 일원의 토지에 관하여 양산초등학교를 신설하는 내용이 포함된 도시관리계획(도시계획시설)결정의 고시가 이루어지자, 오산시장은 2014.11.1. 국토계획법 제88조에 의하여 오산시 양산동 114 일원에 관하여, 사업시행자를 경기도 화성교육청으로 하는 도시계획시설사업 실시계획을 인가하여 이를 고시(사업인정고시의제)하였다. 그런데 중간에 민간아파트 주택사업시행자가 아파트를 짓고자 하면서 오산시 양산동 114번지 일원(원 토지소유자는 주식회사 미원모방이였고 경기도에서 초등학교 건립을 위해 취득함) 토지를 교환의 형태로 해당 부지를 민간 주택사업시행자에게 처분하였고 사업인정고시는 하지 않았으며 중학교 건립을 새롭게 추진하게 되었다. 다음 물음에 답하시오. 20점 (출처: 대법원 2010.9.30. 선고 2010다30782 판결)

(1) ① 「공익사업을 위한 토지 등의 취득 및 보상에 관한 법률」(이하 '토지보상법') 제91조에서 정한 환매권의 의미와 최근 개정(2021.8.10.)된 환매권 행사 관련한 토지보상법 제91조 제1항을 설명하고, ② 대법원 판례에 따라 토지가 필요 없게 된 경우의 판단 기준을 설명하시오. 5점

(2) ① 최근 대법원 판례(대법원 2015다238963 판결)에서 적시한 환매권의 대항력에 대한 규정 내용과 판례를 설명하고, ② 만약 위 해당 사례가 토지보상법 제91조 제6항에서 정한 공익사업의 변환이 인정되는 경우(환매권 행사 제한)인지 여부를 검토하시오. 5점

(3) ① 공익사업의 변환은 새로운 중학교 공익사업에 관해서도 토지보상법 제20조 제1항의 규정에 의해 사업인정을 받거나 위 규정에 따른 사업인정을 받은 것으로 의제되는 경우에만 인정할 수 있는지 여부와 ② 지방자치단체(경기도)가 도시관리계획상 초등학교 건립사업을 위하여 학교용지를 협의취득하였으나 위 학교용지 인근에서 아파트 건설사업을 하던 주택건설사업 시행자와 그 아파트 단지 내에 들어설 새 초등학교 부지와 위 학교용지를 교환하고 위 학교용지에 중학교를 건립하는 것으로 도시관리계획을 변경한 사안에서, 위 학교용지에 관한 환매권 행사를 인정할 수 있는지 여부를 설명하시오. 10점

참조 조문

토지보상법 제91조(환매권)

① 공익사업의 폐지·변경 또는 그 밖의 사유로 취득한 토지의 전부 또는 일부가 필요 없게 된 경우 토지의 협의취득일 또는 수용의 개시일(이하 이 조에서 "취득일"이라 한다) 당시의 토지소유자 또는 그 포괄승계인(이하 "환매권자"라 한다)은 다음 각 호의 구분에 따른 날부터 10년 이내에 그 토지에 대하여 받은 보상금에 상당하는 금액을 사업시행자에게 지급하고 그 토지를 환매할 수 있다.

1. 사업의 폐지·변경으로 취득한 토지의 전부 또는 일부가 필요 없게 된 경우: 관계 법률에 따라 사업이 폐지·변경된 날 또는 제24조에 따른 사업의 폐지·변경 고시가 있는 날
2. 그 밖의 사유로 취득한 토지의 전부 또는 일부가 필요 없게 된 경우: 사업완료일

목차 index

주요 내용 contents

Ⅰ. 논점의 정리

'공익사업을 위한 토지 등의 취득 및 보상에 관한 법률(이하 '토지보상법')' 제91조에서는 피수용자 입장에서 토지의 소유권을 다시 회복할 수 있는 환매권에 대해서 규정하고 있다. 하지만, 환매의 요건을 충족한 경우에도 공익사업을 위해 환매권 행사를 제한하는 규정 역시 두고 있다. 이는 환매와 재취득이라는 무용한 절차의 반복방지를 위함에 취지가 있다. 이하에서는 환매권 행사 및 환매권 행사 제한이라는 법리에 따라 사안의 학교용지에 대해 환매권 행사가 가능한지에 대하여 검토해 보고자 한다.

Ⅱ. (물음1) 환매권의 의미 및 행사기준

1. 환매권의 의미

(1) 환매권의 의의 및 취지(토지보상법 제91조)

환매권이란 공용수용의 목적물이 사업폐지 등의 사유로 공익사업에 불필요하게 되었거나 해당 공익사업에 이용되지 아니하는 경우에 그 목적물의 원래의 소유자 또는 그 포괄승계인이 일정한 대가를 지급하고 그 목적물의 소유권을 다시 취득할 수 있는 권리를 말한다.

환매권은 더 이상의 공익성이 소멸된 경우 사업시행자가 취득한 토지를 원소유자에게 돌려주는 제도로서 감정의 존중과 공평의 원칙에 따라 피수용자의 재산권의 존속보장을 도모하기 위한 취지이다.

(2) 환매권의 법적 성질

1) 학설

① 공권설은 환매권은 공법적 원인에 의하여 야기된 법적 상태를 원상으로 회복하는 수단이므로 공법상 권리라고 보는 입장이다. 즉, 환매권은 사업시행자라고 하는 공권력 주체에 대하여 사인이 가지는 공법상의 권리로 보기에 이 입장에 의하면 환매권에 관한 소송은 공법상 당사자소송의 대상이 된다. ② 반면, 사권설은 환매권은 환매권자의 청구에 의해 행정청이 수용을 해제하는 것이 아니고 환매권자가 자신의 개인적 이익을 위하여 행사하는 권리이므로 사권이라고 보는 견해이다. 이 입장에 의하면 환매권에 관한 소송은 민사소송의 대상이 된다.

2) 판례

대법원은 "징발재산 정리에 관한 특별조치법 제20조 소정의 환매권은 일종의 형성권으로서 그 존속기간은 제척기간으로 봐야 할 것이며, 위 환매권은 재판상이든 그 기간 내에 행사하면 이로써 매매의 효력이 생기고 위 매매는 같은 조 제1항에 적힌 환매권자와 국가 간의 사법상의 매매라 할 것이다."라고 판시하여 환매권을 사법상 권리로 파악하고 있다. 헌법재판소도 환매권의 법적 성질에 대하여 사권설을 취하고 있다.

3) 검토

환매권자의 행사에 의하여 발생하는 환매권자와 사업시행자 사이의 법률관계에서 사업시행자가 공권력의 담당자로서 참가하고 있다고 보기는 어렵다고 생각된다. 또한 그 법률관계는 환매권자의 사익의 실현을 목적으로 한다. 따라서 환매권에 의하여 발생하는 법률관계는 사법관계이며, 법률관계의 발생원인이 되는 환매권 역시 사권으로 보아야 할 것이다.

(3) 환매권의 행사 요건

1) 환매권자

환매권자는 협의취득일 또는 수용 당시의 토지소유자 또는 그의 포괄승계인이다. 따라서 지상권자나 기타 소유권자가 아닌 다른 권리자는 환매권자가 될 수 없다. 환매권자가 행사하는 환매권은 수용의 시기에 법률상 당연히 성립하고 취득된다. 환매권은 원칙적으로 양도될 수 없고 환매권 양도계약을 체결하였다 하더라도 직접 환매권을 행사할 수 없으며, 다만 환매권자가 환매한 토지를 양도받을 수 있을 뿐이라고 판시하고 있다.

2) 환매의 목적물

환매의 목적물은 토지소유권이다. 수용된 토지의 일부도 환매의 목적물이 될 수 없다. 토지 이외의 물건, 예컨대 건물, 입목, 토석이나 용익물건 등 토지소유권 이외의 권리는 환매의 대상이 되지 아니한다. 이에 대하여 환매권이 헌법상 재산권 보장으로부터 도출되는 헌법상 권리로 보는 입장에서, 오직 토지소유권에 한해서만 환매권을 인정하는 것은 위헌이 아닌가 하는 문제제기가 있었으나, 헌법재판소는 이를 합헌으로 결정하였다.

3) 환매권의 행사요건

환매권의 행사요건으로는 ① 관계 법률에 따라 사업이 폐지·변경된 날 또는 사업완료일로부터 10년 이내에 취득한 토지의 전부 또는 일부가 필요 없게 되거나(토지보상법 제91조 제1항) ② 사업인정 후 협의취득일 또는 수용일부터 5년을 경과하여도 수용한 토지의 전부를 사업에 이용하지 아니하였을 경우이다(토지보상법 제91조 제2항).

4) 환매 금액

환매금액은 원칙적으로 해당 토지에 대하여 지급받은 보상금에 상당한 금액이다. 보상금에 상당한 금액이란 토지소유자가 사업시행자로부터 지급받은 보상금을 의미하며 여기에 환매권 행사 당시까지의 법정이자를 가산한 금액을 말하는 것은 아니다. 다만, 토지의 가격이 수용 당시에 비하여 현저히 변경되었을 때에는 사업시행자 또는 환매권자는 서로 협의하되, 협의가 성립하지 아니하면 그 금액의 증감을 법원에 청구할 수 있다(토지보상법 제91조 제4항).

5) 환매권의 대항력

환매권은 부동산등기법이 정하는 바에 의하여 수용의 등기가 되었을 때에는 제3자에게 대항할 수 있다(토지보상법 제91조 제5항). 즉, 환매의 목적물이 제3자에게 이전된 경우에 환매권자는 제3자에 대하여 환매권을 행사할 수 있다.

(4) 환매권의 행사 절차

환매할 토지가 생겼을 때에는 사업시행자는 지체 없이 이를 환매권자에게 통지하여야 한다. 다만 사업시행자가 과실 없이 환매권자를 알 수 없을 때에는 대통령령으로 정하는 바에 의하여 이를 공고한다(토지보상법 제92조 제1항). 환매권의 통지, 공고의 의무는 법적 의무이다. 따라서 환매의 통지나 공고를 하지 아니함으로써 환매권을 상실시키는 것은 불법행위에 해당한다. 이 경우 통지 및 공고는 환매권자에게 단순히 최고하는 것에 지나지 않는다. 따라서 사업시행자의 통지가 없더라도 환매권자는 환매권을 행사할 수 있다. 환매권자는 이러한 통지를 받은 날 또는 공고를 한 날부터 6개월이 경과한 후에는 위에서 본 환매권 행사기간의 경과 여부를 불문하고 환매권을 행사하지 못한다(토지보상법 제92조 제2항).

2. 토지보상법 제91조 제1항에 대한 설명

토지보상법 제91조(환매권)

① 공익사업의 폐지·변경 또는 그 밖의 사유로 취득한 토지의 전부 또는 일부가 필요 없게 된 경우 토지의 협의취득일 또는 수용의 개시일(이하 이 조에서 "취득일"이라 한다) 당시의 토지소유자 또는 그 포괄승계인(이하 "환매권자"라 한다)은 다음 각 호의 구분에 따른 날부터 10년 이내에 그 토지에 대하여 받은 보상금에 상당하는 금액을 사업시행자에게 지급하고 그 토지를 환매할 수 있다.

> 1. 사업의 폐지·변경으로 취득한 토지의 전부 또는 일부가 필요 없게 된 경우: 관계 법률에 따라 사업이 폐지·변경된 날 또는 제24조에 따른 사업의 폐지·변경 고시가 있는 날
> 2. 그 밖의 사유로 취득한 토지의 전부 또는 일부가 필요 없게 된 경우: 사업완료일

공익사업의 폐지·변경 등으로 인해 취득한 토지의 전부 또는 일부가 필요 없게 된 경우 토지 소유자는 공익사업이 폐지·변경된 날 또는 사업완료일로부터 10년 이내에 환매권을 행사할 수 있도록 환매권 행사기간을 개정하였다.

3. 토지가 필요 없게 된 경우의 판단기준

해당 사업의 '폐지 및 변경'이란 해당 사업을 아예 그만두거나 다른 사업으로 바꾸는 것을 말하고, 취득한 토지의 전부 또는 일부가 '필요 없게 된 때'란 사업시행자가 취득한 토지의 전부 또는 일부가 그 취득 목적 사업을 위하여 사용할 필요 자체가 없어진 경우를 말하며, 협의취득 또는 수용된 토지가 필요 없게 되었는지 여부는 사업시행자의 주관적인 의사를 표준으로 할 것이 아니라 해당 사업의 목적과 내용, 협의취득의 경위와 범위, 해당 토지와 사업의 관계, 용도 등 제반 사정에 비추어 객관적, 합리적으로 판단하여야 한다.

> **〈환매권에 있어 '당해사업'의 의미 , 수용된 토지가 필요 없게 되었는지의 판단기준〉**
>
> 구 공익사업을 위한 토지 등의 취득 및 보상에 관한 법률(2011.8.4. 법률 제11017호로 개정되기 전의 것)은 제91조 제1항에서 "토지의 협의취득일 또는 수용의 개시일부터 10년 이내에 당해 사업의 폐지·변경 그 밖의 사유로 인하여 취득한 토지의 전부 또는 일부가 필요 없게 된 경우 취득일 당시의 토지소유자 또는 그 포괄승계인은 당해 토지의 전부 또는 일부가 필요 없게 된 때부터 1년 또는 그 취득일부터 10년 이내에 당해 토지에 대하여 지급받은 보상금에 상당한 금액을 사업시행자에게 지급하고 토지를 환매할 수 있다."라고 규정하고 있다. 위 조항에서 정하는 <u>'당해 사업'이란 토지의 협의취득 또는 수용의 목적이 된 구체적인 특정 공익사업을 가리키는 것이고, 취득한 토지의 전부 또는 일부가 '필요 없게 된 때'란 사업시행자가 취득한 토지의 전부 또는 일부가 취득 목적사업을 위하여 사용할 필요 자체가 없어진 경우를 말하며, 협의취득 또는 수용된 토지가 필요 없게 되었는지는 사업시행자의 주관적인 의사를 표준으로 할 것이 아니라 당해 사업의 목적과 내용, 협의취득의 경위와 범위, 당해 토지와 사업의 관계, 용도 등 제반 사정에 비추어 객관적·합리적으로 판단하여야 한다.</u>
>
> (출처: 대법원 2019.10.31. 선고 2018다233242 판결)

Ⅲ. (물음2) 환매권의 대항력 및 환매권의 행사제한 여부

1. 환매권의 대항력

(1) 대항력의 의미

토지보상법상 환매권의 대항력이란 이미 발생하고 있는 법률관계를 제3자에 대하여 주장할 수 있는 효력을 의미한다. 환매권의 대항요건을 구비하지 못한 경우에는 당사자 사이에는 법률효과가 발생하였더라도 제3자에 대하여는 그 법률효과를 주장할 수 없으나, 환매권의 대항요건을 구비한 경우에는 당사자 사이의 법률효과를 제3자에 대하여도 주장할 수 있게 된다.

(2) 관련 규정의 검토

토지보상법 제91조(환매권)

① 공익사업의 폐지·변경 또는 그 밖의 사유로 취득한 토지의 전부 또는 일부가 필요 없게 된 경우 토지의 협의취득일 또는 수용의 개시일(이하 이 조에서 "취득일"이라 한다) 당시의 토지소유자 또는 그 포괄승계인(이하 "환매권자"라 한다)은 다음 각 호의 구분에 따른 날부터 10년 이내에 그 토지에 대하여 받은 보상금에 상당하는 금액을 사업시행자에게 지급하고 그 토지를 환매할 수 있다.

1. 사업의 폐지·변경으로 취득한 토지의 전부 또는 일부가 필요 없게 된 경우: 관계 법률에 따라 사업이 폐지·변경된 날 또는 제24조에 따른 사업의 폐지·변경 고시가 있는 날
2. 그 밖의 사유로 취득한 토지의 전부 또는 일부가 필요 없게 된 경우: 사업완료일

② 취득일부터 5년 이내에 취득한 토지의 전부를 해당 사업에 이용하지 아니하였을 때에는 제1항을 준용한다. 이 경우 환매권은 취득일부터 6년 이내에 행사하여야 한다.

③ 제74조 제1항에 따라 매수하거나 수용한 잔여지는 그 잔여지에 접한 일단의 토지가 필요 없게 된 경우가 아니면 환매할 수 없다.

④ 토지의 가격이 취득일 당시에 비하여 현저히 변동된 경우 사업시행자와 환매권자는 환매금액에 대하여 서로 협의하되, 협의가 성립되지 아니하면 그 금액의 증감을 법원에 청구할 수 있다.

⑤ 제1항부터 제3항까지의 규정에 따른 환매권은 「부동산등기법」에서 정하는 바에 따라 공익사업에 필요한 토지의 협의취득 또는 수용의 등기가 되었을 때에는 제3자에게 대항할 수 있다.

⑥ 국가, 지방자치단체 또는 「공공기관의 운영에 관한 법률」 제4조에 따른 공공기관 중 대통령령으로 정하는 공공기관이 사업인정을 받아 공익사업에 필요한 토지를 협의취득하거나 수용한 후 해당 공익사업이 제4조 제1호부터 제5호까지에 규정된 다른 공익사업(별표에 따른 사업이 제4조 제1호부터 제5호까지에 규정된 공익사업에 해당하는 경우를 포함한다)으로 변경된 경우 제1항 및 제2항에 따른 환매권 행사기간은 관보에 해당 공익사업의 변경을 고시한 날부터 기산(起算)한다. 이 경우 국가, 지방자치단체 또는 「공공기관의 운영에 관한 법률」 제4조에 따른 공공기관 중 대통령령으로 정하는 공공기관은 공익사업이 변경된 사실을 대통령령으로 정하는 바에 따라 환매권자에게 통지하여야 한다.

(3) 관련 판례의 태도

〈공익사업에 필요한 토지의 협의취득 또는 수용의 등기가 되어있는 경우, 대항력〉

【판시사항】

[1] 구 공익사업을 위한 토지 등의 취득 및 보상에 관한 법률 제91조 제5항에서 정한 '환매권은 부동산등기법이 정하는 바에 의하여 공익사업에 필요한 토지의 협의취득 또는 수용의 등기가 된 때에는 제3자에게 대항할 수 있다'의 의미

[2] 갑 지방자치단체가 도로사업 부지를 취득하기 위하여 을 등으로부터 토지를 협의취득하여 소유권이전등기를 마쳤는데, 위 토지가 택지개발예정지구에 포함되자 이를 택지개발사업 시행자인 병 공사에 무상으로 양도하였고, 그 후 택지개발예정지구 변경지정과 개발계획 변경승인 및 실시계획 승인이 고시되어 위 토지가 택지개발사업의 공동주택용지 등으로 사용된 사안에서, 택지개발사업의 개발계획 변경승인 및 실시계획 승인이 고시됨으로써 토지가 도로사업에 필요 없게 되어 을 등에게 환매권이 발생하였고, 을 등은 환매권이 발생한 때부터 제척기간 도과로 소멸할 때까지 사이에 언제라도 환매권을 행사하고, 이로써 제3자에게 대항할 수 있다고 한 사례

[3] 구 공익사업을 위한 토지 등의 취득 및 보상에 관한 법률상 원소유자 등의 환매권 상실로 인한 손해배상액을 산정하는 방법

【판결요지】

[1] 구 공익사업을 위한 토지 등의 취득 및 보상에 관한 법률(2007.10.17. 법률 제8665호로 개정되기 전의 것) 제91조 제5항은 '환매권은 부동산등기법이 정하는 바에 의하여 공익사업에 필요한 토지의 협의취득 또는 수용의 등기가 된 때에는 제3자에게 대항할 수 있다'고 정하고 있다. 이는 협의취득 또는 수용의 목적물이 제3자에게 이전되더라도 협의취득 또는 수용의 등기가 되어 있으면 환매권자의 지위가 그대로 유지되어 환매권자는 환매권을 행사할 수 있고, 제3자에 대해서도 이를 주장할 수 있다는 의미이다.

[2] 갑 지방자치단체가 도로사업 부지를 취득하기 위하여 을 등으로부터 토지를 협의취득하여 소유권이전등기를 마쳤는데, 위 토지가 택지개발예정지구에 포함되자 이를 택지개발사업 시행자인 병 공사에 무상으로 양도하였고, 그 후 택지개발예정지구 변경지정과 개발계획 변경승인 및 실시계획 승인이 고시되어 위 토지가 택지개발사업의 공동주택용지 등으로 사용된 사안에서, 택지개발사업의 개발계획 변경승인 및 실시계획 승인이 고시됨으로써 토지가 도로사업에 더 이상 필요 없게 되어 협의취득일 당시 토지소유자였던 을 등에게 환매권이 발생하였고, 그 후 택지개발사업에 토지가 필요하게 된 사정은 환매권의 성립이나 소멸에 아무런 영향을 미치지 않으며, 위 토지에 관하여 갑 지방자치단체 앞으로 공공용지 협의취득을 원인으로 한 소유권이전등기가 마쳐졌으므로, 을 등은 환매권이 발생한 때부터 제척기간 도과로 소멸할 때까지 사이에 언제라도 환매권을 행사하고, 이로써 제3자에게 대항할 수 있다고 한 사례

[3] 구 공익사업을 위한 토지 등의 취득 및 보상에 관한 법률(2007.10.17. 법률 제8665호로 개정되기 전의 것, 이하 '토지보상법'이라 한다)상 원소유자 등의 환매권 상실로 인한 손해배상액은 환매권 상실 당시를 기준으로 한 목적물의 시가에서 환매권자가 환매권을 행사하였을 경우 반환하여야 할 환매가격을 공제한 금원이다. 환매권 상실 당시 환매목적물의 감정평가금액이 토지보상법 제91조 제1항에 정해진 '지급한 보상금'에 그때까지 사업과 관계없는 인근 유사토지의 지가변동률을 곱한 금액보다 적거나 같을 때에는 감정평가금액에서 '지급한 보상금'을 공제하는 방법으로 계산하면 되지만, 이를 초과할 때에는 [환매권 상실 당시의 감정평가금액 − (환매권 상실 당시의 감정평가금액 − 지급한 보상금 × 지가상승률)]로 산정한 금액, 즉 '지급한 보상금'에 당시의 인근 유사토지의 지가상승률을 곱한 금액이 손해로 된다.

(출처: 대법원 2017.3.15. 선고 2015다238963 판결 [손해배상(기)])

(4) 소결

생각건대, 대항력의 의의 및 협의 또는 수용의 등기가 되어 있다면 제3자에게 대항할 수 있다는 토지보상법 제91조 제5항의 규정을 통해 판단해 본다면, '제3자에게 대항할 수 있다'의 의미는 협의취득 또는 수용의 목적물이 제3자에게 이전되더라도 협의취득 또는 수용의 등기가 되어 있으면 환매권자의 지위가 그대로 유지되어 환매권자는 환매권을 행사할 수 있고, 제3자에 대해서도 이를 주장할 수 있다고 해석하는 판례의 태도가 타당하다.

2. 공익사업변환으로 인한 환매권 제한

(1) 공익사업 변환의 의의 및 취지(토지보상법 제91조 제6항)

공익사업의 변환이란 공익사업을 위하여 토지를 협의취득 또는 수용한 후 그 공익사업이

다른 공익사업으로 변경된 경우, 별도의 협의취득 또는 수용 없이 해당 협의취득 또는 수용된 토지를 변경된 다른 공익사업에 이용하도록 하는 제도이다. 이는 수용절차의 무용한 반복을 피하여 공익사업의 원활한 수행을 도모하는데 취지가 있다.

(2) 공익사업변환의 요건

수용 주체가 국가, 지방자치단체 또는 공공기관인 경우에 한한다. 판례는 원래의 사업시행자와 변환되는 다른 공익사업의 시행자가 동일할 필요는 없다는 입장이다. 이에 대해서는 이러한 해석을 적용하면 수용 시와 공익사업의 변환 시 사이에 토지 가격의 변동이 있을 경우 그 차익을 원래의 사업시행자가 차지하는 것은 불합리하므로 사업시행자가 변동되는 경우에는 변환을 허용하지 말아야 한다는 견해가 제시되고 있다. 토지보상법 제91조 제6항이 공익을 위한 인정요건의 강화를 전제로 공익사업의 변환을 인정하고 있다는 점을 감안할 때 판례의 입장이 타당하다고 생각된다. 또한 공익사업의 변환이 인정되기 위해서는 사업인정을 받은 공익사업이 공익성의 정도가 높은 토지보상법 제4조 제1호 내지 제5호에 규정된 다른 공익사업으로 변경된 경우에 한한다.

(3) 공익사업 변환의 효과

공익사업의 변환이 인정되는 경우에는 원래의 공익사업의 폐지 및 변경으로 협의취득 또는 수용한 토지가 원래의 공익사업에 필요 없게 된 때에도 환매권을 행사할 수 없다. 해당 토지에 대한 환매권 행사기간은 해당 공익사업의 변경을 관보에 고시한 날부터 다시 기산한다. 국가, 지방자치단체 또는 공공기관(공공기관의 운영에 관한 법률 제4조 내지 제6조에 의함)은 공익사업의 변경 사실을 대통령령으로 정하는 바에 따라 환매권자에게 통지하여야 한다.

(4) 소결

생각건대, 토지보상법 제91조 제6항의 문언상 공익사업의 변환을 사업시행자가 동일한 경우로 명백히 한정하고 있지 않으며, 수용에서 중요한 것은 사업의 공익성이지 그 주체가 아니라는 점 등에 비추어 대법원의 해석이 일견 타당하다고 할 수 있다. 한편 사업시행자가 동일하지 않는 경우에 공익사업의 변환이 허용된다고 하더라도 변경 전, 후의 사업시행자가 모두 국가, 지방자치단체 또는 공공기관이어야 하는지, 아니면 변경 후의 사업시행자가 누구인지는 아무런 제한이 없는 것인지가 문제된다. 법문상 변경 전의 사업시행자가 국가, 지방자치단체 또는 공공기관일 것을 규정하고 변경 후의 사업에 대하여는 공익성의 정도가 높은 사업에 해당할 것을 요구할 뿐이므로 변경 후의 사업시행자가 누구인지에 대하여는 제한하고 있지 않은 것으로 해석된다. 또한, 공익사업의 변환을 인정하기 위하여 공익사업의 변경 고시를 하는 것 이외에 아무런 절차 규정을 두고 있지 않은 것은 공익사업의 추진이라는 행정편의만을 고려하고 제도의 남용을 방지하는 장치를 마련하는데 있어서는 부족하다는 문제가 있다고 생각된다.

Ⅳ. (물음3) 최종 환매권 인정 여부

1. 공익사업 변환을 위한 해당 공익사업과 사업인정 여부(토지보상법 제91조 제6항)

변경 후 공익사업이 토지보상법 제4조 제1호 내지 제5호이어야 한다. 즉, 공익성의 정도가 높은 사업으로 대상 사업을 제한하여 헌법상 공공필요를 충족하고자 하였다. 이와 관련하여 대법원은 토지보상법 제91조 제6항에서 정한 공익사업의 변환은 같은 법 제20조 제1항의 규정에 의한 사업인정을 받은 공익사업이 일정한 범위 내의 공익성이 높은 다른 공익사업으로 변경된 경우에 한하여 환매권의 행사를 제한하는 것이므로, 적어도 새로운 공익사업에 관해서도 같은 법 제20조 제1항의 규정에 의해 사업인정을 받거나 또는 위 규정에 따른 사업인정을 받은 것으로 의제하는 다른 법률의 규정에 의해 사업인정을 받은 것으로 볼 수 있는 경우에만 공익사업의 변환에 의한 환매권 행사의 제한을 인정할 수 있다고 판시하였다.

2. 학교용지에 관한 환매권 행사 가능 여부

사안의 경우는 취득일로부터 10년 이내에 학교용지에 대한 협의취득의 목적이 된 해당 사업인 '초등학교 건립사업'의 폐지 및 변경으로 위 토지는 해당 사업에 필요 없게 되었다고 판단된다. 즉, 토지보상법 제91조 제1항의 환매권 행사 요건을 충족하였다고 판단된다. 이하에서는 중학교 사업으로 변환됨에 따라 환매권 행사제한이 되는지에 대해 검토해 보고자 한다.

3. 환매권 행사 제한 여부

(1) 제3자에게 처분된 경우 환매권 행사 제한

사업시행자가 아닌 제3자에게 처분된 경우에도 환매권 행사 제한이 되는지 문제되나, 판례는 공익사업의 원활한 시행을 위한 무익한 절차의 반복 방지라는 '공익사업의 변환'을 인정한 입법 취지에 비추어 볼 때, 만약 사업시행자가 협의 취득하거나 수용한 해당 토지를 제3자에게 처분해 버린 경우에는 어차피 변경된 사업시행자는 그 사업의 시행을 위하여 제3로부터 토지를 재취득해야 하는 절차를 새로 거쳐야 하는 관계로 위와 같은 공익사업의 변환을 인정할 필요성도 없게 되므로, 공익사업의 변환을 인정하기 위해서는 적어도 변경된 사업의 사업시행자가 해당 토지를 소유하고 있어야 한다. 나아가 공익사업을 위해 협의취득하거나 수용한 토지가 제3자에게 처분된 경우에는 특별한 사정이 없는 한 그 토지는 해당 공익사업에는 필요 없게 된 것이라고 보아야 하고, 변경된 공익사업에 관해서도 마찬가지이므로, 그 토지가 변경된 사업의 사업시행자가 아닌 제3자에게 처분된 경우에는 공익사업의 변환을 인정할 여지도 없다고 판시하였다.

(2) 사안의 경우

사안과 관련하여 위 학교용지에 대한 협의취득의 목적이 된 해당 사업이 '초등학교 건립사업'의 폐지 및 변경으로 위 토지는 해당 사업에 필요 없게 되었고, 나아가 '중학교 건립사업'에 관하여 사업인정을 받지 않았을 뿐만 아니라 위 학교용지가 중학교 건립사업의 시행자가 아닌 제3자에게 처분되었으므로 공익사업 변환도 인정할 수 없다는 이유로 위 학교용지에 관한 환매권행사 제한이 되지 않아 환매권 행사를 할 수 있다고 판단된다.

【판시사항】

[1] 환매권에 관하여 규정한 '공익사업을 위한 토지 등의 취득 및 보상에 관한 법률' 제91조 제1항에 정한 '당해 사업'의 의미 및 협의취득 또는 수용된 토지가 필요 없게 되었는지 여부의 판단 기준

[2] '공익사업을 위한 토지 등의 취득 및 보상에 관한 법률' 제91조 제1항에 정한 환매권 행사기간의 의미

[3] '공익사업을 위한 토지 등의 취득 및 보상에 관한 법률' 제91조 제6항에 정한 공익사업의 변환이 인정되는 경우, 환매권 행사가 제한되는지 여부(적극)

[4] '공익사업을 위한 토지 등의 취득 및 보상에 관한 법률' 제91조 제6항에 정한 공익사업의 변환은 새로운 공익사업에 관해서도 같은 법 제20조 제1항의 규정에 의해 사업인정을 받거나 위 규정에 따른 사업인정을 받은 것으로 의제되는 경우에만 인정할 수 있는지 여부(적극)

[5] 공익사업을 위해 협의취득하거나 수용한 토지가 변경된 사업의 사업시행자 아닌 제3자에게 처분된 경우에도 '공익사업의 변환'을 인정할 수 있는지 여부(소극)

[6] 지방자치단체가 도시관리계획상 초등학교 건립사업을 위하여 학교용지를 협의취득하였으나 위 학교용지 인근에서 아파트 건설사업을 하던 주택건설사업 시행자와 그 아파트 단지 내에 들어설 새 초등학교 부지와 위 학교용지를 교환하고 위 학교용지에 중학교를 건립하는 것으로 도시관리계획을 변경한 사안에서, 위 학교용지에 관한 환매권 행사를 인정한 사례

【판결요지】

[1] 환매권에 관하여 규정한 '공익사업을 위한 토지 등의 취득 및 보상에 관한 법률'(이하 '공익사업법'이라고 한다) 제91조 제1항에서 말하는 '당해 사업'이란 토지의 협의취득 또는 수용의 목적이 된 구체적인 특정의 공익사업으로서 공익사업법 제20조 제1항에 의한 사업인정을 받을 때 구체적으로 특정된 공익사업을 말하고, '국토의 계획 및 이용에 관한 법률' 제88조, 제96조 제2항에 의해 도시계획시설사업에 관한 실시계획의 인가를 공익사업법 제20조 제1항의 사업인정으로 보게 되는 경우에는 그 실시계획의 인가를 받을 때 구체적으로 특정된 공익사업이 바로 공익사업법 제91조 제1항에 정한 협의취득 또는 수용의 목적이 된 당해 사업에 해당한다. 또 위 규정에 정한 당해 사업의 '폐지・변경'이란 당해 사업을 아예 그만두거나 다른 사업으로 바꾸는 것을 말하고, 취득한 토지의 전부 또는 일부가 '필요 없게 된 때'란 사업시행자가 취득한 토지의 전부 또는 일부가 그 취득 목적 사업을 위하여 사용할 필요 자체가 없어진 경우를 말하며, 협의취득 또는 수용된 토지가 필요 없게 되었는지 여부는 사업시행자의 주관적인 의사를 표준으로 할 것이 아니라 당해 사업의 목적과 내용, 협의취득의 경위와 범위, 당해 토지와 사업의 관계, 용도 등 제반 사정에 비추어 객관적・합리적으로 판단하여야 한다.

[2] '공익사업을 위한 토지 등의 취득 및 보상에 관한 법률' 제91조 제1항에서 환매권의 행사요건으로 정한 "당해 토지의 전부 또는 일부가 필요 없게 된 때로부터 1년 또는 그 취득일로부터 10년 이내에 그 토지를 환매할 수 있다"라는 규정의 의미는 취득일로부터 10년 이내에 그 토지가 필요 없게 된 경우에는 그때로부터 1년 이내에 환매권을 행사할 수 있으며, 또 필요 없게 된 때로부터 1년이 지났더라도 취득일로부터 10년이 지나지 않았다면 환매권자는 적법하게 환매권을 행사할 수 있다는 의미로 해석함이 옳다.

[3] 공익사업의 변환을 인정한 입법 취지 등에 비추어 볼 때, '공익사업을 위한 토지 등의 취득 및 보상에 관한 법률' 제91조 제6항은 사업인정을 받은 당해 공익사업의 폐지・변경으로 인하여 협의취득하거나 수용한 토지가 필요 없게 된 때라도 위 규정에 의하여 공익사업의 변환이 허용되는 다른 공익사업으로 변경되는 경우에는 당해 토지의 원소유자 또는 그 포괄승계인에게 환

매권이 발생하지 않는다는 취지를 규정한 것이라고 보아야 하고, 위 조항에서 정한 "제1항 및 제2항의 규정에 의한 환매권 행사기간은 관보에 당해 공익사업의 변경을 고시한 날로부터 기산한다."는 의미는 새로 변경된 공익사업을 기준으로 다시 환매권 행사의 요건을 갖추지 못하는 한 환매권을 행사할 수 없고 환매권 행사 요건을 갖추어 제1항 및 제2항에 정한 환매권을 행사할 수 있는 경우에 그 환매권 행사기간은 당해 공익사업의 변경을 관보에 고시한 날로부터 기산한다는 의미로 해석해야 한다.

[4] '공익사업을 위한 토지 등의 취득 및 보상에 관한 법률' 제91조 제6항에 정한 공익사업의 변환은 같은 법 제20조 제1항의 규정에 의한 사업인정을 받은 공익사업이 일정한 범위 내의 공익성이 높은 다른 공익사업으로 변경된 경우에 한하여 환매권의 행사를 제한하는 것이므로, 적어도 새로운 공익사업에 관해서도 같은 법 제20조 제1항의 규정에 의해 사업인정을 받거나 또는 위 규정에 따른 사업인정을 받은 것으로 의제하는 다른 법률의 규정에 의해 사업인정을 받은 것으로 볼 수 있는 경우에만 공익사업의 변환에 의한 환매권 행사의 제한을 인정할 수 있다.

[5] <u>공익사업의 원활한 시행을 위한 무익한 절차의 반복 방지라는 '공익사업의 변환'을 인정한 입법 취지에 비추어 볼 때, 만약 사업시행자가 협의취득하거나 수용한 당해 토지를 제3자에게 처분해 버린 경우에는 어차피 변경된 사업시행자는 그 사업의 시행을 위하여 제3자로부터 토지를 재취득해야 하는 절차를 새로 거쳐야 하는 관계로 위와 같은 공익사업의 변환을 인정할 필요성도 없게 되므로, 공익사업의 변환을 인정하기 위해서는 적어도 변경된 사업의 사업시행자가 당해 토지를 소유하고 있어야 한다. 나아가 공익사업을 위해 협의취득하거나 수용한 토지가 제3자에게 처분된 경우에는 특별한 사정이 없는 한 그 토지는 당해 공익사업에는 필요 없게 된 것이라고 보아야 하고, 변경된 공익사업에 관해서도 마찬가지이므로, 그 토지가 변경된 사업의 사업시행자 아닌 제3자에게 처분된 경우에는 공익사업의 변환을 인정할 여지도 없다.</u>

[6] 지방자치단체가 도시관리계획상 초등학교 건립사업을 위하여 학교용지를 협의취득하였으나 위 학교용지 인근에서 아파트 건설사업을 하던 주택건설사업 시행자와 그 아파트 단지 내에 들어설 새 초등학교 부지와 위 학교용지를 교환하고 위 학교용지에 중학교를 건립하는 것으로 도시관리계획을 변경한 사안에서, 위 학교용지에 대한 협의취득의 목적이 된 당해 사업인 '초등학교 건립사업'의 폐지·변경으로 위 토지는 당해 사업에 필요 없게 되었고, 나아가 '중학교 건립사업'에 관하여 사업인정을 받지 않았을 뿐만 아니라 위 학교용지가 중학교 건립사업의 시행자 아닌 제3자에게 처분되었으므로 공익사업의 변환도 인정할 수 없다는 이유로 위 학교용지에 관한 환매권 행사를 인정한 사례

(출처: 대법원 2010.9.30. 선고 2010다30782 판결 [소유권이전등기])

Ⅴ. 사례의 해결

토지보상법 제91조 제6항의 공익사업 변환제도는 헌법상 권리인 환매권의 제한규정임에도 불구하고 위헌의 여지가 있다고 보인다. 이와 관련하여 공익사업 변환 시 이해관계인의 절차적 참여, 이의제기, 횟수제한, 불복 등의 규정을 입법적으로 보완할 필요가 있다고 판단된다. 또한, 규정에 대한 엄격한 해석을 통해 공익사업변환에 관한 토지보상법 제91조 제6항 외에 명문의 규정에 없는 요건은 인정하지 않는 것이 국민의 재산권 보장차원에서 타당할 것으로 생각한다. 따라서 해당 토지에 대해서는 환매권을 인정하고, 사업시행자 새로운 공익사업을 시행하고자 한다면 공용수용절차를 통해 해당 토지를 다시 취득하여 공익사업을 행하여야 할 것으로 생각된다.

쟁점 12 잔여지수용청구와 완전수용의 요건 및 권리구제 방법

공익사업을 위한 토지 등의 취득 및 보상에 관한 법률(이하 '토지보상법') 제72조 완전수용에 대하여 규율하고 있고, 동법 제74조 잔여지 매수 및 수용청구에 대하여 규율하고 있다. 다음 물음에 답하시오. 20점

(1) 토지보상법 제72조 완전수용 요건과 제74조 잔여지수용청구 요건에 대하여 설명하시오. 10점

(2) 토지보상법상 완전수용에 대한 각하재결과 잔여지수용청구에 대한 거부재결처분에 대하여 어떠한 권리구제를 해야 하는지 관련 판례를 통하여 설명하시오. 10점

목차 index

주요 내용 contents

Ⅰ. 논점의 정리

공용수용은 국민의 재산권에 대한 중대한 침해로서 엄격한 형식과 절차하에 이루어져야 한다. 일반적으로 수용의 대상이 되는 수용목적물의 범위는 비례의 원칙하에 필요최소한도 내에서 행하여져야 하나, 예외적으로 피수용자의 권리보호나 형평성 등의 취지에서 확장수용이 인정된다. 공익사업을 위한 토지 등의 취득 및 보상에 관한 법률(이하 '토지보상법')에서는 제72조 완전수용, 74조 잔여지수용을 규정하고 있는바, 이하에서는 완전수용과 잔여지수용의 요건을 살피고 각하재결 또는 거부재결 시의 권리구제방법에 대해 관련 판례를 검토한다.

II. (물음1) 완전수용 및 잔여지수용청구의 요건

1. 확장수용 의의 및 종류

확장수용이란 필요범위를 넘어 수용하는 경우를 말하는데, 이러한 확장수용에는 완전수용, 잔여지수용, 이전수용 등이 있다. 확장수용은 피수용자 또는 기업자의 청구에 의하여 행하여지며 확장수용을 청구하는 권리를 확장수용청구권이라 한다.

2. 토지보상법 제72조 완전수용

(1) 의의 및 근거

완전수용이란 토지를 사용함으로써 족하지만 토지소유자가 받게 되는 토지이용의 현저한 장애 내지 제한에 따른 수용보상을 가능하게 하기 위해 마련된 제도이다. 따라서 완전수용은 사용에 갈음하는 수용이라고도 하며, 토지보상법 제72조에 근거를 두고 있다.

> 토지보상법 제72조(사용하는 토지의 매수청구 등)
> 사업인정고시가 된 후 다음 각 호의 어느 하나에 해당할 때에는 해당 토지소유자는 사업시행자에게 해당 토지의 매수를 청구하거나 관할 토지수용위원회에 그 토지의 수용을 청구할 수 있다. 이 경우 관계인은 사업시행자나 관할 토지수용위원회에 그 권리의 존속(存續)을 청구할 수 있다.
> 1. 토지를 사용하는 기간이 3년 이상인 경우
> 2. 토지의 사용으로 인하여 토지의 형질이 변경되는 경우
> 3. 사용하려는 토지에 그 토지소유자의 건축물이 있는 경우

(2) 요건

완전수용은 (ㄱ) 토지의 사용기간이 3년 이상인 경우, (ㄴ) 토지의 사용으로 인하여 토지의 형질이 변경되는 경우, (ㄷ) 사용하고자 하는 토지에 그 토지소유자의 건축물이 있는 때를 요건으로 한다. 완전수용의 청구권은 토지소유자만이 가지며, 사업시행자나 관계인은 갖지 못한다. 따라서 토지소유자만이 위의 요건에 해당하는 토지가 존재할 때 그 토지의 수용을 청구할 수 있다.이 경우 완전수용의 청구가 있는 토지에 대한 권리를 가진 관계인 및 잔여지에 있는 물건에 관하여 권리를 가진 관계인은 사업시행자 또는 토지수용위원회에 그 권리의 존속을 청구할 수 있다.

3. 토지보상법 제74조 잔여지 수용

(1) 의의 및 근거

잔여지수용이란 동일한 소유자에 속하는 일단의 토지의 일부가 취득됨으로 인하여 잔여지를 종래의 목적에 사용하는 것이 현저히 곤란한 경우 토지소유자의 청구에 의해 일단의 토지의 전부를 매수하거나 수용하는 것을 말하는 것으로, 토지보상법 제74조에 근거를 두고 있다.

> 토지보상법 제74조(잔여지 등의 매수 및 수용 청구)
> ① 동일한 소유자에게 속하는 일단의 토지의 일부가 협의에 의하여 매수되거나 수용됨으로 인하여

잔여지를 종래의 목적에 사용하는 것이 현저히 곤란할 때에는 해당 토지소유자는 사업시행자에게 잔여지를 매수하여 줄 것을 청구할 수 있으며, 사업인정 이후에는 관할 토지수용위원회에 수용을 청구할 수 있다. 이 경우 수용의 청구는 매수에 관한 협의가 성립되지 아니한 경우에만 할 수 있으며, 사업완료일까지 하여야 한다.
② 제1항에 따라 매수 또는 수용의 청구가 있는 잔여지 및 잔여지에 있는 물건에 관하여 권리를 가진 자는 사업시행자나 관할 토지수용위원회에 그 권리의 존속을 청구할 수 있다.
③ 제1항에 따른 토지의 취득에 관하여는 제73조 제3항을 준용한다.
④ 잔여지 및 잔여지에 있는 물건에 대한 구체적인 보상액 산정 및 평가방법 등에 대하여는 제70조, 제75조, 제76조, 제77조, 제78조 제4항, 같은 조 제6항 및 제7항을 준용한다.

(2) 요건(토지보상법 제74조 및 동법 시행령 제39조)

토지보상법 제74조에서는 일단의 토지 중 일부가 수용된 경우 공사완료일까지 청구가 가능하다고 규정하고 있다. 동법 시행령 제39조에서는 ① 건축 불가 등 대지로써의 활용이 어려운 경우,② 농기계진입 제한 등 농지로써의 활용이 어려운 경우, ③ 교통이 단절된 경우, ④ 종래목적으로의 활용이 어려운 경우 잔여지 매수・수용 청구가 가능하다고 규정하고 있다.

토지보상법 시행령 제39조(잔여지의 판단)
① 법 제74조 제1항에 따라 잔여지가 다음 각 호의 어느 하나에 해당하는 경우에는 해당 토지소유자는 사업시행자 또는 관할 토지수용위원회에 잔여지를 매수하거나 수용하여 줄 것을 청구할 수 있다.
1. 대지로서 면적이 너무 작거나 부정형(不定形) 등의 사유로 건축물을 건축할 수 없거나 건축물의 건축이 현저히 곤란한 경우
2. 농지로서 농기계의 진입과 회전이 곤란할 정도로 폭이 좁고 길게 남거나 부정형 등의 사유로 영농이 현저히 곤란한 경우
3. 공익사업의 시행으로 교통이 두절되어 사용이나 경작이 불가능하게 된 경우
4. 제1호부터 제3호까지에서 규정한 사항과 유사한 정도로 잔여지를 종래의 목적대로 사용하는 것이 현저히 곤란하다고 인정되는 경우
② 잔여지가 제1항 각 호의 어느 하나에 해당하는지를 판단할 때에는 다음 각 호의 사항을 종합적으로 고려하여야 한다.
1. 잔여지의 위치・형상・이용상황 및 용도지역
2. 공익사업 편입토지의 면적 및 잔여지의 면적

▶ 관련 판례(대판 2005.1.28, 2002두4679)

구 토지수용법(1999.2.8. 법률 제5909호로 개정되기 전의 것) 제48조 제1항에서 규정한 '종래의 목적'이라 함은 수용재결 당시에 당해 잔여지가 현실적으로 사용되고 있는 구체적인 용도를 의미하고, '사용하는 것이 현저히 곤란한 때'라고 함은 물리적으로 사용하는 것이 곤란하게 된 경우는 물론 사회적, 경제적으로 사용하는 것이 곤란하게 된 경우, 즉 절대적으로 이용 불가능한 경우만이 아니라 이용은 가능하나 많은 비용이 소요되는 경우를 포함한다.

Ⅲ. (물음2) 확장수용과 권리구제

1. 이의신청

토지보상법 제34조 재결에 대하여 이의가 있는 경우 이의를 제기할 수 있으며 이는 특별행정심판의 성격을 갖는다. 이때 재결청은 이의가 있는 경우 그 재결의 전부 또는 일부를 취소하거나 보상액을 변경할 수 있다.

2. 확장수용에 대한 행정소송의 형태

(1) 취소소송

잔여지수용청구에 대한 불복방법으로 보상금증감청구소송을 부정하는 견해는 보상금증감청구소송은 보상금액을 다투는 것이기 때문에 보상대상의 평가만을 심리한다는 것이다. 그런데 확장수용은 보상범위의 문제이므로 보상금증감청구소송은 제기할 수 없다고 본다. 반면, 이를 긍정하는 견해는 보상액은 결국 보상의 범위에 따라 달라지므로 보상범위와는 밀접한 관계에 있다는 점, 잔여지수용청구는 손실보상액의 증액을 위한 수단의 하나라는 점, 확장수용은 피수용자에 대한 손실보상의 일환으로 인정되는 제도라는 점에서 보상금증감청구소송에는 손실보상의 범위에 관한 다툼까지 포함된다고 본다.

(2) 보상금증감청구소송

1) 학설

잔여지수용청구에 대한 불복방법으로 보상금증감청구소송을 부정하는 견해는 보상금증감청구소송은 보상금액을 다투는 것이기 때문에 보상대상의 평가만을 심리한다는 것이다. 그런데 확장수용은 보상범위의 문제이므로 보상금증감청구소송은 제기할 수 없다고 본다. 반면, 이를 긍정하는 견해는 보상액은 결국 보상의 범위에 따라 달라지므로 보상범위와는 밀접한 관계에 있다는 점, 잔여지수용청구는 손실보상액의 증액을 위한 수단의 하나라는 점, 확장수용은 피수용자에 대한 손실보상의 일환으로 인정되는 제도라는 점에서 보상금증감청구소송에는 손실보상의 범위에 관한 다툼까지 포함된다고 본다.

2) 대법원 판례의 태도

① 토지수용에 따른 보상은 수용대상 토지별로 하는 것이 아니라 피보상자 개인별로 행하여지는 것이고 잔여지수용청구권은 토지소유자에게 손실보상책의 일환으로 부여한 권리이어서 이는 수용할 토지의 범위와 그 보상액을 결정할 수 있는 토지수용위원회에 대하여 토지수용의 보상가액을 다투는 방법에 의하여도 행사할 수 있다고 판시하고 있다(대판 1995.9.15, 93누20267).

② (구)공익사업을 위한 토지 등의 취득 및 보상에 관한 법률(2007.10.17. 법률 제8665호로 개정되기 전의 것) 제74조 제1항에 규정되어 있는 잔여지수용청구권은 손실보상의 일환으로 토지소유자에게 부여되는 권리로서 그 요건을 구비한 때에는 잔여지를 수용하는 토지수용위원회의재결이 없더라도 그 청구에 의하여 수용의 효과가 발생하는 형성권적 성질을 가지므로, 잔여지 수용청구를 받아들이지 않은 토지수용위원회의 재결

에 대하여 토지소유자가 불복하여 제기하는 소송은 위 법 제85조 제2항에 규정되어 있는 '보상금의 증감에 관한 소송'에 해당하여 사업시행자를 피고로 하여야 한다(대판 2010.8.19, 2008두822).

3. 민사소송 제기 가능성

잔여지수용청구에 대한 불복방법으로 민사소송을 제기할 수 있는가에 대하여는 그 법적 성질을 공권으로 볼 때 민사소송의 가능성은 부정됨이 타당하고 대법원 역시 수용재결 및 이의재결에 불복이 있으면 재결청과 기업자를 공동피고로 하여 그 이의재결의 취소 및 보상금의 증액을 구하는 행정소송을 제기하여야 하며 곧바로 기업자를 상대로 하여 민사소송으로 잔여지에 대한 보상금의 지급을 구할 수 없다(대판 2001.6.1, 2001다16333)고 하여 이를 부정하고 있다.

4. 대법원 판례를 통한 사안의 해결

완전수용 및 잔여지수용은 손실보상의 일환으로 토지소유자에게 부여되는 권리로 그 청구에 의해 수용의 효과가 발생하는 형성권적 성질을 지니므로, 토지소유자의 토지수용청구를 받아들이지 않은 토지수용위원회의 재결에 대해서 제기하는 소송은 토지보상법 제85조 제2항의 보상금증감청구소송에 해당하고, 이에 따라 피고는 토지수용위원회가 아닌 사업시행자로 하여야 할 것이다.

대법원 2015.4.9. 선고 2014두46669 판결 [토지수용재결신청거부처분취소]

【판시사항】

공익사업을 위한 토지 등의 취득 및 보상에 관한 법률 제72조에 의한 토지소유자의 토지수용청구를 받아들이지 않은 토지수용위원회의 재결에 대하여 토지소유자가 불복하여 제기하는 소송의 성질 및 그 상대방

【판결요지】

공익사업을 위한 토지 등의 취득 및 보상에 관한 법률(이하 '토지보상법'이라고 한다) 제72조의 문언, 연혁 및 취지 등에 비추어 보면, 위 규정이 정한 수용청구권은 토지보상법 제74조 제1항이 정한 잔여지 수용청구권과 같이 손실보상의 일환으로 토지소유자에게 부여되는 권리로서 그 청구에 의하여 수용효과가 생기는 형성권의 성질을 지니므로, 토지소유자의 토지수용청구를 받아들이지 아니한 토지수용위원회의 재결에 대하여 토지소유자가 불복하여 제기하는 소송은 토지보상법 제85조 제2항에 규정되어 있는 '보상금의 증감에 관한 소송'에 해당하고, 피고는 토지수용위원회가 아니라 사업시행자로 하여야 한다.

대법원 2010.8.19. 선고 2008두822 판결 [토지수용이의재결처분취소등]

【판시사항】

[1] 구 '공익사업을 위한 토지 등의 취득 및 보상에 관한 법률' 제74조 제1항에 의한 잔여지 수용청구를 받아들이지 않은 토지수용위원회의 재결에 대하여 토지소유자가 불복하여 제기하는 소송의 성질 및 그 상대방

【판결요지】

[1] 구 '공익사업을 위한 토지 등의 취득 및 보상에 관한 법률'(2007.10.17. 법률 제8665호로 개정되기 전의 것) 제74조 제1항에 규정되어 있는 잔여지 수용청구권은 손실보상의 일환으로 토지소유자에게 부여되는 권리로서 그 요건을 구비한 때에는 잔여지를 수용하는 토지수용위원회의 재결이 없더라도 그 청구에 의하여 수용의 효과가 발생하는 형성권적 성질을 가지므로, 잔여지 수용청구를 받아들이지 않은 토지수용위원회의 재결에 대하여 토지소유자가 불복하여 제기하는 소송은 위 법 제85조 제2항에 규정되어 있는 '보상금의 증감에 관한 소송'에 해당하여 사업시행자를 피고로 하여야 한다.

Ⅳ. 결

완전 수용 및 잔여지 수용은 그 취지가 공익사업의 원활한 수행과 피수용자의 권리구제, 즉 손실보상의 일환으로 인정한 제도인 만큼 그 불복방법에 대한 결정은 단순한 논리에 의할 것이 아니라 어떠한 방법이 피수용자의 권리구제를 도모하는 것인가를 가장 중점적으로 검토하여야 할 것이다. 대법원 2010.8.19, 2008두822 판결에서 잔여지수용청구의 거부에 대해서는 보상금증감청구소송으로 다투도록 판시한 것은 권리구제의 효율성을 보여준 판례로 높이 평가된다.

쟁점 13 생활대책 대상자에 해당하는지 여부 및 불복

한석봉은 2013.6.30. 서대문세무서장에게 상호를 '태평양농원'으로, 사업장소재지를 '서울 은평구 000동 425-1'로 하여 화훼(관엽, 분화)도매업을 영위하는 내용의 사업자등록을 하였다. 한석봉은 2016.8.24. 사업시행자와 사이에 태평양농원의 손실보상금을 60,015,000원으로 정하여 그 시설 등을 이전 및 철거하는 내용의 지장물 등 이전 및 철거계약을 체결하였고, 이에 따라 그 무렵 태평양농원의 시설 등을 스스로 이전하였다. 그 후 한석봉은 사업시행자에게 이 사건 사업과 관련한 생활대책신청을 하였는데, 사업시행자는 2017.6.7. 원고에 대하여 이 사건 대책에 따라 상가용지 16.5㎡ 이하를 공급받을 수 있는 대상자 중 공급순위 3순위 적격자로 선정되었음을 통보하였다. 다음 물음에 답하시오. 20점

(출처: 서울행정법원 2008.3.19. 선고 2007구합34422 판결 [상가용지공급대상자적격처분취소등] /대법원 2011.10.13. 선고 2008두17905 판결 [상가용지공급대상자적격처분취소등])

(1) 사업시행자 스스로 공익사업의 원활한 시행을 위하여 생활대책을 수립・실시할 수 있도록 하는 내부 규정을 두고 이에 따라 생활대책대상자 선정기준을 마련하여 생활대책을 수립・실시하는 경우, 생활대책 대상자 선정기준에 해당하는 자가 자신을 생활대책대상자에서 제외하거나 선정을 거부한 사업시행자를 상대로 항고소송을 제기할 수 있는지 여부를 설명하시오. 10점

(2) 사업시행자가 사업시행으로 생활근거 등을 상실하는 주민들을 위한 주거대책 및 생활대책을 공고함에 따라 화훼도매업을 하던 한석봉이 사업시행자에게 생활대책신청을 하였으나, 사업시행자가 한석봉은 주거대책 및 생활대책에서 정한 '이주대책 기준일 3개월 이전부터 사업자등록을 하고 영업을 계속한 화훼영업자'에 해당하지 않는다는 이유로 화훼용지 공급대상자에서 제외한 사안에서, 한석봉이 동생 명의를 빌려 사업자등록을 하다가 기준일 이후에 자신 명의로 사업자등록을 마쳤다 한다면 생활대책으로 화훼용지 공급대상자가 되는지 여부를 설명하시오. 10점

목차 index

Ⅰ. 논점의 정리

Ⅱ. (물음1) 생활대책대상자에서 제외되거나 선정이 거부된 경우 항고소송 가능성

1. 생활보상에 대한 개관
2. 관련 규정
3. 관련 판례
4. 검토

Ⅲ. (물음2) 생활대책으로 화훼용지 공급대상자가 되는지 여부

1. 법상 이주대책대상자
2. 관련 판례
3. 검토

Ⅳ. 사안의 해결

주요 내용 contents

Ⅰ. 논점의 정리

공익사업을 위한 토지 등의 취득 및 보상에 관한 법률(이하 '토지보상법')상 손실보상의 범위는 재산권보장을 넘어서 범위가 넓어져 가고 있고, 생활보상은 그러한 일환의 하나라고 볼 수 있다. 이하에서는 생활보상에 대해 설명하고, (물음1) 생활대책대상자에서 제외하거나 선정을 거부된 경우 항고소송 가능성과 (물음2) 사안에서 한석봉이 동생 명의를 빌려 사업자등록을 하다가 기준일 이후에 자신 명의로 사업자등록을 마친 경우 생활대책으로 화훼용지 공급대상자가 되는지 관련 판례를 통해 검토한다.

Ⅱ. (물음1) 생활대책대상자에서 제외되거나 선정이 거부된 경우 항고소송 가능성

1. 생활보상에 대한 개관

(1) 생활보상의 의의 및 유형

생활보상이란 적법한 공권력 행사를 원인으로 하는 재산권의 특별한 희생에 대하여 재산권에 대한 금전보상만으로는 메워지지 않는 생활안정을 위한 보상을 의미한다. 구체적으로는 이농비・이어비보상, 이주대책, 간접보상, 주거대책비보상, 특산물보상, 사례금 등이 있다.

(2) 생활보상의 성격

생활보상은 인간다운 생활을 보장하는 성격을 지니며, 수용이 없었던 것과 같은 경제적 상태뿐만 아니라 생활상태를 재현하는 것이라는 전제에 입각하므로 원상회복적 성격을 갖는다. 생활보상은 피수용자 또는 관계인의 생활안정을 위한 성격은 물론 공익사업을 원활하게 시행하기 위한 목적을 갖는다.

2. 관련 규정

(1) 헌법 제23조 제3항

> 헌법 제23조
> ① 모든 국민의 재산권은 보장된다. 그 내용과 한계는 법률로 정한다.
> ② 재산권의 행사는 공공복리에 적합하도록 하여야 한다.
> ③ 공공필요에 의한 재산권의 수용・사용 또는 제한 및 그에 대한 보상은 법률로써 하되, 정당한 보상을 지급하여야 한다.

(2) 토지보상법 제78조

> 토지보상법 제78조(이주대책의 수립 등)
> ① 사업시행자는 공익사업의 시행으로 인하여 주거용 건축물을 제공함에 따라 생활의 근거를 상실하게 되는 자(이하 "이주대책대상자"라 한다)를 위하여 대통령령으로 정하는 바에 따라 이주대책을 수립・실시하거나 이주정착금을 지급하여야 한다.

② 사업시행자는 제1항에 따라 이주대책을 수립하려면 미리 관할 지방자치단체의 장과 협의하여야 한다.
③ 국가나 지방자치단체는 이주대책의 실시에 따른 주택지의 조성 및 주택의 건설에 대하여는 「주택도시기금법」에 따른 주택도시기금을 우선적으로 지원하여야 한다.
④ 이주대책의 내용에는 이주정착지(이주대책의 실시로 건설하는 주택단지를 포함한다)에 대한 도로, 급수시설, 배수시설, 그 밖의 공공시설 등 통상적인 수준의 생활기본시설이 포함되어야 하며, 이에 필요한 비용은 사업시행자가 부담한다. 다만, 행정청이 아닌 사업시행자가 이주대책을 수립・실시하는 경우에 지방자치단체는 비용의 일부를 보조할 수 있다
〈이하 생략〉

(3) 행정소송법 제2조

행정소송법 제2조(정의)
① 이 법에서 사용하는 용어의 정의는 다음과 같다.
1. "처분등"이라 함은 행정청이 행하는 구체적 사실에 관한 법집행으로서의 공권력의 행사 또는 그 거부와 그 밖에 이에 준하는 행정작용(이하 "處分"이라 한다) 및 행정심판에 대한 재결을 말한다.
2. "부작위"라 함은 행정청이 당사자의 신청에 대하여 상당한 기간 내에 일정한 처분을 하여야 할 법률상 의무가 있음에도 불구하고 이를 하지 아니하는 것을 말한다.
② 이 법을 적용함에 있어서 행정청에는 법령에 의하여 행정권한의 위임 또는 위탁을 받은 행정기관, 공공단체 및 그 기관 또는 사인이 포함된다.

3. 관련 판례

▶ 관련 판례(대판 2015.8.27, 2012두26746)

공익사업법령이 이주대책대상자의 범위를 정하고 이주대책대상자에게 시행할 이주대책수립 등의 내용에 관하여 구체적으로 규정하고 있으므로, 사업시행자는 이처럼 법이 정한 이주대책대상자를 법령이 예정하고 있는 이주대책수립 등의 대상에서 임의로 제외하여서는 아니 된다. 그렇지만 그 규정 취지가 사업시행자가 시행하는 이주대책수립 등의 대상자를 법이 정한 이주대책대상자로 한정하는 것은 아니므로, 사업시행자는 해당 공익사업의 성격, 구체적인 경위나 내용, 그 원만한 시행을 위한 필요 등 제반 사정을 고려하여 법이 정한 이주대책대상자를 포함하여 그 밖의 이해관계인에게까지 넓혀 이주대책 수립 등을 시행할 수 있다고 할 것이다.

〈이주대책대상자 확인・결정의 법적 성질(=행정처분)과 이에 대한 쟁송방법(=항고소송)〉

【판시사항】

공익사업을 위한 토지 등의 취득 및 보상에 관한 법률상의 공익사업시행자가 하는 이주대책대상자 확인・결정의 법적 성질(=행정처분)과 이에 대한 쟁송방법(=항고소송)

【판결요지】

공익사업을 위한 토지 등의 취득 및 보상에 관한 법률상의 공익사업시행자가 하는 이주대책대상자 확

인・결정은 구체적인 이주대책상의 수분양권을 부여하는 요건이 되는 행정작용으로서의 처분이지 이를 단순히 절차상의 필요에 따른 사실행위에 불과한 것으로 평가할 수는 없다. 따라서 수분양권의 취득을 희망하는 이주자가 소정의 절차에 따라 이주대책대상자 선정신청을 한 데 대하여 사업시행자가 이주대책대상자가 아니라고 하여 위 확인・결정 등의 처분을 하지 않고 이를 제외시키거나 거부조치한 경우에는, 이주자로서는 사업시행자를 상대로 항고소송에 의하여 제외처분이나 거부처분의 취소를 구할 수 있다. 나아가 이주대책의 종류가 달라 각 그 보장하는 내용에 차등이 있는 경우 이주자의 희망에도 불구하고 사업시행자가 요건 미달 등을 이유로 그중 더 이익이 되는 내용의 이주대책대상자로 선정하지 않았다면 이 또한 이주자의 권리의무에 직접적 변동을 초래하는 행위로서 항고소송의 대상이 된다. (대판 2014.2.27, 2013두10885[일반분양이주택지결정무효확인])

▶ **관련 판례(대판 2011.10.13, 2008두17905) [상가용지공급대상자적격처분취소등]**

【판시사항】

[1] 사업시행자 스스로 공익사업의 원활한 시행을 위하여 생활대책을 수립・실시할 수 있도록 하는 내부규정을 두고 이에 따라 생활대책대상자 선정기준을 마련하여 생활대책을 수립・실시하는 경우, 생활대책대상자 선정기준에 해당하는 자가 자신을 생활대책대상자에서 제외하거나 선정을 거부한 사업시행자를 상대로 항고소송을 제기할 수 있는지 여부(적극)

【판결요지】

[1] 공익사업을 위한 토지 등의 취득 및 보상에 관한 법률은 제78조 제1항에서 "사업시행자는 공익사업의 시행으로 인하여 주거용 건축물을 제공함에 따라 생활의 근거를 상실하게 되는 자(이하 '이주대책대상자'라 한다)를 위하여 대통령령으로 정하는 바에 따라 이주대책을 수립・실시하거나 이주정착금을 지급하여야 한다."고 규정하고 있을 뿐, 생활대책용지의 공급과 같이 공익사업 시행 이전과 같은 경제수준을 유지할 수 있도록 하는 내용의 생활대책에 관한 분명한 근거 규정을 두고 있지는 않으나, 사업시행자 스스로 공익사업의 원활한 시행을 위하여 필요하다고 인정함으로써 생활대책을 수립・실시할 수 있도록 하는 내부규정을 두고 있고 내부규정에 따라 생활대책대상자 선정기준을 마련하여 생활대책을 수립・실시하는 경우에는, 이러한 생활대책 역시 "공공필요에 의한 재산권의 수용・사용 또는 제한 및 그에 대한 보상은 법률로써 하되, 정당한 보상을 지급하여야 한다."고 규정하고 있는 헌법 제23조 제3항에 따른 정당한 보상에 포함되는 것으로 보아야 한다. 따라서 이러한 생활대책대상자 선정기준에 해당하는 자는 사업시행자에게 생활대책대상자 선정 여부의 확인・결정을 신청할 수 있는 권리를 가지는 것이어서, 만일 사업시행자가 그러한 자를 생활대책대상자에서 제외하거나 선정을 거부하면, 이러한 생활대책대상자 선정기준에 해당하는 자는 사업시행자를 상대로 항고소송을 제기할 수 있다고 보는 것이 타당하다.

4. 검토

헌법 제23조 제3항에서는 "공공필요에 의한 재산권의 수용・사용 또는 제한 및 그에 대한 보상은 법률로써 하되, 정당한 보상을 지급하여야 한다."고 규정하고 있다. 생활대책은 헌법 제23조 제3항의 정당보상에 포함되는 것으로 보아야 하므로 이러한 생활대책대상자 선정기준에 해당하는 자는 사업시행자에게 생활대책대상자 선정 여부의 확인・결정을 신청할 수 있는 권리를 가진다. 만일 사업시행자가 그러한 자를 생활대책대상자에서 제외하거나 선정을 거부하면, 이러한 생활대책대상자 선정기준에 해당하는 자는 사업시행자를 상대로 항고소송을 제기할 수 있다고 봄이 타당하다.

Ⅲ. (물음2) 생활대책으로 화훼용지 공급대상자가 되는지 여부

1. 법상 이주대책대상자(법 제78조, 영 제40조)

사업시행자는 공익사업 시행으로 주거용 건축물을 제공함에 따라 생활의 근거를 상실하게 되는 자에게 이주대책을 수립・실시해야 하고, 이주대책대상자는 적법한 주거용 건축물에 거주하는 자로 무허가건축물 소유자가 아닐 것, 관계 법령에 따른 고시 등이 있은 날부터 계약체결일 또는 수용재결일까지 계속적으로 거주하고 있을 것, 타인 소유 건축물에 거주하는 세입자가 아닐 것이 요구된다.

2. 관련 판례

【판시사항】

[2] 뉴타운개발 사업시행자가 사업시행으로 생활근거 등을 상실하는 주민들을 위한 주거대책 및 생활대책을 공고함에 따라 화훼도매업을 하던 甲이 사업시행자에게 생활대책신청을 하였으나 사업시행자가 이를 거부한 사안에서, 위 거부행위가 행정처분에 해당한다고 본 원심판단을 정당하다고 한 사례

[3] 뉴타운개발 사업시행자가 사업시행으로 생활근거 등을 상실하는 주민들을 위한 주거대책 및 생활대책을 공고함에 따라 화훼도매업을 하던 甲이 사업시행자에게 생활대책신청을 하였으나, 사업시행자가 甲은 주거대책 및 생활대책에서 정한 '이주대책 기준일 3개월 이전부터 사업자등록을 하고 영업을 계속한 화훼영업자'에 해당하지 않는다는 이유로 화훼용지 공급대상자에서 제외한 사안에서, 甲이 동생 명의를 빌려 사업자등록을 하다가 기준일 이후에 자신 명의로 사업자등록을 마쳤다 하더라도 위 대책에서 정한 화훼용지 공급대상자에 해당한다고 본 원심판단을 정당하다고 한 사례

【판결요지】

[2] 뉴타운개발 사업시행자가 사업시행으로 생활근거 등을 상실하는 주민들을 위한 주거대책 및 생활대책을 공고함에 따라 화훼도매업을 하던 갑이 사업시행자에게 생활대책신청을 하였으나, 사업시행자가 갑은 위 주거대책 및 생활대책에서 정한 '이주대책 기준일 3개월 이전부터 사업자등록을 하고 영업을 계속한 화훼영업자'에 해당하지 않는다는 이유로 화훼용지 공급대상자에서 제외한 사안에서, 사업시행자의 거부행위가 행정처분에 해당한다고 본 원심판단을 정당하다고 한 사례

[3] 뉴타운개발 사업시행자가 사업시행으로 생활근거 등을 상실하는 주민들을 위한 주거대책 및 생활대책을 공고함에 따라 화훼도매업을 하던 갑이 사업시행자에게 생활대책신청을 하였으나, 사업시행자가 갑은 위 주거대책 및 생활대책에서 정한 '이주대책기준일 3개월 전부터 사업자등록을 하고 영업을 계속한 화훼영업자'에 해당하지 않는다는 이유로 화훼용지 공급대상자에서 제외한 사안에서, 갑이 이주대책기준일 3개월 이전부터 동생 명의를 빌려 사업자등록을 하고 화원 영업을 하다가 기준일 이후에 비로소 사업자등록 명의만을 자신 명의로 바꾸어 종전과 같은 화원 영업을 계속하였더라도 '기준일 3개월 이전부터 사업자등록을 하고 계속 영업을 한 화훼영업자'에 해당한다고 본 원심판단을 정당하다고 한 사례

(관련 판례(대판 2011.10.13, 2008두17905) [상가용지공급대상자적격처분취소등])

3. 검토

사업시행자는 생활대책대상자를 '이주대책 기준일 3개월 이전부터 사업자등록을 하고 영업을 계속한 화훼영업자'로 하고 있다. 그러나 사안의 경우 한석봉이 이주대책기준일 3개월 이전부터 동생 명의를 빌려 사업자등록을 하여 화원 영업을 하였고, 기준일 이후에 명의만을 바꾸어 종전과 같은 화원 영업을 유지하였으므로 '기준일 3개월 이전부터 사업자등록을 하고 계속 영업을 한 화훼영업자'에 해당한다고 본 판례의 태도가 타당하다고 생각한다.

Ⅳ. 사안의 해결

생활보상에 대한 개별법률 간 내용이 달라 형평성 문제가 존재한다. 예를 들면 토지보상법상 세입자는 이주대책 대상자에서 제외되는 한편 주한미군기지 이전에 따른 평택시 등 지원 등에 관한 특별법에서는 세입자에게도 이주대책 및 생활대책을 수립하도록 규정하고 있다. 이에 개별법률 간 통일적 규정이 요구된다. 또 대부분 세입자를 이주대책 대상자에서 제외하고 있어 실질적인 경제적 약자에 대한 배려가 미흡한 한계가 있으며, 생활보상의 취지에 맞추어 이주자가 종전 생활상태를 유지할 수 있도록 하기 위해서는 주거대책과 더불어 생활대책이 병행될 필요가 있다고 판단된다.

쟁점 14 철거약정을 한 경우 대집행의 대상이 되는지 여부 및 강제적 이행

공익사업을 위한 토지 등의 취득 및 보상에 관한 법률(이하 '토지보상법')상 건물소유자 甲은 사업시행자에게 철거약정을 사업인정 전 협의로 계약을 체결하고 보상금을 지급받았다. 그런데 협의에서 정한 기일에 건물소유자 甲이 철거하지도 않고 명도도 하지 않아 사업시행자는 실효성 확보수단을 강구하고자 한다. 다음 물음에 답하시오. 20점

(출처: 대법원 2006.10.13. 선고 2006두7096 판결 [건물철거대집행계고처분취소])

(1) 토지보상법상 대집행에 대해서 설명하시오. 5점

(2) 토지보상법상 협의취득 시 위의 사실관계와 같이 건물소유자가 매매대상 건물에 대한 철거의무를 부담하겠다는 취지의 약정을 한 경우, 그 철거의무가 행정대집행법에 의한 대집행의 대상이 되는지 여부를 검토하시오. 5점

(3) 토지보상법상 협의취득 시 건물소유자가 협의취득대상 건물에 대하여 약정한 철거의무의 강제적 이행을 행정대집행법상 대집행의 방법으로 실현할 수 있는지 여부를 검토하고, 토지보상법 제89조 제3항의 입법취지를 설명하시오. 10점

목차 index

주요 내용 contents

Ⅰ. (물음1) 토지보상법상 대집행의 내용

1. 대집행의 의의 및 취지

공익사업을 위한 토지 등의 취득 및 보상에 관한 법률(이하 '토지보상법')상 대집행이라 함은 공법상 대체적 작위의무의 불이행 시 행정청이 그 의무를 스스로 행하거나 제3자로 하여금 행하게 하고 의무자로부터 비용을 징수하는 것으로 토지보상법 제89조에서 규정하고 있다. 이는 공익사업의 원활한 수행을 위한 제도적 취지가 인정된다.

2. 대집행의 요건

(1) 토지보상법 제89조

토지보상법 제89조는 이 법 또는 이 법에 의한 처분으로 인한 의무의 불이행 등(기간 내 의무를 이행하지 아니하거나 완료하기 어려운 경우 또는 의무자가 이행하게 함이 현저히 공익을 해하는 경우)이 발생한 경우 행정대집행법이 정한 바에 따라 신청하도록 규정한바, 대집행 요건검토에 있어서는 동법 제89조와 함께 일반법인 행정대집행법상 요건을 검토하여야 한다. 즉, 토지보상법상 대집행이 가능하기 위해서는 ① 대체적 작위의무의 존재, ② 의무불이행 등이 있을 것, ③ 다른 수단으로 이행확보가 곤란할 것, ④ 의무의 불이행을 방치함이 심히 공익을 해할 경우의 요건을 충족하여야 한다.

> 토지보상법 제89조(대집행)
> ① 이 법 또는 이 법에 따른 처분으로 인한 의무를 이행하여야 할 자가 그 정하여진 기간 이내에 의무를 이행하지 아니하거나 완료하기 어려운 경우 또는 그로 하여금 그 의무를 이행하게 하는 것이 현저히 공익을 해친다고 인정되는 사유가 있는 경우에는 사업시행자는 시·도지사나 시장·군수 또는 구청장에게 「행정대집행법」에서 정하는 바에 따라 대집행을 신청할 수 있다. 이 경우 신청을 받은 시·도지사나 시장·군수 또는 구청장은 정당한 사유가 없으면 이에 따라야 한다.
> ② 사업시행자가 국가나지방자치단체인 경우에는 제1항에도 불구하고 「행정대집행법」에서 정하는 바에 따라 직접 대집행을 할 수 있다.
> ③ 사업시행자가 제1항에 따라 대집행을 신청하거나 제2항에 따라 직접 대집행을 하려는 경우에는 국가나 지방자치단체는 의무를 이행하여야 할 자를 보호하기 위하여 노력하여야 한다.

(2) 행정대집행법 제2조

행정대집행법 제2조는 대체적 작위의무의 불이행 시 다른 수단으로 그 이행 확보가 곤란한 경우 또는 그 불이행을 방치함이 심히 공익을 해할 것으로 인정될 때에는 대집행을 할 수 있다.

> 행정대집행법 제2조(대집행과 그 비용징수)
> 법률(법률의 위임에 의한 명령, 지방자치단체의 조례를 포함한다. 이와 같다)에 의하여 직접명령되었거나 또는 법률에 의거한 행정청의 명령에 의한 행위로서 타인이 대신하여 행할 수 있는 행위를

의무자가 이행하지 아니하는 경우 다른 수단으로써 그 이행을 확보하기 곤란하고 또한 불이행을 방치함이 심히 공익을 해할 것으로 인정될 때에는 당해 행정청은 스스로 의무자가 하여야 할 행위를 하거나 또는 제삼자로 하여금 이를 하게 하여 그 비용을 의무자로부터 징수할 수 있다.

★행정기본법 제30조 제1항 제1호 행정대집행

제30조(행정상 강제)

① 행정청은 행정목적을 달성하기 위하여 필요한 경우에는 법률로 정하는 바에 따라 필요한 최소한의 범위에서 다음 각 호의 어느 하나에 해당하는 조치를 할 수 있다.

1. 행정대집행: 의무자가 행정상 의무(법령등에서 직접 부과하거나 행정청이 법령등에 따라 부과한 의무를 말한다. 이하 이 절에서 같다)로서 타인이 대신하여 행할 수 있는 의무를 이행하지 아니하는 경우 법률로 정하는 다른 수단으로는 그 이행을 확보하기 곤란하고 그 불이행을 방치하면 공익을 크게 해칠 것으로 인정될 때에 행정청이 의무자가 하여야 할 행위를 스스로 하거나 제3자에게 하게 하고 그 비용을 의무자로부터 징수하는 것

(3) 의무이행자의 보호(토지보상법 제89조 제3항 신설)

국가·지방자치단체는 의무를 이행해야 할 자의 보호를 위하여 노력하여야 한다. 이는 공익사업 현장에서 인권침해 방지를 위한 노력을 강구하고자 하는 입법적 취지가 있다.

3. 대집행의 절차(계통실비)

대집행의 절차는 행정대집행법을 준용하여 **계**고, **통**지, **실**행, **비**용징수의 절차를 따르게 되고 각 단계는 국민의 권리, 의무와 직접적 관련을 지니는바, 처분성이 인정된다.

Ⅱ. (물음2) 철거의무 부담 약정이 대집행의 대상인지 여부

1. 토지보상법 제16조 협의의 법적 성질

(1) 협의의 의의 및 필수적 절차규정인지 여부

사업인정 전 협의란 공익사업의 목적물인 토지 등의 사용 또는 수용에 대한 사업시행자 및 토지소유자 간의 의사의 합치를 말한다. 공용수용 이전의 협의취득절차는 의무적인 절차는 아니며 공익사업의 주체가 이 절차를 거칠 것인지 여부를 결정한다. 공익사업의 주체는 협의에 의해 취득되지 못한 토지 등에 한하여 공용수용절차를 개시할 수 있다.

(2) 사업인정 전 협의의 법적 성질

공법상 계약이라는 견해와 사법상 계약이라는 견해가 대립하며, 판례는 사법상 매매 내지 사법상 계약의 실질을 가지는 것으로 보고 있다. 생각건대, 사업인정 전 협의취득은 공익사업에 필요한 토지 등을 공용수용의 절차에 의하지 아니하고 사업시행자와 토지소유자의 자유로운 계약형식을 통하여 매매금액 및 소유권 이전시기 등을 결정할 수 있으므로, 이는 사법상 매매행위의 성질을 갖는다고 판단된다.

2. 주택철거약정이 공법상 의무인지 여부

(1) 관련 판례의 태도

【판결요지】
행정대집행법상 대집행의 대상이 되는 대체적 작위의무는 공법상 의무이어야 할 것인데, 구 공공용지의 취득 및 손실보상에 관한 특례법(2002.2.4. 법률 제6656호 공익사업을 위한 토지 등의 취득 및 보상에 관한 법률 부칙 제2조로 폐지)에 따른 토지 등의 협의취득은 공공사업에 필요한 토지 등을 그 소유자와의 협의에 의하여 취득하는 것으로서 공공기관이 사경제주체로서 행하는 사법상 매매 내지 사법상 계약의 실질을 가지는 것이므로, 그 협의취득 시 건물소유자가 매매대상 건물에 대한 철거의무를 부담하겠다는 취지의 약정을 하였다고 하더라도 이러한 철거의무는 공법상의 의무가 될 수 없고, 이 경우에도 행정대집행법을 준용하여 대집행을 허용하는 별도의 규정이 없는 한 위와 같은 철거의무는 행정대집행법에 의한 대집행의 대상이 되지 않는다.

(출처: 대법원 2006.10.13. 선고 2006두7096 판결 [건물철거대집행계고처분취소])

(2) 검토

생각건대, 사업인정 전 협의는 사법상 매매의 성질을 가지므로, 당사자 간의 철거약정은 공법상의 의무로 볼 수 없을 것이다. 따라서 이러한 철거의무를 부담하겠다는 취지의 약정은 대집행의 대상이 되지 않는다는 판례의 태도는 합당하다고 생각된다.

Ⅲ. (물음3)

1. 공용수용의 효과로서 인도·이전 의무

사업시행자는 수용의 개시일에 목적물을 원시취득하거나 사용의 개시일로부터 목적물을 사용할 수 있다. 토지소유자가 목적물의 인도·이전의무를 다하지 않는 경우에 토지보상법상 대행·대집행을 신청할 수 있다.

2. 관련 규정의 검토

토지보상법 제43조(토지 또는 물건의 인도 등)
토지소유자 및 관계인과 그 밖에 토지소유자나 관계인에 포함되지 아니하는 자로서 수용하거나 사용할 토지나 그 토지에 있는 물건에 관한 권리를 가진 자는 수용 또는 사용의 개시일까지 그 토지나 물건을 사업시행자에게 인도하거나 이전하여야 한다.

3. 관련 판례의 태도

【판결요지】
구 공공용지의 취득 및 손실보상에 관한 특례법(2002.2.4. 법률 제6656호 공익사업을 위한 토지 등의 취득 및 보상에 관한 법률 부칙 제2조로 폐지)에 의한 협의취득 시 건물소유자가 협의취득대상 건물에 대하여 약정한 철거의무는 공법상 의무가 아닐 뿐만 아니라, 공익사업을 위한 토지 등의 취득 및 보상에 관한 법률 제89조에서 정한 행정대집행법의 대상이 되는 '이 법 또는 이 법에 의한 처분으로 인한 의무'에도 해당하지 아니하므로 위 철거의무에 대한 강제적 이행은 행정대집행법상 대집행의 방법으로 실현할 수 없다.

(출처: 대법원 2006.10.13. 선고 2006두7096 판결 [건물철거대집행계고처분취소])

4. 토지보상법 제89조 제3항의 입법취지

(1) 인권침해 방지규정의 신설

토지보상법 제89조 제3항에서 “사업시행자가 제1항에 따라 대집행을 신청하거나 제2항에 따라 직접 대집행을 하려는 경우에는 국가나 지방자치단체는 의무를 이행하여야 할 자를 보호하기 위하여 노력하여야 한다.”라고 규정을 두어 공익사업현장에서 인권침해 방지를 위한 노력을 강구하도록 법령을 정비하였다.

(2) 신설조항의 취지

용산참사와 관련해 피당사자의 보호를 위한 적법한 수단의 확보의 필요성이 증가한 점, 물리적 충돌을 방지할 목적 및 최근의 인권보장의 강조추세를 반영하기 위한 것으로 판단된다.

(3) 인권침해 방지노력의 내용

1) 사전적 권리구제 강화

철거민들과의 물리적 충돌 및 관계개선을 위해서 대집행이 이뤄지기 앞서 의견교환과 사전조율작업이 중요하다고 생각한다. 이를 통해 강제퇴거 등의 물리적 행사를 최소화하는 것이 바람직한 것으로 보인다.

2) 대집행과정에서 관리 · 감독

대집행을 행하는 과정에 있어서도 피당사자의 침해를 최소화하기 위해서 관리 · 감독을 철저히 행하며 폭력이 허용되지 않도록 적법한 절차에 의해서 행해지게끔 노력하여야 한다고 생각한다.

3) 용역업체 선정에 있어서 엄격화

용역업체 등이 경비업법에 의한 정식교육과 전문자격을 갖춘 자에 행하여 선정되도록 하여 피당사자의 인권침해 방지를 위해 노력하여야 한다.

(4) 대집행 주체의 명확화와 명도소송 관련

자기집행과 타자집행의 요건을 명시하고 민사집행법상 집행관의 강제력 사용에 대한 구체적인 기준을 마련하여야 한다.

5. 검토

생각건대, 토지보상법 제89조의 대집행은 토지보상법 또는 토지보상법에 의한 처분으로 인한 의무불이행만이 그 적용대상이므로 사업인정 이전의 협의에 의한 취득의 경우 철거의무 불이행은 토지보상법 제89조의 대집행규정의 적용대상이 아니라고 판단된다.

쟁점 15 손실보상기준과 공법상 제한받는 토지 등의 보상평가기준

홍길동 소유 서울특별시 서초구 서초동 산 17-1 임야 1,878㎡ 외 4필지에 대하여 서울추모공원을 조성하기 위하여 공익사업을 위한 토지 등의 취득 및 보상에 관한 법률(이하 '토지보상법')상 사업인 정고시가 되었다. 해당 토지가 서울추모공원 조성사업에 편입된 토지소유자 홍길동은 손실보상을 청구하면서 다음과 같은 주장을 하고 있는바, 다음 물음에 답하시오. 20점

> 헌법 제23조 제3항 및 토지보상법 제70조 이하 조항들은 수용토지 등의 구체적인 보상액 산정 및 평가방법을 투자비용・예상수익 및 거래가격 등을 고려하여 산정하도록 하고 있을 뿐 구체적인 내용을 하위법규에 모두 위임하고 있으므로, 포괄위임입법금지 원칙에 반하고, 공용 수용에 따른 '정당한 보상'의 내용을 반드시 '법률'로 규정하여야 한다는 헌법 제23조 제3항에 반한다. 또한 토지보상법 시행규칙 제23조 제2항, 제24조가 이 사건 법률조항들이 위임하지 아니한 사항에 대하여 규정하고 있어 '법률'에 의한 보상원칙에 반하고, 토지보상법 시행규칙 제23조 제2항은 개발이익에 포함된다고 볼 수 없는 개발제한구역 지정으로 인한 지가하락 부분의 특별한 희생을 보상금 산정에 반영하지 못하도록 하고, 같은 규칙 제24조는 불법으로 형질을 변경한 토지의 경우 현황대로 평가하지 아니하고 토지의 형질이 변경될 당시의 이용상황을 상정하여 평가하도록 하여 정당한 보상의 원칙에도 위배된다. 한편, 토지보상법 시행규칙 제23조 제2항에 의하여 개발제한구역의 해제와 공익사업상의 개발계획 수립의 선후관계라는 우연한 사정에 의하여 보상액의 차이가 발생하므로 평등원칙에도 위배된다(2011.12.29. 2010헌바205・282・296・297 위헌소원).

(1) 위 사례에서 토지보상법 제70조상 일반적인 토지보상기준과 토지보상법 제67조 제2항에서 규정하고 있는 개발이익 배제기준에 대하여 설명하시오. 10점

(2) 위 사례를 통해 토지보상법상 공법상 제한받는 토지의 보상평가기준과 무허가・불법형질변경토지의 보상평가기준에 대하여 설명하시오. 10점

목차 index

Ⅰ. (물음1) 일반적인 토지보상기준과 개발이익 배제기준

1. 토지보상의 평가기준
   (1) 공시지가기준 보상
   (2) 시점수정
   (3) 기타요인 보정
2. 개발이익 배제
   (1) 개발이익 배제의 의미
   (2) 관련 판례의 태도
   (3) 개발이익 배제의 정당성

주요 내용 contents

Ⅰ. (물음1) 일반적인 토지보상기준과 개발이익 배제기준

1. 토지보상의 평가기준

(1) 공시지가기준 보상

공익사업을 위한 토지 등의 취득 및 보상에 관한 법률(이하 '토지보상법')상 협의 또는 재결에 의하여 취득하는 토지에 대하여는 부동산 가격공시에 관한 법률에 의한 공시지가를 기준으로 하고, 해당 공익사업으로 인한 개발이익 또는 개발손실을 배제하기 위해 해당 공익사업으로 인한 지가의 영향을 받지 아니하는 지역의 지가변동률을 적용하도록 규정하고 있다(토지보상법 제70조 제1항). 또한, 해당 공익사업으로 인한 개발이익 등을 배제하기 위해 공시지가기준일을 규정하고 있다.

(2) 시점수정

1) 시점수정의 의의

시점수정이라 함은 평가에 있어서 거래사례자료의 거래시점과 가격시점이 시간적으로 불일치하여 가격수준의 변동이 있는 경우 거래사례가격을 가격시점의 수준으로 정상화하는 작업을 말한다. 보상평가에 있어서는 토지의 평가 시 공시기준일과 평가대상토지의 가격시점 간의 시간적 불일치로 인한 가격수준의 변동을 정상화하는 작업을 의미한다.

2) 시점수정의 방법(토지보상법 제70조 제1항 및 동법 시행령 제37조)

토지보상법상 시점수정은 해당 사업으로 인한 지가의 영향을 받지 아니하는 지역의 대통령령이 정하는 지가변동률, 생산자물가상승률을 기준으로 하여 공시기준일부터 가격시점까지의 정상적인 지가상승분을 반영하는 방법을 통하여 시점수정을 하도록 규정하고 있다. 적용 지가변동률 선정에 있어 토지보상법 제70조 제1항의 위임에 따라 동법 시행령 제37조는 표준지가 소재하는 시, 군 또는 구의 용도지역별 지가변동률을 원칙으로 하되, 해당 공익사업으로 인하여 평가대상 토지가 소재하는 시, 군 또는 구의 지가가 변동된 경우에는 해당 공익사업과 관계없는 인근 시, 군 또는 구의 지가변동률을 선정, 적용하도록 규정하고 있다.

(3) 기타요인 보정(그 밖의 요인보정)

1) 기타요인 보정의 의의 및 취지

기타요인 보정은 공시지가기준 보상을 함에 있어서 시간적 불일치와 공간적 불일치를 교정하고도 반영되지 못한 부분에 대하여 정당보상차원에서 행해지는 것으로 감칙과 같은 경우에는 그 밖의 요인보정이라는 표현을 쓰고 있으나 대법원 판례는 기타요인 보정, 기타사항 참작이라는 표현을 사용하고 있다. 이는 정당보상을 실현하기 위한 취지이다.

2) 기타요인 보정에 대한 견해의 대립

① 부정하는 견해는 현행 토지보상법에 보상액 산정에 있어서 기타요인을 참작할 수 있는 근거규정을 삭제한 것은 참작하지 못하도록 해석해야 하고, 감정평가법인등의 자의성이나 재량으로부터 멀리하기 위하여서는 법정의 참작항목 이외에는 어떠한 요인도 참작할 수 없다고 본다. ② 반면에, 긍정하는 견해는 판례가 정당보상에 이르는 방법에는 어떠한 제한이 없다고 판시하고 있고, 감정평가규칙 제14조 제2항 제5호에 그 밖의 보정 근거규정이 있으며, 토지보상법의 개별요인의 비교항목은 예시한 것에 지나지 않는다고 보아 보상액 산정 시 기타요인을 참작할 수 있다고 본다.

3) 판례의 입장

【판시사항】

가. 수용대상토지의 보상액 산정에 있어 인근유사토지의 정상거래가격을 참작할 수 있는 경우
나. 인근유사토지의 정상거래가격의 의미 및 인근유사토지의 정상거래사례가 있고 그것을 참작함으로써 보상액 산정에 영향을 미친다는 점에 대한 입증책임
다. 재개발사업을 사업시행지구별로 분할 시행하는 경우 각 지구별사업이 별개의 사업인지 여부
라. 수용보상액 감정평가서의 가격산정요인 설시 정도

【판결요지】

가. 구 토지수용법(1991.12.31. 법률 제4483호로 개정되기 전의 것) 제46조 제2항, 지가공시 및 토지 등의 평가에 관한 법률 제9조, 제10조, 감정평가에 관한 규칙(1989.12.31.자 건설부령 제460호) 제17조 제1항, 제6항 등 토지수용에 있어서의 손실보상액 산정에 관한 관계 법령의 규정을 종합하여 보면, 수용대상토지의 정당한 보상액을 산정함에 있어서 인근유사토지의 정상거래사례를 반드시 조사하여 참작하여야 하는 것은 아니며, 다만 인근유사토지의 정상거래사례가 있고 그 거래가격이 정상적인 것으로서 적정한 보상액 평가에 영향을 미칠 수 있는 것임이 입증된 경우에는 이를 참작할 수 있다.
나. 인근유사토지의 정상거래가격이라고 하기 위해서는 대상토지의 인근에 있는 지목 등급 지적 형태 이용상황 용도지역 법령상의 제한 등 자연적, 사회적 조건이 수용대상토지와 동일하거나 유사한 토지에 관하여 통상의 거래에서 성립된 가격으로서 개발이익이 포함되지 아니하고 투기적인 거래에서 형성된 것이 아닌 가격이어야 하고, 그와 같은 인근유사토지의 정상거래사례에 해당한다고 볼 수 있는 거래사례가 있고 그것을 참작함으로써 보상액 산정에 영향을 미친다고 하는 점은 이를 주장하는 자에게 입증책임이 있다.
다. 인근유사토지의 거래사례가격에 개발이익이 포함되어 있다는 이유로 이를 배제함에 있어서는 당해 사업으로 인한 개발이익이 포함된 거래사례만을 배제하여야 하고, 재개발사업을 사업시

행지구별로 분할시행하는 경우 각 지구별사업은 각각 독립된 별개의 사업으로 볼 수 있다.
라. 토지수용 보상액을 평가함에 있어서는 관계 법령에서 들고 있는 모든 가격산정요인들을 구체적, 종합적으로 참작하여 각 요인들이 빠짐없이 반영된 적정가격을 산출하여야 하고, 이 경우 감정평가서에는 모든 가격산정요인의 세세한 부분까지 일일이 설시하거나 그 요소가 평가에 미치는 영향을 수치적으로 표현할 수는 없다 하더라도 적어도 그 가격산정요인들을 특정 명시하고 그 요인들이 어떻게 참작되었는지를 알아볼 수 있는 정도로 기술하여야 한다.

4) 검토

헌법 제23조 제3항의 완전보상의 원칙을 '시가보상'으로 볼 때 정책가격의 성격이 강한 공시지가만을 기준으로 보상액 산정 시 완전보상에 미달될 우려가 있어, 헌법상 정당보상의 실현방안으로 기타요인을 참작할 수 있다고 보는 것이 타당한 바, 토지보상법에 명문규정을 마련하여 입법적인 보완이 필요하다고 판단된다.

토지보상법 제70조(취득하는 토지의 보상)

① 협의나 재결에 의하여 취득하는 토지에 대하여는 「부동산 가격공시에 관한 법률」에 따른 공시지가를 기준으로 하여 보상하되, 그 공시기준일부터 가격시점까지의 관계 법령에 따른 그 토지의 이용계획, 해당 공익사업으로 인한 지가의 영향을 받지 아니하는 지역의 대통령령으로 정하는 지가변동률, 생산자물가상승률(「한국은행법」 제86조에 따라 한국은행이 조사·발표하는 생산자물가지수에 따라 산정된 비율을 말한다)과 그 밖에 그 토지의 위치·형상·환경·이용상황 등을 고려하여 평가한 적정가격으로 보상하여야 한다.
② 토지에 대한 보상액은 가격시점에서의 현실적인 이용상황과 일반적인 이용방법에 의한 객관적 상황을 고려하여 산정하되, 일시적인 이용상황과 토지소유자나 관계인이 갖는 주관적 가치 및 특별한 용도에 사용할 것을 전제로 한 경우 등은 고려하지 아니한다.
③ 사업인정 전 협의에 의한 취득의 경우에 제1항에 따른 공시지가는 해당 토지의 가격시점 당시 공시된 공시지가 중 가격시점과 가장 가까운 시점에 공시된 공시지가로 한다.
④ 사업인정 후의 취득의 경우에 제1항에 따른 공시지가는 사업인정고시일 전의 시점을 공시기준일로 하는 공시지가로서, 해당 토지에 관한 협의의 성립 또는 재결 당시 공시된 공시지가 중 그 사업인정고시일과 가장 가까운 시점에 공시된 공시지가로 한다.
⑤ 제3항 및 제4항에도 불구하고 공익사업의 계획 또는 시행이 공고되거나 고시됨으로 인하여 취득하여야 할 토지의 가격이 변동되었다고 인정되는 경우에는 제1항에 따른 공시지가는 해당 공고일 또는 고시일 전의 시점을 공시기준일로 하는 공시지가로서 그 토지의 가격시점 당시 공시된 공시지가 중 그 공익사업의 공고일 또는 고시일과 가장 가까운 시점에 공시된 공시지가로 한다.
⑥ 취득하는 토지와 이에 관한 소유권 외의 권리에 대한 구체적인 보상액 산정 및 평가방법은 투자비용, 예상수익 및 거래가격 등을 고려하여 국토교통부령으로 정한다.

2. 개발이익 배제

(1) 개발이익 배제의 의미

개발이익이란 정상지가 상승분을 초과하여 사업시행자나 토지소유자에게 귀속되는 토지가액의 증가분을 의미한다. 이는 토지소유자의 노력과는 관계없는 이익인바, 토지보상법 제67조 제2항에서 개발이익 배제를 보상기준으로 명시하고 있다.

토지보상법 제67조(보상액의 가격시점 등)
① 보상액의 산정은 협의에 의한 경우에는 협의 성립 당시의 가격을, 재결에 의한 경우에는 수용 또는 사용의 재결 당시의 가격을 기준으로 한다.
② 보상액을 산정할 경우에 해당 공익사업으로 인하여 토지 등의 가격이 변동되었을 때에는 이를 고려하지 아니한다.

(2) 관련 판례의 태도

【판시사항】
공익사업을 위한 토지 등의 취득 및 보상에 관한 법률 제67조 제2항에서 정한 수용 대상 토지의 보상액을 산정함에 있어, 해당 공익사업과는 관계없는 다른 사업의 시행으로 인한 개발이익을 포함한 가격으로 평가할 것인지 여부(적극) 및 개발이익이 해당 공익사업의 사업인정고시일 후에 발생한 경우에도 마찬가지인지 여부(적극)

【판결요지】
공익사업을 위한 토지 등의 취득 및 보상에 관한 법률 제67조 제2항은 '보상액을 산정할 경우에 해당 공익사업으로 인하여 토지 등의 가격이 변동되었을 때에는 이를 고려하지 아니한다'라고 규정하고 있는바, 수용 대상 토지의 보상액을 산정함에 있어 해당 공익사업의 시행을 직접 목적으로 하는 계획의 승인, 고시로 인한 가격변동은 이를 고려함이 없이 재결 당시의 가격을 기준으로 하여 적정가격을 정하여야 하나, 해당 공익사업과는 관계없는 다른 사업의 시행으로 인한 개발이익은 이를 포함한 가격으로 평가하여야 하고, 개발이익이 해당 공익사업의 사업인정고시일 후에 발생한 경우에도 마찬가지이다.

(3) 개발이익 배제의 정당성

1) 개발이익 배제의 정당성

개발이익이 정당보상에 해당하는지를 두고 견해가 대립하나, 판례는 수용사업의 시행으로 인한 개발이익은 해당 사업의 시행에 의하여 비로소 발생하는 것이어서 수용대상토지가 수용 당시 갖는 객관적 가치에 포함될 수는 없는 것이며, 따라서 이를 배제하고 손실보상을 한다 해도 정당보상의 원리에 위반되지 않는다고 판시하였다. 생각건대, 개발이익은 공익사업의 시행으로 비로소 발생하므로 그 성질상 해당 토지의 객관적 가치에 해당되지 않고 토지소유자의 노력과 무관한 바, 형평의 관념에 비추어 보더라도 토지소유자의 귀속분에 해당된다고 볼 수 없는바, 개발이익의 배제는 정당보상에 합치된다고 사료된다. 다만, 현행 보상기준에 의할 경우 개발이익의 완전한 배제가 어렵고, 인근 토지소유자와의 형평성 문제가 발생하는바, 이에 대한 입법적인 개선이 필요하다고 판단된다.

2) 개발이익 배제 및 환수의 문제점과 개선방안

이러한 개발이익 사유화의 문제점을 개선하기 위해 보상액 산정의 기준시점을 수용재결일에서 사업인정고시일로 앞당기거나, 시점수정 시 공시기준일부터 사업인정고시일까지는 지가변동률을 적용하되 사업인정고시일부터 수용재결일까지는 생산자물가상승률을 적용하도록 하여 개발이익을 완전히 배제할 수 있도록 해야 할 것이다. 또한 개발이익환수제도의 개선을 위해 과세표준의 현실화를 통한 종합토지세의 부과와 실거래가 양도소득세를 부과할 수 있도록 조세제도의 개편이 필요하다고 판단된다. 피수용자의 상대적 상실감을 완화하기 위해 이주대책 등의 생활보상의 확대를 통해 피수용자에 대한 재산적 보상만으로 메워지지 않는 손실을 보전해 주고, 주변 토지의 지가상승으로 대토가 곤란해지는 바, 현금보상원칙의 예외로 현물보상을 확대하는 방안을 검토할 필요가 있다. 실제로 일정한 경우에 대토보상이 가능하도록 입법조치한 것은 높이 평가된다.

II. (물음2) 공법상 제한받는 토지의 보상평가기준과 무허가 · 불법형질변경토지의 보상평가기준

1. 공법상 제한을 받는 토지의 평가

(1) 공법상 제한의 의미

공법상 제한받는 토지란 국토의 계획 및 이용에 관한 법률과 같은 관계 법령에 의하여 토지의 각종 이용제한 및 규제 등을 받는 토지를 말한다. 토지보상법 시행규칙 제23조 제1항에서는 "공법상 제한을 받는 토지에 대하여는 제한받는 상태대로 평가한다. 다만, 그 공법상 제한이 해당 공익사업의 시행을 직접 목적으로 하여 가하여진 경우에는 제한이 없는 상태를 상정하여 평가한다."고 규정하고 있다. 용도지역 등의 지정에 의한 공법상 제한은 내재적, 사회적 제약에 해당하는 바, 공법상 제한을 받는 토지는 특별한 희생에 해당되지 않으므로 제한받는 상태대로 평가하여 보상하는 것이 타당하다고 사료된다.

> 토지보상법 시행규칙 제23조(공법상 제한을 받는 토지의 평가)
> ① 공법상 제한을 받는 토지에 대하여는 제한받는 상태대로 평가한다. 다만, 그 공법상 제한이 당해 공익사업의 시행을 직접 목적으로 하여 가하여진 경우에는 제한이 없는 상태를 상정하여 평가한다.
> ② 당해 공익사업의 시행을 직접 목적으로 하여 용도지역 또는 용도지구 등이 변경된 토지에 대하여는 변경되기 전의 용도지역 또는 용도지구 등을 기준으로 평가한다.

(2) 판례의 태도

공법상 제한을 받는 토지의 수용보상액을 산정함에 있어서는 그 공법상의 제한이 해당 공공사업의 시행을 직접목적으로 하여 가하여진 경우에는 그 제한을 받지 아니하는 상태대로 평가하여야 하고, 해당 공공사업의 시행 이전에 이미 해당 공공사업과 관계없이 (구)도시관리계획법에 의한 고시 등으로 일반적 계획제한이 가하여진 경우에는 그러한 제한을 받는 상태로 평가하여야 한다.

> **【판시사항】**
> [1] 공공사업지구에 포함된 토지에 대하여 공공사업시행 이후에 당해 공공사업의 시행을 직접 목적으로 하지 않는 공법상의 제한이 가하여진 경우, 그 공법상의 제한을 받는 토지의 수용보상액 평가방법
> [2] 문화유산보호구역의 확대 지정이 당해 공공사업인 택지개발사업의 시행을 직접 목적으로 하여 가하여진 것이 아님이 명백하므로 토지의 수용보상액은 그러한 공법상 제한을 받는 상태대로 평가하여야 한다고 한 사례

【판결요지】

[1] 공법상의 제한을 받는 토지의 수용보상액을 산정함에 있어서는 그 공법상의 제한이 당해 공공사업의 시행을 직접 목적으로 하여 가하여진 경우에는 그 제한을 받지 아니하는 상태대로 평가하여야 할 것이지만, 공법상 제한이 당해 공공사업의 시행을 직접 목적으로 하여 가하여진 경우가 아니라면 그러한 제한을 받는 상태 그대로 평가하여야 하고, 그와 같은 제한이 당해 공공사업의 시행 이후에 가하여진 경우라고 하여 달리 볼 것은 아니다.

[2] 문화유산보호구역의 확대 지정이 당해 공공사업인 택지개발사업의 시행을 직접 목적으로 하여 가하여진 것이 아님이 명백하므로 토지의 수용보상액은 그러한 공법상 제한을 받는 상태대로 평가하여야 한다고 한 사례

【판시사항】

[1] 공법상 제한이 그 자체로 제한목적이 달성되는 일반적 계획제한으로서 구체적 도시계획사업과 직접 관련되지 아니한 때와 공법상 제한이 구체적 사업이 따르는 개별적 계획제한이거나, 일반적 계획제한에 해당하는 용도지역 등의 지정 또는 변경에 따른 제한이더라도 그 용도지역 등의 지정 또는 변경이 특정 공익사업의 시행을 위한 것일 때의 각 경우에 보상액 산정을 위한 토지의 평가 방법

[2] 수용대상 토지에 관하여 특정 시점에서 용도지역 등을 지정 또는 변경을 하지 않은 것이 특정 공익사업의 시행을 위한 것인 경우, 공익사업의 시행을 직접 목적으로 하는 제한으로 보아 용도지역 등의 지정 또는 변경이 이루어진 상태를 상정하여 토지가격을 평가해야 하는지 여부(적극) 및 특정 공익사업의 시행을 위하여 용도지역 등을 지정 또는 변경을 하지 않았다고 보기 위한 요건

[3] 2개 이상의 토지 등에 대한 감정평가 방법 및 예외적으로 일괄평가가 허용되는 경우인 2개 이상의 토지 등이 '용도상 불가분의 관계'에 있다는 의미

【판결요지】

[1] 공익사업을 위한 토지 등의 취득 및 보상에 관한 법률과 그 시행규칙의 관련 규정에 의하면, 공법상 제한을 받는 토지에 대한 보상액을 산정할 때에 해당 공법상 제한이 구 도시계획법(2002.2.4. 법률 제6655호 국토의 계획 및 이용에 관한 법률 부칙 제2조로 폐지) 등에 따른 용도지역·지구·구역(이하 '용도지역 등'이라고 한다)의 지정 또는 변경과 같이 그 자체로 제한목적이 달성되는 일반적 계획제한으로서 구체적 도시계획사업과 직접 관련되지 아니한 경우에는 그러한 제한을 받는 상태 그대로 평가하여야 한다. 반면 도로·공원 등 특정 도시계획시설의 설치를 위한 계획결정과 같이 구체적 사업이 따르는 개별적 계획제한이거나, 일반적 계획제한에 해당하는 용도지역 등의 지정 또는 변경에 따른 제한이더라도 그 용도지역 등의 지정 또는 변경이 특정 공익사업의 시행을 위한 것일 때에는, 그 공익사업의 시행을 직접 목적으로 하는 제한으로 보아 그 제한을 받지 아니하는 상태를 상정하여 평가하여야 한다.

[2] 어느 수용대상 토지에 관하여 특정 시점에서 용도지역·지구·구역(이하 '용도지역 등'이라고 한다)을 지정 또는 변경하지 않은 것이 특정 공익사업의 시행을 위한 것일 경우 이는 해당 공익사업의 시행을 직접 목적으로 하는 제한이라고 보아 용도지역 등의 지정 또는 변경이 이루어진 상태를 상정하여 토지가격을 평가하여야 한다. 여기에서 특정 공익사업의 시행을 위하여 용도지역 등을 지정 또는 변경하지 않았다고 볼 수 있으려면, 토지가 특정 공익사업에 제공된다는 사정을 배제할 경우 용도지역 등을 지정 또는 변경하지 않은 행위가 계획재량권의 일탈·남용에 해당함이 객관적으로 명백하여야만 한다.

[3] 2개 이상의 토지 등에 대한 감정평가는 개별평가를 원칙으로 하되, 예외적으로 2개 이상의 토지 등에 거래상 일체성 또는 용도상 불가분의 관계가 인정되는 경우에 일괄평가가 허용된다. 여기에서 '용도상 불가분의 관계'에 있다는 것은 일단의 토지로 이용되고 있는 상황이 사회적·경제적·행정적 측면에서 합리적이고 그 토지의 가치 형성적 측면에서도 타당하다고 인정되는 관계에 있는 경우를 뜻한다.

2. 무허가건축물 등의 부지 보상

(1) 무허가건축물 등의 부지 개념

무허가건축물 등의 부지라 함은 건축법 등 관계 법령에 의하여 허가를 받거나 신고를 하고 건축 또는 용도변경을 하여야 하는 건축물을 허가를 받지 아니하거나 신고를 하지 아니하고 건축 또는 용도변경한 건축물의 부지를 말한다.

토지보상법 시행규칙 제24조(무허가건축물 등의 부지 또는 불법형질변경된 토지의 평가)
「건축법」 등 관계 법령에 의하여 허가를 받거나 신고를 하고 건축 또는 용도변경을 하여야 하는 건축물을 허가를 받지 아니하거나 신고를 하지 아니하고 건축 또는 용도변경한 건축물(이하 "무허가건축물등"이라 한다)의 부지 또는 「국토의 계획 및 이용에 관한 법률」 등 관계 법령에 의하여 허가를 받거나 신고를 하고 형질변경을 하여야 하는 토지를 허가를 받지 아니하거나 신고를 하지 아니하고 형질변경한 토지(이하 "불법형질변경토지"라 한다)에 대하여는 무허가건축물등이 건축 또는 용도변경될 당시 또는 토지가 형질변경될 당시의 이용상황을 상정하여 평가한다.

(2) 평가기준

1) 무허가건축물 건축시점 확인방법

1989.1.24.이전 건축된 무허가건축물 등에 대하여는 이를 적법한 건축물로 보도록 규정되어 있으므로 무허가건물의 건축시점 확인은 보상에 있어 필수적 조사사항이다. 무허가건물 건축시점의 확인은 무허가건물대장의 건축일자를 기준으로 하되, 무허가건물대장이 없는 경우에는 지방자치단체에 공문으로 조회하여 항공사진 촬영일자 등을 확인해야 한다.

【판시사항】

[1] 사업시행자가 토지의 이용상황을 조사한 토지조서를 보상계획과 함께 공고하고 대상물건의 소유자등에게 개별통지한 경우, 중앙토지수용위원회가 정당한 손실보상금을 결정함에 있어서 반드시 그 토지조서에 표시된 대로의 이용상황을 기준으로 하여야 하는지 여부(소극)

[2] 무허가건축물관리대장에 건축물로 등재되어 있다고 하여 그 건축물이 적법한 절차를 밟아서 건축된 것이라거나 그 건축물의 부지가 적법하게 형질변경된 것으로 추정되는지 여부(소극)

[3] 1995.1.7. 개정된 공공용지의 취득 및 손실보상에 관한 특례법 시행규칙의 시행에 따른 불법형질변경 토지 등에 대한 평가 방법

【판결요지】

[1] 공공용지의 취득 및 손실보상에 관한 특례법 시행규칙 제5조의2, 제5조의3, 제5조의4, 토지수용법 제23조, 제24조, 토지수용법시행령 제15조의 규정을 종합하면, 협의취득의 전제로서 사업시행자가 공공용지의 취득 및 손실보상에 관한 특례법 시행규칙에 의하여 토지의 이용상황을

조사한 토지조서를 보상계획과 함께 공고하고 대상물건의 소유자등에게 개별통지하였다 하더라도, 중앙토지수용위원회가 정당한 손실보상금을 결정함에 있어서 반드시 그 토지조서에 표시된 대로의 이용상황을 기준으로 하여야 하는 것은 아니다.

[2] 무허가건축물관리대장은 관할관청이 개발제한구역 안의 무허가건축물에 대한 관리차원에서 작성하는 것이므로, 위 대장의 작성목적, 작성형식, 관리상태 등에 비추어 거기에 건축물로 등재되어 있다고 하여 그 건축물이 적법한 절차를 밟아서 건축된 것이라거나 그 건축물의 부지가 적법하게 형질변경된 것으로 추정된다고 할 수 없다.

[3] 1995.1.7. 공공용지의 취득 및 손실보상에 관한 특례법 시행규칙 제6조 제6항이 시행된 이후 불법형질변경된 토지를 평가함에 있어서는, 가격시점에 있어서의 현실적인 이용상황에 따른 평가원칙에 대한 예외로서, 그 형질변경시기가 위 같은법 시행규칙 제6조 제6항의 시행 전후를 불문하고 당해 토지가 형질변경이 될 당시의 이용상황을 상정하여 평가하여야 하고, 다만 위 같은법 시행규칙 부칙 제4항에 의하여 그 시행 당시 이미 공공사업시행지구에 편입된 불법형질변경 토지 등에 한하여 같은법 시행령 제2조의10 제2항에 따라 가격시점에서의 현실적인 이용상황(즉, 형질변경 이후의 이용상황)에 따라 평가하여야 한다.

2) 1989.1.24. 이전 건축된 무허가건물 부지면적 산정방법

1989.1.24.이전 건축된 무허가건축물 등은 그 적법성은 인정되나 그 건축물 부지에 대하여는 명확한 보상기준이 없어 중앙토지수용위원회에서는 무허가건축물의 바닥면적만을 대지로 인정하는 것을 원칙으로 하고, 예외적으로 건축물 부지로 이용되고 있는 것이 객관적으로 인정되고 지적공사의 현황측량결과에 의거 사업시행자가 대지로서 인정한 해당 면적이 확인되는 경우 이를 대지로 평가 및 보상하고 있다.

【판시사항】

[1] 구 공공용지의 취득 및 손실보상에 관한 특례법 시행규칙 제6조 제6항 소정의 '무허가건물 등의 부지'의 의미 및 1995.1.7. 개정된 같은법 시행규칙의 시행에 따른 불법형질변경 토지에 대한 평가 방법

[2] 무허가건물에 이르는 통로, 야적장, 주차장 등은 그 무허가건물의 부지라고 볼 수 없고, 불법형질변경된 토지가 택지개발사업시행지구에 편입된 때로 보는 택지개발계획의 승인·고시가 1995.1.7. 개정된 공공용지의 취득 및 손실보상에 관한 특례법 시행규칙 제6조 제6항의 시행 이후에 있은 경우, 그 형질변경 당시의 이용상황으로 상정하여 평가하여야 한다고 판단한 사례

【판결요지】

[1] 구 공공용지의 취득 및 손실보상에 관한 특례법 시행규칙(1995.1.7. 건설교통부령 제3호로 개정되기 전의 것) 제6조 제6항 소정의 '무허가건물 등의 부지'라 함은 당해 무허가건물 등의 용도·규모 등 제반 여건과 현실적인 이용상황을 감안하여 무허가건물 등의 사용·수익에 필요한 범위 내의 토지와 무허가건물 등의 용도에 따라 불가분적으로 사용되는 범위의 토지를 의미하는 것이라고 해석되고, 한편, 불법형질변경된 토지를 평가함에 있어서는, 1995.1.7. 건설교통부령 제3호로 개정된 같은법 시행규칙 제6조 제6항의 시행 이후에는 가격시점에 있어서의 현실적인 이용상황에 따른 평가원칙에 대한 예외로서, 그 형질변경시기가 위 같은법 시행규칙 제6조 제6항의 시행 전후를 불문하고 당해 토지가 형질변경이 될 당시의 이용상황을 상정하여 평가하여야 하며, 다만, 개정된 같은법 시행규칙 부칙 제4항에 의하여 그 시행 당시 이미 공공

사업시행지구에 편입된 불법형질변경토지 등에 한하여 같은법 시행령 제2조의10 제2항에 따라 가격시점에서의 현실적인 이용상황(즉, 형질변경 이후의 이용상황)에 따라 평가하여야 하는 것으로 해석된다.

[2] 무허가건물에 이르는 통로, 야적장, 마당, 비닐하우스・천막 부지, 컨테이너・자재적치장소, 주차장 등은 무허가건물의 부지가 아니라 불법으로 형질변경된 토지이고, 위 토지가 택지개발사업시행지구에 편입된 때로 보는 택지개발계획의 승인・고시가 1995.1.7. 개정된 공공용지의 취득 및 손실보상에 관한 특례법 시행규칙 제6조 제6항의 시행 이후에 있은 경우, 그 형질변경 당시의 이용상황인 전 또는 임야로 상정하여 평가하여야 한다고 한 사례

3) 1989.1.24.이후 건축된 무허가건축물 등의 부지

1989.1.24. 이후에 건축된 무허가건축물 등은 그 적법성이 인정되지 아니하므로 그 부지에 대해서도 무허가건축물 등이 건축된 당시의 이용상황을 상정하여 평가하여야 한다.

3. 불법형질변경토지의 보상

(1) 불법형질변경토지의 개념

불법형질변경토지라 함은「국토의 계획 및 이용에 관한 법률」등 관계 법령에 의하여 허가를 받거나 신고를 하고 형질변경을 하여야 하는 토지를 허가를 받지 아니하거나 신고를 하지 아니하고 형질변경한 토지를 말한다.

(2) 평가기준

1) 개요

적법한 절차를 거치지 아니하고 형질변경을 한 토지는 형질변경될 당시의 이용상황을 상정하여 평가하는 것이 원칙이므로 현실이용상황이 대지, 전, 답 및 과수원 등일지라도 공부상 지목이 다르다면 적법한 절차를 거쳐 형질변경되었는지의 여부를 확인한 후 평가 및 보상하여야 한다.

【판시사항】

공공용지의 취득 및 손실보상에 관한 특례법 시행규칙 제6조 제6항이 모법의 위임 범위를 벗어나거나 위 부칙 제4항이 법률불소급의 원칙에 반하는지 여부(소극)

【판결요지】

공공용지의 취득 및 손실보상에 관한 특례법 시행령에는 비록 토지의 구체적 상황에 따른 평가방법에 관하여 건설교통부령에 위임한다는 명문의 규정을 두고 있지는 아니하나, 공공용지의 취득 및 손실보상에 관한 특례법(이하 '특례법'이라 한다) 제4조 제2항 제1호, 특례법 시행령 제2조의10 제1항, 제2항은 토지의 일반적 이용방법에 의한 객관적 상황을 기준으로 하되 일시적 이용상황을 고려하지 아니하고 산정함으로써 적정가격으로 보상액을 산정하여야 한다는 원칙을 정하고 있는바, 불법으로 형질변경된 토지에 대하여는 관계 법령에서 원상회복을 명할 수 있고, 허가 등을 받음이 없이 형질변경행위를 한 자에 대하여는 형사처벌을 할 수 있음에도, 그러한 토지에 대하여 형질변경된 상태에 따라 상승된 가치로 평가한다면, 위법행위로 조성된 부가가치 등을 인정하는 결과를 초래하여 '적정보상'의 원칙이 훼손될 우려가 있으므로, 이와 같은 부당한 결과를 방지하기 위하여

불법으로 형질변경된 토지에 대하여는 특별히 형질변경될 당시의 이용상황을 상정하여 평가함으로써 그 '적정가격'을 초과하는 부분을 배제하려는 것이 특례법 시행규칙(1995.1.7. 건설교통부령 제3호로 개정된 것) 제6조 제6항의 규정 취지라고 이해되고, 따라서 위 규정은 모법인 특례법 제4조 제2항 제1호, 특례법 시행령 제2조의10 제1항, 제2항에 근거를 두고, 그 규정이 예정하고 있는 범위 내에서 토지의 적정한 산정방법을 구체화·명확화한 것이지, 모법의 위임 없이 특례법 및 같은법 시행령이 예정하고 있지 아니한 토지의 산정방법을 국민에게 불리하게 변경하는 규정은 아니라고 할 것이므로 모법에 위반된다고 할 수 없으며, 또한 특수한 토지에 대한 평가기준을 정하고 있는 특례법 시행규칙 제6조 제6항의 적용 여부는 평가의 기준시점에 따라 결정되므로, 비록 개정된 특례법 시행규칙 제6조 제6항이 시행되기 전에 이미 불법으로 형질변경된 토지라 하더라도, 위 개정 조항이 시행된 후에 공공사업시행지구에 편입되었다면 개정 조항을 적용하여야 하고, 부칙(1995.1.7.) 제4항에서 위 개정 조항 시행 당시 공공사업시행지구에 편입된 불법 형질변경토지만 종전의 규정을 적용하도록 하였다 하여, 이를 들어 소급입법이라거나 헌법 제13조 제2항이 정하고 있는 법률불소급의 원칙에 반한다고 할 수 없다.

2) 제3자가 불법형질변경한 경우

토지소유자가 아닌 제3자가 형질변경한 경우에도 적법한 허가나 승인 없이 한 경우에는 불법형질변경 토지이므로 형질변경전의 이용상황대로 평가 및 보상한다.

【판시사항】

[1] 국방·군사시설사업에 관한 법률에 의한 국방·군사시설사업의 실시계획 승인처분의 쟁송기간이 도과한 후 수용재결이나 이의재결 단계에서 그 위법 부당함을 이유로 이의재결의 취소를 구할 수 있는지 여부(소극)

[2] 현황평가원칙의 예외사유인 구 공공용지의 취득 및 손실보상에 관한 특례법 시행규칙 제6조 제6항의 적용 기준

【판결요지】

[1] 국방·군사시설사업에 관한 법률 제4조 제1항, 제5조 제2항, 제6조 제1항, 제2항, 제3항 등의 규정에 의한 국방·군사시설사업의 실시계획의 승인은 사업시행자가 그 후 일정한 절차를 거칠 것을 조건으로 하여 일정한 내용의 수용권을 설정해 주는 행정처분의 성격을 갖는 것이고, 그 승인 고시의 효과는 수용할 목적물의 범위를 확정하고 수용권으로 하여금 목적물에 관한 현재 및 장래의 권리자에게 대항할 수 있는 일종의 공법상 권리로서의 효력을 발생시킨다 할 것이므로, 토지소유자로서는 선행처분인 실시계획인가·고시단계에서 그 사업인정의 위법·부당함을 들어 쟁송하여야 하고 쟁송기간이 지난 후 수용재결이나 이의재결 단계에 있어서는 위 실시계획인가·고시에 명백하고 중대한 하자가 있어 당연무효라고 볼 특단의 사정이 없는 이상 그 위법·부당함을 이유로 이의재결의 취소를 구할 수는 없다.

[2] 구 공공용지의 취득 및 손실보상에 관한 특례법 시행규칙(2002.12.31. 건설교통부령 제344호로 폐지) 제6조 제6항은 현황평가원칙의 예외로서 "무허가건물 등의 부지나 불법으로 형질변경된 토지는 무허가건물 등이 건축될 당시 또는 토지의 형질변경이 이루어질 당시의 이용상황을 상정하여 평가한다."라고 규정하고 있는바(다만, 위 시행규칙 부칙 제4항에 의하면, 위 규칙 시행 당시 공공사업시행지구에 편입된 불법형질변경 토지 또는 무허가개간 토지 등의 보상 등에

대하여는 위 개정규정에 불구하고 종전의 규정에 의하도록 하고 있다), 위 규정의 취지는 토지의 소유자 또는 제3자가 불법 형질변경 등을 통하여 현실적인 이용현황을 왜곡시켜 부당하게 손실보상금의 평가가 이루어지게 함으로 인하여 토지 소유자가 부당한 이익을 얻게 되는 것을 방지함으로써 구 공공용지의 취득 및 손실보상에 관한 특례법(2002.2.4. 법률 제6656호 공익사업을 위한 토지 등의 취득 및 보상에 관한 법률 부칙 제2조로 폐지) 제4조 제2항이 규정하고 있는 '적정가격보상의 원칙'을 관철시키기 위한 것이라 할 것이므로, 국가 또는 지방공공단체가 적법한 절차를 거치지 아니하고 개인의 토지를 형질변경하여 그 토지를 장기간 공익에 제공함으로써 그 토지의 가격이 상승된 이후에 스스로 공익사업의 시행자로서 그 토지를 취득하는 경우와 같이 위 규정을 적용한다면 오히려 '적정가격보상의 원칙'에 어긋나는 평가가 이루어질 수 있는 특별한 사정이 있는 때에는 위 규정이 적용되지 아니하고, 수용에 의하여 취득할 토지에 대한 평가의 일반원칙에 의하여 수용재결 당시의 현실적인 이용상황에 따라 평가하는 것이 합당하다.

3) 사업인정 이후 형질변경허가를 득하지 아니한 지목변경토지의 적법성 인정 여부

토지보상법 제25조 제1항의 규정에 의거 사업인정고시가 있은 후에는 누구든지 고시된 토지에 대하여 사업에 지장을 초래할 우려가 있는 형질의 변경을 하지 못하도록 규정되어 있으므로 적법한 형질변경허가 절차 없이 토지소유자 임의로 토지의 형질을 변경하여 이용중에 있다 하더라도 그 토지에 대한 평가는 형질변경 전의 이용상황대로 평가 및 보상한다. 사업인정의 고시가 있었음에도 허가관청의 착오 등으로 적법하게 허가를 득한 경우는 이를 인정하여 현황평가하여 보상한다.

토지보상법 제25조(토지등의 보전)

① 사업인정고시가 된 후에는 누구든지 고시된 토지에 대하여 사업에 지장을 줄 우려가 있는 형질의 변경이나 제3조 제2호 또는 제4호에 규정된 물건을 손괴하거나 수거하는 행위를 하지 못한다.
② 사업인정고시가 된 후에 고시된 토지에 건축물의 건축·대수선, 공작물(工作物)의 설치 또는 물건의 부가(附加)·증치(增置)를 하려는 자는 특별자치도지사, 시장·군수 또는 구청장의 허가를 받아야 한다. 이 경우 특별자치도지사, 시장·군수 또는 구청장은 미리 사업시행자의 의견을 들어야 한다.
③ 제2항을 위반하여 건축물의 건축·대수선, 공작물의 설치 또는 물건의 부가·증치를 한 토지소유자 또는 관계인은 해당 건축물·공작물 또는 물건을 원상으로 회복하여야 하며 이에 관한 손실의 보상을 청구할 수 없다.

쟁점 16 영업손실보상 대상에 해당하는지 여부

공익사업을 위한 토지 등의 취득 및 보상에 관한 법률(이하 '토지보상법')상 산업단지 조성사업의 사업인정고시일 당시 사업지구 내에서 제재목과 합판 등 제조·판매업을 영위해 오다가 토지보상법상 사업인정고시일 이후 사업지구 내 다른 곳으로 영업장소를 이전하여 영업을 하던 甲이 영업보상 등을 요구하면서 수용재결을 청구하였으나 관할 토지수용위원회가 甲의 영업장은 임대기간이 종료되어 이전한 것이지 공익사업의 시행으로 손실이 발생한 것이 아니라는 이유로 甲의 청구를 기각하였다. 다음 물음에 답하시오. 20점

(1) 토지보상법 시행규칙 제45조상의 영업손실보상의 의의 및 요건에 대하여 설명하시오. 5점

(2) 위 사례가 사실관계를 분석했을 때 해당 사업이 영업손실보상에 해당되는지를 검토하시오. 5점

(3) 대법원 2001다7209 판결에서 가설건축물 수용 시 임차인의 영업손실을 보상하여야 하는지 여부에 대하여 설명하시오. 5점

(4) 공익사업이 예정된 장터에서 토지를 임차하여 앵글과 천막구조의 가설물을 설치하고 영업신고 없이 5일장이 서는 날에 정기적으로 국수와 순대국 등을 판매하는 음식업을 영위한 피수용자 乙 등이 토지보상법 시행규칙 제52조에 따른 영업손실보상의 대상이 되는지 문제된 사안에서, 영업의 계속성과 영업시설의 고정성을 인정할 수 있어서 영업보상이 되는지 여부를 검토하고, 사업시행자는 만약 영업보상이 되더라도 모란 5일장이니까 영업이익의 1/5만 주어야 한다는 주장이 타당한지 검토하시오. 5점

목차 index

주요 내용 contents

Ⅰ. 논점의 정리

해당 사안은 공익사업을 위한 토지 등의 취득 및 보상에 관한 법률(이하 '토지보상법')에서 영업손실보상에 관한 쟁점이다. 이하에서는 물음1에서 영업손실보상의 종류로 폐업보상과 휴업보상에 대하여 설명하고, 물음2와 관련하여 영업손실에 대한 보상여부 판단 기준시점에 관한 판례를 통해 갑이 영업손실보상 대상자인지 검토한 뒤, 물음3과 관련하여 5일장의 영업이 영업손실보상 대상에 해당하는지와 그 보상금액에 관한 사업시행자의 주장에 대하여 검토해 보고자 한다.

Ⅱ. (물음1) 영업손실보상의 의의 및 요건

1. 영업손실보상의 의의 및 취지

공익사업의 시행으로 영업을 폐지 또는 휴업하게 되는 경우에 사업시행자가 장래 예상되는 일정기간 동안의 영업소득이나 영업시설 및 재고자산 등에 대한 손실을 보상하는 것으로 토지보상법 시행규칙 제45조에 근거한다. 이는 합리적인 기대이익의 상실인 점에서 일실손실보상에 해당한다.

2. 영업폐지에 대한 보상

공익사업의 시행으로 인하여 영업이 폐지되는 경우에 해당하는 보상이다. 영업의 폐지는 ① 영업장소 또는 배후지의 특수성으로 인하여 다른 장소에 이전하여서는 해당 영업을 할 수 없는 경우, ② 다른 장소에서는 해당 영업의 허가 등을 받을 수 없는 경우, ③ 혐오감을 주는 영업시설로서 다른 장소로 이전하는 것이 현저히 곤란하다고 시장 등이 객관적인 사실에 근거하여 인정하는 경우이어야 한다.

【판시사항】

[1] 구 공공용지의 취득 및 손실보상에 관한 특례법 시행규칙 제24조, 제25조에서 정한 영업손실에 관한 보상에 있어서 영업의 폐지와 휴업의 구별 기준(=영업의 이전 가능성) 및 그 판단 방법

[2] 구 공공용지의 취득 및 손실보상에 관한 특례법 시행규칙 제25조 제2항의 규정 취지

【이유】

1. 원심은, 그 채용 증거들에 의하여, 익산지방국토관리청장은 국도 17호선인 봉동-화산 간 도로의 확장 및 포장공사를 위하여 1999.7.26. 이 사건 도로구역을 결정·고시한 사실, 원고는 이 사건 도로구역에 편입된 토지 위의 양돈시설에서 사육하던 돼지들이 2000. 여름 병원균에 감염되어 자궁에 농이 생기면서 유산을 하는 질병을 앓게 되자, 2000.11.경부터 2001.6.경까지 관할 완주군수의 허가 없이 질병의 방지·예방을 위하여 양돈시설 중 일부를 개축·신설한 사실을 인정한 다음, 기업자인 익산지방국토관리청장의 이 사건 도로구역 결정·고시로 인하여 원고가 그 이후에 관할 완주군수의 허가 없이 양돈시설물 중 일부를 개축하거나 신설한 부분은 구 토지수용법(2002.2.4. 법률 제6656호로 폐지되기 전의 것, 이하 '구 토지수용법'이라 한다) 제52조에 의하여 보상대상에서 제외된다고 판단하였는바, 관련 법령에 비추어 기록을 살펴보면, 이러한 원심의 사실인정과 판단은 옳고, 거기에 채증법칙을 위배하여 사실을 오인하거나 구 토지수용법 제52조의 보상청구 제한에 관한 법리를 오해한 위법이 있다고 할 수 없다.
2. 구 토지수용법 제57조에 의하여 준용되는 구 공공용지의 취득 및 손실보상에 관한 특례법(2002.2.4. 법률 제6656호로 폐지되기 전의 것, 이하 '구 공특법'이라 한다) 제4조 제4항, 구 공특법 시행령(2002.12.30. 대통령령 제17854호로 폐지되기 전의 것) 제2조의10 제7항, 구 공특법 시행규칙(2002.12.31. 건설교통부령 제344호로 폐지되기 전의 것, 이하 '구 공특법 시행규칙'이라 한다) 제24조 제1항, 제2항, 제25조 제1항, 제2항의 각 규정을 종합해 보면, 영업손실에 관한 보상의 경우 구 공특법 시행규칙 제24조 제2항 제1호 내지 제3호에 의한 영업의 폐지로 볼 것인지 아니면 영업의 휴업으로 볼 것인지를 구별하는 기준은 당해 영업을 그 영업소 소재지나 인접 시·군 또는 구 지역 안의 다른 장소로 이전하는 것이 가능한지 여부에 달려 있고, 이러한 이전 가능성 여부는 법령상의 이전 장애사유 유무와 당해 영업의 종류와 특성, 영업시설의 규모, 인접지역의 현황과 특성, 그 이전을 위하여 당사자가 들인 노력 등과 인근 주민들의 이전 반대 등과 같은 사실상의 이전 장애사유 유무 등을 종합하여 판단하여야 한다(대법원 2002.10.8. 선고 2002두5498 판결, 2003.10.10. 선고 2002두8992 판결 등 참조).
   원심은, 그 채용 증거들에 의하여 판시와 같은 사실을 인정한 다음, 양돈시설이 악취, 해충 발생, 농경지 오염 등으로 인하여 민원발생이 잦고 민원이 있을 경우 양돈시설 개설이 사실상 곤란하다고 하더라도 민원의 해결 또는 인근 주민의 동의가 양돈시설 개설의 요건이 아니고, 관계 법령상의 요건을 갖출 경우 인접 시·군에서 양돈시설 설치허가를 받는 것이 불가능하다고는 보이지 않으며, 원고의 양돈시설 소재지 및 인접 시·군에 축사가 개설된 사례가 최근 들어 다수 있고 그중에는 원고가 당초 개설했던 축사보다 대규모인 것도 있는 점에 비추어, 원고가 이 사건 양돈시설 소재지

인 완주군이나 인접한 진안군에 양돈시설의 이전에 필요한 신청을 하였다가 그 신청이 거절되었다는 사정만으로는 다른 인접 시·군으로의 이전이 현저히 곤란하다고 단정하기 어려우므로, 원고의 양돈업은 이 사건 토지의 수용으로 인한 폐업보상의 대상이 되지 않는다고 판단하였는바, 위 법리에 비추어 기록을 살펴보면, 이러한 원심의 사실인정과 판단은 옳은 것으로 수긍이 가고, 거기에 채증법칙을 위배하여 사실을 오인하거나 폐업보상에 관한 법리를 오해한 위법이 있다고 할 수 없다.

3. 구 공특법 시행규칙 제25조 제2항은 영업장소의 이전으로 인한 휴업기간은 특별한 경우를 제외하고는 3월 이내로 한다고 규정하고 있는바, 이는 피수용자 개개인의 구구한 현실적인 이전계획에 맞추어 휴업기간을 평가하는 경우 그 자의에 좌우되기 쉬워 평가의 공정성을 유지하기가 어려운 점에 비추어 통상 필요한 이전기간으로 누구든지 수긍할 수 있는 것으로 보이는 3월의 기준을 정하여 통상의 경우에는 이 기준에서 정한 3월의 기간 내에서 휴업기간을 정하도록 하되, 3월 이상이 소요될 것으로 누구든지 수긍할 수 있는 특별한 경우임이 입증된 경우에는 그 입증된 기간을 휴업기간으로 정할 수 있도록 하는 취지라 할 것이다(대법원 1994.11.8. 선고 93누7235 판결, 2004.1.29. 선고 2003두11520 판결 등 참조).

원심은, 이 사건 양돈시설을 이전하는 데 3개월 이상이 소요된다는 원고의 주장에 대하여, 구 공특법 시행규칙 제25조 제2항 소정의 특별한 경우에 해당한다고 인정할 증거가 없다는 이유로 이를 배척하고, 구 공특법 시행규칙 제25조 제2항 소정의 기준 기간인 3개월간의 영업손실보상액을 인정한 이 사건 처분이 적법하다고 판단하였는바, 이 사건 기록에 나타난 원고의 양돈시설 규모, 주변 여건 등에 비추어 이러한 원심의 판단은 옳고, 거기에 채증법칙을 위배하여 사실을 오인하거나 구 공특법 시행규칙 제25조 제2항의 휴업기간에 관한 법리를 오해한 위법이 있다고 할 수 없다.

(출처: 대법원 2005.9.15. 선고 2004두14649 판결 [토지수용이의재결처분취소등])

3. 영업휴업에 대한 보상

(1) 사업인정고시일 등 이전부터 영업

사업인정고시일 등(사업인정고시일과 보상계획공고 및 통지일 중 이른 날) 전부터 영업을 해야 하는데 이는 해당 일 이후 영업은 사업시행으로 영업장소의 이전이 예정됨을 알고도 영업을 한 것인 바, 특별한 희생이 인정될 수 없다고 보는 취지이다.

(2) 적법한 장소에서의 영업

사업인정고시일 등 전부터 적법한 장소에서 한 영업이어야 하며, 무허가건축물 등, 불법형질변경토지, 그 밖에 다른 법령에서 물건을 쌓아놓은 행위가 금지되지 않는 장소를 말한다. 다만, 무허가건축물이라도 임차인이 영업을 하는 경우에는 그 임차인이 사업인정고시일 등 1년 이전부터 사업자등록을 하고 행하고 있는 영업의 경우에는 영업손실보상의 대상이 된다. 단, 이 경우 영업손실보상액 중 영업용 고정자산, 원재료, 제품 및 상품 등의 매각손실액을 제외한 나머지 금액의 합은 1천만원을 초과할 수 없다.

(3) 인적, 물적 시설을 갖추고 계속적으로 행하고 있는 영업

인적, 물적시설을 갖춘 계속적 영업이어야 한다고 규정하고 있다. 최근 토지보상법 개정으로 영리목적이 삭제되면서 비영리 사단법인인 학교나 유치원 등도 보상대상이 확대되는 것은 보상의 형평성에 부합된다고 할 것이다.

(4) 관계 법령에 의한 허가 등을 받아 그 내용대로 행하고 있는 영업

영업을 행함에 있어서 관계 법령에 의한 허가 등을 필요로 하는 경우에는 사업인정고시일 등 전에 허가 등을 받아 그 내용대로 행하고 있는 영업일 때 영업손실보상이 되며 허가 등을 받지 않아도 되는 자유영업의 경우는 허가 등이 없더라도 영업손실보상의 대상이 된다.

Ⅲ. (물음2) 해당 사업이 영업손실보상에 해당되는지

1. 관련 규정의 검토

토지보상법 제77조(영업의 손실 등에 대한 보상)
① 영업을 폐업하거나 휴업함에 따른 영업손실에 대하여는 영업이익과 시설의 이전비용 등을 고려하여 보상하여야 한다.
② 농업의 손실에 대하여는 농지의 단위면적당 소득 등을 고려하여 실제 경작자에게 보상하여야 한다. 다만, 농지소유자가 해당 지역에 거주하는 농민인 경우에는 농지소유자와 실제 경작자가 협의하는 바에 따라 보상할 수 있다.
③ 휴직하거나 실직하는 근로자의 임금손실에 대하여는 「근로기준법」에 따른 평균임금 등을 고려하여 보상하여야 한다.
④ 제1항부터 제3항까지의 규정에 따른 보상액의 구체적인 산정 및 평가 방법과 보상기준, 제2항에 따른 실제 경작자 인정기준에 관한 사항은 국토교통부령으로 정한다.

2. 영업손실에 대한 보상여부 판단기준시점

(1) 관련 판례의 태도

【판시사항】
[1] 일반지방산업단지 조성사업의 사업인정고시일 당시 사업지구 내에서 제재목과 합판 등 제조·판매업을 영위해 오다가 사업인정고시일 이후 사업지구 내 다른 곳으로 영업장소를 이전하여 영업을 하던 갑이 영업보상 등을 요구하면서 수용재결을 청구하였으나 관할 토지수용위원회가 갑의 영업장은 임대기간이 종료되어 이전한 것이지 공익사업의 시행으로 손실이 발생한 것이 아니라는 이유로 갑의 청구를 기각한 사안에서, 사업인정고시일 당시 보상대상에 해당한다면 그 후 사업지구 내 다른 토지로 영업장소가 이전되었더라도 손실보상의 대상이 된다고 본 원심 판단을 정당하다고 한 사례
[2] 공익사업을 위한 토지 등의 취득 및 보상에 관한 법률 제77조 등에서 정한 영업의 손실 등에 대한 보상과 관련하여 사업인정고시일 이후 영업장소 등이 이전되어 수용재결 당시에는 해당 토지 위에 영업시설 등이 존재하지 않게 된 경우, 사업인정고시일 이전부터 해당 토지상에서 영업을 해 왔고 당시 영업시설 등이 존재하였다는 점에 관한 증명책임의 소재

【판결요지】
[1] 일반지방산업단지 조성사업의 사업인정고시일 당시 사업지구 내에서 영업시설을 갖추고 제재목과 합판 등의 제조·판매업을 영위해 오다가 사업인정고시일 이후 사업지구 내 다른 곳으로 영업장소를 이전하여 영업을 하던 갑이 영업보상 및 지장물 보상을 요구하면서 수용재결을 청구하였으나 관할 토지수용위원회가 갑의 영업장은 임대기간이 종료되어 이전한 것으로 공익사업의 시행으로 손실이 발생한 것이 아니라는 이유로 갑의 청구를 기각한 사안에서, 공익사업을 위한 토지 등의 취득 및 보상에 관한 법률 제75조 제1항, 제77조 제1항과 공익사업을 위한

토지 등의 취득 및 보상에 관한 법률 시행규칙 제45조 제1호 등 관련 규정에 따르면, 공익사업의 시행으로 인한 영업손실 및 지장물 보상의 대상 여부는 사업인정고시일을 기준으로 판단해야 하고, 사업인정고시일 당시 보상대상에 해당한다면 그 후 사업지구 내 다른 토지로 영업장소가 이전되었다고 하더라도 이전된 사유나 이전된 장소에서 별도의 허가 등을 받았는지를 따지지 않고 여전히 손실보상의 대상이 된다고 본 원심판단을 정당하다고 한 사례

[2] 사업인정고시일 이후 영업장소 등이 이전되어 수용재결 당시에는 해당 토지 위에 영업시설 등이 존재하지 않게 된 경우 사업인정고시일 이전부터 그 토지상에서 영업을 해 왔고 그 당시 영업을 위한 시설이나 지장물이 존재하고 있었다는 점은 이를 주장하는 자가 증명하여야 한다.

(2) 검토

생각건대, 영업손실보상의 대상인지 여부는 사업인정고시일을 기준해야 하며, 사업인정고시일 이후 영업장소 등이 이전되어 수용재결 당시에는 해당 토지 위에 영업시설 등이 존재하지 않게 된 경우 사업인정고시일 이전부터 그 토지상에서 영업을 해 왔고, 그 당시 영업을 위한 시설이나 지장물이 존재하고 있었다는 점은 이를 주장하는 자가 증명하여야 한다. 따라서 사업인정고시일을 기준으로 영업손실보상 대상자를 판단하는 판례의 태도가 타당하다.

3. 사안의 경우

판례의 태도에 따라 사업인정고시일을 기준으로 영업손실보상 대상자 여부를 판단한다면, 사안의 경우는 토지보상법 시행규칙 제54조의 영업손실보상의 요건으로서 적법한 장소에서 인적 및 물적 시설을 갖추고 허가 등을 받아 계속적으로 영업을 행한 것으로 판단된다. 따라서 제조 및 판매업을 영위하고 있는 갑은 영업손실보상을 받을 수 있다고 판단된다.

Ⅳ. (물음3) 가설건축물 수용 시 임차인의 영업손실보상 가능 여부

1. 관련 판례의 태도(2001다7209 판결)

【판시사항】

구 도시계획법 제14조의2 제4항 소정의 '가설건축물' 수용 시 임차인의 영업손실을 보상하여야 하는지 여부(소극)

【판결요지】

구 도시계획법(2000.1.28. 법률 제6243호로 전문 개정되기 전의 것) 제14조의2 제4항의 규정은 도시계획시설사업의 집행계획이 공고된 토지에 대하여 건축물을 건축하고자 하는 자는 장차 도시계획사업이 시행될 때에는 건축한 건축물을 철거하는 등 원상회복의무가 있다는 점을 이미 알고 있으므로 건축물의 한시적 이용 및 원상회복에 따른 경제성 기타 이해득실을 형량하여 건축 여부를 결정할 수 있도록 한 것으로서, 이러한 사실을 알면서도 건축물을 건축하였다면 스스로 원상회복의무의 부담을 감수한 것이므로 도시계획사업을 시행함에 있어 무상으로 당해 건축물의 원상회복을 명하는 것이 과도한 침해라거나 특별한 희생이라고 볼 수 없다. 그러므로 토지소유자는 도시계획사업이 시행될 때까지 가설건축물을 건축하여 한시적으로 사용할 수 있는 대신 도시계획사업이 시행될 경우에는 자신의 비용으로 그 가설건축물을 철거하여야 할 의무를 부담할 뿐 아니라 가설건축물의 철거에 따른 손실보상을 청구할 수 없고, 보상을 청구할 수 없는 손실에는 가설건축물 자체의 철거에 따른 손실뿐만 아니라 가설건

축물의 철거에 따른 영업손실도 포함된다고 할 것이며, 소유자가 그 손실보상을 청구할 수 없는 이상 그의 가설건축물의 이용권능에 터잡은 임차인 역시 그 가설건축물의 철거에 따른 영업손실의 보상을 청구할 수는 없다.
(대법원 2001.8.24. 선고 2001다7209 판결 [영업보상금])

2. 검토

도시계획시설사업의 집행계획이 공고된 토지에 대하여 건축물을 건축하고자 하는 자는 장차 도시계획사업이 시행될 때에는 건축한 건축물을 철거하는 등 원상회복의무가 있다는 점을 이미 알고 있으므로, 이러한 사실을 알면서도 건축물을 건축하였다면 스스로 원상회복의무의 부담을 감수한 것이므로 특별한 희생이라고 볼 수 없다. 도시계획사업이 시행될 경우에는 자신의 비용으로 그 가설건축물을 철거하여야 할 의무를 부담할 뿐 아니라 가설건축물의 철거에 따른 손실보상을 청구할 수 없고, 그의 가설건축물의 이용권능에 터잡은 임차인 역시 그 가설건축물의 철거에 따른 영업손실의 보상을 청구할 수는 없다고 판시하였다. 생각건대, 도시계획사업 시 시행된 후 가설건축물을 지었다면 원상회복의무가 뒤따르는 것으로 특별한 희생으로 볼 수 없어 가설건축물에 대한 손실보상은 물론, 임차인 역시 영업손실보상을 청구할 수 없다고 봄이 타당하다.

V. (물음4) 피수용자 乙의 영업이 손실보상 대상인지 여부

1. 허가 · 신고 · 면허 등 요건충족 여부

乙은 영업신고를 하지 않은 채 음식점 영업을 해왔으므로, 원칙적으로 영업손실보상의 대상이 아니라고 할 것이다. 다만 토지보상법 시행규칙 제52조에서는 공익사업에 관한 계획의 고시가 있기 전부터 허가 · 면허 · 신고 없이 영업을 행하던 자에 대한 보상을 규정하고 있으므로, 丙이 영업신고를 하지 않았다고 해서 보상대상에서 제외되는 것은 아니다.

2. 인적 · 물적 설비의 충족 여부

乙은 모란장터에서 토지를 임차하여 앵글과 천막 구조의 가설물을 축조하고 그 내부에 냉장고, 주방용품, 가스통, 탁자, 의자 등을 구비한 후, 가설물과 냉장고 등 주방용품을 철거하거나 이동하지 아니한 채 그곳에 계속 고정하여 사용 · 관리하여 왔으므로 인적 · 물적 설비의 요건도 충족된다고 볼 것이다.

3. 영업의 계속성 충족 여부

乙은 매달 3일, 8일, 13일, 18일, 23일, 28일(5일장)에 정기적으로 국수와 순댓국, 생고기, 생선회 등을 판매하는 음식점 영업을 해왔고, 장날의 전날에는 음식을 준비하고 장날 당일에는 종일장사를 하며 그 다음날에는 뒷정리를 하는 등 5일 중 3일 정도는 영업에 전력을 다하였다. 따라서 5일장의 특성에 비추어 볼 때, 계속적으로 영리를 목적으로 영업을 하였다고 볼 수 있다.

4. 영업보상액을 1/5로 감액해야 하는지 여부

토지보상법 제77조, 동 법 시행규칙 제45조, 제46조, 제47조 및 제52조 등에서는 영업보상과 관련하여 실제 영업일수 만을 적용하라는 규정도 없으며, 乙은 5일장의 특성상 5일 중 하루만을 영업하고 나머지는 영업일을 위한 필수 준비 기간이므로 영업보상액을 1/5로 감액할 이유도 없을 것이다.

5. 검토

생각건대, 영업손실보상은 향후 영업을 하지 못하게 되어 발생하는 손실에 대하여 보상해 주기 위한 취지인 점, 헌법 제23조 및 토지보상법 입법취지 역시 피수용자에게 발생하는 손실에 대하여 정당한 보상을 하도록 규정하고 있다는 점에서, 매년 일정한 계절이나 일정한 기간 동안에만 영업을 하는 경우도 영업보상의 요건을 충족한다고 보는 판례의 태도가 타당하다.

대법원 2012.3.15. 2010두26513 판결[토지수용재결처분취소]

【판시사항】

국민임대주택단지조성사업 예정지구로 지정된 장터에서 토지를 임차하여 앵글과 천막구조의 가설물을 설치하고 영업신고 없이 5일장이 서는 날에 정기적으로 국수와 순댓국 등을 판매하는 음식업을 영위한 갑 등이 구 공익사업을 위한 토지 등의 취득 및 보상에 관한 법률 시행규칙 제52조 제1항에 따른 영업손실보상의 대상이 되는지 문제된 사안에서, 영업의 계속성과 영업시설의 고정성을 인정할 수 있다는 이유로, 갑 등이 위 규정에서 정한 허가 등을 받지 아니한 영업손실보상대상자에 해당한다고 본 원심판단을 정당하다고 한 사례

【참조조문】

구 공익사업을 위한 토지 등의 취득 및 보상에 관한 법률 시행규칙(2007.4.12. 건설교통부령 제556호로 개정되기 전의 것) 제52조 제1항(현행 제52조 참조)

【이유】

상고이유를 판단한다.

1. 사실오인의 상고이유에 대하여

   원심판결 이유에 의하면, 원심은 그 채택 증거에 의하여 원고들이 1990년경 이 사건 장터가 개설된 이래 소외인으로부터 각 해당 점유 부분을 전차하여 앵글과 천막 구조의 가설물을 축조하고 그 내부에 냉장고, 주방용품, 가스통, 탁자, 의자 등을 구비한 후, 영업신고를 하지 않은 채 모란장날인 매달 4일, 9일, 14일, 19일, 24일, 29일에 정기적으로 국수와 순댓국, 생고기, 생선회 등을 판매하는 음식점 영업을 하여온 사실을 인정하였다.

   기록에 비추어 살펴보면 원심의 위와 같은 조치는 정당한 것으로 수긍할 수 있고, 거기에 논리와 경험의 법칙을 위반하고 자유심증주의의 한계를 벗어난 위법이 없다.

   이 부분 상고이유의 주장은 이유 없다.

2. 법령의 해석·적용에 관한 법리오해의 상고이유에 대하여

   가. 원심은, 그 채택 증거에 의하여 인정되는 판시와 같은 사정, 즉 원고들이 1990년경부터 이 사건 장터에서 토지를 임차하여 앵글과 천막 구조의 가설물을 축조하고 매달 4일, 9일, 14일, 19일, 24일, 29일에 정기적으로 각 해당 점포를 운영하여 왔고, 영업종료 후 가설물과 냉장고 등 주방용품을 철거하거나 이동하지 아니한 채 그곳에 계속 고정하여 사용·관리하여 왔던 점, 원고들

은 장날의 전날에는 음식을 준비하고 장날 당일에는 종일 장사를 하며 그 다음날에는 뒷정리를 하는 등 5일 중 3일 정도는 이 사건 영업에 전력을 다하였다고 보이는 점 등에 비추어 볼 때, 비록 원고들이 영업을 5일에 한 번씩 하였고 그 장소도 철거가 용이한 가설물이었다고 하더라도 원고들의 상행위의 지속성, 시설물 등의 고정성을 충분히 인정할 수 있으므로, 원고들은 이 사건 장소에서 인적·물적 시설을 갖추고 계속적으로 영리를 목적으로 영업을 하였다고 봄이 상당하다고 판단하였다.

관련 법리와 기록에 비추어 살펴보면 원심의 위와 같은 조치는 정당한 것으로 수긍할 수 있고, 거기에 상고이유로 주장하는 바와 같이 영업손실보상의 대상이 될 수 있는 영업의 계속성과 영업시설의 고정성에 관한 법리를 오해하는 등의 위법이 없다.

나. 구 공익사업을 위한 토지 등의 취득 및 보상에 관한 법률 시행규칙(2007.4.12. 건설교통부령 제556호로 개정되기 전의 것, 이하 '시행규칙'이라 한다) 제47조는 '영업의 휴업 등에 대한 손실의 평가'에 대하여 규정하고 있고, 시행규칙 제52조 제1항 본문은 "사업인정고시일 등 전부터 허가 등을 받아야 행할 수 있는 영업을 허가 등이 없이 행하여 온 자가 공익사업의 시행으로 인하여 당해 장소에서 영업을 계속할 수 없게 된 경우에는 제45조 제2호의 규정에 불구하고 제54조 제2항 본문의 규정에 의하여 산정한 금액을 영업손실에 대한 보상금으로 지급하여야 한다."고 규정하고 있으며, 시행규칙 제52조 제2항은 "제1항 본문의 규정에 의한 보상금은 제47조의 규정에 의하여 평가한 금액을 초과하지 못한다."고 규정하고 있다.

원심은, 시행규칙 제54조 제2항에 따라 이 사건 사업인정고시일인 2006.6.26. 당시를 기준으로 계산한 3개월분의 주거이전비 액수가 원심판결 별지 보상액란 기재 각 금원이라고 인정하는 한편 원고들이 5일 중 1일만 영업을 하였으므로 그 보상금 액수도 법령에서 정한 금액의 5분의 1이 되어야 한다는 피고의 주장에 대하여, 그와 같이 감액할 수 있는 법령상 근거가 없다는 이유로 이를 배척하였다.

관련 법령의 규정 및 기록에 비추어 살펴보면 원심의 위와 같은 조치는 정당한 것으로 수긍할 수 있고, 거기에 상고이유로 주장하는 바와 같이 시행규칙 제52조 제1항의 해석 및 적용에 관한 법리를 오해하는 등의 위법이 없으며, 원고들과 같은 무신고 영업자가 그 영업의 실제 매출액·영업이익을 객관적 자료에 기초하여 스스로 입증하여야 비로소 3개월간의 주거이전비 보상을 받을 수 있는 것은 아니다.

이 부분 상고이유의 주장도 이유 없다.

3. 결론

그러므로 상고를 모두 기각하고 상고비용은 패소자가 부담하도록 하여 관여 대법관의 일치된 의견으로 주문과 같이 판결한다.

Ⅵ. 사안의 해결

토지보상법상 영업손실보상의 대상인지 여부는 사업인정고시일을 기준해야 하며, 사업인정고시일 이후 영업장소 등이 이전되어 수용재결 당시에는 해당 토지 위에 영업시설 등이 존재하지 않게 된 경우 사업인정고시일 이전부터 그 토지상에서 영업을 해 와고, 그 당시 영업을 위한 시설이나 지장물이 존재하고 있었다는 점은 이를 주장하는 자가 증명하여야 한다. 또한, 영업손실로 인한 보상금은 법령에 규정된 대로 지급하여야 하는 것이지, 정당보상의 관점에서도 사업시행자가 임의로 감액하여 지급할 수 없다고 보는 것이 타당하다고 판단된다.

쟁점 17 이주민지원규정의 법적 성질 및 생활기본시설 설치비용을 부담시킬 수 있는지 여부

국토교통부장관 A는 "X택지개발사업"(이하 '이 사건 개발사업'이라 함)의 실시계획을 승인·고시하고, 사업시행자로 B시의 시장을 지정하였다. B시의 시장은 이 사건 개발사업을 시행함에 있어 사업시행으로 인하여 건물이 철거되는 이주대책대상자를 위한 이주대책을 수립하면서 관계규정이 없거나 애매하여 국토교통부장관에게 요청하여 국토교통부장관은 국토교통부 훈령의 형식으로 "이주민지원규정"을 제정하였다. 위 지원규정에서는 ① 이주대책대상자 선정과 관련하여, 「공익사업을 위한 토지 등의 취득 및 보상에 관한 법률」 및 그 시행령이 정하고 있는 이주대책대상자 요건 외에 '전세대원이 사업구역 내 주택 외 무주택'이라는 요건을 추가적으로 규정하는 한편, ② B시의 이주대책 지급 대상에 관하여, 과거 건축물양성화 기준일 이전 건물의 거주자의 경우 소지가(조성되지 아니한 상태에서의 토지가격) 분양대상자로, 기준일 이후 건물의 거주자의 경우 1세대당 사업용지 3평을 일반분양가로 추가 분양하도록 하고, 일반 우선 분양대상자의 경우 1세대 1필지 이주택지를 일반분양가로 우선분양할 수 있도록 하고 있다. B시의 시장은 이주대책을 실시하면서 이 사건 개발사업 구역 내에 거주하는 甲과 乙에 대하여, 甲은 공익사업을 위한 토지 등의 취득 및 보상에 관한 법률(이하 '토지보상법')이 정한 이주대책대상자에 해당됨에도 위 ①에서 정하는 요건을 이유로 이주대책대상자에서 배제하는 부적격 통보를 하였고, 소지가 분양대상자로 신청한 乙에 대해서는 위 지원규정을 적용하여 소지가 분양대상이 아닌 일반 우선 분양대상자로 선정하고, 이를 공고하였다. 다음 물음에 답하시오(다만 이주민지원규정인 국토교통부 훈령은 상위법령에 아무런 위임규정이 없고, 순수하게 행정청의 업무처리 지침을 위한 것이다)(각 물음은 별개의 문제임). 30점

(1) 토지보상법상 이주대책에 대하여 설명하고, 甲은 국토교통부 훈령인 "이주민지원규정"에서 정한 추가적 요건을 이유로 자신을 이주대책대상자에서 배제한 것은 위법하다고 주장하는바, 甲의 주장이 타당성에 관하여 설명하시오. 15점

(2) 공익사업의 시행자가 이주대책을 수립·실시하여야 할 자를 선정하여 그들에게 공급할 택지 또는 주택의 내용이나 수량을 정할 재량을 가지는지 여부를 설명하고, 이주대책대상자들에게 이주자택지 공급한도로 정한 265㎡를 초과하여 공급한 부분이 사업시행자가 정한 이주대책의 내용이 아니라 일반수분양자에게 공급한 것과 마찬가지로 볼 수 있는 경우, 초과 부분에 해당하는 분양면적에 대하여 생활기본시설 설치비용을 부담시킬 수 있는지 여부를 설명하시오. 10점 (출처: 대법원 2023.7.13. 선고 2023다214252 판결 [채무부존재확인])

(3) 만약 사업시행자로 한국토지주택공사를 지정하고, 사업시행자의 '이주 및 생활대책 수립지침'에서 점포겸용·단독주택용지의 경우 이주자택지의 공급규모를 1필지당 265㎡ 이하로 정하면서, 당해 사업지구의 여건과 인근지역 부동산시장동향 등을 종합적으로 고려하여 불가피한 경우에는 위 기준을 다르게 정할 수 있다고 규정하고 있고, 한국토지주택공사는 사업지구 내 이주자택지를 1필지당 265㎡ 상한으로 공급하되, 265㎡를 초과하여 공급하는 경우 초과 면적에 대하여도 감정가격

을 적용하지 않고 조성원가에서 생활기본시설 설치비용을 제외한 금액으로 공급하기로 하는 내용의 이주자택지 공급공고와 보상안내를 한 후 이주자택지 공급대상자로 선정된 갑 등과 분양계약을 체결하였는데, 분양면적 중 이주자택지 공급한도인 265㎡ 초과 부분도 이주대책으로서 특별공급된 것인지 문제 된 사안에서, 제반 사정에 비추어 한국토지주택공사는 이주자택지 공급한도를 265㎡로 정하였을 뿐 이를 초과하는 부분까지 이주대책으로서 특별공급한 것으로 볼 수 있는지 여부를 설명하시오. 5점

목차 index

Ⅰ. 논점의 정리
Ⅱ. (물음1)에 대하여
1. 이주대책 개관
(1) 이주대책 의의 및 취지(법 제78조)
(2) 이주대책대상자 요건(법 제78조, 영 제40조)
(3) 이주대책의 절차
(4) 이주대책의 내용
2. 이주민지원규정에 의한 대상자배제의 위법성
(1) 이주민지원규정의 법적 성질
(2) 사업시행자의 재량 여부
(3) 사안 규정의 위법성 여부
3. 甲주장의 타당성 여부
Ⅲ. (물음2)에 대하여
1. 사업시행자가 주택의 내용이나 수량을 정할 재량을 가지는지 여부
2. 이주정착지에 대한 생활기본시설
(1) 생활기본시설의 범위 등 "통상적인 수준의 생활기본시설"
(2) 사업시행자가 부담하는 생활기본시설에 필요한 내용
(3) 해당 공익사업지구 안에 설치하는 제1항에 따른 생활기본시설의 설치비용
3. 초과부분에 해당하는 분양면적에 대하여 생활기본시설 설치비용을 부담시킬 수 있는지
(1) 관련 규정의 검토
(2) 관련 판례의 검토
Ⅳ. (물음3)에 대하여
1. 문제의 소지
2. 관련 판례의 검토
Ⅴ. 사안의 해결

주요 내용 contents

Ⅰ. 논점의 정리

(물음1)에서는 'B시 이주민지원규정'에서 정한 추가적 요건을 이유로 자신을 이주대책 대상자에서 배제한 것은 위법하다는 甲의 주장의 타당성을 판단하기 위해 이주대책 관련 일반론을 개관한

후 甲이 공익사업을 위한 토지 등의 취득 및 보상에 관한 법률(이하 '토지보상법')상 이주대책대상자임에도 추가요건을 이유로 대상자에서 배제한 것이 위법하다는 甲 주장이 타당한지 검토한다. (물음2) 사업시행자가 주택의 내용이나 수량을 정할 재량을 가지는지, 초과부분에 해당하는 분양면적에 대하여 생활기본시설 설치비용을 부담시킬 수 있는지 관련 판례를 통해 살피고, (물음3)에서는 이주자택지 공급한도를 초과하는 부분까지 이주대책으로서 특별공급한 것으로 볼 수 있는지 검토한다.

Ⅱ. (물음1)에 대하여

1. 이주대책 개관

(1) 이주대책 의의 및 취지(법 제78조)

토지보상법상 이주대책이란 공익사업의 시행으로 인하여 주거용 건축물을 제공함에 따라 생활의 근거를 상실하게 되는 자에 대하여 사업시행자가 대지를 조성하거나 주택을 건설하여 공급하는 것을 말한다. 대법원 다수의견을 생활보상의 일환으로 국가의 적극적이고 정책적인 배려에 의하여 마련된 제도로 보지만, 소수의견은 생활보상의 일환으로 마련된 제도로서 헌법 제23조 제3항이 규정하는 손실보상의 한 형태로 보아야 한다고 한다.

(2) 이주대책대상자 요건(법 제78조, 영 제40조)

사업시행자는 공익사업 시행으로 주거용 건축물을 제공함에 따라 생활의 근거를 상실하게 되는 자에게 이주대책을 수립・실시해야 하고, 이주대책대상자는 적법한 주거용 건축물에 거주하는 자로 무허가건축물 소유자가 아닐 것, 관계 법령에 따른 고시 등이 있은 날부터 계약체결일 또는 수용재결일까지 계속적으로 거주하고 있을 것, 타인 소유 건축물에 거주하는 세입자가 아닐 것이 요구된다.

> 토지보상법 제78조(이주대책의 수립 등)
> ① 사업시행자는 공익사업의 시행으로 인하여 주거용 건축물을 제공함에 따라 생활의 근거를 상실하게 되는 자(이하 "이주대책대상자"라 한다)를 위하여 대통령령으로 정하는 바에 따라 이주대책을 수립・실시하거나 이주정착금을 지급하여야 한다.
> ② 사업시행자는 제1항에 따라 이주대책을 수립하려면 미리 관할 지방자치단체의 장과 협의하여야 한다.
> ③ 국가나 지방자치단체는 이주대책의 실시에 따른 주택지의 조성 및 주택의 건설에 대하여는 「주택도시기금법」에 따른 주택도시기금을 우선적으로 지원하여야 한다.
> ④ 이주대책의 내용에는 이주정착지(이주대책의 실시로 건설하는 주택단지를 포함한다)에 대한 도로, 급수시설, 배수시설, 그 밖의 공공시설 등 통상적인 수준의 생활기본시설이 포함되어야 하며, 이에 필요한 비용은 사업시행자가 부담한다. 다만, 행정청이 아닌 사업시행자가 이주대책을 수립・실시하는 경우에 지방자치단체는 비용의 일부를 보조할 수 있다.
> ⑤ 제1항에 따라 이주대책의 실시에 따른 주택지 또는 주택을 공급받기로 결정된 권리는 소유권이전등기를 마칠 때까지 전매(매매, 증여, 그 밖에 권리의 변동을 수반하는 모든 행위를 포함하되, 상속은 제외한다)할 수 없으며, 이를 위반하거나 해당 공익사업과 관련하여 다음 각 호의 어느 하나에 해당하는 경우에 사업시행자는 이주대책의 실시가 아닌 이주정착금으로 지급하여야 한다.
> 1. 제93조, 제96조 및 제97조 제2호의 어느 하나에 해당하는 위반행위를 한 경우

2. 「공공주택 특별법」 제57조 제1항 및 제58조 제1항 제1호의 어느 하나에 해당하는 위반행위를 한 경우
3. 「한국토지주택공사법」 제28조의 위반행위를 한 경우

⑥ 주거용 건물의 거주자에 대하여는 주거 이전에 필요한 비용과 가재도구 등 동산의 운반에 필요한 비용을 산정하여 보상하여야 한다.

⑦ 공익사업의 시행으로 인하여 영위하던 농업·어업을 계속할 수 없게 되어 다른 지역으로 이주하는 농민·어민이 받을 보상금이 없거나 그 총액이 국토교통부령으로 정하는 금액에 미치지 못하는 경우에는 그 금액 또는 그 차액을 보상하여야 한다.

⑧ 사업시행자는 해당 공익사업이 시행되는 지역에 거주하고 있는 「국민기초생활 보장법」 제2조 제1호·제11호에 따른 수급권자 및 차상위계층이 취업을 희망하는 경우에는 그 공익사업과 관련된 업무에 우선적으로 고용할 수 있으며, 이들의 취업 알선을 위하여 노력하여야 한다.

⑨ 제4항에 따른 생활기본시설에 필요한 비용의 기준은 대통령령으로 정한다.

⑩ 제5항 및 제6항에 따른 보상에 대하여는 국토교통부령으로 정하는 기준에 따른다.

토지보상법 시행령 제40조(이주대책의 수립·실시)

① 사업시행자가 법 제78조 제1항에 따른 이주대책(이하 "이주대책"이라 한다)을 수립하려는 경우에는 미리 그 내용을 같은 항에 따른 이주대책대상자(이하 "이주대책대상자"라 한다)에게 통지하여야 한다.

② 이주대책은 국토교통부령으로 정하는 부득이한 사유가 있는 경우를 제외하고는 이주대책대상자 중 이주정착지에 이주를 희망하는 자의 가구 수가 10호(戶) 이상인 경우에 수립·실시한다. 다만, 사업시행자가 「택지개발촉진법」 또는 「주택법」 등 관계 법령에 따라 이주대책대상자에게 택지 또는 주택을 공급한 경우(사업시행자의 알선에 의하여 공급한 경우를 포함한다)에는 이주대책을 수립·실시한 것으로 본다.

③ 법 제4조 제6호 및 제7호에 따른 사업(이하 이 조에서 "부수사업"이라 한다)의 사업시행자는 다음 각 호의 요건을 모두 갖춘 경우 부수사업의 원인이 되는 법 제4조 제1호부터 제5호까지의 규정에 따른 사업(이하 이 조에서 "주된사업"이라 한다)의 이주대책에 부수사업의 이주대책을 포함하여 수립·실시하여 줄 것을 주된사업의 사업시행자에게 요청할 수 있다. 이 경우 부수사업 이주대책대상자의 이주대책을 위한 비용은 부수사업의 사업시행자가 부담한다.
1. 부수사업의 사업시행자가 법 제78조 제1항 및 이 조 제2항 본문에 따라 이주대책을 수립·실시하여야 하는 경우에 해당하지 아니할 것
2. 주된사업의 이주대책 수립이 완료되지 아니하였을 것

④ 제3항 각 호 외의 부분 전단에 따라 이주대책의 수립·실시 요청을 받은 주된사업의 사업시행자는 법 제78조 제1항 및 이 조 제2항 본문에 따라 이주대책을 수립·실시하여야 하는 경우에 해당하지 아니하는 등 부득이한 사유가 없으면 이에 협조하여야 한다.

⑤ 다음 각 호의 어느 하나에 해당하는 자는 이주대책대상자에서 제외한다.
1. 허가를 받거나 신고를 하고 건축 또는 용도변경을 하여야 하는 건축물을 허가를 받지 아니하거나 신고를 하지 아니하고 건축 또는 용도변경을 한 건축물의 소유자
2. 해당 건축물에 공익사업을 위한 관계 법령에 따른 고시 등이 있은 날부터 계약체결일 또는 수용재결일까지 계속하여 거주하고 있지 아니한 건축물의 소유자. 다만, 다음 각 목의 어느 하나에 해당하는 사유로 거주하고 있지 아니한 경우에는 그러하지 아니하다.
   가. 질병으로 인한 요양
   나. 징집으로 인한 입영
   다. 공무

> 라. 취학
> 마. 해당 공익사업지구 내 타인이 소유하고 있는 건축물에의 거주
> 바. 그 밖에 가목부터 라목까지에 준하는 부득이한 사유
> 3. 타인이 소유하고 있는 건축물에 거주하는 세입자. 다만, 해당 공익사업지구에 주거용 건축물을 소유한 자로서 타인이 소유하고 있는 건축물에 거주하는 세입자는 제외한다.
> ⑥ 제2항 본문에 따른 이주정착지 안의 택지 또는 주택을 취득하거나 같은 항 단서에 따른 택지 또는 주택을 취득하는 데 드는 비용은 이주대책대상자의 희망에 따라 그가 지급받을 보상금과 상계(相計)할 수 있다.

(3) 이주대책의 절차

사업시행자가 이주대책계획을 수립하려면 미리 관할 지방자치단체장과 협의를 해야 하며, 이주대책대상자들에게 관련된 사항을 통지하여야 한다. 통지받은 이주대책 대상자가 분양신청을 하면 사업시행자가 분양여부에 대한 확인 및 결정을 거쳐 대상자에게 분양을 실시하는 절차를 거친다.

(4) 이주대책의 내용

이주정착지에 대한 도로, 급수 및 배수시설, 그 밖의 공공시설 등 통상적인 수준의 생활기본시설이 포함되어야 한다. 이때 필요한 비용은 사업시행자가 부담하되 행정청이 아닌 사업시행자가 수립 및 실시하는 경우에는 지방자치단체가 비용의 일부를 보조할 수 있다. 판례는 사업시행자가 이주대책기준을 정하여 대책을 수립, 실시해야 할 자를 선정하여 그들에게 공급할 택지나 주택의 내용이나 수량을 정할 수 있고 이를 정하는데 재량을 가진다고 판시한 바 있다.

2. 이주민지원규정에 의한 대상자배제의 위법성

(1) 이주민지원규정의 법적 성질

'B시 이주민지원규정'은 훈령의 형식으로서 행정조직 내부 사무처리기준으로서 제정된 일반적 · 추상적 규범인 행정규칙에 해당한다. 판례는 행정규칙은 행정청 내부사무처리규정으로 대외적 구속력이 없다고 판시하였다. 이에 따라 'B시 이주민지원규정'은 대외적 구속력이 없다고 판단된다.

(2) 사업시행자의 재량 여부

판례는 이주대책 내용 및 대상자를 결정함에 있어 사업시행자는 재량을 가지며, 객관적으로 합리적인 경우 재량이 인정된다는 입장을 취하되, 이주대책 대상자의 범위를 확대하는 기준을 수립하여 실시하는 것은 허용되는 것으로 판시한다. 따라서 범위를 확대하는 것은 가능하나, 축소하는 기준은 형평에 어긋나는 것이라고 판단된다.

대법원 2009.3.12. 선고 2008두12610 판결 [입주권확인]

【판시사항】

[1] 도시개발사업의 사업시행자가 이주대책기준을 정하여 이주대책대상자 가운데 이주대책을 수립 ·

실시하여야 할 자를 선정하여 그들에게 공급할 택지 등을 정하는 데 재량을 가지는지 여부(적극)
[2] 도시개발사업의 사업시행자가 보상계획공고일을 기준으로 이주대책대상자를 정한 후, 협의계약 체결일 또는 수용재결일까지 당해 주택에 계속 거주하였는지 여부 등을 고려하여 이주대책을 수립·실시하여야 할 자를 선정하여 그들에게 공급할 아파트의 종류, 면적을 정한 이주대책기준을 근거로 한 입주권 공급대상자 결정처분에 재량권을 일탈·남용한 위법이 없다고 한 사례

【판결요지】

[1] 구 도시개발법(2007.4.11. 법률 제8376호로 개정되기 전의 것) 제23조, 공익사업을 위한 토지 등의 취득 및 보상에 관한 법률 제78조 제1항, 같은 법 시행령 제40조 제3항 제2호의 문언, 내용 및 입법 취지 등을 종합하여 보면, 위 시행령 제40조 제3항 제2호에서 말하는 '공익사업을 위한 관계 법령에 의한 고시 등이 있은 날'은 이주대책대상자와 아닌 자를 정하는 기준이지만, 나아가 사업시행자가 이주대책대상자 중에서 이주대책을 수립·실시하여야 할 자와 이주정착금을 지급하여야 할 자를 정하는 기준이 되는 것은 아니므로, 사업시행자는 이주대책기준을 정하여 이주대책대상자 중에서 이주대책을 수립·실시하여야 할 자를 선정하여 그들에게 공급할 택지 또는 주택의 내용이나 수량을 정할 수 있고, 이를 정하는 데 재량을 가지므로, 이를 위해 사업시행자가 설정한 기준은 그것이 객관적으로 합리적이 아니라거나 타당하지 않다고 볼 만한 다른 특별한 사정이 없는 한 존중되어야 한다.
[2] 도시개발사업의 사업시행자가 보상계획공고일을 기준으로 이주대책대상자를 정한 후, 협의계약 체결일 또는 수용재결일까지 당해 주택에 계속 거주하였는지 여부 등을 고려하여 이주대책을 수립·실시하여야 할 자를 선정하여 그들에게 공급할 아파트의 종류, 면적을 정한 이주대책기준을 근거로 한 입주권 공급대상자 결정처분에 재량권을 일탈·남용한 위법이 없다고 한 사례

(3) 사안 규정의 위법성 여부

사안의 이주민지원규정은 훈령의 형식으로 행정규칙에 해당하여 대외적 구속력이 부정된다. 또한, 사업시행자가 이주대책 내용결정에 대해 재량권을 갖고 있으나, 이주대책대상자의 범위를 축소시키는 것으로서, 객관적 합리성 및 타당성이 결여되어 위법한 것이라고 판단된다.

3. 甲주장의 타당성 여부

甲은 토지보상법령상 요건을 충족함에도 불구하고, 대외적 구속력이 부정되는 B시 이주민지원규정상 추가 요건에 의해 이주대책대상자에서 배제되었고, 위 규정은 비록 사업시행자가 내용결정에 재량권을 가지나, 이주대책대상자의 범위를 축소시키는 데 있어 객관적 합리성 및 타당성이 결여되는 것으로 판단된다. 따라서, 甲의 주장은 타당성이 있다고 생각된다.

Ⅲ. (물음2)에 대하여

1. 사업시행자가 주택의 내용이나 수량을 정할 재량을 가지는지 여부

판례는 사업시행자는 이주대책기준을 정하여 이주대책대상자 중에서 이주대책을 수립·실시하여야 할 자를 선정하여 그들에게 공급할 택지 또는 주택의 내용이나 수량을 정할 수 있고, 이를 정하는 데 재량을 가지므로, 이를 위해 사업시행자가 설정한 기준은 그것이 객관적으로

합리적이 아니라거나 타당하지 않다고 볼 만한 다른 특별한 사정이 없는 한 존중되어야 한다고 판시하여 사업시행자의 재량을 인정하고 있다. 또한, 이주대책 내용 및 대상자를 결정함에 있어 사업시행자는 재량을 가지며, 객관적으로 합리적인 경우 재량이 인정된다는 입장을 취하되, 이주대책 대상자의 범위를 확대하는 기준을 수립하여 실시하는 것은 허용되는 것으로 판시한다. 이는 범위를 확대하는 것은 가능하나, 축소하는 기준은 형평에 어긋나는 것이라고 판단된다.

대법원 2009.3.12. 선고 2008두12610 판결 [입주권확인]

【판시사항】

[1] 도시개발사업의 사업시행자가 이주대책기준을 정하여 이주대책대상자 가운데 이주대책을 수립·실시하여야 할 자를 선정하여 그들에게 공급할 택지 등을 정하는 데 재량을 가지는지 여부(적극)

[2] 도시개발사업의 사업시행자가 보상계획공고일을 기준으로 이주대책대상자를 정한 후, 협의계약 체결일 또는 수용재결일까지 당해 주택에 계속 거주하였는지 여부 등을 고려하여 이주대책을 수립·실시하여야 할 자를 선정하여 그들에게 공급할 아파트의 종류, 면적을 정한 이주대책기준을 근거로 한 입주권 공급대상자 결정처분에 재량권을 일탈·남용한 위법이 없다고 한 사례

【판결요지】

[1] 구 도시개발법(2007.4.11. 법률 제8376호로 개정되기 전의 것) 제23조, 공익사업을 위한 토지 등의 취득 및 보상에 관한 법률 제78조 제1항, 같은 법 시행령 제40조 제3항 제2호의 문언, 내용 및 입법 취지 등을 종합하여 보면, 위 시행령 제40조 제3항 제2호에서 말하는 '공익사업을 위한 관계 법령에 의한 고시 등이 있은 날'은 이주대책대상자와 아닌 자를 정하는 기준이지만, 나아가 사업시행자가 이주대책대상자 중에서 이주대책을 수립·실시하여야 할 자와 이주정착금을 지급하여야 할 자를 정하는 기준이 되는 것은 아니므로, 사업시행자는 이주대책기준을 정하여 이주대책대상자 중에서 이주대책을 수립·실시하여야 할 자를 선정하여 그들에게 공급할 택지 또는 주택의 내용이나 수량을 정할 수 있고, 이를 정하는 데 재량을 가지므로, 이를 위해 사업시행자가 설정한 기준은 그것이 객관적으로 합리적이 아니라거나 타당하지 않다고 볼 만한 다른 특별한 사정이 없는 한 존중되어야 한다.

[2] 도시개발사업의 사업시행자가 보상계획공고일을 기준으로 이주대책대상자를 정한 후, 협의계약 체결일 또는 수용재결일까지 당해 주택에 계속 거주하였는지 여부 등을 고려하여 이주대책을 수립·실시하여야 할 자를 선정하여 그들에게 공급할 아파트의 종류, 면적을 정한 이주대책기준을 근거로 한 입주권 공급대상자 결정처분에 재량권을 일탈·남용한 위법이 없다고 한 사례

2. 이주정착지에 대한 생활기본시설

(1) 생활기본시설의 범위 등 "통상적인 수준의 생활기본시설"

통상적인 수준의 생활기본시설은 다음 각 호의 시설로 한다(법 시행령 제41조의2).

① 도로(가로등·교통신호기를 포함한다)

② 상수도 및 하수처리시설

③ 전기시설

④ 통신시설

⑤ 가스시설

(2) 사업시행자가 부담하는 생활기본시설에 필요한 비용

사업시행자가 부담하는 비용은 법 제78조 제9항에 따라 다음 각 호의 산식에 의하여 산정한다.

① **택지를 공급하는 경우**

사업시행자가 부담하는 비용 = 해당 공익사업지구 안에 설치하는 제1항에 따른 생활기본시설의 설치비용 × (해당 이주대책대상자에게 유상으로 공급하는 택지면적 ÷ 해당 공익사업지구에서 유상으로 공급하는 용지의 총면적)

② **주택을 공급하는 경우**

사업시행자가 부담하는 비용 = 해당 공익사업지구 안에 설치하는 제1항에 따른 생활기본시설의 설치비용 × (해당 이주대책대상자에게 유상으로 공급하는 주택의 대지면적 ÷ 해당 공익사업지구에서 유상으로 공급하는 용지의 총면적)

(3) 해당 공익사업지구 안에 설치하는 제1항에 따른 생활기본시설의 설치비용

해당 생활기본시설을 설치하는 데 소요되는 공사비, 용지비 및 해당 생활기본시설의 설치와 관련하여 법령에 의하여 부담하는 각종 부담금으로 한다.

3. 초과부분에 해당하는 분양면적에 대하여 생활기본시설 설치비용을 부담시킬 수 있는지

(1) 관련 규정의 검토

토지보상법 제78조(이주대책의 수립 등)

① 사업시행자는 공익사업의 시행으로 인하여 주거용 건축물을 제공함에 따라 생활의 근거를 상실하게 되는 자(이하 "이주대책대상자"라 한다)를 위하여 대통령령으로 정하는 바에 따라 이주대책을 수립·실시하거나 이주정착금을 지급하여야 한다.

② 사업시행자는 제1항에 따라 이주대책을 수립하려면 미리 관할 지방자치단체의 장과 협의하여야 한다.

③ 국가나 지방자치단체는 이주대책의 실시에 따른 주택지의 조성 및 주택의 건설에 대하여는 「주택도시기금법」에 따른 주택도시기금을 우선적으로 지원하여야 한다.

④ 이주대책의 내용에는 이주정착지(이주대책의 실시로 건설하는 주택단지를 포함한다)에 대한 도로, 급수시설, 배수시설, 그 밖의 공공시설 등 통상적인 수준의 생활기본시설이 포함되어야 하며, 이에 필요한 비용은 사업시행자가 부담한다. 다만, 행정청이 아닌 사업시행자가 이주대책을 수립·실시하는 경우에 지방자치단체는 비용의 일부를 보조할 수 있다.

⑤ 제1항에 따라 이주대책의 실시에 따른 주택지 또는 주택을 공급받기로 결정된 권리는 소유권이전등기를 마칠 때까지 전매(매매, 증여, 그 밖에 권리의 변동을 수반하는 모든 행위를 포함하되, 상속은 제외한다)할 수 없으며, 이를 위반하거나 해당 공익사업과 관련하여 다음 각 호의 어느 하나에 해당하는 경우에 사업시행자는 이주대책의 실시가 아닌 이주정착금으로 지급하여야 한다.

1. 제93조, 제96조 및 제97조 제2호의 어느 하나에 해당하는 위반행위를 한 경우
2. 「공공주택 특별법」 제57조 제1항 및 제58조 제1항 제1호의 어느 하나에 해당하는 위반행위를 한 경우
3. 「한국토지주택공사법」 제28조의 위반행위를 한 경우

⑥ 주거용 건물의 거주자에 대하여는 주거 이전에 필요한 비용과 가재도구 등 동산의 운반에 필요한 비용을 산정하여 보상하여야 한다.

⑦ 공익사업의 시행으로 인하여 영위하던 농업·어업을 계속할 수 없게 되어 다른 지역으로 이주하는 농민·어민이 받을 보상금이 없거나 그 총액이 국토교통부령으로 정하는 금액에 미치지 못하는 경우에는 그 금액 또는 그 차액을 보상하여야 한다.
⑧ 사업시행자는 해당 공익사업이 시행되는 지역에 거주하고 있는 「국민기초생활 보장법」 제2조 제1호·제11호에 따른 수급권자 및 차상위계층이 취업을 희망하는 경우에는 그 공익사업과 관련된 업무에 우선적으로 고용할 수 있으며, 이들의 취업 알선을 위하여 노력하여야 한다.
⑨ 제4항에 따른 생활기본시설에 필요한 비용의 기준은 대통령령으로 정한다. 〈개정 2022.2.3.〉
⑩ 제5항 및 제6항에 따른 보상에 대하여는 국토교통부령으로 정하는 기준에 따른다.

(2) 관련 판례의 검토

판례는 토지보상법 제78조 제4항은 강행규정으로 이주대책대상자가 생활기본시설 설치비용까지 사업시행자에게 지급하게 되었다면, 특별공급계약 중 생활기본시설 설치비용을 분양대금에 포함시킨 부분은 강행법규인 토지보상법 제78조 제4항에 위배되어 무효라고 판시한 바 있다. 그러나 이주대책대상자들에게 이주자택지 공급한도로 정한 265㎡를 초과하여 공급한 부분이 사업시행자가 정한 이주대책의 내용이 아니라 일반수분양자에게 공급한 것과 마찬가지로 볼 수 있는 경우 초과 부분에 해당하는 분양면적에 대해서는 일반수분양자와 동등하게 생활기본시설 설치비용을 부담시킬 수 있다고 판시한 바 있다.

【판시사항】

[1] 공익사업의 시행자가 이주대책을 수립·실시하여야 할 자를 선정하여 그들에게 공급할 택지 또는 주택의 내용이나 수량을 정할 재량을 가지는지 여부(적극) 및 이주대책대상자들에게 이주자택지 공급한도로 정한 265㎡를 초과하여 공급한 부분이 사업시행자가 정한 이주대책의 내용이 아니라 일반수분양자에게 공급한 것과 마찬가지로 볼 수 있는 경우, 초과 부분에 해당하는 분양면적에 대하여 생활기본시설 설치비용을 부담시킬 수 있는지 여부(적극)

[2] 택지개발사업의 시행자인 한국토지주택공사의 '이주 및 생활대책 수립지침'에서 점포겸용·단독주택용지의 경우 이주자택지의 공급규모를 1필지당 265㎡ 이하로 정하면서, 당해 사업지구의 여건과 인근지역 부동산시장동향 등을 종합적으로 고려하여 불가피한 경우에는 위 기준을 다르게 정할 수 있다고 규정하고 있고, 한국토지주택공사는 사업지구 내 이주자택지를 1필지당 265㎡ 상한으로 공급하되, 265㎡를 초과하여 공급하는 경우 초과 면적에 대하여도 감정가격을 적용하지 않고 조성원가에서 생활기본시설 설치비용을 제외한 금액으로 공급하기로 하는 내용의 이주자택지 공급공고와 보상안내를 한 후 이주자택지 공급대상자로 선정된 갑 등과 분양계약을 체결하였는데, 분양면적 중 이주자택지 공급한도인 265㎡ 초과 부분도 이주대책으로서 특별공급된 것인지 문제 된 사안에서, 제반 사정에 비추어 한국토지주택공사는 이주자택지 공급한도를 265㎡로 정하였을 뿐 이를 초과하는 부분까지 이주대책으로서 특별공급한 것으로 단정하기 어렵다고 한 사례

[3] 공익사업을 위한 토지 등의 취득 및 보상에 관한 법률 제78조 제4항에서 정한 '생활기본시설'의 의미 및 일반 광장이나 생활기본시설에 해당하지 않는 고속국도에 부속된 교통광장과 같은 광역교통시설광장이 생활기본시설에 해당하는지 여부(소극) / 대도시권의 대규모 개발사업을 하는 과정에서 광역교통시설의 건설 및 개량에 소요되어 대도시권 내 택지 및 주택의 가치를 상승

시키는 데에 드는 비용이 생활기본시설 설치비용에 해당하는지 여부(소극)

【판결요지】

[1] 사업시행자가 공익사업을 위한 토지 등의 취득 및 보상에 관한 법률 시행령 제40조 제2항 단서에 따라 택지개발촉진법 또는 주택법 등 관계 법령에 의하여 이주대책대상자들에게 택지 또는 주택을 공급하는 것은 공익사업을 위한 토지 등의 취득 및 보상에 관한 법률 제78조 제1항의 위임에 근거하여 선택할 수 있는 이주대책의 한 방법이고, 사업시행자는 이주대책을 수립・실시하여야 할 자를 선정하여 그들에게 공급할 택지 또는 주택의 내용이나 수량을 정함에 재량을 갖는다.
이주대책대상자들에게 이주자택지 공급한도로 정한 265㎡를 초과하여 공급한 부분이 사업시행자가 정한 이주대책의 내용이 아니라 일반수분양자에게 공급한 것과 마찬가지로 볼 수 있는 경우 초과 부분에 해당하는 분양면적에 대해서는 일반수분양자와 동등하게 생활기본시설 설치비용을 부담시킬 수 있다.

[2] 택지개발사업의 시행자인 한국토지주택공사의 '이주 및 생활대책 수립지침'(이하 '수립지침'이라고 한다)에서 점포겸용・단독주택용지의 경우 이주자택지의 공급규모를 1필지당 265㎡ 이하로 정하면서, 당해 사업지구의 여건과 인근지역 부동산시장동향 등을 종합적으로 고려하여 불가피한 경우에는 위 기준을 다르게 정할 수 있다고 규정하고 있고, 한국토지주택공사는 사업지구 내 이주자택지를 1필지당 265㎡ 상한으로 공급하되, 265㎡를 초과하여 공급하는 경우 초과면적에 대하여도 감정가격을 적용하지 않고 조성원가에서 생활기본시설 설치비용을 제외한 금액으로 공급하기로 하는 내용의 이주자택지 공급공고와 보상안내를 한 후 이주자택지 공급대상자로 선정된 갑 등과 분양계약을 체결하였는데, 분양면적 중 이주자택지 공급한도인 265㎡ 초과 부분도 이주대책으로서 특별공급된 것인지 문제 된 사안에서, 한국토지주택공사는 이주대책 기준 설정에 관한 재량에 따라 수립지침 등 내부 규정에 의하여 사업지구 내 이주자택지 공급규모의 기준을 1필지당 265㎡로 정하였고, 공급공고와 보상안내에 따라 이를 명확하게 고지한 점, 한국토지주택공사가 이주자택지 공급한도를 초과하는 부분의 공급가격을 그 이하 부분과 동일하게 산정하기로 정하였다거나 분양계약서에 분양면적 전체가 이주자택지로 표시되어 있다고 하여 그로써 당연히 공급규모의 기준을 변경하는 의미로 볼 수 없는 점, 특히 이주자택지 공급규모에 관한 기준을 달리 정하였다고 보기 위해서는 수립지침에 따라 획지분할 여건, 토지이용계획 및 토지이용의 효율성 등 당해 사업지구의 여건과 인근지역 부동산시장동향 등을 고려한 불가피한 사정이 있어야 하는 점 등 제반 사정에 비추어 보면, 한국토지주택공사는 이주자택지 공급한도를 265㎡로 정하였을 뿐 이를 초과하는 부분까지 이주대책으로서 특별공급한 것으로 단정하기 어려운데도, 이와 달리 본 원심판단에 법리오해 등의 잘못이 있다고 한 사례

[3] 공익사업을 위한 토지 등의 취득 및 보상에 관한 법률(이하 '토지보상법'이라고 한다) 제78조에 의하면, 사업시행자가 공익사업의 시행으로 인하여 주거용 건축물을 제공함에 따라 생활의 근거를 상실하게 되는 이주대책대상자를 위하여 수립・실시하여야 하는 이주대책에는 이주정착지에 대한 도로 등 통상적인 수준의 생활기본시설이 포함되어야 하고, 이에 필요한 비용은 사업시행자가 부담하여야 한다. 위 규정 취지는 이주대책대상자에게 생활의 근거를 마련해 주고자 하는 데 있으므로, '생활기본시설'은 구 주택법(2012.1.26. 법률 제11243호로 개정되기 전의 것, 이하 '구 주택법'이라고 한다) 제23조 등 관계 법령에 따라 주택건설사업이나 대지조성사업을 시행하는 사업주체가 설치하도록 되어 있는 도로와 상하수도시설 등 간선시설을 의미한다고 보아야 한다. 그러나 광장은 토지보상법에서 정한 생활기본시설 항목이나 구 주택법에서

정한 간선시설 항목에 포함되어 있지 않으므로, 생활기본시설 항목이나 간선시설 항목에 해당하는 시설에 포함되거나 부속되어 그와 일체로 평가할 수 있는 경우와 같은 특별한 사정이 없는 한 생활기본시설에 해당하지 않는다. 따라서 일반 광장이나 생활기본시설에 해당하지 않는 고속국도에 부속된 교통광장과 같은 광역교통시설광장은 생활기본시설에 해당한다고 보기 어렵다. 또한 대도시권의 대규모 개발사업을 하는 과정에서 광역교통시설의 건설 및 개량에 소요되어 대도시권 내 택지 및 주택의 가치를 상승시키는 데에 드는 비용은 대도시권 내의 택지나 주택을 공급받는 이주대책대상자도 그에 따른 혜택을 누리게 된다는 점에서 생활기본시설 설치비용에 해당하지 않는다.

(대법원 2023.7.13. 선고 2023다214252 판결 [채무부존재확인])

【판시사항】

[1] 공익사업의 시행자가 이주대책대상자와 체결한 택지에 관한 특별공급계약에서 구 공익사업을 위한 토지 등의 취득 및 보상에 관한 법률 제78조 제4항에 규정된 생활기본시설 설치비용을 분양대금에 포함시킨 경우, 그 부분이 강행법규에 위배되어 무효인지 여부(적극)

【판결요지】

[1] 이주대책대상자와 공익사업의 시행자 사이에 체결된 택지에 관한 특별공급계약에서 구 공익사업을 위한 토지 등의 취득 및 보상에 관한 법률(2007.10.17. 법률 제8665호로 개정되기 전의 것, 이하 '구 토지보상법'이라 한다) 제78조 제4항에 규정된 생활기본시설 설치비용을 분양대금에 포함시킴으로써 이주대책대상자가 생활기본시설 설치비용까지 사업시행자에게 지급하게 되었다면, 특별공급계약 중 생활기본시설 설치비용을 분양대금에 포함시킨 부분은 강행법규인 구 토지보상법 제78조 제4항에 위배되어 무효이다.

(대법원 2019.3.28. 선고 2015다49804 판결 [부당이득금])

【판시사항】

공익사업의 시행자가 이주대책대상자들과 체결한 아파트 특별공급계약에서 구 공익사업을 위한 토지 등의 취득 및 보상에 관한 법률 제78조 제4항에 위배하여 생활기본시설 설치비용을 분양대금에 포함시킨 경우, 이주대책대상자들이 사업시행자에게 이미 지급하였던 분양대금 중 그 부분에 해당하는 금액의 반환을 구하는 부당이득반환청구권의 소멸시효기간(=10년)

【판결요지】

구 공익사업을 위한 토지 등의 취득 및 보상에 관한 법률(2007.10.17. 법률 제8665호로 개정되기 전의 것, 이하 '구 공익사업법'이라 한다)은 공익사업에 필요한 토지 등을 협의 또는 수용에 의하여 취득하거나 사용함에 따른 손실의 보상에 관한 사항을 규정함으로써 공익사업의 효율적인 수행을 통하여 공공복리의 증진과 재산권의 적정한 보호를 도모함을 목적으로 하고 있고, 위 법에 의한 이주대책은 공익사업의 시행에 필요한 토지 등을 제공함으로 인하여 생활의 근거를 상실하게 되는 이주대책대상자들에게 종전의 생활상태를 원상으로 회복시키면서 동시에 인간다운 생활을 보장하여 주기 위하여 마련된 제도인 점에 비추어, 이주대책의 일환으로 이주대책대상자들에게 아파트를 특별공급하기로 하는 내용의 분양계약은 영리를 목적으로 하는 상행위라고 단정하기 어려울 뿐만 아니라, 사업시행자가 아파트에 관한 특별공급계약에서 강행규정인 구 공익사업법 제78조 제4항에 위배하여 생활기본시설 설치비용을 분양대금에 포함시킴으로써 특별공급계약 중 그 부분이 무효가 되었음을 이유로 이주대책대상자들이 민법의 규정에 따라 사업시행자에게 이미 지급하였던 분양대금 중 그 부분에 해당하는 금액의 반환을 구하는 부당이득반환청구의 경우에도 상거래 관계와 같은 정도로 거래 관계를 신속하게 해결할 필요성이 있다고 볼 수 없으므로 위 부당이득반환청구권에는 상법 제64조가 적용되지 아니하고, 소멸시효기간은 민법 제162조 제1항에 따라 10년으로 보아야 한다.
(대법원 2016.9.28. 선고 2016다20244 판결 [부당이득금반환])

Ⅳ. (물음3)에 대하여

1. 문제의 소지

택지개발사업의 시행자인 한국토지주택공사의 '이주 및 생활대책 수립지침'에서 점포겸용・단독주택용지의 경우 이주자택지의 공급규모를 1필지당 265㎡ 이하로 정하면서 당해 사업지구의 여건과 인근지역 부동산시장동향 등을 종합적으로 고려하여 불가피한 경우에는 위 기준을 다르게 정할 수 있다고 규정하고 있다. 한국토지주택공사는 사업지구 내 이주자택지를 1필지당 265㎡ 상한으로 공급하되, 265㎡를 초과하여 공급하는 경우 초과 면적에 대하여도 감정가격을 적용하지 않고 조성원가에서 생활기본시설 설치비용을 제외한 금액으로 공급하기로 하는 내용의 이주자택지 공급공고와 보상안내를 한 후 이주자택지 공급대상자로 선정된 갑 등과 분양계약을 체결하였는데, 분양면적 중 이주자택지 공급한도인 265㎡ 초과 부분도 이주대책으로서 특별공급된 것인지 문제가 된다.

2. 관련 판례의 검토

판례는 이주대책기준 설정에 관한 재량에 따라 265㎡ 초과 부분에 대해서도 조성원가에서 생활기본시설 설치비용을 제외한 금액으로 공급하기로 한 것이지, 한국토지주택공사가 이주자택지 공급한도를 초과하는 부분의 공급가격을 그 이하 부분과 동일하게 산정하기로 정하였다거나 분양계약서에 분양면적 전체가 이주자택지로 표시되어 있다고 하여 그로써 당연히 공급규모의 기준을 변경하는 의미로 볼 수 없는 점을 고려할 때, 공급한도를 265㎡로 정하였을 뿐 이를 초과하는 부분까지 이주대책으로서 특별공급한 것으로 단정하기 어렵다고 판시한 바 있다.

【판결요지】

[2] 택지개발사업의 시행자인 한국토지주택공사의 '이주 및 생활대책 수립지침'(이하 '수립지침'이라고 한다)에서 점포겸용・단독주택용지의 경우 이주자택지의 공급규모를 1필지당 265㎡ 이하로 정하면서, 당해 사업지구의 여건과 인근지역 부동산시장동향 등을 종합적으로 고려하여 불가피한 경우에는 위 기준을 다르게 정할 수 있다고 규정하고 있고, 한국토지주택공사는 사업지구 내 이주자택지를 1필지당 265㎡ 상한으로 공급하되, 265㎡를 초과하여 공급하는 경우 초과 면적에 대하여도 감정가격을 적용하지 않고 조성원가에서 생활기본시설 설치비용을 제외한 금액으로 공급하기로 하는 내용의 이주자택지 공급공고와 보상안내를 한 후 이주자택지 공급대상자로 선정된 갑 등과 분양계약을 체결하였는데, 분양면적 중 이주자택지 공급한도인 265㎡ 초과 부분도 이주대책으로서 특별공급된 것인지 문제 된 사안에서, 한국토지주택공사는 이주대책기준 설정에 관한 재량에 따라 수립지침 등 내부 규정에 의하여 사업지구 내 이주자택지 공급규모의 기준을 1필지당 265㎡로 정

하였고, 공급공고와 보상안내에 따라 이를 명확하게 고지한 점, 한국토지주택공사가 이주자택지 공급한도를 초과하는 부분의 공급가격을 그 이하 부분과 동일하게 산정하기로 정하였다거나 분양계약서에 분양면적 전체가 이주자택지로 표시되어 있다고 하여 그로써 당연히 공급규모의 기준을 변경하는 의미로 볼 수 없는 점, 특히 이주자택지 공급규모에 관한 기준을 달리 정하였다고 보기 위해서는 수립지침에 따라 획지분할 여건, 토지이용계획 및 토지이용의 효율성 등 당해 사업지구의 여건과 인근지역 부동산시장동향 등을 고려한 불가피한 사정이 있어야 하는 점 등 제반 사정에 비추어 보면, 한국토지주택공사는 이주자택지 공급한도를 265㎡로 정하였을 뿐 이를 초과하는 부분까지 이주대책으로서 특별공급한 것으로 단정하기 어려운데도, 이와 달리 본 원심판단에 법리오해 등의 잘못이 있다고 한 사례

(대법원 2023.7.13. 선고 2023다214252 판결 [채무부존재확인])

V. 사안의 해결

정당보상을 실현하기 위한 토지보상법제의 발전은 국민들의 권익의식의 확대와도 밀접한 관련을 가지고 있다. 최근 용산 참사와 관련하여 그동안 보상대상에서 제외되었던 권리금의 논쟁도 그렇고, 주거용 세입자와 상가세입자의 이주대책의 개념의 변화도 시대상을 반영한 것이라고 보인다. 다만, 재산권에 기초한 보상은 재산권에 대한 정당보상과 아울러 그 기초생활에 대한 생활보상도 매우 중요한 의미를 지닌다고 할 수 있을 것이다. 입법정책적인 고려가 이루어져야 할 것이며, 국민적인 공감대가 형성되어야 할 부분이 기도 하다. 최근 전원합의체 판결은 토지보상법 제78조 제1항, 제4항을 강행법규라고 판시했고, 이에 따라 이주 대책대상자는 개인적 공권이 인정되므로 이주대책대상자 확인·결정은 항고소송 또는 당사자소송에 의해 다툴수 있을 것이다.

또한 이주대책대상자들에게 이주자택지 공급한도로 정한 265㎡를 초과하여 공급한 부분이 사업시행자가 정한 이주대책의 내용이 아니라 일반수분양자에게 공급한 것과 마찬가지로 볼 수 있는 경우 초과 부분에 해당하는 분양면적에 대해서는 일반수분양자와 동등하게 생활기본시설 설치비용을 부담시킬 수 있다고 보는 것이 타당하다고 보인다.

한국토지주택공사는 이주대책기준 설정에 관한 재량에 따라 수립지침 등 내부 규정에 의하여 사업지구 내 이주자택지 공급규모의 기준을 1필지당 265㎡로 정하였고, 공급공고와 보상안내에 따라 이를 명확하게 고지한 점, 한국토지주택공사가 이주자택지 공급한도를 초과하는 부분의 공급가격을 그 이하 부분과 동일하게 산정하기로 정하였다거나 분양계약서에 분양면적 전체가 이주자택지로 표시되어 있다고 하여 그로써 당연히 공급규모의 기준을 변경하는 의미로 볼 수 없는 점, 특히 이주자택지 공급규모에 관한 기준을 달리 정하였다고 보기 위해서는 수립지침에 따라 획지분할 여건, 토지이용계획 및 토지이용의 효율성 등 당해 사업지구의 여건과 인근지역 부동산시장동향 등을 고려한 불가피한 사정이 있어야 하는 점 등 제반 사정에 비추어 보면, 한국토지주택공사는 이주자택지 공급한도를 265㎡로 정하였을 뿐 이를 초과하는 부분까지 이주대책으로서 특별공급한 것으로 단정하기 어렵다고 보인다.

쟁점 18 사용재결 기재사항 및 토지수용위원회

공익사업을 위한 토지 등의 취득 및 보상에 관한 법률(이하 '토지보상법')에 따라 경기도지방토지수용위원회는 2017.2.27. 피수용자 甲 소유의 분할 전 하남시 미사동 100번지 임야 46,756㎡(이하 '이 사건 토지'라 한다) 중 1,558㎡ 부분[이 부분은 나중에 하남시 미사동 100-1번지로 분할된 후 수용되었다. 이하 '이 사건 수용대상 토지'라 한다]과 이 사건 토지 중 3,603㎡ 부분(이하 '이 사건 사용대상 토지'라 한다)에 관하여 이 사건 재결을 하였다. 이 사건 경기도지방토지수용위원회 재결의 주문에는 '이 사건 사업을 위하여 원고 소유의 별지 기재 토지를 수용하도록 하고, 별지 기재 물건을 이전하게 하며, 손실보상금은 628,449,600원으로 한다. 수용개시일은 2017.4.13.으로 한다.'라고만 기재되어 있고, 이유에는 '이 사건 사업에 편입되는 별지 기재 토지 등의 취득을 위하여 소유자와 협의를 하였으나, 보상금 저렴 등의 사유로 협의가 성립되지 아니하여 재결신청에 이르렀다. 본 건 재결신청은 위 규정에 의한 적법한 재결신청으로 사업시행자는 별지 기재 토지 등을 수용할 수 있는 권한이 인정된다.'라고 기재되어 있다. 이 사건 재결서의 별지 목록(토지)에는 이 사건 수용대상 토지에 관한 보상금액을 324,843,000원(단가 208,500원), 이 사건 사용대상 토지에 관한 보상금액을 202,488,600원(단가 56,200원)으로 정한다는 내용과 그 각 면적만이 기재되어 있을 뿐이다. 다음 물음에 답하시오(각 물음은 별개의 내용임). 20점

(출처: 대법원 2019.6.13. 선고 2018두42641 판결 [수용재결취소등])

(1) 위 경기도토지수용위원회가 토지에 관하여 사용재결을 하는 경우, 재결서에 사용할 토지의 위치와 면적, 권리자, 손실보상액, 사용 개시일 외에 사용방법, 사용기간을 구체적으로 특정하여야 하는지 여부를 설명하시오. 5점

(2) 위 경기도토지수용위원회가 피수용자 甲 소유의 토지 중 일부는 수용하고 일부는 사용하는 재결을 하면서 재결서에는 수용대상 토지 외에 사용대상 토지에 관해서도 '수용'한다고만 기재한 사안에서, 위 재결 중 사용대상 토지에 관한 부분은 토지보상법 제50조 제1항에서 정한 사용재결의 기재사항에 관한 요건을 갖추지 못한 흠이 있음에도 사용재결로서 적법하다고 볼 수 있는지 검토하시오. 5점

(3) 토지보상법에 따라 위 수용재결 및 이의재결에 관여하는 관할 지방토지수용위원회와 중앙토지수용위원회에 대하여 설명하시오. 10점

목차 index

주요 내용 contents

Ⅰ. 논점의 정리

공익사업을 위한 토지 등의 취득 및 보상에 관한 법률(이하 '토지보상법')은 제34조에 수용재결에 대하여 규정하면서 동법 제50조에 재결사항을 명시하고 있다. 사안은 사용 부분과 수용 부분을 구체적으로 구분하지 않은 재결서의 위법이 문제된다. 이하에서는 관련 규정 및 판례를 통해 재결서의 위법성을 검토하고, 사용재결의 기재사항에 관한 요건을 갖추지 못한 흠이 있음에도 사용재결로서 적법하다고 볼 수 있는지 살핀다.

Ⅱ. (물음1)에 대하여

1. 재결의 의의, 취지(토지보상법 제34조)

재결이란 사업인정의 고시가 있은 후 협의불성립 또는 불능의 경우에 사업시행자의 신청에 의해 관할 토지수용위원회가 행하는 공용수용의 종국적 절차로서 침해되는 사익의 중대성을 감안하여 엄격한 형식과 절차규정을 두어 공용수용의 최종단계에서 공익과 사익의 조화를 이루기 위한 제도로서의 의미가 있다.

2. 재결의 요건(토지보상법 제50조)

토지수용위원회의 재결사항은 ① 수용·사용할 토지의 구역 및 사용방법, ② 손실의 보상, ③ 수용·사용의 개시일과 기간, ④ 그 밖에 이 법 및 다른 법률에서 정한 사항이다. 토지수용위원회는 사업시행자, 토지소유자 또는 관계인이 신청한 범위에서 재결하여야 한다. 다만, 손실보상의 경우에는 증액재결을 할 수 있다.

토지보상법 제50조(재결사항) ① 토지수용위원회의 재결사항은 다음 각 호와 같다.
1. 수용하거나 사용할 토지의 구역 및 사용방법
2. 손실보상
3. 수용 또는 사용의 개시일과 기간
4. 그 밖에 이 법 및 다른 법률에서 규정한 사항

② 토지수용위원회는 사업시행자, 토지소유자 또는 관계인이 신청한 범위에서 재결하여야 한다. 다만, 제1항 제2호의 손실보상의 경우에는 증액재결(增額裁決)을 할 수 있다.

3. 관련 판례의 태도

대법원 2019.6.13. 선고 2018두42641 판결 [수용재결취소등]

【판시사항】

[1] 관할 토지수용위원회가 토지에 관하여 사용재결을 하는 경우, 재결서에 사용할 토지의 위치와 면적, 권리자, 손실보상액, 사용 개시일 외에 사용방법, 사용기간을 구체적으로 특정하여야 하는지 여부(적극)

【판결요지】

[1] 공익사업을 위한 토지 등의 취득 및 보상에 관한 법령이 재결을 서면으로 하도록 하고, '사용할 토지의 구역, 사용의 방법과 기간'을 재결사항의 하나로 규정한 취지는, 재결에 의하여 설정되는 사용권의 내용을 구체적으로 특정함으로써 재결 내용의 명확성을 확보하고 재결로 인하여 제한받는 권리의 구체적인 내용이나 범위 등에 관한 다툼을 방지하기 위한 것이다. 따라서 관할 토지수용위원회가 토지에 관하여 사용재결을 하는 경우에는 재결서에 사용할 토지의 위치와 면적, 권리자, 손실보상액, 사용 개시일 외에도 사용방법, 사용기간을 구체적으로 특정하여야 한다.

4. 검토 및 소결

생각건대, 재결은 공용수용의 최종단계에서 공익과 사익의 조화를 이루기 위한 제도로서의 의미를 가지고 있다는 점, 명확한 재결서를 통해서 피수용자의 적정한 재산권보호를 한다는 토지보상법의 입법 취지를 달성할 수 있다는 점을 고려한다면 사용재결을 하는 경우, 재결서에 사용할 토지의 위치와 면적, 권리자, 손실보상액, 사용 개시일 외에 사용방법, 사용기간을 구체적으로 특정하여야 한다고 보는 것이 타당하다고 판단된다.

Ⅲ. (물음2)에 대하여

1. 관련 판례의 태도

대법원 2019.6.13. 선고 2018두42641 판결 [수용재결취소등]

【판시사항】

[2] 지방토지수용위원회가 갑 소유의 토지 중 일부는 수용하고 일부는 사용하는 재결을 하면서 재결서에는 수용대상 토지 외에 사용대상 토지에 관해서도 '수용'한다고만 기재한 사안에서, 위 재결 중 사용대상 토지에 관한 부분은 공익사업을 위한 토지 등의 취득 및 보상에 관한 법률 제50조 제1항

에서 정한 사용재결의 기재사항에 관한 요건을 갖추지 못한 흠이 있음에도 사용재결로서 적법하다 고 본 원심판단에 법리를 오해한 잘못이 있다고 한 사례

【판결요지】

[2] 지방토지수용위원회가 갑 소유의 토지 중 일부는 수용하고 일부는 사용하는 재결을 하면서 재결서에는 수용대상 토지 외에 사용대상 토지에 관해서도 '수용'한다고만 기재한 사안에서, 사용대상 토지에 관하여는 공익사업을 위한 토지 등의 취득 및 보상에 관한 법률(이하 '토지보상법'이라 한다)에 따라 사업시행자에게 사용권을 부여함으로써 송전선의 선하부지로 사용할 수 있도록 하기 위한 절차가 진행되어 온 점, 재결서의 주문과 이유에는 재결에 의하여 지방토지수용위원회에 설정하여 주고자 하는 사용권이 '구분지상권'이라거나 사용권이 설정될 토지의 구역 및 사용방법, 사용기간 등을 특정할 수 있는 내용이 전혀 기재되어 있지 않아 재결서만으로는 토지소유자인 갑이 자신의 토지 중 어느 부분에 어떠한 내용의 사용제한을 언제까지 받아야 하는지를 특정할 수 없고, 재결로 인하여 토지소유자인 갑이 제한받는 권리의 구체적인 내용이나 범위 등을 알 수 없어 이에 관한 다툼을 방지하기도 어려운 점 등을 종합하면, 위 재결 중 사용대상 토지에 관한 부분은 토지보상법 제50조 제1항에서 정한 사용재결의 기재사항에 관한 요건을 갖추지 못한 흠이 있음에도 사용재결로서 적법하다고 본 원심판단에 법리를 오해한 잘못이 있다고 한 사례

2. 검토 및 소결

사안의 재결사항의 경우 수용부분과 사용부분이 구체적으로 명시되어 있지 않아, 재결서만으로는 토지소유자가 자신의 토지 중 어느 부분이 어떠한 내용의 사용제한을 언제까지 받아야 하는지 특정할 수 없고, 제한받는 권리의 구체적 내용, 범위 등에 대해 알 수가 없다. 이에 사용재결에 기재사항의 요건을 갖추지 못한 흠이 있다. 생각건대, 토지보상법 제50조에서 재결서의 내용으로 수용하거나 사용할 토지의 구역 및 사용방법 등을 기재하도록 규정하고 있는 점, 재결서가 불명확할 경우 공사익의 조화가 제대로 이루어지지 않아 이에 대한 다툼을 방지하기도 어려운 점을 고려해 본다면 해당 재결서는 수용 또는 사용과 관련된 내용들에 대해서 명확하게 기재하여야 한다. 따라서 사안의 재결서는 기재사항에 관한 요건을 갖추지 못한 것으로 위법하다고 보는 것이 타당하다고 판단된다.

Ⅳ. (물음3)에 대하여

1. 토지수용위원회의 법적 지위

토지수용위원회는 공익사업에 필요한 토지 등의 수용 또는 사용에 대한 재결을 목적으로 설치되어 있다는 점에서 독립된 행정기관이며, 다수의 구성위원의 합의에 의해 독립적으로 토지수용위원회의 이름으로 재결을 하는 점에서 합의제 행정청이다. 또한 준사법적 행정기관에 해당한다. 법에서 반드시 설치하도록 하고 있어 필수기관이라고 본다. 토지수용위원회는 토지보상법 제49조 내지 제60조, 동법 시행령 제23조 내지 제24조에 근거한다.

토지보상법 제49조(설치)
토지 등의 수용과 사용에 관한 재결을 하기 위하여 국토교통부에 중앙토지수용위원회를 두고, 특별시·광역시·도·특별자치도(이하 "시·도"라 한다)에 지방토지수용위원회를 둔다.

토지보상법 제52조(중앙토지수용위원회)

① 중앙토지수용위원회는 위원장 1명을 포함한 20명 이내의 위원으로 구성하며, 위원 중 대통령령으로 정하는 수의 위원은 상임(常任)으로 한다.

② 중앙토지수용위원회의 위원장은 국토교통부장관이 되며, 위원장이 부득이한 사유로 직무를 수행할 수 없을 때에는 위원장이 지명하는 위원이 그 직무를 대행한다.

③ 중앙토지수용위원회의 위원장은 위원회를 대표하며, 위원회의 업무를 총괄한다.

④ 중앙토지수용위원회의 상임위원은 다음 각 호의 어느 하나에 해당하는 사람 중에서 국토교통부장관의 제청으로 대통령이 임명한다.

1. 판사·검사 또는 변호사로 15년 이상 재직하였던 사람
2. 대학에서 법률학 또는 행정학을 가르치는 부교수 이상으로 5년 이상 재직하였던 사람
3. 행정기관의 3급 공무원 또는 고위공무원단에 속하는 일반직공무원으로 2년 이상 재직하였던 사람

⑤ 중앙토지수용위원회의 비상임위원은 토지 수용에 관한 학식과 경험이 풍부한 사람 중에서 국토교통부장관이 위촉한다.

⑥ 중앙토지수용위원회의 회의는 위원장이 소집하며, 위원장 및 상임위원 1명과 위원장이 회의마다 지정하는 위원 7명으로 구성한다. 다만, 위원장이 필요하다고 인정하는 경우에는 위원장 및 상임위원을 포함하여 10명 이상 20명 이내로 구성할 수 있다.

⑦ 중앙토지수용위원회의 회의는 제6항에 따른 구성원 과반수의 출석과 출석위원 과반수의 찬성으로 의결한다.

⑧ 중앙토지수용위원회의 사무를 처리하기 위하여 사무기구를 둔다.

⑨ 중앙토지수용위원회의 상임위원의 계급 등과 사무기구의 조직에 관한 사항은 대통령령으로 정한다.

토지보상법 제53조(지방토지수용위원회)

① 지방토지수용위원회는 위원장 1명을 포함한 20명 이내의 위원으로 구성한다.

② 지방토지수용위원회의 위원장은 시·도지사가 되며, 위원장이 부득이한 사유로 직무를 수행할 수 없을 때에는 위원장이 지명하는 위원이 그 직무를 대행한다.

③ 지방토지수용위원회의 위원은 시·도지사가 소속 공무원 중에서 임명하는 사람 1명을 포함하여 토지 수용에 관한 학식과 경험이 풍부한 사람 중에서 위촉한다.

④ 지방토지수용위원회의 회의는 위원장이 소집하며, 위원장과 위원장이 회의마다 지정하는 위원 8명으로 구성한다. 다만, 위원장이 필요하다고 인정하는 경우에는 위원장을 포함하여 10명 이상 20명 이내로 구성할 수 있다.

⑤ 지방토지수용위원회의 회의는 제4항에 따른 구성원 과반수의 출석과 출석위원 과반수의 찬성으로 의결한다.

⑥ 지방토지수용위원회에 관하여는 제52조 제3항을 준용한다.

2. 재결의 분담

수용 토지가 2 이상의 시도에 걸치거나 국토교통부, 국가, 시도가 사업시행자인 경우에는 중앙토지수용위원회가 수용재결을 관할하며, 그 외에는 지방토지수용위원회가 행한다. 수용재결에 대한 이의신청으로 특별법상 행정심판인 이의재결은 중앙토지수용위원회에서만 행한다.

3. 중앙토지수용위원회

국토교통부에 두며, 위원장 1명을 포함한 20명 이내의 위원으로 구성한다. 간사 1명과 서기

몇 명을 상임으로 둔다. 위원장은 국토교통부장관이 되며, 위원장은 위원회를 대표하고 위원회의 업무를 총괄한다. 회의는 위원장이 소집하며, 위원장 및 상임위원 1명과 위원장이 회의마다 지정하는 위원 7명으로 구성하며, 이에 대한 구성원의 과반수의 출석과 과반수의 찬성으로 의결한다.

4. 지방토지수용위원회

위원장 1명을 포함한 20명 이내의 위원으로 구성한다. 위원장은 시・도지사가 된다. 회의는 위원장이 소집하며, 위원장과 위원장이 회의마다 지정하는 위원 8명으로 구성한다. 회의는 구성원 과반수의 출석과 출석위원 과반수의 찬성으로 의결한다.

Ⅴ. 사안의 해결

재결은 공용수용의 최종단계로서 공익과 사익의 조화를 이루기 위한 제도로서 기능한다. 그러므로 재결서 역시 이에 따라 수용 또는 사용에 관련된 사항에 대해서도 명확하게 기재하여야 하며, 토지보상법 제50조에서도 필요한 사항을 규정하고 있다. 따라서 사안의 재결서는 이러한 기재사항에 관한 요건을 충족하지 못한 것으로 위법하다고 보는 것이 타당하다고 생각된다.

참고 실전에서 답안을 쓴다면 다음과 같은 목차 구성으로 답안으로 쓴다면 효과적으로 보임.

Ⅰ. 개설
Ⅱ. 토지수용위원회의 법적 지위(법적 구성(조직), 역할, 운영이 3대 포인트임)
Ⅲ. 중앙토지수용위원회의 법적 구성과 역할(기능) 및 운영
Ⅳ. 지방토지수용위원회의 법적 구성과 역할(기능) 및 운영
Ⅴ. 결

쟁점 19 감정평가실무기준의 법적 성질 및 복수평가원칙

「공익사업을 위한 토지 등의 취득 및 보상에 관한 법률」(이하 '토지보상법'이라 한다)에 따라 도로확장건설을 위해 사업인정을 받은 A는 해당 지역에 위치한 甲의 토지를 수용하고자 甲과 협의를 시도하였다. A는 甲과 보상액에 관한 협의가 이루어지지 않자 토지보상법상의 절차에 따라 관할 토지수용위원회에 재결을 신청하였다. 그런데 관할 토지수용위원회는 「감정평가에 관한 규칙(국토교통부령)」에 따른 '감정평가 실무기준(국토교통부 고시)'과는 다르게 용도지역별 지가변동률이 아닌 이용상황별 지가변동률을 적용한 감정평가사의 감정결과를 채택하여 보상액을 결정하였다. 그 이유로 해당 토지는 이용상황이 지가변동률에 더 큰 영향을 미친다는 것을 들었다. 甲은 보상액 결정이 '감정평가 실무기준(국토교통부 고시)'을 따르지 않았으므로 위법이라고 주장한다. 다음 물음에 답하시오(각 물음은 별개임). 20점

(1) 국토교통부 고시인 감정평가 실무기준이 법규성이 있는 경우와 감정평가실무기준이 법규성이 없는 경우 甲의 주장의 타당성을 설명하시오. 10점

(2) 만약 위 사례에서 사업시행자 A는 단수평가(감정평가법인 K만을 선정함)를 하여 甲토지 보상액을 책정하였다. 필지가 한 필지 밖에 되지 않고 면적도 크지 않으므로 사업시행자는 단수평가를 하였다고 한다. 해당 단수평가가 타당한 것인지 관련 규정과 판례 등을 중심으로 설명하시오. 10점

목차 index

주요 내용 contents

Ⅰ. (물음1)에 대하여

1. 논점의 정리

공익사업을 위한 토지 등의 취득 및 보상에 관한 법률(이하 '토지보상법')상 관할 토지수용위원회는 감정평가실무기준과 다르게 용도지역별 지가변동률이 아닌 이용상황별 지가변동률을 적용하여 보상액을 결정하였다. 국토교통부 고시인 감정평가 실무기준의 법적 성질이 쟁점인바 이하에서는 감정평가실무기준의 대외적 구속력 여부를 살펴 甲주장의 타당성을 검토하고자 한다.

2. 보상법률주의와 법정평가보상주의

(1) 보상법률주의

헌법 제23조 제3항은 "공공필요에 의한 재산권의 수용, 사용 또는 제한 및 그에 대한 보상은 법률로써 하되, 정당한 보상을 지급하여야 한다."고 규정하고 있는바, 공용수용과 손실보상을 개별법률에 법률 유보하여 반드시 법적 근거를 마련하도록 하고 있다. 즉, 우리 헌법은 보상법률주의를 채택하고 있다.

(2) 법정평가 보상주의

토지보상법 제70조에서는 토지의 보상에 대해서 공시지가로 보상하도록 함으로써 보상의 취득 수용의 핵심인 토지보상이 법정 공시지가 기준으로 보상하도록 규정하고 있다. 소멸수용인 지장물 및 권리 등의 보상도 모두 법률로 정하여 보상하도록 하고 있다.

> 토지보상법 제70조(취득하는 토지의 보상)
>
> ① 협의나 재결에 의하여 취득하는 토지에 대하여는 「부동산 가격공시에 관한 법률」에 따른 공시지가를 기준으로 하여 보상하되, 그 공시기준일부터 가격시점까지의 관계 법령에 따른 그 토지의 이용계획, 해당 공익사업으로 인한 지가의 영향을 받지 아니하는 지역의 대통령령으로 정하는 지가변동률, 생산자물가상승률(「한국은행법」 제86조에 따라 한국은행이 조사·발표하는 생산자물가지수에 따라 산정된 비율을 말한다)과 그 밖에 그 토지의 위치·형상·환경·이용상황 등을 고려하여 평가한 적정가격으로 보상하여야 한다.
>
> ② 토지에 대한 보상액은 가격시점에서의 현실적인 이용상황과 일반적인 이용방법에 의한 객관적 상황을 고려하여 산정하되, 일시적인 이용상황과 토지소유자나 관계인이 갖는 주관적 가치 및 특별한 용도에 사용할 것을 전제로 한 경우 등은 고려하지 아니한다.
>
> ③ 사업인정 전 협의에 의한 취득의 경우에 제1항에 따른 공시지가는 해당 토지의 가격시점 당시 공시된 공시지가 중 가격시점과 가장 가까운 시점에 공시된 공시지가로 한다.
>
> ④ 사업인정 후의 취득의 경우에 제1항에 따른 공시지가는 사업인정고시일 전의 시점을 공시기준일로 하는 공시지가로서, 해당 토지에 관한 협의의 성립 또는 재결 당시 공시된 공시지가 중 그 사업인정고시일과 가장 가까운 시점에 공시된 공시지가로 한다.
>
> ⑤ 제3항 및 제4항에도 불구하고 공익사업의 계획 또는 시행이 공고되거나 고시됨으로 인하여 취득하여야 할 토지의 가격이 변동되었다고 인정되는 경우에는 제1항에 따른 공시지가는 해당 공고일 또는 고시일 전의 시점을 공시기준일로 하는 공시지가로서 그 토지의 가격시점 당시 공시된 공시지가 중 그 공익사업의 공고일 또는 고시일과 가장 가까운 시점에 공시된 공시지가로 한다.

⑥ 취득하는 토지와 이에 관한 소유권 외의 권리에 대한 구체적인 보상액 산정 및 평가방법은 투자비용, 예상수익 및 거래가격 등을 고려하여 국토교통부령으로 정한다.

3. 감정평가실무기준의 법적 성질 - 국토교통부 고시의 법적 성질

(1) 개설

설문은 감정평가실무기준을 따르지 않았기 때문에 위법하다고 주장하는바, 실무기준의 법적 성질에 따라 주장의 타당성 여부가 결정될 것이다(해당 감정평가실무기준에 대하여 판례는 법규성이 없는 행정규칙에 불과하다고 보고 있지만 다수의 학설은 법령보충적 행정규칙으로 보고 있는 상황이다. 그래서 만약 답안을 구성한다면 판례의 태도에 따라 법규성이 없는 행정규칙으로도 논리구성이 가능할 수 있으며, 다수의 학설에 따라 법령보충적 행정규칙의 논리 구성도 가능하다고 본다. 참고로 법규명령형식의 행정규칙관련 내용도 아래에 내용을 정리하였으니 함께 비교해서 공부하면 좋을 듯 하다).

법규명령형식의 행정규칙	법령보충적 행정규칙	(순수) 행정규칙
법규명령형식의 행정규칙은 행정사무처리기준에 관한 사항을 형식은 대통령령, 총리령, 부령의 형식으로 규정되어 있는데, 실질은 행정규칙인 경우에 이를 법규명령형식의 행정규칙이라고 한다.	법령보충적 행정규칙이란 법령의 위임에 의해 법령을 보충하는 법규사항을 정하는 행정규칙을 말한다. 판례는 법령보충적 행정규칙을 수권법령과 결합하여 대외적인 구속력이 있는 법규명령으로서의 효력을 갖는다고 본다.	행정규칙이란 행정조직내부 또는 특별한 공법상 법률관계 내부에서 그 조직과 활동을 규율하는 일반, 추상적인 명령으로서 법규적 성질을 갖지 않는다.
감정평가법 시행령 제29조 별표3(감정평가법인등 제재기준)	토지가격비준표, 토지보상법 시행규칙 제22조, 감정평가실무기준(판례는 행정규칙으로 봄)	고시, 훈령, 국토부 고시, 이주자 선정 국토부 훈령
법규명령설(형식설), 행정규칙설(실질설), 수권여부기준설	법규명령설, 행정규칙설, 규범규체화행정규칙설, 위헌무효설 등	비법규설, 법규설, 준법규설
판례는 부령인 시행규칙과는 달리 제재적 재량처분의 기준을 정한 시행령(대통령령)에 대해서는 법규성을 인정하고 있다.	대법원은 법령보충적 행정규칙을 행정규칙이지만 법규명령과 같은 효력을 갖는 것으로 보기도 하고, 법규명령의 성질을 갖는 것으로 보기도 한다. 헌법재판소는 법령보충적 행정규칙도 행정규칙으로 보며 법령보충적 행정규칙은 그 자체로서 직접적 대외적 구속력을 갖는 것이 아니라 상위법령과 결합하여 상위법령의 일부가 됨으로써 대외적 구속력을 가질 뿐이라고 본다.	행정규칙이나 규정 '내용'이 위임범위를 벗어난 경우뿐 아니라 상위법령에서 세부사항 등을 시행규칙으로 정하도록 위임하였음에도 이를 고시 등 행정규칙으로 정하였다면 그 역시 대외적 구속력을 가지는 법규명령으로서 효력이 인정될 수 없다.
감정평가법 시행령 제29조 별표3이 대표적인 사례임.	토지가격비준표, 토지보상법 시행규칙 제22조 - 판례의 태도	감정평가실무기준은 판례가 법규성이 없는 것으로 판시함.

(2) 감정평가실무기준의 법적 성질(판례의 태도는 행정규칙)

대법원 2014.6.12. 선고 2013두4620 판결 [보상금증액]

【판시사항】

[2] 감정평가에 관한 규칙에 따른 '감정평가 실무기준'이나 한국감정평가업협회가 제정한 '토지보상평가지침'이 일반 국민이나 법원을 기속하는지 여부(소극)

【이유】

감정평가에 관한 규칙에 따른 '감정평가 실무기준'(2013.10.22. 국토교통부 고시 제2013-620호)은 감정평가의 구체적 기준을 정함으로써 감정평가업자가 감정평가를 수행할 때 이 기준을 준수하도록 권장하여 감정평가의 공정성과 신뢰성을 제고하는 것을 목적으로 하는 것이고, 한국감정평가업협회가 제정한 '토지보상평가지침'은 단지 한국감정평가업협회가 내부적으로 기준을 정한 것에 불과하여 어느 것도 일반 국민이나 법원을 기속하는 것이 아니다(대법원 2010.3.25. 선고 2009다97062 판결 등 참조).

(3) 소결

우리 헌법은 보상법률주의를 택하고 있으며, 토지의 경우 공시지가기준 보상으로 법정보상평가를 규정하고 있다. 감정평가실무기준은 구체적인 보상현장에서 감정평가법인등의 매뉴얼과 같은 역할을 하고 있다. 판례는 감정평가실무기준의 법적 구속력을 인정하고 있지 않으나 실무에서 감정평가를 함에 있어서 감정평가에 관한 규칙의 위임을 통해 만들어진 감정평가실무기준은 감정평가법인등에게는 구속력을 미치기 때문에 법원의 재판규범성을 인정하는 것이 타당하다고 보인다. 따라서 甲 주장의 타당성을 감정평가실무기준의 대외적 구속력 여부를 나누어서 고찰하고자 한다.

4. 甲주장의 타당성

(1) 대외적 구속력이 인정되는 경우

감정평가실무기준의 대외적 구속력이 인정되기에 이와 다르게 평가하는 것은 위법하다고 보인다. 법령보충적 행정규칙으로 상위법령과 결합하여 대외적 구속력을 인정한다고 하더라도 용도지역별 지가변동률을 적용하지 않고, 이용상황별 지가변동률을 적용한 것은 부동산 가격공시에 관한 법률과 토지보상법 및 감정평가에 관한 규칙 등 상위법령의 취지에도 부합되지 않는 것이다. 감정평가실무기준상 지가변동률의 적용원칙은 비교표준지가 있는 시・군・구의 같은 용도지역 지가변동률을 적용함을 원칙으로 한다고 규정하고 있고, 예외적인 경우에 용도지역의 지가변동률이 조사・발표되지 않은 경우 등에 이용상황별 지가변동률 등을 적용하도록 하고 있는 바, 법규성이 있는 실무기준을 따르지 않은 것은 위법하다고 할 것이다. 따라서 甲의 주장은 타당하다고 보인다.

(2) 대외적 구속력이 인정되지 않는 경우

실무기준이 단순 행정규칙이라면 감정평가사에 의한 보상법률주의에 입각하여 전문가에 의한 토지보상은 법정평가로 공시지가기준 평가를 행하고, 그 법정기준을 지키면서 이용상황 등을 고려하여 시점수정을 하였다면 행정청 내부의 사무처리기준에 불과한 실무기준을 지키지 않았다고 하여 바로 위법이라고 할 수 없다. 따라서 전문가에 의한 이용상황의 영향이 커서 이용상황별 지가변동률을 적용한 것은 보상현장에서 전문적인 판단과 의견으로 위법성이 없다고 보인다. 따라서 甲의 주장은 타당성이 인정되지 않는다고 생각된다.

II. (물음2)에 대하여

1. 복수평가원칙(토지보상법 제68조 제1항)

사업시행자는 토지 등에 대한 보상액을 산정하려는 경우에는 감정평가법인등 3인(시・도지사와 토지소유자가 모두 감정평가법인등을 추천하지 아니하거나 시・도지사 또는 토지소유자 어느 한쪽이 감정평가법인등을 추천하지 아니하는 경우에는 2인)을 선정하여 토지 등의 평가를 의뢰하여야 한다. 다만, 사업시행자가 국토교통부령으로 정하는 기준에 따라 직접 보상액을 산정할 수 있을 때에는 그러하지 아니하다.

토지보상법 제68조(보상액의 산정)

① 사업시행자는 토지 등에 대한 보상액을 산정하려는 경우에는 감정평가법인등 3인(제2항에 따라 시・도지사와 토지소유자가 모두 감정평가법인등을 추천하지 아니하거나 시・도지사 또는 토지소유자 어느 한쪽이 감정평가법인등을 추천하지 아니하는 경우에는 2인)을 선정하여 토지 등의 평가를 의뢰하여야 한다. 다만, 사업시행자가 국토교통부령으로 정하는 기준에 따라 직접 보상액을 산정할 수 있을 때에는 그러하지 아니하다.

② 제1항 본문에 따라 사업시행자가 감정평가법인등을 선정할 때 해당 토지를 관할하는 시・도지사와 토지소유자는 대통령령으로 정하는 바에 따라 감정평가법인등을 각 1인씩 추천할 수 있다. 이 경우 사업시행자는 추천된 감정평가법인등을 포함하여 선정하여야 한다.

③ 제1항 및 제2항에 따른 평가 의뢰의 절차 및 방법, 보상액의 산정기준 등에 관하여 필요한 사항은 국토교통부령으로 정한다.

2. 단수평가의 타당성 인정 여부

(1) 토지보상법 제68조의 예외로서 단수평가가 타당한 것인지

위의 규정에서 살펴보듯이 사업시행자는 토지 등의 보상액을 산정하는 경우에는 감정평가법인등 3인을 선정하여 감정평가 의뢰하도록 하고 있다. 시・도지사나 토지소유자 어느 한쪽이 추천하지 않는 경우에는 2인의 감정평가법인등에게 평가의뢰하여야 한다고 보고 있으므로 복수평가의 원칙을 천명하고 있다. 한 필지 밖에 안되고 규모가 작다고 해서 단수평가 하는 것은 법령을 위반한 것으로 타당하지 않다고 판단된다.

(2) 직접 보상액을 책정하는 경우

사업시행자가 국토교통부령 기준에 따라 직접 보상액을 산정하는 경우를 제외하고는 2인 또는 3인의 감정평가법인등에게 평가를 의뢰하여야 한다. 사업시행자가 국토교통부령 기준에 따라 주거이전비나 분묘이전비가 대표적으로 일정기준으로 직접 보상액을 책정하는 예시이다.

3. 복수평가에 대한 정당한 보상액 책정(대법원 판례)

다른 특별한 대체수단이 없는 이상 공익사업을 위한 토지 등의 취득 및 보상에 관한 법률에서 정한 복수의 감정평가업자의 평가액의 산술평균액을 기준으로 하여 그 비율을 정하여 배분하는 것이 가장 합리적이고 객관적인 방법이라 할 것인데, 이미 복수의 감정평가업자에게 감정평가를 의뢰하여 그 결과를 통보받았음에도 굳이 이를 무시하면서 인근 부동산업자들이나 인터넷, 지인 등으로부터의 불확실한 정보를 가지고 감정평가결과와 전혀 다르게 상대적으로 사저부지 가격을 낮게 평가하고 경호부지 가격을 높게 평가하여 매수대금을 배분한 것은 국가사무를 처리하는 자로서의 임무위배행위에 해당하고 위 피고인들에게 배임의 고의 및 불법이득의사도 인정된다고 판단하였다.
앞서 본 법리와 기록에 비추어 보면, 원심의 이러한 판단은 정당하고, 거기에 배임죄에 관한 법리오해 등의 잘못이 없다.

(출처: 대법원 2013.9.27. 선고 2013도6835 판결 [특정경제범죄가중처벌등에 관한 법률위반(배임) · 공문서변조(예비적죄명:허위공문서작성) · 변조공문서행사(예비적죄명:허위작성공문서행사)])

4. 사안의 경우

토지보상법은 정당보상을 실현하기 위하여 복수평가 원칙을 적용하고 있으며, 감정평가법인등의 추천절차 및 요건을 법으로 규정하고 있다. 따라서 법에 따라 2개 이상의 감정평가법인등에 의해 감정평가받아야 하며, 복수평가원칙은 평가금액의 적정성 및 평가목적의 공공성을 고려한 것으로 필지가 작다고 하여 임의적으로 단수평가를 받은 것은 타당하지 않다고 판단된다.

쟁점 20 사업폐지에 대한 비용보상 가능 여부와 비용보상에 대한 불복

공익사업을 위한 토지 등의 취득 및 보상에 관한 법률(이하 '토지보상법')상 공익사업을 하는 과정에서 피수용자 甲은 호텔을 짓고자 설계와 기초공사비용 2억원을 지급하였다. 이미 사업인정고시가 나서 이제 피수용자 甲은 호텔사업을 진행할 수 없어 사업시행자 乙에게 위 비용을 보상하여야 한다고 주장하고 있다. 사업시행자 乙은 협의가 잘 진행되지 않아 관할 토지수용위원회에 수용재결을 진행하고자 한다(대법원 2010.8.19. 선고 2008두822 판결). 다음 물음에 답하시오(각 물음은 별개의 내용임). 30점

(출처: 광주고등법원 2007.12.14. 선고 2007누80 판결 [토지수용이의재결처분취소등])

(1) 토지보상법상 수용재결의 법적 성질과 효과를 설명하시오. 5점

(2) 토지보상법 시행규칙상 사업폐지에 대한 비용보상이 가능한지 여부에 대하여 해당 규정 및 판례를 통해 설명하시오. 5점

(3) 토지보상법상 비용보상에 대한 불만으로 이의신청을 하고자 한다. 토지보상법상 이의신청에 대하여 설명하시오. 5점

(4) 토지보상법상 사업폐지에 대한 불복으로 행정소송을 제기하고자 한다. 사업폐지 비용보상인 손실보상금에 대한 불복에 대하여 판례(대법원 2012.10.11. 선고 2010다23210 판결)를 중심으로 설명하시오. 15점

목차 index

제1부

주요 내용 contents

Ⅰ. 논점의 정리

공익사업을 위한 토지 등의 취득 및 보상에 관한 법률(이하 '토지보상법')에서는 건축물의 건축을 위한 건축허가 등 관계 법령에 의한 절차를 진행 중이던 사업 등이 폐지·변경되는 경우 사업 등에 소요된 비용 등의 손실에 대하여는 이를 보상하여야 한다고 규정하고 있다. 이하에서는 토지보상법 시행규칙 제57조 사업폐지 규정의 내용 및 관련 판례를 살펴 사안을 해결한다.

Ⅱ. (물음1)에 대하여

1. 수용재결의 의의 및 취지(토지보상법 제34조)

수용재결이란 사업시행자에게 부여된 수용권의 구체적인 내용을 결정하고 그 실행을 완성시키는 형성적 행위로서 수용의 최종단계에서 공사익 조화를 도모하여 수용목적을 달성함에 제도적 의미가 인정된다. 토지보상법 제34조에 근거한다.

2. 수용재결의 법적 성질

재결신청이 형성적 요건을 충족하면 구체적으로 일정한 법률효과의 발생을 목적으로 하는 수용재결은 반드시 해야 하는 기속행위이며, 양 당사자의 이해관계를 독립된 행정기관인 토지수용위원회가 판단 조정하는 점에서 준사법적인 성격을 갖는다. 또한 복효적 행정행위적 제3자효 행위이며 보상액에 대하여는 증액재결을 할 수 있다.

3. 수용재결의 효과

사전보상실현 및 사업의 원활한 시행을 위해서 수용재결 시와 개시일로 효력 발생시기를 달리하고 있다. ① "수용재결 시"에는 손실보상청구권, 담보물권자의 물상대위권, 인도이전의무, 위험부담이전의 효과가 ② "수용개시일"에는 사업시행자에게는 목적물의 원시취득, 대행 및 대집행권, 토지소유자에게는 환매권 등의 효과가 발생한다.

Ⅲ. (물음2)에 대하여

1. 관련 규정의 검토(토지보상법 시행규칙 제57조)

공익사업의 시행으로 인하여 건축물의 건축을 위한 건축허가 등 관계 법령에 의한 절차를 진행 중이던 사업 등이 폐지·변경 또는 중지된 경우 그 사업 등에 소요된 법정수수료 그 밖의 비용 등의 손실에 대하여는 이를 보상하여야 한다. 종전에는 이와 같은 보상은 인정되지 아니하였으나 토지보상법에서는 인정하고 있다.

> 토지보상법 시행규칙 제57조(사업폐지 등에 대한 보상)
> 공익사업의 시행으로 인하여 건축물의 건축을 위한 건축허가 등 관계 법령에 의한 절차를 진행중이던 사업 등이 폐지·변경 또는 중지되는 경우 그 사업 등에 소요된 법정수수료 그 밖의 비용 등의 손실에 대하여는 이를 보상하여야 한다.

2. 관련 판례의 검토

(1) 여관을 신축하기 위해 부지를 조성하던 중 그 토지의 일부가 편입되는 경우(판례)

토지소유자가 자신의 토지에 숙박시설을 신축하기 위해 부지를 조성하던 중 그 토지의 일부가 익산-장수 간 고속도로 건설공사에 편입되자 사업시행자에게 부지조성비용 등의 보상을 청구한 사안에서, 잔여지에 지출된 부지조성비용은 그 토지의 가치를 증대시킨 한도 내에서 잔여지의 감소로 인한 손실보상액을 산정할 때 반영되는 것일 뿐, 별도의 보상대상이 아니므로, 잔여지에 지출된 부지조성비용이 별도의 보상대상으로 인정되지 않는다면 토지소유자에게 잔여지의 가격 감소로 인한 손실보상을 구하는 취지인지 여부에 관하여 의견을 진술할 기회를 부여하고 그 당부를 심리・판단하였어야 함에도, 이러한 조치를 취하지 않은 원심판결에 석명의무를 다하지 않아 심리를 제대로 하지 않은 위법이 있다고 판시하고 있다(대판 2010.8.19, 2008두822 [토지수용이의재결처분취소등]).

(2) 진입로 개설비용과 옹벽공사비, 토목설계비용, 토지형질변경 비용보상 여부(판례)

가. 원심은, 원고가 보상을 구하고 있는 건축설계비용은 그 지출사실을 인정할 증거가 없고, 암발파 및 운반비용, 진입로 개설비용, 옹벽공사비용, 가차선공사비용, 토목설계비용, 토지형질변경비용(아래에서는 암 발파 및 운반비용 이하의 여러 비용을 '부지조성비용'이라고 한다)은 원고의 잔여지수용청구가 받아들여지지 아니하는 이상 이 사건 각 수용대상토지에 지출된 부분에 한하여 그 보상 여부를 판단하여야 하는데, 이 사건 각 수용대상토지에 지출된 부지조성비용은 이 사건 각 수용대상토지에 화체되어 일체로 평가될 뿐, 별도의 보상대상이 되는 것은 아니므로, 원고의 이 부분 청구도 이유 없다고 판단하였다.

나. 기록에 비추어 살펴보면, 건축설계비용과 이 사건 각 수용대상토지에 지출된 부지조성비용에 관한 원심의 판단은 정당하고, 상고이유에서 주장하는 바와 같은 보상액 평가에 관한 법리오해 등의 위법이 없다. 이 점을 다투는 상고이유의 주장도 받아들일 수 없다.

다. 그러나 이 사건 각 잔여지에 지출된 부지조성비용은 그 토지의 가치를 증대시킨 한도 내에서 잔여지의 가격 감소로 인한 손실보상액을 산정할 때에 반영되는 것일 뿐, 별도로 보상대상이 되는 것은 아닌바, 기록에 의하면, 원고가 제1심에서 2006.12.6.자 준비서면을 통하여 토지수용으로 여관 신축이 불가능하여진 데에 따른 이 사건 각 잔여지의 가격하락에 대하여 보상하여야 한다고 주장한 점, 피고가 2004.1.9.경 원고에게 일부 잔여지의 감가보상액으로 14,420,000원을 제시하면서 손실보상 협의요청을 하였는데, 원고가 그 협의요청서를 갑 제8호증으로 제출하기도 한 점을 알 수 있으므로, 원심으로서는 원고에게 그 주장이 이 사건 각 잔여지에 지출된 부지조성비용이 별도의 보상대상으로 인정되지 아니한다면 잔여지의 가격 감소로 인한 손실보상을 구하는 취지인지 여부에 관하여 의견을 진술할 기회를 부여하고, 원고의 주장이 그와 같은 취지라면 그 당부를 심리, 판단하였어야 한다.

원심이 이러한 조치를 취하지 아니한 채, 잔여지수용청구가 받아들여지지 아니하는 이상 이 사건 각 잔여지에 지출된 부지조성비용의 보상 여부에 관하여는 나아가 판단할 필요가 없다는 취지의 이유만으로 원고의 이 부분 청구를 배척한 데에는 석명의무를 다하지 아니하여 심리를 제대로 하지 아니한 위법이 있고, 이러한 위법은 판결에 영향을 미쳤음이 분명하다. 이 점을 지적하는 취지의 상고이유 주장은 이유 있다.

(대판 2010.8.19, 2008두822 [토지수용이의재결처분취소등])

3. 사안의 경우

(1) 잔여지로의 감가보상을 받는 경우

토지보상법 제73조 제1항에서 "사업시행자는 동일한 소유자에게 속하는 일단의 토지의 일부가 취득되거나 사용됨으로 인하여 잔여지의 가격이 감소하거나 그 밖의 손실이 있을 때 또는 잔여지에 통로·도랑·담장 등의 신설이나 그 밖의 공사가 필요할 때에는 국토교통부령으로 정하는 바에 따라 그 손실이나 공사의 비용을 보상하여야 한다. 다만, 잔여지의 가격 감소분과 잔여지에 대한 공사의 비용을 합한 금액이 잔여지의 가격보다 큰 경우에는 사업시행자는 그 잔여지를 매수할 수 있다."라고 규정하고 있는 바, 이 법적 근거를 통해서 잔여지 감가보상을 받을 수 있을 것이다.

(2) 투입된 비용의 전부를 보상받고자 하는 경우

토지보상법 제74조 제1항에서 "동일한 소유자에게 속하는 일단의 토지의 일부가 협의에 의하여 매수되거나 수용됨으로 인하여 잔여지를 종래의 목적에 사용하는 것이 현저히 곤란할 때에는 해당 토지소유자는 사업시행자에게 잔여지를 매수하여 줄 것을 청구할 수 있으며, 사업인정 이후에는 관할 토지수용위원회에 수용을 청구할 수 있다. 이 경우 수용의 청구는 매수에 관한 협의가 성립되지 아니한 경우에만 할 수 있으며, 사업완료일까지 하여야 한다."라고 규정하고 있으므로 잔여지 전체를 매수 또는 수용청구하는 방법을 강구할 수 있다. 또한 토지보상법 시행규칙 제57조(사업폐지 등에 대한 보상)에서 "공익사업의 시행으로 인하여 건축물의 건축을 위한 건축허가 등 관계 법령에 의한 절차를 진행 중이던 사업 등이 폐지·변경 또는 중지되는 경우 그 사업 등에 소요된 법정수수료 그 밖의 비용 등의 손실에 대하여는 이를 보상하여야 한다."라고 규정하고 있는 바, 이 규정을 적용하여 부지조성비용에 대한 청구를 할 수도 있을 것이다.

Ⅳ. (물음3)에 대하여

1. 이의신청 의의 및 성격(토지보상법 제83조)

이의신청이란 관할 토지수용위원회의 위법 또는 부당한 재결에 대하여 불복이 있는 토지소유자 및 사업시행자가 중앙토지수용위원회에 이의를 신청하는 것으로서 특별법상 행정심판에 해당하며 토지보상법 제83조에서 '할 수 있다'고 규정하여 임의주의의 성격을 갖는다.

〈공익사업을 위한 토지 등의 취득 및 보상에 관한 법률 〉

제83조(이의의 신청)

① 중앙토지수용위원회의 제34조에 따른 재결에 이의가 있는 자는 중앙토지수용위원회에 이의를 신청할 수 있다.

② 지방토지수용위원회의 제34조에 따른 재결에 이의가 있는 자는 해당 지방토지수용위원회를 거쳐 중앙토지수용위원회에 이의를 신청할 수 있다.

③ 제1항 및 제2항에 따른 이의의 신청은 재결서의 정본을 받은 날부터 30일 이내에 하여야 한다.

제84조(이의신청에 대한 재결)

① 중앙토지수용위원회는 제83조에 따른 이의신청을 받은 경우 제34조에 따른 재결이 위법하거나 부

> 당하다고 인정할 때에는 그 재결의 전부 또는 일부를 취소하거나 보상액을 변경할 수 있다.
> ② 제1항에 따라 보상금이 늘어난 경우 사업시행자는 재결의 취소 또는 변경의 재결서 정본을 받은 날부터 30일 이내에 보상금을 받을 자에게 그 늘어난 보상금을 지급하여야 한다. 다만, 제40조 제2항 제1호·제2호 또는 제4호에 해당할 때에는 그 금액을 공탁할 수 있다.

2. 이의신청의 요건 및 효과

① 수용 또는 보상 재결에 대하여 불복하는 경우 사업시행자 및 토지소유자는 재결서 정본을 받은 날부터 30일 이내에 처분청을 경유하여 중토위에 이의를 신청할 수 있다. 이 경우 판례는 30일의 기간은 전문성 및 특수성을 고려하여 수용의 신속을 기하기 위한 것으로 합당하다고 한다. ② 이의신청은 사업의 진행 및 토지의 사용 또는 수용을 정지시키지 아니한다(토지보상법 제88조).

3. 이의재결의 효력(토지보상법 제86조)

① 재결이 위법 또는 부당하다고 인정하는 때에는 그 재결의 전부 또는 일부를 취소하거나 보상액을 변경할 수 있다(토지보상법 제84조 제1항). ② 보상금증액 시 재결서 정본을 받은 날부터 30일 이내에 사업시행자는 증액된 보상금을 지급해야 한다(토지보상법 제84조 제2항). ③ 쟁송기간 도과 등으로 이의재결이 확정된 경우에는 민사소송법상 확정판결이 있는 것으로 보고 재결서 정본은 집행력 있는 판결의 정본과 동일한 효력을 갖는 것으로 본다(토지보상법 제86조 제1항).

V. (물음4)에 대하여

1. 개설

토지보상법상 사업폐지에 대한 불복으로 행정소송을 제기하고자 하는 경우, 사업폐지 비용보상인 손실보상금에 대한 불복에 대해 관련 판례를 중심으로 설명한다.

2. 관련 판례의 검토

【판시사항】

(구)공익사업을 위한 토지 등의 취득 및 보상에 관한 법률 제79조 제2항 등에 따른 사업폐지 등에 대한 보상청구권에 관한 쟁송형태(=행정소송) 및 공익사업으로 인한 사업폐지 등으로 손실을 입은 자가 위 법률에 따른 보상을 받기 위해서 재결절차를 거쳐야 하는지 여부(적극)

【판결요지】

(구)공익사업을 위한 토지 등의 취득 및 보상에 관한 법률(2007.10.17. 법률 제8665호로 개정되기 전의 것, 이하 '(구)공익사업법'이라고 한다) 제79조 제2항, 공익사업을 위한 토지 등의 취득 및 보상에 관한 법률 시행규칙 제57조에 따른 사업폐지 등에 대한 보상청구권은 공익사업의 시행 등 적법한 공권력의 행사에 의한 재산상 특별한 희생에 대하여 전체적인 공평부담의 견지에서 공익사업의 주체가 손해를 보상하여 주는 손실보상의 일종으로 공법상 권리임이 분명하므로 그에 관한 쟁송은 민사소송이 아닌 행정소송절차에 의하여야 한다. 또한 위 규정들과 (구)공익사업법 제26조, 제28조, 제30조, 제34조,

> 제50조, 제61조, 제83조 내지 제85조의 규정 내용·체계 및 입법취지 등을 종합하여 보면, 공익사업으로 인한 사업폐지 등으로 손실을 입게 된 자는 (구)공익사업법 제34조, 제50조 등에 규정된 재결절차를거친 다음 재결에 대하여 불복이 있는 때에 비로소 (구)공익사업법 제83조 내지 제85조에 따라 권리구제를 받을 수 있다고 보아야 한다.
> (대법원 2012.10.11. 선고 2010다23210 판결 [손실보상금])

3. 검토

토지보상법 시행규칙 제57조에 따른 사업폐지에 대한 보상청구권은 재산상 특별한 희생에 대해 보전해 주는 손실보상의 일종으로서 공법상 권리가 분명하므로, 이에 대한 쟁송은 행정소송으로 함이 타당할 것이다. 또한, 이러한 행정쟁송을 거치기 위해서는 토지보상법상 규정된 재결절차를 거친 후 재결에 대해 불복이 있는 때 토지보상법 제83조 내지 제85조에 따라 권리구제를 받을 수 있을 것이다.

Ⅵ. 사안의 해결

사업폐지에 대한 보상에 대해서는 지출사실을 인정할 증거가 있는 경우 보상을 받을 수 있을 것이며, 옹벽공사비용, 진입로 개설비용 등은 토지에 화체되어 토지의 가치가 증진되었으므로 사업폐지비용을 보상받지 못할 것이라 판단된다. 더불어 토지의 일부가 편입되어 사업의 폐지로 더 이상 해당 인해 토지를 종래의 목적으로 사용되지 못하게 되었다면 잔여지 매수청구요건을 살펴 잔여지매수청구가 가능한지 판단하여야 할 것이다. 토지보상법 시행규칙 제57조에 따른 사업폐지에 대한 보상청구권은 공법상 권리이므로 이에 대해 다투는 경우 행정쟁송이 가능할 것이며, 행정쟁송을 거치기 위해서는 재결절차를 거친 후 재결에 대해 불복이 있는 때 쟁송을 제기해야 할 것으로 판단된다.

쟁점 21 지연가산금지급 의무와 언론발표가 토지보상법 공고·고시에 해당하는지 여부

산업입지 및 개발에 관한 법률(이하 '산업입지법')상 국가산단을 개발하기 위하여 국가는 사업시행자 X를 선정하고, 공익사업을 위한 토지 등의 취득 및 보상에 관한 법률(이하 '토지보상법')상 사업시행자로 지정 공고하였으며, 甲은 X 사업시행자의 공장을 운영하고 있는 토지소유자등으로서, 해당 산업입지법에 따른 공익사업시행구역 내에 있는 A토지와 B토지의 소유자이다. A토지와 B토지는 연접하고 있고 그 지목이 모두 대(垈)에 해당하지만, A토지는 사도법에 따른 사도가 아닌데도 자신의 편익을 위하여 스스로 설치한 도로로서 불특정 다수인의 통행에 장기간 제공되어 왔고, B토지는 甲이 소유한 건축물의 부지로서 그 건축물의 일부에 임차인 乙이 거주하고 있다. 사업시행자 X는 토지보상법에 따른 甲과의 보상협의가 이루어지지 않자 A토지와 B토지에 관하여 관할 토지수용위원회에 수용재결을 신청하였고, 관할 토지수용위원회는 A토지와 B토지를 수용한다는 내용의 수용재결을 하였다. 다음 물음에 답하시오. 30점

(1) X 사업시행자가 수용재결에 불복(대법원 2022.4.14. 선고 2021두57667 판결[공탁된지연가산금에대한가산금청구의소])하여 이의신청을 한 후 다시 이의재결에 불복하여 행정소송을 제기하였으나 행정소송이 각하·기각 또는 취하된 경우, 지연가산금에 관한 토지보상법 제87조 제1호가 적용되는지 문제 된 사안에서, ① 위 경우 토지보상법 제87조 제2호가 적용되어 사업시행자는 이의재결서 정본을 받은 날부터 판결일 또는 취하일까지의 기간에 대하여 지연가산금을 지급할 의무가 있는지 여부와, 위 경우에까지 토지보상법 제87조 제1호가 동시에 적용되는지 여부에 대하여 검토하시오. ② 만약 산업입지법상 사업시행자가 50% 이상 해당 사업 토지를 협의취득하지 못한 상태에서 토지소유자가 재결신청청구를 한 경우에 재결신청을 받아 주어야 하는지 여부와 지연가산금에 대한 재결신청청구의 기산점은 무엇인지 설명하시오. 20점

(2) 국토교통부는 2008.8.26. 언론을 통해 전국 5곳에 국가산업단지를 새로 조성한다는 내용을 발표하였고, 이후 국토교통부장관은 2009.9.30.경 대구국가산업단지 개발사업에 관하여 산업단지계획을 승인 고시하였는데, 위 산업단지개발사업 지구 내 토지 소유자인 원고들이 수용재결 및 2008.1.1. 공시된 비교표준지의 공시지가를 기준으로 보상금액을 결정한 이의재결에 불복하여 2009.1.1. 공시된 공시지가를 기준으로 산정해야 한다고 주장하면서 보상금 증액을 청구한 사안이다. 국토교통부의 언론발표가 공익사업을 위한 토지 등의 취득 및 보상에 관한 법률 제70조 제5항의 '공익사업의 계획 또는 시행의 공고·고시'에 해당하는지 여부를 [대법원 2022.5.26. 선고 2021두45848 판결(손실보상금)]로 검토하시오(해당 물음은 별개의 물음이다). 10점

목차 index

주요 내용 contents

(물음1)에 대하여

Ⅰ. 논점의 정리

공익사업을 위한 토지 등의 취득 및 보상에 관한 법률(이하 '토지보상법') 제87조에서는 사업시행자가 제기한 행정소송이 각하, 기각되는 경우 재결이 있은 후 재결서 정본송달일로부터 판결일 또는 취하일까지의 기간에 대하여 법정이율을 적용하여 산정한 금액을 보상금에 가산하여 지급하도록 규정하고 있다. 사안의 경우 X 사업시행자가 수용재결에 불복하여 이의신청을 한 후 다시 이의재결에 불복하여 행정소송을 제기하였으나 행정소송이 각하, 기각 또는 취하된 경우 토지보상법 제87조가 적용되는지 관련 규정 및 판례를 통해 살펴보고자 한다.

Ⅱ. 지연가산금을 지급할 의무가 있는지 여부

1. 토지보상법 제87조의 검토

토지보상법 제87조에서는 "사업시행자가 제기한 소송이 각하·기각 또는 취하된 경우 사업시행자는 재결서 정본을 받은 날 또는 이의신청을 거친 경우에는 이의재결서 정본을 받은 날부터 판결일 또는 취하일까지 기간에 대하여 소송촉진 등에 관한 특례법 제3조의 규정에 의한 법정이율을 적용하여 산정한 금액을 보상금에 가산하여 지급하여야 한다."고 규정하고 있다. 이는 사업시행자가 보상금의 지급을 지연시킬 목적으로 행정소송을 남용하는 것을 방지하고 보상금을 수령하지 못하는 기간 동안 토지소유자의 손해를 보전하여 사업시행자와 토지소유자의 형평을 도모하려는 데에 있다.

토지보상법 제87조(법정이율에 따른 가산지급)
사업시행자는 제85조 제1항에 따라 사업시행자가 제기한 행정소송이 각하·기각 또는 취하된 경우 다음 각 호의 어느 하나에 해당하는 날부터 판결일 또는 취하일까지의 기간에 대하여 「소송촉진 등에 관한 특례법」 제3조에 따른 법정이율을 적용하여 산정한 금액을 보상금에 가산하여 지급하여야 한다.
1. 재결이 있은 후 소송을 제기하였을 때에는 재결서 정본을 받은 날
2. 이의신청에 대한 재결이 있은 후 소송을 제기하였을 때에는 그 재결서 정본을 받은 날

2. 관련 판례의 검토

사업시행자가 수용재결에 불복하여 취소소송을 제기하는 때에는 이의신청을 거친 경우에도 수용재결을 한 중앙토지수용위원회 또는 지방토지수용위원회를 피고로 하여 수용재결의 취소를 구하여야 하는 것으로, 그 불복의 대상은 원칙적으로 수용재결이고, 토지보상법 제87조가 지연가산금의 기산일을 '재결이 있은 후 소송을 제기하였을 때'와 '이의신청에 대한 재결이 있은 후 소송을 제기하였을 때'로 구분하여 규정하고 있는 점에 비추어 보면, 사업시행자가 수용재결에 불복하여 곧바로 행정소송을 제기하였을 때에는 제87조 제1호가, 사업시행자가 수용재결에 불복하여 이의신청을 거쳐 행정소송을 제기하였을 때에는 제87조 제2호가 각 적용되는 것으로 봄이 타당하다.

토지보상법 제87조의 취지는 사업시행자가 보상금의 지급을 지연시킬 목적으로 행정소송을 남용하는 것을 방지하고 보상금을 수령하지 못하는 기간 동안 토지소유자의 손해를 보전하여 사업시행자와 토지소유자의 형평을 도모하려는 데에 있다. 그러나 사업시행자가 수용재결에 불복하여 이의신청을 한 후 다시 이의재결에 불복하여 행정소송을 제기하였으나 행정소송이 각하·기각 또는 취하된 경우 토지소유자 등이 지급받지 못한 보상금 전액 중 수용재결에 정한 금액 부분에 관하여 토지보상법 제87조 제1호를, 이의재결에서 증액된 금액 부분에 관하여 같은 조 제2호를 적용하여야 한다고 해석하는 것은 토지보상법 제87조의 취지를 고려하더라도 그 규정 문언의 한계를 벗어난 해석이다. 따라서 위 경우에까지 공익사업을 위한 토지 등의 취득 및 보상에 관한 법률 제87조 제1호가 동시에 적용되지 않는다고 판시하였다.

대법원 2022.4.14. 선고 2021두57667 판결 [공탁된지연가산금에대한가산금청구의소]

【판시사항】

사업시행자가 수용재결에 불복하여 이의신청을 한 후 다시 이의재결에 불복하여 행정소송을 제기하였으나 행정소송이 각하·기각 또는 취하된 경우, 지연가산금에 관한 공익사업을 위한 토지 등의 취득 및 보상에 관한 법률 제87조 제1호가 적용되는지 문제 된 사안에서, 위 경우 공익사업을 위한 토지 등의 취득 및 보상에 관한 법률 제87조 제2호가 적용되어 사업시행자는 이의재결서 정본을 받은 날부터 판결일 또는 취하일까지의 기간에 대하여 지연가산금을 지급할 의무가 있고, 위 경우에까지 공익사업을 위한 토지 등의 취득 및 보상에 관한 법률 제87조 제1호가 동시에 적용되지 않는다고 한 사례

Ⅲ. 재결신청청구를 받아주어야 하는지

1. 재결신청청구권 의의(토지보상법 제30조)

재결신청청구권이란 사업인정 후 협의가 성립되지 않은 경우 피수용자가 사업시행자에게 재결신청을 조속히 할 것을 청구할 수 있는 권리로서 피수용자의 권리보호를 위해 인정된 것이다. 제도적 취지는 협의가 성립되지 아니한 경우 사업시행자는 사업인정고시 후 1년 이내에는 언제든지 재결을 신청할 수 있는 반면 토지소유자는 재결신청권이 없으므로 수용을 둘러싼 수용당사자 간의 공평을 기하기 위한 것이다.

> **〈공익사업을 위한 토지 등의 취득 및 보상에 관한 법률〉**
>
> 제28조(재결의 신청)
>
> ① 제26조에 따른 협의가 성립되지 아니하거나 협의를 할 수 없을 때(제26조 제2항 단서에 따른 협의 요구가 없을 때를 포함한다)에는 사업시행자는 사업인정고시가 된 날부터 1년 이내에 대통령령으로 정하는 바에 따라 관할 토지수용위원회에 재결을 신청할 수 있다.
>
> ② 제1항에 따라 재결을 신청하는 자는 국토교통부령으로 정하는 바에 따라 수수료를 내야 한다.
>
> 제30조(재결 신청의 청구)
>
> ① 사업인정고시가 된 후 협의가 성립되지 아니하였을 때에는 토지소유자와 관계인은 대통령령으로 정하는 바에 따라 서면으로 사업시행자에게 재결을 신청할 것을 청구할 수 있다.
>
> ② 사업시행자는 제1항에 따른 청구를 받았을 때에는 그 청구를 받은 날부터 60일 이내에 대통령령으로 정하는 바에 따라 관할 토지수용위원회에 재결을 신청하여야 한다. 이 경우 수수료에 관하여는 제28조 제2항을 준용한다.
>
> ③ 사업시행자가 제2항에 따른 기간을 넘겨서 재결을 신청하였을 때에는 그 지연된 기간에 대하여 「소송촉진 등에 관한 특례법」 제3조에 따른 법정이율을 적용하여 산정한 금액을 관할 토지수용위원회에서 재결한 보상금에 가산(加算)하여 지급하여야 한다.

2. 재결신청의 요건

(1) 실질적 요건

1) 사업인정이 있을 것

사업인정은 토지 등을 수용・사용하고자 하는 사업이 공익사업에 해당하는 것임을 국토교통부장관이 행하는 행정처분이므로 이러한 공익성 판단절차를 거치지 않고서는 재결을 할 수 없으므로 사업인정 없이 행한 재결은 무효이며 이는 곧 필요적 요건이 된다.

2) 재결신청 전 성실히 협의하였을 것

사업시행자는 사업인정고시가 있은 후에 피수용자와 협의를 해야 할 의무가 있으며 협의가 성립될 수 있는 사항까지 국가의 공권력 행사에 의존하는 것은 불가하므로 협의를 거치지 않고 재결신청을 하는 것은 불가능하다고 본다. 따라서 재결신청에 앞서 사업시행자는 토지소유자 및 관계인과 성실히 협의하여야 할 것이다.

3) 협의를 할 수 없는 사유가 있을 것

협의를 할 수 없는 사유, 즉 ① 주소・거소가 불명한 때, ② 피수용자의 행방불명 등에 해당하는 경우 협의를 하지 아니하고 재결신청이 가능하며 그에 대한 재결 또한 유효성이 인정될 수 있다.

(2) 형식적 요건

1) 사업시행자와 직접 협의

① 협의는 수용절차의 일종이고, 그 수용절차는 위탁대상이 될 수 없기 때문에, ② 사업시행자가 직접 자기명의로 협의를 하였어야 하고, ③ 보상업무위탁기관 명의로 하는 협의는 수용절차상 흠이 된다.

2) 재결신청 능력자가 신청

재결신청능력자라 함은 자기의 명의로 재결신청을 할 수 있는 법적 지위·자격을 가지는 자를 말하므로 수용재결신청은 수용의 효과를 향수하는 국가·공공단체 또는 그 대리인, 손실보상재결신청은 사업시행자, 손실을 입은 자 및 그 대리인이 될 수 있다.

3) 재결신청기간 내일 것

재결신청기간은 원칙적으로 사업인정고시가 있은 날부터 1년 이내이나 개별법률에서 특정사업의 실시계획을 인가·승인함에 있어 사업시행기간이 정하여진 경우에는 그 기간 내에 하여야 한다.

4) 토지수용위원회 관할이 적법할 것

재결신청은 관할 토지수용위원회에 하여야 하며 관할 위반이 된 토지수용위원회의 재결은 무효가 될 수 있다.

3. 관련 법령의 검토

〈산업입지 및 개발에 관한 법률〉

제22조(토지수용)

① 사업시행자(제16조 제1항 제6호에 따른 사업시행자는 제외한다. 이하 이 조에서 같다)는 산업단지개발사업에 필요한 토지·건물 또는 토지에 정착한 물건과 이에 관한 소유권 외의 권리, 광업권, 어업권, 양식업권, 물의 사용에 관한 권리(이하 "토지등"이라 한다)를 수용하거나 사용할 수 있다.

② 제1항을 적용할 때 제7조의4 제1항에 따른 산업단지의 지정·고시가 있는 때(제6조 제5항 각 호 외의 부분 단서, 제7조 제6항, 제7조의2 제6항 또는 제8조 제4항에 따라 사업시행자와 수용·사용할 토지 등의 세부 목록을 산업단지가 지정된 후에 산업단지개발계획에 포함시키는 경우에는 이의 고시가 있는 때를 말한다)에는 「공익사업을 위한 토지 등의 취득 및 보상에 관한 법률」 제20조 제1항 및 같은 법 제22조에 따른 사업인정 및 사업인정의 고시가 있는 것으로 본다.

③ 국토교통부장관이 지정한 산업단지의 토지 등에 대한 재결(裁決)은 중앙토지수용위원회가 관장하고, 국토교통부장관 외의 자가 지정한 산업단지의 토지 등에 대한 재결은 지방토지수용위원회가 관장하되, 재결의 신청은 「공익사업을 위한 토지 등의 취득 및 보상에 관한 법률」 제23조 제1항 및 같은 법 제28조 제1항에도 불구하고 산업단지개발계획에서 정하는 사업기간 내에 할 수 있다.

> ④ **제3항에 따른 재결의 신청은 개발구역 토지면적의 100분의 50 이상에 해당하는 토지를 확보(토지 소유권을 취득하거나 토지소유자로부터 사용동의를 받은 것을 말한다)한 후에 할 수 있다. 다만, 제16조 제1항 제1호, 제2호에 해당하는 사업시행자 및 이와 공동으로 개발사업을 시행하는 자의 경우에는 그러하지 아니하다.**
> ⑤ 제1항에 따른 수용 또는 사용에 관하여는 이 법에 특별한 규정이 있는 경우를 제외하고는 「공익사업을 위한 토지 등의 취득 및 보상에 관한 법률」을 준용한다.

4. 사안의 경우

(1) 산업입지법상 사업시행자가 50% 이상 해당 사업 토지를 협의취득하지 못한 상태에서 토지소유자가 재결신청청구를 한 경우에 재결신청을 받아 주어야 하는지

민원회신에서는 공익사업의 최소침해원칙을 관철하기 위하여 사업시행자에게 50% 이상 협의취득하도록 사업승인권자에서 민원에 대한 회신으로 통보한 사실이 있다. 또한, 산업입지 및 개발에 관한 법률(이하 '산업입지법') 제22조 제3항에서도 사업시행자가 재결신청을 하기 위해서는 개발구역 토지면적의 100분의 50 이상에 해당되는 토지를 확보(토지소유권을 취득하거나 토지소유자로부터 사용동의를 받은 것을 말한다)한 후에 할 수 있다고 규정하고 있다. 토지보상법상 재결신청의 요건으로 재결신청 전 성실히 협의하였을 것을 규정하고 있으므로 50% 이상 협의취득하지 못한 경우라면 협의가 충분히 진행되지 않은 상황으로 토지소유자의 재결신청청구를 받아 줄 수 없다고 판단된다.

(2) 지연가산금에 대한 재결신청청구의 기산점

지연가산금은 사업시행자가 정해진 기간 내에 재결신청을 하지 않고 지연한 데 대한 제재와 토지소유자 등의 손해에 대한 보전이라는 성격을 아울러 가지고 있다. 피수용자가 사업시행자에게 재결신청의 청구를 한 때에는 사업시행자는 재결신청을 할 의무를 부담하며, 해당 의무를 해태한 경우에는 지연가산금을 지급하여야 한다. 사업시행자는 그 청구를 받은 날로부터 60일 이내에 재결을 신청하여야 한다. 따라서 원칙적으로 60일의 기산일은 청구가 있은 날로부터 기산한다. 사업시행자가 청구가 있은 날로부터 60일이 경과하여 재결신청을 한 때에는 그 경과한 기간에 대하여 법정이율을 적용한 지연가산금을 지급하여야 한다. 다만 산업입지법상으로 50%의 재결신청 요건을 충족하지 못한 상태에서 재결신청청구를 한 경우라면 산업입지법상 협의율 50%를 달성하여 재결신청청구를 제기하는 시점 또는 사전에 재결신청청구를 하였다면 그 50% 달성시점을 재결신청청구 지연가산금 기산시점으로 볼 수 있다고 생각된다. 60일의 기산점은 재결신청청구를 받은 날로부터 기산하도록 하고 있는데 산업입지법상으로는 입법의 불비로 이는 토지보상법에 대한 해석으로 남겨진 문제가 있어 입법의 정비가 요구된다.

【판시사항】

사업시행자가 수용 개시일까지 재결보상금을 지급 또는 공탁하지 아니함으로써 재결 및 재결신청이 효력을 상실하여 다시 재결을 신청하는 경우, 재결신청 기간 및 그 기간을 넘겨서 재결신청을 하는 경우 지연가산금을 지급하여야 하는지 여부(적극) / 재결실효 후 60일 내에 재결신청을 하지 않았으나 재결신청을 지연하였다고 볼 수 없는 특별한 사정이 있는 경우, 해당 기간 지연가산금이 발생하는지 여부(소극) 및 재결실효 후 토지소유자 등과 사업시행자가 보상협의절차를 다시 하기로 합의한 데 따라 협의가 진행된 기간이 그 경우에 속하는지 여부(적극)

【판결요지】

사업시행자가 수용의 개시일까지 재결보상금을 지급 또는 공탁하지 아니한 때에는 재결은 효력을 상실하고[공익사업을 위한 토지 등의 취득 및 보상에 관한 법률(이하 '토지보상법'이라 한다) 제42조 제1항], 사업시행자의 재결신청도 효력을 상실하므로, 사업시행자는 다시 토지수용위원회에 재결을 신청하여야 한다. 그 신청은 재결실효 전에 토지 소유자 및 관계인(이하 '토지소유자 등'이라 한다)이 이미 재결신청 청구를 한 바가 있을 때에는 재결실효일로부터 60일 내에 하여야 하고, 그 기간을 넘겨서 재결신청을 하면 지연된 기간에 대하여도 소송촉진 등에 관한 특례법 제3조에 따른 법정이율을 적용하여 산정한 금액(이하 '지연가산금'이라 한다)을 지급하여야 한다.

토지보상법은 재결이 실효됨으로 인하여 토지소유자 등이 입은 손실을 보상하는 규정(토지보상법 제42조 제2항, 제3항)을 지연가산금 규정과 별도로 두고 있는데, 지연가산금은 사업시행자가 정해진 기간 내에 재결신청을 하지 않고 지연한 데 대한 제재와 토지소유자 등의 손해에 대한 보전이라는 성격을 아울러 가지고 있다.

위와 같이 재결이 실효된 이후 사업시행자가 다시 재결을 신청할 경우에는 원칙적으로 다시 보상협의절차를 거칠 필요가 없으므로, 재결실효일부터 60일이 지난 다음에는 지연가산금이 발생한다는 것이 원칙이다. 그러나 사업시행자가 재결실효 후 60일 내에 재결신청을 하지 않았더라도, 재결신청을 지연하였다고 볼 수 없는 특별한 사정이 있는 경우에는 그 해당 기간 동안은 지연가산금이 발생하지 않는다. 재결실효 후 토지소유자 등과 사업시행자 사이에 보상협의절차를 다시 하기로 합의한 데 따라 협의가 진행된 기간은 그와 같은 경우에 속한다.
(대법원 2017.4.7. 선고 2016두63361 판결 [수용보상금증액등])

【판시사항】

[1] 공익사업을 위한 토지 등의 취득 및 보상에 관한 법률 제30조 제1항에서 정한 '협의가 성립되지 아니한 때'에, 토지소유자 등이 손실보상대상에 해당한다고 주장하며 보상을 요구하는데도 사업시행자가 손실보상대상에 해당하지 않는다며 보상대상에서 이를 제외한 채 협의를 하지 않아 결국 협의가 성립하지 않은 경우도 포함되는지 여부(적극)

[2] 도로건설 사업구역에 포함된 토지의 소유자가 토지상의 지장물에 대하여 재결신청을 청구하였으나, 그중 일부에 대해서는 사업시행자가 손실보상대상에 해당하지 않아 재결신청대상이 아니라는 이유로 수용재결 신청을 거부하면서 보상협의를 하지 않은 사안에서, 위 처분이 위법하다고 본 원심판단을 수긍한 사례

【판결요지】

[1] **공익사업을 위한 토지 등의 취득 및 보상에 관한 법률(이하 '공익사업법'이라 한다) 제30조 제1항은 재결신청을 청구할 수 있는 경우를 사업시행자와 토지소유자 및 관계인 사이에 '협의가 성립하지 아니한 때'로 정하고 있을 뿐 손실보상대상에 관한 이견으로 협의가 성립하지 아니한 경우를 제외하는 등 그 사유를 제한하고 있지 않은 점, 위 조항이 토지소유자 등에게 재결신청 청구권을 부여한 취지는 공익사업에 필요한 토지 등을 수용에 의하여 취득하거나 사용할 때**

손실보상에 관한 법률관계를 조속히 확정함으로써 공익사업을 효율적으로 수행하고 토지소유자 등의 재산권을 적정하게 보호하기 위한 것인데, 손실보상대상에 관한 이견으로 손실보상협의가 성립하지 아니한 경우에도 재결을 통해 손실보상에 관한 법률관계를 조속히 확정할 필요가 있는 점 등에 비추어 볼 때, '협의가 성립되지 아니한 때'에는 사업시행자가 토지소유자 등과 공익사업법 제26조에서 정한 협의절차를 거쳤으나 보상액 등에 관하여 협의가 성립하지 아니한 경우는 물론 토지소유자 등이 손실보상대상에 해당한다고 주장하며 보상을 요구하는데도 사업시행자가 손실보상대상에 해당하지 아니한다며 보상대상에서 이를 제외한 채 협의를 하지 않아 결국 협의가 성립하지 않은 경우도 포함된다고 보아야 한다.

[2] 아산~천안 간 도로건설 사업구역에 포함된 토지의 소유자가 토지상의 지장물에 대하여 재결신청을 청구하였으나, 그중 일부에 대해서는 사업시행자가 손실보상대상에 해당하지 않아 재결신청대상이 아니라는 이유로 수용재결 신청을 거부하면서 보상협의를 하지 않은 사안에서, 사업시행자가 수용재결 신청을 거부하거나 보상협의를 하지 않으면서도 아무런 조치를 취하지 않은 것은 공익사업을 위한 토지 등의 취득 및 보상에 관한 법률에서 정한 재결신청청구 제도의 취지에 반하여 위법하다고 본 원심판단을 수긍한 사례

(대법원 2011.7.14. 선고 2011두2309 판결 [보상제외처분취소등])

Ⅳ. 사안의 해결

사업시행자가 보상금 지급을 지연시킬 목적으로 행정소송을 남용하는 것을 방지하고 보상금을 수령하지 못하는 기간 동안 토지소유자의 손해를 보전시키기 위한 토지보상법 제87조의 취지를 고려할 때, 토지보상법 제87조 제2호가 적용되어 사업시행자는 이의재결서 정본을 받을 날부터 판결일 또는 취하일까지의 기간에 대하여 지연가산금을 지급할 의무가 있다. 또한, 토지보상법 제87조가 지연가산금의 기산일을 '재결이 있은 후 소송을 제기하였을 때'와 '이의신청에 대한 재결이 있은 후 소송을 제기하였을 때'로 구분하여 규정하고 있는 점에 비추어 보면, 사업시행자가 수용재결에 불복하여 곧바로 행정소송을 제기하였을 때에는 제87조 제1호가, 사업시행자가 수용재결에 불복하여 이의신청을 거쳐 행정소송을 제기하였을 때에는 제87조 제2호가 각 적용되는 것으로 봄이 타당하다. 따라서 사안의 경우 토지보상법 제87조 제1호는 동시에 적용되지 않는다고 봄이 타당하다고 생각된다. 산업입지법상 협의율 50% 이상인 경우에 재결신청을 하도록 규정하고 있는바, 특별법 우선의 원칙에 따라 협의율 50% 이상이 되지 않는 경우에 재결신청청구를 하더라도 사업시행자는 재결신청을 할 수 없다고 판단된다. 또한 재결신청청구에 따른 지연가산금 60일의 기산점은 산업입지법상 협의율 50%를 득하고 재결신청청구를 한다면 그 청구를 받은 날로부터 기산할 수 있고, 재결신청의 요건 협의율 50%를 달성하지 못한다면 그 지연가산금 기산일은 협의율 50%를 득한 시점으로 판단하는 것이 타당하다고 생각된다. 그러나 그 시점이 불분명한 점을 감안하면 피수용자가 재결신청의 요건을 충족한 시점에서 그 청구를 하고 그 청구를 받은 날로부터 기산하는 것이 합리적으로 생각된다.

(물음2)에 대하여

Ⅰ. 논점의 정리

국토교통부는 2008.8.26. 언론을 통해 전국 5곳에 국가산업단지를 새로 조성한다는 내용을 발표하였고, 2009.9.30.경 개발사업에 대하여 산업단지계획을 승인, 고시하였다. 이에 토지보상법 제70조 제5항의 적용과 관련하여 국토교통부의 언론발표가 토지보상법 제70조 제5항의 '공익사업의 계획 또는 시행의 공고·고시에 해당하는지 관련 판례를 통해 검토한다.

Ⅱ. 관련 판례의 태도

1. 관련 규정의 검토(토지보상법 제70조 제5항 및 동법 시행령 제38조의2)

토지보상법 및 같은 법 시행령은 토지보상법 제70조 제5항에서 규정하고 있는 공익사업의 계획 또는 시행의 공고·고시의 절차, 형식이나 기타 요건에 관하여 따로 규정하고 있지 않다. 공익사업의 근거법령에서 공고·고시의 절차, 형식이나 기타 요건을 정하고 있는 경우에는 원칙적으로 공고·고시가 그 법령에서 정한 바에 따라 이루어져야 보상금 산정의 기준이 되는 공시지가의 공시기준일이 해당 공고·고시일 전의 시점으로 앞당겨지는 효과가 발생할 수 있다.

토지보상법 제70조(취득하는 토지의 보상)

① 협의나 재결에 의하여 취득하는 토지에 대하여는 「부동산 가격공시에 관한 법률」에 따른 공시지가를 기준으로 하여 보상하되, 그 공시기준일부터 가격시점까지의 관계 법령에 따른 그 토지의 이용계획, 해당 공익사업으로 인한 지가의 영향을 받지 아니하는 지역의 대통령령으로 정하는 지가변동률, 생산자물가상승률(「한국은행법」 제86조에 따라 한국은행이 조사·발표하는 생산자물가지수에 따라 산정된 비율을 말한다)과 그 밖에 그 토지의 위치·형상·환경·이용상황 등을 고려하여 평가한 적정가격으로 보상하여야 한다.

② 토지에 대한 보상액은 가격시점에서의 현실적인 이용상황과 일반적인 이용방법에 의한 객관적 상황을 고려하여 산정하되, 일시적인 이용상황과 토지소유자나 관계인이 갖는 주관적 가치 및 특별한 용도에 사용할 것을 전제로 한 경우 등은 고려하지 아니한다.

③ 사업인정 전 협의에 의한 취득의 경우에 제1항에 따른 공시지가는 해당 토지의 가격시점 당시 공시된 공시지가 중 가격시점과 가장 가까운 시점에 공시된 공시지가로 한다.

④ 사업인정 후의 취득의 경우에 제1항에 따른 공시지가는 사업인정고시일 전의 시점을 공시기준일로 하는 공시지가로서, 해당 토지에 관한 협의의 성립 또는 재결 당시 공시된 공시지가 중 그 사업인정고시일과 가장 가까운 시점에 공시된 공시지가로 한다.

⑤ 제3항 및 제4항에도 불구하고 공익사업의 계획 또는 시행이 공고되거나 고시됨으로 인하여 취득하여야 할 토지의 가격이 변동되었다고 인정되는 경우에는 제1항에 따른 공시지가는 해당 공고일 또는 고시일 전의 시점을 공시기준일로 하는 공시지가로서 그 토지의 가격시점 당시 공시된 공시지가 중 그 공익사업의 공고일 또는 고시일과 가장 가까운 시점에 공시된 공시지가로 한다.

⑥ 취득하는 토지와 이에 관한 소유권 외의 권리에 대한 구체적인 보상액 산정 및 평가방법은 투자비용, 예상수익 및 거래가격 등을 고려하여 국토교통부령으로 정한다.

토지보상법 시행령 제38조의2(공시지가)

① 법 제70조 제5항에 따른 취득하여야 할 토지의 가격이 변동되었다고 인정되는 경우는 도로, 철도 또는 하천 관련 사업을 제외한 사업으로서 다음 각 호를 모두 충족하는 경우로 한다.

1. 해당 공익사업의 면적이 20만 제곱미터 이상일 것
2. 해당 공익사업지구 안에 있는 「부동산 가격공시에 관한 법률」 제3조에 따른 표준지공시지가(해당 공익사업지구 안에 표준지가 없는 경우에는 비교표준지의 공시지가를 말하며, 이하 이 조에서 "표준지공시지가"라 한다)의 평균변동률과 평가대상토지가 소재하는 시(행정시를 포함한다. 이하 이 조에서 같다) · 군 또는 구(자치구가 아닌 구를 포함한다. 이하 이 조에서 같다) 전체의 표준지공시지가 평균변동률과의 차이가 3퍼센트포인트 이상일 것
3. 해당 공익사업지구 안에 있는 표준지공시지가의 평균변동률이 평가대상토지가 소재하는 시 · 군 또는 구 전체의 표준지공시지가 평균변동률보다 30퍼센트 이상 높거나 낮을 것

② 제1항 제2호 및 제3호에 따른 평균변동률은 해당 표준지별 변동률의 합을 표준지의 수로 나누어 산정하며, 공익사업지구가 둘 이상의 시 · 군 또는 구에 걸쳐 있는 경우 평가대상토지가 소재하는 시 · 군 또는 구 전체의 표준지공시지가 평균변동률은 시 · 군 또는 구별로 평균변동률을 산정한 후 이를 해당 시 · 군 또는 구에 속한 공익사업지구 면적 비율로 가중평균(加重平均)하여 산정한다. 이 경우 평균변동률의 산정기간은 해당 공익사업의 계획 또는 시행이 공고되거나 고시된 당시 공시된 표준지공시지가 중 그 공고일 또는 고시일에 가장 가까운 시점에 공시된 표준지공시지가의 공시기준일부터 법 제70조 제3항 또는 제4항에 따른 표준지공시지가의 공시기준일까지의 기간으로 한다.

2. 관련 판례의 검토(2021두45848)

대법원 2022.5.26. 선고 2021두45848 판결 [손실보상금]

【판시사항】

공익사업을 위한 토지 등의 취득 및 보상에 관한 법률 제70조 제5항에서 정한 '공익사업의 계획 또는 시행의 공고 · 고시'에 해당하기 위한 공고 · 고시의 방법

【판결요지】

공익사업을 위한 토지 등의 취득 및 보상에 관한 법률(이하 '토지보상법'이라 한다) 및 같은 법 시행령은 토지보상법에서 규정하고 있는 공익사업의 계획 또는 시행의 공고 · 고시의 절차, 형식이나 기타 요건에 관하여 따로 규정하고 있지 않다.

공익사업의 근거 법령에서 공고 · 고시의 절차, 형식이나 기타 요건을 정하고 있는 경우에는 원칙적으로 공고 · 고시가 그 법령에서 정한 바에 따라 이루어져야 보상금 산정의 기준이 되는 공시지가의 공시기준일이 해당 공고 · 고시일 전의 시점으로 앞당겨지는 효과가 발생할 수 있다.

공익사업의 근거 법령에서 공고 · 고시의 절차, 형식 및 기타 요건을 정하고 있지 않은 경우, '행정 효율과 협업 촉진에 관한 규정'이 적용될 수 있다(제2조). 위 규정은 고시 · 공고 등 행정기관이 일정한 사항을 일반에게 알리는 문서를 공고문서로 정하고 있으므로(제4조 제3호), 위 규정에서 정하는 바에 따라 공고문서가 기안되고 해당 행정기관의 장이 이를 결재하여 그의 명의로 일반에 공표한 경우 위와 같은 효과가 발생할 수 있다.

<u>다만 당해 공익사업의 시행으로 인한 개발이익을 배제하려는 토지보상법령의 입법 취지에 비추어 '행정효율과 협업 촉진에 관한 규정'에 따라 기안, 결재 및 공표가 이루어지지 않았다고 하더라도 공익사업의 계획 또는 시행에 관한 내용을 공고문서에 준하는 정도의 형식을 갖추어 일반에게 알린 경우에는 토지보상법 제70조 제5항에서 정한 '공익사업의 계획 또는 시행의 공고 · 고시'에 해당한다고 볼 수 있다.</u>

Ⅲ. 사안의 해결

토지보상법 및 같은 법 시행령은 토지보상법 제70조 제5항에서 규정하고 있는 공익사업의 계획 또는 시행의 공고·고시의 절차, 형식이나 기타 요건에 관하여 따로 규정하고 있지 않다. 공익사업의 근거 법령에서 공고·고시의 절차, 형식 및 기타 요건을 정하고 있지 않은 경우, '행정 효율과 협업 촉진에 관한 규정'이 적용될 수 있다. 사안의 언론발표는 언론에 대한 브리핑 등의 일환으로 이루어진 것으로, 이 사건 규정에서 정하는 바에 따라 공고문서가 기안되어 결재권자인 국토교통부장관이 이를 결재하고 그의 명의로 일반에 공표하였다는 사정을 발견할 수도 없다. 또한, 이 사건 규정 및 그 시행규칙 공고문서에 기재하도록 한 연도표시 일련번호나 당해 행정기관의 장의 명의 등 공고문서가 일반적으로 갖추고 있는 구성요소도 전혀 갖추지 못하고 있다. 따라서 국토교통부가 배포한 보도자료를 언론사에서 기사화하여 이 사건 사업에 관한 정보가 일반에 알려졌다고 하여 이를 두고 국토교통부장관이 이 사건 사업의 계획이나 시행을 공고하거나 고시하였다고 보기는 어렵다고 생각된다.

제 2 부

감정평가 및 보상법규 최종점검 찍기강의 논점 - 2

부동산공시법

쟁점 22 표준지공시지가의 결정절차와 효력 및 감정평가서의 기재 정도

국토교통부장관은 표준지의 2024년도 공시지가를 산정하기 위하여 부동산 가격공시에 관한 법률에 따라 甲 감정평가법인과 乙 감정정평가법인에게 공시지가 감정을 의뢰하여 서울특별시 관악구 봉천동 100번지(대 70.1㎡, 서울행정법원 2006.12.22. 선고 2006구합27687 판결 [공시지가확정처분취소])에 대하여 아래와 같은 각 평가결과를 얻었다.

> ① 甲 감정평가법인의 감정결과 : 이 사건 토지는 상업용 토지로서 지리적・사회적 입지조건과 배후지의 질과 양, 유동인구, 접근성, 교통조건과 면적, 형상, 가로조건 등 개별적 제반 특성 등을 고려하고, 세평가격(㎡당 5,500,000원 수준), 인근 유사 표준지의 지가수준(인근 ○○동 대 105.8㎡)등을 종합적으로 참작하여 평가하되, 대상 토지가 나지로서 최유효이용이 기대되는 점을 고려하여 ㎡당 5,000,000원으로 평가하였는데 거래사례비교법, 원가법, 수익환원법의 표준지 평가방식에 해당하는 항목은 공란으로 처리하였다.
>
> ② 乙 감정평가법인의 감정결과 : 이 사건 토지는 상업지대 내 나대지로서 상가의 배후지, 업종, 고객의 접근성, 유동인구의 상태, 사회적, 경제적, 지역적 위치 등 입지조건 및 장래성, 효용성 등을 비교 분석하고, 인근지역의 지가수준, 세평가격(㎡당 5,500,000원 수준), 인근 유사표준지와의 균형(인근 ○○동 대 105.8㎡) 등을 고려하여 ㎡당 4,900,000원으로 평가하였는데 甲 감정평가법인과 같이 표준지 평가방식 해당하는 항목은 공란으로 처리하였다.

국토교통부장관은 위와 같은 각 감정평가결과를 토대로 이 사건 토지의 2024년도 공시지가를 ㎡당 4,950,000원으로 결정하여 공고하였다(2024년 2월 28일 결정 공고함). A 토지소유자는 표준지로 선정된 본인 토지가 너무 억울하다고 판단하여 소송을 제기하여 A 토지소유자(원고)는 2024.3.10. 위 공시지가결정에 대하여 이의신청을 하였고, 이에 대하여 국토교통부장관은 丙 감정평가법인과 丁 감정평가법인에게 다시 이 사건 토지에 대한 감정을 명하였는데 위 감정평가법인들은 표준지 평가방식에 대한 설명 없이 이 사건 토지의 위치, 주위환경, 이용상황 및 인근 지가수준, 인근 표준지와의 균형과 인근 ○○동 (지번 3 생략) 대 218.9㎡가 2024.2.27. ㎡당 3,570,000원에 담보목적으로 평가된 사례를 참조하여 이 사건 토지의 가격을 산정한 결과 이 사건 처분과 같은 가격이 도출된다고 평가하였다(대법원 2009.12.10. 선고 2007두20140 판결). 다음 물음에 답하시오.

30점

(1) 부동산 가격공시에 관한 법률상 표준지공시지가의 결정절차와 그 효력에 대하여 설명하시오.

10점

(2) 감정평가법인등의 토지 평가액 산정의 적정성을 인정하기 위한 감정평가서의 기재 내용과 정도에 대하여 설명하시오. 10점

(3) 국토교통부장관이 표준지공시지가를 결정・공시하는 절차에서 감정평가서에 토지의 전년도 공시지가와 세평가격 및 인근 표준지의 감정가격만을 참고가격으로 삼고 평가의견을 추상적으로만 기재한 사안에서, 평가요인별 참작 내용과 정도가 평가액 산정의 적정성을 알아볼 수 있을 만큼 객관적으로 설명되어 있다고 보기 어려워, 이를 근거로 한 표준지공시지가 결정은 토지의 적정가격을 반영한 것이라고 인정할 수 있는지 설명하시오. 10점

목차 index

주요 내용 contents

Ⅰ. 논점의 정리

부동산 가격공시에 관한 법률(이하 '부동산공시법')에서는 표준지공시지가와 개별공시지가의 산정에 대하여 규정하고 있다. 이하에서는 표준지공시지가의 결정절차와 효력에 대해 살피고, 표준지를 평가하는 과정에서 감정평가서의 기재 내용과 그 정도가 추상적으로 기재된 경우 표준지공시지가가 위법하다고 볼 수 있는지 관련 판례를 통해 사안을 해결한다.

Ⅱ. (물음1) 표준지공시지가의 결정절차와 효력

1. 표준지공시지가의 의의 및 취지(부동산공시법 제3조)

표준지공시지가라 함은 국토교통부장관이 조사, 평가하여 공시한 표준지의 단위면적당 가격을

말한다. 이는 적정가격을 공시하여 적정한 가격형성을 도모하고, 국토의 효율적 이용 및 국민 경제발전과 조세형평성을 향상시키기 위함이다.

부동산공시법 제3조(표준지공시지가의 조사・평가 및 공시 등)
① 국토교통부장관은 토지이용상황이나 주변 환경, 그 밖의 자연적・사회적 조건이 일반적으로 유사하다고 인정되는 일단의 토지 중에서 선정한 표준지에 대하여 매년 공시기준일 현재의 단위면적당 적정가격(이하 "표준지공시지가"라 한다)을 조사・평가하고, 제24조에 따른 중앙부동산가격공시위원회의 심의를 거쳐 이를 공시하여야 한다.
② 국토교통부장관은 표준지공시지가를 공시하기 위하여 표준지의 가격을 조사・평가할 때에는 대통령령으로 정하는 바에 따라 해당 토지 소유자의 의견을 들어야 한다.
③ 제1항에 따른 표준지의 선정, 공시기준일, 공시의 시기, 조사・평가 기준 및 공시절차 등에 필요한 사항은 대통령령으로 정한다.
④ 국토교통부장관이 제1항에 따라 표준지공시지가를 조사・평가하는 경우에는 인근 유사토지의 거래가격・임대료 및 해당 토지와 유사한 이용가치를 지닌다고 인정되는 토지의 조성에 필요한 비용추정액, 인근지역 및 다른 지역과의 형평성・특수성, 표준지공시지가 변동의 예측 가능성 등 제반사항을 종합적으로 참작하여야 한다.
⑤ 국토교통부장관이 제1항에 따라 표준지공시지가를 조사・평가할 때에는 업무실적, 신인도(信認度) 등을 고려하여 둘 이상의 「감정평가 및 감정평가사에 관한 법률」에 따른 감정평가법인등(이하 "감정평가법인등"이라 한다)에게 이를 의뢰하여야 한다. 다만, 지가 변동이 작은 경우 등 대통령령으로 정하는 기준에 해당하는 표준지에 대해서는 하나의 감정평가법인등에 의뢰할 수 있다.
⑥ 국토교통부장관은 제5항에 따라 표준지공시지가 조사・평가를 의뢰받은 감정평가업자가 공정하고 객관적으로 해당 업무를 수행할 수 있도록 하여야 한다.
⑦ 제5항에 따른 감정평가법인등의 선정기준 및 업무범위는 대통령령으로 정한다.
⑧ 국토교통부장관은 제10조에 따른 개별공시지가의 산정을 위하여 필요하다고 인정하는 경우에는 표준지와 산정대상 개별 토지의 가격형성요인에 관한 표준적인 비교표(이하 "토지가격비준표"라 한다)를 작성하여 시장・군수 또는 구청장에게 제공하여야 한다.

2. 표준지공시지가의 결정절차

(1) 표준지의 선정

토지이용상황, 환경, 사회적, 자연적 조건이 유사한 일단의 지역 내에서 표준지선정관리지침상 지가의 대표성, 토지특성의 중용성, 용도의 안정성, 구별의 확실성을 충족하는 표준지를 선정한다.

(2) 조사・평가

1) 조사・평가의 의뢰 및 조사・평가

국토교통부장관은 업무실적, 신인도 등을 고려하여 둘 이상의 감정평가법인등에게 의뢰한다. 또한, 조사・평가는 인근 유사토지의 거래사례가격, 임대료 및 조성비용을 고려하여 적정가격을 평가한다. 구체적으로 표준지조사・평가 기준에 따른다.

2) 표준지공시지가의 결정 및 재평가

시・군・구청장의 의견청취 보고서를 제출하며 산술평균하여 결정한다. 만일, 표준지공시지가 조사·평가보고서에 대하여 검토한 결과, 부적정하다고 판단되거나 조사·평가액 중 최고평가액이 최저평가액의 1.3배를 초과하는 경우에는 해당 감정평가법인등에게 이를 시정하여 다시 제출하게 할 수 있다. 그러나 표준지공시지가의 조사·평가가 관계 법령에 위반하여 수행되었다고 인정되는 경우에는 해당 감정평가법인등에게 그 사유를 통보하고 다른 2명의 감정평가법인등에게 조사·평가를 다시 의뢰할 수 있다.

(3) 중앙부동산가격공시위원회의 심의

공시지가의 적정성 확보 및 지역 간 균형 확보를 위해서 심의를 거쳐야 한다.

(4) 지가의 공시 및 열람

지번, 단위면적당 가격, 면적, 형상, 표준지 및 주위토지의 이용상황, 지목, 용도제한, 도로상황, 그 밖에 지가공시에 관하여 필요한 사항을 공시한다. 또한, 특별시장, 광역시장 또는 도지사를 거쳐 시장·군수 또는 구청장에게 송부하고 일반인으로 하여금 열람하게 한다. 또한, 도서, 도표를 작성하여 관계 행정기관 등에 공급해야 한다.

3. 표준지공시지가의 효력(부동산공시법 제9조)

표준지공시지가는 토지시장에 지가정보를 제공하고 일반적인 토지거래의 지표가 되며, 국가·지방자치단체 등이 그 업무와 관련하여 지가를 산정하거나 감정평가법인등이 개별적으로 토지를 감정평가하는 경우에 기준이 된다.

> 부동산공시법 제9조(표준지공시지가의 효력)
> 표준지공시지가는 토지시장에 지가정보를 제공하고 일반적인 토지거래의 지표가 되며, 국가·지방자치단체 등이 그 업무와 관련하여 지가를 산정하거나 감정평가법인등이 개별적으로 토지를 감정평가하는 경우에 기준이 된다.

Ⅲ. (물음2) 감정평가서의 평가원인의 기재의 정도

1. 개설

토지소유자는 자신의 토지에 결정 및 공시된 표준지공시지가가 부적정한 것이라고 주장하고 있다. 토지소유자의 주장대로 거래사례비교법, 원가법 및 수익환원법 등의 가격이 공란으로 되어 있고 가격의 적정성이 구체적으로 설명되지 않았으므로, 감정평가서에서 평가원인의 기재의 정도를 살펴 표준지공시지가결정이 취소되어야 하는지 검토한다.

2. 대법원 2007두20140 판결 판례의 요지

(1) 표준지공시지가의 적정성

표준지공시지가는 해당 토지뿐 아니라 인근 유사토지의 가격을 결정하는 데에 전체적, 표준적 기능을 수행하는 것이어서 특히 그 가격의 적정성이 엄격하게 요구된다.

(2) 감정평가서에서 평가원인의 기재의 정도

감정평가서에는 평가원인을 구체적으로 특정하여 명시함과 아울러 각 요인별 참작 내용과 정도가 객관적으로 납득이 갈 수 있을 정도로 설명됨으로써, 그 평가액이 해당 토지의 적정 가격을 평가한 것임을 인정할 수 있어야 한다. 감정평가서에는 거래선례나 평가선례, 거래사례비교법, 원가법 및 수익환원법 등을 모두 공란으로 둔 채 그 토지의 전년도 공시지가와 세평가격 및 인근 표준지의 감정가격만을 참고가격으로 삼으면서 그러한 참고가격이 평가액 산정에 어떻게 참작되었는지와 관련하여 별다른 설명 없이 평가의견을 추상적으로만 기재함으로써, 평가요인별 참작 내용과 정도가 평가액 산정의 적정성을 알아볼 수 있을 만큼 객관적으로 설명되어 있다고 보기 어려우므로 이러한 감정평가액을 근거로 한 표준지공시지가 결정은 토지의 적정가격을 반영한 것이라고 인정하기 어려워 위법하다고 하지 않을 수 없다.

대법원 2009.12.10. 선고 2007두20140 판결 [공시지가확정처분취소]

【판시사항】

[3] 감정평가업자의 토지 평가액 산정의 적정성을 인정하기 위한 감정평가서의 기재 내용과 정도

[4] 건설교통부장관이 표준지공시지가를 결정·공시하는 절차에서 감정평가서에 토지의 전년도 공시지가와 세평가격 및 인근 표준지의 감정가격만을 참고가격으로 삼고 평가의견을 추상적으로만 기재한 사안에서, 평가요인별 참작 내용과 정도가 평가액 산정의 적정성을 알아볼 수 있을 만큼 객관적으로 설명되어 있다고 보기 어려워, 이를 근거로 한 표준지공시지가 결정은 토지의 적정가격을 반영한 것이라고 인정하기 어려워 위법하다고 한 사례

【판결요지】

[3] 표준지공시지가의 결정절차 및 그 효력과 기능 등에 비추어 보면, 표준지공시지가는 당해 토지뿐 아니라 인근 유사토지의 가격을 결정하는 데에 전제적·표준적 기능을 수행하는 것이어서 특히 그 가격의 적정성이 엄격하게 요구된다. 이를 위해서는 무엇보다도 적정가격 결정의 근거가 되는 감정평가업자의 평가액 산정이 적정하게 이루어졌음이 담보될 수 있어야 하므로, 그 감정평가서에는 평가원인을 구체적으로 특정하여 명시함과 아울러 각 요인별 참작 내용과 정도가 객관적으로 납득이 갈 수 있을 정도로 설명됨으로써, 그 평가액이 당해 토지의 적정가격을 평가한 것임을 인정할 수 있어야 한다.

[4] 건설교통부장관이 2개의 감정평가법인에 토지의 적정가격에 대한 평가를 의뢰하여 그 평가액을 산술평균한 금액을 그 토지의 적정가격으로 결정·공시하였으나, 감정평가서에 거래선례나 평가선례, 거래사례비교법, 원가법 및 수익환원법 등을 모두 공란으로 둔 채, 그 토지의 전년도 공시지가와 세평가격 및 인근 표준지의 감정가격만을 참고가격으로 삼으면서 그러한 참고가격이 평가액 산정에 어떻게 참작되었는지에 관한 별다른 설명 없이 평가의견을 추상적으로만 기재한 사안에서, 평가요인별 참작 내용과 정도가 평가액 산정의 적정성을 알아볼 수 있을 만큼 객관적으로 설명되어 있다고 보기 어려워, 이러한 감정평가액을 근거로 한 표준지공시지가 결정은 그 토지의 적정가격을 반영한 것이라고 인정하기 어려워 위법하다고 한 사례

Ⅳ. (물음3) 해당 표준지공시지가의 위법성

1. 감정평가서의 기재 내용과 정도

토지소유자들의 표준지공시지가 감정평가서는 거래사례나 평가선례를 수집하지 못해서 거래사례비교법, 원가법 및 수익환원법 등을 구체적으로 적용하지 못했다. 또한, 감정평가서에서 평가원인을 구체적으로 특정하지 못하였다.

2. 평가요인별 참작 내용과 정도의 적정성

사안의 표준지공시지가에는 거래사례비교법, 원가법 및 수익환원법 등의 가격란은 공란으로 되어 있고, 전년도의 공시지가와 세평가격 및 인근 표준지의 감정가격만이 참고가격으로 적시되어 있는 등 별다른 요인별 참작 내용을 없었으므로 이는 객관적으로 설명되었다고 보기 어렵다고 판단된다.

3. 토지소유자들의 주장의 타당성

토지소유자들의 감정평가보고서를 기초로 공시된 표준지공시지가는 평가원인을 구체적으로 특정하여 명시함과 아울러 각 요인별 참작 내용과 정도가 객관적으로 납득이 갈 수 있을 정도로 설명되었다고 보기 어렵다. 표준지공시지가는 해당토지뿐 아니라 인근 유사토지의 가격을 결정하는 데에 전체적・표준적 기능을 수행하는 것이어서 특히 그 가격의 적정성이 엄격하게 요구된다는 점에 비추어 토지소유자들의 표준지공시지가 결정은 적정성이 인정되지 않는다고 판단된다. 따라서 국토교통부장관은 공시지가 확정을 취소하고 적정한 공시지가를 재공시해야 할 것이다.

Ⅴ. 사안의 해결

표준지공시지가는 보상금 산정등 행정 및 개별토지가격 결정의 표준이 되는바, 국민의 권리의무에 직접적인 영향을 미친다. 국민 경제에 미치는 영향을 고려했을 때 표준지공시지가를 조사평가하는 과정이 객관적이고 논리적으로 입증되어야 함이 마땅하다. 국토교통부장관과 감정평가법인등은 적정가격의 평가의무를 신의성실로 이행할 수 있게 노력해야 할 것이며, 공시가격에 대한 관련 법령을 정비하여 국민의 신뢰를 두텁게 보호해야 할 것이라 생각된다.

쟁점 23 직권 정정과 이의신청 정정 및 부담금 부과의 하자 치유 가능성

관할 A시장은 「부동산 가격공시에 관한 법률」에 따라 甲소유의 토지에 대해 공시기준일을 2023.1.1.로 한 개별공시지가를 2023.5.28. 결정ㆍ공시하고('당초 공시지가') 甲에게 개별 통지하였으나, 이는 토지가격비준표의 적용에 오류가 있는 것이었다. 이후 甲소유의 토지를 포함한 지역 일대에 개발 사업이 시행되면서 관련법에 의한 부담금 부과의 대상이 된 甲의 토지에 대해 A시장은 2023.8.3. 당초 공시지가에 근거하여 甲에게 부담금을 부과하였다. 한편 甲소유 토지에 대한 당초 공시지가에 이의가 있는 인근 주민 乙은 이의신청기간이 도과한 2023.8.10. A시장에게 이의를 신청하였고, A시장은 甲소유 토지에 대한 당초 공시지가를 결정할 때 토지가격비준표의 적용에 오류가 있었음을 이유로 「부동산 가격공시에 관한 법률」 제12조 및 같은법 시행령 제23조 제1항에 따라 개별공시지가를 감액하는 정정을 하였고, 직권 정정된 공시지가는 2023.9.7. 甲에게 통지되었다. 다음 물음에 답하시오(아래 설문은 각각 별개의 독립된 상황임). 30점

(1) 부동산 가격공시에 관한 법률상 직권 정정된 개별공시지가의 효력을 설명하고, 토지소유자 甲은 직권 정정된 개별공시지가에 대해 2023.10.22. 취소소송을 제기하였는데 토지소유자 甲의 취소소송은 적법한지를 검토하시오. 10점

(2) 만약 토지소유자 甲이 부동산 가격공시에 관한 법률에 따라 개별공시지가 이의신청을 적법한 기간 내에 하였다고 가정하자. A시장은 토지소유자 甲의 이의신청에 대해 심사한 후 개별공시지가 이의신청 정정 결정 통지서를 보냈고, 토지소유자 甲은 행정기본법상 이의신청 결과 통지서를 2023.11.01.에 받았다. 토지소유자 甲이 행정소송을 제기함에 있어서 개별공시지가의 직권정정 결정을 통지받은 경우와 개별공시지가 이의신청 결과통지서를 받은 경우를 비교하여 토지소유자 甲에게 어떠한 권리구제 차이점이 있는지 설명하시오. 10점

(3) 만약, A시장이 당초 공시지가에 근거하여 甲에게 부담금을 부과한 것이 위법한 것이더라도, 이후 A시장이 토지가격비준표를 제대로 적용하여 정정한 개별공시지가가 당초 공시지가와 동일하게 산정되었다면, 甲에 대한 부담금 부과의 하자는 치유되는지를 설명하시오. 10점

참조 조문

〈부동산 가격공시에 관한 법률〉

제11조(개별공시지가에 대한 이의신청)

① 개별공시지가에 이의가 있는 자는 그 결정ㆍ공시일부터 30일 이내에 서면으로 시장ㆍ군수 또는 구청장에게 이의를 신청할 수 있다.

②~③ 생략

제12조(개별공시지가의 정정)

시장ㆍ군수 또는 구청장은 개별공시지가에 틀린 계산, 오기, 표준지 선정의 착오, 그 밖에 대통령령으로 정하는 명백한 오류가 있음을 발견한 때에는 지체 없이 이를 정정하여야 한다.

〈부동산 가격공시에 관한 법률 시행령〉
제23조(개별공시지가의 정정사유)
① 법 제12조에서 "대통령령으로 정하는 명백한 오류"란 다음 각 호의 어느 하나에 해당하는 경우를 말한다.
1. 법 제10조에 따른 공시절차를 완전하게 이행하지 아니한 경우
2. 용도지역·용도지구 등 토지가격에 영향을 미치는 주요 요인의 조사를 잘못한 경우
3. 토지가격비준표의 적용에 오류가 있는 경우
② 생략

목차 index

주요 내용 contents

Ⅰ. 논점의 정리

해당 문제는 최근 사회적으로 문제가 되고 있는 개별공시지가의 쟁점에 대하여 논의하고 있다. 물음 (1)에서는 부동산 가격공시에 관한 법률(이하 '부동산공시법')상 정정된 개별공시지가에 대한 취소소송을 제기하면서 소송의 적법성에 대하여 묻고 있다. 물음 (2)에서는 부동산공시법 이의신청에 대한 대법원 판례에도 불구하고, 이의신청기간이 도과한 A시장의 개별공시지가 정정처분은 위법한 것인지에 대한 甲주장의 타당성을 검토해 보기로 한다. 물음 (3)에서는 하자 있는 행정행위에 있어서 하자의 치유는 행정행위의 성질이나 법치주의의 관점에서 원칙적으로 허용될 수 없고, 행정행위의 무용한 반복을 피하고 당사자의 법적 안정성을 보호하기 위하여 국민의 권익

을 침해하지 아니하는 범위 내에서 예외적으로만 허용되는데, 적법한 절차를 거쳐 공시된 개별공시지가 결정이 종전의 위법한 공시지가결정과 그 내용이 동일하다는 사정만으로 위법한 개별공시지가 결정에 기초한 개발부담금 부과처분이 적법하게 된다고 볼 수 있는지 여부를 검토해 보고자 한다.

II. (물음1)에 대하여

1. 개별공시지가의 개념 및 법적 성질(부동산공시법 제11조)

(1) 개별공시지가의 의의 및 취지

부동산공시법상 개별공시지가란 시장・군수・구청장이 세금 및 부담금의 부과 등 일정한 행정 목적에 활용하기 위하여 공시기준일 현재 개별토지의 단위면적당 적정가격을 공시한 것을 의미하며, 이는 과세부담의 효율성과 적정성 취지에서 인정된다.

(2) 개별공시지가의 법적 성질

개별공시지가의 처분성 여부에 따라 행정쟁송의 적용 여부가 달라진다. 개별공시지가의 법적 성질에 대하여 행정행위설, 행정규칙설, 사실행위설 등이 대립하나, 판례는 "과세의 기준이 되어 국민의 권리・의무 등 법률상 이익에 직접적으로 영향을 주어 행정소송법상 처분"이라고 판시하였다. 생각건대, 과세・부담금의 근거가 되는 행정목적을 고려하여 처분성을 인정하고, 이에 따라 행정소송법에 따른 권리구제가 가능하게 하는 것이 국민권익 보호상 타당하다 보인다.

2. 취소소송의 적법성 판단

(1) 대상적격 판단

개별공시지가는 세금 및 부담금의 근거가 되어 처분성이 인정된다. 사안의 경우 개별공시지가는 부담금의 근거가 되고, 판례에 따라 처분성이 인정되는 바 취소소송의 대상이 되는 대상적격이 당연히 인정된다고 판단된다.

(2) 법률상 이익에 대한 판단

행정소송법 제12조에서 취소소송은 처분 등의 취소를 구할 "법률상 이익"이 있는 자가 제기할 수 있다고 규정하고 있다. 사안의 甲은 개별공시지가에 따라 부담금을 납부할 지위에 있는 자로, 위법한 개별공시지가에 대해 다툼으로써 재산권을 보호할 수 있다. 판례에 따를 시 정정된 개별공시지가는 공시기준일에 소급하여 효력을 발생한다. 따라서 甲은 정정된 개별공시지가에 대해 다툴 법률상 이익이 존재한다고 판단된다.

(3) 제소기간 판단

1) 개별공시지가 직권 정정 개념(부동산공시법 제12조)

개별공시지가의 직권정정제도란 개별공시지가에 위산・오기 등 "명백한 오류"가 있는 경우 이를 직권으로 정정할 수 있는 제도로 부동산공시법 제12조에 근거하며, 개별공시지가의 적정성을 담보하기 위한 수단이다.

2) 개별공시지가의 정정 효과

개별공시지가가 정정된 경우에는 새로이 개별공시지가가 결정·공시된 것으로 본다. 다만, 그 효력 발생 시기에 대해 판례는 개별 토지가격이 지가 산정에 명백한 잘못이 있어 정정 결정·공고되었다면 당초에 결정·공고된 개별토지가격은 그 효력을 상실하고 정정 결정된 새로운 토지가격이 공시기준일에 소급하여 그 효력을 발생한다고 한다. 또한 판례는 국민의 정정신청은 행정청의 직권발동을 촉구하는 것에 지나지 않는다고 하여 그 거부가 항고소송의 대상이 되는 처분이 아니라고 판시하였다.

대법원 1994.10.7. 선고 93누15588 판결 [토지초과이득세부과처분취소]

【판시사항】

다. 개별토지가격이 경정되면 당초 공시기준일에 소급하여 효력이 발생하는지 여부

【판결요지】

다. 개별토지가격이 지가산정에 명백한 잘못이 있어 경정결정 공고되었다면 당초에 결정 공고된 개별토지가격은 그 효력을 상실하고 경정결정된 새로운 개별토지가격이 공시기준일에 소급하여 그 효력을 발생한다.

3) 사안의 경우

행정소송법 제20조에서는 취소소송은 처분 등이 있음을 안 날로부터 90일 이내, 있은 날로부터 1년으로 제소기간을 규정하고 있다. 사안의 개별공시지가의 경우 개별통지가 있었으므로, 90일 규정이 적용될 것이다. 이때 정정된 공시지가는 기존 2023.5.28. 공시된 개별공시지가에 소급하여 효력이 발생하므로, 제소기간도 최초 공시일인 2023.5.28.로부터 90일을 기산해야 할 것이다. 따라서 취소소송 제기일인 2023.10.22.은 '안 날'인 통지일로부터 제소기간이 경과된 바, 해당 취소소송을 제소기간 불충족으로 각하될 것으로 판단된다.

Ⅲ. (물음2)에 대하여

1. 개별공시지가 이의신청(부동산공시법 제11조)

부동산공시법 제11조에서는 개별공시지가에 이의가 있을 시 결정·공시일로부터 30일 이내에 이의를 신청할 것을 규정하고 있다. 이는 세금·부담금 산정에 앞서 이에 기초가 되는 개별공시지가에 대한 타당성과 적정성을 담보하기 위한 취지에서 인정된다.

2. 개별공시지가 정정사유(부동산공시법 시행령 제23조)

부동산공시법 시행령 제23조에서는 개별공시지가의 정정사유가 되는 '명백한 오류'를 규정하고 있다. 이때 명백한 오류에는 개별공시지가 공시절차의 미이행, 토지가격에 영향을 미치는 주요요인을 잘못 조사한 경우, 토지가격비준표 적용에 오류가 있는 경우를 규정하고 있다.

3. 행정기본법 제36조 제4항의 검토

> 행정기본법 제36조(처분에 대한 이의신청)
> ① 행정청의 처분(「행정심판법」 제3조에 따라 같은 법에 따른 행정심판의 대상이 되는 처분을 말한다. 이하 이 조에서 같다)에 이의가 있는 당사자는 처분을 받은 날부터 30일 이내에 해당 행정청에 이의신청을 할 수 있다.
> ② 행정청은 제1항에 따른 이의신청을 받으면 그 신청을 받은 날부터 14일 이내에 그 이의신청에 대한 결과를 신청인에게 통지하여야 한다. 다만, 부득이한 사유로 14일 이내에 통지할 수 없는 경우에는 그 기간을 만료일 다음 날부터 기산하여 10일의 범위에서 한 차례 연장할 수 있으며, 연장 사유를 신청인에게 통지하여야 한다.
> ③ 제1항에 따라 이의신청을 한 경우에도 그 이의신청과 관계없이 「행정심판법」에 따른 행정심판 또는 「행정소송법」에 따른 행정소송을 제기할 수 있다.
> ④ **이의신청에 대한 결과를 통지받은 후 행정심판 또는 행정소송을 제기하려는 자는 그 결과를 통지받은 날(제2항에 따른 통지기간 내에 결과를 통지받지 못한 경우에는 같은 항에 따른 통지기간이 만료되는 날의 다음 날을 말한다)부터 90일 이내에 행정심판 또는 행정소송을 제기할 수 있다.**
> ⑤ 다른 법률에서 이의신청과 이에 준하는 절차에 대하여 정하고 있는 경우에도 그 법률에서 규정하지 아니한 사항에 관하여는 이 조에서 정하는 바에 따른다.
> ⑥ 제1항부터 제5항까지에서 규정한 사항 외에 이의신청의 방법 및 절차 등에 관한 사항은 대통령령으로 정한다.
> ⑦ 다음 각 호의 어느 하나에 해당하는 사항에 관하여는 이 조를 적용하지 아니한다.
> 1. 공무원 인사 관계 법령에 따른 징계 등 처분에 관한 사항
> 2. 「국가인권위원회법」 제30조에 따른 진정에 대한 국가인권위원회의 결정
> 3. 「노동위원회법」 제2조의2에 따라 노동위원회의 의결을 거쳐 행하는 사항
> 4. 형사, 행형 및 보안처분 관계 법령에 따라 행하는 사항
> 5. 외국인의 출입국·난민인정·귀화·국적회복에 관한 사항
> 6. 과태료 부과 및 징수에 관한 사항

4. 사안의 경우(권리구제의 차이점)

① 개별공시지가의 직권 정정은 소급효로 공시일 기준해서 행정쟁송

개별공시지가의 직권 정정의 경우에는 판례가 소급효를 인정하고, 공시일 기준해서 행정쟁송의 제소기간을 기산하여 권리구제를 받을 수 있다.

② 개별공시지가의 이의신청에 따른 결과는 새로운 처분으로 인식

최근 행정기본법 제36조 제4항에 따라 이의신청을 하고 그 이의신청의 결과를 통지 받으면 새로운 처분으로 인식하여 통지받은 날을 기준으로 행정쟁송을 다툴 수 있다. 따라서 이의신청 결과통지서를 받은 날로부터(2023.11.01.) 90일 이내에 행정심판 또는 행정소송을 제기할 수 있다는 점에서 개별공시지가 직권 정정에 대한 소급효와는 차이가 있다. 이의신청 결과통지서는 새로운 처분으로 본다.

③ 행정쟁송의 제소기간 상 차이

결국 개별공시지가의 직권정정과 개별공시지가의 이의신청 정정은 같은 정정이기는 하지만 제소기간에 차이가 있어서 권리구제상 차이점이 존재하다는 측면에서 최근 행정기본법

제정의 의의가 크다고 할 것이다.

이러한 영향은 대법원 2008두19987 판결이 나옴으로 인하여 권리구제의 선명성을 보여준 측면이 있고, 이로 인하여 개별공시지가 이의신청에 대하여 행정기본법 제정으로 권리구제의 새로운 길이 열린 측면이 있다고 할 것이다.

【판결요지】

부동산 가격공시 및 감정평가에 관한 법률 제12조, 행정소송법 제20조 제1항, 행정심판법 제3조 제1항의 규정 내용 및 취지와 아울러 부동산 가격공시 및 감정평가에 관한 법률에 행정심판의 제기를 배제하는 명시적인 규정이 없고 부동산 가격공시 및 감정평가에 관한 법률에 따른 이의신청과 행정심판은 그 절차 및 담당 기관에 차이가 있는 점을 종합하면, 부동산 가격공시 및 감정평가에 관한 법률이 이의신청에 관하여 규정하고 있다고 하여 이를 행정심판법 제3조 제1항에서 행정심판의 제기를 배제하는 '다른 법률에 특별한 규정이 있는 경우'에 해당한다고 볼 수 없으므로, 개별공시지가에 대하여 이의가 있는 자는 곧바로 행정소송을 제기하거나 부동산 가격공시 및 감정평가에 관한 법률에 따른 이의신청과 행정심판법에 따른 행정심판청구 중 어느 하나만을 거쳐 행정소송을 제기할 수 있을 뿐 아니라, 이의신청을 하여 그 결과 통지를 받은 후 다시 행정심판을 거쳐 행정소송을 제기할 수도 있다고 보아야 하고, 이 경우 행정소송의 제소기간은 그 행정심판 재결서 정본을 송달받은 날부터 기산한다.

(출처: 대법원 2010.1.28. 선고 2008두19987 판결 [개별공시지가결정처분취소])

Ⅳ. (물음3)에 대하여: 甲에 대한 부담금 부과의 하자는 치유되는지

1. 하자치유의 의의, 취지

하자치유란 성립 당시의 하자를 사후에 보완하여 행정행위의 효력을 유지하는 것을 의미한다. 이는 행정행위의 무용한 반복을 방지하여 행정 능률성을 달성하기 위한 취지에서 인정된다.

2. 하자치유의 인정가능성

하자치유의 인정 여부에 대해서는 ① 행정능률성 달성 취지에서 긍정하는 견해 ② 소송권리・신뢰보호 취지에서 부정하는 견해 ③ 국민의 공격방어권을 침해하지 않는 범위 내에서 행정능률성 취지에서 제한적 긍정설이 대립한다. 판례는 제한적 긍정설의 입장이며, 이는 국민의 공격방어권을 침해하지 않는 범위 내에서 제한적으로 인정되어 행정경제성을 달성하여야 할 것이다.

3. 하자치유의 인정범위

판례는 하자치유의 인정범위에 대해 ① 행정행위의 위법이 취소사유이며, 절차・형식상 하자에 해당하는 경우 하자치유가 가능하다는 입장이다. ② 위법이 무효사유이거나, 내용상 하자에 해당하는 경우 하자치유가 불가능하다고 판시하였다.

4. 하자치유의 인정시기

하자치유의 인정시기에 대해서는 소송제기 전과 소송 종결 시 등 견해가 대립한다. 판례의 경우 "불복 여부 결정 및 불복 신청에 편의를 주는 기간 내"에 가능하다고 판시한 바, 행정쟁송제기 이전까지 하자치유가 가능할 것으로 판단된다.

5. 사안의 경우

(1) 토지가격비준표 적용 오류의 하자

개별공시지가 산정 절차에서 토지가격비준표의 적용을 규정하고 있다. 사안의 경우 토지가격비준표 적용에 오류가 있었고, 이는 중대한 위반이나 일반인의 입장에서는 위법성이 명백하다 보기 어려운 취소사유의 하자를 구성한다. 이때 개별공시지가 산정에서 토지가격비준표 적용 오류에 대해 판례는 내용상 하자에 해당한다는 입장을 취하고 있으므로, 사안의 개별공시지가는 내용상 하자에 해당한다고 판단된다.

(2) 사안의 경우

A시장이 향후 토지가격비준표를 제대로 적용하여 정정한 개별공시지가가 당초 공시지가와 동일하게 산정되었다고 하더라도, 해당 개별공시지가는 '내용상 하자'를 구성하고 있으므로 하자의 치유가 불가능할 것으로 생각된다. 따라서 甲에 대한 부담금의 부과하자는 치유가 불가능하여 위법하다고 볼 수 있으므로, 甲의 부담금 부과처분 자체에 대한 불복을 통해 권리구제를 받을 수 있을 것으로 판단된다. 대법원 판례도 "선행처분인 개별공시지가결정이 위법하여 그에 기초한 개발부담금 부과처분도 위법하게 된 경우 그 하자의 치유를 인정하면 개발부담금 납부의무자로서는 위법한 처분에 대한 가산금 납부의무를 부담하게 되는 등 불이익이 있을 수 있으므로, 그 후 적법한 절차를 거쳐 공시된 개별공시지가결정이 종전의 위법한 공시지가결정과 그 내용이 동일하다는 사정만으로는 위법한 개별공시지가결정에 기초한 개발부담금 부과처분이 적법하게 된다고 볼 수 없다."고 판시하고 있다.

V. 사안의 해결

(물음1)과 관련하여 사안의 제소기간은 최초 공시일인 2023년 5월 28일부터 기산하여 개별통지하였으므로 안 날로부터 90일을 기산하면 2023년 10월 22일은 5개월 정도 지난 시점으로 제소기간이 경과된 바, 해당 취소소송은 제소기간 불충족으로 각하될 것으로 판단된다.

(물음2)와 관련하여 ① 개별공시지가의 직권 정정의 경우에는 판례가 소급효를 인정하고, 공시일 기준해서 행정쟁송의 제소기간을 기산하여 권리구제를 받을 수 있다. ② 최근 행정기본법 제36조 제4항에 따라 이의신청을 하고 그 이의신청의 결과를 통지 받으면 새로운 처분으로 인식하여 통지받은 날을 기준으로 행정쟁송을 다툴 수 있다. ③ 결국 개별공시지가의 직권정정과 개별공시지가의 이의신청 정정은 같은 정정이기는 하지만 제소기간에 차이가 있어서 권리구제상 차이점이 존재한다는 측면에서 최근 행정기본법 제정의 의의가 크다고 할 것이다.

(물음3)과 관련하여 이미 부과된 부담금은 위법한 개별공시지가에 기하여 산출된 바, 개별공시지가가 정정된다고 하여도 이미 부과된 부담금의 기초가 된 개별공시지가까지 변경되어 부담금이 재산출된다고까지는 볼 수 없다. 따라서 그 내용상 하자는 치유된다고 볼 수 없을 것으로 판단된다.

참고 행정소송에서 제소기간에 대한 정리

제소기간에 대한 개념	① 제소기간이란 처분 등의 상대방 또는 제3자가 소송을 적법하게 제기할 수 있는 기간을 말한다. ② 행정소송이 제소기간 내에 제기되었는지 여부는 소송요건으로서, 법원의 직권조사사항에 속한다. ③ 따라서 법원은 소가 제기되면 제소기간의 준수여부를 심사해서 부적법한 경우에는 소를 각하한다. ④ 제소기간의 제한은 원칙적으로 취소소송에만 적용되고, 무효등확인소송에는 적용되지 않는다(「행정소송법」 제38조 제1항). ⑤ 취소소송은 처분 등이 있음을 안 날부터 90일 이내에 제기해야 하고 처분 등이 있은 날부터 1년이 지나면 제기하지 못한다(「행정소송법」 제20조). ⑥ 이와 같은 90일과 1년의 기간은 선택적인 것이 아니므로 어느 하나의 기간이 지나면 행정소송을 제기할 수 없게 된다.
처분이 있음을 안 날부터 90일	▲ 행정심판을 거치지 않은 경우 ① 취소소송은 처분 등이 있음을 안 날부터 90일 이내에 제기해야 한다(「행정소송법」 제20조 제1항 본문). ② 처분 등이 있음을 안 날이란 제소기간의 기산점으로서 해당 처분 등이 효력을 발생하는 날을 말한다. ③ 즉, 통지·공고 그 밖의 방법으로 해당 처분이 있었다는 사실을 현실적으로 안 날을 의미하는 것이고, 구체적으로 그 처분의 위법 여부를 판단한 날을 가리키는 것은 아니다(대법원 1991.6.28. 선고 90누6521 판결). ※ 서면통지하는 경우에는 그 서면이 상대방에게 도달한 날을 말한다. ※ 공시송달의 경우는 서면이 상대방에게 도달한 것으로 간주되는 날을 말한다. ※ 사실행위의 경우에는 그 행위가 있었고 그것이 자기의 권익을 침해하고 있음을 인식하게 된 날을 말한다. ④ 다만, 처분을 기재한 서류가 당사자의 주소에 송달되는 등으로 사회통념상 처분이 있음을 당사자가 알 수 있는 상태에 놓여진 때에는 반증이 없는 한 그 처분이 있음을 알았다고 추정된다(대법원 2002.8.27. 선고 2002두3850 판결). ▲ 행정심판을 거친 경우 ① 다음의 어느 하나의 경우에 행정심판청구가 있는 경우 그에 대한 제소기간은 재결서의 정본을 송달받을 날부터 90일이다(「행정소송법」 제20조 제1항 단서). ㉠ 다른 법률에 해당 처분에 대한 행정심판의 재결을 거치지 않으면 취소소송을 제기할 수 없다는 규정이 있는 경우 ㉡ 그 밖에 행정심판청구를 할 수 있는 경우 ㉢ 행정청이 행정심판청구를 할 수 있다고 잘못 알린 경우 ② 재결서의 정본을 송달받은 날이란 재결서 정본을 본인이 직접 수령한 경우에 한하는 것이 아니라 보충송달·유치송달·공시송달 등 「민사소송법」이 정한 바에 따라 적법하게 송달된 모든 경우를 포함한다(「행정심판법」 제38조).
	▲ 행정심판을 거치지 않은 경우 ① 취소소송은 처분 등이 있는 날부터 1년이 지나면 제기할 수 없다(「행정소송법」 제20조 제2항).

처분이 있는 날부터 1년	② 처분이 있은 날이란 상대방이 있는 행정처분의 경우는 특별한 규정이 없는 한 의사표시의 일반적 법리에 따라 그 행정처분이 상대방에게 고지되어 효력이 발생한 날을 말한다(대법원 1990.7.13. 선고 90누2284 판결). ▲ 행정심판을 거친 경우 ① 다음과 같은 경우에 행정심판청구가 있은 때의 제소기간은 재결이 있은 날부터 1년이다(「행정소송법」 제20조 제2항). ㉠ 다른 법률에 해당 처분에 대한 행정심판의 재결을 거치지 않으면 취소소송을 제기할 수 없다는 규정이 있는 경우 ㉡ 그 밖에 행정심판청구를 할 수 있는 경우 ㉢ 행정청이 행정심판청구를 할 수 있다고 잘못 알린 경우 ② 재결이 있은 날이란 재결이 내부적으로 성립한 날을 말하는 것이 아니라 재결의 효력이 발생한 날을 말한다(대법원 1990.7.13. 선고 90누2284 판결). ③ 행정심판의 재결은 심판청구인에게 재결서의 정본이 송달된 때에 그 효력이 발생하는 것이므로, 재결이 있은 날이란 결국 재결서 정본이 송달된 날을 의미한다(「행정심판법」 제38조). ▲ 정당한 사유가 있는 경우 ① 정당한 사유가 있는 경우에는 행정심판을 거치거나 거치지 않거나 모두 1년의 기간이 지나도 취소소송을 제기할 수 있다(「행정소송법」 제20조 제2항 단서). ② 정당한 사유는 불확정 개념으로서 정당한 사유가 있는지의 여부는 제소기간 도과의 원인 등 여러 사정을 종합하여 지연된 제소를 허용하는 것이 사회통념상 상당하다고 할 수 있는가에 의해 판단된다. ③ 즉, 정당한 사유는 당사자가 그 책임을 질 수 없는 사유나 천재, 지변, 전쟁, 사변 그 밖에 불가항력적인 사유보다는 넓은 개념이라고 할 수 있다(대법원 1991.6.28. 선고 90누6521 판결).
불변기간	① 취소소송의 제소기간은 불변기간으로서, 법원이 그 기간을 연장하거나 단축할 수는 없다(「행정소송법」 제20조 제3항). ② 다만, 원격지에 있는 사람을 위해 부가기간을 정할 수 있고, 당사자가 책임질 수 없는 사유로 불변기간을 준수할 수 없었던 경우에는 그 사유가 종료된 후 2주일 이내에 해태된 소송행위를 추완할 수 있다(「행정소송법」 제8조 제2항, 「민사소송법」 제172조 제2항 및 제173조)

쟁점 24 현저히 불합리한 개별공시지가에 대한 지방자치단체의 손해배상책임

서울특별시 관악구 봉천동 100번지 일대 임야인 표준지공시지가가 정상적으로 공시된 것으로 전제로 관악구청장은 봉천동 100번지 일대 토지의 이용상황을 실제 이용되고 있는 '자연림'으로 하여 부동산 가격공시에 관한 법률(이하 '부동산공시법')상 개별공시지가를 산정한 다음 감정평가법인에 검증을 의뢰하였는데, 감정평가법인이 그 토지의 이용상황을 '공업용'으로 잘못 정정하여 검증지가를 산정하고, 관악구 부동산공시위원회가 검증지가를 심의하면서 그 잘못을 발견하지 못함에 따라, 그 토지의 개별공시지가가 적정가격보다 훨씬 높은 가격으로 결정·공시된 사안에서, 이는 개별공시지가 산정업무 담당공무원 등이 개별공시지가의 산정 및 검증, 심의에 관한 직무상 의무를 위반했다고 하며, 개별공시지가를 기반으로 근저당권을 설정하고 물품을 빌려준 A회사가 위법을 주장하고 있다. 다음 물음에 답하시오. 30점 (출처: 대법원 2010.7.22. 선고 2010다13527 판결)

(1) 부동산공시법상 개별공시지가의 의의 및 법적 성질과 그 효과를 설명하고, 개별공시지가 산정업무 담당공무원 등이 부담하는 직무상 의무의 내용 및 그 담당공무원 등이 직무상 의무에 위반하여 현저하게 불합리한 개별공시지가가 결정되도록 함으로써 국민 개개인의 재산권을 침해한 경우, 그 담당공무원 등이 속한 지방자치단체가 손해배상책임을 지는지 여부를 설명하시오. 10점

(2) 자연림을 공업용으로 해서 개별공시지가가 적정가격보다 훨씬 높은 가격으로 결정·공시된 사안에서, 이는 개별공시지가 산정업무 담당공무원 등이 직무상 의무를 위반한 것으로 불법행위에 해당하는지 설명하시오. 5점

(3) ① 개별공시지가가 토지의 거래 또는 담보제공에서 그 실제 거래가액 또는 담보가치를 보장하는 등의 구속력을 갖는지 여부 및 ② 개개 토지에 관한 개별공시지가를 기준으로 거래하거나 담보제공을 받았다가 토지의 실제 거래가액 또는 담보가치가 개별공시지가에 미치지 못함으로 인하여 발생한 손해에 대해서도 개별공시지가를 결정·공시한 지방자치단체가 손해배상책임을 부담하는지 여부와 ③ 손해배상의 상당한 인과관계가 있는지 설명하시오. 15점

목차 index

주요 내용 contents

Ⅰ. 논점의 정리

해당 사안은 '부동산 가격공시에 관한 법률(이하 '부동산공시법')'에서 개별공시지가에 관한 쟁점이다. 잘못된 개별공시지가 산정으로 인해 손해를 입은 금융기관이 행정상 손해배상청구(국가배상청구)를 할 수 있는지에 대한 사안에서 개별공시지가의 결정절차 등을 검토한 뒤, 행정상 손해배상청구의 요건으로서 위법성 및 손해와의 인과관계가 인정되어 지방자치단체가 손해배상책임이 있는지, 개별공시지가가 토지의 거래 또는 담보제공에서 그 실제 거래가액 또는 담보가치를 보장하는 등의 구속력을 갖는지 관련 판례를 통해 사안을 고찰해 보고자 한다.

Ⅱ. (물음1)에 대하여

1. 개별공시지가 개관

(1) 개별공시지가의 의의(부동산공시법 제10조)

개별공시지가란 시장, 군수 또는 구청장이 국세, 지방세 등 각종 세금의 부과, 그 밖의 다른 법령에서 정하는 목적을 위한 지가산정에 사용되도록 하기 위하여 부동산공시법 제25조에 따른 시・군・구 부동산가격공시위원회의 심의를 거쳐 매년 공시지가의 공시기준일 현재 관할구역 안의 개별토지의 단위면적당 가격을 말한다. 개별공시지가는 표준지공시지가를 기준으로 산정되며 그대로 과세기준이 된다. 따라서 개별공시지가의 적정성 여부가 국민의 재산권에 중대한 영향을 미치게 된다.

(2) 개별공시지가의 법적 성질

1) 학설

① 입법행위설은 개별공시지가 결정은 후속 행정행위인 과세처분 등의 산정기준이 되는 것이므로 여기서 그 기준은 일반적, 추상적인 규율을 의미하고 따라서 행정행위의 개념적 징표인 개별성, 구체성이 없으므로 입법행위로 보아야 한다는 견해이다. ② 행정행위설은 개별공시지가 결정은 이에 근거한 과세처분 등과 같이 별도의 행정처분이 개입하기는 하나 후속 행정행위는 개별공시지가 결정에 직접적으로 기속을 받는 것이므로 개별공시지가 결정은 이미 그 자체로서 국민의 권리 및 의무에 영향을 미치게 된다고 본다. ③ 물적 행정행위설은 개별공시지가는 직접적으로 개별토지의 성질이나 상태에 관한 규율을 내용으로 하나 간접적으로 이와 관련되는 당사자의 권리, 의무 관계에 영향을 미치는 물적 행정행위로서 일반처분으로 보는 견해이다.

2) 판례

대법원은 개별토지가격 결정은 관계 법령에 의한 개발부담금의 산정기준이 되어 국민의 권리나 의무 또는 법률상 이익에 직접적으로 관계되는 것으로서 행정소송법 제2조 제1항 제1호의 소정의 행정청이 행하는 구체적 사실에 관한 법집행으로서의 공권력 행사이므로 항고소송의 대상이 되는 행정 처분에 해당한다고 판시하였다.

〈개별토지가액결정의 처분성〉

【판시사항】

지가공시 및 토지 등의 평가에 관한 법률 및 같은법 시행령에 의하여 시장, 군수, 구청장이 한 개별토지가액의 결정이 행정소송의 대상이 되는 행정처분인지 여부(적극)

【판결요지】

토지초과이득세법, 택지소유상한에 관한 법률, 개발이익환수에 관한 법률 및 각 그 시행령이 각 그 소정의 토지초과이득세, 택지초과소유부담금 또는 개발부담금을 산정함에 있어서 기초가 되는 각 토지의 가액을 시장, 군수, 구청장이 지가공시 및 토지 등의 평가에 관한 법률 및 같은법 시행령에 의하여 정하는 개별공시지가를 기준으로 하여 산정한 금액에 의하도록 규정하고 있고, 시장, 군수, 구청장은 같은 법 제10조 제1항 제6호, 같은법 시행령 제12조 제1, 2호의 규정에 의하여 각개 토지의 지가를 산정할 의무가 있다고 할 것이므로 시장, 군수, 구청장이 산정하여 한 개별토지가액의 결정은 토지초과이득세, 택지초과소유부담금 또는 개발부담금 산정 등의 기준이 되어 국민의 권리, 의무 내지 법률상 이익에 직접적으로 관계된다고 할 것이고, 따라서 이는 행정소송법 제2조 제1항 제1호 소정의 행정청이 행하는 구체적 사실에 관한 법집행으로서의 공권력행사이어서 행정소송의 대상이 되는 행정처분으로 보아야 할 것이다.

(출처: 대법원 1993.1.15. 선고 92누12407 판결 [개별토지가격결정처분취소등])

3) 검토

개별공시지가는 세금 등에 있어서 직접적인 구속력을 가지므로 국민의 재산권에 대한 직접적인 법적 규율성을 가진다고 할 수 있고, 개별토지의 성질이나 상태에 대한 규율로서 물적행정행위에 해당하며, 가감조정 없이 조세부과의 기준이 되므로 법률관계를 조기에 확정하여 법적안정성을 기할 필요가 있다는 점에서 처분성을 인정함이 타당하다고 생각된다.

(3) 개별공시지가의 결정절차

시・군・구청장은 해당 토지와 유사한 이용가치가 있다고 인정되는 표준지공시지가를 기준으로 토지가격비준표를 사용하여 개별공시지가를 산정하며, 그 타당성에 대해 감정평가법인등의 검증을 받아 토지소유자의 의견을 청취하고 시・군・구 부동산가격공시위원회의 심의를 거쳐 이를 공시함으로써 결정한다. 이는 지가의 적정성을 위하여 다양한 의사를 반영하고, 공적인 검증을 통하여 그 적정성을 담보하고자 하는 의도로 보인다.

2. 지방자치단체의 손해배상책임여부

(1) 공무원의 직무상 의무의 내용

개별공시지가는 개발부담금의 부과, 토지 관련 조세부과 등 다른 법령이 정하는 목적을 위해 지가를 산정하는 경우에 그 산정기준이 되는 관계로 납세자인 국민 등의 재산상 권리, 의무에 직접적인 영향을 미치게 되므로, 개별공시지가 산정업무를 담당하는 공무원으로서는 해당 토지의 실제 이용상황 등 토지특성을 정확하게 조사하고 해당 토지와 이용상황이 유사한 비교표준지를 선정하여 그 특성을 비교하는 등 법령 및 '개별공시지가의 조사 산정지침'에서 정한 기준과 방법에 의하여 개별공시지가를 산정하고, 산정지가의 검증을 의뢰받은 감정평가법인등이나 시군구 부동산평가위원회로서는 위 산정지가 또는 검증지가가 위와 같은 기준과 방법에 의하여 제대로 산정된 것인지 여부를 검증 또는 심의함으로써 적정한 개별공시지가가 결정 공시되도록 조치할 직무상의 의무가 있다.

(2) 손해배상책임을 져야 하는지 여부

1) 관련 판례의 태도

【판시사항】

[1] 공무원의 직무상 의무 위반으로 인해 발생한 손해에 대하여 국가가 손해배상책임을 지기 위한 요건

[2] 헌병대 영창에서 탈주한 군인들이 민가에 침입하여 저지른 범죄행위에 대한 국가의 손해배상책임의 존부(적극)

【판결요지】

[1] 공무원에게 부과된 직무상 의무의 내용이 단순히 공공 일반의 이익을 위한 것이거나 행정기관 내부의 질서를 규율하기 위한 것이 아니고 전적으로 또는 부수적으로 사회구성원 개인의 안전과 이익을 보호하기 위하여 설정된 것이라면, 공무원이 그와 같은 직무상 의무를 위반함으로 인하여 피해자가 입은 손해에 대하여는 상당인과관계가 인정되는 범위 내에서 국가가 배상책임을 지는 것이고, 이때 상당인과관계의 유무를 판단함에 있어서는 일반적인 결과 발생의 개연성은 물론 직무상 의무를 부과하는 법령 기타 행동규범의 목적이나 가해행위의 태양 및 피해의 정도 등을 종합적으로 고려하여야 한다.

[2] 군행형법과 군행형법 시행령이 군교도소나 미결수용실(이하 '교도소 등'이라 한다)에 대한 경계

감호를 위하여 관련 공무원에게 각종 직무상의 의무를 부과하고 있는 것은, 일차적으로는 그 수용자들을 격리보호하고 교정교화함으로써 공공 일반의 이익을 도모하고 교도소 등의 내부 질서를 유지하기 위한 것이라 할 것이지만, 부수적으로는 그 수용자들이 탈주한 경우에 그 도주과정에서 일어날 수 있는 2차적 범죄행위로부터 일반 국민의 인명과 재화를 보호하고자 하는 목적도 있다고 할 것이므로, 국가공무원들이 위와 같은 직무상의 의무를 위반한 결과 수용자들이 탈주함으로써 일반 국민에게 손해를 입히는 사건이 발생하였다면, 국가는 그로 인하여 피해자들이 입은 손해를 배상할 책임이 있다.

(출처: 대법원 2003.2.14. 선고 2002다62678 판결 [손해배상(기)])

2) 검토

생각건대, 국가배상의 취지상 직무상 의무는 단순히 공공 일반의 이익을 위한 것이거나 행정기관 내부의 질서를 규율하기 위한 것이 아니고 전적으로 또는 부수적으로 국민 개개인의 재산권 보장을 목적으로 하여 규정된 것이라고 봄이 상당하다. 따라서 개별공시지가 산정업무 담당 공무원 등이 그 직무상 의무에 위반하여 현저하게 불합리한 개별공시지가가 결정되도록 함으로써 국민 개개인의 재산권을 침해한 경우에는 그 손해에 대하여 상당인과 관계가 있는 범위 내에서 그 담당 공무원 등이 소속된 지방자치단체가 배상책임을 지게 된다고 봄이 타당하다.

Ⅲ. (물음2)에 대하여

1. 부동산공시법의 입법취지

부동산공시법은 부동산의 적정가격(適正價格) 공시에 관한 기본적인 사항과 부동산 시장・동향의 조사・관리에 필요한 사항을 규정함으로써 부동산의 적정한 가격형성과 각종 조세・부담금 등의 형평성을 도모하고 국민경제의 발전에 이바지함을 목적으로 한다. 따라서 이러한 입법취지에 비추어 볼 때, 자연림을 공업용으로 판단하여 잘못된 개별공시지가를 산정한 것은 부동산의 적정한 가격형성이라고 볼 수 없으므로 직무상 의무를 위반하였다고 판단된다.

2 관련 규정의 검토

제10조(개별공시지가의 결정・공시 등)

① 시장・군수 또는 구청장은 국세・지방세 등 각종 세금의 부과, 그 밖의 다른 법령에서 정하는 목적을 위한 지가산정에 사용되도록 하기 위하여 제25조에 따른 시・군・구부동산가격공시위원회의 심의를 거쳐 매년 공시지가의 공시기준일 현재 관할 구역 안의 개별토지의 단위면적당 가격(이하 "개별공시지가"라 한다)을 결정・공시하고, 이를 관계 행정기관 등에 제공하여야 한다.
② 제1항에도 불구하고 표준지로 선정된 토지, 조세 또는 부담금 등의 부과대상이 아닌 토지, 그 밖에 대통령령으로 정하는 토지에 대하여는 개별공시지가를 결정・공시하지 아니할 수 있다. 이 경우 표준지로 선정된 토지에 대하여는 해당 토지의 표준지공시지가를 개별공시지가로 본다.
③ 시장・군수 또는 구청장은 공시기준일 이후에 분할・합병 등이 발생한 토지에 대하여는 대통령령으로 정하는 날을 기준으로 하여 개별공시지가를 결정・공시하여야 한다.
④ 시장・군수 또는 구청장이 개별공시지가를 결정・공시하는 경우에는 해당 토지와 유사한 이용가치

를 지닌다고 인정되는 하나 또는 둘 이상의 표준지의 공시지가를 기준으로 토지가격비준표를 사용하여 지가를 산정하되, 해당 토지의 가격과 표준지공시지가가 균형을 유지하도록 하여야 한다.
⑤ 시장・군수 또는 구청장은 개별공시지가를 결정・공시하기 위하여 개별토지의 가격을 산정할 때에는 그 타당성에 대하여 감정평가법인등의 검증을 받고 토지소유자, 그 밖의 이해관계인의 의견을 들어야 한다. 다만, 시장・군수 또는 구청장은 감정평가법인등의 검증이 필요 없다고 인정되는 때에는 지가의 변동상황 등 대통령령으로 정하는 사항을 고려하여 감정평가법인등의 검증을 생략할 수 있다.
⑥ 시장・군수 또는 구청장이 제5항에 따른 검증을 받으려는 때에는 해당 지역의 표준지의 공시지가를 조사・평가한 감정평가법인등 또는 대통령령으로 정하는 감정평가실적 등이 우수한 감정평가법인등에 의뢰하여야 한다.
⑦ 국토교통부장관은 지가공시 행정의 합리적인 발전을 도모하고 표준지공시지가와 개별공시지가와의 균형유지 등 적정한 지가형성을 위하여 필요하다고 인정하는 경우에는 개별공시지가의 결정・공시 등에 관하여 시장・군수 또는 구청장을 지도・감독할 수 있다.
⑧ 제1항부터 제7항까지에서 규정한 것 외에 개별공시지가의 산정, 검증 및 결정, 공시기준일, 공시의 시기, 조사・산정의 기준, 이해관계인의 의견청취, 감정평가법인등의 지정 및 공시절차 등에 필요한 사항은 대통령령으로 정한다.

3. 담당공무원 등이 직무상 의무를 위반한 것으로 불법행위에 해당하는지

(1) 관련 판례의 태도

판례는 시장이 토지의 이용상황을 실제 이용되고 있는 '자연림'으로 하여 개별공시지가를 산정한 다음 감정평가법인에 검증을 의뢰하였는데, 감정평가법인이 그 토지의 이용상황을 '공업용'으로 잘못 정정하여 검증지가를 산정하고, 부동산평가위원회가 검증지가를 심의하면서 그 잘못을 발견하지 못함에 따라, 그 토지의 개별공시지가가 적정가격보다 훨씬 높은 가격으로 결정・공시된 사안에서, 이는 개별공시지가 산정업무 담당공무원 등이 개별공시지가의 산정 및 검증, 심의에 관한 직무상 의무를 위반한 것으로 불법행위에 해당한다고 판시한 바 있다.

【판시사항】

[1] 개별공시지가 산정업무 담당공무원 등이 부담하는 직무상 의무의 내용 및 그 담당공무원 등이 직무상 의무에 위반하여 현저하게 불합리한 개별공시지가가 결정되도록 함으로써 국민 개개인의 재산권을 침해한 경우, 그 담당공무원 등이 속한 지방자치단체가 손해배상책임을 지는지 여부(적극)

[2] 시장(市長)이 토지의 이용상황을 실제 이용되고 있는 '자연림'으로 하여 개별공시지가를 산정한 다음 감정평가법인에 검증을 의뢰하였는데, 감정평가법인이 그 토지의 이용상황을 '공업용'으로 잘못 정정하여 검증지가를 산정하고, 시(市) 부동산평가위원회가 검증지가를 심의하면서 그 잘못을 발견하지 못함에 따라, 그 토지의 개별공시지가가 적정가격보다 훨씬 높은 가격으로 결정・공시된 사안에서, 이는 개별공시지가 산정업무 담당공무원 등이 직무상 의무를 위반한 것으로 불법행위에 해당한다고 한 사례

【판결요지】

[1] 개별공시지가는 개발부담금의 부과, 토지 관련 조세 부과 등 다른 법령이 정하는 목적을 위해 지가를 산정하는 경우에 그 산정 기준이 되는 관계로 납세자인 국민 등의 재산상 권리 · 의무에 직접적인 영향을 미치게 되므로, 개별공시지가 산정업무를 담당하는 공무원으로서는 당해 토지의 실제 이용상황 등 토지특성을 정확하게 조사하고 당해 토지와 토지이용상황이 유사한 비교표준지를 선정하여 그 특성을 비교하는 등 법령 및 '개별공시지가의 조사 · 산정 지침'에서 정한 기준과 방법에 의하여 개별공시지가를 산정하고, 산정지가의 검증을 의뢰받은 감정평가업자나 시 · 군 · 구 부동산평가위원회로서는 위 산정지가 또는 검증지가가 위와 같은 기준과 방법에 의하여 제대로 산정된 것인지 여부를 검증, 심의함으로써 적정한 개별공시지가가 결정 · 공시되도록 조치할 직무상의 의무가 있고, 이러한 직무상 의무는 단순히 공공 일반의 이익을 위한 것이거나 행정기관 내부의 질서를 규율하기 위한 것이 아니고 전적으로 또는 부수적으로 국민 개개인의 재산권 보장을 목적으로 하여 규정된 것이라고 봄이 상당하다. 따라서 개별공시지가 산정업무 담당공무원 등이 그 직무상 의무에 위반하여 현저하게 불합리한 개별공시지가가 결정되도록 함으로써 국민 개개인의 재산권을 침해한 경우에는 그 손해에 대하여 상당인과관계 있는 범위 내에서 그 담당공무원 등이 소속된 지방자치단체가 배상책임을 지게 된다.

[2] 시장(市長)이 토지의 이용상황을 실제 이용되고 있는 '자연림'으로 하여 개별공시지가를 산정한 다음 감정평가법인에 검증을 의뢰하였는데, 감정평가법인이 그 토지의 이용상황을 '공업용'으로 잘못 정정하여 검증지가를 산정하고, 시(市) 부동산평가위원회가 검증지가를 심의하면서 그 잘못을 발견하지 못함에 따라, 그 토지의 개별공시지가가 적정가격보다 훨씬 높은 가격으로 결정 · 공시된 사안에서, 이는 개별공시지가 산정업무 담당공무원 등이 개별공시지가의 산정 및 검증, 심의에 관한 직무상 의무를 위반한 것으로 불법행위에 해당한다고 한 사례

(2) 검토

생각건대, 부동산의 적정한 가격형성을 목적으로 하는 부동산공시법의 입법취지와 검증 및 시 · 군 · 구 부동산가격공시위원회의 검증을 거치도록 하여 객관적인 개별공시지가가 산정되도록 규정한 부동산공시법 제10조의 취지상 이용상황을 잘못 판단하여 높은 개별공시지가가 산정된 경우에는 담당공무원이 직무상 의무를 위반한 것으로 보는 판례의 태도가 타당하다 판단된다.

Ⅳ. (물음3)에 대하여

1. 개별공시지가가 구속력을 갖는지 여부(①) 및 개개 거래에 대한 책임을 지는지 여부(②)

(1) 개별공시지가의 산정목적 범위

개별공시지가는 그 산정목적인 개발부담금의 부과, 토지 관련 조세부과 등 다른 법령이 정하는 목적을 위해 지가를 산정하는 경우에 그 산정 기준이 되는 범위 내에서는 납세자인 국민 등의 재산상 권리, 의무에 직접적인 영향을 미칠 수 있다.

(2) 관련 판례의 태도

판례는 개개 토지에 관한 개별공시지가를 기준으로 거래하거나 담보제공을 받았다가 당해 토지의 실제 거래가액 또는 담보가치가 개별공시지가에 미치지 못함으로 인해 발생할 수 있는 손해에 대해서까지 그 개별공시지가를 결정 · 공시하는 지방자치단체에 손해배상책임을

부담시키게 된다면, 개개 거래당사자들 사이에 이루어지는 다양한 거래관계와 관련하여 발생한 손해에 대하여 무차별적으로 책임을 추궁당하게 되고, 그 거래관계를 둘러싼 분쟁에 끌려들어가 많은 노력과 비용을 지출하는 결과가 초래되게 된다. 이는 결과발생에 대한 예견가능성의 범위를 넘어서는 것임은 물론이고, 행정기관이 사용하는 지가를 일원화하여 일정한 행정목적을 위한 기준으로 삼음으로써 국토의 효율적인 이용과 국민경제의 발전에 기여하려는 구 부동산 가격공시 및 감정평가에 관한 법률(2008.2.29. 법률 제8852호로 개정되기 전의 것)의 목적과 기능, 그 보호법익의 보호범위를 넘어서는 것이라고 판시한 바 있다.

【판시사항】

[3] 개별공시지가가 토지의 거래 또는 담보제공에서 그 실제 거래가액 또는 담보가치를 보장하는 등의 구속력을 갖는지 여부(소극) 및 개개 토지에 관한 개별공시지가를 기준으로 거래하거나 담보제공을 받았다가 토지의 실제 거래가액 또는 담보가치가 개별공시지가에 미치지 못함으로 인하여 발생한 손해에 대해서도 개별공시지가를 결정·공시한 지방자치단체가 손해배상책임을 부담하는지 여부(소극)

【판결요지】

[3] 개별공시지가는 그 산정 목적인 개발부담금의 부과, 토지 관련 조세 부과 등 다른 법령이 정하는 목적을 위해 지가를 산정하는 경우에 그 산정 기준이 되는 범위 내에서는 납세자인 국민 등의 재산상 권리·의무에 직접적인 영향을 미칠 수 있지만, 이에 더 나아가 개별공시지가가 당해 토지의 거래 또는 담보제공을 받음에 있어 그 실제 거래가액 또는 담보가치를 보장한다거나 어떠한 구속력을 미친다고 할 수는 없다. 그럼에도 개개 토지에 관한 개별공시지가를 기준으로 거래하거나 담보제공을 받았다가 당해 토지의 실제 거래가액 또는 담보가치가 개별공시지가에 미치지 못함으로 인해 발생할 수 있는 손해에 대해서까지 그 개별공시지가를 결정·공시하는 지방자치단체에 손해배상책임을 부담시키게 된다면, 개개 거래당사자들 사이에 이루어지는 다양한 거래관계와 관련하여 발생한 손해에 대하여 무차별적으로 책임을 추궁당하게 되고, 그 거래관계를 둘러싼 분쟁에 끌려들어가 많은 노력과 비용을 지출하는 결과가 초래되게 된다. 이는 결과발생에 대한 예견가능성의 범위를 넘어서는 것임은 물론이고, 행정기관이 사용하는 지가를 일원화하여 일정한 행정목적을 위한 기준으로 삼음으로써 국토의 효율적인 이용과 국민경제의 발전에 기여하려는 구 부동산 가격공시 및 감정평가에 관한 법률(2008.2.29. 법률 제8852호로 개정되기 전의 것)의 목적과 기능, 그 보호법익의 보호범위를 넘어서는 것이다.

(3) 검토

생각건대, 개별공시지가는 대개 실무상으로 금융기관이나 거래 등의 참고가격으로는 활용되고 있다. 그러나 그 목적 자체가 과세목적이라는 점을 감안하면 실거래가와의 격차나 담보가치의 격차 등을 고려할 때 실질적으로 과세목적 이외에는 그 가격 자체가 구속력을 지닌다고 볼 수는 없다고 할 것이다. 물론 과세의 목적으로서는 국민의 권리 및 의무에 직접 영향을 미치기 때문에 이에 대한 각 필지마다의 토지소유자에게는 과세의 구속력은 미친다고 할 수 있으나, 대외적으로 일반적인 토지거래의 지표가 되거나 담보제공의 직접적인 근거로 적용하기에는 목적상의 가격격차로 인하여 실효성이 적기 때문에 대법원 판례의 태도가 타당하다고 볼 수 있다. 따라서 개개 거래당사자들 사이에 이루어지는 다양한 거래관계와 관련하여 발생한 손해에 대하여 무차별적으로 책임을 추궁당하게 되고, 그 거래관계를 둘러싼 분쟁에 끌려들어가 많은 노력과 비용을 지출하는 결과가 초래되게 되므로 개개 거래에 대한 손해배상 책임을 지지 않는다고 보는 것이 타당하다고 판단된다.

2. 지방자치단체의 손해배상 책임(③)

(1) 관련 판례의 태도

판례는 개별공시지가 산정업무 담당공무원 등이 잘못 산정・공시한 개별공시지가를 신뢰한 나머지 토지의 담보가치가 충분하다고 믿고 그 토지에 관하여 근저당권설정등기를 경료한 후 물품을 추가로 공급함으로써 손해를 입었음을 이유로 그 담당공무원이 속한 지방자치단체에 손해배상을 구한 사안에서, 그 담당공무원 등의 개별공시지가 산정에 관한 직무상 위반행위와 위 손해 사이에 상당인과관계가 있다고 보기 어렵다고 하여 손해배상책임을 부정한 바 있다.

【판시사항】

[4] 개별공시지가 산정업무 담당공무원 등이 잘못 산정・공시한 개별공시지가를 신뢰한 나머지 토지의 담보가치가 충분하다고 믿고 그 토지에 관하여 근저당권설정등기를 경료한 후 물품을 추가로 공급함으로써 손해를 입었음을 이유로 그 담당공무원이 속한 지방자치단체에 손해배상을 구한 사안에서, 그 담당공무원 등의 개별공시지가 산정에 관한 직무상 위반행위와 위 손해 사이에 상당인과관계가 있다고 보기 어렵다고 판단한 사례

【판결요지】

[4] 개별공시지가 산정업무 담당공무원 등이 잘못 산정・공시한 개별공시지가를 신뢰한 나머지 토지의 담보가치가 충분하다고 믿고 그 토지에 관하여 근저당권설정등기를 경료한 후 물품을 추가로 공급함으로써 손해를 입었음을 이유로 그 담당공무원이 속한 지방자치단체에 손해배상을 구한 사안에서, 그 담당공무원 등의 개별공시지가 산정에 관한 직무상 위반행위와 위 손해 사이에 상당인과관계가 있다고 보기 어렵다고 한 사례

(2) 사안의 경우

생각건대, 개별공시지가는 과세 또는 개발부담금의 산정을 위한 것이지, 사실상 사적 거래의 기준으로 활용되기 위해 산정되는 것이라고 보기 어렵다. 따라서 잘못 산정된 개별공시지가를 기초로 대출을 실행하였다 해도, 이는 손해 사이의 인과관계가 인정되기 어려워 지방자치단체의 행정상 손해배상책임(국가배상책임)은 없다고 보는 판례의 태도가 타당하다고 판단된다.

Ⅴ. 사안의 해결

개별공시지가는 국민의 권리와 의무에 영향을 미치는 사안이므로, 개별공시지가 산정을 담당하는 공무원이 이를 잘못 산정하였다면 직무상 의무를 위반한 것으로 위법하다고 볼 수 있다. 하지만, 잘못 산정된 개별공시지가를 기초로 대출을 실행하였다 하더라도, 이를 통해 발생한 손해 사이의 인과관계가 있다고 보기는 어려워 금융기관의 행정상 손해배상청구 주장은 인용되기 어렵다고 판단된다. 해당 판례는 단순히 개별공시지가를 기반으로 근저당권 등기를 경료하는 것에 대한 경종을 울리고, 감정평가법인등에 의한 전문적인 감정평가액에 기반을 둔 재산권 가치에 대한 법률적 판단이 매우 중요한 의미를 지닌다고 볼 수 있을 것으로 판단된다.

쟁점 25 인근 토지소유자의 법률상 이익 및 대세효

甲은 A시의 시외로 나가는 일반도로에 접한 자신 소유의 X토지에 교통로를 개설하고 대형음식점을 운영하고 있다. A시에서는 X토지와 이에 접하여 연결된 Y·W토지의 소유권을 취득하여 혼잡한 교통량을 분산할 목적으로 「국토의 계획 및 이용에 관한 법률」에 의거하여 우회도로를 설치한다는 방침을 결정하고, A시의 시장은 X·Y·W토지의 개별공시지가 및 이 개별공시지가 산정의 기초가 된 P토지의 표준지공시지가와 도매물가상승률 등을 반영하여 산정한 보상기준가격을 내부적으로 결정하고 예산확보를 위해 중앙부처와 협의 중이다. 다음 물음에 답하시오. 20점

(1) 甲은 보상이 있을 것을 예상하여 더 많은 보상금을 받기 위해 「부동산 가격공시 및 감정평가에 관한 법률」에 의거하여 감정평가사를 통해 산정된 P토지의 표준지공시지가에 불복하여 취소소송을 제기하려고 한다. 이 경우 甲에게 법률상 이익이 있는지 여부를 검토하시오. 10점

(2) 위 취소소송에 P토지의 소유자인 丙이 소송에 참가할 수 있는지 여부와 甲이 확정 인용판결을 받았다면 이 판결의 효력은 Y·W토지의 소유자인 乙에게도 미치는지에 대하여 설명하시오. 10점

목차 index

주요 내용 contents

(물음1)에 대하여

Ⅰ. 논점의 정리

사안에서는 甲은 보상이 있을 것을 예상하여 P토지의 표준지공시지가에 불복하여 취소소송을 제기하려고 하는바, 甲에게 법률상 이익이 있는지 여부가 쟁점이다. 즉, 행정소송법 제12조에서는 “법률상 이익 있는 자”가 취소소송을 제기할 수 있다고 규정하고 있고, 공익사업을 위한 토지 등의 취득 및 보상에 관한 법률(이하 ‘토지보상법’) 제70조에서 표준지공시지가를 기준으로 보상하도록 하고 있으므로, 甲이 더 많은 보상금을 받을 수 있는 개연성으로 법률상 이익이 인정되는지를 관련 규정과 판례를 통해 검토해 보고자 한다.

Ⅱ. 행정소송법 제12조의 법률상 이익

1. 법률상 이익(원고적격)의 의미

행정소송법 제12조에서는 ‘법률상 이익 있는 자’로 규정하고 있는바, 행정소송에서 원고적격은 본안판결을 받을 수 있는 자격을 말한다.

> **행정소송법 제12조(원고적격)**
> 취소소송은 처분등의 취소를 구할 법률상 이익이 있는 자가 제기할 수 있다. 처분등의 효과가 기간의 경과, 처분등의 집행 그 밖의 사유로 인하여 소멸된 뒤에도 그 처분등의 취소로 인하여 회복되는 법률상 이익이 있는 자의 경우에는 또한 같다.

2. 행정소송법 제12조상 법률상 이익의 의미

(1) 학설

① 침해된 권리회복이라는 권리구제설, ② 근거법상 보호되는 이익구제인 법률상 이익구제설, ③ 소송법상 보호가치 있는 이익구제라는 견해, ④ 행정의 적법성 통제라는 적법성 보장설의 견해가 있다.

(2) 대법원 판례

행정처분의 직접 상대방이 아닌 제3자라 하더라도 당해 행정처분으로 인하여 법률상 보호되는 이익을 침해당한 경우에는 그 처분의 무효확인을 구하는 행정소송을 제기하여 그 당부의 판단을 받을 자격이 있다 할 것이며, 여기에서 말하는 법률상 보호되는 이익이라 함은 당해 처분의 근거 법규 및 관련 법규에 의하여 보호되는 개별적 · 직접적 · 구체적 이익이 있는 경우를 말하고, 공익보호의 결과로 국민 일반이 공통적으로 가지는 일반적 · 간접적 · 추상적 이익이 생기는 경우에는 법률상 보호되는 이익이 있다고 할 수 없다(대판 2006.3.16, 2006두330 全合).

【판결요지】

[1] 행정처분의 직접 상대방이 아닌 제3자가 행정처분의 무효확인을 구할 수 있는 요건으로서 '법률상 보호되는 이익'의 의미

[2] 환경영향평가 대상지역 안의 주민에게 공유수면매립면허처분과 농지개량사업 시행인가처분의 무효확인을 구할 원고적격이 인정되는지 여부(적극) 및 환경영향평가 대상지역 밖의 주민에게 그 원고적격이 인정되기 위한 요건

[3] 환경영향평가 대상지역 밖에 거주하는 주민에게 헌법상의 환경권 또는 환경정책기본법에 근거하여 공유수면매립면허처분과 농지개량사업 시행인가처분의 무효확인을 구할 원고적격이 없다고 한 사례

【판시사항】

[1] 행정처분의 직접 상대방이 아닌 제3자라 하더라도 당해 행정처분으로 인하여 법률상 보호되는 이익을 침해당한 경우에는 그 처분의 무효확인을 구하는 행정소송을 제기하여 그 당부의 판단을 받을 자격이 있다 할 것이며, 여기에서 말하는 법률상 보호되는 이익이라 함은 당해 처분의 근거 법규 및 관련 법규에 의하여 보호되는 개별적·직접적·구체적 이익이 있는 경우를 말하고, 공익보호의 결과로 국민 일반이 공통적으로 가지는 일반적·간접적·추상적 이익이 생기는 경우에는 법률상 보호되는 이익이 있다고 할 수 없다.

[2] 공유수면매립면허처분과 농지개량사업 시행인가처분의 근거 법규 또는 관련 법규가 되는 구 공유수면매립법(1997.4.10. 법률 제5337호로 개정되기 전의 것), 구 농촌근대화촉진법(1994.12.22. 법률 제4823호로 개정되기 전의 것), 구 환경보전법(1990.8.1. 법률 제4257호로 폐지), 구 환경보전법 시행령(1991.2.2. 대통령령 제13303호로 폐지), 구 환경정책기본법(1993.6.11. 법률 제4567호로 개정되기 전의 것), 구 환경정책기본법 시행령(1992.8.22. 대통령령 제13715호로 개정되기 전의 것)의 각 관련 규정의 취지는, 공유수면매립과 농지개량사업시행으로 인하여 직접적이고 중대한 환경피해를 입으리라고 예상되는 환경영향평가 대상지역 안의 주민들이 전과 비교하여 수인한도를 넘는 환경침해를 받지 아니하고 쾌적한 환경에서 생활할 수 있는 개별적 이익까지도 이를 보호하려는 데에 있다고 할 것이므로, 위 주민들이 공유수면매립면허처분 등과 관련하여 갖고 있는 위와 같은 환경상의 이익은 주민 개개인에 대하여 개별적으로 보호되는 직접적·구체적 이익으로서 그들에 대하여는 특단의 사정이 없는 한 환경상의 이익에 대한 침해 또는 침해우려가 있는 것으로 사실상 추정되어 공유수면매립면허처분 등의 무효확인을 구할 원고적격이 인정된다. 한편, 환경영향평가 대상지역 밖의 주민이라 할지라도 공유수면매립면허처분 등으로 인하여 그 처분 전과 비교하여 수인한도를 넘는 환경피해를 받거나 받을 우려가 있는 경우에는, 공유수면매립면허처분 등으로 인하여 환경상 이익에 대한 침해 또는 침해우려가 있다는 것을 입증함으로써 그 처분 등의 무효확인을 구할 원고적격을 인정받을 수 있다.

[3] 헌법 제35조 제1항에서 정하고 있는 환경권에 관한 규정만으로는 그 권리의 주체·대상·내용·행사방법 등이 구체적으로 정립되어 있다고 볼 수 없고, 환경정책기본법 제6조도 그 규정 내용 등에 비추어 국민에게 구체적인 권리를 부여한 것으로 볼 수 없다는 이유로, 환경영향평가 대상지역 밖에 거주하는 주민에게 헌법상의 환경권 또는 환경정책기본법에 근거하여 공유수면매립면허처분과 농지개량사업 시행인가처분의 무효확인을 구할 원고적격이 없다고 한 사례

(3) 검토

권리구제설은 원고의 범위를 제한하고, 소송법상 보호가치 있는 이익구제설은 보호가치 있는 이익의 객관적 기준이 결여되는 문제가 있다. 또한 적법성보장설은 객관소송화의 우려가 있다. 따라서 취소소송을 주관적, 형성소송으로 보면 법률상 이익구제설이 타당하다고 생각된다.

3. 법률의 범위

① 근거법률은 물론 관련법규까지 포함되는 견해와, 헌법상 기본권 및 민법상 일반원칙까지 포함하는 견해가 있으며, ② 대법원은 관계법규와 절차법 규정의 취지도 고려하는 등 보호규범의 범위를 확대하는 경향을 보이고 있다.

Ⅲ. 甲에게 법률상 이익이 있는지 여부

1. 관련 규정의 검토

(1) 부동산공시법 제3조 및 제7조 및 동법 시행령 제12조

〈부동산공시법〉

제3조(표준지공시지가의 조사·평가 및 공시 등)

① 국토교통부장관은 토지이용상황이나 주변 환경, 그 밖의 자연적·사회적 조건이 일반적으로 유사하다고 인정되는 일단의 토지 중에서 선정한 표준지에 대하여 매년 공시기준일 현재의 단위면적당 적정가격(이하 "표준지공시지가"라 한다)을 조사·평가하고, 제24조에 따른 중앙부동산가격공시위원회의 심의를 거쳐 이를 공시하여야 한다.

② 국토교통부장관은 표준지공시지가를 공시하기 위하여 표준지의 가격을 조사·평가할 때에는 대통령령으로 정하는 바에 따라 해당 토지 소유자의 의견을 들어야 한다.

③ 제1항에 따른 표준지의 선정, 공시기준일, 공시의 시기, 조사·평가 기준 및 공시절차 등에 필요한 사항은 대통령령으로 정한다.

④ 국토교통부장관이 제1항에 따라 표준지공시지가를 조사·평가하는 경우에는 인근 유사토지의 거래가격·임대료 및 해당 토지와 유사한 이용가치를 지닌다고 인정되는 토지의 조성에 필요한 비용추정액, 인근지역 및 다른 지역과의 형평성·특수성, 표준지공시지가 변동의 예측 가능성 등 제반사항을 종합적으로 참작하여야 한다.

⑤ 국토교통부장관이 제1항에 따라 표준지공시지가를 조사·평가할 때에는 업무실적, 신인도(信認度) 등을 고려하여 둘 이상의 「감정평가 및 감정평가사에 관한 법률」에 따른 감정평가법인등(이하 "감정평가법인등"이라 한다)에게 이를 의뢰하여야 한다. 다만, 지가 변동이 작은 경우 등 대통령령으로 정하는 기준에 해당하는 표준지에 대해서는 하나의 감정평가법인등에 의뢰할 수 있다.

⑥ 국토교통부장관은 제5항에 따라 표준지공시지가 조사·평가를 의뢰받은 감정평가업자가 공정하고 객관적으로 해당 업무를 수행할 수 있도록 하여야 한다.

⑦ 제5항에 따른 감정평가법인등의 선정기준 및 업무범위는 대통령령으로 정한다.

⑧ 국토교통부장관은 제10조에 따른 개별공시지가의 산정을 위하여 필요하다고 인정하는 경우에는 표준지와 산정대상 개별 토지의 가격형성요인에 관한 표준적인 비교표(이하 "토지가격비준표"라 한다)를 작성하여 시장·군수 또는 구청장에게 제공하여야 한다.

제7조(표준지공시지가에 대한 이의신청)
① 표준지공시지가에 이의가 있는 자는 그 공시일부터 30일 이내에 서면(전자문서를 포함한다. 이하 같다)으로 국토교통부장관에게 이의를 신청할 수 있다.
② 국토교통부장관은 제1항에 따른 이의신청 기간이 만료된 날부터 30일 이내에 이의신청을 심사하여 그 결과를 신청인에게 서면으로 통지하여야 한다. 이 경우 국토교통부장관은 이의신청의 내용이 타당하다고 인정될 때에는 제3조에 따라 해당 표준지공시지가를 조정하여 다시 공시하여야 한다.
③ 제1항 및 제2항에서 규정한 것 외에 이의신청 및 처리절차 등에 필요한 사항은 대통령령으로 정한다.

〈부동산공시법 시행령〉

제12조(표준지공시지가에 대한 이의신청)
법 제7조 제1항에 따라 표준지공시지가에 대한 이의신청을 하려는 자는 이의신청서에 이의신청 사유를 증명하는 서류를 첨부하여 국토교통부장관에게 제출하여야 한다.

(2) 토지보상법 제70조

〈공익사업을 위한 토지 등의 취득 및 보상에 관한 법률〉

제70조(취득하는 토지의 보상)
① 협의나 재결에 의하여 취득하는 토지에 대하여는 「부동산 가격공시에 관한 법률」에 따른 공시지가를 기준으로 하여 보상하되, 그 공시기준일부터 가격시점까지의 관계 법령에 따른 그 토지의 이용계획, 해당 공익사업으로 인한 지가의 영향을 받지 아니하는 지역의 대통령령으로 정하는 지가변동률, 생산자물가상승률(「한국은행법」 제86조에 따라 한국은행이 조사·발표하는 생산자물가지수에 따라 산정된 비율을 말한다)과 그 밖에 그 토지의 위치·형상·환경·이용상황 등을 고려하여 평가한 적정가격으로 보상하여야 한다.
② 토지에 대한 보상액은 가격시점에서의 현실적인 이용상황과 일반적인 이용방법에 의한 객관적 상황을 고려하여 산정하되, 일시적인 이용상황과 토지소유자나 관계인이 갖는 주관적 가치 및 특별한 용도에 사용할 것을 전제로 한 경우 등은 고려하지 아니한다.
③ 사업인정 전 협의에 의한 취득의 경우에 제1항에 따른 공시지가는 해당 토지의 가격시점 당시 공시된 공시지가 중 가격시점과 가장 가까운 시점에 공시된 공시지가로 한다.
④ 사업인정 후의 취득의 경우에 제1항에 따른 공시지가는 사업인정고시일 전의 시점을 공시기준일로 하는 공시지가로서, 해당 토지에 관한 협의의 성립 또는 재결 당시 공시된 공시지가 중 그 사업인정고시일과 가장 가까운 시점에 공시된 공시지가로 한다.
⑤ 제3항 및 제4항에도 불구하고 공익사업의 계획 또는 시행이 공고되거나 고시됨으로 인하여 취득하여야 할 토지의 가격이 변동되었다고 인정되는 경우에는 제1항에 따른 공시지가는 해당 공고일 또는 고시일 전의 시점을 공시기준일로 하는 공시지가로서 그 토지의 가격시점 당시 공시된 공시지가 중 그 공익사업의 공고일 또는 고시일과 가장 가까운 시점에 공시된 공시지가로 한다.
⑥ 취득하는 토지와 이에 관한 소유권 외의 권리에 대한 구체적인 보상액 산정 및 평가방법은 투자비용, 예상수익 및 거래가격 등을 고려하여 국토교통부령으로 정한다.

2. 甲에게 법률상 이익이 있는지 여부

헌법 제23조에서 정당한 보상을 법률로써 받도록 하고 있으며, 일반법적 지위에 있는 토지보상법 규정을 검토하면 부동산 가격공시에 관한 법률에 따른 공시지가를 기준으로 보상하도록 규정하고 있다. 따라서 P토지의 공시지가가 甲토지의 보상금 산정의 기초가 되므로, P토지의 공시지가는 甲의 재산권에 중요한 영향을 미친다고 볼 수 있다. 따라서 행정쟁송을 통하여 甲은 본인의 토지에 영향을 미치는 표준지공시지가가 직접적・구체적으로 본인의 이해관계에 얽혀 있으므로 대법원 판례를 통해서든, 통설인 법률상 이익구제설 입장에서 행정소송상 권리구제를 받을 법률상 이익이 있는 것으로 판단된다.

(물음2)에 대하여

Ⅰ. 논점의 정리

사안에서는 甲이 P토지의 공시지가를 대상으로 취소소송을 제기하는 경우 P토지의 소유자인 丙이 자신의 권리보호를 위하여 소송에 참가할 수 있는지 여부와, 해당 취소소송에서 인용판결을 받는다면 소송당사자가 아닌 乙에게도 판결의 효력이 미치는지 즉, 취소판결의 제3자효를 고찰해 보고자 한다.

Ⅱ. 행정소송법상 제3자의 소송참가

1. 행정소송법 제16조상 제3자의 소송참가의 의의, 취지

제3자의 소송참가라 함은 소송의 결과에 의하여 권리 또는 이익의 침해를 받을 제3자가 있는 경우에 당사자 또는 제3자의 신청 또는 직권에 의하여 그 제3자를 소송에 참가시키는 제도를 말하며 제3자의 권익을 보호하기 위하여 인정된 제도이다.

> **〈행정소송법〉**
> 제16조(제3자의 소송참가)
> ① 법원은 소송의 결과에 따라 권리 또는 이익의 침해를 받을 제3자가 있는 경우에는 당사자 또는 제3자의 신청 또는 직권에 의하여 결정으로써 그 제3자를 소송에 참가시킬 수 있다.
> ② 법원이 제1항의 규정에 의한 결정을 하고자 할 때에는 미리 당사자 및 제3자의 의견을 들어야 한다.
> ③ 제1항의 규정에 의한 신청을 한 제3자는 그 신청을 각하한 결정에 대하여 즉시 항고할 수 있다.
> ④ 제1항의 규정에 의하여 소송에 참가한 제3자에 대하여는 민사소송법 제67조의 규정을 준용한다.

2. 제3자의 행정소송 참가의 요건

① 타인 간의 취소소송 등이 계속되고 있을 것, ② 소송의 결과에 의해 권리 또는 이익의 침해를 받을 제3자(소송당사자 이외의 자)일 것을 요건으로 한다.

3. 제3자 행정소송 참가의 절차 등

제3자의 행정소송 참가는 당사자 또는 제3자의 신청 또는 직권에 의하여 결정으로써 행한다(제16조 제1항). 소송 참가신청을 한 제3자는 그 신청을 각하한 결정에 대하여 즉시 항고할 수 있다(제16조 제3항).

4. 제3자의 재심청구(행정소송법 제31조)

처분 등을 취소하는 판결에 의하여 권리 또는 이익의 침해를 받은 제3자가 자기에게 책임 없는 사유로 소송에 참가하지 못함으로써 판결의 결과에 영향을 미칠 공격 또는 방어방법을 제출하지 못한 때에는 이를 이유로 확정된 종국판결에 대하여 재심의 청구를 하는 것을 말한다. 행정소송법 제31조에서 규정하고 있다.

> **〈행정소송법〉**
> 제31조(제3자에 의한 재심청구)
> ① 처분등을 취소하는 판결에 의하여 권리 또는 이익의 침해를 받은 제3자는 자기에게 책임 없는 사유로 소송에 참가하지 못함으로써 판결의 결과에 영향을 미칠 공격 또는 방어방법을 제출하지 못한 때에는 이를 이유로 확정된 종국판결에 대하여 재심의 청구를 할 수 있다.
> ② 제1항의 규정에 의한 청구는 확정판결이 있음을 안 날로부터 30일 이내, 판결이 확정된 날로부터 1년 이내에 제기하여야 한다.
> ③ 제2항의 규정에 의한 기간은 불변기간으로 한다.

Ⅲ. 취소판결의 제3자효(형성력)

1. 취소판결의 의의 및 취지

계쟁처분 또는 재결의 취소판결이 확정된 때에는 해당 처분 또는 재결은 처분청의 취소를 기다릴 것 없이 당연히 효력을 상실하는데, 이를 형성력이라 한다. 형성력은 위법상태를 시정하여 원상을 회복하는 소송이라는 취소소송의 목적을 달성하도록 하기 위하여 인정되는 효력이다(행정소송법 제29조 제1항).

> **〈행정소송법〉**
> 제29조(취소판결등의 효력)
> ① 처분등을 취소하는 확정판결은 제3자에 대하여도 효력이 있다.
> ② 제1항의 규정은 제23조의 규정에 의한 집행정지의 결정 또는 제24조의 규정에 의한 그 집행정지결정의 취소결정에 준용한다.

2. 취소의 대세적 효력

(1) 대세효 의의

취소판결의 취소의 효력은 소송에 관여하지 않은 제3자에 대하여도 미치는데 이를 취소의 대세적 효력이라 한다. 행정소송법 제29조 제1항은 이를 명문으로 규정하고 있다.

(2) 취소판결의 제3자효의 내용과 제3자의 범위

취소판결의 형성력은 제3자에 대하여도 발생하며 제3자는 취소판결의 효력에 대항할 수 없다. 행정상 법률관계를 통일적으로 규율하고자 하는 대세효 인정의 취지에 비추어 취소판결의 효력이 미치는 제3자는 모든 제3자를 의미하는 것으로 보는 것이 타당하다.

(3) 일반처분의 취소의 제3자효

일반처분은 불특정 다수인을 상대방으로 하여 불특정 다수인에게 효과를 미치는 행정행위를 말한다. 일반처분의 취소의 소급적 효과가 소송을 제기하지 않은 자에게도 미치는가 하는 것인데, 이에 관하여는 학설이 대립되고 있다.

① 절대적 효력설

일반처분이 불특정 다수인을 대상으로 하는 처분이라는 점, 공법관계의 획일성이 강하게 요청된다는 점 등에 비추어 원칙적으로 제3자의 범위를 한정할 이유는 없다고 한다(긍정설).

② 상대적 효력설

취소소송은 주관적 소송으로서, 그 효력은 원칙적으로 당사자 사이에서만 미치는 것이므로 명시적 규정이 없는데도 불구하고, 제3자가 그 효력을 적극적으로 향수할 수 있다고 인정하는 데에는 무리가 있다고 본다(부정설).

③ 검토

행정소송법 제29조의 입법취지에 비추어 볼 때, 일반처분의 경우에도 제3자의 범위를 한정할 이유는 없다고 생각된다.

3. 제3자의 재심청구제도(제31조)

취소판결의 효력이 제3자에게도 미침으로 인하여 제3자가 불측의 손해를 입을 수 있으므로 행정소송법은 제3자의 권리를 보호하기 위하여 제3자의 소송참가제도(제16조)와 제3자의 재심청구제도(제31조)를 인정하고 있다.

Ⅳ. 사안의 해결

위 취소소송에 P토지소유자인 丙이 제3자로서 소송 참가를 통하여 자신의 권익을 주장할 수 있다. 또한, 甲이 확정인용판결을 받았다면 이 판결의 효력은 Y・W토지의 소유자인 乙인 제3자도 판결의 내용에 구속된다. 또한 乙은 甲이 제기한 취소소송에 참가하여 자신의 권익을 주장할 수 있으며, 만약 소송에 참가하지 못한다면 재심청구를 통해 권익보호를 실현할 수 있을 것으로 생각된다.

쟁점 26 토지가격비준표의 법적 성질

부동산 가격공시에 관한 법률(이하 '부동산공시법')상 개별공시지가가 없는 토지(토지소유자 甲)의 가액을 그와 지목 · 이용상황 등 지가형성요인이 유사한 인근 토지를 표준지로 보고 부동산공시법 제3조에 따른 비교표(이하 '토지가격비준표'라고 한다)에 따라 평가하도록 규정함으로써, 납세의무자가 표준지 선정과 토지가격비준표 적용의 적정 여부, 그에 따라 평가된 가액이 인근 유사토지의 개별공시지가와 균형을 유지하고 있는지 여부 등을 확인할 수 있도록 하고 있으므로, 표준지를 특정하여 선정하지 않거나 토지가격비준표에 의하지 아니한 채 개별공시지가가 없는 토지의 가액을 평가하고 그에 기초하여 기준시가를 정하는 것은 위법하다고 토지소유자 甲은 주장한다. 부동산공시법상 토지가격비준표의 법적 성질과 토지소유자 甲의 위법 주장이 타당한지에 대하여 검토하시오.
20점

목차 index

주요 내용 contents

Ⅰ. 논점의 정리

토지가격비준표의 법적 성질에 대하여 살피고, 부동산 가격공시에 관한 법률(이하 '부동산공시법')상 토지가격비준표를 고려하지 않고 산정한 개별공시지가가 위법한지와 위법성 정도를 살펴 甲주장의 타당성을 검토한다.

Ⅱ. 토지가격비준표의 법적 성질

1. 개별공시지가 산정기준

시장 · 군수 또는 구청장이 개별공시지가를 결정 · 공시하는 경우에는 해당 토지와 유사한 이용가치를 지닌다고 인정되는 하나 또는 둘 이상의 표준지의 공시지가를 기준으로 토지가격비준표를 사용하여 지가를 산정하되, 해당 토지의 가격과 표준지공시지가가 균형을 유지하도록 하여야 한다.

부동산 가격공시에 관한 법률 제10조(개별공시지가의 결정・공시 등)
① 시장・군수 또는 구청장은 국세・지방세 등 각종 세금의 부과, 그 밖의 다른 법령에서 정하는 목적을 위한 지가산정에 사용되도록 하기 위하여 제25조에 따른 시・군・구부동산가격공시위원회의 심의를 거쳐 매년 공시지가의 공시기준일 현재 관할 구역 안의 개별토지의 단위면적당 가격(이하 "개별공시지가"라 한다)을 결정・공시하고, 이를 관계 행정기관 등에 제공하여야 한다.
② 제1항에도 불구하고 표준지로 선정된 토지, 조세 또는 부담금 등의 부과대상이 아닌 토지, 그 밖에 대통령령으로 정하는 토지에 대하여는 개별공시지가를 결정・공시하지 아니할 수 있다. 이 경우 표준지로 선정된 토지에 대하여는 해당 토지의 표준지공시지가를 개별공시지가로 본다.
③ 시장・군수 또는 구청장은 공시기준일 이후에 분할・합병 등이 발생한 토지에 대하여는 대통령령으로 정하는 날을 기준으로 하여 개별공시지가를 결정・공시하여야 한다.
④ 시장・군수 또는 구청장이 개별공시지가를 결정・공시하는 경우에는 해당 토지와 유사한 이용가치를 지닌다고 인정되는 하나 또는 둘 이상의 표준지의 공시지가를 기준으로 토지가격비준표를 사용하여 지가를 산정하되, 해당 토지의 가격과 표준지공시지가가 균형을 유지하도록 하여야 한다.
⑤ 시장・군수 또는 구청장은 개별공시지가를 결정・공시하기 위하여 개별토지의 가격을 산정할 때에는 그 타당성에 대하여 감정평가법인등의 검증을 받고 토지소유자, 그 밖의 이해관계인의 의견을 들어야 한다. 다만, 시장・군수 또는 구청장은 감정평가법인등의 검증이 필요 없다고 인정되는 때에는 지가의 변동상황 등 대통령령으로 정하는 사항을 고려하여 감정평가법인등의 검증을 생략할 수 있다.
⑥ 시장・군수 또는 구청장이 제5항에 따른 검증을 받으려는 때에는 해당 지역의 표준지의 공시지가를 조사・평가한 감정평가법인등 또는 대통령령으로 정하는 감정평가실적 등이 우수한 감정평가법인등에 의뢰하여야 한다.
⑦ 국토교통부장관은 지가공시 행정의 합리적인 발전을 도모하고 표준지공시지가와 개별공시지가와의 균형유지 등 적정한 지가형성을 위하여 필요하다고 인정하는 경우에는 개별공시지가의 결정・공시 등에 관하여 시장・군수 또는 구청장을 지도・감독할 수 있다.
⑧ 제1항부터 제7항까지에서 규정한 것 외에 개별공시지가의 산정, 검증 및 결정, 공시기준일, 공시의 시기, 조사・산정의 기준, 이해관계인의 의견청취, 감정평가법인등의 지정 및 공시절차 등에 필요한 사항은 대통령령으로 정한다.

2. 토지가격비준표의 의의 및 취지

토지가격비준표란 국토교통부장관이 행정목적상 지가산정을 위해 필요하다고 인정하는 경우에 작성하여 관계 행정기관에 제공하는 표준지와 개별토지의 지가형성요인에 관한 표준적 비교표를 말한다. 이는 표준지를 기준으로 개별토지의 대량평가를 위하여 작성된 객관적인 지가산정표이며, 평가전문가가 아니더라도 누구나 신속하게 지가를 산정할 수 있는 계량화된 평가잣대이다. 부동산공시법 제3조 제8항을 위임의 근거로 볼 수 있다. 이는 전국의 모든 토지를 평가하기 위하여 고안된 것이기 때문에 정밀평가를 하기 위한 자료와는 엄격히 구별된다. 그러나 이는 대량의 토지에 대한 지가산정 시 결여되기 쉬운 지가산정의 객관성과 합리성을 일정 수준 이상으로 끌어올릴 수 있고, 신속히 지가를 산정할 수 있는 장점을 지닌다.

부동산 가격공시에 관한 법률 제3조(표준지공시지가의 조사·평가 및 공시 등)

① 국토교통부장관은 토지이용상황이나 주변 환경, 그 밖의 자연적·사회적 조건이 일반적으로 유사하다고 인정되는 일단의 토지 중에서 선정한 표준지에 대하여 매년 공시기준일 현재의 단위면적당 적정가격(이하 "표준지공시지가"라 한다)을 조사·평가하고, 제24조에 따른 중앙부동산가격공시위원회의 심의를 거쳐 이를 공시하여야 한다.

② 국토교통부장관은 표준지공시지가를 공시하기 위하여 표준지의 가격을 조사·평가할 때에는 대통령령으로 정하는 바에 따라 해당 토지 소유자의 의견을 들어야 한다.

③ 제1항에 따른 표준지의 선정, 공시기준일, 공시의 시기, 조사·평가 기준 및 공시절차 등에 필요한 사항은 대통령령으로 정한다.

④ 국토교통부장관이 제1항에 따라 표준지공시지가를 조사·평가하는 경우에는 인근 유사토지의 거래가격·임대료 및 해당 토지와 유사한 이용가치를 지닌다고 인정되는 토지의 조성에 필요한 비용추정액, 인근지역 및 다른 지역과의 형평성·특수성, 표준지공시지가 변동의 예측 가능성 등 제반사항을 종합적으로 참작하여야 한다.

⑤ 국토교통부장관이 제1항에 따라 표준지공시지가를 조사·평가할 때에는 업무실적, 신인도(信認度) 등을 고려하여 둘 이상의 「감정평가 및 감정평가사에 관한 법률」에 따른 감정평가법인등(이하 "감정평가법인등"이라 한다)에게 이를 의뢰하여야 한다. 다만, 지가 변동이 작은 경우 등 대통령령으로 정하는 기준에 해당하는 표준지에 대해서는 하나의 감정평가법인등에 의뢰할 수 있다.

⑥ 국토교통부장관은 제5항에 따라 표준지공시지가 조사·평가를 의뢰받은 감정평가업자가 공정하고 객관적으로 해당 업무를 수행할 수 있도록 하여야 한다.

⑦ 제5항에 따른 감정평가법인등의 선정기준 및 업무범위는 대통령령으로 정한다.

⑧ 국토교통부장관은 제10조에 따른 개별공시지가의 산정을 위하여 필요하다고 인정하는 경우에는 표준지와 산정대상 개별 토지의 가격형성요인에 관한 표준적인 비교표(이하 "토지가격비준표"라 한다)를 작성하여 시장·군수 또는 구청장에게 제공하여야 한다.

3. 토지가격비준표의 법적 성질 - 법령보충적 행정규칙

(1) 개설

부동산공시법 제8조에서 국토교통부장관에게 토지가격비준표 작성 권한을 부여하고, 그 권한 행사의 절차나 방법을 특정하지 않은 관계로, 국토교통부장관은 "토지가격비준표"를 작성하고 훈령의 형식으로 "토지가격비준표활용지침"을 제정하여 법률의 내용을 구체화하고 있다. 이를 법령보충적 행정규칙이라 하며, 법규성을 가지는지에 대하여 견해의 대립이 있다.

(2) 법령보충적 행정규칙의 법적 성질

1) 학설

① 행정규칙설(형식설)

행정입법은 국회입법원칙의 예외, 헌법이 규정한 법규명령의 형식은 한정되어 있다는 점에서 이러한 법규명령의 형식이 아닌 훈령, 고시 등의 형식을 취하는 이상 행정규칙으로 보아야 한다는 견해. 행정규칙으로 보면서 대외적 구속력을 가진다고 보는 견해도 있다.

② 법규명령설(실질설)

해당 규칙이 법규와 같은 효력을 가지므로 법규명령으로 보아야 한다는 견해이다. 법령의 구체적 개별적 위임이 있고, 그 내용도 법규적 사항으로 법규를 보충하는 기능을 가져 대외적 효력을 가진다는 점, 헌법이 인정하는 법규명령은 예시적이라는 점, 명령규칙심사로 통제 가능한 점 등을 근거로 상위법령과 결합하여 전체로서 대외적 효력을 가지는 법규명령의 성질을 가진다.

③ 규범구체화 행정규칙설

독일에서 논의되는 규범구체화 행정규칙을 인정하여 통상적인 행정규칙과 달리 그 자체로서 국민에 대한 구속력을 인정하는 견해이다.

④ 위헌무효설

행정규칙설과 마찬가지로 법규명령의 형식이 헌법상 한정되어 있다는 전제하에 행정규칙형식의 법규명령은 허용될 수 없으므로 위헌, 무효라는 견해이다.

⑤ 법규명령이 효력을 갖는 행정규칙설

법령보충적 행정규칙에 법규와 같은 효력(구속력)을 인정하더라도 행정규칙의 형식으로 제정되었으므로 법적 성질은 행정규칙으로 보는 견해이다.

2) 판례

▶ 관련 판례(대판 1998.5.26, 96누17103)

대법원은 국세청 훈령인 재산제세 사무처리규정에 대해 소득세법 시행령과 결합하여 대외적 효력을 갖는다고 하여 법규성을 인정한 바 있으며, 토지가격비준표는 동법 제10조의 시행을 위한 집행명령인 개별토지가격합동조사지침과 더불어 법령보충적인 구실을 하는 법규적 성질을 가지고 있는 것으로 보아야 한다.

▶ 관련 판례(대판 1998.5.26, 96누17103) [개발부담금부과처분취소]

(구)지가공시 및 토지 등의 평가에 관한 법률(1995.12.29. 법률 제5108호로 개정되기 전의 것) 제10조 제2항에 근거하여 건설부장관이 표준지와 지가산정대상 토지의 지가형성요인에 관한 표준적인 비교표로서 매년 관계 행정기관에 제공하는 토지가격비준표는 같은 법 제10조의 시행을 위한 집행명령인 개별토지가격합동조사지침과 더불어 법률보충적인 구실을 하는 법규적 성질을 가지고 있는 것으로 보아야 할 것인바, 개발이익 환수에 관한 법률(1993.6.11. 법률 제4563호로 개정된 것) 제10조 제1항에 의하면 개발부담금의 부과기준으로서 부과종료시점의 지가는 (구)지가공시 및 토지 등의 평가에 관한 법률(1995.12.29. 법률 제5108호로 개정되기 전의 것) 제10조 제2항의 규정에 의한 비교표에 의하여 산정하도록 규정하고 있으므로, 토지가격비준표에 의하여 부과종료시점의 지가를 산정한 것은 정당하고, 조세법률주의나 재산권 보장의 원칙을 위반한 잘못 등이 없다.

▶ 관련 판례(대판 2013.11.14, 2012두15364) [개발부담금부과처분취소]

부동산 가격공시 및 감정평가에 관한 법률 제11조, 부동산 가격공시 및 감정평가에 관한 법률 시행령 제17조 제2항의 취지와 문언에 비추어 보면, 시장·군수 또는 구청장은 표준지공시지가에 토지가격비준표를 사용하여 산정된 지가와 감정평가업자의 검증의견 및 토지소유자 등의 의견을 종합하여 해당 토지에 대하여 표준지공시지가와 균형을 유지한 개별공시지가를 결정할 수 있고, 그와 같이 결정된 개별공시지가가 표준지공시지가와 균형을 유지하지 못할 정도로 현저히 불합리하다는 등의 특별한 사정이 없는 한, 결과적으로 토지가격비준표를 사용하여 산정한 지가와 달리 결정되었거나 감정평가사의 검증의견에 따라 결정되었다는 이유만으로 그 개별공시지가 결정이 위법하다고 볼 수는 없다.

▶ **관련 판례(대판 2014.4.10, 2013두25702)**

소득세법 시행령 제164조 제1항은 개별공시지가가 없는 토지의 가액을 그와 지목·이용상황 등 지가형성요인이 유사한 인근 토지를 표준지로 보고 부동산 가격공시 및 감정평가에 관한 법률 제9조 제2항에 따른 비교표(이하 '토지가격비준표'라 한다)에 따라 평가하도록 규정함으로써, 납세의무자가 표준지 선정과 토지가격비준표 적용의 적정 여부, 평가된 가액이 인근 유사토지의 개별공시지가와 균형을 유지하고 있는지 여부 등을 확인할 수 있도록 하고 있으므로, 표준지를 특정하여 선정하지 않거나 토지가격비준표에 의하지 아니한 채 개별공시지가가 없는 토지의 가액을 평가하고 기준시가를 정하는 것은 위법하다.

3) 검토

법령을 보충하여 대외적 효력이 인정되는 이상 그 보충규정의 내용이 위임법령의 위임한계를 벗어났다는 등 특별한 사정이 없는 한 법규명령으로 보아 재판규범으로 효력을 인정하는 것이 당사자의 권리구제 측면에서 타당하다고 본다. 판례에 의하면 국토교통부장관이 위 규정에 따라 작성하여 제공하는 토지가격비준표는 부동산공시법 시행령 제16조 제1항에 따라 국토교통부장관이 정하는 '개별공시지가의 조사·산정지침'과 더불어 법률보충적인 역할을 하는 법규적 성질을 가진다고 할 것이다고 판시하고 있다.

4. 토지가격비준표의 작성 및 활용

(1) 작성

토지가격비준표는 전국 시·군·구를 대상으로 하여 대도시·중소도시 등 도시지역은 용도지역별로, 군지역은 도시지역과 비도시지역으로 구분하여 작성하며, 공통비준표와 지역비준표로 구분된다. 토지가격비준표는 토지특성 정보를 토대로 이 가운데 토지의 가격형성요인에 중요한 영향을 미친다고 분석되는 항목을 설정하여 다중회귀분석법에 의해 산출된 기준으로 작성된다.

(2) 활용

부동산공시법 제8조 공적목적을 위한 지가의 산정 및 개별공시지가의 산정 시 토지가격비준표를 활용하여 지가를 산정하게 된다.

Ⅲ. 甲주장의 타당성

1. 관련 규정의 검토(부공법 제10조 제4항)

부동산 가격공시에 관한 법률 제10조(개별공시지가의 결정·공시 등)

① 시장·군수 또는 구청장은 국세·지방세 등 각종 세금의 부과, 그 밖의 다른 법령에서 정하는 목적을 위한 지가산정에 사용되도록 하기 위하여 제25조에 따른 시·군·구부동산가격공시위원회의 심의를 거쳐 매년 공시지가의 공시기준일 현재 관할 구역 안의 개별토지의 단위면적당 가격(이하 "개별공시지가"라 한다)을 결정·공시하고, 이를 관계 행정기관 등에 제공하여야 한다.

> ② 제1항에도 불구하고 표준지로 선정된 토지, 조세 또는 부담금 등의 부과대상이 아닌 토지, 그 밖에 대통령령으로 정하는 토지에 대하여는 개별공시지가를 결정・공시하지 아니할 수 있다. 이 경우 표준지로 선정된 토지에 대하여는 해당 토지의 표준지공시지가를 개별공시지가로 본다.
> ③ 시장・군수 또는 구청장은 공시기준일 이후에 분할・합병 등이 발생한 토지에 대하여는 대통령령으로 정하는 날을 기준으로 하여 개별공시지가를 결정・공시하여야 한다.
> ④ 시장・군수 또는 구청장이 개별공시지가를 결정・공시하는 경우에는 해당 토지와 유사한 이용가치를 지닌다고 인정되는 하나 또는 둘 이상의 표준지의 공시지가를 기준으로 토지가격비준표를 사용하여 지가를 산정하되, 해당 토지의 가격과 표준지공시지가가 균형을 유지하도록 하여야 한다.
> 〈이하 생략〉

2. 개별공시지가의 절차상 하자와 내용상 하자

(1) 절차상 하자

개별공시지가의 절차는 부동산 가격공시에 관한 법률(이하 '부동산공시법') 제10조 제5항에서 지가의 산정–감정평가법인등의 검증–토지소유자 그 밖의 이해관계인의 의견청취–시・군・구 부동산공시위원회의 심의–결정・공시로 이루어진다. 따라서 ① 감정평가법인등의 검증을 누락하거나(부동산공시법 제10조 제5항에서 검증을 생략할 수 있는 경우 제외), ② 토지소유자 그 밖의 이해관계인의 의견청취를 하지 않은 경우, ③ 부동산가격공시위원회의 심의를 거치지 않은 경우 등은 개별공시지가의 절차상 하자를 이루게 된다.

(2) 내용상 하자

① 비교표준지를 잘못 선정한 경우, ② 토지가격비준표에 의한 표준지와 해당 토지의 토지특성의 조사 비교가 잘못된 경우, ③ 가격조정률의 적용이 잘못된 경우, ④ 토지가격비준표를 적용하지 않고 지가를 산정한 경우, ⑤ 기타 틀린 계산, 오기로 인하여 지가산정에 명백한 잘못이 있는 경우 등은 개별공시지가의 내용상 하자에 해당한다.

3. 개별공시지가의 하자유형 및 하자정도

부동산공시법 제10조 제4항에서 개별공시지가는 비교표준지의 공시지가를 기준으로 토지가격비준표를 사용하여 지가를 산정하라고 규정하고 있고, 토지가격비준표도 대외적 구속력이 있는바, 토지가격비준표를 고려하지 않고 산정한 개별공시지가는 위법성을 면하기 어려우며, 이는 지가산정 방법상의 문제로 내용상 하자에 해당한다. 하자 정도는 중대명백설에 의할 때 법의 위반이라는 중대성은 인정되나 일반인의 시각에서 하자의 명백성은 인정하기 어려우므로 취소사유에 해당한다고 판단된다.

4. 소결

따라서 토지가격비준표는 법령보충적 행정규칙으로 법규성이 인정되는바, 이를 위반한 것은 위법을 면할 수 없으며 중대명백설에 따라 취소사유에 해당되는 바, 갑의 주장은 타당하다고 생각된다.
(반대의 논리 구성도 가능하다고 본다. 다만 그 논리를 정교하게 논리의 흐름을 잡아 답안을 구성하는 것이 필요하다고 하겠다.)

쟁점 27 유사가격권내 비교표준지를 선정한 개별공시지가의 위법성

토지소유자 甲은 서울특별시 관악구 봉천동 100번지 토지(이하 '이 사건 토지'라 하고, 다른 토지를 특정할 때에는 동일 행정구역인 '봉천동'과 지번으로 특징한다)의 소유자이다. 서울특별시 관익구청장 乙은 이 사건 토지의 2023.1.1. 기준 개별공시지가(이하 '이 사건 개별공시지가'라 한다)를 결정함에 있어 E 토지(이하 '이 사건 표준지'라 한다)를 비교표준지로 선정하였고, 이 사건 토지의 특성은 형상에 있어서만 사다리형으로 세장형인 비교표준지와 차이가 있는 것으로 조사하였으며, 토지가격비준표에 따른 가격배율 0.95를 적용하여 37,240,000원/㎡(= 이 사건 표준지의 2023.1.1. 기준 공시지가 39,200,000원/㎡ × 0.95)으로 산정한 다음, 2023.3.13. 감정평가법인등에게 의뢰하여 타당성 검증을 받고 2023.4.15.부터 2023.5.7.까지 이를 열람 · 공고하여 토지소유자 및 이해관계인에 대해 의견제출 기회를 부여하였으며, 2023.5.13. 관악구 부동산가격공시위위원회 심의 · 의결을 거쳐 2023.5.30. 이 사건 개별공시지가를 37,240,000원/㎡으로 결정 · 공시하였다(이하 '이 사건 처분'이라 한다). 이에 토지소유자 甲은 2023.6.20. 이 사건 처분에 대해 부동산 가격공시에 관한 법률(이하 '부동산공시법'이라 한다) 제11조 제1항에 따라 이 사건 개별공시지가를 하향조정하여야 한다는 취지의 이의신청을 하였으나, 관악구청장 乙은 2023.7.25. '감정평가법인등의 검증을 거쳐 관악구 부동산가격공시위원회에서 심의한 결과 이 사건 개별공시지가가 적정하다'는 이유로 토지소유자 甲의 이의신청을 기각하였다. 이에 토지소유자 甲은 불복하여 개별공시지가결정처분취소를 위한 취소소송을 제기하였다. 다음 물음에 답하시오. 20점 (구체적인 사실관계가 특정되어 있지 않으므로 수험자가 논리적인 전개를 통해 논증할 것)

소재지	면적 (m^2)	지목	용도지역	이용상황	주위 환경	도로접면	형상	표준지공시지가 (원/m^2)
C (이 사건 토지)	1,951.4	대	일반상업	상업용	노선 상가지대	광대세각	사다리형	
E (이 사건 표준지)	2,831.0	대	일반상업	업무용	노선 상가지대	광대세각	세장형	39,200,000
L	302.4	대	제3종 일반주거	업무용	노선 상가지대	종로각지	정방형	11,300,000
F	282.9	대	일반상업	업무용	후면 상가지대	소로각지	정방형	16,100,000
P	366.4	대	일반상업	상업용	후면 상가지대	소로한면	정방형	12,000,000
R	161.7 (일단지)	대	제3종 일반주거	상업용	노선 상가지대	광대소각	세장형	14,700,000

(1) 이 사건 토지와 유사가격권 내의 표준지로서는 이 사건 표준지 외에도 이 사건 토지와 훨씬 인접한 F 토지 등이 있는데, 관악구청장 乙은 지가수준이 높은 이 사건 표준지의 공시지가만을 기준으로 삼아 이 사건 개별공시지가를 결정함으로써 가격수준이 낮은 유사가격권의 표준지공시지가를 기준으로 산정한 지가와 균형을 유지하지 못하였으므로, 이 사건 토지의 비교표준지로 이 사건 표준지만을 선정한 것은 부동산공시법 제10조 제4항 및 「2023년도 적용 개별공시지가 조사·산정지침」에 위배된다고 토지소유자는 주장하고 있는데 타당한지 설명하시오. 10점

(2) 이 사건 토지 인근에 특별한 개발요소 등 개별공시지가가 급격히 상승할 만한 요인이 전혀 존재하지 않음에도 2022년도 대비 28.10% 증액되었고, 이 사건 토지와 동일한 블록 내에 있는 다른 토지들의 개별공시지가나 그 상승률에 비추어 과도하므로, 이 사건 개별공시지가는 현저히 불합리하다고 주장한다. 토지소유자 갑의 주장은 타당한지 설명하시오. 10점

구분	2021년도	2022년도	2023년도
F	14,450,000/㎡ (해당 없음)	15,150,000/㎡ (4.84%)	16,100,000/㎡ (6.27%)
T	8,950,000/㎡ (해당 없음)	9,370,000/㎡ (4.69%)	10,400,000/㎡ (10.99%)
U	8,950,000/㎡ (해당 없음)	9,370,000/㎡ (4.69%)	10,400,000/㎡ (10.99%)

목차 index

주요 내용 contents

(물음1)에 대하여

Ⅰ. 논점의 정리

이 사건 토지와 훨씬 인접한 F토지가 있음에도 불구하고, 부동산 가격공시에 관한 법률(이하 '부동산공시법')상 관악구청장 乙이 지가수준이 더 높은 표준지공시지가를 기준으로 삼아 개별공시지가를 결정한 사안에서, 개별공시지가 조사·산정지침에 위배되는지 토지소유자 주장의 타당성을 살핀다.

Ⅱ. 표준지공시지가와 개별공시지가

1. 표준지공시지가제도

표준지공시지가란 부동산공시법에서 국토교통부장관이 조사·평가하여 공시한 공시기준일 현재 표준지의 단위면적당 적정가격을 말하며 이는 표준지 선정, 표준지의 가격의 조사·평가, 중앙부동산가격공시위원회의 심의, 지가의 공시 및 열람 등의 절차에 의거하여 이루어진다. 공시지가는 ① 토지시장의 지가정보를 제공하고, ② 일반토지거래의 지표가 되며, ③ 국가·지방자치단체 등의 기관이 업무와 관련하여 지가를 산정(개별공시지가 산정, 국·공유지의 취득·처분, 토지보상)하거나 감정평가법인등이 개별적으로 토지를 평가 시 그 기준이 된다.

> 부동산공시법 제9조(표준지공시지가의 효력)
> 표준지공시지가는 토지시장에 지가정보를 제공하고 일반적인 토지거래의 지표가 되며, 국가·지방자치단체 등이 그 업무와 관련하여 지가를 산정하거나 감정평가법인등이 개별적으로 토지를 감정평가하는 경우에 기준이 된다.
>
> 부동산공시법 제10조(개별공시지가의 결정·공시 등)
> ① 시장·군수 또는 구청장은 국세·지방세 등 각종 세금의 부과, 그 밖의 다른 법령에서 정하는 목적을 위한 지가산정에 사용되도록 하기 위하여 제25조에 따른 시·군·구부동산가격공시위원회의 심의를 거쳐 매년 공시지가의 공시기준일 현재 관할 구역 안의 개별토지의 단위면적당 가격(이하 "개별공시지가"라 한다)을 결정·공시하고, 이를 관계 행정기관 등에 제공하여야 한다.
> ② 제1항에도 불구하고 표준지로 선정된 토지, 조세 또는 부담금 등의 부과대상이 아닌 토지, 그 밖에 대통령령으로 정하는 토지에 대하여는 개별공시지가를 결정·공시하지 아니할 수 있다. 이 경우 표준지로 선정된 토지에 대하여는 해당 토지의 표준지공시지가를 개별공시지가로 본다.
> ③ 시장·군수 또는 구청장은 공시기준일 이후에 분할·합병 등이 발생한 토지에 대하여는 대통령령으로 정하는 날을 기준으로 하여 개별공시지가를 결정·공시하여야 한다.
> ④ 시장·군수 또는 구청장이 개별공시지가를 결정·공시하는 경우에는 해당 토지와 유사한 이용가치를 지닌다고 인정되는 하나 또는 둘 이상의 표준지의 공시지가를 기준으로 토지가격비준표를 사용하여 지가를 산정하되, 해당 토지의 가격과 표준지공시지가가 균형을 유지하도록 하여야 한다.
> ⑤ 시장·군수 또는 구청장은 개별공시지가를 결정·공시하기 위하여 개별토지의 가격을 산정할 때에는 그 타당성에 대하여 감정평가법인등의 검증을 받고 토지소유자, 그 밖의 이해관계인의 의견을 들어야 한다. 다만, 시장·군수 또는 구청장은 감정평가법인등의 검증이 필요 없다고 인정되는 때에는 지가의 변동상황 등 대통령령으로 정하는 사항을 고려하여 감정평가법인등의 검증을 생략할 수 있다.

⑥ 시장・군수 또는 구청장이 제5항에 따른 검증을 받으려는 때에는 해당 지역의 표준지의 공시지가를 조사・평가한 감정평가법인등 또는 대통령령으로 정하는 감정평가실적 등이 우수한 감정평가법인등에 의뢰하여야 한다.
⑦ 국토교통부장관은 지가공시 행정의 합리적인 발전을 도모하고 표준지공시지가와 개별공시지가와의 균형유지 등 적정한 지가형성을 위하여 필요하다고 인정하는 경우에는 개별공시지가의 결정・공시 등에 관하여 시장・군수 또는 구청장을 지도・감독할 수 있다.
⑧ 제1항부터 제7항까지에서 규정한 것 외에 개별공시지가의 산정, 검증 및 결정, 공시기준일, 공시의 시기, 조사・산정의 기준, 이해관계인의 의견청취, 감정평가법인등의 지정 및 공시절차 등에 필요한 사항은 대통령령으로 정한다.

2. 개별공시지가제도

개별공시지가란 국가・지방자치단체・정부투자기관 및 공공단체의 특정목적을 위하여 산정한 개별토지의 단위면적당 가격을 말하며, 해당 토지와 유사한 이용가치를 지닌다고 인정되는 하나 또는 둘 이상의 표준지의 공시지가를 기준으로 하여 해당 토지의 가격과 표준지의 공시지가가 균형을 유지하여야 한다. 이는 지가의 적정성을 위하여 다양한 의사를 반영하고, 공적인 검증을 통하여 그 적정성을 담보하고자 하는 의도로 보인다.

Ⅲ. 비교표준지 선정기준 및 유사가격권의 개념

1. 비교표준지 선정기준

조사대상토지가 일반토지인 경우 ① 조사대상 토지와 동일 용도지역 안에 있는 유사가격권의 표준지 중에서 조사대상토지와 토지이용상황이 동일한 표준지를 선정한다. 다만 인근에 동일한 토지이용상황의 표준지가 없거나, 토지이용상황에 따라 표준지를 선정하여 인접토지와 지가불균형이 초래되는 경우 도로접면이 유사한 표준지를 우선 선정할 수 있다. 유사가격권이란 땅값의 형성요인(도로조건, 건축규제, 주변여건 등)이 비슷하여 유사한 가격대를 형성하는 지역적 범위를 말하며, 토지이용상황이 동일한 표준지란 주된 용도(주거용, 공업용, 전, 답, 임야 등)가 같은 표준지를 말한다.

② 동일한 용도지역 내 토지이용상황이 동일한 유사가격권의 표준지가 2개 이상일 경우에는 주용도 내의 세항이 같은 표준지 1개를 선정한다.
③ 동일한 용도지역 내에서 토지이용상황(주용도)이 동일한 유사가격권의 표준지가 없는 경우에는, 주용도가 다르더라도 조사대상 필지 인근의 토지이용상황을 감안하여 유사가격권의 표준지를 선정한다.
④ 한 필지가 둘이상의 용도지역으로 구분・지정된 경우, 인근에 개별공시지가산정을 위한 각각의 용도지역의 비교표준지가 없으면, 개별필지와 같은 성격의 표준지를 비교표준지로 선정하여 각각의 용도지역별 가격을 기준으로 지가를 산정하여 가중평균한다.

2. 유사가격권의 개념

유사가격권이란 용어 그 자체로 보면 가격이 비슷한 일정 범위라는 의미이다. 땅값은 각각의 경제적 유용성에 따라 개별지가 간 차이가 있지만 토지이용규제의 내용에 따라 비슷한 가격대를 갖는 권역들로 구분된다. 예를 들면, 도로를 중심으로 노선상업지대는 블록 또는 상업지역의 지정이 끝나는 어느 지점까지의 거의 유사한 가격대를 형성한다. 그러나 거리상으로는 매우 가깝지만 이면도로에 인접해 있는 필지와는 현저한 가격차이가 나며, 이면도로에 연접한 필지와 그 뒤에 위치한 주택가와는 역시 현저한 지가 차이가 있다. 따라서 유사가격권이란 땅값의 형성요인(도로조건, 건축규제, 주변여건 등)이 비슷하여 유사한 가격대를 형성하는 지역적 범위를 말한다.

Ⅳ. 관련 판례의 태도

서울행정법원 2021.4.6. 선고 2019구합84109 판결 [개별공시지가결정처분취소 청구의 소]

1) 비교표준지 선정이 위법하다는 주장에 대하여

가) 구 부동산공시법 제10조 제4항은 '시장·군수 또는 구청장이 개별공시지가를 결정·공시하는 경우에는 해당 토지와 유사한 이용가치를 지닌다고 인정되는 하나 또는 둘 이상의 표준지의 공시지가를 기준으로 토지가격비준표를 사용하여 지가를 산정하되, 해당 토지의 가격과 표준지공시지가가 균형을 유지하도록 하여야 한다.'라고 규정하고 있다. 개별토지가격은 기본적으로 대상 토지와 같은 가격권 안에 있는 표준지 중에서 지가형성요인이 가장 유사한 표준지를 비교표준지로 선택하여야 보다 합리적이고 객관적으로 산정할 수 있는 것이므로 그 비교표준지는 대상 토지와 용도지역, 토지이용상황 기타 자연적·사회적 조건 등 토지특성이 같거나 가장 유사한 표준지 중에서 선택하여야 할 것이다(대법원 2000.6.9. 선고 99두5542 판결 등 참조).

나) 이 사건에 관하여 보건대, 위 인정사실 및 변론 전체의 취지에 의하여 인정되는 다음과 같은 사정들, 즉 **① 국토교통부장관이 구 부동산공시법 제10조 제8항 및 구 부동산 가격공시에 관한 법률 시행령(2020.10.8. 대통령령 제31101호로 개정되기 전의 것) 제17조에 따라 마련한 이 사건 지침은, 일반토지의 비교표준지 선정기준으로 조사대상 토지와 동일 용도지역 안에 있는 유사가격권의 표준지 중에서 조사대상 토지와 토지이용상황이 동일한 표준지를 선정하되, 토지이용상황에 따라 표준지를 선정하여 인접토지와 지가불균형이 초래되는 경우 도로접면이 유사한 표준지를 우선 선정하도록 정하고 있고, 위 유사가격권이란 도로조건, 건축규제, 주변여건 등 지가형성요인이 비슷하여 유사한 가격대를 형성하는 지역적 범위를 의미하는 점, ② 이 사건 토지와 이 사건 표준지는 동일한 일반상업지역 안에 있는 대지로서 동일 노선인 ◁◁대로에 인접한 상가지대에 속하고 상업용 또는 업무용으로 이용되고 있으며, 상업·업무용 토지는 비교표준지 선정에 있어 토지이용상황이 동일한 토지에 해당하므로, 이 사건 표준지는 이 사건 토지와 용도지역, 지목, 토지이용상황, 도로접면, 주위 환경이 모두 동일하거나 유사하고 지리적으로도 인접하여 유사한 이용가치를 지녔다 할 것이며, 형상이 다소 상이하다 하더라도 이는 품등비교에서 참작하면 되는 것이지 표준지의 선정 자체가 잘못된 것이라고 할 수 없는 점, ③ 반면 이 사건 토지 인근의 상업·업무용 표준지들 중에서 L 토지 및 R 토지는 제3종 일반주거지역에 속하므로 이 사건 토지와 용도지역을 달리하고, F 토지 및 P 토지는 이면도로에 연접한 '후면 상가지대'에 속하여 '노선 상가지대'에 속하는 이 사건 토지와는 지가형성요인이 되는 도로조건과 주변여건 등이 유사하지 않은 점, ④ 이 사건 지침에서는 '한 필지가 둘 이상의 용도지역으로 구분·지정된 경우, 인근에 개별공시지가 산정을 위한 각각의 용도지역의 표준지가 없으면 개별필지와 같은 성격의 표준지를 비교표준지로 선정'하도록 정하고 있는데, 이 사건 토지의 경우 하나의 용도지역(일반상업지역)에 속하므로 그 비교표준지로 이 사건 표준지만을 선정한 것이 이 사건 지침에 위배된다고 할 수**

> 없고, 달리 이 사건 토지의 개별공시지가 결정을 위해 토지 특성별로 가중평균하는 방법으로 산정하여야 하는 등 둘 이상의 비교표준지를 선정할 합리적인 이유를 찾을 수 없는 점 등을 종합하면, 피고가 이 사건 토지와 가장 유사성을 지닌 이 사건 표준지를 비교표준지로 선정한 다음 그에 기초하여 이 사건 개별공시지가를 산정한 것에 어떠한 잘못이 있다고 보기 어려우므로, 원고의 이 부분 주장은 이유 없다.

Ⅴ. 사안의 해결

일반토지의 비교표준지 선정기준으로 조사대상 토지와 동일 용도지역 안에 있는 유사가격권의 표준지 중에서 조사대상 토지와 토지이용상황이 동일한 표준지를 선정하되, 토지이용상황에 따라 표준지를 선정하여 인접토지와 지가불균형이 초래되는 경우 도로접면이 유사한 표준지를 우선 선정하도록 정하도록 하고 있다. 이 사건 토지와 이 사건 표준지는 동일한 일반상업지역 안에 있고, 노선상가지대에 위치하고 있으며, 토지의 이용상황, 도로접면들이 유사하여 유사한 이용가치를 지녔다 볼 수 있다.

표준지F는 이 사건 표준지보다 이 사건 토지와 지리적으로 가까이 위치하고 있으나, 후면상가지대에 위치하여 유사가격권으로 볼 수 없을 것이다. 형상 등이 다소 상이한 부분은 품등비교에서 참작되는 것이므로 이 사건 표준지의 선정 자체가 잘못된 것으로 볼 수는 없다.

따라서 이 사건 토지와 훨씬 인접한 F토지가 있음에도 불구하고, 관악구청장 乙이 지가수준이 더 높은 표준지공시지가를 기준으로 삼아 개별공시지가를 결정한 사안에서, 개별공시지가 조사·산정지침에 위배되지 않으며, 토지소유자의 주장은 타당성이 결여된다고 판단된다.

(물음2)에 대하여

Ⅰ. 논점의 정리

토지에 특별한 개별요소 등 개별공시지가가 급격히 상승할만한 요인이 전혀 없음에도 불구하고, 2022년도 대비 28.10%로 증액된 사안에서 이 사건 토지와 동일한 블록 내에 있는 다른 토지(T,U토지)의 개별공시지가나 상승률에 비추어 과도하다는 토지소유자의 주장이 있는바, 관련 판례를 검토하여 甲주장의 타당성을 살핀다.

Ⅱ. 관련 판례의 태도

> **서울행정법원 2021.4.6. 선고 2019구합84109 판결 [개별공시지가결정처분취소 청구의 소]**
>
> 2) 인근 토지 대비 과도하여 불합리하다는 주장에 대하여
>
> 가) 개별토지가격이 현저하게 불합리한 것인지 여부는 그 가격으로 결정하게 된 경위, 개별토지가격을 결정함에 있어서 토지특성이 동일 또는 유사한 인근 토지들에 대하여 적용된 가감조정비율,

표준지 및 토지특성이 동일 또는 유사한 인근 토지들의 지가상승률, 당해 토지에 대한 기준연도를 전후한 개별토지가격의 증감 등 여러 사정을 종합적으로 참작하여 판단하여야 할 것이고(대법원 1997.10.24. 선고 96누18298 판결 등 참조), 당해 토지의 개별토지가격이 인근 토지의 개별토지가격 등에 비추어 현저하게 부당하다는 점에 대하여는 이를 다투는 자에게 그 입증의 필요가 있다(대법원 1995.3.28. 선고 94누12920 판결 등 참조).

나) **이 사건에 관하여 보건대, 위 인정사실 및 변론 전체의 취지에 의하여 인정되는 다음과 같은 사정들, 즉 ① 도로를 중심으로 한 노선 상업지대의 경우 해당 노선을 따라 유사한 가격대를 형성하는 것이 일반적이므로 동일한 노선에 접해 있는 경우 지가형성요인이 동일 내지 유사한 것으로 보아야 할 것인데, 이 사건 토지는 ◁◁대로에 접한 광대세각1)의 상업용지로서 상업지대 내에서도 상급지에 속하는 반면, 원고가 인근 토지들로 들고 있는 F, T, U 토지들은 이면도로에 접한 소로각지2) 또는 세로(가)3)인 토지들로서 후면 상가지대에 속하므로 이 사건 토지와 이용가치가 유사하다고 할 수 없는 점, ② F 토지는 표준지이고, T, U 토지 또한 이 사건 표준지를 비교표준지로 하여 개별공시지가를 산정하여 왔다고 보이지 않는 점, ③ 2018년도 개별공시지가를 보더라도 위 인근 토지들은 이 사건 토지 대비 32.23% 내지 52.12%에 불과한 점, ④ 이 사건 토지의 2019년 개별공시지가는 이 사건 표준지공시지가의 증가에 비례하여 증가한 것인 점 등에 비추어 보면, 이 사건 토지와 위 인근 토지들이 동일한 블록 내에 있다는 사정만으로는 동일한 표준지를 선정하여야 한다거나 토지특성에 따른 가격요인이 동일 내지 유사하다고 볼 수 없다. 따라서 이 사건 토지와 위 인근 토지들이 개별공시지가 및 지가상승률에서 상당한 차이를 보인다는 사정만으로는 이 사건 개별공시지가가 현저히 불합리하다고 단정할 수 없고, 달리 이를 인정할 만한 증거도 없으므로, 원고의 이 부분 주장은 이유 없다.**

Ⅲ. 사안의 해결

토지소유자는 동일 블록 내 토지인 T토지와 U토지의 개별공시지가 상승률이 대략적으로 10%임에 반해, 이 사건 토지의 개별공시지가 상승률이 28.10%로 과도하다고 주장하고 있다. 그러나 토지특성을 살필 때, 이 사건 토지는 노선상가지대에 있는 광대세각의 토지이며 상업용지로서 상업지대 내에서도 상급지에 속하는 반면, 토지소유자가 인근 토지로 주장하고 있는 T토지와 U토지는 이면도로에 접한 소로각지 또는 세로(가)인 토지들로서 후면상가지대에 속하므로 이 사건 토지와 이용가치가 유사하다고 볼 수 없다. 이 사건 토지와 인근 토지들이 동일한 블록 내에 있다는 사정만으로 토지특성에 따른 가격요인이 동일하거나 유사하다고 볼 수는 없을 것이다. 따라서, 이 사건 토지와 인근 토지들의 개별공시지가 상승률이 상당한 차이를 보인다는 사정만으로는 이 사건 개별공시지가가 현저히 불합리하다고 볼 수 없다고 생각된다.

쟁점 28 개별공시지가의 통지 여부에 따른 하자의 승계

두 개 이상의 행정처분이 연속적으로 행하여지는 경우 선행처분과 후행처분이 서로 결합하여 1개의 법률효과를 완성하는 때에는 선행처분에 하자가 있으면 그 하자는 후행처분에 승계되므로 선행처분에 불가쟁력이 생겨 그 효력을 다툴 수 없게 된 경우에도 선행처분의 하자를 이유로 후행처분의 효력을 다툴 수 있는 반면 선행처분과 후행처분이 서로 독립하여 별개의 법률효과를 목적으로 하는 때에는 선행처분에 불가쟁력이 생겨 그 효력을 다툴 수 없게 된 경우에는 선행처분의 하자가 중대하고 명백하여 당연무효인 경우를 제외하고는 선행처분의 하자를 이유로 후행처분의 효력을 다툴 수 없는 것이 원칙이나 선행처분과 후행처분이 서로 독립하여 별개의 효과를 목적으로 하는 경우에도 선행처분의 불가쟁력이나 구속력이 그로 인하여 불이익을 입게 되는 자에게 수인한도를 넘는 가혹함을 가져오며, 그 결과가 당사자에게 예측가능한 것이 아닌 경우에는 국민의 재판받을 권리를 보장하고 있는 헌법의 이념에 비추어 선행처분의 후행처분에 대한 구속력은 인정될 수 없다고 대법원 1994.1.25. 선고 93누8542 판결[양도소득세등부과처분취소]에서 판시하고 있다. 해당 토지소유자 甲에게 개별공시지가를 통지한 경우와 개별공시지가를 통지하지 않은 경우 과세처분 사이의 하자의 승계 쟁점에 대하여 설명하시오. 10점

목차 index

주요 내용 contents

Ⅰ. 논점의 정리

부동산 가격공시에 관한 법률(이하 '부동산공시법')상 개별공시지가의 위법을 이유로 그 개별공시

지가에 기초한 재산세 부과행위취소를 구하는 취소소송을 제기할 수 있는지 문제된다. 이는 소위 하자승계의 문제로서 하자승계 논의의 전제조건과 하자승계의 인정기준에 대하여 검토가 필요하며, 토지소유자 甲에게 개별공시지가를 통지한 경우와 개별공시지가를 통지하지 않은 경우 과세처분 사이의 하자의 승계 쟁점에 대해 관련 판례를 통해 해결하고자 한다.

II. 관련 행정작용의 법적 성질

1. 개별공시지가(부동산공시법 제10조)

개별공시지가의 법적 성질을 논하는 실익은 항고소송의 대상이 되는 처분인가에 있다. 학설은 국민의 권리의무에 직접영향을 미치는 행정행위라는 견해와 세금 등의 산정기준으로서의 성질을 가지므로 행정규칙이라는 견해가 대립하나, 판례는 항고소송의 대상이 되는 처분으로 보고 있다. 생각건대, 개별공시지가는 가감조정 없이 토지 관련 세금 산정에 직접 적용되므로 국민의 권리·의무에 직접 영향을 미치는 행정처분으로 보는 것이 타당하다.

【판결요지】

시장, 군수 또는 구청장의 개별토지가격결정은 관계 법령에 의한 토지초과이득세, 택지초과소유부담금 또는 개발부담금 산정의 기준이 되어 국민의 권리나 의무 또는 법률상 이익에 직접적으로 관계되는 것으로서 행정소송법 제2조 제1항 제1호 소정의 행정청이 행하는 구체적 사실에 관한 법집행으로서 공권력행사이므로 항고소송의 대상이 되는 행정처분에 해당한다.

(출처: 대법원 1993.6.11. 선고 92누16706 판결 [개별토지가격결정처분취소])

2. 재산세 부과행위

재산세 부과행위는 상대방에게 세금납부의 의무를 부과하는 급부하명에 해당한다. 이 역시도 납세자의 권리와 의무에 영향을 미치기 때문에, 항고소송의 대상이 되는 행정쟁송법상 처분으로 보는 것이 타당하다.

III. 하자의 승계 인정 가능성

1. 하자승계 의의 및 필요성

하자승계란 행정이 일련의 행정행위를 거쳐 행해지는 경우에 선행 행정행위의 위법을 이유로 적법한 후행 행정행위의 위법을 주장할 수 있는 것을 말한다. 행정행위에 불가쟁력이 발생한 경우라도 국민의 권리보호와 재판받을 권리를 보장하기 위하여 하자승계를 인정할 필요성이 있으므로 이는 법적안정성과 국민의 재판청구권의 조화의 문제이다.

2. 하자승계 논의 전제조건

(1) 전제조건

선·후행 행위가 모두 항고소송의 대상인 처분이어야 하며, 선행행위의 위법이 취소사유에 불과하여야 하고, 선행행위에 대한 불가쟁력이 발생하여야 하며, 후행행위가 적법하여야 한다.

(2) 사안의 경우

개별공시지가와 재산세 부과행위는 모두 항고소송의 대상인 처분이며, 개별공시지가에는 취소사유의 위법이 있고, 불가쟁력이 발생하였다. 재산세 부과는 별도의 위법사유가 존재하지 않는 바, 재산세 부과처분은 적법하다. 따라서 하자승계의 전제조건은 충족한 것으로 판단된다.

3. 하자승계 인정범위

(1) 학설의 태도

1) 전통적 하자승계론

전통적 하자승계론은 선행 행정행위와 후행 행정행위가 동일한 하나의 법률효과를 목적으로 하는 경우에는 하자승계를 긍정하고, 서로 다른 별개의 법률효과를 목적으로 하는 경우에는 하자승계를 부정한다.

2) 구속력론

구속력론은 불가쟁력이 발생한 선행 행정행위가 후행 행정행위의 구속력을 미친다고 보며, 구속력이 미치는 범위에서는 선행 행정행위의 효과와 다른 주장을 할 수 없다고 본다. 구속력이 미치는 범위를 대인적・사물적・시간적 한계와 예측가능성 및 수인가능성을 고려하고 있다.

(2) 사안별 판례의 태도

【판시사항】

가. 선행처분과 후행처분이 서로 독립하여 별개의 효과를 목적으로 하는 경우에도 선행처분의 하자를 이유로 후행처분의 효력을 다툴 수 있는 경우

나. 과세처분 등 행정처분의 취소를 구하는 행정소송에서 선행처분인 개별공시지가결정의 위법을 독립된 위법사유로 주장할 수 있는지 여부

【판결요지】

가. **두 개 이상의 행정처분이 연속적으로 행하여지는 경우 선행처분과 후행처분이 서로 결합하여 1개의 법률효과를 완성하는 때에는 선행처분에 하자가 있으면 그 하자는 후행처분에 승계되므로 선행처분에 불가쟁력이 생겨 그 효력을 다툴 수 없게 된 경우에도 선행처분의 하자를 이유로 후행처분의 효력을 다툴 수 있는 반면 선행처분과 후행처분이 서로 독립하여 별개의 법률효과를 목적으로 하는 때에는 선행처분에 불가쟁력이 생겨 그 효력을 다툴 수 없게 된 경우에는 선행처분의 하자가 중대하고 명백하여 당연무효인 경우를 제외하고는 선행처분의 하자를 이유로 후행처분의 효력을 다툴 수 없는 것이 원칙이나 선행처분과 후행처분이 서로 독립하여 별개의 효과를 목적으로 하는 경우에도 선행처분의 불가쟁력이나 구속력이 그로 인하여 불이익을 입게 되는 자에게 수인한도를 넘는 가혹함을 가져오며, 그 결과가 당사자에게 예측가능한 것이 아닌 경우에는 국민의 재판받을 권리를 보장하고 있는 헌법의 이념에 비추어 선행처분의 후행처분에 대한 구속력은 인정될 수 없다.**

나. **개별공시지가결정은 이를 기초로 한 과세처분 등과는 별개의 독립된 처분으로서 서로 독립하여**

별개의 법률효과를 목적으로 하는 것이나, 개별공시지가는 이를 토지소유자나 이해관계인에게 개별적으로 고지하도록 되어 있는 것이 아니어서 토지소유자 등이 개별공시지가결정 내용을 알고 있었다고 전제하기도 곤란할 뿐만 아니라 결정된 개별공시지가가 자신에게 유리하게 작용될 것인지 또는 불이익하게 작용될 것인지 여부를 쉽사리 예견할 수 있는 것도 아니며, 더욱이 장차 어떠한 과세처분 등 구체적인 불이익이 현실적으로 나타나게 되었을 경우에 비로소 권리구제의 길을 찾는 것이 우리 국민의 권리의식임을 감안하여 볼 때 토지소유자 등으로 하여금 결정된 개별공시지가를 기초로 하여 장차 과세처분 등이 이루어질 것에 대비하여 항상 토지의 가격을 주시하고 개별공시지가결정이 잘못된 경우 정해진 시정절차를 통하여 이를 시정하도록 요구하는 것은 부당하게 높은 주의의무를 지우는 것이라고 아니할 수 없고, 위법한 개별공시지가결정에 대하여 그 정해진 시정절차를 통하여 시정하도록 요구하지 아니하였다는 이유로 위법한 개별공시지가를 기초로 한 과세처분 등 후행 행정처분에서 개별공시지가결정의 위법을 주장할 수 없도록 하는 것은 수인한도를 넘는 불이익을 강요하는 것으로서 국민의 재산권과 재판받을 권리를 보장한 헌법의 이념에도 부합하는 것이 아니라고 할 것이므로, 개별공시지가결정에 위법이 있는 경우에는 그 자체를 행정소송의 대상이 되는 행정처분으로 보아 그 위법 여부를 다툴 수 있음은 물론 이를 기초로 한 과세처분 등 행정처분의 취소를 구하는 행정소송에서도 선행처분인 개별공시지가결정의 위법을 독립된 위법사유로 주장할 수 있다고 해석함이 타당하다.

(출처: 대법원 1994.1.25. 선고 93누8542 판결 [양도소득세등부과처분취소])

【판결요지】

[1] 두 개 이상의 행정처분이 연속적으로 행하여진 경우 선행처분과 후행처분이 서로 독립하여 별개의 법률효과를 목적으로 하는 때에는 선행처분에 불가쟁력이 생겨 그 효력을 다툴 수 없게 되면 선행처분의 하자가 중대하고 명백하여 당연무효인 경우를 제외하고는 선행처분의 하자를 이유로 후행처분을 다툴 수 없는 것이 원칙이나, 이 경우에도 선행처분의 불가쟁력이나 구속력이 그로 인하여 불이익을 입게 되는 자에게 수인한도를 넘는 가혹함을 가져오고 그 결과가 당사자에게 예측가능한 것이 아닌 경우에는 국민의 재판받을 권리를 보장하고 있는 헌법의 이념에 비추어 선행처분의 후행처분에 대한 구속력은 인정될 수 없다고 봄이 타당하므로, 선행처분에 위법이 있는 경우에는 그 자체를 행정소송의 대상으로 삼아 위법 여부를 다툴 수 있음은 물론 이를 기초로 한 후행처분의 취소를 구하는 행정소송에서도 선행처분의 위법을 독립된 위법사유로 주장할 수 있다.

[2] 개별토지가격 결정에 대한 재조사 청구에 따른 감액조정에 대하여 더 이상 불복하지 아니한 경우, 이를 기초로 한 양도소득세 부과처분 취소소송에서 다시 개별토지가격 결정의 위법을 당해 과세처분의 위법사유로 주장할 수 없다고 한 사례

(출처: 대법원 1998.3.13. 선고 96누6059 판결 [양도소득세부과처분취소])

【판시사항】

수용보상금의 증액을 구하는 소송에서 선행처분으로서 그 수용대상 토지 가격 산정의 기초가 된 비교표준지공시지가결정의 위법을 독립한 사유로 주장할 수 있는지 여부(적극)

【판결요지】

표준지공시지가결정은 이를 기초로 한 수용재결 등과는 별개의 독립된 처분으로서 서로 독립하여

별개의 법률효과를 목적으로 하지만, 표준지공시지가는 이를 인근 토지의 소유자나 기타 이해관계인에게 개별적으로 고지하도록 되어 있는 것이 아니어서 인근 토지의 소유자 등이 표준지공시지가 결정 내용을 알고 있었다고 전제하기가 곤란할 뿐만 아니라, 결정된 표준지공시지가가 공시될 당시 보상금 산정의 기준이 되는 표준지의 인근 토지를 함께 공시하는 것이 아니어서 인근 토지 소유자는 보상금 산정의 기준이 되는 표준지가 어느 토지인지를 알 수 없으므로, 인근 토지 소유자가 표준지의 공시지가가 확정되기 전에 이를 다투는 것은 불가능하다. 더욱이 장차 어떠한 수용재결 등 구체적인 불이익이 현실적으로 나타나게 되었을 경우에 비로소 권리구제의 길을 찾는 것이 우리 국민의 권리의식임을 감안하여 볼 때, 인근 토지소유자 등으로 하여금 결정된 표준지공시지가를 기초로 하여 장차 토지보상 등이 이루어질 것에 대비하여 항상 토지의 가격을 주시하고 표준지공시지가결정이 잘못된 경우 정해진 시정절차를 통하여 이를 시정하도록 요구하는 것은 부당하게 높은 주의의무를 지우는 것이고, 위법한 표준지공시지가결정에 대하여 그 정해진 시정절차를 통하여 시정하도록 요구하지 않았다는 이유로 위법한 표준지공시지가를 기초로 한 수용재결 등 후행 행정처분에서 표준지공시지가결정의 위법을 주장할 수 없도록 하는 것은 수인한도를 넘는 불이익을 강요하는 것으로서 국민의 재산권과 재판받을 권리를 보장한 헌법의 이념에도 부합하는 것이 아니다. 따라서 표준지공시지가결정이 위법한 경우에는 그 자체를 행정소송의 대상이 되는 행정처분으로 보아 그 위법 여부를 다툴 수 있음은 물론, 수용보상금의 증액을 구하는 소송에서도 선행처분으로서 그 수용대상 토지 가격 산정의 기초가 된 비교표준지공시지가결정의 위법을 독립한 사유로 주장할 수 있다.

(출처: 대법원 2008.8.21. 선고 2007두13845 판결 [토지보상금])

【판결요지】

2개 이상의 행정처분이 연속적 또는 단계적으로 이루어지는 경우 선행처분과 후행처분이 서로 합하여 1개의 법률효과를 완성하는 때에는 선행처분에 하자가 있으면 그 하자는 후행처분에 승계된다. 이러한 경우에는 선행처분에 불가쟁력이 생겨 그 효력을 다툴 수 없게 되더라도 선행처분의 하자를 이유로 후행처분의 효력을 다툴 수 있다. 그러나 선행처분과 후행처분이 서로 독립하여 별개의 법률효과를 발생시키는 경우에는 선행처분에 불가쟁력이 생겨 그 효력을 다툴 수 없게 되면 선행처분의 하자가 중대하고 명백하여 선행처분이 당연무효인 경우를 제외하고는 특별한 사정이 없는 한 선행처분의 하자를 이유로 후행처분의 효력을 다툴 수 없는 것이 원칙이다. 다만 그 경우에도 선행처분의 불가쟁력이나 구속력이 그로 인하여 불이익을 입게 되는 자에게 수인한도를 넘는 가혹함을 가져오고, 그 결과가 당사자에게 예측가능한 것이 아니라면, 국민의 재판받을 권리를 보장하고 있는 헌법의 이념에 비추어 선행처분의 후행처분에 대한 구속력을 인정할 수 없다.

(출처: 대법원 2019.1.31. 선고 2017두40372 판결 [중개사무소의개설등록취소처분취소])

【판시사항】

[1] 표준지로 선정된 토지의 표준지공시지가에 대한 불복방법 및 그러한 절차를 밟지 않은 채 토지 등에 관한 재산세 등 부과처분의 취소를 구하는 소송에서 표준지공시지가결정의 위법성을 다투는 것이 허용되는지 여부(원칙적 소극)

[2] 갑 주식회사가 강제경매절차에서 표준지로 선정된 토지를 대지권의 목적으로 하는 집합건물 중 구분건물 일부를 취득하자, 관할 구청장이 재산세를 부과한 사안에서, 위 부동산에 대한 시

가표준액이 감정가액과 상당히 차이가 난다는 등의 이유로 시가표준액 산정이 위법하다고 본 원심판결에 법리오해 등의 잘못이 있다고 한 사례

【판결요지】

[1] **표준지로 선정된 토지의 표준지공시지가를 다투기 위해서는 처분청인 국토교통부장관에게 이의를 신청하거나 국토교통부장관을 상대로 공시지가결정의 취소를 구하는 행정심판이나 행정소송을 제기해야 한다. 그러한 절차를 밟지 않은 채 토지 등에 관한 재산세 등 부과처분의 취소를 구하는 소송에서 표준지공시지가결정의 위법성을 다투는 것은 원칙적으로 허용되지 않는다.**

[2] 갑 주식회사가 강제경매절차에서 표준지로 선정된 토지를 대지권의 목적으로 하는 집합건물 중 구분건물 일부를 취득하자, 관할 구청장이 재산세를 부과한 사안에서, 위 토지는 표준지로서 시가표준액은 표준지공시지가결정에 따라 그대로 정해지고, 위 건축물에 대한 시가표준액은 거래가격 등을 고려하여 정한 기준가격에 건축물의 구조, 용도, 위치와 잔존가치 등 여러 사정을 반영하여 정한 기준에 따라 결정되므로, 법원이 위 건축물에 대한 시가표준액 결정이 위법하다고 판단하기 위해서는 위 각 산정 요소의 적정 여부를 따져보아야 하는데, 이를 따져보지 않은 채 단지 위 건축물에 대한 시가표준액이 그 감정가액과 상당히 차이가 난다거나 위 건축물의 시가표준액을 결정할 때 위치지수로 반영되는 위 토지의 공시지가가 과도하게 높게 결정되었다는 등의 사정만으로 섣불리 시가표준액 결정이 위법하다고 단정할 수 없으므로, 위 부동산에 대한 시가표준액이 감정가액과 상당히 차이가 난다는 등의 이유로 시가표준액 산정이 위법하다고 본 원심판결에 법리오해 등의 잘못이 있다고 한 사례

(출처: 대법원 2022.5.13. 선고 2018두50147 판결 [재산세부과처분취소])

4. 소결

하자승계의 인정 여부는 행정법관계의 안정성과 행정의 실효성 보장이라는 요청과 국민의 권리구제의 요청을 조화하는 선에서 결정되어야 할 것이다. 단순히, 선・후행행위의 법률효과 목적만으로 판단하면 개별사안에서 구체적 타당성을 기하기 어려운 바, 추가적으로 예측가능성과 수인가능성을 고려하는 것이 국민의 재판받을 권리 확보에 유리하다고 판단된다.

Ⅳ. 사안의 해결

1. 甲에게 개별공시지가를 통지한 경우

개별공시지가에 대한 통지가 있었음에도 개별공시지가에 대한 이의신청과 행정심판을 거치고도 더이상 소송을 제기하지 않아 불가쟁력이 발생한 경우까지 수인가능성과 예측가능성이 없다고 보기 어려운바, 개별공시지가와 재산세 부과처분 사이에 하자의 승계는 인정되지 않는다고 판단된다.

2. 甲에게 개별공시지가를 통지하지 않은 경우

개별공시지가 통지가 없는 경우에는 토지소유자 등으로 하여금 결정된 개별공시지가를 기초로 하여 장차 과세처분 등이 이루어질 것에 대비하여 항상 토지의 가격을 주시하도록 할 수 없는 것이기에, 개별공시지가의 위법을 과세처분에서 다투지 못하도록 하는 것은 수인한도를 넘는 것이며, 이러한 결과는 당사자에게 예측가능한 것이 아니므로 하자승계를 인정함이 타당하다고 생각된다.

Chapter

02 감정평가법

쟁점 29 과징금과 벌금의 차이 및 감정평가법인 등에 부과한 과징금의 타당성

국토교통부장관은 감정평가법인등이 「감정평가 및 감정평가사에 관한 법률」(이하 '감정평가법') 제32조 제1항 각 호의 어느 하나에 해당하게 되어 업무정지처분을 하여야 하는 경우로서 그 업무정지처분이 「부동산 가격공시에 관한 법률」(이하 '부공법') 제3조에 따른 표준지공시지가의 공시 등의 업무를 정상적으로 수행하는 데에 지장을 초래하는 등 공익을 해칠 우려가 있는 경우에는 업무정지처분을 갈음하여 5천만원(감정평가법인인 경우는 5억원) 이하의 과징금을 부과할 수 있다.(「감정평가법」 제41조) 2023년도 표준지공시지가를 감정평가하던 감정평가사 홍길동의 잘못으로 해당 소속된 甲 감정평가법인은 업무정지등에 갈음하여 국토교통부장관으로부터 5천만원의 과징금을 2023년 2월 26일에 부과받았다. 대법원 2020두41689 판결에서 甲 감정평가법인은 이에 대하여 3가지 위법을 주장하고 있다. 다음 물음에 답하시오. 20점

(1) 감정평가법상 과징금의 취지 및 법적 성질과 형법상 벌금과의 차이에 대하여 설명하시오. 5점

(2) 첫 번째로 감정평가법인 甲은 국토교통부산하의 감정평가관리・징계위원회(이하 '징계위원회')를 거치지 않고 과징금을 부과함으로써 이는 절차상의 하자를 주장하며 위법하다고 주장하고 있다. 감정평가법인 甲의 주장이 타당한지 설명하시오. 5점

(3) 두 번째로 감정평가법인 소속 감정평가사의 잘못으로 감정평가법인에 대하여 과징금을 부과하는 것은 위법하며 처분사유에 해당되지 않는다고 주장하고 있다. 감정평가법인 甲의 주장이 타당한지 설명하시오. 5점

(4) 세 번째로 그동안 성실하게 감정평가법인이 감정평가업무를 수행하여 온 상황으로 한번의 소속 감정평가사 실수로 과징금 5천만원을 부과한 것은 국토부장관의 재량권 일탈・남용을 주장하고 있다. 감정평가법인 甲의 주장이 타당한지 설명하시오. 5점

목차 index

주요 내용 contents

Ⅰ. 논점의 정리

감정평가 및 감정평가사에 관한 법률(이하 '감정평가법')은 국토교통부장관은 감정평가법인등에게 업무정지처분에 갈음하여 과징금, 즉 변형된 과징금을 부과할 수 있도록 규정하고 있다. 이하에서는 감정평가법상 과징금의 취지, 법적 성질, 형법상 벌금과의 차이에 대해 밝히고, 국토교통부장관의 과징금부과처분 시 징계위원회를 필수적으로 거쳐야 하는지 여부를 검토한다. 또한, 소속 감정평가사의 잘못으로 감정평가법인에게 과징금을 부과할 수 있는지, 한 번의 실수로 과징금을 부과한 것에 대한 국토교통부장관의 재량권 일탈ㆍ남용 여부를 이하 검토하도록 한다.

Ⅱ. (물음1) 감정평가법상 과징금 및 형법상 벌금과의 차이

1. 감정평가법상 과징금 의의, 취지

과징금이란 행정법규의 위반으로 경제적 이익을 얻게 되는 경우 해당 위반으로 인한 경제적 이익을 박탈하기 위하여 그 이익액에 따라 행정기관이 과하는 행정상 제재금을 말한다. 감정평가 및 감정평가사에 관한 법률(이하 '감정평가법')상 감정평가법인등에게 부과되는 과징금은 국토교통부장관이 업무정지처분을 하여야 하는 경우로서 그 업무정지처분이 공적 업무의 정상적인 수행에 지장을 초래하는 등 공익을 해칠 우려가 있는 경우에 업무정지처분에 갈음하여 과징금을 부과할 수 있도록 한 것이므로 변형된 과징금에 해당한다. 본 변형된 과징금의 입법취지는 감정평가법인등의 업무영역이 확대되고 공공성이 강화됨에 따라 감정평가법인등이 업무정지처분을 받게 되는 경우 그 감정평가법인등의 감정평가를 필요로 하는 공익사업의 원활한 추진에 어려움을 겪게 될 우려가 있어 이를 개선하려는 것이다.

〈감정평가 및 감정평가사에 관한 법률〉

감정평가법 제41조(과징금의 부과)

① 국토교통부장관은 감정평가법인등이 제32조 제1항 각 호의 어느 하나에 해당하게 되어 업무정지처분을 하여야 하는 경우로서 그 업무정지처분이 「부동산 가격공시에 관한 법률」 제3조에 따른 표준지공시지가의 공시 등의 업무를 정상적으로 수행하는 데에 지장을 초래하는 등 공익을 해칠 우려가 있는 경우에는 업무정지처분을 갈음하여 5천만원(감정평가법인인 경우는 5억원) 이하의 과징금을 부과할 수 있다.

② 국토교통부장관은 제1항에 따른 과징금을 부과하는 경우에는 다음 각 호의 사항을 고려하여야 한다.

1. 위반행위의 내용과 정도
2. 위반행위의 기간과 위반횟수
3. 위반행위로 취득한 이익의 규모

③ 국토교통부장관은 이 법을 위반한 감정평가법인이 합병을 하는 경우 그 감정평가법인이 행한 위반행위는 합병 후 존속하거나 합병으로 신설된 감정평가법인이 행한 행위로 보아 과징금을 부과・징수할 수 있다.

④ 제1항부터 제3항까지에 따른 과징금의 부과기준 등에 필요한 사항은 대통령령으로 정한다.

감정평가법 제42조(이의신청)

① 제41조에 따른 과징금의 부과에 이의가 있는 자는 이를 통보받은 날부터 30일 이내에 사유서를 갖추어 국토교통부장관에게 이의를 신청할 수 있다.

② 국토교통부장관은 제1항에 따른 이의신청에 대하여 30일 이내에 결정을 하여야 한다. 다만, 부득이한 사정으로 그 기간에 결정을 할 수 없을 때에는 30일의 범위에서 기간을 연장할 수 있다.

③ 제2항에 따른 결정에 이의가 있는 자는 「행정심판법」에 따라 행정심판을 청구할 수 있다.

2. 과징금의 법적 성질

〈급부하명〉 과징금 부과행위는 과징금 납부의무를 명하는 행위이므로 급부하명에 해당한다.
〈재량행위〉 감정평가법 제41조에서는 “과징금을 부과할 수 있다.”고 규정하고 있으므로 법문언의 규정형식상 재량행위에 해당한다.

3. 과징금과 형법상 벌금과의 차이

(1) 형법상 벌금

벌금은 행정목적을 직접적으로 침해하는 행위에 대하여 과해지는 행정형벌의 일종이다. 형법총칙이 적용되며 감정평가법 제49조 내지 제52조에 규정을 두고 있다.

(2) 형벌상 벌금과 과징금의 차이

1) 법적 성질

벌금은 행정의 실효성 확보수단으로서 행정벌 중 행정형벌에 해당한다. 과징금은 새로운 수단의 행정의 실효성 확보수단으로 행정상 제재금이며, 과징금 부과는 급부하명에 해당한다.

2) 부과권자 및 부과절차, 적용법규

벌금은 국토교통부장관의 고발(범죄사실의 신고)에 따라 수사기관(경찰, 검찰)의 수사를 통해 혐의가 인정되면 검사의 기소에 의해 형사재판에 회부되어 형이 확정된다. 이러한 과

벌절차는 형사소송법에 따라 과하여진다. 형법 제8조는 "본법 총칙은 타 법령에 정한 죄에 적용한다. 단, 그 법령에 특별한 규정이 있는 때에는 예외로 한다."고 규정하고 있다. 감정평가법에서는 벌금형에 대해 특별히 형법총칙의 배제를 규정하고 있지 아니하므로 형법총칙이 적용된다. 과징금은 국토교통부장관(행정청)이 업무정지에 갈음하는 과징금 부과처분을 하게 되며, 부과절차 및 징수 등은 감정평가법 제41조 내지 제44조 규정에 따른다.

3) 불복

벌금은 형사법원이 형사재판을 통해 형을 확정하게 된다. 벌금형에 대해서는 상소를 할 수 있다. 제1심 판결에 대하여 제2심 법원에 불복을 하는 것을 항소라 하고, 제2심 판결에 대하여 상고심에 불복을 하는 것을 상고라고 하며, 항소와 상고를 통틀어 상소라고 한다. 과징금 부과처분에 대하여는 감정평가법 제42조 제1항에 따라 이의신청을 할 수 있으며, 이의신청에 따른 결과에 이의가 있는 자는 동법 제42조 제3항에 따라 행정심판을 제기할 수 있다. 과징금 부과처분이 항고소송의 대상인 처분이 되므로 항고소송으로 다툴 수 있다.

4. 과징금과 벌금의 중복부과의 적법성(일사부재리원칙 위반 여부)

헌법재판소는 '피고인이 행형법에 의한 징벌을 받아 그 집행을 종료하였다고 하더라도 행정법상의 징벌은 수형자의 교도소내의 준수사항위반에 대하여 과하는 행정상의 질서벌의 일종으로서 형법 법령에 위반한 행위에 대한 형사책임과는 그 목적, 성격을 달리하는 것이므로 징벌을 받은 뒤에 형사처벌을 한다고 하여 일사부재리의 원칙에 반하는 것은 아니다(헌재 1994.6.30, 92헌바38).'고 판시하여 동일 사안에 대한 행정형벌과 질서벌의 중복 부과가 일사부재리 원칙에 반하는 것은 아니라고 하였다.

생각건대, 과징금은 행정상 제재금이고, 범죄에 대한 국가의 형벌권의 실행으로서의 과벌이 아니므로 행정법규 위반에 대하여 벌금 이외에 과징금을 부과하는 것은 이론상 이중처벌금지의 원칙에 반하지 않는다고 보는 것이 타당하다. 그러나 양자는 실질적으로 다 같은 금전부담으로서 함께 부과하는 것은 이중처벌의 성질이 있으므로 양자 중 택일적으로 부과하도록 관계 법령을 정비하는 것이 바람직할 것이다.

Ⅲ. (물음2) 징계를 함에 있어 감정평가관리 · 징계위원회를 거치지 않은 것이 절차상 하자인지

1. 관련 규정의 검토(감정평가법 제32조)

감정평가법 제32조(인가취소 등)

① 국토교통부장관은 감정평가법인등이 다음 각 호의 어느 하나에 해당하는 경우에는 그 설립인가를 취소(제29조에 따른 감정평가법인에 한정한다)하거나 2년 이내의 범위에서 기간을 정하여 업무의 정지를 명할 수 있다. 다만, 제2호 또는 제7호에 해당하는 경우에는 그 설립인가를 취소하여야 한다.

1. 감정평가법인이 설립인가의 취소를 신청한 경우
2. 감정평가법인등이 업무정지처분 기간 중에 제10조에 따른 업무를 한 경우
3. 감정평가법인등이 업무정지처분을 받은 소속 감정평가사에게 업무정지처분 기간 중에 제10조에 따른 업무를 하게 한 경우
4. 제3조 제1항을 위반하여 감정평가를 한 경우

5. 제3조 제3항에 따른 원칙과 기준을 위반하여 감정평가를 한 경우
6. 제6조에 따른 감정평가서의 작성·발급 등에 관한 사항을 위반한 경우
7. 감정평가법인등이 제21조 제3항이나 제29조 제4항에 따른 감정평가사의 수에 미달한 날부터 3개월 이내에 감정평가사를 보충하지 아니한 경우
8. 제21조 제4항을 위반하여 둘 이상의 감정평가사사무소를 설치한 경우
9. 제21조 제5항이나 제29조 제9항을 위반하여 해당 감정평가사 외의 사람에게 제10조에 따른 업무를 하게 한 경우
10. 제23조 제3항을 위반하여 수수료의 요율 및 실비에 관한 기준을 지키지 아니한 경우
11. 제25조, 제26조 또는 제27조를 위반한 경우. 다만, 소속 감정평가사나 그 사무직원이 제25조 제4항을 위반한 경우로서 그 위반행위를 방지하기 위하여 해당 업무에 관하여 상당한 주의와 감독을 게을리하지 아니한 경우는 제외한다.
12. 제28조 제2항을 위반하여 보험 또는 한국감정평가사협회가 운영하는 공제사업에 가입하지 아니한 경우
13. 정관을 거짓으로 작성하는 등 부정한 방법으로 제29조에 따른 인가를 받은 경우
14. 제29조 제10항에 따른 회계처리를 하지 아니하거나 같은 조 제11항에 따른 재무제표를 작성하여 제출하지 아니한 경우
15. 제31조 제2항에 따라 기간 내에 미달한 금액을 보전하거나 증자하지 아니한 경우
16. 제47조에 따른 지도와 감독 등에 관하여 다음 각 목의 어느 하나에 해당하는 경우
    가. 업무에 관한 사항의 보고 또는 자료의 제출을 하지 아니하거나 거짓으로 보고 또는 제출한 경우
    나. 장부나 서류 등의 검사를 거부, 방해 또는 기피한 경우
17. 제29조 제5항 각 호의 사항을 인가받은 정관에 따라 운영하지 아니하는 경우

– 이하 생략

감정평가법 제39조(징계)

① 국토교통부장관은 감정평가사가 다음 각 호의 어느 하나에 해당하는 경우에는 제40조에 따른 감정평가관리·징계위원회의 의결에 따라 제2항 각 호의 어느 하나에 해당하는 징계를 할 수 있다. 다만, 제2항 제1호에 따른 징계는 제11호, 제12호에 해당하는 경우 및 제27조를 위반하여 다른 사람에게 자격증·등록증 또는 인가증을 양도 또는 대여한 경우에만 할 수 있다.

1. 제3조 제1항을 위반하여 감정평가를 한 경우
2. 제3조 제3항에 따른 원칙과 기준을 위반하여 감정평가를 한 경우
3. 제6조에 따른 감정평가서의 작성·발급 등에 관한 사항을 위반한 경우

3의2. 제7조 제2항을 위반하여 고의 또는 중대한 과실로 잘못 심사한 경우

4. 업무정지처분 기간에 제10조에 따른 업무를 하거나 업무정지처분을 받은 소속 감정평가사에게 업무정지처분 기간에 제10조에 따른 업무를 하게 한 경우
5. 제17조 제1항 또는 제2항에 따른 등록이나 갱신등록을 하지 아니하고 제10조에 따른 업무를 수행한 경우
6. 구비서류를 거짓으로 작성하는 등 부정한 방법으로 제17조 제1항 또는 제2항에 따른 등록이나 갱신등록을 한 경우
7. 제21조를 위반하여 감정평가업을 한 경우
8. 제23조 제3항을 위반하여 수수료의 요율 및 실비에 관한 기준을 지키지 아니한 경우
9. 제25조, 제26조 또는 제27조를 위반한 경우
10. 제47조에 따른 지도와 감독 등에 관하여 다음 각 목의 어느 하나에 해당하는 경우

– 이하 생략

2. 감정평가법 제39조의 취지

종전 감정평가법에서는 감정평가사 개인에 대한 업무정지규정을 감정평가법인에 관한 등록취소 등에 관한 규정과 함께 규정하고 있어 감정평가법인에 대한 사항과 혼재되어 있었다. 그러나 감정평가법 제39조에서는 감정평가사 개인의 징계에 관한 사항을 감정평가법인에 대한 것과는 별도로 그 종류와 절차를 규정함으로써 징계를 받은 감정평가사에게 절차적인 억울함이 없도록 징계위원회를 통하여 적정한 절차를 거치도록 하는 법률을 개정하였다.

3. 절차상 하자 여부

감정평가법상 징계위원회의 의결절차는 감정평가사 개인에 대한 징계에 관하여 요구되는 절차로서, 감정평가법인에 대한 제재처분에 관하여는 적용되지 않는다고 봄이 타당하다. 따라서 감정평가법인 甲이 징계위원회를 거치지 않고 과징금을 부과함은 절차상 하자에 해당하지 않는 이는 위법한 처분이라 할 수 없다고 판단된다.

Ⅳ. (물음3) 소속감정평가사의 잘못으로 감정평가법인에 대하여 과징금을 부과할 수 있는지

1. 관련 규정의 검토

감정평가법 제41조는 "감정평가법인등이 제32조 제1항 각 호의 어느 하나에 해당"하는 경우로서 일정한 사유가 있는 때 과징금을 부과할 수 있다고 규정하고, 제32조 제1항 제11호에서 감정평가법인등이 "제25조를 위반한 경우"를 그 사유로 정하는 한편, 제25조 제1항은 "감정평가법인등(감정평가법인 또는 감정평가사무소의 소속 감정평가사를 포함한다)"는 "신의와 성실로써 공정하게 감정평가를 하여야"한다고 규정한다.

> 감정평가법 제41조(과징금의 부과)
>
> ① 국토교통부장관은 감정평가법인등이 제32조 제1항 각 호의 어느 하나에 해당하게 되어 업무정지처분을 하여야 하는 경우로서 그 업무정지처분이 「부동산 가격공시에 관한 법률」 제3조에 따른 표준지공시지가의 공시 등의 업무를 정상적으로 수행하는 데에 지장을 초래하는 등 공익을 해칠 우려가 있는 경우에는 업무정지처분을 갈음하여 5천만원(감정평가법인인 경우는 5억원) 이하의 과징금을 부과할 수 있다.
>
> ② 국토교통부장관은 제1항에 따른 과징금을 부과하는 경우에는 다음 각 호의 사항을 고려하여야 한다.
>
> 1. 위반행위의 내용과 정도
> 2. 위반행위의 기간과 위반횟수
> 3. 위반행위로 취득한 이익의 규모
>
> ③ 국토교통부장관은 이 법을 위반한 감정평가법인이 합병을 하는 경우 그 감정평가법인이 행한 위반행위는 합병 후 존속하거나 합병으로 신설된 감정평가법인이 행한 행위로 보아 과징금을 부과・징수할 수 있다.
>
> ④ 제1항부터 제3항까지에 따른 과징금의 부과기준 등에 필요한 사항은 대통령령으로 정한다.
>
> 감정평가법 제25조(성실의무 등)
>
> ① 감정평가법인등(감정평가법인 또는 감정평가사사무소의 소속 감정평가사를 포함한다. 이하 이 조에서 같다)은 제10조에 따른 업무를 하는 경우 품위를 유지하여야 하고, 신의와 성실로써 공정하게 하여야 하며, 고의 또는 중대한 과실로 업무를 잘못하여서는 아니 된다.

② 감정평가법인등은 자기 또는 친족 소유, 그 밖에 불공정하게 제10조에 따른 업무를 수행할 우려가 있다고 인정되는 토지 등에 대해서는 그 업무를 수행하여서는 아니 된다.
③ 감정평가법인등은 토지 등의 매매업을 직접 하여서는 아니 된다.
④ 감정평가법인등이나 그 사무직원은 제23조에 따른 수수료와 실비 외에는 어떠한 명목으로도 그 업무와 관련된 대가를 받아서는 아니 되며, 감정평가 수주의 대가로 금품 또는 재산상의 이익을 제공하거나 제공하기로 약속하여서는 아니 된다.
⑤ 감정평가사, 감정평가사가 아닌 사원 또는 이사 및 사무직원은 둘 이상의 감정평가법인(같은 법인의 주・분사무소를 포함한다) 또는 감정평가사사무소에 소속될 수 없으며, 소속된 감정평가법인 이외의 다른 감정평가법인의 주식을 소유할 수 없다.
⑥ 감정평가법인등이나 사무직원은 제28조의2에서 정하는 유도 또는 요구에 따라서는 아니 된다.

2. 관련 판례의 검토

대법원 2021.10.28. 선고 2020두41689 판결 [과징금부과처분취소청구]

【판시사항】

[1] 감정평가업자가 감정평가법인인 경우, 감정평가법인이 감정평가 주체로서 구 부동산 가격공시 및 감정평가에 관한 법률 제37조 제1항에 따라 부담하는 성실의무의 의미

【판결요지】

[1] 구 부동산 가격공시 및 감정평가에 관한 법률(2016.1.19. 법률 제13796호 부동산 가격공시에 관한 법률로 전부 개정되기 전의 것) 제37조 제1항에 따르면, 감정평가업자(감정평가법인 또는 감정평가사사무소의 소속감정평가사를 포함한다)는 감정평가업무를 행함에 있어서 품위를 유지하여야 하고, 신의와 성실로써 공정하게 감정평가를 하여야 하며, 고의 또는 중대한 과실로 잘못된 평가를 하여서는 아니 된다. 한편 감정평가업자가 감정평가법인인 경우에 실질적인 감정평가업무는 소속감정평가사에 의하여 이루어질 수밖에 없으므로, 감정평가법인이 감정평가의 주체로서 부담하는 성실의무란, 소속감정평가사에 대한 관리・감독의무를 포함하여 감정평가서 심사 등을 통해 감정평가 과정을 면밀히 살펴 공정한 감정평가결과가 도출될 수 있도록 노력할 의무를 의미한다.

3. 감정평가법 제25조의 취지

감정평가법 제25조 제1항이 소속감정평가사와 감정평가법인 모두에게 “신의와 성실로써 공정한 감정평가를 하여야” 할 의무가 있다고 명시한 것은, 감정평가법인이 소속감정평가사가 일차적으로 수행한 감정평가에 법인이 준수해야 할 감정평가준칙을 위반하는 등의 잘못이 없는지 성실하게 확인한 다음 이를 법인의 감정평가결과로 삼음으로써 감정평가가격과의 공정성과 객관성을 최대한 확보하여야 한다는 취지로 볼 수 있다.

4. 甲주장의 타당성

감정평가법 제25조의 취지를 고려하였을 때 감정평가법인이 소속감정평가사의 감정평가 과정에 공정성을 의심할 사정이나 오류 등이 없는지 면밀히 확인하지 않은 채 만연히 이를 채택하여 잘못된 감정평가 결과를 도출하였다면, 이는 소속감정평가사가 자신이 부담하는 성실의무를 준수하지 않은 것과는 별개로 법인 스스로가 부담하는 성실의무로서 공정한 감정평가를 하

여야 할 의무를 위반한 것이라고 봄이 타당하다. 따라서 이 경우 소속감정평가사를 징계하는 것과 함께 감정평가법인에게도 과징금부과처분을 할 수 있다고 봄이 타당하다고 판단된다.

V. (물음4) 과징금에 대한 재량권 일탈·남용 여부의 검토

1. 관련 규정의 검토

> 행정소송법 제27조(재량처분의 취소)
> 행정청의 재량에 속하는 처분이라도 재량권의 한계를 넘거나 그 남용이 있는 때에는 법원은 이를 취소할 수 있다.

2. 재량권 일탈·남용 여부의 판단

(1) 비례의 원칙

제재적 행정처분이 사회통념상 재량권의 범위를 일탈하였거나 남용하였는지 여부는 처분사유인 위반행위의 내용과 당해 처분행위에 의하여 달성하려는 공익목적 및 이에 따르는 제반 사정 등을 객관적으로 심리하여 공익 침해의 정도와 그 처분으로 인하여 개인이 입게 될 불이익을 비교·형량하여 판단하여야 한다.

> 행정기본법 제10조(비례의 원칙)
> 행정작용은 다음 각 호의 원칙에 따라야 한다.
> 1. 행정목적을 달성하는 데 유효하고 적절할 것
> 2. 행정목적을 달성하는 데 필요한 최소한도에 그칠 것
> 3. 행정작용으로 인한 국민의 이익 침해가 그 행정작용이 의도하는 공익보다 크지 아니할 것

(2) 재량권 일탈·남용 여부

감정평가법인은 신의와 성실로 공정하게 감정평가를 하여야 할 법률적 의무와 사회적 책무를 부담하고 있다. 그러나 사안의 경우 감정평가법인은 신의성실의무에 위반하여 불공정한 감정평가를 하였으므로 과징금 부과처분으로 인하여 감정평가법인이 입게 될 불이익에 비해 감정평가법인에게 대한 처분으로 인하여 달성하려는 공익이 더 중요하다고 판단된다. 따라서 이 사건의 처분에는 비례의 원칙에 위배된다고 평가하기는 어렵다.

(3) 관련 판례의 검토

> **대법원 2021.10.28. 선고 2020두41689 판결 [과징금부과처분취소청구]**
> **【판시사항】**
> [2] 제재적 행정처분이 재량권의 범위를 일탈·남용하였는지 판단하는 방법
> **【판결요지】**
> [2] 제재적 행정처분이 재량권의 범위를 일탈하였거나 남용하였는지는, 처분사유인 위반행위의 내용과 그 위반의 정도, 그 처분에 의하여 달성하려는 공익상의 필요와 개인이 입게 될 불이익 및 이에 따르는 제반 사정 등을 객관적으로 심리하여 공익침해의 정도와 처분으로 인하여 개인이 입게 될 불이익을 비교·교량하여 판단하여야 한다.

VI. 사안의 해결

감정평가법은 감정평가법인에 대한 처분의 규정과 감정평가사에 대한 징계의 절차를 별도로 규정하고 있다. 반면 감정평가법 제25조에서는 감정평가법인등에 대한 성실의무 등을 규정함으로써 감정평가사 스스로가 부담하는 성실의무는 물론 감정평가법인의 소속감정평가사에 대한 책임의무를 규정하고 있다. 이러한 감정평가법인은 신의와 성실로 공정하게 감정평가를 하여야 할 법률적 의무를 지닌다. 따라서 ① 해당 사건의 처분에는 절차적 하자가 없고, ② 처분사유도 존재하며, ③ 재량권을 일탈·남용한 위법이 없다고 판단된다.

쟁점 30 명의대여와 부당행사의 차이 및 청문을 결한 자격취소의 합당 여부

국토교통부장관은 감정평가사 甲이 명의대여를 하였음을 이유로 「감정평가 및 감정평가사에 관한 법률」(이하 '감정평가법')에 의거 자격을 취소하였다. 이와 관련하여 국토교통부장관이 청문을 실시하고자 甲의 주소지에 몇 회에 걸쳐 청문통지서를 발송하였으나 수취인부재 등의 이유로 계속해서 반송되어 청문통지서를 공시송달하였고 甲이 예정된 청문일에 출석하지 아니하자, 국토교통부장관은 청문을 실시하지 아니하고 甲에 대한 자격을 취소하였다. 다음 물음에 답하시오. 40점

(1) 감정평가법상 감정평가사 자격취소를 설명하고, 명의대여와 부당행사의 차이점을 설명하시오. 10점

(2) 감정평가법에는 명의대여에 대해서는 청문 규정이 존재하지 않는다. 그렇다면 위와 같이 청문을 실시하려고 하였으나 청문 통지서가 반송되었기 때문에 청문을 하지 않고 감정평가사 자격을 취소하는 것이 합당한지 여부를 설명하시오. 20점

(3) 결국 법원에서 감정평가사 甲이 자격취소처분이 확정되어 국토교통부장관이 감정평가법 제39조의2 징계의 공고를 하게 되면 그 절차와 아울러 해당 감정평가사의 명단을 국토교통부장관이 공표한다면 감정평가사 甲은 어떤 권리구제를 받을 수 있는지 설명하시오. 10점

목차 index

Ⅰ. 논점의 정리

Ⅱ. (물음1)에 대하여

1. 감정평가법상 감정평가사 자격취소
   (1) 자격취소 의의 및 법적 근거
   (2) 자격취소의 법적 성질
2. 명의대여와 부당행사의 차이점
   (1) 관련 규정의 검토(감정평가법 제27조)
   (2) 관련 판례의 태도
   (3) 명의대여와 부당행사의 구분

Ⅲ. (물음2)에 대하여

1. 청문 의의 및 기능
2. 행정절차법상 청문(행정절차법 제22조)
3. 감정평가법상 청문(감정평가법 제45조)
   (1) 관련 규정의 검토
   (2) 청문이 필요적 절차인지 여부
   (3) 청문을 거치지 않아도 되는 예외사유
   (4) 절차상 하자가 독자적 위법사유인지 여부
   (5) 사안의 경우

Ⅳ. (물음3)에 대하여

1. 관련 규정의 검토(감정평가법 제39조의2)
2. 명단공표 의의 및 법적 성질
3. 甲의 권리구제 방법
   (1) 행정쟁송
   (2) 국가배상과 결과제거청구권

Ⅴ. 사안의 해결

주요 내용 contents

Ⅰ. 논점의 정리

(물음1)에서는 감정평가 및 감정평가사에 관한 법률(이하 '감정평가법')상 감정평가사의 명의대여와 부당행사여부를 구분하고, (물음2)에서는 청문 생략사유를 살펴 청문을 하지 않고 감정평가사 자격을 취소하는 것이 합당한지 검토한다. (물음3)에서는 甲이 자격취소처분이 확정되어 감정평가법 제39조의2 징계의 공고를 하고 명단공표한 경우 甲의 권리구제 방법에 대해 살핀다.

Ⅱ. (물음1)에 대하여

1. 감정평가법상 감정평가사 자격취소

(1) 자격취소 의의 및 법적 근거

자격취소란 감정평가사로서의 자격을 박탈하여 향후 감정평가사로서의 지위를 향유할 수 없도록 하는 것을 의미한다. 감정평가법 제39조에서는 제11호, 제12호를 위반한 경우 및 제27조를 위반하여 다른 사람에게 자격증·등록증 또는 인가증을 양도 또는 대여한 경우에만 자격취소를 할 수 있다고 규정한다. 이외 동법 제13조에서는 부정한 방법으로 자격을 취득한 자에게도 자격취소를 규정하고 있다.

> 감정평가법 제39조(징계)
>
> ① 국토교통부장관은 감정평가사가 다음 각 호의 어느 하나에 해당하는 경우에는 제40조에 따른 감정평가관리·징계위원회의 의결에 따라 제2항 각 호의 어느 하나에 해당하는 징계를 할 수 있다. 다만, 제2항 제1호에 따른 징계는 제11호, 제12호에 해당하는 경우 및 제27조를 위반하여 다른 사람에게 자격증·등록증 또는 인가증을 양도 또는 대여한 경우에만 할 수 있다.
>
> 1. 제3조 제1항을 위반하여 감정평가를 한 경우
> 2. 제3조 제3항에 따른 원칙과 기준을 위반하여 감정평가를 한 경우
> 3. 제6조에 따른 감정평가서의 작성·발급 등에 관한 사항을 위반한 경우
>
> 3의2. 제7조 제2항을 위반하여 고의 또는 중대한 과실로 잘못 심사한 경우
>
> 4. 업무정지처분 기간에 제10조에 따른 업무를 하거나 업무정지처분을 받은 소속 감정평가사에게 업무정지처분 기간에 제10조에 따른 업무를 하게 한 경우
> 5. 제17조 제1항 또는 제2항에 따른 등록이나 갱신등록을 하지 아니하고 제10조에 따른 업무를 수행한 경우
> 6. 구비서류를 거짓으로 작성하는 등 부정한 방법으로 제17조 제1항 또는 제2항에 따른 등록이나 갱신등록을 한 경우
> 7. 제21조를 위반하여 감정평가업을 한 경우
> 8. 제23조 제3항을 위반하여 수수료의 요율 및 실비에 관한 기준을 지키지 아니한 경우
> 9. 제25조, 제26조 또는 제27조를 위반한 경우
> 10. 제47조에 따른 지도와 감독 등에 관하여 다음 각 목의 어느 하나에 해당하는 경우
>   가. 업무에 관한 사항의 보고 또는 자료의 제출을 하지 아니하거나 거짓으로 보고 또는 제출한 경우
>   나. 장부나 서류 등의 검사를 거부 또는 방해하거나 기피한 경우

> **11. 감정평가사의 직무와 관련하여 금고 이상의 형을 선고받아(집행유예를 선고받은 경우를 포함한다) 그 형이 확정된 경우**
> **12. 이 법에 따라 업무정지 1년 이상의 징계처분을 2회 이상 받은 후 다시 제1항에 따른 징계사유가 있는 사람으로서 감정평가사의 직무를 수행하는 것이 현저히 부적당하다고 인정되는 경우**
>
> ② 감정평가사에 대한 징계의 종류는 다음과 같다.
> 1. 자격의 취소
> 2. 등록의 취소
> 3. 2년 이하의 업무정지
> 4. 견책
>
> 〈이하 생략〉

(2) 자격취소의 법적 성질

감정평가법 제13조 제1항 사유이면 성립상의 하자를 이유로 하는 강학상 직권취소에 해당하며, "하여야 한다."고 규정하고 있어 기속행위에 해당한다. 반면, 감정평가법 제27조와 동법 제39조 제1항 제11호와 제12호 사유이면 적법・유효하게 성립한 행정행위를 사후에 일정한 사정의 발생으로 효력을 상실시키는 강학상 철회에 해당하며, "할 수 있다."고 규정하고 있어 재량행위에 해당한다.

2. 명의대여와 부당행사의 차이점

(1) 관련 규정의 검토(감정평가법 제27조)

> 감정평가법 제27조(명의대여 등의 금지)
>
> ① 감정평가사 또는 감정평가법인등은 다른 사람에게 자기의 성명 또는 상호를 사용하여 제10조에 따른 업무를 수행하게 하거나 자격증・등록증 또는 인가증을 양도・대여하거나 이를 부당하게 행사하여서는 아니 된다. 〈개정 2020.4.7.〉
>
> ② 누구든지 제1항의 행위를 알선해서는 아니 된다.

(2) 관련 판례의 태도

> **【판결요지】**
>
> **부동산 가격공시 및 감정평가에 관한 법률 제37조 제2항에 의하면, 감정평가업자는 다른 사람에게 자격증・등록증 또는 인가증을 양도 또는 대여하거나 이를 부당하게 행사해서는 안 된다. 여기에서 '자격증 등을 부당하게 행사'한다는 것은 감정평가사 자격증 등을 본래의 용도가 아닌 다른 용도로 행사하거나, 본래의 행사목적을 벗어나 감정 평가업자의 자격이나 업무범위에 관한 법의 규율을 피할 목적으로 이를 행사하는 경우도 포함한다. 따라서 감정평가사가 감정평가법인에 가입한다는 명목으로 자신의 감정평가사 등록증 사본을 가입신고서와 함께 한국감정평가협회에 제출하였으나, 실제로는 자신의 감정평가경력을 부당하게 인정받는 한편, 소속 감정평가법인으로 하여금 설립과 존속에 필요한 감정평가사의 인원수만 형식적으로 갖추게 하거나 법원으로부터 감정평가 물량을 추가로 배정받 을 수 있는 자격을 얻게 할 목적으로 감정평가법인에 소속된 외관만을 작출하였을 뿐**

해당 감정평가법인 소속 감정평가사로서의 감정평가업무나 이와 밀접한 관련이 있는 업무를 수행할 의사가 없었다면, 이는 감정평가사 등록증을 그 본래의 행사목적을 벗어나 감정평가업자의 자격이나 업무범위에 관한 법의 규율을 피할 목적으로 행사함으로써 자격증 등을 부당하게 행사한 것이라고 볼 수 있다.

(출처: 대법원 2013.10.31. 선고 2013두11727 판결 [징계(업무정지)처분취소])

(3) 명의대여와 부당행사의 구분

감정평가법령과 대법원 판례에서는 명의대여와 부당 행사에 대해서 구분하고 있다. 특히 명의대여의 경우에는 예를 들어 홍길동 감정평가사의 명의를 한석봉이라는 사람이 홍길동 감정평가사인 양 행사하면서 감정평가행위를 하는 것을 명의대여라고 하고, 부당 행사는 감정평가법인 설립의 감정평가사 구성원이 5인인데 금융기관에 근무하는 A 감정평가사 감정평가법인에 소속되어 그 구성원의 숫자만 맞추고 있는 경우에 이를 두고 부당 행사라고 한다. 즉 대법원 판례에서는 부당 행사에 대하여 소속 감정평가법인으로 하여금 설립과 존속에 필요한 감정평가사의 인원수만 형식적으로 갖추게 하거나 법원으로부터 감정평가 물량을 추가로 배정받을 수 있는 자격을 얻게 할 목적으로 감정평가법인에 소속된 외관만을 작출하였을 뿐 해당 감정평가법인 소속 감정평가사로서의 감정평가 업무나 이와 밀접한 관련이 있는 업무를 수행할 의사가 없었다면, 이는 감정평가사 등록증을 그 본래의 행사목적을 벗어나 감정평가법인등의 자격이나 업무 범위에 관한 법의 규율을 피할 목적으로 행사함으로써 자격증 등을 부당하게 행사한 것이라고 볼 수 있다고 판시하고 있다.

【판결요지】

부동산 가격공시 및 감정평가에 관한 법률(이하 '법'이라고 한다) 제37조 제2항에 의하면, 감정평가업자(감정평가 법인 소속 감정평가사를 포함한다)는 다른 사람에게 자격증·등록증 또는 인가증(이하 '자격증 등'이라고 한다)을 양도 또는 대여하거나 이를 부당하게 행사해서는 안 된다. 여기에서 '자격증 등을 부당하게 행사'한다는 것은 감정평가사 자격증 등을 본래의 용도 외에 부당하게 행사하는 것을 의미하고, 감정평가사가 감정평가법인에 적을 두기는 하였으나 당해 법인의 업무를 수행하거나 운영 등에 관여할 의사가 없고 실제로도 업무 등을 전혀 수행하지 않았다거나 당해 소속 감정평가사로서 업무를 실질적으로 수행한 것으로 평가하기 어려울 정도라면 이는 법 제37조 제2항에서 정한 자격증 등의 부당행사에 해당한다.

(출처: 대법원 2013.10.24. 선고 2013두727 판결 [징계처분취소])

Ⅲ. (물음2)에 대하여

1. 청문 의의 및 기능

청문이란 행정청이 어떠한 처분을 하기에 앞서 당사자 등의 의견을 직접 듣고 증거를 조사하는 절차를 말한다. 이러한 청문절차는 상대방의 의견, 자료 제출을 통한 행정의 적정화를 달성하는 기능, 국민의 권익과 사전 구제를 통한 사법기능을 보완하는 기능을 한다.

2. 행정절차법상 청문(행정절차법 제22조)

행정절차법 제22조는 행정청이 처분하면서 다른 법령 등에서 청문을 시행하도록 규정하고 있는 경우, 행정청이 필요하다고 인정하는 경우에 청문을 시행하도록 규정하고 있다.

행정절차법 제21조(처분의 사전 통지)

① 행정청은 당사자에게 의무를 부과하거나 권익을 제한하는 처분을 하는 경우에는 미리 다음 각 호의 사항을 당사자등에게 통지하여야 한다.

1. 처분의 제목
2. 당사자의 성명 또는 명칭과 주소
3. 처분하려는 원인이 되는 사실과 처분의 내용 및 법적 근거
4. 제3호에 대하여 의견을 제출할 수 있다는 뜻과 의견을 제출하지 아니하는 경우의 처리방법
5. 의견제출기관의 명칭과 주소
6. 의견제출기한
7. 그 밖에 필요한 사항

② 행정청은 청문을 하려면 청문이 시작되는 날부터 10일 전까지 제1항 각 호의 사항을 당사자등에게 통지하여야 한다. 이 경우 제1항 제4호부터 제6호까지의 사항은 청문 주재자의 소속・직위 및 성명, 청문의 일시 및 장소, 청문에 응하지 아니하는 경우의 처리방법 등 청문에 필요한 사항으로 갈음한다.

③ 제1항 제6호에 따른 기한은 의견제출에 필요한 기간을 10일 이상으로 고려하여 정하여야 한다.

④ 다음 각 호의 어느 하나에 해당하는 경우에는 제1항에 따른 통지를 하지 아니할 수 있다.

1. 공공의 안전 또는 복리를 위하여 긴급히 처분을 할 필요가 있는 경우
2. 법령등에서 요구된 자격이 없거나 없어지게 되면 반드시 일정한 처분을 하여야 하는 경우에 그 자격이 없거나 없어지게 된 사실이 법원의 재판 등에 의하여 객관적으로 증명된 경우
3. 해당 처분의 성질상 의견청취가 현저히 곤란하거나 명백히 불필요하다고 인정될 만한 상당한 이유가 있는 경우

⑤ 처분의 전제가 되는 사실이 법원의 재판 등에 의하여 객관적으로 증명된 경우 등 제4항에 따른 사전 통지를 하지 아니할 수 있는 구체적인 사항은 대통령령으로 정한다.

⑥ 제4항에 따라 사전 통지를 하지 아니하는 경우 행정청은 처분을 할 때 당사자등에게 통지를 하지 아니한 사유를 알려야 한다. 다만, 신속한 처분이 필요한 경우에는 처분 후 그 사유를 알릴 수 있다.

⑦ 제6항에 따라 당사자등에게 알리는 경우에는 제24조를 준용한다.

행정절차법 제22조(의견청취)

① 행정청이 처분을 할 때 다음 각 호의 어느 하나에 해당하는 경우에는 청문을 한다.

1. 다른 법령등에서 청문을 하도록 규정하고 있는 경우
2. 행정청이 필요하다고 인정하는 경우
3. **다음 각 목의 처분을 하는 경우**
   가. 인허가 등의 취소
   나. 신분・자격의 박탈
   다. 법인이나 조합 등의 설립허가의 취소

② 행정청이 처분을 할 때 다음 각 호의 어느 하나에 해당하는 경우에는 공청회를 개최한다.

1. 다른 법령등에서 공청회를 개최하도록 규정하고 있는 경우
2. 해당 처분의 영향이 광범위하여 널리 의견을 수렴할 필요가 있다고 행정청이 인정하는 경우
3. 국민생활에 큰 영향을 미치는 처분으로서 대통령령으로 정하는 처분에 대하여 대통령령으로 정하는 수 이상의 당사자등이 공청회 개최를 요구하는 경우

③ 행정청이 당사자에게 의무를 부과하거나 권익을 제한하는 처분을 할 때 제1항 또는 제2항의 경우 외에는 당사자등에게 의견제출의 기회를 주어야 한다.
④ 제1항부터 제3항까지의 규정에도 불구하고 제21조 제4항 각 호의 어느 하나에 해당하는 경우와 당사자가 의견진술의 기회를 포기한다는 뜻을 명백히 표시한 경우에는 의견청취를 하지 아니할 수 있다.
⑤ 행정청은 청문·공청회 또는 의견제출을 거쳤을 때에는 신속히 처분하여 해당 처분이 지연되지 아니하도록 하여야 한다.
⑥ 행정청은 처분 후 1년 이내에 당사자등이 요청하는 경우에는 청문·공청회 또는 의견제출을 위하여 제출받은 서류나 그 밖의 물건을 반환하여야 한다.

3. 감정평가법상 청문(감정평가법 제45조)

(1) 관련 규정의 검토

감정평가법 제45조에서는 부정한 방법으로 자격을 취득한 경우 감정평가사 자격의 취소, 감정평가법인의 설립인가 취소 전 청문해야 한다고 규정하고 있다.

감정평가법 제45조(청문)
국토교통부장관은 다음 각 호의 어느 하나에 해당하는 처분을 하려는 경우에는 청문을 실시하여야 한다.
1. 제13조 제1항 제1호에 따른 감정평가사 자격의 취소
2. 제32조 제1항에 따른 감정평가법인의 설립인가 취소

(2) 청문이 필요적 절차인지 여부

1) 행정절차법 제22조 제1항

행정절차법 제22조는 행정청이 처분을 하면서 다른 법령 등에서 청문을 시행하도록 규정하고 있는 경우, 행정청이 필요하다고 인정하는 경우, 인허가 등의 취소, 신분·자격의 박탈, 법인이나 조합 등의 설립 허가의 취소하는 경우에 청문을 시행하도록 규정하고 있다. 즉, 법률에 청문 규정이 마련된 경우에는 반드시 거쳐야 하는 기속절차라 하겠지만 그 이외의 경우에는 행정청의 재량에 맡기고 있다.

2) 감정평가법 제45조

감정평가법 제45조는 국토교통부장관이 제13조 제1항의 규정에 의한 감정평가사의 자격취소의 경우, 제32조 제1항에 따른 감정평가법인의 설립인가 취소의 경우에 반드시 청문을 시행하여야 한다는 기속 규정을 두고 있다.

(3) 청문을 거치지 않아도 되는 예외사유

1) 행정절차법 제22조 제4항 및 제21조 제4항 검토

① 공공의 안전 또는 복리를 위하여 긴급히 처분을 할 필요가 있는 경우, ② 법령 등에서 요구된 자격이 없거나 없어지게 되면 반드시 일정한 처분을 하여야 하는 경우에 그 자격이 없거나 없어지게 된 사실이 법원의 재판 등에 의하여 객관적으로 증명된 때, ③ 해당 처분의 성질상 의견청취가 현저히 곤란하거나 명백히 불필요하다고 인정할 만한 상당한 이유가 있는 경우, ④ 당사자가 의견진술의 기회를 포기한다는 뜻을 명백하게 표시한 경우에는 청문을 실시하지 않을 수 있다.

2) 판례

대법원은 청문의 생략 여부는 당해 행정처분의 성질에 비추어 판단하여야 하는 것이지, 행정처분의 상대방에 대한 청문 통지서가 반송되었다거나, 행정처분의 상대방이 청문 일시에 불출석하였다는 이유로 청문을 하지 아니하고 한 침해적 행정처분은 위법하다고 판시하였다 (대판 2001.4.13, 2000두3337).

대법원 2001.4.13. 선고 2000두3337 판결 [영업허가취소처분취소] 【판시사항】

[1] 청문절차를 결여한 구 공중위생법상의 유기장업허가취소처분의 적법 여부(한정 소극)

[2] 침해적 행정처분을 할 경우 청문을 실시하지 않을 수 있는 사유인 행정절차법 제21조 제4항 제3호 소정의 '의견청취가 현저히 곤란하거나 명백히 불필요하다고 인정될 만한 상당한 이유가 있는지 여부'의 판단 기준 및 행정처분의 상대방에 대한 청문통지서가 반송되었다거나, 행정처분의 상대방이 청문일시에 불출석하였다는 이유로 청문을 실시하지 아니하고 한 침해적 행정처분의 적법 여부(소극)

[3] 구 공중위생법상 유기장업허가취소처분을 함에 있어서 두 차례에 걸쳐 발송한 청문통지서가 모두 반송되어 온 경우, 행정절차법 제21조 제4항 제3호에 정한 청문을 실시하지 않아도 되는 예외 사유에 해당한다고 단정하여 당사자가 청문일시에 불출석하였다는 이유로 청문을 거치지 않고 이루어진 위 처분이 위법하지 않다고 판단한 원심판결을 파기한 사례

【판결요지】

[1] 구 공중위생법(1999.2.8. 법률 제5839호 공중위생관리법 부칙 제2조로 폐지) 제24조 제1호, 행정절차법 제22조 제1항 제1호, 제4항, 제21조 제4항 및 제28조, 제31조, 제34조, 제35조의 각 규정을 종합하면, 행정청이 유기장업허가를 취소하기 위하여는 청문을 실시하여야 하고, 다만 행정절차법 제22조 제4항, 제21조 제4항에서 정한 예외 사유에 해당하는 경우에는 청문을 실시하지 아니할 수 있으며, 행정청이 선정한 청문주재자는 청문을 주재하고, 당사자 등의 출석 여부, 진술의 요지 및 제출된 증거, 청문주재자의 의견 등을 기재한 청문조서를 작성하여 청문을 마친 후 지체 없이 청문조서 등을 행정청에 제출하며, 행정청은 제출받은 청문조서 등을 검토하고 상당한 이유가 있다고 인정하는 경우에는 청문결과를 적극 반영하여 행정처분을 하여야 하는바, 이러한 청문절차에 관한 각 규정과 행정처분의 사유에 대하여 당해 영업자에게 변명과 유리한 자료를 제출할 기회를 부여함으로써 위법사유의 시정 가능성을 고려하고 처분의 신중과 적정을 기하려는 청문제도의 취지에 비추어 볼 때, 행정청이 침해적 행정처분을 함에 즈음하여 청문을 실시하지 않아도 되는 예외적인 경우에 해당하지 않는 한 반드시 청문을 실시하여야 하고, 그 절차를 결여한 처분은 위법한 처분으로서 취소 사유에 해당한다.

[2] 행정절차법 제21조 제4항 제3호는 침해적 행정처분을 할 경우 청문을 실시하지 않을 수 있는 사유로서 "당해 처분의 성질상 의견청취가 현저히 곤란하거나 명백히 불필요하다고 인정될 만한 상당한 이유가 있는 경우"를 규정하고 있으나, 여기에서 말하는 '의견청취가 현저히 곤란하거나 명백히 불필요하다고 인정될 만한 상당한 이유가 있는지 여부'는 당해 행정처분의 성질에 비추어 판단하여야 하는 것이지, 청문통지서의 반송 여부, 청문통지의 방법 등에 의하여 판단할 것은 아니며, 또한 행정처분의 상대방이 통지된 청문일시에 불출석하였다는 이유만으로 행정청이 관계 법령상 그 실시가 요구되는 청문을 실시하지 아니한 채 침해적 행정처분을 할 수는 없을 것이므로, 행정처분의 상대방에 대한 청문통지서가 반송되었다거나, 행정처분의 상대방이 청문일시에 불출석하였다는 이유로 청문을 실시하지 아니하고 한 침해적 행정처분은 위법하다.

[3] 구 공중위생법(1999.2.8. 법률 제5839호 공중위생관리법 부칙 제2조로 폐지)상 유기장업허가 취소처분을 함에 있어서 두 차례에 걸쳐 발송한 청문통지서가 모두 반송되어 온 경우, 행정절차법 제21조 제4항 제3호에 정한 청문을 실시하지 않아도 되는 예외 사유에 해당한다고 단정하여 당사자가 청문일시에 불출석하였다는 이유로 청문을 거치지 않고 이루어진 위 처분이 위법하지 않다고 판단한 원심판결을 파기한 사례

(4) 절차상 하자가 독자적 위법사유인지 여부

1) 문제점

절차상 하자는 행정청이 하자를 정정하고 동일한 처분을 하여도 재판의 기속력에 반하지 않는다. 따라서 실체적 하자 없이 독자적으로 위법성을 인정하는 것이 행정경제에 반하지 않는지 문제된다.

2) 학설 및 판례

소극설은 절차규정은 행정결정을 위한 수단에 불과하며, 행정경제에 반함을 이유로 부정한다. 적극설은 행정의 법률적합성 원칙을 강조하고 재처분 시 다른 처분이 행해질 수 있다는 점에서 긍정한다. 대법원 판례는 이유부기 하자만을 이유로 행정행위의 취소를 구할 수 있다고 판시하여 절차상 하자를 행정행위의 독자적 위법사유로 보고 있다.

3) 검토

소극설은 절차규정은 행정결정을 위한 수단에 불과하며, 행정경제에 반함을 이유로 부정한다. 적극설은 행정의 법률적합성 원칙을 강조하고 재처분 시 다른 처분이 행해질 수 있다는 점에서 긍정한다. 판례는 이유부기 하자만을 이유로 행정행위의 취소를 구할 수 있다고 판시하여 절차상 하자를 행정행위의 독자적 위법사유로 보고 있다.

(5) 사안의 경우

대법원은 청문의 생략 여부는 당해 행정처분의 성질에 비추어 판단해야 하는 것이지, 행정처분의 상대방에 대한 청문 통지서가 반송되었다거나, 행정처분의 상대방이 청문 일시에 불출석하였다는 이유로 청문하지 않는 것은 위법하다고 판시하고 있다. 따라서 청문 통지서가 반송됨을 이유로 청문을 하지 않고 감정평가사 자격을 취소하는 것은 절차 하자 있는 처분이 되며, 절차하자는 독자적으로 위법하므로 청문절차를 결한 자격취소처분은 합당하지 않다.

Ⅳ. (물음3)에 대하여

1. 관련 규정의 검토(감정평가법 제39조의2)

감정평가법 제39조의2(징계의 공고)

① 국토교통부장관은 제39조 제1항 및 제2항에 따라 징계를 한 때에는 지체 없이 그 구체적인 사유를 해당 감정평가사, 감정평가법인등 및 협회에 각각 알리고, 그 내용을 대통령령으로 정하는 바에 따라 관보 또는 인터넷 홈페이지 등에 게시 또는 공고하여야 한다.

② 협회는 제1항에 따라 통보받은 내용을 협회가 운영하는 인터넷 홈페이지에 3개월 이상 게재하는 방법으로 공개하여야 한다.

③ 협회는 감정평가를 의뢰하려는 자가 해당 감정평가사에 대한 징계 사실을 확인하기 위하여 징계 정보의 열람을 신청하는 경우에는 그 정보를 제공하여야 한다.

④ 제1항부터 제3항까지에 따른 조치 또는 징계 정보의 공개 범위, 시행·열람의 방법 및 절차 등에 관하여 필요한 사항은 대통령령으로 정한다.

감정평가법 시행령 제36조(징계사실의 통보 등)

① 국토교통부장관은 법 제39조의2 제1항에 따라 구체적인 징계 사유를 알리는 경우에는 징계의 종류와 사유를 명확히 기재하여 서면으로 알려야 한다.

② 국토교통부장관은 법 제39조의2 제1항에 따라 같은 항에 따른 징계사유 통보일부터 14일 이내에 다음 각 호의 사항을 관보에 공고해야 한다.

1. 징계를 받은 감정평가사의 성명, 생년월일, 소속된 감정평가법인등의 명칭 및 사무소 주소
2. 징계의 종류
3. 징계 사유(징계사유와 관련된 사실관계의 개요를 포함한다)
4. 징계의 효력발생일(징계의 종류가 업무정지인 경우에는 업무정지 시작일 및 종료일)

③ 국토교통부장관은 제2항 각 호의 사항을 법 제9조에 따른 감정평가 정보체계에도 게시해야 한다.

④ 제3항 및 법 제39조의2 제2항에 따른 징계내용 게시의 기간은 제2항에 따른 공고일부터 다음 각 호의 구분에 따른 기간까지로 한다.

1. 법 제39조 제2항 제1호 및 제2호의 자격의 취소 및 등록의 취소의 경우: 3년
2. 법 제39조 제2항 제3호의 업무정지의 경우: 업무정지 기간(업무정지 기간이 3개월 미만인 경우에는 3개월)
3. 법 제39조 제2항 제4호의 견책의 경우: 3개월

감정평가법 시행규칙 제7조(자격취소의 공고 등)

① 법 제13조 제2항에 따른 감정평가사 자격취소 사실의 공고는 다음 각 호의 사항을 관보에 공고하고, 국토교통부의 인터넷 홈페이지에 게시하는 방법으로 한다.

1. 감정평가사의 성명 및 생년월일
2. 자격취소 사실
3. 자격취소 사유

② 법 제13조 제3항에 따라 감정평가사의 자격이 취소된 사람은 자격취소 처분일부터 7일 이내에 감정평가사 자격증을 반납하여야 한다.

2. 명단공표 의의 및 법적 성질

명단공표란 행정법상의 의무 위반 또는 의무불이행이 있는 경우에 그 위반자의 성명, 위반사실 등을 일반에게 공개하여 명예 또는 신용에 침해를 가함으로써 심리적인 압박을 가하여 의무

이행을 확보하는 간접강제수단이다. 이는 명예, 신용 또는 프라이버시에 대한 침해를 초래하는바, 법에 근거가 있는 경우에 가능하다. 공표행위의 법적 성질을 비권력적 사실행위라고 보는 것이 일반적 견해이기는 하나, 공표행위는 행정기관에 의해 일방적으로 행해지며 그로 인하여 명예, 신용 또는 프라이버시권이 훼손되므로 권력적 사실행위로 보는 것이 타당하다.

3. 甲의 권리구제 방법

(1) 행정쟁송

명단공표행위를 비권력적 사실행위로 보는 견해에는 그에 대해 항고소송은 인정될 수 없고 공법상 당사자소송을 인정하여야 한다는 견해와 행정소송법 제2조의 '공권력 행사에 준하는 작용'으로 보아 처분성을 인정하고 항고소송의 대상이 되는 것으로 보는 견해가 있다. 그러나 공표행위를 권력적 사실행위로 보고 그에 대해 항고소송을 제기할 수 있는 것으로 보는 것이 타당하다.

(2) 국가배상과 결과제거청구권

공표가 위법하게 행하여져 개인의 명예나 신용을 침해한 경우 피해자는 국가배상청구권을 행사할 수 있을 것이다. 또한 피해자는 결과제거청구권을 행사하여 공표의 철회나 정정을 요구할 수 있을 것이다. 결과제거청구권을 인정하고 있지 않은 현행법하에서 민법 제764조에 근거하여 정정공표 등의 명예회복에 합당한 처분을 청구할 수 있다.

V. 사안의 해결

(물음1) 〈명의대여〉란 홍길동 감정평가사의 명의를 한석봉이라는 사람이 홍길동 감정평가사인 양 행사하면서 감정평가행위를 하는 것을 명의대여라 하고, 〈부당 행사〉란 소속 감정평가법인으로 하여금 설립과 존속에 필요한 감정평가사의 인원수만 형식적으로 갖추게 하거나 법원으로부터 감정평가 물량을 추가로 배정받을 수 있는 자격을 얻게 할 목적으로 감정평가법인에 소속된 외관만을 작출하였을 뿐 실제로 업무를 전혀 수행하지 않았거나 업무를 실질적으로 수행한 것으로 보기 어려운 경우를 의미한다고 판단된다.

(물음2) 청문 통지서가 반송됨을 이유로 청문을 하지 않고 감정평가사 자격을 취소하는 것은 합당하지 않다고 생각된다. 이에 청문을 흠결한 자격 취소처분은 하자가 있는 위법한 처분이 된다고 판단된다.

(물음3) 명단공표의 법적 성질을 권력적 사실행위로 볼 때 甲은 행정쟁송을 통해 권리구제를 받을 수 있을 것이며, 공표가 위법하게 행하여져 개인의 명예나 신용을 침해한 경우 국가배상청구권을 행사할 수 있을 것으로 판단된다.

쟁점 31 징계 절차 및 징계처분에 대한 취소소송 중 처분사유 추가·변경 가능 여부

甲은 2014.3.경 감정평가사 자격을 취득한 후, 2015.9.2.부터 2017.8.3.까지 '乙 감정평가법인'의 소속 감정평가사였다. 또한 甲은 2015.7.7.부터 2017.4.30.까지 'SS 수협(이하 '수협'이라 함)에서 상근계약직으로 근무하였다. 관할 행정청인 국토교통부장관 A는 甲이 위와 같이 수협에 근무하면서 일정기간 동안 동시에 乙감정평가법인에 등록하여 소속을 유지하는 방법으로 감정평가사 자격증을 대여하거나 부당하게 행사했다고 봄이 상당하여, 「감정평가 및 감정평가사에 관한 법률」(이하 '감정평가법'이라 함) 제27조가 규정하는 명의대여 등의 금지 또는 자격증 부당행사 금지에 위반하였다는 것을 이유로 징계처분을 내리고자 한다. 다음 물음에 답하시오. 30점

(1) 국토교통부장관 A가 甲에게 대하여 위와 같은 사유로 감정평가법령상의 징계를 하고자 하는 경우, 감정평가법령상 징계절차에 관하여 구체적으로 설명하시오. 20점

(2) 위 징계절차를 거쳐 국토교통부장관 A는 甲에 대하여 3개월간의 업무정지 징계처분을 하였고, 甲은 당해 처분이 위법하다고 보고 관할법원에 취소소송을 제기하였다. 이 취소소송의 계속 중 국토교통부장관 A는 당해 징계처분의 사유로 감정평가법 제27조의 위반사유 이외에, 징계처분 당시 甲이 국토교통부장관에게 등록을 하지 아니하고 감정평가업무를 수행하였다는 동법 제17조의 위반사유를 추가하는 것이 허용되는지 검토하시오. 10점

참조 조문

〈감정평가 및 감정평가사에 관한 법률〉

제17조(등록 및 갱신등록)

① 제11조에 따른 감정평가사 자격이 있는 사람이 제10조에 따른 업무를 하려는 경우에는 대통령령으로 정하는 바에 따라 실무수습 또는 교육연수를 마치고 국토교통부장관에게 등록하여야 한다.

②~④ 생략

제27조(명의대여 등의 금지)

① 감정평가사 또는 감정평가법인등은 다른 사람에게 자기의 성명 또는 상호를 사용하여 제10조에 따른 업무를 수행하게 하거나 자격증·등록증 또는 인가증을 양도·대여하거나 이를 부당하게 행사하여서는 아니 된다.

목차 index

5. 징계 절차
   (1) 징계의결의 요구(시행령 제34조 제1항)
   (2) 징계당사자에게 통보(시행령 제34조 제2항)
   (3) 의견진술(시행령 제41조)
   (4) 징계의결(시행령 제35조)
   (5) 징계사실의 통보등, 징계정보의 열람신청, 징계 정보의 제공 방법등(시행령 제36조, 제36조의2, 제36조의3)
6. 사안의 경우
   (1) 자격증 부당행사 판례 검토
   (2) 감정평가법 제27조 위반 여부
   (3) 구체적 징계처분

Ⅲ. (물음2) 처분사유가 추가 · 변경되는지 여부
1. 처분사유의 추가 · 변경 가능성
   (1) 처분사유 추가 · 변경의 의의
   (2) 인정여부
   (3) 판단기준
   (4) 인정범위
2. 국토교통부장관의 처분사유 추가 · 변경 가능성

Ⅳ. 사안의 해결

주요 내용 contents

Ⅰ. 논점의 정리

감정평가 및 감정평가사에 관한 법률(이하 '감정평가법')에서는 감정평가의 공정성과 신뢰성 향상을 위해 징계 등 다양한 규정을 두고 있다. 사안의 국토교통부장관 A는 감정평가법 제27조의 자격증 대여 및 부당행사금지 규정 위반을 사유로 감정평가사 甲에 대해 징계를 하고자 한다. 이하에서는 A가 감정평가법령상의 징계를 하는 경우, 징계절차에 대해 설명하도록 한다. 또한, 국토교통부장관 A는 갑에 대하여 3개월의 업무정지 징계처분을 하였고, 甲은 처분이 위법하다며 취소소송을 제기하였다. A는 당초 처분사유인 감정평가법 제27조 위반사유 외에 동법 제17조의 위반사유를 처분의 사유로 추가한바, 처분사유의 추가 · 변경 가능성에 대하여 검토한다.

Ⅱ. (물음1) 감정평가법령상 징계 절차

1. 관련 규정의 검토

(1) 감정평가법 제27조

감정평가법 제27조 규정에서는 "감정평가사 또는 감정평가법인등은 다른 사람에게 자격증을 대여하거나 이를 부당하게 행사하여서는 아니 된다"를 규정하고 있다. 이를 위반하는 경우 동법 제39조의 징계처분 또는 제50조에 따라 1년 이하의 징역 또는 1천만원 이하의 벌금에 처하게 된다.

'대여'란 감정평가사가 아닌 자가 업무를 행하려는 것을 알면서도 빌려주는 행위를 의미하며 '부당행사'는 본래 용도가 아닌 용도로 자격증을 행사한 것을 의미한다.

(2) 감정평가법 제39조 규정 및 시행령 제34조 제1항

감정평가법 제39조에서는 일정 사유에 해당할 경우 자격의 취소, 등록의 취소, 2년 이하의 업무정지, 견책의 징계를 할 수 있고, 이에 따라 협회는 징계사유가 있는 경우 국토부장관에게 징계를 요청할 수 있다. 국토교통부장관은 동법 시행령 제34조 제1항에 따라 징계사유가 있다고 인정하는 경우 감정평가관리·징계위원회의 의결을 거쳐 징계처분을 할 수 있다. 따라서 징계처분의 절차는 징계위원회의 의결에 따라 이루어진다.

감정평가법 제27조(명의대여 등의 금지)

① 감정평가사 또는 감정평가법인등은 다른 사람에게 자기의 성명 또는 상호를 사용하여 제10조에 따른 업무를 수행하게 하거나 자격증·등록증 또는 인가증을 양도·대여하거나 이를 부당하게 행사하여서는 아니 된다.

② 누구든지 제1항의 행위를 알선해서는 아니 된다.

감정평가법 제39조(징계)

① 국토교통부장관은 감정평가사가 다음 각 호의 어느 하나에 해당하는 경우에는 제40조에 따른 감정평가관리·징계위원회의 의결에 따라 제2항 각 호의 어느 하나에 해당하는 징계를 할 수 있다. 다만, 제2항 제1호에 따른 징계는 제11호, 제12호에 해당하는 경우 및 제27조를 위반하여 다른 사람에게 자격증·등록증 또는 인가증을 양도 또는 대여한 경우에만 할 수 있다.

1. 제3조 제1항을 위반하여 감정평가를 한 경우
2. 제3조 제3항에 따른 원칙과 기준을 위반하여 감정평가를 한 경우
3. 제6조에 따른 감정평가서의 작성·발급 등에 관한 사항을 위반한 경우

3의2. 제7조 제2항을 위반하여 고의 또는 중대한 과실로 잘못 심사한 경우

4. 업무정지처분 기간에 제10조에 따른 업무를 하거나 업무정지처분을 받은 소속 감정평가사에게 업무정지처분 기간에 제10조에 따른 업무를 하게 한 경우
5. 제17조 제1항 또는 제2항에 따른 등록이나 갱신등록을 하지 아니하고 제10조에 따른 업무를 수행한 경우
6. 구비서류를 거짓으로 작성하는 등 부정한 방법으로 제17조 제1항 또는 제2항에 따른 등록이나 갱신등록을 한 경우
7. 제21조를 위반하여 감정평가업을 한 경우
8. 제23조 제3항을 위반하여 수수료의 요율 및 실비에 관한 기준을 지키지 아니한 경우
9. 제25조, 제26조 또는 제27조를 위반한 경우
10. 제47조에 따른 지도와 감독 등에 관하여 다음 각 목의 어느 하나에 해당하는 경우
    가. 업무에 관한 사항의 보고 또는 자료의 제출을 하지 아니하거나 거짓으로 보고 또는 제출한 경우
    나. 장부나 서류 등의 검사를 거부 또는 방해하거나 기피한 경우
11. 감정평가사의 직무와 관련하여 금고 이상의 형을 선고받아(집행유예를 선고받은 경우를 포함한다) 그 형이 확정된 경우
12. 이 법에 따라 업무정지 1년 이상의 징계처분을 2회 이상 받은 후 다시 제1항에 따른 징계사유가 있는 사람으로서 감정평가사의 직무를 수행하는 것이 현저히 부적당하다고 인정되는 경우

② 감정평가사에 대한 징계의 종류는 다음과 같다.

1. 자격의 취소
2. 등록의 취소

> 3. 2년 이하의 업무정지
> 4. 견책
>
> ③ 협회는 감정평가사에게 제1항 각 호의 어느 하나에 해당하는 징계사유가 있다고 인정하는 경우에는 그 증거서류를 첨부하여 국토교통부장관에게 징계를 요청할 수 있다.
> ④ 제1항과 제2항에 따라 자격이 취소된 사람은 자격증과 등록증을 국토교통부장관에게 반납하여야 하며, 등록이 취소되거나 업무가 정지된 사람은 등록증을 국토교통부장관에게 반납하여야 한다.
> ⑤ 제1항 및 제2항에 따라 업무가 정지된 자로서 등록증을 국토교통부장관에게 반납한 자 중 제17조에 따른 교육연수 대상에 해당하는 자가 등록갱신기간이 도래하기 전에 업무정지기간이 도과하여 등록증을 다시 교부받으려는 경우 제17조 제1항에 따른 교육연수를 이수하여야 한다.
> ⑥ 제19조 제2항・제4항은 제1항과 제2항에 따라 자격 취소 또는 등록 취소를 하는 경우에 준용한다.
> ⑦ 제1항에 따른 징계의결은 국토교통부장관의 요구에 따라 하며, 징계의결의 요구는 위반사유가 발생한 날부터 5년이 지나면 할 수 없다.

2. 징계의 의의 및 취지

감정평가사가 감정평가법 제39조의 사유에 해당하는 경우 국토교통부장관이 감정평가관리・징계위원회의 의결에 따라 해당 감정평가사를 제재하는 것을 말한다. 이는 감정평가사의 신뢰성 도모 등에 취지가 있다.

3. 징계의 종류 및 법적 성질

① 징계는 자격의 취소, 등록의 취소, 2년 이하의 업무정지, 견책 등이 있으며, ② 이는 감정평가사의 권리와 의무에 영향을 미치는 침익적 처분이다. 감정평가법 제39조 제1항 "~징계를 할 수 있다"고 규정하고 있으므로 문언의 형식상 징계 여부는 재량행위에 해당되고, 징계수단으로서 견책, 업무정지, 등록취소, 자격취소만을 규정하고 법령상 선택기준 등이 규정되어 있지 않으므로 징계수단의 선택에 있어서도 재량행위성이 인정된다.

4. 징계권자

국토교통부장관은 징계내용을 외부에 표시하는 권한을 갖는 행정청이고, 징계위원회는 다수의 위원으로 구성되어서 감정평가사의 징계에 관한 사항을 결정하는 합의제 행정기관으로서 의결기관이다.

5. 징계 절차

(1) 징계의결의 요구(감정평가법 시행령 제34조 제1항)

국토교통부장관은 감정평가사에게 법 제39조 제1항 각 호의 어느 하나에 따른 징계사유가 있다고 인정하는 경우에는 증명서류를 갖추어 감정평가관리・징계위원회에 징계의결을 요구해야 한다.

(2) 징계당사자에게 통보(감정평가법 시행령 제34조 제2항)

감정평가관리・징계위원회는 제1항에 따른 징계의결의 요구를 받으면 지체 없이 징계요구 내용과 징계심의기일을 해당 감정평가사(이하 "당사자"라 한다)에게 통지해야 한다.

(3) 의견진술(감정평가법 시행령 제41조)

당사자는 감정평가관리・징계위원회에 출석하여 구술 또는 서면으로 자기에게 유리한 사실을 진술하거나 필요한 증거를 제출할 수 있다.

(4) 징계의결(감정평가법 시행령 제35조)

감정평가관리・징계위원회는 징계의결을 요구받은 날부터 60일 이내에 징계에 관한 의결을 해야 한다. 다만, 부득이한 사유가 있을 때에는 감정평가관리・징계위원회의 의결로 30일의 범위에서 그 기간을 한 차례만 연장할 수 있다.

(5) 징계사실의 통보등, 징계정보의 열람신청, 징계 정보의 제공 방법등(감정평가법 시행령 제36조, 제36조의2, 제36조의3)

감정평가법 시행령 제36조(징계사실의 통보 등)

① 국토교통부장관은 법 제39조의2 제1항에 따라 구체적인 징계 사유를 알리는 경우에는 징계의 종류와 사유를 명확히 기재하여 서면으로 알려야 한다.

② 국토교통부장관은 법 제39조의2 제1항에 따라 같은 항에 따른 징계사유 통보일부터 14일 이내에 다음 각 호의 사항을 관보에 공고해야 한다.

1. 징계를 받은 감정평가사의 성명, 생년월일, 소속된 감정평가법인등의 명칭 및 사무소 주소
2. 징계의 종류
3. 징계 사유(징계사유와 관련된 사실관계의 개요를 포함한다)
4. 징계의 효력발생일(징계의 종류가 업무정지인 경우에는 업무정지 시작일 및 종료일)

③ 국토교통부장관은 제2항 각 호의 사항을 법 제9조에 따른 감정평가 정보체계에도 게시해야 한다.

④ 제3항 및 법 제39조의2 제2항에 따른 징계내용 게시의 기간은 제2항에 따른 공고일부터 다음 각 호의 구분에 따른 기간까지로 한다.

1. 법 제39조 제2항 제1호 및 제2호의 자격의 취소 및 등록의 취소의 경우: 3년
2. 법 제39조 제2항 제3호의 업무정지의 경우: 업무정지 기간(업무정지 기간이 3개월 미만인 경우에는 3개월)
3. 법 제39조 제2항 제4호의 견책의 경우: 3개월

감정평가법 시행령 제36조의2(징계 정보의 열람 신청)

① 법 제39조의2 제3항에 따라 징계 정보의 열람을 신청하려는 자는 신청 취지를 적은 신청서에 다음 각 호의 서류를 첨부하여 협회에 제출해야 한다.

1. 주민등록증 사본 또는 법인 등기사항증명서 등 신청인의 신분을 확인할 수 있는 서류
2. 열람 대상 감정평가사에게 감정평가를 의뢰(감정평가사가 소속된 감정평가법인이나 감정평가사사무소에 의뢰하는 것을 포함한다)하려는 의사와 징계 정보가 필요한 사유를 적은 서류
3. 대리인이 신청하는 경우에는 위임장 등 대리관계를 증명할 수 있는 서류

② 제1항에 따른 열람 신청은 신청인이 신청서 및 첨부서류를 협회에 직접 제출하거나 우편, 팩스 또는 전자우편 등 정보통신망을 이용한 방법으로 할 수 있다.

감정평가법 시행령 제36조의3(징계 정보의 제공 방법 등)

① 협회는 제36조의2 제1항에 따른 신청을 받은 경우 10일 이내에 신청인이 징계 정보를 열람할 수 있게 해야 한다.

> ② 협회는 제1항에 따라 징계 정보를 열람하게 한 경우에는 지체 없이 해당 감정평가사에게 그 사실을 알려야 한다.
> ③ 법 제39조의2 제3항에 따른 제공 대상 정보는 제36조 제2항에 따라 관보에 공고하는 사항으로서 신청일부터 역산하여 다음 각 호의 구분에 따른 기간까지 공고된 정보로 한다.
> 1. 법 제39조 제2항 제1호 및 제2호의 자격의 취소 및 등록의 취소의 경우: 10년
> 2. 법 제39조 제2항 제3호의 업무정지의 경우: 5년
> 3. 법 제39조 제2항 제4호의 견책의 경우: 1년
>
> ④ 협회는 제36조의2 제1항에 따라 열람을 신청한 자에게 열람에 드는 비용을 부담하게 할 수 있다.
> ⑤ 제1항부터 제4항까지에서 규정한 사항 외에 징계 정보의 열람에 필요한 세부사항은 국토교통부장관이 정하여 고시한다.

6. 사안의 경우

(1) 자격증 부당행사 판례 검토

판례는 법인에 적을 두었으나 법인운영에 관여 의사가 없고 실질적인 업무수행 없이 경력을 부당하게 인정받는 한편, 설립·존속에 관한 인원수만을 형식적으로 갖추거나 감정평가 업무 물량을 추가적으로 배정받을 목적으로 자격증을 행사한 경우 자격증 부당행사에 해당한다고 판시하였다.

(2) 감정평가법 제27조 위반 여부

甲은 감정평가사 자격취득 후 수협에 상근계약직으로 겸직하여 일정기간 소속을 유지하였다. 이는 자격증을 타인에게 명의 대여한 사실은 없으나, 수협이나 감정평가법인의 업무에 실질적인 관여나 수행이 없었다는 점이 인정되는바 자격증의 부당 행사에 해당할 수 있다.

(3) 구체적 징계처분

감정평가법 제27조 위반의 경우, 동법 제39조에서 자격 취소를 할 수 있는 제한된 사유에 해당한다. 이외에도 등록취소, 업무정지, 견책의 징계도 가능할 것이다. 따라서 장관은 동법 제39조 제2항의 모든 징계처분을 징계위원회의 의결을 거쳐 할 수 있을 것이다.

Ⅲ. (물음2) 처분사유가 추가·변경되는지 여부

1. 처분사유의 추가·변경 가능성

(1) 처분사유 추가·변경의 의의

처분사유의 추가·변경이란 처분 당시 존재하였으나 처분 시에는 사유로 제시되지 않았던 근거를 사후에 새로이 제출하여 처분의 심리에 고려하는 것을 말한다. 이는 처분 당시 존재사유에 관한 것으로 형식적, 행정절차적 문제의 하자치유와 구별된다.

(2) 인정여부

처분사유의 추가·변경의 인정 여부에 관해서는 ① 일회적 분쟁해결, 소송경제 측면에서 긍정하는 견해와 ② 상대방의 방어권보장, 실질적 법치주의 측면의 부정하는 견해, ③ 원

칙적으로는 부정하되, 기본적 사실관계의 동일성이 인정되는 범위 내 제한적으로 긍정하는 절충설이 대립한다. 판례는 소송의 원고의 방어권을 보장하는 범위 내에서 기본적 사실관계의 동일성이 인정되는 경우 제한적으로 긍정하자는 절충설의 입장이며, 행정경제적 해결이라는 취지에서 판례의 태도는 타당하다.

(3) 판단기준

판례는 기본적 사실관계의 동일성을 기준으로 판단한다. 이때 기본적 사실관계의 동일성이란 법률적 판단 이전 구체적 사실에 착안하여, 기초인 사회적 사실관계가 기본적인 점에서 동일한지 여부를 말한다. 구체적 판단은 시간적, 장소적 근접성, 행위의 태양, 결과 등 제반사정을 종합적으로 고려해야 한다. 처분청이 근거법령만을 추가하거나 사유를 구체적으로 표시한 것처럼 내용이 공통되거나 취지가 유사한 경우에만 기본적 사실관계의 동일성을 인정하고 있다.

(4) 인정범위

재량행위의 경우 처분사유 추가·변경을 부정하는 견해가 있으나, 처분의 동일성을 전제로 하므로 긍정하는 견해가 타당하다.

2. 국토교통부장관의 처분사유 추가·변경 가능성

국토교통부장관은 당초 자격증의 부당행사 위반 사유(제27조) 외에 등록(제17조)을 하지 않았다는 사유를 추가하려 한다. 새로운 사유는 감정평가사 등록에 관한 사유로 감정평가 자격증 부당행사와 장소, 시기적 불일치는 물론, 행위의 태양과 결과 측면에서 동일성이 인정되지 않는다. 따라서 기본적 사실관계의 동일성이 인정되지 않으며, 판례의 입장에 따라 국토교통부장관 A의 처분사유 추가·변경은 허용되지 않을 것이다.

Ⅳ. 사안의 해결

(물음1) 甲은 감정평가사 자격취득 후 수협에 상근계약직으로 겸직하여 일정기간 소속을 유지하였다. 이는 자격증을 타인에게 명의 대여한 사실은 없으나, 수협이나 감정평가법인의 업무에 실질적인 관여나 수행이 없었다는 점이 인정되는바 자격증의 부당 행사에 해당하므로 장관은 동법 제39조 제2항의 모든 징계처분을 징계위원회의 의결을 거쳐 할 수 있을 것으로 판단된다.

(물음2) 기본적 사실관계의 동일성이 인정되지 않으므로 판례의 입장에 따라 국토교통부장관 A의 처분사유 추가·변경은 허용되지 않을 것으로 판단된다.

쟁점 32 공인회계사와 심마니의 감정평가법인 등의 업무 가능 여부

甲과 乙은 감정평가사 자격이 없는 공인회계사로서, 甲은 A주식회사의 부사장 겸 본부장이고 乙은 A주식회사의 상무의 직에 있는 자이다. 甲과 乙은 A주식회사 대표 B로부터 서울 소재의 A주식회사 소유 빌딩의 부지를 비롯한 지방에 있는 같은 회사 전 사업장 물류센터 등 부지에 대한 자산재평가를 의뢰받고, 회사의 회계처리를 목적으로 부지에 대한 감정평가등 자산재평가를 실시하여 그 결과 평가대상 토지(기존의 장부상 가액 3천억원)의 경제적 가치를 7천억원의 가액으로 표시하고, 그 대가로 1억 5,400만원을 받았다. 다음 물음에 답하시오. 20점 **(각각 별개의 문제임)**

(1) 위 공인회계사 甲과 乙의 행위는 「감정평가 및 감정평가사에 관한 법률」상의 감정평가법인등의 업무에 해당하는지 여부에 관하여 설명하시오. 10점

(2) 감정평가사가 아닌 심마니 홍길동이 법원 행정재판부로부터 수용 대상 토지상에 재배되고 있는 산양삼의 손실보상액 평가를 의뢰받고 감정서를 작성하여 제출한 사건에서 특수감정인으로 등재된 심마니 홍길동이 산양삼 손실보상평가액을 평가할 수 있는지 대법원 2021.10.14. 선고 2017도10634 판결 [(구)부동산 가격공시 및 감정평가에 관한 법률위반-현행 감정평가 및 감정평가사에 관한 법률]을 토대로 설명하시오. 10점

목차 index

(물음1)에 대하여

Ⅰ. 논점의 정리

Ⅱ. 감정평가업무를 하기 위한 요건

1. 감정평가법인등의 정의
2. 사안의 경우

Ⅲ. 甲과 乙의 업무행위가 감정평가업무에 해당하는지 여부

1. 감정평가의 개념
2. 감정평가법인등의 업무
3. 관련 판례의 검토
4. 사안의 경우

Ⅳ. 사안의 해결

(물음2)에 대하여

Ⅰ. 감정평가업의 취지

Ⅱ. 감정평가사가 아닌 사람이 감정평가를 할 수 있는지 여부

1. 관련 규정의 검토
2. 관련 판례의 태도
3. 검토

Ⅲ. 감정평가사가 아닌 자의 감정평가 행위의 위법 여부

1. 관련 판례의 태도
2. 검토

Ⅳ. 사안의 해결

주요 내용 contents

(물음1)에 대하여

Ⅰ. 논점의 정리

「감정평가 및 감정평가사에 관한 법률」(이하 '감정평가법')에서는 감정평가법인등, 감정평가업 등의 정의에 대해 규정하고 있다. 사안은 공인회계사 甲과 乙의 업무행위가 감정평가법인등의 업무에 해당하는지에 관한 것으로 이하 감정평가업무를 수행하기 위한 요건을 살펴보고, 사안의 업무가 이에 해당하는지 검토하도록 한다.

Ⅱ. 감정평가업무를 하기 위한 요건

1. 감정평가법인등의 정의

"감정평가법인등"이란 감정평가법 제21조에 따라 사무소를 개설한 감정평가사와 동법 제29조에 따라 인가를 받은 감정평가법인을 말한다(감정평가법 제2조 제4호). 감정평가사는 감정평가법이 정한 요건에 의하여 자격을 취득한 자로서 타인의 의뢰를 받아 토지 등을 감정평가하는 것을 그 직무로 하는 자(감정평가법 제4조)를 말한다.

> 감정평가법 제2조(정의)
> 이 법에서 사용하는 용어의 뜻은 다음과 같다.
> 1. "토지등"이란 토지 및 그 정착물, 동산, 그 밖에 대통령령으로 정하는 재산과 이들에 관한 소유권 외의 권리를 말한다.
> 2. "감정평가"란 토지 등의 경제적 가치를 판정하여 그 결과를 가액(價額)으로 표시하는 것을 말한다.
> 3. "감정평가업"이란 타인의 의뢰에 따라 일정한 보수를 받고 토지 등의 감정평가를 업(業)으로 행하는 것을 말한다.
> 4. "감정평가법인등"이란 제21조에 따라 사무소를 개설한 감정평가사와 제29조에 따라 인가를 받은 감정평가법인을 말한다.

2. 사안의 경우

甲과 乙은 감정평가 자격이 없는 공인회계사로서 감정평가법이 정한 요건에 의하여 자격을 취득한 자가 아니므로 감정평가법인등의 요건을 충족하지 못한다. 따라서 공인회계사인 甲과 乙은 감정평가법에 따라 감정평가할 자격을 인정할 수 없다.

Ⅲ. 甲과 乙의 업무행위가 감정평가업무에 해당하는지 여부

1. 감정평가의 개념

감정평가란 토지 등의 경제적 가치를 판정하여 그 결과를 가액으로 표시한 것을 말하며, 감정평가업이란 타인의 의뢰에 따라 일정한 보수를 받고 토지 등의 감정평가를 업으로 행하는 것을 말한다.

2. 감정평가법인등의 업무

감정평가법인등은 부동산공시법에 따라 감정평가법인등이 수행하는 업무, 부동산공시법 제8조 제2호에 따른 목적을 위한 토지 등의 감정평가, 자산재평가법에 따른 토지 등의 감정평가 등의 업무를 수행한다.

> 감정평가법 제4조(직무)
> ① 감정평가사는 타인의 의뢰를 받아 토지등을 감정평가하는 것을 그 직무로 한다.
> ② 감정평가사는 공공성을 지닌 가치평가 전문직으로서 공정하고 객관적으로 그 직무를 수행한다.

3. 관련 판례의 검토

"타인의 의뢰를 받아 감정평가법이 정한 토지에 대한 감정평가를 행하는 것은 회계서류에 대한 전문적 지식이나 경험과는 관계가 없어 '회계에 관한 감정' 또는 '그에 부대되는 업무'에 해당한다고 볼 수 없고, 그 밖에 공인회계사가 행하는 다른 직무의 범위에 포함된다고 볼 수도 없다."

【판시사항】

공인회계사법 제2조에서 정한 '회계에 관한 감정'의 의미 및 타인의 의뢰를 받아 '부동산 가격공시 및 감정평가에 관한 법률'이 정한 토지에 대한 감정평가를 행하는 것이 공인회계사의 직무범위에 포함되는지 여부(소극) / 감정평가업자가 아닌 공인회계사가 타인의 의뢰에 의하여 일정한 보수를 받고 '부동산 가격공시 및 감정평가에 관한 법률'이 정한 토지에 대한 감정평가를 업으로 행하는 것이 같은 법 제43조 제2호에 의하여 처벌되는 행위인지 여부(적극) 및 위 행위가 형법 제20조가 정한 '법령에 의한 행위'로서 정당행위에 해당하는지 여부(원칙적 소극)

【판결요지】

공인회계사법의 입법 취지와 목적, 회계정보의 정확성과 적정성을 담보하기 위하여 공인회계사의 직무범위를 정하고 있는 공인회계사법 제2조의 취지와 내용 등에 비추어 볼 때, 위 규정이 정한 '회계에 관한 감정'이란 기업이 작성한 재무상태표, 손익계산서 등 회계서류에 대한 전문적 회계지식과 경험에 기초한 분석과 판단을 보고하는 업무를 의미하고, 여기에는 기업의 경제활동을 측정하여 기록한 회계서류가 회계처리기준에 따라 정확하고 적정하게 작성되었는지에 대한 판정뿐만 아니라 자산의 장부가액이 신뢰할 수 있는 자료에 근거한 것인지에 대한 의견제시 등도 포함된다. 그러나 타인의 의뢰를 받아 부동산 가격공시 및 감정평가에 관한 법률(이하 '부동산공시법'이라 한다)이 정한 토지에 대한 감정평가를 행하는 것은 회계서류에 대한 전문적 지식이나 경험과는 관계가 없어 '회계에 관한 감정'또는 '그에 부대되는 업무'에 해당한다고 볼 수 없고, 그 밖에 공인회계사가 행하는 다른 직무의 범위에 포함된다고 볼 수도 없다.

따라서 감정평가업자가 아닌 공인회계사가 타인의 의뢰에 의하여 일정한 보수를 받고 부동산공시법이 정한 토지에 대한 감정평가를 업으로 행하는 것은 부동산공시법 제43조 제2호에 의하여 처벌되는 행위에 해당하고, 특별한 사정이 없는 한 형법 제20조가 정한 '법령에 의한 행위'로서 정당행위에 해당한다고 볼 수는 없다.

(대법원 2015.11.27. 선고 2014도191 판결 [부동산가격공시 및 감정평가에 관한 법률위반])

4. 사안의 경우

甲과 乙은 감정평가사가 아닌 자임에도 불구하고 자산재평가를 실시하여 그 결과 토지의 경제적 가치를 7천억원으로 표시한 감정평가 행위를 하였다. 판례 등의 태도를 비추어 볼 때 이러한 甲과 乙의 행위는 감정평가법 제49조 제2호에 의하여 처벌되는 행위에 해당하고, 특별한 사정이 없는 한 법령에 의한 행위로서 정당행위에 해당한다고 볼 수 없을 것이다.

Ⅳ. 사안의 해결

甲과 乙은 감정평가법인등에 해당하지 않은 자이나, 감정평가법에 따른 감정평가행위를 한 것으로 이는 위법하다. 이러한 위법행위는 감정평가법에 따른 벌칙의 대상으로, 실제 이 사건 대법원 판례는 벌금형으로 종결되었다.

(물음2)에 대하여

Ⅰ. 감정평가업의 취지

감정평가사 자격을 갖춘 사람만이 감정평가업을 독점적으로 영위할 수 있도록 한 취지는 감정평가업무의 전문성, 공정성, 신뢰성을 확보해서 재산과 권리의 적정한 가격형성을 보장하여 국민의 권익을 보호하기 위한 것이다.

【판시사항】

구 부동산 가격공시 및 감정평가에 관한 법률에서 감정평가사 자격을 갖춘 사람만이 감정평가업을 독점적으로 영위할 수 있도록 한 취지

【판결요지】

구 부동산 가격공시 및 감정평가에 관한 법률(2016.1.19. 법률 제13796호 부동산 가격공시에 관한 법률로 전부 개정되기 전의 것, 이하 '구 부동산공시법'이라고 한다) 제2조 제7호 내지 제9호, 제43조 제2호는 감정평가란 토지 등의 경제적 가치를 판정하여 그 결과를 가액으로 표시하는 것을 말하고, 감정평가업자란 제27조에 따라 신고를 한 감정평가사와 제28조에 따라 인가를 받은 감정평가법인을 말한다고 정의하면서, 감정평가업자가 아닌 자가 타인의 의뢰에 의하여 일정한 보수를 받고 감정평가를 업으로 행하는 것을 처벌하도록 규정하고 있다. 이와 같이 <u>감정평가사 자격을 갖춘 사람만이 감정평가업을 독점적으로 영위할 수 있도록 한 취지는 감정평가업무의 전문성, 공정성, 신뢰성을 확보해서 재산과 권리의 적정한 가격형성을 보장하여 국민의 권익을 보호하기 위한 것이다</u>(구 부동산공시법 제1조 참조).

(출처: 대법원 2021.10.14. 선고 2017도10634 판결 [부동산가격공시 및 감정평가에 관한 법률위반])

Ⅱ. 감정평가사가 아닌 사람이 감정평가를 할 수 있는지 여부

1. 관련 규정의 검토

감정평가법 제14조의 감정평가사 시험을 합격한 자에게 제11조의 감정평가사의 자격이 발생한다. 일정한 기간 수습을 거친 후, 제17조의 등록을 국토교통부장관에게 신청하여 제10조

업무를 할 수 있는 법적 지위를 향유하게 된다. 만약 이러한 자격이 없는 자가 제10조 감정평가업무를 영위하는 경우 제49조 근거 3년 이하의 징역 또는 3천만원 이하의 벌금에 처할 것을 규정하고 있다.

감정평가 및 감정평가사에 관한 법률

제10조(감정평가법인등의 업무)

감정평가법인등은 다음 각 호의 업무를 행한다.

1. 「부동산 가격공시에 관한 법률」에 따라 감정평가법인등이 수행하는 업무
2. 「부동산 가격공시에 관한 법률」 제8조 제2호에 따른 목적을 위한 토지 등의 감정평가
3. 「자산재평가법」에 따른 토지 등의 감정평가
4. 법원에 계속 중인 소송 또는 경매를 위한 토지 등의 감정평가
5. 금융기관·보험회사·신탁회사 등 타인의 의뢰에 따른 토지 등의 감정평가
6. 감정평가와 관련된 상담 및 자문
7. 토지 등의 이용 및 개발 등에 대한 조언이나 정보 등의 제공
8. 다른 법령에 따라 감정평가법인등이 할 수 있는 토지 등의 감정평가
9. 제1호부터 제8호까지의 업무에 부수되는 업무

제49조(벌칙)

다음 각 호의 어느 하나에 해당하는 자는 3년 이하의 징역 또는 3천만원 이하의 벌금에 처한다.

1. 부정한 방법으로 감정평가사의 자격을 취득한 사람
2. 감정평가법인등이 아닌 자로서 감정평가업을 한 자
3. 구비서류를 거짓으로 작성하는 등 부정한 방법으로 제17조에 따른 등록이나 갱신등록을 한 사람
4. 제18조에 따라 등록 또는 갱신등록이 거부되거나 제13조, 제19조 또는 제39조에 따라 자격 또는 등록이 취소된 사람으로서 제10조의 업무를 한 사람
5. 제25조 제1항을 위반하여 고의로 업무를 잘못하거나 같은 조 제6항을 위반하여 제28조의2에서 정하는 유도 또는 요구에 따른 자
6. 제25조 제4항을 위반하여 업무와 관련된 대가를 받거나 감정평가 수주의 대가로 금품 또는 재산상의 이익을 제공하거나 제공하기로 약속한 자

6의2. 제28조의2를 위반하여 특정한 가액으로 감정평가를 유도 또는 요구하는 행위를 한 자

7. 정관을 거짓으로 작성하는 등 부정한 방법으로 제29조에 따른 인가를 받은 자

2. 관련 판례의 태도

'타인의 의뢰를 받아 감정평가법이 정한 토지에 대한 감정평가를 행하는 것은 회계서류에 대한 전문적 지식이나 경험과는 관계가 없어 '회계에 관한 감정' 또는 '그에 부대되는 업무'에 해당한다고 볼 수 없고,그 밖에 공인회계사가 행하는 다른 직무의 범위에 포함된다고 볼 수도 없다(대판 2015.11.27, 2014도191)는 판례의 태도가 있었으나, 최근 판례 2017도10634 판결에 따르면 소송의 증거방법 중 하나인 감정은 법관의 지식과 경험을 보충하기 위하여 특별한 학식과 경험을 가진 제3자에게 그 전문적 지식이나 이를 구체적 사실에 적용하여 얻은 판단을 법원에 보고하게 하는 것으로, 감정신청의 채택 여부를 결정하고 감정인을 지정하거나 단체 등에 감정촉탁을 하는 권한은 법원에 있고(민사소송법 제335조, 제341조 제1항 참조), 행정소송사

건의 심리절차에서 공익사업을 위한 토지 등의 취득 및 보상에 관한 법률상 토지 등의 손실보상액에 관하여 감정을 명할 경우 그 감정인으로 반드시 감정평가사나 감정평가법인을 지정하여야 하는 것은 아니라고 판시하여 감정평가사가 아닌 사람이더라도 그 감정사항에 포함된 토지 등을 감정평가 할 수 있다고 판시하였다.

3. 검토

감정평가사만에게 법률적으로 독점적인 평가업무를 할 수 있도록 법적자격을 부여한 것은 적정가격평가의 전문성과 신뢰성을 제고하기 위함이다. 적정가격은 조세산정등 행정업무 기준이 되는 지가로 활용되거나,불완전한 부동산시장에서 균형가격의 기능을 하는 등 행정의 형평과 국가경제기반에 직접적인 영향을 끼치는 매우 중대하고 전문적인 업무이다. 감정평가사가 아닌 자가 감정평가업을 영위한다면 국가 경제에 큰 혼란과 타격을 줄 수 있는바 제10조 업무는 감정평가사만이 할 수 있도록 엄격하게 제한하는것이 타당하다.

Ⅲ. 감정평가사가 아닌 자의 감정평가 행위의 위법 여부

1. 관련 판례의 태도

【판시사항】

민사소송법 제335조에 따른 법원의 감정인 지정결정 또는 같은 법 제341조 제1항에 따른 법원의 감정촉탁을 받은 경우, 감정평가업자가 아닌 사람이더라도 그 감정사항에 포함된 토지 등의 감정평가를 할 수 있는지 여부(적극) 및 이러한 행위가 형법 제20조의 정당행위에 해당하여 위법성이 조각되는지 여부(적극)

【판결요지】

한편 소송의 증거방법 중 하나인 감정은 법관의 지식과 경험을 보충하기 위하여 특별한 학식과 경험을 가진 제3자에게 그 전문적 지식이나 이를 구체적 사실에 적용하여 얻은 판단을 법원에 보고하게 하는 것으로, 감정신청의 채택 여부를 결정하고 감정인을 지정하거나 단체 등에 감정촉탁을 하는 권한은 법원에 있고(민사소송법 제335조, 제341조 제1항 참조), 행정소송사건의 심리절차에서 공익사업을 위한 토지 등의 취득 및 보상에 관한 법률상 토지 등의 손실보상액에 관하여 감정을 명할 경우 그 감정인으로 반드시 감정평가사나 감정평가법인을 지정하여야 하는 것은 아니다.

법원은 소송에서 쟁점이 된 사항에 관한 전문성과 필요성에 대한 판단에 따라 감정인을 지정하거나 감정촉탁을 하는 것이고, 감정결과에 대하여 당사자에게 의견을 진술할 기회를 준 후 이를 종합하여 그 결과를 받아들일지 여부를 판단하므로, 감정인이나 감정촉탁을 받은 사람의 자격을 감정평가사로 제한하지 않더라도 이러한 절차를 통하여 감정의 전문성, 공정성 및 신뢰성을 확보하고 국민의 재산권을 보호할 수 있기 때문이다.

그렇다면 민사소송법 제335조에 따른 법원의 감정인 지정결정 또는 같은 법 제341조 제1항에 따른 법원의 감정촉탁을 받은 경우에는 감정평가업자가 아닌 사람이더라도 그 감정사항에 포함된 토지 등의 감정평가를 할 수 있고, 이러한 행위는 법령에 근거한 법원의 적법한 결정이나 촉탁에 따른 것으로 형법 제20조의 정당행위에 해당하여 위법성이 조각된다고 보아야 한다.

(출처: 대법원 2021.10.14. 선고 2017도10634 판결 [부동산가격공시 및 감정평가에 관한 법률위반])

2. 검토

감정평가법인등이 아닌 사람이라도 토지 등을 감정평가할 수 있고, 이러한 행위가 형법 제20조의 정당행위에 해당한다는 판례의 태도는 감정평가 및 감정평가사에 관한 제도를 확립하여 공정한 감정평가를 도모함으로써 국민의 재산권을 보호하여 국가경제 발전에 기여함을 목적으로 하는 감정평가법의 입법취지에 위배되는 판결이라 판단된다.

Ⅳ. 사안의 해결

종전 회계법인의 감정평가 행위에 대해 이는 감정평가법에 따른 벌칙의 대상이라는 판결과는 달리 최근 판례는 법원의 감정촉탁을 받은 사람의 경우 토지 등을 감정평가할 수 있다는 판시하였다. 이러한 판례의 태도는 감정평가법의 입법 취지 및 감정평가법상 감정평가법인등의 업무 범위 등을 규정한 감정평가법에 위배되는 판결이라 할 것이다.

쟁점 33 별표3의 법적 성질 및 감정평가법인 등의 협의의 소익

전세사기가 극성을 부리는 가운데 국토교통부는 감정평가법인에 대한 일제 지도 · 감독을 실시하게 되었다. 감정평가법인등 甲은 부동산 브로커와 협작하여 전세사기를 모의하여 서울특별시 강서구 일대 신축 빌라가격이 2억원인데 4억원으로 높게 평가하였다. 국토교통부의 지도점검 결과 전세사기를 치기 위해 높게 평가한 사실을 국토교통부 감사관이 적발하였다. 이에 「감정평가 및 감정평가사에 관한 법률」(이하 '감정평가법')에 따라 감정평가법인등 甲은 전세사기에 가담하여 시세보다 높은 가격으로 평가하고 감정평가사로서 성실의무 위반으로 하였다는 이유로 국토교통부 감정평가관리 · 징계위원회(이하 징계위원회)의 의결을 거쳐 국토교통부장관으로부터 2개월의 업무정지 처분을 받았다. 감정평가법인등 甲은 의견제출을 통하여 자기는 전세사기에 가담한 사실이 없고, 부동산 가격기 폭락하여 시세가 원래 4억원이였는데 2억원으로 떨어진 것이라고 항변하였으나, 국토교통부장관은 감사관이 제시한 증거에 의하여 甲의 성실의무 위반을 인정하고 甲의 주장을 받아들이지 않았다. 甲은 1개월 후 취소소송을 제기하였으나, 서울행정법원은 심리를 진행하다가 이미 업무정지기간이 만료되었음을 이유로 소를 기각하였다. 다음의 구체적인 물음에 답하시오. 30점

(1) 가중처벌의 가능성을 규정한 관련 규정 감정평가법 시행령 제29조 별표3의 법적 성질을 논하시오. 10점

(2) 감정평가법인등 甲은 행정소송법 제12조 제2문의 법률상 이익과 관련하여 협의의 소익(권리보호의 필요)이 있는지를 논하시오. 20점

목차 index

Ⅰ. 논점의 정리

Ⅱ. (물음1) 감정평가법 시행령 제29조 별표3의 법적 성질

1. 문제의 소재
2. 법규명령 형식의 행정규칙의 법적 성질
   - (1) 학설
     - ① 법규명령설
     - ② 행정규칙설
     - ③ 수권여부기준설
   - (2) 판례
   - (3) 검토
3. 사안의 적용

Ⅲ. (물음2) 甲의 협의의 소의 이익 여부

1. 문제의 소재
2. 협의의 소익(권리보호의 필요)
   - (1) 의의 및 취지 / (2) 소송요건
3. 원고적격과의 구별 여부
4. 법률상 이익의 범위
   - (1) 학설 / (2) 판례 / (3) 검토
5. 제재적 처분이 가중처분의 요건인 경우의 협의의 소의 이익
   - (1) 처분의 효력이 소멸한 경우
   - (2) 제재적 처분이 가중처분의 요건인 경우
     - 1) 종전판례의 태도
     - 2) 변경된 전원합의체 판결의 태도
     - 3) 검토
6. 사안의 경우

Ⅳ. 사안의 해결

주요 내용 contents

Ⅰ. 논점의 정리

사안은 감정평가법인등 甲에게 발하여진 처분의 취소를 구하는 소송이 계속되는 도중 기간의 경과로 처분의 효과가 소멸되었음에도 甲에게 소의 이익이 인정되는지가 문제된다. 먼저 해당 가중처분기준을 규정하고 있는 「감정평가 및 감정평가사에 관한 법률」(이하 '감정평가법') 시행령 제29조 [별표 3]의 법적 성질이 법규성을 갖는지를 검토하고, 과연 법규성 인정 여하에 따라서 행정소송법 제12조 제2문의 권리보호의 필요가 甲에게 인정되는지를 검토하여 소의 이익 여부를 해결하도록 한다.

Ⅱ. (물음1) 감정평가법 시행령 제29조 별표3의 법적 성질

1. 문제의 소재

감정평가법 제32조는 업무정지를 규정하면서 제5항에서는 업무정지 등의 기준은 대통령령으로 위임하여 동법 시행령 제29조 [별표 3]에서는 처분의 기준과 가중감경처분의 가능성을 규정하고 있다. 또한 [별표 3]에서 처분의 한도 등을 규정하고 있는바, 형식은 법규법령이나 실질이 행정규칙으로 법규성 인정 여부와 권리보호의 필요의 인정논의와 연계된다고 할 것이다.

2. 법규명령 형식의 행정규칙의 법적 성질

(1) 학설

① 〈법규명령설〉 형식을 강조하여 법규명령의 형식으로 규정되어 있는 이상 법규명령으로 보아야 한다는 견해이다. 다수의 견해이다. ② 〈행정규칙설〉 해당 규범의 실질내용을 강조하여 내용이 행정사무의 내부처리기준에 불과하므로 행정규칙으로 보아야 한다는 견해이다. ③ 〈수권여부기준설〉 형식면을 강조하면서도 법률의 위임수권 여부를 기준으로, 위임의 근거가 있는 경우에는 법규명령, 위임의 근거가 없는 경우에는 행정규칙으로 보아야 한다는 견해가 대립한다.

(2) 판례

판례는 문제된 규범의 형식에 따라, 다른 입장을 보이고 있다. 즉, 대통령령 형식의 경우 법규명령으로, 총리령이나 부령 형식을 갖는 경우에는 행정규칙으로 이해한다. 다만, 최근 전원합의체 판결에서는 형식과 무관하게 법규성을 인정해야 한다는 견해가 제시된 바 있다.

(3) 검토

이러한 문제는 궁극적으로 형식과 내용이 일치되는 행정입법의 제정을 통해 시정되어야 할 것이지만, 해석론으로는 실질적인 내용을 중심으로 검토되는 것이 바람직하다고 생각한다. 따라서 그 내용이 행정기관만을 내부적으로 구속하는 것이라면 행정규칙으로서의 성질은 변하지 않는다고 보는 것이 타당하다고 할 것이라고 생각된다. 다만 현행법체계에서 대통령령의 별표만 법규성을 인정하는 것은 현실적인 법적용에 있어서 불가피한 조치로 판단된다.

3. 사안의 적용

위의 학설처럼 일부 견해에 의하면 감정평가법령상의 내용 및 [별표 3] 기준은 법규성이 없는 행정규칙으로서의 성격을 가지게 될 것이나 다수의 학설과 판례의 입장에 따라 법규성을 인정하는 것이 타당하다고 판단된다.

Ⅲ. (물음2) 甲의 협의의 소의 이익 여부

1. 문제의 소재

처분의 취소소송의 계속 중 처분기간이 경과하면 소의 이익이 소멸한다. 그러나 감정평가법령에서 업무정지를 받은 전력으로 인하여 가중처분의 가능성이 존재하기 때문에 예외적 소의 이익이 존재하는지 문제된다.

2. 협의의 소익(권리보호의 필요)

(1) 의의 및 취지

구체적 사안에서 본안판단을 행할 현실적 필요성을 말하며, 권리보호의 필요라고도 한다. 협의의 소의 이익을 비롯한 소송요건의 취지는 남소방지와 재판청구권 보장 사이의 이익형량을 위한 것이다.

(2) 소송요건

대상적격, 원고적격 등과 함께 소송요건의 하나이다. 따라서 직권조사사항이며, 흠결 시 각하 판결을 하게 된다.

3. 원고적격과의 구별 여부

법 제12조 제2문에서는 원고적격이라는 표제로 하여 제12조 제1문과 동일하게 법률상 이익이라는 동일한 용어를 사용하고 있는바, 그 의미에 대하여 다음과 같은 견해가 있다. ① 〈비구별설〉 법 제12조 제2문의 법률상 이익도 제12조 제1문과 동일하게 원고적격을 의미하며 소의 이익은 판례와 학설에 의해 인정되는 것으로 보는 견해와 ② 〈구별설〉 처분의 효력이 소멸되어 침해된 권리 내지 법적 지위가 회복될 수 없는 경우에도 회복될 수 있는 법률상 이익이 있는 경우에는 권리보호의 필요가 있다는 것이 동조의 입법취지라는 점, 비구별설에 의하면 협의의 소의 이익에 관한 규정이 없게 된다는 문제가 있다는 점을 논거로 협의의 소의 이익으로 보는 견해가 타당하며 다수의 입장이다. 개정안에서도 협의의 소의 이익에 대하여 별도로 규정을 신설하고 있다.

> 행정소송법 제12조(원고적격)
> 취소소송은 처분등의 취소를 구할 법률상 이익이 있는 자가 제기할 수 있다. 처분등의 효과가 기간의 경과, 처분등의 집행 그 밖의 사유로 인하여 소멸된 뒤에도 그 처분등의 취소로 인하여 회복되는 법률상 이익이 있는 자의 경우에는 또한 같다.

4. 법률상 이익의 범위

(1) 학설

구별설에 의할 때에도 법률상 이익의 범위에 대하여 ① 법 제12조 제1문보다 넓게 부수적 이익도 포함하지만 법적으로 보호할 만한 가치가 있는 이익에 한정하는 견해, ② 경제적 이익, 명예, 신용 등의 인격적 이익, 사회적 이익까지 포함된다는 견해, ③ 문화적 이익까지 포함된다는 견해가 있다.

(2) 판례

처분의 근거법률에 의하여 보호되는 직접적이고 구체적인 이익을 말하며, 간접적이거나 사실적, 경제적인 이해관계를 가지는 데 불과한 경우는 해당되지 않는다고 하는바, 견해 ①의 입장으로 보인다.

(3) 검토

본 소송은 형식은 취소소송이지만 실질은 처분의 효력이 소멸된 경우 등에서 처분의 위법성을 확인하는 확인소송이라고 이해되므로, 원고가 위법 확인을 받아야 할 이익이 경제적, 사회적, 문화적 이익인지 여부보다는 제정 처분의 효력이 소멸되었음에도 취소소송을 통하여 보호를 해주어야 할 현실적인 필요성이 있는지 여부에 의해 결정되어야 할 것이다. 따라서 명예나 신용과 같은 이익도 경우에 따라서는 소의 이익이 인정될 수 있을 것이다.

5. 제재적 처분이 가중처분의 요건인 경우의 협의의 소의 이익

(1) 처분의 효력이 소멸한 경우

① 원칙

처분의 효력이 소멸한 경우에는 원칙적으로 해당 처분의 취소를 통하여 회복할 법률상 이익이 없다.

② 예외

그러나 이 경우에도 처분이 외형상 잔존함으로 인하여 어떠한 법률상 이익이 침해되고 있다고 볼 만한 특별한 사정이 있는 경우에는 예외적으로 소의 이익이 있다. 예를 들면 영업정지 처분에 대한 집행정지결정이 있는 경우에는 예외적으로 집행정지된 기간만큼 제재기간이 연기되고 정지처분의 효력이 소멸된 것은 아니므로 정지기간이 경과하였어도 소의 이익이 있다.

(2) 제재적 처분이 가중처분의 요건인 경우

제재적 처분이 가중처분의 요건인 경우에 가중처분을 받을 위험을 피하기 위하여 소의 이익이 있는지 문제된다.

1) 종전판례의 태도

판례는 가중처분규정의 법적 성질에 따라 소의 이익 여부를 판단한다. 즉, 가중처분규정의 성질이 법규명령인 경우에는 소의 이익을 인정하지만, 행정규칙인 경우에는 소의 이익을 부정한다. 판례는 해당 규범의 법적 성질이 부령 형식(시행규칙)인 경우에는 실질을 중시하여 행정규칙이라고 본다. 따라서 운수사업면허정지처분의 가중처분의 요건을 정한 자동차운수사업면허취소 등의 처분에 관한 시행규칙(국토교통부령)은 행정부 내부의 처분기준을 정한 행정규칙이어서 대외적 구속력이 없으므로 가중적인 제재처분을 받을 불이익은 직접적, 구체적, 현실적인 것이 아닌바, 소의 이익이 없다고 판시하였다. 한편, 판례는 대통령령 형식(시행령)인 경우에는 부령 형식인 경우와는 달리 가중규범의 법적 성질을 법규명령이라고 보고 있다. 따라서 이 경우에는 가중처분의 규정이 대외적인 구속력이 있어, 가중처분을 받을 불이익은 직접적, 구체적, 현실적인 것이므로 소의 이익이 있다고 한다.

2) 변경된 전원합의체 판결의 태도(2003두1684)

① 다수의견 – 법규성과는 무관하게 향후에 가중처벌을 받을 위험이 존재하는 경우

변경된 판례의 다수견해는 협의의 소의 이익 유무를 가중규범의 법적 성질이 법규명령이냐 행정규칙이냐라는 형식적 기준에 의하여 판단하지 않고, 구체적인 사안별로 관계법령의 취지를 살펴서 현실적으로 권리보호의 필요성이 있느냐를 기준으로 판단하고 있다. 이와 같은 태도는 종래의 학설의 다수견해를 받아들인 것으로 보인다. 그 논거로는 ⓐ 제재적 행정처분의 가중사유나 전제요건에 관한 규정이 법령이 아니라 규칙의 형식으로 되어 있다고 하더라도 그러한 규칙이 법령에 근거를 두고 있는 이상 그 법적 성질이 대외적, 일반적 구속력을 갖는 법규명령인지 여부와는 상관없이 관할 행정청이나 담당 공무원은 이를 준수할 의무가 있으므로 이들이 그 규칙에 정해진 바에 따라 행정작용을 할 것이 당연히 예견되고 그 결과 행정작용의 상대방인 국민으로서는 그 규칙의 영향을 받을 수밖에 없다는 점, ⓑ 나중에 후행처분에 대한 취소소송에서 선행처분의 사실관계나 위법 등을 다툴 수 있는 여지가 남아 있다고 하더라도, (ⅰ) 상대방으로서는 그 처분의 존재로 인하여 관련 업무나 자격 등에 관하여 장래에 확실히 받을 것으로 예상되는 불이익을 제때에 해소하지 못하는 불안정한 처지에 놓이게 되어 이에 대한 불안 때문에 해당 업무 등과 관련하여 상당한 어려움을 겪을 수 있고, (ⅱ) 선행처분 자체의 위법을 다투기 위하여 취소소송을 제기하였더라도 소송계속 중에 그 제재기간이 경과한 때에는 충분한 심리가 된 경우에도 선행처분의 위법 여부에 대한 판단을 받지 못한 채 소송이 종결될 것인데 나중에 다시 동일한 쟁점인 선행처분의 위법을 다투기 위하여 후행처분에 대한 취소소송을 제기하여 이중으로 노력과 비용을 들이는 불편과 부담을 감수할 수밖에 없으며, (ⅲ) 선행처분과 후행처분 사이에 상당한 기간이 경과한 경우에는 선행처분의 위법 여부와 관련되는 증거자료의 멸실로 선행처분의 사실관계 등에 관한 심리가 어려워질 수도 있는 등 여러 가지 불합리한 결과를 초래하여 권리구제의 실효성을 저해할 수 있다는 점 등이다.

> **[다수의견]** (대법원 2003두1684 판결) 제재적 행정처분이 그 처분에서 정한 제재기간의 경과로 인하여 그 효과가 소멸되었으나, 부령인 시행규칙 또는 지방자치단체의 규칙(이하 이들을 '규칙'이라고 한다)의 형식으로 정한 처분기준에서 제재적 행정처분(이하 '선행처분'이라고 한다)을 받은 것을 가중사유나 전제요건으로 삼아 장래의 제재적 행정처분(이하 '후행처분'이

라고 한다)을 하도록 정하고 있는 경우, 제재적 행정처분의 가중사유나 전제요건에 관한 규정이 법령이 아니라 규칙의 형식으로 되어 있다고 하더라도, 그러한 규칙이 법령에 근거를 두고 있는 이상 그 법적 성질이 대외적·일반적 구속력을 갖는 법규명령인지 여부와는 상관없이, 관할 행정청이나 담당공무원은 이를 준수할 의무가 있으므로 이들이 그 규칙에 정해진 바에 따라 행정작용을 할 것이 당연히 예견되고, 그 결과 행정작용의 상대방인 국민으로서는 그 규칙의 영향을 받을 수밖에 없다. 따라서 그러한 규칙이 정한 바에 따라 선행처분을 받은 상대방이 그 처분의 존재로 인하여 장래에 받을 불이익, 즉 후행처분의 위험은 구체적이고 현실적인 것이므로, 상대방에게는 선행처분의 취소소송을 통하여 그 불이익을 제거할 필요가 있다. 또한, 나중에 후행처분에 대한 취소소송에서 선행처분의 사실관계나 위법 등을 다툴 수 있는 여지가 남아 있다고 하더라도, 이러한 사정은 후행처분이 이루어지기 전에 이를 방지하기 위하여 직접 선행처분의 위법을 다투는 취소소송을 제기할 필요성을 부정할 이유가 되지 못한다. 그러한 쟁송방법을 막는 것은 여러 가지 불합리한 결과를 초래하여 권리구제의 실효성을 저해할 수 있기 때문이다. 오히려 앞서 본 바와 같이 행정청으로서는 선행처분이 적법함을 전제로 후행처분을 할 것이 당연히 예견되므로, 이러한 선행처분으로 인한 불이익을 선행처분 자체에 대한 소송에서 사전에 제거할 수 있도록 해 주는 것이 상대방의 법률상 지위에 대한 불안을 해소하는 데 가장 유효적절한 수단이 된다고 할 것이고, 또한 그 소송을 통하여 선행처분의 사실관계 및 위법 여부가 조속히 확정됨으로써 이와 관련된 장래의 행정작용의 적법성을 보장함과 동시에 국민생활의 안정을 도모할 수 있다. 이상의 여러 사정과 아울러, 국민의 재판청구권을 보장한 헌법 제27조 제1항의 취지와 행정처분으로 인한 권익침해를 효과적으로 구제하려는 행정소송법의 목적 등에 비추어 행정처분의 존재로 인하여 국민의 권익이 실제로 침해되고 있는 경우는 물론이고 권익침해의 구체적·현실적 위험이 있는 경우에도 이를 구제하는 소송이 허용되어야 한다는 요청을 고려하면, 규칙이 정한 바에 따라 선행처분을 가중사유 또는 전제요건으로 하는 후행처분을 받을 우려가 현실적으로 존재하는 경우에는, 선행처분을 받은 상대방은 비록 그 처분에서 정한 제재기간이 경과하였다 하더라도 그 처분의 취소소송을 통하여 그러한 불이익을 제거할 권리보호의 필요성이 충분히 인정된다고 할 것이므로, 선행처분의 취소를 구할 법률상 이익이 있다고 보아야 한다.

② 별개의견 – 부령 형식의 제재처분기준의 법적 성질을 법규명령으로 보면서 가중처분규정의 법적 성질에 따라 소의 이익 유무를 판단

가중처분규정의 법적 성질에 따라서 소의 이익 유무를 판단해야 한다고 하여 소의 이익에 대한 논리전개는 종전의 판례와 같이하는 견해이다. 다만, 제재처분기준은 대외적인 구속력이 있으므로 총리령, 부령(시행규칙) 형식의 행정규칙이더라도 법적 성질은 법규명령으로 보아야 한다는 점에서 법적 성질에 대하여는 판례의 입장인 행정규칙과 다르다. 그 논거로는 ⓐ 대통령령과 부령은 모두 헌법 제75조와 제95조에서 정하고 있는 위임명령이고, 다만 대통령령은 그 제정절차에 있어서 국무회의의 심의를 거친다는 점에서 차이가 있을 뿐인데 이 점을 가지고 그 법적 효력을 달리 볼만한 근거로 삼기는 부족하다. 따라서 대통령령 형식의 제재적 처분기준을 법규명령으로 본다면 부령으로 정한 처분기준도 법규명령으로 보는 것이 논리적 일관성이 있다는 점, ⓑ 제재적 처분기준은 국민의 권리·의무에 직접 영향을 미치는 것이기 때문에 이를 단순히 행정청 내부의 사무처리기준에 불과하다고 볼 수 없다는 점 등을 들고 있다.

> [대법관 이강국의 별개의견] (대법원 2003두1684 판결) 다수의견은, 제재적 행정처분의 기준을 정한 부령인 시행규칙의 법적 성질에 대하여는 구체적인 논급을 하지 않은 채, 시행규칙에서 선행처분을 받은 것을 가중사유나 전제요건으로 하여 장래 후행처분을 하도록 규정하고 있는 경우, 선행처분의 상대방이 그 처분의 존재로 인하여 장래에 받을 불이익은 구체적이고 현실적이라는 이유로, 선행처분에서 정한 제재기간이 경과한 후에도 그 처분의 취소를 구할 법률상 이익이 있다고 보고 있는바, <u>다수의견이 위와 같은 경우 선행처분의 취소를 구할 법률상 이익을 긍정하는 결론에는 찬성하지만, 그 이유에 있어서는 부령인 제재적 처분기준의 법규성을 인정하는 이론적 기초 위에서 그 법률상 이익을 긍정하는 것이 법리적으로는 더욱 합당하다고 생각한다. 상위법령의 위임에 따라 제재적 처분기준을 정한 부령인 시행규칙은 헌법 제95조에서 규정하고 있는 위임명령에 해당하고, 그 내용도 실질적으로 국민의 권리의무에 직접 영향을 미치는 사항에 관한 것이므로, 단순히 행정기관 내부의 사무처리준칙에 지나지 않는 것이 아니라 대외적으로 국민이나 법원을 구속하는 법규명령에 해당한다고 보아야 한다.</u>

3) 검토 – 향후 가중처벌을 받을 위험 등 구체적인 사안별로 판단

㉠ 담당 공무원은 부령 형식의 행정규칙도 준수하여야 하므로 장래에 그 시행규칙이 정한 바에 따라 가중처분을 할 것이 당연히 예견된다는 점에서 가중처벌을 받을 위험을 제거할 이익은 법률상 이익이라는 점, ㉡ 시간의 경과로 인한 증거자료 등의 멸실의 문제가 있다는 점에서, 협의의 소의 이익 유무를 가중규범의 법적 성질이 법규명령이냐 행정규칙이냐라는 형식적 기준에 의하여 판단하는 종전 판례의 다수의견이나 변경된 판례의 별개의견은 타당하지 않고 구체적인 사안별로 관계 법령의 취지를 살펴서 현실적으로 권리보호의 필요성이 있느냐를 기준으로 판단해야 한다는 학설의 다수견해와 변경된 판례의 다수의견의 입장이 타당하다고 판단된다.

6. 사안의 경우

판례의 다수견해에 따를 때, 甲이 입은 불이익은 구체적인 것이지 간접적, 사실적이거나 경제적 이해관계에 불과한 것이 아닌 만큼 甲으로서는 해당 업무정지처분의 취소를 구할 소의 이익이 있다고 판단된다.

Ⅳ. 사안의 해결

감정평가법 시행령 제29조 [별표 3]은 이른바 법규명령 형식의 행정규칙으로서 실질적으로 행정청 내부의 사무처리기준으로서 행정규칙으로 볼 수 있다고 할 수 있다. 다만, 판례 및 형식설에 의하면 법규성이 있다고 보는 것이 타당하다고 생각된다. 법규성과는 무관하게 향후에 가중처벌을 받을 위험이 존재하는 경우, 즉 판례의 다수견해에 의하면 가중제재처분의 기준의 법적 성질과 무관하게 장래에 제재처분기준이 정하는 바에 따라 가중처분을 할 것이 당연히 예견되어 甲이 장래에 받을 불이익은 구체적 · 직접적인 것이므로 甲은 소의 이익을 갖는다고 보인다. 가중처분의 근거규정의 법적 성질에 따라 판단하는 견해(판례의 별개의견)에 의하면 해당 처분기준은 법규명령으로서 甲은 장래에 가중처분을 받을 위험이 있는바, 권리보호의 필요가 인정된다고 생각된다.

쟁점 34 감정평가법인 등의 손해배상책임

감정평가 및 감정평가사에 관한 법률(이하 '감정평가법')에 따라 국토교통부장관으로부터 감정평가사 자격등록을 한 연후에 감정평가법인 지사를 개설한 감정평가법인등 甲 등은 금융기관으로부터 주택에 대한 담보평가를 의뢰받고 A 소유의 101호, B소유의 102호, C소유의 103호 세채 아파트를 평가하기 위하여 현장에 도착하였다. 소유자 A의 처로부터 甲은 임대차가 없다는 확인을 받고 감정평가서에 "임대차 없음"이라 기재하였다. 그러나 사실은 甲이 모르는 임대차관계가 존재하였으며, 이후 소유자 A, B, C 아파트가 경매로 넘어가자 금융기관에서는 감정평가서의 부실기재를 이유로 甲 등에게 손해배상을 청구하였다. 감정평가법인등 甲과 乙, 丙, 丁도 함께 업무를 하고 있었는데 다음의 물음에 답하시오(감정평가법인등은 모두 금융기관의 업무협약에는 임대차사항에 대한 조사약정이 포함되어 있다). 20점

(1) 감정평가법 제28조의 감정평가법인등의 손해배상책임에 대하여 설명하고, 최근 해당 규정에서 새로이 신설된 규정 내용에 대하여 언급하시오. 10점

(2) 감정평가법인등 甲은 101호 소유자 A의 처로부터 아파트 101호에 대한 임대차 확인을 받고 "임대차 없음"을 기재하고, 감정평가법인등 乙은 B소유 아파트 102호에 대해 전화조사만으로 임대차 없다는 이야기를 듣고 "임대차 없음"을 기재하였으며, 감정평가법인등 丙은 C소유 103호 아파트가 공실이라는 이유만으로 "임대차 없음"으로 허위로 감정평가서에 임대차 상황을 기재하였고, 결국 경매가 진행되어 은행에 손해가 발생되었는데 그 손해를 배상할 책임이 있는지 설명하시오. 5점

(3) 만약 감정평가법인등 丁은 금융기관의 양해 아래 신속한 감정평가를 위해 아파트 101호 소유자 A(임대인)에게 임대차 상황을 물어보고 "임대차 없음"이라고 표시하였는데, 결국 임대차가 있어서 손해가 발생하였는데 손해배상책임이 있는지 설명하시오. 5점

목차 index

주요 내용 contents

Ⅰ. 논점의 정리

'감정평가 및 감정평가사에 관한 법률(이하 '감정평가법')' 제28조 제1항은 '감정평가법인등이 감정평가를 하면서 고의 또는 과실로 감정평가 당시의 적정가격과 현저한 차이가 있게 감정평가를 하거나 감정평가서류에 거짓을 기록함으로써 감정평가 의뢰인이나 선의의 제3자에게 손해를 발생하게 하였을 때에는 감정평가법인등은 그 손해를 배상할 책임이 있다.'고 규정하여 감정평가법인등의 손해배상책임을 규정하고 있다. 이처럼 감정평가법인등의 손해배상책임 규정은 감정평가법인등의 성실하고 공정한 감정평가를 유도하여 선의의 평가의뢰인이 불측의 피해를 입지 않도록 하기 위함이며, 또한 부동산 등의 적정가격 형성으로 국토의 효율적 이용과 국민경제의 발전을 도모하기 위함에 그 취지가 있다.

Ⅱ. (물음1) 감정평가법인등의 손해배상책임

1. 감정평가 법률관계의 법적 성질

도급계약이라는 견해와 특수한 위임계약이라는 견해가 대립하나, 감정평가법인등이 업무를 수행하는 데 있어서 의뢰인의 지시나 감독을 받지 않는 재량성이 있는 점, 적정가격 산정을 위한 일의 처리를 목적으로 한다는 점, 적정가격의 평가는 대상물건의 특정한 가격을 결정하는 것이 아니고 의뢰인이 참고할 수 있는 정보의 제공에 해당한다는 점, 중도에 업무를 중단하더라도 이미 수행한 부분에 대하여는 그에 상응하는 보수를 받는다는 점들을 고려할 때, 특수한 위임계약으로 보는 견해가 타당하다고 생각된다.

2. 민법 제750조와의 관계

(1) 학설 및 판례의 태도

특칙이라는 견해와 특칙이 아니라는 견해가 대립하나, 판례는 "감정평가법인등의 부실감정으로 인하여 손해를 입게 된 감정평가의뢰인이나 선의의 제3자는 (구)지가공시 및 토지 등의 평가에 관한 법률상의 손해배상책임과 민법상의 불법행위로 인한 손해배상책임을 함께 물을 수 있다"고 판시한 바 있다.

대법원 1998.9.22. 선고 97다36293 판결 [손해배상(기)]

【판시사항】

[1] 부동산의 입찰절차에서 감정인의 감정평가의 잘못과 이를 신뢰한 낙찰자의 손해 사이에 상당인과관계가 있는지 여부(적극)

[2] 감정평가업자의 부실감정으로 인한 손해배상책임의 법률적 성질

[3] 부동산의 입찰절차에서 감정평가업자가 부실감정을 하여 낙찰자가 손해를 입은 경우, 감정평가업자의 낙찰자에 대한 손해배상의 범위

【판결요지】

[1] 민사소송법 제615조가 법원은 감정인이 한 평가액을 참작하여 최저경매가격을 정하여야 한다고 하고 있지만, 특별한 사정이 없는 한 감정인의 평가액이 최저경매가격이 되는 것이므로, 감정평가의 잘못과 낙찰자의 손해 사이에는 상당인과관계가 있는 것으로 보아야 한다.

[2] 감정평가업자의 부실감정으로 인하여 손해를 입게 된 감정평가의뢰인이나 선의의 제3자는 지가공시 및 토지 등의 평가에 관한 법률상의 손해배상책임과 민법상의 불법행위로 인한 손해배상책임을 함께 물을 수 있다.

[3] 불법행위로 인한 재산상 손해는 위법한 가해행위로 인하여 발생한 재산상 불이익, 즉 위법행위가 없었더라면 존재하였을 재산 상태와 위법행위가 가해진 현재의 재산 상태와의 차이이므로, 낙찰자가 감정평가업자의 불법행위로 인하여 입은 손해도 감정평가업자의 위법한 감정이 없었더라면 존재하였을 재산 상태와 위법한 감정으로 인한 재산 상태와의 차이가 되고, 이는 결국 위법한 감정이 없었다면 낙찰자가 낙찰받을 수 있었던 낙찰대금과 실제 지급한 낙찰대금과의 차액이 된다(다만 위법한 감정에도 불구하고 시가보다 더 낮은 가격으로 낙찰받은 경우, 위법한 감정이 없었다면 실제 지급한 낙찰대금보다 더 낮은 가격으로 낙찰받을 수 있었다는 사정은 이를 주장하는 자가 입증하여야 한다).

(2) 검토

적정가격이란 현실적으로 찾기가 어렵고 그러함에도 손해배상책임을 널리 인정하여서는 감정평가제도가 위태로울 수 있다는 점을 고려한 정책적 배려에서 마련된 규정으로 보아야 한다는 점, 특칙이 아니라는 견해에 따를 경우 감정평가법 제28조 제1항의 규정은 무의미한 규정이 된다는 점 등을 고려할 때, 특칙으로 보는 견해가 타당하다고 생각된다.

3. 손해배상책임의 성립요건

(1) 감정평가법인 등이 감정평가를 하면서

감정평가란 물건의 경제적 가치를 판정하여 그 결과를 가액으로 표시하는 것을 말한다. 따라서 감정평가법 제28조의 손해배상책임이 성립하기 위해서는 감정평가법인등이 감정평가를 하면서 발생한 손해에 해당하여야 하고, 가치판단작용이 아닌 순수한 사실조사 잘못으로 인한 손해에 대하여는 적용이 없다. 그러나 판례의 경우에는 담보목적의 감정평가 시에 임대차관계에 대한 사실조사에 잘못이 있는 경우에 그러한 사실조사는 감정평가의 내용은 아니라고 하면서도 감정평가법 제28조에 의한 감정평가법인등의 손해배상책임을 인정하였다.

(2) 고의 또는 과실이 있을 것

고의란 자기 행위가 일정한 결과를 낳을 것을 인식하고 그 결과를 용인하는 것을 말한다. 감정평가법인등이 자신의 부당한 감정평가로 인하여 평가의뢰인이나 선의의 제3자에게 손해가 발생할 것을 인식하고도 부당한 감정평가를 용인하는 것이다. 대법원은 부동산공시법과 감정평가에 관한 규칙 등의 기준을 무시하고 자의적인 방법에 의하여 토지를 감정평가한 것은 고의·중과실에 의한 부당한 감정평가로 볼 수 있다고 하였다. 과실이란 일정한 사실을 인식할 수 있음에도 불구하고 부주의로 이를 인식하지 못한 것을 말한다. 감정평가 업무에 종사하는 평균인을 기준으로 부주의 여부를 판정한다. 대법원은 과실로 인정되는 부주의에 대하여 사전자료준비 부주의, 평가절차의 부주의, 윤리규정에 대한 부주의, 관계 법령 및 규칙에 규정된 평가방식 적용에 대한 부주의를 그 예로 들고 있다.

(3) 부당한 감정평가를 하였을 것

감정평가법인등이 부당한 감정평가를 한 경우에 손해배상책임이 성립한다. 감정평가법 제28조 제1항에서는 부당한 감정평가에 해당하는 것으로 감정평가 당시의 적정가격과 현저한 차이가 있게 감정평가한 경우와, 감정평가서류에 거짓을 기록한 경우를 규정하고 있다. 특히, 현저한 차이란 일반적으로 달라질 수 있다고 인정할 수 있는 범위를 초과하여 발생한 차이를 의미하는 것이다. 감정평가는 가치의 판단이며 의견이기 때문에 평가주체에 따라 달라질 수 밖에 없다는 점이 고려되어야 한다. 따라서 적정가격과 현저한 차이가 아니고 일반적 차이가 있게 감정평가한 경우까지 책임을 물을 수 없다고 보아야 한다.

대법원 1997.5.7. 선고 96다52427 판결 [손해배상(기)]

【판시사항】

[1] 지가공시 및 토지 등의 평가에 관한 법률 제26조 제1항의 '현저한 차이'를 인정함에 있어서 최고평가액과 최저평가액 사이에 1.3배 이상의 격차율이 유일한 판단 기준인지 여부(소극)

[2] [1]항의 '현저한 차이'를 인정하기 위하여 부당 감정에 대한 감정평가업자의 귀책사유를 고려하여야 하는지 여부(적극)

[3] 감정평가업자가 지가공시 및 토지 등의 평가에 관한 법률과 감정평가규칙의 기준을 무시하고 자의적 방법에 의하여 대상 토지를 감정평가한 경우, 감정평가업자의 고의·중과실에 의한 부당 감정을 근거로 하여 같은 법 제26조 제1항의 '현저한 차이'를 인정한 사례

【판결요지】

[1] 지가공시 및 토지 등의 평가에 관한 법률 제5조 제2항, 같은법 시행령 제7조 제4항, 공공용지의 취득 및 손실보상에 관한 특례법 시행규칙 제5조의4 제1항, 제4항의 각 규정들은 표준지공시지가를 정하거나 공공사업에 필요한 토지의 보상가를 산정함에 있어서 2인 이상의 감정평가업자에 평가를 의뢰하였는데 평가액 중 최고평가액이 최저평가액의 1.3배를 초과하는 경우에는 건설교통부장관이나 사업시행자가 다른 2인의 감정평가업자에게 대상 물건의 평가를 다시 의뢰할 수 있다는 것뿐으로서 여기서 정하고 있는 1.3배의 격차율이 바로 지가공시 및 토지 등의 평가에 관한 법률 제26조 제1항이 정하는 평가액과 적정 가격 사이에 '현저한 차이'가 있는가의 유일한 판단 기준이 될 수 없다.

[2] 지가공시 및 토지 등의 평가에 관한 법률 제26조 제1항은 고의에 의한 부당 감정과 과실에

의한 부당 감정의 경우를 한데 묶어서 그 평가액이 적정 가격과 '현저한 차이'가 날 때에는 감정평가업자는 감정의뢰인이나 선의의 제3자에게 손해배상책임을 지도록 정하고 있는바, 고의에 의한 부당 감정의 경우와 과실에 의한 부당 감정의 경우를 가리지 아니하고 획일적으로 감정평가액과 적정 가격 사이에 일정한 비율 이상의 격차가 날 때에만 '현저한 차이'가 있다고 보아 감정평가업자의 손해배상책임을 인정한다면 오히려 정의의 관념에 반할 수도 있으므로, 결국 감정평가액과 적정 가격 사이에 '현저한 차이'가 있는지 여부는 부당 감정에 이르게 된 감정평가업자의 귀책사유가 무엇인가 하는 점을 고려하여 사회통념에 따라 탄력적으로 판단하여야 한다.

[3] 감정평가업자가 지가공시 및 토지 등의 평가에 관한 법률과 감정평가규칙의 기준을 무시하고 자의적 방법에 의하여 대상 토지를 감정평가한 경우, 감정평가업자의 고의·중과실에 의한 부당 감정을 근거로 하여 같은 법 제26조 제1항의 '현저한 차이'를 인정한 사례

(4) 감정평가의뢰인 또는 선의의 제3자에게 손해가 발생하였을 것

부당한 감정평가를 알지 못한 경우라도 타인이 사용할 수 없음을 인식한 경우에는 선의의 제3자에 해당하지 아니한다. 손해라 함은 일반적으로 주로 재산권에 관하여 받은 불이익을 말한다. 따라서, 감정평가의뢰인 또는 선의의 제3자가 가지고 있는 법적인 이익에 침해가 발생하여야 한다.

(5) 상당한 인과관계가 있을 것

적정가격과 현저한 차이가 있게 한 감정평가와 손해의 발생과의 사이에는 인과관계가 있어야 한다고 보아야 할 것이다. '인과관계'라 함은 선행의 사실과 후행의 사실과의 사이에 전자가 없었더라면 후자도 없었으리라는 관계가 있는 경우에 성립되는 관계를 말한다.

(6) 위법성의 요건이 필요한지 여부

감정평가법은 감정평가법인등의 손해배상책임 성립요건에 위법성을 요구하고 있지 아니하다. 따라서, 위법성을 손해배상책임의 성립요건으로 보아야 하는지 견해가 대립한다. 생각건대, 감정평가법 제28조는 민법에 대한 특칙으로 보는 것이 타당하다는 점에서 명시적 규정이 없는 위법성의 요건을 필요하지 않다고 보는 것이 타당하다고 할 것이다. 그리고 필요없다는 견해 중에서 고의 또는 과실 속에 포함되어 있다고 보는 견해는 주관적 책임요건과 객관적 책임요건을 분명하게 하지 못하는 문제점이 있다고 할 수 있다. 따라서 부당한 감정평가의 개념 속에 위법성의 요건이 포함되어 있는 것으로 보는 것이 타당할 것이다.

4. 최근 신설된 규정의 검토

(1) 감정평가법 제28조

감정평가법 제28조(손해배상책임)

① 감정평가법인등이 감정평가를 하면서 고의 또는 과실로 감정평가 당시의 적정가격과 현저한 차이가 있게 감정평가를 하거나 감정평가 서류에 거짓을 기록함으로써 감정평가 의뢰인이나 선의의 제3자에게 손해를 발생하게 하였을 때에는 감정평가법인등은 그 손해를 배상할 책임이 있다.

② 감정평가법인등은 제1항에 따른 손해배상책임을 보장하기 위하여 대통령령으로 정하는 바에 따

라 보험에 가입하거나 제33조에 따른 한국감정평가사협회가 운영하는 공제사업에 가입하는 등 필요한 조치를 하여야 한다.
③ 감정평가법인등은 제1항에 따라 감정평가 의뢰인이나 선의의 제3자에게 법원의 확정판결을 통한 손해배상이 결정된 경우에는 국토교통부령으로 정하는 바에 따라 그 사실을 국토교통부장관에게 알려야 한다.
④ 국토교통부장관은 감정평가 의뢰인이나 선의의 제3자를 보호하기 위하여 감정평가법인등이 갖추어야 하는 손해배상능력 등에 대한 기준을 국토교통부령으로 정할 수 있다.

(2) 손해배상책임의 범위와 보장

손해배상책임의 성립요건이 모두 충족된 경우에 감정평가법인등의 손해배상책임을 지게 되며, 해당 부당한 감정평가와 상당인과관계가 있는 모든 손해를 배상하여야 한다. 또한, 감정평가법인등은 손해배상책임을 보장하기 위하여 보증보험에 가입하거나 협회가 운영하는 공제사업에 가입하고 이를 국토교통부장관에게 통보하여야 한다. 감정평가법인등이 보증보험금으로 손해배상을 한 때에는 10일 이내에 보험계약을 다시 체결하여야 한다. 최근 신설된 규정에서는 감정평가 의뢰인이나 선의의 제3자에게 법원의 확정판결을 통한 손해배상이 결정된 경우에 국토교통부장관에게 이를 알려야 한다고 규정하고 있다.

Ⅲ. (물음2) 감정평가법인등 甲, 乙, 丙의 손해배상책임여부

1. 관련 판례의 검토

대판 2004.5.27, 2003다24840[손해배상(기)]

【판결요지】

[1] 감정평가업자가 금융기관과 감정평가업무협약을 체결하면서 감정 목적물인 주택에 관한 임대차 사항을 상세히 조사할 것을 약정한 경우, 이는 금융기관이 감정평가업자에게 그 주택에 관한 대항력 있는 임차인의 존부 및 그 임차보증금의 액수에 대한 사실 조사를 의뢰한 취지라 할 것이니, 감정평가업자로서는 협약에 따라 성실하고 공정하게 주택에 대한 위와 같은 임대차관계를 조사하여 금융기관에게 알림으로써 금융기관이 그 주택의 담보가치를 적정하게 평가하여 불측의 손해를 입지 않도록 협력하여야 할 의무가 있고, 1991.6.30.까지는 누구나 타인의 주민등록관계를 확인할 수 있었으나, 주민등록법 및 같은법 시행령이 개정됨에 따라 1991.7.1.부터는 금융기관은 담보물의 취득을 위한 경우에 타인의 주민등록관계를 확인할 수 있되 일개 사설감정인에 불과한 감정평가업자로서는 법령상 이를 확인할 방법이 없게 되었으므로, 감정평가업자로서는 그 이후로는 주택의 현황조사와 주택의 소유자, 거주자 및 인근의 주민들에 대한 탐문의 방법에 의해서 임대차의 유무 및 그 내용을 확인하여 그 확인 결과를 금융기관에게 알릴 의무가 있다.

[2] 감정평가업자가 현장조사 당시 감정대상 주택 소유자의 처로부터 임대차가 없다는 확인을 받고 감정평가서에 "임대차 없음"이라고 기재하였으나 이후에 임차인의 존재가 밝혀진 경우, 감정평가업자는 감정평가서를 근거로 부실 대출을 한 금융기관의 손해를 배상할 책임이 있다고 한 사례

[3] 담보목적물에 대하여 감정평가업자가 부당한 감정을 함으로써 감정 의뢰인이 그 감정을 믿고 정당한 감정가격을 초과한 대출을 한 경우에는 부당한 감정가격에 근거하여 산출된 담보가치와 정당한 감정가격에 근거하여 산출된 담보가치의 차액을 한도로 하여 대출금 중 정당한 감정가격에 근거하여 산출된 담보가치를 초과한 부분이 손해액이 된다.

[4] 담보목적물에 주택임대차보호법에서 정한 대항력을 갖춘 임차인이 있는 경우, 정당한 감정가격에 근거한 담보가치는 주택의 감정평가액에서 임차보증금을 공제한 금액에 담보평가요율을 곱하는 방법에 따라 계산한 금액이라고 한 사례

대법원 2007.4.12. 선고 2006다82625 판결 [손해배상(기)]

【판결요지】

[1] 감정평가업자가 금융기관과 감정평가업무협약을 체결하면서 감정 목적물인 주택에 관한 임대차 사항을 상세히 조사할 것을 약정한 경우, 이는 금융기관이 감정평가업자에게 그 주택에 관한 대항력 있는 임차인의 존부 및 그 임차보증금의 액수에 대한 사실 조사를 의뢰한 취지이므로, 감정평가업자로서는 협약에 따라 성실하고 공정하게 주택에 대한 위와 같은 임대차관계를 조사하여 금융기관에게 알림으로써 금융기관이 그 주택의 담보 가치를 적정하게 평가하여 불측의 손해를 입지 않도록 협력하여야 할 의무가 있다.

[2] 감정평가업자가 금융기관으로부터 조사를 의뢰받은 담보물건과 관련된 임대차관계 등을 조사함에 있어 단순히 다른 조사기관의 전화조사만으로 확인된 실제와는 다른 임대차관계 내용을 기재한 임대차확인조사서를 제출한 사안에서, 감정평가업자에게 감정평가업무협약에 따른 조사의무를 다하지 아니한 과실이 있다고 한 사례

[3] 담보목적물에 대하여 감정평가업자가 부당한 감정을 함으로써 감정 의뢰인이 그 감정을 믿고 정당한 감정가격을 초과한 대출을 한 경우에는 부당한 감정가격에 근거하여 산출된 담보가치와 정당한 감정가격에 근거하여 산출된 담보가치의 차액을 한도로 하여 대출금 중 정당한 감정가격에 근거하여 산출된 담보가치를 초과한 부분이 손해액이 되고, 통상 감정평가업자로서는 대출 당시 앞으로 대출금이 연체되리라는 사정을 알기는 어려우므로 대출 당시 감정평가업자가 대출금이 연체되리라는 사정을 알았거나 알 수 있었다는 특별한 사정이 없는 한 연체된 약정 이율에 따른 지연손해금은 감정평가업자의 부당한 감정으로 인하여 발생한 손해라고 할 수 없다.

대법원 1997.12.12.선고 97다41196 판결 [손해배상(기)]

【판결요지】

[1] 감정평가업자가 금융기관과 감정평가업무협약을 체결하면서 감정 목적물인 주택에 관한 임대차 사항을 상세히 조사할 것을 약정한 경우, 이는 금융기관이 감정평가업자에게 그 주택에 관한 대항력 있는 임차인의 존부 및 그 임차보증금의 액수에 대한 사실 조사를 의뢰한 취지라 할 것이니, 감정평가업자로서는 협약에 따라 성실하고 공정하게 주택에 대한 위와 같은 임대차관계를 조사하여 금융기관에게 알림으로써 금융기관이 그 주택의 담보 가치를 적정하게 평가하여 불측의 손해를 입지 않도록 협력하여야 할 의무가 있고, 1991.6.30.까지는 누구나 타인의 주민등록관계를 확인할 수 있었으나, 주민등록법 및 같은법 시행령이 개정됨에 따라 1991.7.1.부터는 금융기관은 담보물의 취득을 위한 경우에 타인의 주민등록관계를 확인할 수 있되 일개 사설감정인에 불과한 감정평가업자로서는 법령상 이를 확인할 방법이 없게 되었으므로, 감정평가업자로서는 그 이후로는 주택의 현황 조사와 주택의 소유자, 거주자 및 인근의 주민들에 대한 탐문의 방법에 의해서 임대차의 유무 및 그 내용을 확인하여 그 확인 결과를 금융기관에게 알릴 의무가 있다.

[2] 감정평가업자가 금융기관으로부터 감정평가를 의뢰받은 주택에 대한 현장 조사를 행할 당시 그 주택에 거주하는 사람이 없어 공실 상태이었다고 하더라도, 감정평가업자로서는 일시적으로 임대차

조사 대상 주택에 거주하는 사람이 없었다는 사유만으로 그 주택에 관한 대항력 있는 임차인이 없다고 단정할 수는 없는 사실을 알고 있었다고 할 것이므로, 그 주택의 소유자나 인근의 주민들에게 그 주택이 공실 상태로 있게 된 경위와 임차인이 있는지 여부에 관하여 문의하는 등의 방법으로 임대차 사항을 조사하고 그러한 조사에 의해서도 임차인의 존재 여부를 밝힐 수 없었다거나 그러한 조사 자체가 불가능하였다면 금융기관에게 그와 같은 사정을 알림으로써, 적어도 금융기관으로 하여금 그 주택에 대항력 있는 임차인이 있을 수 있는 가능성이 있다는 점에 대하여 주의를 환기시키는 정도의 의무는 이행하였어야 함에도 불구하고 실제로는 대항력 있는 임차인이 있는데도 감정평가서에 '임대차 없음'이라고 단정적으로 기재하여 금융기관에 송부한 경우, 감정평가업자는 약정상의 임대차조사의무를 제대로 이행하지 못한 것이므로, 금융기관이 위와 같이 기재한 임대차 조사사항을 믿고 그 주택의 담보 가치를 잘못 평가하여 대출함으로써 입은 손해에 대하여 배상할 책임이 있다고 한 사례

2. 사안의 경우

(1) 감정평가법인등 甲의 손해배상책임 여부

甲은 아파트 소유자의 처로부터 "임대차 없음"이라는 확인을 받았다. 이때 甲은 임대관계 여부를 알지 못했으므로 고의는 없다고 보이나 과실의 인정 여부가 문제된다. 甲은 행정기관 등에서 임대차 여부를 확인하지 않고 단순히 소유자의 처에게만 임대차 여부를 문의하였는바, 이는 충분한 자료의 수집이 미흡했다고 보인다. 또한, 임대차사항에 대하여 성실히 조사할 것을 기대한 금융기관의 신뢰와 관련하여 판단할 때, 손해와 甲의 부실평가 사이에는 상당인과관계가 인정되며, 甲은 감정평가법 제28조에 의거 손해배상책임을 진다고 볼 수 있다.

(2) 감정평가법인등 乙의 손해배상책임 여부

생각건대, 감정평가업자로서는 금융기관과의 협약에 따라 적정한 감정평가액을 산정해서 은행이 담보금액을 산정함에 있어 불측의 손해를 입지 않도록 협력하여야 할 의무가 존재한다. 따라서, 담보물건의 감정평가에 있어 다양한 사항을 조사해야 하나, 담보금액에 영향을 미치는 임대차관계 등을 조사함에 있어 단순히 전화조사만으로 확인한 경우 이러한 의무를 제대로 이행하지 않았다 볼 수 있다. 따라서 감정평가법 제28조에 의해 손해배상책임을 지게 된다.

(3) 감정평가법인등 丙의 손해배상책임 여부

임대차 사항은 담보물건의 환가성과 관련하여 담보금액 산정에 영향을 미칠 수 있는 사항이다. 따라서 감정평가업자로서는 그 이후로는 주택의 현황 조사와 주택의 소유자, 거주자 및 인근의 주민들에 대한 탐문의 방법에 의해서 임대차의 유무 및 그 내용을 확인하여 그 확인 결과를 금융기관에게 알릴 의무가 있다. 하지만 단순히 공실이라는 이유로 임대차 관계가 없다고 단정한 것은 이러한 의무를 제대로 이행한 것이라고 볼 수 없기 때문에 손해배상책임이 인정된다고 판단된다.

Ⅳ. (물음3) 감정평가법인등 丁의 손해배상책임여부

1. 관련 판례의 태도

대법원 1997.9.12. 선고 97다7400 판결 [손해배상(기)]

【판결요지】

[1] 지가공시 및 토지 등의 평가에 관한 법률 제26조 제1항은 "감정평가업자가 타인의 의뢰에 의하여 감정평가를 함에 있어서 고의 또는 과실로 감정평가 당시의 적정가격과 현저한 차이가 있게 감정평가하거나 감정평가서류에 허위의 기재를 함으로써 감정평가 의뢰인이나 선의의 제3자에게 손해를 발생하게 한 때에는 감정평가업자는 그 손해를 배상할 책임이 있다."고 규정하고 있고, 여기에서 '감정평가'라 함은 '토지 및 그 정착물 등 재산의 경제적 가치를 판정하여 그 결과를 가액으로 표시하는 것'을 말하는바, 금융기관이 담보물에 관한 감정평가를 감정평가업자에게 의뢰하면서 감정업무협약에 따라 감정 목적물에 관한 대항력 있는 임대차계약의 존부와 그 임차보증금의 액수에 대한 사실조사를 함께 의뢰한 경우에 그 감정평가의 직접적 대상은 그 담보물 자체의 경제적 가치에 있는 것이고, 임대차관계에 대한 사실조사는 그에 부수되는 업무로서 당연히 담보물에 대한 감정평가의 내용이 되는 것은 아니지만, 감정평가업자는 금융기관의 의뢰에 의한 토지 및 건물의 감정평가도 그 업무로 하고 있으므로 감정평가업자가 그 담보물에 대한 감정평가를 함에 있어서 고의 또는 과실로 감정평가서류에 그 담보물의 임대차관계에 관한 허위의 기재를 하여 결과적으로 감정평가의뢰인으로 하여금 부동산의 담보가치를 잘못 평가하게 함으로써 그에게 손해를 가하게 되었다면 감정평가업자는 이로 인한 손해를 배상할 책임이 있다.

[2] 감정평가업자가 금융기관의 신속한 감정평가 요구에 따라 그의 양해 아래 임차인이 아닌 건물 소유자를 통하여 담보물의 임대차관계를 조사하였으나 그것이 허위로 밝혀진 경우, 감정평가업자에게는 과실이 없으므로 손해배상책임이 인정되지 않는다고 본 사례

2. 검토

생각건대, 과실이란 일정한 사실을 인식할 수 있음에도 불구하고 부주의로 이를 인식하지 못한 것을 말한다는 점을 고려한다면, 금융기관의 양해 아래 임대차관계를 조사했으나 허위로 밝혀진 경우, 이는 금융기관의 의뢰로 인한 것이기 때문에 감정평가법인등에게는 과실이 인정되지 않는다고 판단된다. 따라서 감정평가법 제28조의 요건을 충족하지 않았기 때문에 손해배상책임은 문제되지 않는다.

Ⅴ. 사안의 해결(손해배상책임 관련 문제)

감정평가법 제28조에 의한 감정평가법인등의 손해배상책임에 대하여도 민법상 불법행위로 인한 손해배상청구권의 소멸시효규정의 적용을 받는다고 본다. 따라서 민법 제766조의 규정에 의하여 감정평가법인등에 대한 손해배상청구권은 감정평가의뢰인 또는 선의의 제3자가 손해를 안 날부터 3년, 부당한 감정평가가 있은 날부터 10년 이내에 행사하여야 할 것이다. 또한, 보상평가의 경우에도 감정평가법 제28조의 손해배상책임이 성립할 수 있는가의 문제가 있다. 그러나 보상목적의 감정평가가격은 협의 또는 재결절차에서 수용・사용의 목적물에 대한 제시가격의 성격을 가지며, 피수용자는 그러한 가격에 불복할 권리가 인정된다. 따라서 보상목적의 감정평가에 있어서는 감정평가법 제28조의 손해배상책임이 성립하지 아니한다고 보는 것이 타당하다고 판단된다.

쟁점 35 감정평가법상 청문제도와 하자의 치유

국토교통부장관은 감정평가사 甲이 부정행위를 통해 자격증을 취득했음을 이유로 「감정평가 및 감정평가에 관한 법률」(이하 '감정평가법')에 의거 자격을 취소하였다. 이와 관련하여 국토교통부장관이 청문을 시행하고자 甲의 주소지에 몇 회에 걸쳐 청문 통지서를 발송하였으나 수취인 부재 등의 이유로 계속해서 반송되어 청문 통지서를 공시송달하였고 甲이 예정된 청문일에 출석하지 아니하자, 국토교통부장관은 청문을 시행하지 아니하고 甲에 대한 감정평가사 자격을 취소하였다. 다음 물음에 답하시오. 20점

(1) 행정절차법상 청문제도와 감정평가법 청문제도에 대하여 설명하고 감정평가관리・징계위원회에 대하여 설명하시오. 5점

(2) 위 경우 감정평가사 甲에 대한 자격 취소처분이 실체상 하자는 없으나 청문 절차상 하자가 있음을 이유로 취소소송을 제기했을 때, 甲의 청구가 인용될 수 있는지를 설명하시오. 5점

(3) 만약 청문 통지서가 정상적으로 도달하기는 하였으나 청문 기일 10일 전에 도달해야 하는데 5일 전에 도달하였고, 감정평가사 甲이 청문장에 출석하여 상당한 시간 동안 신세 한탄을 하면서 한 번만 봐달라고 애원을 하였으나 국토교통부장관은 자격을 취소하였다. 해당 사안에서 도달기준일에 대한 하자는 치유되었는지, 만약 절차상 하자가 치유 가능하다면 언제까지 해야 하는지 검토하시오. 10점

목차 index

주요 내용 contents

Ⅰ. 논점의 정리

사안에서 甲이 부정행위를 통해 자격을 취득함에 따라 국토교통부장관이 청문을 거치지 않고 자격을 취소한 것이 과연 절차 하자의 위법성을 구성하는지 문제 된다. 먼저 (물음1)에서 행정절차법상의 청문제도와 감정평가법 제40조의 청문제도, 감정평가사 징계위원회에 대해 살피고 (물음2)에서 실체상 하자는 전혀 없으나, 절차상의 하자만 있는 경우 위법을 구성하는지, 위법성의 정도를 살펴 취소소송 시 甲의 청구가 인용될 수 있는지를 논한다. (물음3)에서는 관련 판례를 통해 청문일 전에 통지서가 도달하지 않았더라도 스스로 청문 기일에 출석하여 충분한 방어의 기회를 얻었다면 절차 하자가 치유되는지 검토한다.

Ⅱ. (물음1) 행정절차법상 청문제도 및 감정평가법상 청문제도 감정평가사 징계위원회

1. 청문 의의 및 기능

청문이란 행정청이 어떠한 처분을 하기에 앞서 당사자 등의 의견을 직접 듣고 증거를 조사하는 절차를 말한다. 이러한 청문절차는 상대방의 의견, 자료 제출을 통한 행정의 적정화를 달성하는 기능, 국민의 권익과 사전 구제를 통한 사법기능을 보완하는 기능을 한다.

2. 행정절차법상 청문(행정절차법 제22조)

행정절차법 제22조는 행정청이 처분하면서 다른 법령 등에서 청문을 시행하도록 규정하고 있는 경우, 행정청이 필요하다고 인정하는 경우에 청문을 시행하도록 규정하고 있다.

> 행정절차법 제21조(처분의 사전 통지)
> ① 행정청은 당사자에게 의무를 부과하거나 권익을 제한하는 처분을 하는 경우에는 미리 다음 각 호의 사항을 당사자등에게 통지하여야 한다.
> 1. 처분의 제목
> 2. 당사자의 성명 또는 명칭과 주소
> 3. 처분하려는 원인이 되는 사실과 처분의 내용 및 법적 근거
> 4. 제3호에 대하여 의견을 제출할 수 있다는 뜻과 의견을 제출하지 아니하는 경우의 처리방법
> 5. 의견제출기관의 명칭과 주소
> 6. 의견제출기한
> 7. 그 밖에 필요한 사항
>
> ② 행정청은 청문을 하려면 청문이 시작되는 날부터 10일 전까지 제1항 각 호의 사항을 당사자등에게 통지하여야 한다. 이 경우 제1항 제4호부터 제6호까지의 사항은 청문 주재자의 소속·직위 및 성명, 청문의 일시 및 장소, 청문에 응하지 아니하는 경우의 처리방법 등 청문에 필요한 사항으로 갈음한다.
> ③ 제1항 제6호에 따른 기한은 의견제출에 필요한 기간을 10일 이상으로 고려하여 정하여야 한다.
> ④ 다음 각 호의 어느 하나에 해당하는 경우에는 제1항에 따른 통지를 하지 아니할 수 있다.
> 1. 공공의 안전 또는 복리를 위하여 긴급히 처분을 할 필요가 있는 경우

제2부

2. 법령등에서 요구된 자격이 없거나 없어지게 되면 반드시 일정한 처분을 하여야 하는 경우에 그 자격이 없거나 없어지게 된 사실이 법원의 재판 등에 의하여 객관적으로 증명된 경우
3. 해당 처분의 성질상 의견청취가 현저히 곤란하거나 명백히 불필요하다고 인정될 만한 상당한 이유가 있는 경우

⑤ 처분의 전제가 되는 사실이 법원의 재판 등에 의하여 객관적으로 증명된 경우 등 제4항에 따른 사전 통지를 하지 아니할 수 있는 구체적인 사항은 대통령령으로 정한다.
⑥ 제4항에 따라 사전 통지를 하지 아니하는 경우 행정청은 처분을 할 때 당사자등에게 통지를 하지 아니한 사유를 알려야 한다. 다만, 신속한 처분이 필요한 경우에는 처분 후 그 사유를 알릴 수 있다.
⑦ 제6항에 따라 당사자등에게 알리는 경우에는 제24조를 준용한다.

행정절차법 제22조(의견청취)
① 행정청이 처분을 할 때 다음 각 호의 어느 하나에 해당하는 경우에는 청문을 한다.
1. 다른 법령등에서 청문을 하도록 규정하고 있는 경우
2. 행정청이 필요하다고 인정하는 경우
3. 다음 각 목의 처분을 하는 경우
가. 인허가 등의 취소
나. 신분·자격의 박탈
다. 법인이나 조합 등의 설립허가의 취소
② 행정청이 처분을 할 때 다음 각 호의 어느 하나에 해당하는 경우에는 공청회를 개최한다.
1. 다른 법령등에서 공청회를 개최하도록 규정하고 있는 경우
2. 해당 처분의 영향이 광범위하여 널리 의견을 수렴할 필요가 있다고 행정청이 인정하는 경우
3. 국민생활에 큰 영향을 미치는 처분으로서 대통령령으로 정하는 처분에 대하여 대통령령으로 정하는 수 이상의 당사자등이 공청회 개최를 요구하는 경우
③ 행정청이 당사자에게 의무를 부과하거나 권익을 제한하는 처분을 할 때 제1항 또는 제2항의 경우 외에는 당사자등에게 의견제출의 기회를 주어야 한다.
④ 제1항부터 제3항까지의 규정에도 불구하고 제21조 제4항 각 호의 어느 하나에 해당하는 경우와 당사자가 의견진술의 기회를 포기한다는 뜻을 명백히 표시한 경우에는 의견청취를 하지 아니할 수 있다.
⑤ 행정청은 청문·공청회 또는 의견제출을 거쳤을 때에는 신속히 처분하여 해당 처분이 지연되지 아니하도록 하여야 한다.
⑥ 행정청은 처분 후 1년 이내에 당사자등이 요청하는 경우에는 청문·공청회 또는 의견제출을 위하여 제출받은 서류나 그 밖의 물건을 반환하여야 한다.

3. 감정평가법상 청문(감정평가법 제45조)

(1) 관련 규정의 검토

감정평가법 제45조에서는 부정한 방법으로 자격을 취득한 경우 감정평가사 자격의 취소 감정평가법인의 설립인가 취소 전 청문해야 한다고 규정하고 있다.

감정평가법 제45조(청문)
국토교통부장관은 다음 각 호의 어느 하나에 해당하는 처분을 하려는 경우에는 청문을 실시하여야 한다. 〈개정 2021.7.20.〉
1. 제13조 제1항 제1호에 따른 감정평가사 자격의 취소
2. 제32조 제1항에 따른 감정평가법인의 설립인가 취소

(2) 청문이 필요적 절차인지 여부

1) 행정절차법 제22조 제1항

행정절차법 제22조는 행정청이 처분을 하면서 다른 법령 등에서 청문을 시행하도록 규정하고 있는 경우 행정청이 필요하다고 인정하는 경우 인허가 등의 취소, 신분·자격의 박탈, 법인이나 조합 등의 설립 허가의 취소하는 경우에 청문을 시행하도록 규정하고 있다. 즉 법률에 청문 규정이 마련된 경우에는 반드시 거쳐야 하는 기속절차라 하겠지만 그 이외의 경우에는 행정청의 재량에 맡기고 있다.

2) 감정평가법 제45조

감정평가법 제45조는 국토교통부장관이 제13조 제1항의 규정에 의한 감정평가사의 자격취소의 경우, 제32조 1항에 따른 감정평가법인의 설립인가 취소의 경우에 반드시 청문을 시행하여야 한다는 기속 규정을 두고 있다.

3) 사안의 검토

동 사안에서 감정평가법 제45조는 감정평가사의 자격을 취소처분을 하는 경우에는 필요적으로 청문을 시행하도록 규정하고 있으므로, 국토교통부장관이 乙의 자격 취소처분을 하기에 앞서 청문을 시행할 의무가있다. 다만, 사안에서는 "국토교통부장관이 청문을 시행하고자 甲의 주소지에 몇 회에 걸쳐 청문 통지서를 발송하였으나 수취인 부재 등의 이유로 반송되어 청문 통지서를 공시송달하였고 이에도 불구하고 乙이 예정된 청문일에 출석하지 아니하자, 결국 청문을 시행하지 아니하고 자격 취소처분을 한 것"이 청문을 시행하지 않아도 되는 예외 사유에 해당하는지가 문제가 되는바, 이하 검토한다.

(3) 청문을 거치지 않아도 되는 예외사유

1) 행정절차법 제22조 제4항 및 제21조 제4항 검토

① 공공의 안전 또는 복리를 위하여 긴급히 처분을 할 필요가 있는 경우, ② 법령 등에서 요구된 자격이 없거나 없어지게 되면 반드시 일정한 처분을 하여야 하는 경우에 그 자격이 없거나 없어지게 된 사실이 법원의 재판 등에 의하여 객관적으로 증명된 때, ③ 해당 처분의 성질상 의견청취가 현저히 곤란하거나 명백히 불필요하다고 인정할 만한 상당한 이유가 있는 경우, ④ 당사자가 의견진술의 기회를 포기한다는 뜻을 명백하게 표시한 경우에는 청문을 실시하지 않을 수 있다.

2) 판례

대법원은 청문의 생략 여부는 당해 행정처분의 성질에 비추어 판단하여야 하는 것이지, 행정처분의 상대방에 대한 청문 통지서가 반송되었다거나, 행정처분의 상대방이 청문 일시에 불출석하였다는 이유로 청문을 하지 아니하고 한 침해적 행정처분은 위법하다고 판시하였다(대판 2001.4.13, 2000두3337)

대법원 2001.4.13. 선고 2000두3337 판결 [영업허가취소처분취소]

【판시사항】

[1] 청문절차를 결여한 구 공중위생법상의 유기장업허가취소처분의 적법 여부(한정 소극)

[2] 침해적 행정처분을 할 경우 청문을 실시하지 않을 수 있는 사유인 행정절차법 제21조 제4항 제3호 소정의 '의견청취가 현저히 곤란하거나 명백히 불필요하다고 인정될 만한 상당한 이유가 있는지 여부'의 판단 기준 및 행정처분의 상대방에 대한 청문통지서가 반송되었다거나, 행정처분의 상대방이 청문일시에 불출석하였다는 이유로 청문을 실시하지 아니하고 한 침해적 행정처분의 적법 여부(소극)

[3] 구 공중위생법상 유기장업허가취소처분을 함에 있어서 두 차례에 걸쳐 발송한 청문통지서가 모두 반송되어 온 경우, 행정절차법 제21조 제4항 제3호에 정한 청문을 실시하지 않아도 되는 예외 사유에 해당한다고 단정하여 당사자가 청문일시에 불출석하였다는 이유로 청문을 거치지 않고 이루어진 위 처분이 위법하지 않다고 판단한 원심판결을 파기한 사례

【판결요지】

[1] 구 공중위생법(1999.2.8. 법률 제5839호 공중위생관리법 부칙 제2조로 폐지) 제24조 제1호, 행정절차법 제22조 제1항 제1호, 제4항, 제21조 제4항 및 제28조, 제31조, 제34조, 제35조의 각 규정을 종합하면, 행정청이 유기장업허가를 취소하기 위하여는 청문을 실시하여야 하고, 다만 행정절차법 제22조 제4항, 제21조 제4항에서 정한 예외 사유에 해당하는 경우에는 청문을 실시하지 아니할 수 있으며, 행정청이 선정한 청문주재자는 청문을 주재하고, 당사자 등의 출석 여부, 진술의 요지 및 제출된 증거, 청문주재자의 의견 등을 기재한 청문조서를 작성하여 청문을 마친 후 지체 없이 청문조서 등을 행정청에 제출하며, 행정청은 제출받은 청문조서 등을 검토하고 상당한 이유가 있다고 인정하는 경우에는 청문결과를 적극 반영하여 행정처분을 하여야 하는바, 이러한 청문절차에 관한 각 규정과 행정처분의 사유에 대하여 당해 영업자에게 변명과 유리한 자료를 제출할 기회를 부여함으로써 위법사유의 시정 가능성을 고려하고 <u>처분의 신중과 적정을 기하려는 청문제도의 취지에 비추어 볼 때, 행정청이 침해적 행정처분을 함에 즈음하여 청문을 실시하지 않아도 되는 예외적인 경우에 해당하지 않는 한 반드시 청문을 실시하여야 하고, 그 절차를 결여한 처분은 위법한 처분으로서 취소 사유에 해당한다.</u>

[2] 행정절차법 제21조 제4항 제3호는 침해적 행정처분을 할 경우 청문을 실시하지 않을 수 있는 사유로서 "당해 처분의 성질상 의견청취가 현저히 곤란하거나 명백히 불필요하다고 인정될 만한 상당한 이유가 있는 경우"를 규정하고 있으나, 여기에서 말하는 '의견청취가 현저히 곤란하거나 명백히 불필요하다고 인정될 만한 상당한 이유가 있는지 여부'는 당해 행정처분의 성질에 비추어 판단하여야 하는 것이지, 청문통지서의 반송 여부, 청문통지의 방법 등에 의하여 판단할 것은 아니며, 또한 행정처분의 상대방이 통지된 청문일시에 불출석하였다는 이유만으로 행정청이 관계 법령상 그 실시가 요구되는 청문을 실시하지 아니한 채 침해적 행정처분을 할 수는 없을 것이므로, 행정처분의 상대방에 대한 청문통지서가 반송되었다거나, 행정처분의 상대방이 청문일시에 불출석하였다는 이유로 청문을 실시하지 아니하고 한 침해적 행정처분은 위법하다.

[3] 구 공중위생법(1999.2.8. 법률 제5839호 공중위생관리법 부칙 제2조로 폐지)상 유기장업허가 취소처분을 함에 있어서 두 차례에 걸쳐 발송한 청문통지서가 모두 반송되어 온 경우, 행정절차법 제21조 제4항 제3호에 정한 청문을 실시하지 않아도 되는 예외 사유에 해당한다고 단정하여 당사자가 청문일시에 불출석하였다는 이유로 청문을 거치지 않고 이루어진 위 처분이 위법하지 않다고 판단한 원심판결을 파기한 사례

(4) 사안의 경우

청문절차의 취지를 고려할 때 대법원의 태도는 타당하다고 본다. 따라서 당사자가 공시송달을 통해 의견진술권을 명백히 포기할 수도 없고 공시송달을 하였으나 청문일에 출석하지 않은 것을 처분의 성질상 의견청취가 현저히 곤란하거나 명백히 불필요하다고 인정될 만한 상당한 이유가 있는 경우라 할 수 없을 것이다. 이에 청문을 흠결한 자격 취소처분은 하자가 있는 처분일 것이다. 다만 실체적 하자가 없이 절차상 하자만을 이유로 당해 처분이 위법하다고 할 수 있는지가 문제가 된다.

4. 감정평가사 징계위원회(감정평가법 제40조)

(1) 감정평가관리 징계위원회의 의의, 취지, 성격

감정평가사 징계제도는 감정평가사의 결격사유를 강화하고, 그 자격을 등록하게 하는 등 감정평가사의 적격성에 대한 기준이 강화됨에 따라 감정평가사가 위법한 행위를 한 경우 엄정한 절차에 따라 징계처분이 이루어지도록 할 필요가 있어 새로이 도입된 제도이다. 감정평가관리・징계위원회는 감정평가사에 대한 징계를 의결하기 위해 국토교통부에 설치하는 의결기관이며, 감정평가사를 징계하도록 하기 위해서는 반드시 설치하여야 하는 필수기관이다.

(2) 징계 의결의 하자

의결에 반하는 처분의 경우, 징계위원회는 의결기관이므로 징계위원회의 의결은 국토교통부장관을 구속하게 된다. 따라서 징계위원회의 의결에 반하는 처분은 무효가 된다. 의결을 거치지 않은 처분의 경우, 국토교통부장관은 징계위원회의 의결에 구속되기 때문에 징계위원회의 의결을 거치지 않고 처분을 한 경우 권한 없는 징계처분이 되어 무효가 될 수 있다.

(3) 감정평가관리 징계위원회의 구성

1) 설치 및 구성

감정평가관리・징계위원회는 국토교통부에 설치하고, 원장 1명 및 부위원장 1명을 포함한 13명 이내로 구성하고 위원장은 국토교통부장관이 위촉하거나 지명한다. 징계 의결의 내용을 검토하기 위하여 감정평가관리・징계위원회에 소위원회를 둘 수 있다(시행령 제40조의2).

2) 위원의 임기 및 제척, 기피

위원의 임기는 2년으로 하되 1차례에 한하여 연임할 수 있다. 당사자와 친족 동일법인 및 사무소 소속 평가사는 제척되고 불공정한 의결을 할 염려가 있는 자는 기피될 수 있다.

감정평가법 제40조(감정평가관리・징계위원회)
① 다음 각 호의 사항을 심의 또는 의결하기 위하여 국토교통부에 감정평가관리・징계위원회(이하 "위원회"라 한다)를 둔다.
1. 감정평가 관계 법령의 제정・개정에 관한 사항 중 국토교통부장관이 회의에 부치는 사항
1의2. 제3조 제5항에 따른 실무기준의 변경에 관한 사항
2. 제14조에 따른 감정평가사시험에 관한 사항
3. 제23조에 따른 수수료의 요율 및 실비의 범위에 관한 사항
4. 제39조에 따른 징계에 관한 사항
5. 그 밖에 감정평가와 관련하여 국토교통부장관이 회의에 부치는 사항
② 그 밖에 위원회의 구성과 운영 등에 필요한 사항은 대통령령으로 정한다.

감정평가법 시행령 제40조의2(소위원회)
① 제34조 제1항에 따른 징계의결 요구 내용을 검토하기 위해 감정평가관리・징계위원회에 소위원회를 둘 수 있다.
② 소위원회의 설치・운영에 필요한 사항은 감정평가관리・징계위원회의 의결을 거쳐 위원회의 위원장이 정한다.

Ⅲ. (물음2) 절차상의 하자를 이유로 甲의 청구가 인용될 수 있는지

1. 관련 행정작용 (자격취소)의 법적 성질

취소란 행정청이 성립 당시의 하자를 이유로 그 행정행위의 효력을 소멸시키는 행정작용을 말한다. 사안에서 甲이 부정행위로 자격증을 취득한 것이 원인이 되어 감정평가법 제13조 제1항에 근거하여 취소된바, 강학상 취소이며 행정행위의 하명에 해당한다. 또한 부정한 방법으로 자격증을 취득한 경우 자격을 취소하여야 한다고 규정하고 있으므로 기속행위이다.

2. 청문절차 하자의 독자적 위법성 여부

(1) 문제점

자격 취소처분에 실체적 하자는 전혀 없으나 청문절차, 결여로 절차 하자가 있는 경우 독자적으로 위법을 구성하는지 문제가 된다.

(2) 재량행위의 경우

통설과 판례는 재량행위의 경우 적법한 절차를 거쳐서 다시 처분할 경우 종전과 다르게 적법한 처분을 할 수 있다고 보아 절차 하자의 독자적 위법성을 긍정한다.

(3) 기속행위의 경우

1) 학설

① 행정청이 적법한 절차를 거쳐 다시 처분하더라도 여전히 이전의 처분과 동일한 처분을 하기 때문에 행정경제에 반한다는 점 등을 이유로 부정하는 견해가 있다. ② 적법절차를 거쳐 다시 처분하는 경우 반드시 동일한 결론에 도달하게 되는 것이 아니라는 점 등을 이유로 독자적 위법성을 긍정하는 견해가 있다.

2) 판례

대법원은 기속행위인 과세처분에서도 그 이유제시 상의 하자를 이유로 이를 취소한 바 있기 때문에 절차하자의 독자적 위법성 구성 사유를 인정하고 있다고 보인다.

3) 검토

행정절차의 중요성 및 기능을 고려해 볼 때 행정절차의 흠결만으로도 독자적 위법성 사유를 구성한다고 봄이 타당하며, 절차 하자가 있음에도 불구하고 기속행위라는 이유로 처분을 적법하다고 보면 절차 규정이 몰각될 우려가 있다. 따라서 독자적 위법성을 인정하는 것이 타당할 것이다.

(4) 사안의 경우

사안의 청문절차는 자격 취소 처분시 반드시 청문을 거쳐야 하는 것이고, 기속행위도 판례와 다수설은 절차 하자의 독자적 위법성을 인정하고 있다. 따라서 청문을 결한 국토교통부장관의 자격 취소처분은 절차 하자가 존재하는 위법한 처분이 된다.

3. 위법성의 정도

감정평가법은 청문절차를 결한 효력에 대하여 아무런 규정을 두고 있지 아니하므로 〈통설, 판례〉의 기준인 중대명백설에 따라야 할 것이다. 사안은 甲의 불출석으로 인해 청문일에 청문을 시행하지 않은 것이어서 청문절차의 하자가 명백하다고 볼 수는 없는바, 취소사유의 하자가 존재한다.

4. 사안의 경우

절차 하자의 독자적 위법성이 인정되고, 중대명백설에 따를 때 법 위반으로 중대하나 일반인의 견지에서 볼 때 명백하지 않아 취소사유의 하자가 있으므로, 甲의 청구는 인용될 수 있다.

Ⅳ. (물음3) 절차 하자의 치유 가능성 여부

1. 하자 치유 의의 및 인정 여부

하자의 치유란 행정행위의 성립 당시 하자를 사후에 보완하여 그 행위의 효력을 유지시키는 것을 말한다. 판례는 행정행위의 무용한 반복을 피하고 당사자의 법적 안정성을 위해서 국민의 권리나 이익을 침해하지 않는 범위 내에서 구체적 사정에 따라 합목적적으로 인정해야 한다고 판시한 바 있다. 생각건대 하자의 치유는 하자의 종류에 따라서, 하자의 치유를 인정함으로써 달성되는 이익과 그로 인하여 발생하는 불이익을 비교 형량하여 개별적으로 결정하여야 한다.

2. 하자 치유 인정 범위

판례는 절차 및 형식상의 하자 중 취소사유만 인정한다. 이에 대해 내용상 하자에도 적용된다는 견해도 있다. 또한, 하자 치유는 행정행위의 존재를 전제로 하여 그 흠을 치유하여 흠이 없는 행정행위로 하는 것이므로 무효인 행정행위의 치유는 인정될 수 없다는 부정설이 통설이며 판례의 입장이다.

3. 관련 판례의 검토

대법원은 청문서 도달 기간을 지키지 아니하였다면 이는 청문의 절차적 요건을 준수하지 아니한 것이므로 이를 바탕으로 한 행정처분은 위법하다고 판시하였다. 다만, 청문서 도달 기간을 다소 어겼다 하더라도 당사자가 이의를 제기하지 아니하고 스스로 청문 기일에 출석하여 충분한 방어의 기회를 얻었다면 청문서 도달 기간을 준수하지 아니한 하자는 치유된다고 보았다.

대법원 1992.10.23. 선고 92누2844 판결[영업허가취소처분취소]

【판시사항】

행정청이 식품위생법상의 청문절차를 이행함에 있어 청문서 도달기간을 다소 어겼지만 영업자가 이의하지 아니한 채 청문일에 출석하여 의견을 진술하고 변명하는 등 방어의 기회를 충분히 가진 경우 하자의 치유 여부(적극)

【판결요지】

행정청이 식품위생법상의 청문절차를 이행함에 있어 소정의 청문서 도달기간을 지키지 아니하였다면 이는 청문의 절차적 요건을 준수하지 아니한 것이므로 이를 바탕으로 한 행정처분은 일단 위법하다고 보아야 할 것이지만 이러한 청문제도의 취지는 처분으로 말미암아 받게 될 영업자에게 미리 변명과 유리한 자료를 제출할 기회를 부여함으로써 부당한 권리침해를 예방하려는 데에 있는 것임을 고려하여 볼 때, 가령 행정청이 청문서 도달기간을 다소 어겼다 하더라도 영업자가 이에 대하여 이의하지 아니한 채 스스로 청문일에 출석하여 그 의견을 진술하고 변명하는 등 방어의 기회를 충분히 가졌다면 청문서 도달기간을 준수하지 아니한 하자는 치유되었다고 봄이 상당하다.

4. 하자치유의 시기

판례는 이유제시의 하자를 치유하려면 늦어도 처분에 대한 불복여부의 결정 및 불복신청에 편의를 줄 수있는 상당한 기간 내에 하여야 한다고 하고 있다. 생각건대 이유제시제도의 기능과 하자의 치유의 기능을 조화시켜야 하고, 절차상 하자 있는 행위의 실효성 통제를 위해서 쟁송제기 이전까지 가능하다고 본다.

대판 1984.4.10, 83누393[재산세부과처분취소]

【판결요지】

세액산출근거가 누락된 납세고지서에 의한 과세처분의 하자의 치유를 허용하려면 늦어도 과세처분에 대한 불복여부의 결정 및 불복신청에 편의를 줄 수 있는 상당한 기간 내에 하여야 한다고 할 것이므로 위 과세처분에 대한 전심절차가 모두 끝나고 상고심의 계류 중에 세액산출근거의 통지가 있었다고 하여 이로써 위 과세처분의 하자가 치유되었다고는 볼 수 없다.

5. 사안의 경우

생각건대, 청문의 하자는 절차상 하자로서 독자적 위법 사유가 인정되어 취소사유에 해당한다. 또한 사안과 같이 청문서 도달 기간을 지키지 않았더라도, 당사자가 이의를 제기하지 아니하고 청문 기일에 출석하여 충분한 방어의 기회를 얻었다면, 하자가 치유된다고 보는 판례의 태도가 타당하다고 판단된다. 하자 치유의 시기는 실효성 통제를 위해 쟁송 제기 이전까지 가능할 것이다.

V. 사례의 해결

사안의 자격 취소처분은 감정평가법 제13조 제1항의 규정에 따른 기속행위이며, 이때 자격 취소처분 때 감정평가법 제45조 의거 청문절차를 실시하였어야 한다. 또한 청문은 감정평가법 제45조에 의거 감정평가사의 자격 취소시 반드시 거쳐야 하는 필요적 절차이다. 판례는 청문의 예외사유는 처분의 성질에 따라 판단하여야 한다고 판시하였다. (물음2) 사안의 경우 청문의 생략사유에 해당하지 않는 것으로 볼 때 청문절차의 하자가 인정되며, 통설・판례에 비추어 절차적 하자의 독자적 위법성이 긍정되고, 위법성 정도는 취소사유이므로 甲의 청구는 인용이 가능하다고 본다. (물음4) 비록 청문기일을 어겼으나 당사자가 청문기일에 스스로 출석하여 충분한 방어의 기회를 가졌다면 절차하자는 치유된다고 봄이 타당하다. 절차하자는 치유되며 이유제시의 하자를 치유하려면 늦어도 처분에 대한 불복여부의 결정 및 불복신청에 편의를 줄 수 있는 상당한 기간 내에 해야 하므로 행정쟁송 제기 이전까지 해야 할 것이다.

참고 **징계 관련 정리 요함**

감정평가법령상 징계는 그 징계 절차대로 진행하면 됩니다.
다만 행정절차법상 징계 규정 적용에 있어서는 자격취소와 관련하여 부정한 방법에 의한 자격취소인 경우에만 감정평가법 제45조 청문절차를 진행하면 되는 것이고, 나머지 3가지 자격취소 사유에 대해서는 (명의대여, 금고 1회 이상 아웃, 업무정지 2회 이상 아웃)
행정절차법이 개정되어 반드시 청문을 실시하는 것이 입법의 취지에 맞다고 정리하시면 됩니다.
감정평가법령상 일반적인 감정평가사의 징계 절차는 다음과 같습니다.

(1) 징계의결의 요구(감정평가법 시행령 제34조 제1항)
국토교통부장관은 감정평가사에게 징계사유가 있다고 인정되면 그 증명서류를 갖추어 징계위원회에 징계의결을 요구한다. 이때 징계의결의 요구는 위반사유가 발생한 날부터 5년이 지난 때에는 할 수 없다.

(2) 징계당사자에게 통보(감정평가법 시행령 제34조 제2항)
감정평가관리・징계위원회는 제1항에 따른 징계의결의 요구를 받으면 지체 없이 징계요구 내용과 징계심의기일을 해당 감정평가사(이하 "당사자"라 한다)에게 통지해야 한다.

(3) 의견진술(감정평가법 시행령 제41조)
당사자는 감정평가관리・징계위원회에 출석하여 구술 또는 서면으로 자기에게 유리한 사실을 진술하거나 필요한 증거를 제출할 수 있다.

(4) 징계의결(감정평가법 시행령 제35조)
징계위원회는 징계의결의 요구를 받은 날부터 60일 이내에 징계에 관한 의결을 하여야 한다. 다만, 부득이한 사유가 있는 때에는 징계위원회의 의결로 30일에 한하여 그 기간을 연장할 수 있다.

(5) 징계 사실의 서면 통지 및 관보에 공고(감정평가법 시행령 제36조)
① 국토교통부장관은 감정평가법 제39조의2 제1항에 따라 구체적인 징계 사유를 알리는 경우에는 징계의 종류와 사유를 명확히 기재하여 서면으로 알려야 한다.
② 국토교통부장관은 법 제39조의2 제1항에 따라 같은 항에 따른 징계사유 통보일부터 14일 이내에 다음 각 호의 사항을 관보에 공고해야 한다.
1. 징계를 받은 감정평가사의 성명, 생년월일, 소속된 감정평가법인등의 명칭 및 사무소 주소
2. 징계의 종류
3. 징계 사유(징계사유와 관련된 사실관계의 개요를 포함한다)
4. 징계의 효력발생일(징계의 종류가 업무정지인 경우에는 업무정지 시작일 및 종료일)

〈출처: 감정평가법상 징계절차(최근 법령 개정됨) | 작성자 강정훈 감정평가사〉

쟁점 36 감정평가법 시행령 신설 규정

최근 감정평가 및 감정평가사에 관한 법률 시행령[시행 2022.1.21.] [대통령령 제32352호, 2022.1.21, 일부개정]이 전면 개정되었다. 공정하고 객관적인 감정평가를 위하여 국토교통부장관이 감정평가에 필요한 실무기준의 제정 등에 관한 업무를 수행할 민간법인이나 단체를 기준제정기관으로 지정할 수 있도록 하고, 감정평가 의뢰인 등은 감정평가 결과의 적정성에 대한 검토를 다른 감정평가법인 등에 의뢰할 수 있도록 하며, 감정평가사의 책임성을 제고하기 위하여 감정평가사의 징계에 관한 정보를 공개하도록 하는 등의 내용으로 「감정평가 및 감정평가사에 관한 법률」이 개정(법률 제18309호, 2021.7.20. 공포, 2022.1.21. 시행)됨에 따라, 기준제정기관의 지정 요건과 감정평가 결과에 대한 적정성 검토 절차 및 감정평가사 징계 정보의 공개 방법 등 법률에서 위임된 사항과 그 시행에 필요한 사항을 정하려는 것으로 개정된 것이다. 감정평가 및 감정평가사에 관한 법률 시행령으로 개정된 ① 기준제정기관의 지정 요건 등(동법 시행령 제3조의2 및 제3조의3 신설), ② 감정평가서에 대한 적정성 검토 절차 등(동법 시행령 제7조의2부터 제7조의4까지 신설), ③ 감정평가법인에 두는 감정평가사의 비율 등(제24조 제1항 및 제2항 신설), ④ 감정평가사 징계 정보의 공고(동법 제39조의2 신설), ⑤ 감정평가사 징계 정보의 제공(동법 시행령 제36조의2 및 제36조의3 신설)을 설명하시오(각 항목당 2점으로 함). 10점

목차 index

1. 기준제정기관의 지정 요건 등(감정평가법 시행령 제3조의2 및 제3조의3 신설)
   (1) 관련 법령의 검토
   (2) 법령의 내용
2. 감정평가서에 대한 적정성 검토 절차 등(감정평가법 시행령 제7조의2부터 제7조의4까지 신설)
3. 감정평가법인에 두는 감정평가사의 비율 등(감정평가법 제27조 및 동법 시행령 제24조)
   (1) 관련 법령의 검토
   (2) 법령의 내용
4. 감정평가사 징계 정보의 공고(감정평가법 제39조의2 신설)
   (1) 관련 법령의 검토
   (2) 법령의 내용
5. 감정평가사 징계 정보의 제공(감정평가법 시행령 제36조의2 및 제36조의3 신설)
   (1) 관련 법령의 검토
   (2) 법령의 내용

주요 내용 contents

1. 기준제정기관의 지정 요건 등(감정평가법 시행령 제3조의2 및 제3조의3 신설)

(1) 관련 법령의 검토

〈감정평가 및 감정평가사에 관한 법률 시행령〉

제3조의2(기준제정기관의 지정)

① 국토교통부장관은 법 제3조 제4항에 따라 다음 각 호의 요건을 모두 갖춘 민간법인 또는 단체를 기준제정기관으로 지정한다.

1. 다음 각 목의 어느 하나에 해당하는 인력을 3명 이상 상시 고용하고 있을 것
   가. 법 제17조 제1항에 따라 등록한 감정평가사로서 5년 이상의 실무경력이 있는 사람
   나. 감정평가와 관련된 분야의 박사학위 취득자로서 해당 분야의 업무에 3년 이상 종사한 경력(박사학위를 취득하기 전의 경력을 포함한다)이 있는 사람
2. 법 제3조 제4항에 따른 실무기준(이하 "감정평가실무기준"이라 한다)의 제정·개정 및 연구 등의 업무를 수행하는 데 필요한 전담 조직과 관리 체계를 갖추고 있을 것
3. 투명한 회계기준이 마련되어 있을 것
4. 국토교통부장관이 정하여 고시하는 금액 이상의 자산을 보유하고 있을 것

② 기준제정기관으로 지정받으려는 민간법인 또는 단체는 국토교통부장관이 공고하는 지정신청서에 다음 각 호의 서류를 첨부하여 국토교통부장관에게 제출해야 한다.

1. 제1항 각 호의 요건을 갖추었음을 증명할 수 있는 서류
2. 민간법인 또는 단체의 정관 또는 규약
3. 사업계획서

③ 국토교통부장관은 기준제정기관을 지정하려면 법 제40조에 따른 감정평가관리·징계위원회(이하 "감정평가관리·징계위원회"라 한다)의 심의를 거쳐야 한다.

④ 국토교통부장관은 기준제정기관을 지정한 경우에는 지체 없이 그 사실을 관보에 공고하거나 국토교통부 홈페이지에 게시해야 한다.

제3조의3(기준제정기관의 업무 등)

① 제3조의2 제4항에 따라 지정된 기준제정기관(이하 "기준제정기관"이라 한다)이 수행하는 업무는 다음 각 호와 같다.

1. 감정평가실무기준의 제정 및 개정
2. 감정평가실무기준에 대한 연구
3. 감정평가실무기준의 해석
4. 감정평가실무기준에 관한 질의에 대한 회신
5. 감정평가와 관련된 제도의 개선에 관한 연구
6. 그 밖에 감정평가실무기준의 운영과 관련하여 국토교통부장관이 정하는 업무

② 기준제정기관은 감정평가실무기준의 제정·개정 및 해석에 관한 중요 사항을 심의하기 위하여 기준제정기관에 국토교통부장관이 정하는 바에 따라 9명 이내의 위원으로 구성되는 감정평가실무기준심의위원회를 두어야 한다.

③ 제2항에 따른 감정평가실무기준심의위원회의 구성 및 운영에 필요한 사항은 국토교통부장관이 정한다.

(2) 법령의 내용

1) 기준제정기관의 지정

① 국토교통부장관은 감정평가법인등이 감정평가를 할 때 필요한 세부적인 기준(이하 "실무기준"이라 한다)의 제정 등에 관한 업무를 수행하기 위하여 대통령령으로 정하는 바에 따라 전문성을 갖춘 민간법인 또는 단체(이하 "기준제정기관"이라 한다)를 지정할 수 있다.

② 국토교통부장관은 필요하다고 인정되는 경우 제40조에 따른 감정평가관리・징계위원회의 심의를 거쳐 기준제정기관에 실무기준의 내용을 변경하도록 요구할 수 있다. 이 경우 기준제정기관은 정당한 사유가 없으면 이에 따라야 한다.

2) 비용의 지원

국가는 기준제정기관의 설립 및 운영에 필요한 비용의 일부 또는 전부를 지원할 수 있다.

2. 감정평가서에 대한 적정성 검토 절차 등(감정평가법 시행령 제7조의2부터 제7조의4까지 신설)

감정평가법 시행령 제7조(감정평가서의 심사대상 및 절차)

① 법 제7조 제1항에 따른 감정평가서의 적정성 심사는 법 제3조 제3항에 따른 원칙과 기준의 준수 여부를 그 내용으로 한다.

② 법 제7조 제1항에 따라 감정평가서를 심사하는 감정평가사는 작성된 감정평가서의 수정・보완이 필요하다고 판단하는 경우에는 해당 감정평가서를 작성한 감정평가사에게 수정・보완 의견을 제시하고, 해당 감정평가서의 수정・보완을 확인한 후 감정평가서에 심사사실을 표시하고 서명과 날인을 하여야 한다.

제7조의3(감정평가서 적정성 검토절차 등)

① 법 제7조 제3항에 따라 감정평가서의 적정성에 대한 검토를 의뢰하려는 자는 법 제6조 제1항에 따라 발급받은 감정평가서(「전자문서 및 전자거래기본법」에 따른 전자문서로 된 감정평가서를 포함한다)의 사본을 첨부하여 제7조의2 제2항에 따른 감정평가법인등에게 검토를 의뢰해야 한다.

② 제1항에 따른 검토 의뢰를 받은 감정평가법인등은 지체 없이 검토업무를 수행할 감정평가사를 지정해야 한다.

③ 제2항에 따라 검토업무를 수행할 감정평가사는 5년 이상 감정평가 업무를 수행한 사람으로서 감정평가 실적이 100건 이상인 사람이어야 한다.

제7조의4(적정성 검토결과의 통보 등)

① 제7조의3 제1항에 따른 검토 의뢰를 받은 감정평가법인등은 의뢰받은 감정평가서의 적정성 검토가 완료된 경우에는 적정성 검토 의뢰인에게 검토결과서(「전자문서 및 전자거래기본법」에 따른 전자문서로 된 검토결과서를 포함한다. 이하 이 조에서 같다)를 발급해야 한다.

② 제1항에 따른 검토결과서에는 감정평가법인등의 사무소 또는 법인의 명칭을 적고, 적정성 검토를 한 감정평가사가 그 자격을 표시한 후 서명과 날인을 해야 한다. 이 경우 감정평가사가 소속된 곳이 감정평가법인인 경우에는 그 대표사원 또는 대표이사도 서명이나 날인을 해야 한다.

3. 감정평가법인에 두는 감정평가사의 비율 등(감정평가법 제27조 및 동법 시행령 제24조)

(1) 관련 법령의 검토

> **〈감정평가 및 감정평가사에 관한 법률〉**
> 제29조(설립 등)
> ② 감정평가법인은 전체 사원 또는 이사의 100분의 70이 넘는 범위에서 대통령령으로 정하는 비율 이상을 감정평가사로 두어야 한다. 이 경우 감정평가사가 아닌 사원 또는 이사는 토지 등에 대한 전문성 등 대통령령으로 정하는 자격을 갖춘 자로서 제18조 제1항 제1호 또는 제5호에 해당하는 사람이 아니어야 한다.
>
> **〈감정평가 및 감정평가사에 관한 법률 시행령〉**
> 제24조(감정평가법인의 구성)
> ① 법 제29조 제2항 전단에서 "대통령령으로 정하는 비율"이란 100분의 90을 말한다.
> ② 법 제29조 제2항 후단에서 "토지 등에 대한 전문성 등 대통령령으로 정하는 자격을 갖춘 자"란 다음 각 호의 사람을 말한다.
> 1. 변호사・법무사・공인회계사・세무사・기술사・건축사 또는 변리사 자격이 있는 사람
> 2. 법학・회계학・세무학・건축학, 그 밖에 국토교통부장관이 정하여 고시하는 분야의 석사학위를 취득한 사람으로서 해당 분야에서 3년 이상 근무한 경력(석사학위를 취득하기 전의 근무 경력을 포함한다)이 있는 사람
> 3. 제2호에 따른 분야의 박사학위를 취득한 사람
> 4. 그 밖에 토지등 분야에 관한 학식과 업무경험이 풍부한 사람으로서 국토교통부장관이 정하여 고시하는 자격이나 경력이 있는 사람
>
> ③ 법 제29조 제4항 전단에서 "대통령령으로 정하는 수"란 5명을 말한다.
> ④ 법 제29조 제4항에 따른 감정평가법인의 주사무소 및 분사무소에 주재하는 최소 감정평가사의 수는 다음 각 호와 같다.
> 1. 주사무소: 2명
> 2. 분사무소: 2명

(2) 법령의 내용

대통령령이 정하는 비율은 90% 및 토지 등에 대한 전문성 등 대통령령으로 정하는 자격을 갖춘 자: 법 제29조 제2항 전단에서 "대통령령으로 정하는 비율"이란 100분의 90을 말한다. 토지 등에 대한 전문성 등 대통령령으로 정하는 자격을 갖춘 자는 다음과 같다.

> 1. 변호사・법무사・공인회계사・세무사・기술사・건축사 또는 변리사 자격이 있는 사람
> 2. 법학・회계학・세무학・건축학, 그 밖에 국토교통부장관이 정하여 고시하는 분야의 석사학위를 취득한 사람으로서 해당 분야에서 3년 이상 근무한 경력(석사학위를 취득하기 전의 근무 경력을 포함한다)이 있는 사람
> 3. 제2호에 따른 분야의 박사학위를 취득한 사람
> 4. 그 밖에 토지등 분야에 관한 학식과 업무경험이 풍부한 사람으로서 국토교통부장관이 정하여 고시하는 자격이나 경력이 있는 사람

4. 감정평가사 징계 정보의 공고(감정평가법 제39조의2 신설)

(1) 관련 법령의 검토

> **〈감정평가 및 감정평가사에 관한 법률〉**
>
> 제39조의2(징계의 공고)
>
> ① 국토교통부장관은 제39조 제1항 및 제2항에 따라 징계를 한 때에는 지체 없이 그 구체적인 사유를 해당 감정평가사, 감정평가법인등 및 협회에 각각 알리고, 그 내용을 대통령령으로 정하는 바에 따라 관보 또는 인터넷 홈페이지 등에 게시 또는 공고하여야 한다.
>
> ② 협회는 제1항에 따라 통보받은 내용을 협회가 운영하는 인터넷홈페이지에 3개월 이상 게재하는 방법으로 공개하여야 한다.
>
> ③ 협회는 감정평가를 의뢰하려는 자가 해당 감정평가사에 대한 징계 사실을 확인하기 위하여 징계 정보의 열람을 신청하는 경우에는 그 정보를 제공하여야 한다.
>
> ④ 제1항부터 제3항까지에 따른 조치 또는 징계 정보의 공개 범위, 시행・열람의 방법 및 절차 등에 관하여 필요한 사항은 대통령령으로 정한다.

(2) 법령의 내용

국토교통부장관이 감정평가사에 대한 징계를 한 때에는 그 사유를 밝혀 해당 감정평가사, 감정평가법인등, 한국감정평가사협회에 각각 통보하고 그 내용을 관보 또는 인터넷 홈페이지 등에 게시 또는 공고하도록 하며 이 경우 통보 서면에는 징계 사유를 명시하여야 한다(법 제39조의2 신설).

5. 감정평가사 징계 정보의 제공(감정평가법 시행령 제36조의2 및 제36조의3 신설)

(1) 관련 법령의 검토

> **〈감정평가 및 감정평가사에 관한 법률 시행령〉**
>
> 제36조의2(징계 정보의 열람 신청)
>
> ① 법 제39조의2 제3항에 따라 징계 정보의 열람을 신청하려는 자는 신청 취지를 적은 신청서에 다음 각 호의 서류를 첨부하여 협회에 제출해야 한다.
>
> 1. 주민등록증 사본 또는 법인 등기사항증명서 등 신청인의 신분을 확인할 수 있는 서류
> 2. 열람 대상 감정평가사에게 감정평가를 의뢰(감정평가사가 소속된 감정평가법인이나 감정평가사사무소에 의뢰하는 것을 포함한다)하려는 의사와 징계 정보가 필요한 사유를 적은 서류
> 3. 대리인이 신청하는 경우에는 위임장 등 대리관계를 증명할 수 있는 서류
>
> ② 제1항에 따른 열람 신청은 신청인이 신청서 및 첨부서류를 협회에 직접 제출하거나 우편, 팩스 또는 전자우편 등 정보통신망을 이용한 방법으로 할 수 있다.
>
> 제36조의3(징계 정보의 제공 방법 등)
>
> ① 협회는 제36조의2 제1항에 따른 신청을 받은 경우 10일 이내에 신청인이 징계 정보를 열람할 수 있게 해야 한다.
>
> ② 협회는 제1항에 따라 징계 정보를 열람하게 한 경우에는 지체 없이 해당 감정평가사에게 그 사실을 알려야 한다.

③ 법 제39조의2 제3항에 따른 제공 대상 정보는 제36조 제2항에 따라 관보에 공고하는 사항으로서 신청일부터 역산하여 다음 각 호의 구분에 따른 기간까지 공고된 정보로 한다.
1. 법 제39조 제2항 제1호 및 제2호의 자격의 취소 및 등록의 취소의 경우: 10년
2. 법 제39조 제2항 제3호의 업무정지의 경우: 5년
3. 법 제39조 제2항 제4호의 견책의 경우: 1년

④ 협회는 제36조의2 제1항에 따라 열람을 신청한 자에게 열람에 드는 비용을 부담하게 할 수 있다.

⑤ 제1항부터 제4항까지에서 규정한 사항 외에 징계 정보의 열람에 필요한 세부사항은 국토교통부장관이 정하여 고시한다.

(2) 법령의 내용

징계정보의 열람을 신청하는 자가 서류를 갖추어 협회에 제출하면, 협회는 신청일로부터 10일내에 징계정보를 열람할 수 있게 해야 한다는 규정이 신설되었다. 이는 감정평가법인등의 징계여부를 열람할 수 있도록 하여 업무수행에 있어 감정평가법인등의 공정성, 전문성을 판단할 수 있게 되었다.

쟁점 37 취소소송과 국가배상소송의 기판력 및 갱신등록 거부처분의 절차의 하자

다음은 감정평가 및 감정평가사에 관한 법률(이하 '감정평가법')상 각각의 사례에 대하여 답하시오. 20점

(1) 감정평가법상 징계위원회 의결을 거쳐 국토교통부장관은 K감정평가법인 소속 감정평가사 甲에 대하여 법령상 의무 위반을 이유로 6개월의 업무정지처분을 하였다. 甲은 업무정지처분 취소소송을 제기하였으나 기각되었고 동 기각판결은 확정되었다. 이에 甲은 위 처분의 위법을 계속 주장하면서 이로 인한 재산상 손해에 대해 국가배상청구소송을 제기하였다. 이 경우 업무정지 처분취소소송의 위법성 판단과 국가배상청구소송의 위법성 판단의 관계를 검토하시오. 10점

(2) B감정평가법인 소속 감정평가사 乙은 5년의 갱신기간이 다가와 국토교통부장관에게 감정평가사 갱신등록을 신청하였으나 거부당하였다. 그런데 감정평가사 乙은 갱신등록거부처분에 앞서 거부사유와 법적 근거, 의견제출의 가능성 등을 통지받지 못하였다. 위 갱신등록 거부처분의 위법성 여부를 검토하시오. 10점

목차 index

(물음1)에 대하여

Ⅰ. 논점의 정리

Ⅱ. 취소소송과 국가배상소송에서의 위법성

1. 업무정지처분취소소송에서의 위법성 개념
2. 국가배상청구소송에서의 위법성 개념
   (1) 견해의 대립
   (2) 대법원 판례
   (3) 소결

Ⅲ. 취소소송과 국가배상소송의 위법성 판단의 관계

1. 개설
2. 기판력의 의의 및 범위
3. 국가배상청구소송에 대하여 취소판결이 기판력이 미치는지 여부
   (1) 학설
   (2) 대법원 판례
   (3) 검토

Ⅳ. 사안의 해결

(물음 2)에 대하여

Ⅰ. 논점의 정리

Ⅱ. 거부처분이 사전통지 및 의견제출절차의 대상인지 여부

1. 사전통지 및 의견제출절차의 의의
2. 거부처분에도 사전통지 및 의견제출절차를 요하는지
3. 대법원 판례 태도 및 검토

Ⅲ. 절차의 하자의 독자적 위법성 여부

1. 개설
2. 학설 및 판례
3. 소결

Ⅳ. 사안의 해결

주요 내용 contents

(물음 1)에 대하여

Ⅰ. 논점의 정리

사안에서 감정평가 및 감정평가사에 관한 법률(이하 '감정평가법')상 甲은 국토교통부장관의 6월의 업무정지처분에 대하여 업무정지처분취소소송을 제기하였으나 기각되어 동 판결이 확정되었다. 따라서 甲은 더 이상 업무정지처분에 대하여 항고소송을 제기할 수 없을 것이나, 이와 별도로 국가배상을 청구할 수는 있을 것이다. 이 경우 국가배상청구소송의 위법성 판단과정에서 업무정지처분취소소송의 확정판결의 기판력이 미치는지가 문제된다. 논의의 전제로서 양 소송의 위법성 개념을 살펴본다.

Ⅱ. 취소소송과 국가배상소송에서의 위법성

1. 업무정지처분취소소송에서의 위법성 개념

취소소송은 위법한 처분으로 침해당한 법률상 이익을 보호하는 기능을 갖는데, 이때의 위법이란 외부효를 갖는 법규 위반을 의미한다. 행정처분의 위법 여부는 공무원의 고의나 과실과는 관계없이 객관적으로 판단되어야 한다.

2. 국가배상청구소송에서의 위법성 개념

(1) 견해의 대립

① 결과불법설은 국가배상법상의 위법을 가해행위의 결과인 손해 결과적으로 시민법상의 원리에 비추어 수인되어야 할 것인가의 여부가 그 기준이 된다고 한다. ② 협의의 행위위법설은 국가배상법상의 위법성을 항고소송에서의 위법성과 같이 공권력 행사자체의 '법' 위반으로 이해한다. ③ 광의의 행위위법설은 국가배상법상의 위법을 행위 자체의 법에의 위반뿐만 아니라, 행위의 태양(방법)의 위법, 즉 명문의 규정이 없더라도 공권력 행사의 근거법규(특히 권한근거규정), 관계법규 및 조리를 종합적으로 고려할 때 인정되는 공무원의 '직무상의 손해방지의무(안전관리의무)'의 위반을 포함하는 개념으로 이해하는 견해이다. ④ 상대적 위법성설은 국가배상법상의 위법성을 행위의 적법, 위법뿐만 아니라, 피침해 이익의 성격과 침해의 정도 및 가해행위의 태양 등을 종합적으로 고려하여 행위가 객관적으로 정당성을 결여한 경우를 의미한다고 보는 견해이다. 상대적 위법성설은 피해자와의 관계에서 상대적으로 위법성을 인정한다.

(2) 대법원 판례

판례는 원칙상 행위위법설을 취하고 있는 것으로 보인다. 즉, 원칙상 가해직무행위의 법에의 위반을 위법으로 보고 있다. 다만, 최근 판례 중 상대적 위법성설을 지지한 것으로 보이는 판결이 있다.

(3) 소결

① 법률에 의한 행정의 원리의 실질적 내용을 이루는 인권보장의 측면에서 볼 때 공무원에게 직무상의 일반적 손해방지의무를 인정하는 것이 타당하므로, ② 국가배상에 있어서는 행위자체의 관계 법령에의 위반뿐만 아니라 행위의 태양의 위법, 즉 피침해 이익과 관련하여 요구되는 공무원의 '직무상 손해방지의무 위반'으로서의 위법도 국가배상법상 위법이 된다고 보는 것이 타당하다.

Ⅲ. 취소소송과 국가배상소송의 위법성 판단의 관계

1. 개설

취소소송판결의 국가배상소송에 대한 기판력은 국가배상법상의 위법과 항고소송의 위법의 이동에 좌우된다. 즉, 국가배상법상의 위법과 항고소송의 위법이 동일하다면 취소소송판결의 기판력은 국가배상소송에 미치고, 동일하지 않다면 취소소송판결의 기판력이 국가배상소송에 미치지 않는다고 보아야 한다.

2. 기판력의 의의 및 범위

기판력은 일단 재판이 확정된 때에는 소송당사자는 동일한 소송물에 대하여는 다시 소를 제기할 수 없고 설령 제기되어도 상대방은 기판사항이라는 항변을 할 수 있으며 법원도 일사부재리의 원칙에 따라 확정판결과 내용적으로 모순되는 판단을 하지 못하는 효력을 말한다. 일반적으로 기판력은 판결의 주문에 포함된 것에 한하여 인정된다.

3. 국가배상청구소송에 대하여 취소판결이 기판력이 미치는지 여부

(1) 학설

① 결과불법설 또는 상대적 위법성설에 따르는 경우에는 국가배상소송에서의 위법은 항고소송에서의 위법에 대하여 독자적인 개념이 된다. 따라서 취소소송 판결의 기판력이 당연히 국가배상소송에 미치게 되는 것은 아니라고 본다. ② 인용판결과 기각판결구별설은 국가배상법상의 위법을 항고소송의 위법보다 넓은 개념(광의의 행위위법설)으로 본다면 취소소송판결 중 인용판결의 기판력은 국가배상소송에 미치지만 기각판결의 기판력은 국가배상소송에 미치지 않는다고 본다. ③ 협의의 행위위법설을 따르는 경우에는 국가배상법상의 위법성을 항고소송에서의 위법과 달리 볼 아무런 근거가 없고, 따라서 취소소송 판결의 기판력은 당연히 국가배상소송에 미친다고 본다.

참고

① 전부 기판력 긍정설: 협의의 행위위법설의 입장에서 취소소송의 위법과 국가배상의 법령위반이 동일하므로 취소소송의 기판력이 후소인 국가배상청구소송에 미친다고 본다.
② 전부 기판력 부정설: 결과위법설 또는 상대적 위법성설의 입장에서 취소소송의 위법개념과 국가배상의 법령위반이 상이하다고 본다.
③ 제한적 기판력 긍정설: 광의의 행위위법설의 입장에서 국가배상의 법령위반이 취소소송의 위법개념보다 넓다고 보아, 취소소송이 청구인용판결이라면 그 기판력이 후소인 국가배상청구소송에 미치게 되나, 청구기각판결이라면 기판력이 후소인 국가배상청구소송에 미치지 않는다고 본다.

(2) 대법원 판례

판례는 "어떤 행정처분이 항고소송에서 취소되었다고 할지라도 그 기판력에 의하여 당해 행정처분이 곧바로 공무원의 고의 또는 과실로 인한 것이어서 불법행위를 구성한다고 단정할 수는 없는 것이다."라고 판시하였는바, 상대적 위법성설(전부기판력 부정설 관점)의 입장으로 본다.

(3) 검토

① **제한적 기판력 긍정설을 취한다면**: 광의의 행위위법설을 따르는 경우로서 국가배상소송에서의 행위 자체의 위법이 문제된 경우에는 항고소송의 판결의 기판력이 당연히 미치지만, 공무원의 직무상 손해방지의무 위반으로서의 위법, 즉 행위의 태양의 위법이 문제되는 경우에는 항고소송상의 위법과 판단의 대상과 내용을 달리하므로 항고소송판결의 기판력이 이 경우에는 미치지 않는다고 판단된다.

② **전부 기판력 긍정설을 취한다면**: 위법의 개념을 다양화하는 것은 법질서의 일체성에 반할 뿐만 아니라, 국민의 권리구제를 위해서 협의의 행위위법설을 취하여 취소소송의 위법과 국가배상의 법령위반이 동일하다고 보는 것이 타당하다고 판단된다.

③ **전부 기판력 부정설을 취한다면**: 국가배상소송에서의 위법은 항고소송에서의 위법에 대하여 독자적인 개념이 된다. 따라서 취소소송 판결의 기판력이 당연히 국가배상소송에 미치게 되는 것은 아니라고 보는 것이 타당하다고 판단된다.

Ⅳ. 사안의 해결(국가배상소송이 기판력이 발생한 후의 취소소송)

국가배상청구소송의 기판력은 취소소송에 영향을 미치지 아니한다. 왜냐하면 국가배상청구소송은 국가배상청구권의 존부를 소송물로 한 것이지 위법 여부를 소송물로 한 것은 아니기 때문이다. 국가배상소송에 있어서의 위법성의 판단은 판결이유 중의 판단이고, 판결이유 중의 판단에는 기판력이 미치지 않기 때문이다.

(물음 2)에 대하여

Ⅰ. 논점의 정리

사안에서 갱신등록거부처분에 앞서 거부사유와 법적 근거 및 의견제출의 가능성 등을 통지하지 않은 국토교통부장관의 거부처분이 절차상 하자를 구성하는지가 문제 된다. 사안의 해결을 위하여 거부처분이 사전통지 및 의견제출절차의 대상인지를 검토한다.

Ⅱ. 거부처분이 사전통지 및 의견제출절차의 대상인지 여부

1. 사전통지 및 의견제출절차의 의의

사전통지란 행정청이 불이익 처분을 함에 있어서 미리 상대방에게 일정한 사항을 통지함으로써 행정절차에의 참여를 보장하기 위한 처분절차를 말한다(행정절차법 제21조). 사전통지는 의견제출의 전치절차이다. 의견제출절차란 "행정청이 어떠한 행정작용을 하기에 앞서 당사자 등이 의견을 제시하는 절차로서 청문이나 공청회에 해당하지 아니하는 절차"를 말한다. 행정절차법은 권익을 제한하는 경우에 대해서 사전통지(제21조)와 의견청취(제22조)를 하도록 규정하고 있다.

2. 거부처분에도 사전통지 및 의견제출절차를 요하는지

① 소극설은 신청하였어도 아직 당사자에게 권익이 부여되지 아니하였으므로 신청을 거부하여도 직접 당사자의 권익을 제한하는 처분에 해당한다고 볼 수 없다는 견해이다. 또한 신청에 대한 거부처분은 그것이 불이익처분을 받는 상대방의 신청에 의한 것이므로 성질상 이미 의견진술의 기회를 준 것으로 볼 수 있으므로 의견진술의 기회를 줄 필요가 없다고 보는 견해이다.

② 적극설은 당사자가 신청을 한 경우, 신청에 따라 긍정적인 처분이 이루어질 것을 기대하며, 거부처분을 기대하지는 아니하고 있으므로, 거부처분의 경우에도 사전통지 및 의견진술의 기회가 필요하다고 보는 견해이다. 허가의 거부는 영업의 자유의 제한에 해당한다고 본다.

③ 제한적 긍정설은 예외적으로 갱신허가의 거부처분인 경우 사전통지 및 의견제출절차를 요한다고 보는 견해가 있다.

3. 대법원 판례 태도 및 검토

행정절차법 제21조 제1항, 제4항, 제22조 제1항 내지 제4항에 의하면, 행정청이 당사자에게 의무를 과하거나 권익을 제한하는 처분을 하는 경우에는 미리 처분하고자 하는 원인이 되는 사실과 처분의 내용 및 법적 근거, 이에 대하여 의견을 제출할 수 있다는 뜻과 의견을 제출하지 아니하는 경우의 처리방법 등의 사항을 당사자 등에게 통지하여야 하고, 다른 법령 등에서 필요적으로 청문을 실시하거나 공청회를 개최하도록 규정하고 있지 아니한 경우에도 당사자 등에게 의견제출의 기회를 주어야 하되, 해당 처분의 성질상 의견청취가 현저히 곤란하거나 명백히 불필요하다고 인정될 만한 상당한 이유가 있는 경우 등에는 처분의 사전통지나 의견청취를 하지 아니할 수 있도록 규정하고 있으므로, 행정청이 침해적 행정처분을 함에 있어서 당사자에게 위와 같은 사전통지를 하거나 의견제출의 기회를 주지 아니하였다면 사전통지를 하지 않거나 의견제출의 기회를 주지 아니하여도 되는 예외적인 경우에 해당하지 아니하는 한 그 처분은 위법하여 취소를 면할 수 없다고 할 것이다.

최근 대법원 판례(대판 2015.8.27, 2013두1560)는 **"행정기관의 장의 거부처분이 재량행위인 경우에, 위와 같은 사전통지의 흠결로 민원인에게 의견진술의 기회를 주지 아니한 결과 민원조정위원회의 심의과정에서 그 고려대상에 마땅히 포함시켜야 할 사항을 누락하는 등 재량권의 불행사 또는 해태로 볼 수 있는 구체적 사정이 있다면, 그 거부처분은 재량권을 일탈·남용한 것으로서 위법하다고 평가할 수 있을 것이다."라고 판시하고 있는 바, 사안의 거부처분의 사전통지의 경우에도 그러한 흠결을 비례의 원칙으로 고찰하여 본다면 절차상 하자가 인정된다고 할 것이다.**

대법원 2015.8.27. 선고 2013두1560 판결 [건축신고반려처분취소]

【판시사항】

민원사무를 처리하는 행정기관이 민원 1회방문 처리제를 시행하는 절차의 일환으로 민원사항의 심의·조정 등을 위한 민원조정위원회를 개최하면서 민원인에게 회의일정 등을 사전에 통지하지 않은 경우, 민원사항에 대한 행정기관의 장의 거부처분에 취소사유에 이를 정도의 흠이 존재하는지 여부(소극) 및 위 거부처분이 위법한 경우

【판결요지】

민원사무를 처리하는 행정기관이 민원 1회방문 처리제를 시행하는 절차의 일환으로 민원사항의 심의·조정 등을 위한 민원조정위원회를 개최하면서 민원인에게 회의일정 등을 사전에 통지하지 아니하였다 하더라도, 이러한 사정만으로 곧바로 민원사항에 대한 행정기관의 장의 거부처분에 취소사유에 이를 정도의 흠이 존재한다고 보기는 어렵다. 다만 행정기관의 장의 거부처분이 재량행위인 경우에, 위와 같은 사전통지의 흠결로 민원인에게 의견진술의 기회를 주지 아니한 결과 민원조정위원회의 심의과정에서 고려대상에 마땅히 포함시켜야 할 사항을 누락하는 등 재량권의 불행사 또는 해태로 볼 수 있는 구체적 사정이 있다면, 거부처분은 재량권을 일탈·남용한 것으로서 위법하다.

Ⅲ. 절차의 하자의 독자적 위법성 여부

1. 개설

절차의 하자란 행정행위가 행해지기 전에 거쳐야 하는 절차 중 하나를 거치지 않았거나 거쳤으나 절차상 하자가 있는 것을 말한다. 행정처분에 절차상 위법이 있는 경우에 절차상 위법이 해당 행정처분의 독립된 위법사유(취소 또는 무효사유)가 되는가, 달리 말하면, 법원은 취소소송의 대상이 된 처분이 절차상 위법한 경우 해당 처분의 실체법상의 위법 여부를 따지지 않고 또는 실체법상 적법함에도 불구하고 절차상의 위법만을 이유로 취소 또는 무효확인할 수 있는지가 문제된다.

2. 학설 및 판례

① 소극설은 절차상 하자만을 이유로 행정처분의 무효를 확인하거나 행정처분을 취소할 수 없다는 견해로서 이를 절차상 하자를 이유로 취소하는 것은 행정상 및 소송상 경제에 반하는 것으로 본다.

② 적극설은 행정소송법 제30조 제3항을 논거로 독립된 취소가 가능하다는 견해로 행정절차의 실효성 보장을 위해서 독립된 취소사유로 보아야 한다고 본다.

③ 절충설은 재량행위인 경우에는 독립취소 사유로 보아야 하고, 기속행위인 경우에는 소송상, 행정 경제에 반하므로 인정하지 않는 견해이다.

④ 대법원 판례는 이유제시에 관하여 기속행위인 과세처분에 있어서 이유제시상의 하자를 이유로 취소한바 있고(대판 1984.5.9, 84누116), 재량행위에 대하여 식품위생법 소정의 청문절차에 하자 있는 경우에 취소를 인정한 바 있다(대판 1991.7.9, 91누971). 즉, 판례는 절차상의 하자만으로도 독자적 위법성을 인정하고 있다.

3. 소결

절차상 하자를 독립된 취소사유로 볼 것인가의 문제는 절차적 법치주의의 가치와 국민의 권리구제 및 소송경제 차원의 조화의 해결이 필요하다. 행정소송법 제30조 제3항의 논거와 국민의 권익구체 차원에서 행정절차의 적법성 보장이 중시되는바, 절차 하자의 독자적 위법성이 인정된다고 판단된다.

Ⅳ. 사안의 해결

사안에서 감정평가법인등 乙의 갱신등록 신청에 대한 국토교통부장관의 거부는 종전에 발부된 자격증등록의 효과를 제한하는 처분으로 볼 수 있다. 또한 절차의 하자를 독자적 취소사유로 보는 것이 타당하므로 거부사유와 법적 근거 및 의견제출의 가능성 등을 통지하지 않은 국토교통부장관의 거부처분은 위법하다고 판단된다.

참고 절차의 하자가 중대하고 명백하여 무효인 경우는 언제인지?

대법원 2023.11.2.선고 2021두37748 판결 [법인세등부과처분취소]

【판시사항】

[1] 과세관청이 세무조사 결과에 대한 서면통지 후 과세전적부심사 청구나 그에 대한 결정이 있기 전에 과세처분을 한 경우, 절차상 하자가 중대하고도 명백하여 과세처분이 무효인지 여부(원칙적 적극)

[2] 구 국세기본법 제81조의15 제2항 제1호 및 구 국세징수법 제14조 제1항 제7호에 따른 과세전적부심사의 예외사유인 '국세를 포탈하려는 행위가 있다고 인정될 때'의 의미

【판결요지】

[1] **사전구제절차로서 과세전적부심사 제도가 가지는 기능과 이를 통해 권리구제가 가능한 범위, 이러한 제도가 도입된 경위와 취지, 납세자의 절차적 권리 침해를 효율적으로 방지하기 위한 통제 방법과 더불어, 헌법 제12조 제1항에서 규정하고 있는 적법절차의 원칙은 형사소송절차에 국한되지 아니하고, 세무공무원이 과세권을 행사하는 경우에도 마찬가지로 준수하여야 하는 점 등을 고려하여 보면, 구 국세기본법(2018.12.31. 법률 제16097호로 개정되기 전의 것) 등이 과세전적부심사를 거치지 않고 곧바로 과세처분을 할 수 있거나 과세전적부심사에 대한 결정이 있기 전이라도 과세처분을 할 수 있는 예외사유로 정하고 있다는 등의 특별한 사정이 없는 한, 세무조사 결과에 대한 서면통지 후 과세전적부심사 청구나 그에 대한 결정이 있기도 전에 과세처분을 하는 것은 원칙적으로 과세전적부심사 이후에 이루어져야 하는 과세처분을 그보다 앞서 함으로써 과세전적부심사 제도 자체를 형해화시킬 뿐만 아니라 과세전적부심사 결정과 과세처분 사이의 관계 및 그 불복절차를 불분명하게 할 우려가 있으므로, 그와 같은 과세처분은 납세자의 절차적 권리를 침해하는 것으로서 그 절차상 하자가 중대하고도 명백하여 무효이다.**

[2] 구 국세기본법(2018.12.31. 법률 제16097호로 개정되기 전의 것, 이하 같다) 제81조의15 제2항 제1호, 구 국세징수법(2020.12.29. 법률 제17758호로 전부 개정되기 전의 것, 이하 같다) 제14조 제1항 제7호, 법인세법 제69조 제1항의 문언과 체계, 납기전징수 및 수시부과 제도의 취지, 납기전징수 및 수시부과 사유를 과세전적부심사의 예외사유로 규정한 취지 등에 비추어 보면, 구 국세기본법 제81조의15 제2항 제1호 및 구 국세징수법 제14조 제1항 제7호에 따른 과세전적부심사의 예외사유인 '국세를 포탈하려는 행위가 있다고 인정될 때'란 '조세의 부과징수를 불가능 또는 현저히 곤란하게 할 만한 객관적인 상황이 드러나는 납세자의 적극적인 행위가 있고, 그로 인하여 납세의무를 조기에 확정시키지 않으면 해당 조세를 징수할 수 없다고 인정되는 등 긴급한 과세처분의 필요가 있는 경우'를 의미한다고 봄이 타당하다.

Chapter 03 약술

약술 1 공용사용의 약식절차

토지보상법상 인정되는 공용사용의 약식절차로써 천재지변 시의 토지사용과 시급한 토지 사용에 대한 허가에 대해 설명하고 양자의 공통점과 차이점을 비교 설명하시오. 10점

목차 index

1. 공용사용의 약식절차
   (1) 천재지변 시의 토지사용(토지보상법 제38조)
      1) 의의 및 취지
      2) 요건
   (2) 시급한 토지사용에 대한 허가(토지보상법 제39조)
      1) 의의 및 취지
      2) 요건
2. 양자의 공통점
   (1) 규정 취지
   (2) 요건
   (3) 효과
   (4) 보상액 산정
   (5) 허가에 대한 불복
3. 양자의 차이점
   (1) 요건 및 절차
   (2) 보상금 지급 절차
   (3) 손실보상액에 대한 불복
4. 결

주요 내용 contents

1. 공용사용의 약식절차

(1) 천재지변 시의 토지사용(토지보상법 제38조)

1) 의의 및 취지

천재지변 시의 토지의 사용이란 천재지변이나 그 밖의 사변으로 인하여 공공의 안전을 유지하기 위한 공익사업을 긴급히 시행할 필요가 있을 때에는 사업시행자는 대통령령으로 정하는 바에 따라 특별자치도지사, 시장·군수 또는 구청장의 허가를 받아 즉시 타인의 토지를 사용할 수 있는 것을 말한다. 이는 공익사업의 원활한 수행, 행정의 탄력성 도모, 공익실현의 적시성 보장 등에 그 취지가 인정된다.

2) 요건

사업시행자는 대통령령으로 정하는 바에 따라 특별자치도지사, 시장·군수 또는 구청장의 허가를 받아 즉시 타인의 토지를 사용할 수 있다. 다만, 사업시행자가 국가일 때에는 그 사업을 시행할 관계 중앙행정기관의 장이 특별자치도지사, 시장·군수 또는 구청장에게, 사업시행자가 특별시·광역시 또는 도일 때에는 특별시장·광역시장 또는 도지사가 시장·군수 또는 구청장에게 각각 통지하고 사용할 수 있으며, 사업시행자가 특별자치도, 시·군 또는 구일 때에는 특별자치도지사, 시장·군수 또는 구청장이 허가나 통지 없이 사용할 수 있다. 이때 허가권자는 허가를 하거나 통지를 받은 경우 등에는 즉시 토지소유자 및 토지점유자에게 통지하여야 하며, 토지의 사용기간은 6개월을 넘지 못한다.

(2) 시급한 토지사용에 대한 허가(토지보상법 제39조)

1) 의의 및 취지

시급한 토지 사용에 대한 허가란 토지수용위원회의 재결을 기다려서는 재해를 방지하기 곤란하거나 그밖에 공공의 이익에 현저한 지장을 줄 우려가 있다고 인정할 때에 사업시행자의 신청을 받아 대통령령으로 정하는 바에 따라 담보를 제공하게 한 후 즉시 해당 토지의 사용을 허가하는 것을 말한다. 이는 행정의 탄력성 도모, 공익실현의 적시성, 공익사업의 원활한 수행 등에 그 취지가 인정된다.

2) 요건

사업시행자의 신청을 받아 대통령령으로 정하는 바에 따라 담보를 제공하게 한 후 즉시 해당 토지의 사용을 허가할 수 있다. 다만, 국가나 지방자치단체가 사업시행자인 경우에는 담보를 제공하지 아니할 수 있다. 이때 토지사용 허가에 대해 즉시 토지소유자 및 토지점유자에게 통지하여야 하며, 토지의 사용기간은 6개월을 넘지 못한다.

토지보상법 제38조(천재지변 시의 토지의 사용)

① 천재지변이나 그 밖의 사변(事變)으로 인하여 공공의 안전을 유지하기 위한 공익사업을 긴급히 시행할 필요가 있을 때에는 사업시행자는 대통령령으로 정하는 바에 따라 특별자치도지사, 시장·군수 또는 구청장의 허가를 받아 즉시 타인의 토지를 사용할 수 있다. 다만, 사업시행자가 국가일 때에는 그 사업을 시행할 관계 중앙행정기관의 장이 특별자치도지사, 시장·군수 또는 구청장에게, 사업시행자가 특별시·광역시 또는 도일 때에는 특별시장·광역시장 또는 도지사가 시장·군수 또는 구청장에게 각각 통지하고 사용할 수 있으며, 사업시행자가 특별자치도, 시·군 또는 구일 때에는 특별자치도지사, 시장·군수 또는 구청장이 허가나 통지 없이 사용할 수 있다.

② 특별자치도지사, 시장·군수 또는 구청장은 제1항에 따라 허가를 하거나 통지를 받은 경우 또는 특별자치도지사, 시장·군수·구청장이 제1항 단서에 따라 타인의 토지를 사용하려는 경우에는 대통령령으로 정하는 사항을 즉시 토지소유자 및 토지점유자에게 통지하여야 한다.

③ 제1항에 따른 토지의 사용기간은 6개월을 넘지 못한다.

④ 사업시행자는 제1항에 따라 타인의 토지를 사용함으로써 발생하는 손실을 보상하여야 한다.

⑤ 제4항에 따른 손실보상에 관하여는 제9조 제5항부터 제7항까지의 규정을 준용한다.

> **토지보상법 제39조(시급한 토지 사용에 대한 허가)**
> ① 제28조에 따른 재결신청을 받은 토지수용위원회는 그 재결을 기다려서는 재해를 방지하기 곤란하거나 그 밖에 공공의 이익에 현저한 지장을 줄 우려가 있다고 인정할 때에는 사업시행자의 신청을 받아 대통령령으로 정하는 바에 따라 담보를 제공하게 한 후 즉시 해당 토지의 사용을 허가할 수 있다. 다만, 국가나 지방자치단체가 사업시행자인 경우에는 담보를 제공하지 아니할 수 있다.
> ② 제1항에 따른 토지의 사용기간은 6개월을 넘지 못한다.
> ③ 토지수용위원회가 제1항에 따른 허가를 하였을 때에는 제38조 제2항을 준용한다.

2. 양자의 공통점

(1) 규정 취지

토지를 사용함에 있어서 천재지변이나 시급을 요하는 경우에는 일반적인 공익사업과는 달리 모든 절차를 거칠 여유가 없어 원활한 사업 진행, 공익 실현의 적시성 보장, 행정의 탄력성 제고를 위해 약식절차를 규정하고 있다.

(2) 요건

양자 모두 관련 행정청으로부터 허가를 받고 토지소유자 및 점유자에게 통지를 하여야 한다. 또한 보통의 공용수용 절차를 거치는 경우보다 재산권 침해의 정도가 커 토지의 사용기간을 6월 이내로 한정하여 재산권 침해를 최소화하고 있다.

(3) 효과

사업시행자의 ① 공용사용권의 취득, ② 반환 및 원상회복의무, ③ 대행·대집행청구권 및 ④ 토지소유자의 권리행사의 제한, ⑤ 목적물의 인도·이전의무, ⑥ 손실보상청구권 등의 효과가 발생한다.

(4) 보상액 산정

보상액을 산정함에 있어서는 그 토지와 인근 유사토지의 지료, 임대료, 사용방법, 사용기간 및 그 토지의 가격 등을 참작하여 평가한 적정가격으로 보상하여야 한다.

(5) 허가에 대한 불복

양자의 허가권자는 상이하나 허가의 처분성이 인정되므로 위법한 허가에 대하여 쟁송제기가 가능하다. 다만 쟁송제기의 실익에 대하여는 집행부정지 원칙으로 의문이 있으므로 집행정지 제도의 활용이 요구된다.

3. 양자의 차이점

(1) 요건 및 절차

천재지변 시의 경우 허가권자는 특별자치도지사 및 시·군·구청장이나 시급한 토지사용의 허가의 경우에는 사업인정 후 재결신청이 있었으므로 토지수용위원회의 허가를 받고 담보를 제공하여야 한다.

(2) 보상금 지급 절차

천재지변 시의 경우 사업시행자와 손실을 입은 자가 협의하여 결정하며 협의 불성립 시 관할 토지수용위원회에 재결을 신청할 수 있다(법 제9조 제5항 ~ 제7항 준용). 그러나 시급한 토지사용의 허가의 경우에는 토지소유자의 보상청구가 있을 때 사업시행자가 산정한 보상액을 지급하며 보상시기까지 지급하지 않는 경우 토지소유자 및 관계인은 담보물을 취득할 수 있다.

(3) 손실보상액에 대한 불복

천재지변 시의 경우에는 손실보상액에 대한 재결의 처분성 여부에 대해 견해가 나뉘나 그 성격이 단순한 중재적 결정이며 보상액의 제시에 불과하다고 볼 때 처분성을 인정하기가 어려워 이에 대해 공법상 당사자소송을 제기할 수 있다고 하겠다. 반면, 시급한 토지 사용의 허가의 경우에는 재결이 있은 경우에는 재결 불복 규정을 적용하며 재결 전인 경우에는 사업시행자를 상대로 보상금의 증액지급을 구하는 공법상 당사자소송만을 제기할 수 있다고 본다. 그러나 재결 이전인 경우는 이론상 논의이고, 실무상 재결 이후에 허가가 이뤄지므로 토지보상법상 재결의 불복절차를 준용한다고 보아야 할 것이다(제83조, 제85조).

4. 결

약식절차에 의한 재산권 취득은 보통 절차에 의한 재산권 취득에 비해 재산권 침해가 크다고 볼 수 있으며 보상의 성격 역시 사전 보상이 아닌 사후 보상인 점을 볼 때 반드시 그 요건이 충족되어야 적용될 수 있으며 제도의 남용이 있어서는 안 될 것이다. 또한 피침해자의 권리보호를 위한 손실보상과 기타 불복에 관한 규정이 더욱 구체적으로 정비되어야 할 것이다.

약술 2 토지보상법 제81조 보상업무위탁

공익사업을 위한 토지 등의 취득 및 보상에 관한 법률 제81조의 보상업무 등의 위탁에 대하여 설명하시오(아래 박스내용은 현재 국회에 발의된 내용임). 10점

국토교통부의 2022년도 국토의 계획 및 이용에 관한 연차보고서에 따르면 최근 19년간(2003~2021년) 사회간접시설·국민편의시설 등 공익사업의 시행을 위하여 국가·지방자치단체 및 정부투자기관 등이 총 2,461,116천㎡(274조 2,956억원) 토지를 수용하였으며, 이에 따른 보상업무가 보상전문기관에 위탁되고 있음. 현행법은 제81조에서 사업시행자가 보상 또는 이주대책에 관한 업무를 지방자치단체 또는 보상업무에 관한 전문성이 있는 공공기관 또는 지방공사로서 대통령령으로 정하는 기관[1]에 위탁할 수 있도록 한정하고 있음. 그러나 현재의 보상전문기관은 중소도시지역 등 부동산가격수준이 낮은 지역, 대부분의 공익사업에 해당하는 50억 이하의 소규모 공익사업 보상업무는 위탁수수료 수익이 낮아 경영효율성을 이유로 업무수탁을 기피함으로 인해 공익사업 추진이 지연되는 사례가 다수 발생하고 있음. 이에 보상업무의 전문성과 신뢰성 도모를 위하여 보상업무에 관한 고도의 전문성과 역량을 갖춘 「감정평가 및 감정평가사에 관한 법률」 제29조에 따른 감정평가법인으로서 국토교통부령으로 정하는 법인을 보상전문기관에 추가하고자 함(안 제81조 제1항 제3호 신설). (출처: 국회의안정보시스템)

목차 index

1) 대통령령에서는 한국토지주택공사, 한국수자원공사, 한국도로공사, 한국농어촌공사, 한국부동산원과 지방공사로 제한하고 있음

주요 내용 contents

1. 논점의 정리

「공익사업을 위한 토지 등의 취득 및 보상에 관한 법률」(이하 '토지보상법'이라 함) 제81조에 따라 사업시행자는 보상에 관한 업무를 보상전문기관에 위탁 할 수 있으며, 같은법 시행령 제43조 제2항에 관한 업무를 위탁할 수 있다 규정하고 있다. 그러나 현행법상 보상전문기관에 감정평가법인이 해당되지 않아 보상전문기관에 감정평가법인을 추가하고자 하는 개정안이 발의 되었는바, 이에 대해 고찰해 보고자 한다.

2. 보상전문기관

(1) 의의

토지보상법은 사업시행자가 보상 또는 이주대책에 관한 업무를 지방자치단체나 보상실적이 있거나 보상업무에 관한 전문성이 있는 기관에 위탁할 수 있도록 하고 있다(법 제81조). 종전 (구)공특법에서는 이주대책에 관련한 업무를 지방자치단체에 위탁할 수 있는 규정만을 두고 있었다. 그러나 신설 토지보상법에서는 이주대책에 관련한 업무만이 아니라 보상업무까지 위탁할 수 있도록 하였고, 업무를 위탁받을 수 있는 기관도 지방자치단체 외에 보상전문기관도 포함하고 있다.

(2) 취지

이는 보상에 대한 지식과 경험 또는 전담 직원이 부족한 사업시행자의 경우, 전문성과 효율성을 가진 보상전문기관에 보상업무 및 이주대책에 관한 업무를 위탁할 수 있도록 하여, 원활한 업무추진과 보상대상자의 권익을 적정하게 보호할 수 있도록 하기 위한 것이다.

(3) 보상전문기관의 법적 지위

사업시행자의 공법상 위임계약에 의거하여 권리의무를 갖게 된다. 따라서 위탁받은 범위에서는 사업시행자의 지위를 갖게 되며, 손실보상의 주체가 된다. 피수용자가 손실보상에 관한 불복을 제기하고자 하는 경우 피고적격 인정 여부와 관련하여 보상전문기관이 보상업무에 관하여는 독립적인 지위가 인정된다면 보상에 관한 소송에서도 피고적격이 인정되어야 한다고 볼 것이다. 따라서 토지보상법이 사업시행자로 규정한 것은 예시한 것으로 볼 수 있다.

3. 관련 법령의 검토(토지보상법 제81조 및 동법 시행령 제43조)

법 제81조 제1항 제2호에서 "대통령령으로 정하는 기관"이란, 한국토지주택공사, 한국수자원공사, 한국도로공사, 한국농어촌공사, 한국부동산원, 「지방공기업법」 제49조에 따라 특별시, 광역시, 도 및 특별자치도가 택지개발 및 주택건설 등의 사업을 하기 위하여 설립한 지방공사으로 규정하고 있으나, 보상업무에 전문성을 가지고 있는 감정평가법인등이 규정되어 있지 않다.

토지보상법 제81조(보상업무 등의 위탁)

① 사업시행자는 보상 또는 이주대책에 관한 업무를 다음 각 호의 기관에 위탁할 수 있다.
  1. 지방자치단체
  2. 보상실적이 있거나 보상업무에 관한 전문성이 있는 「공공기관의 운영에 관한 법률」 제4조에 따른 공공기관 또는 「지방공기업법」에 따른 지방공사로서 대통령령으로 정하는 기관

② 제1항에 따른 위탁 시 업무범위, 수수료 등에 관하여 필요한 사항은 대통령령으로 정한다.

토지보상법 시행령 제43조(보상전문기관 등)

① 법 제81조 제1항 제2호에서 "대통령령으로 정하는 기관"이란 다음 각 호의 기관을 말한다.
  1. 「한국토지주택공사법」에 따른 한국토지주택공사
  2. 「한국수자원공사법」에 따른 한국수자원공사
  3. 「한국도로공사법」에 따른 한국도로공사
  4. 「한국농어촌공사 및 농지관리기금법」에 따른 한국농어촌공사
  5. 「한국부동산원법」에 따른 한국부동산원
  6. 「지방공기업법」 제49조에 따라 특별시, 광역시, 도 및 특별자치도가 택지개발 및 주택건설 등의 사업을 하기 위하여 설립한 지방공사

② 사업시행자는 법 제81조에 따라 다음 각 호의 업무를 법 제81조 제1항 각 호의 기관(이하 "보상전문기관"이라 한다)에 위탁할 수 있다.
  1. 보상계획의 수립·공고 및 열람에 관한 업무
  2. 토지대장 및 건축물대장 등 공부의 조사. 이 경우 토지대장 및 건축물대장은 부동산종합공부의 조사로 대신할 수 있다.
  3. 토지 등의 소유권 및 소유권 외의 권리 관련 사항의 조사
  4. 분할측량 및 지적등록에 관한 업무
  5. 토지조서 및 물건조서의 기재사항에 관한 조사
  6. 잔여지 및 공익사업지구 밖의 토지 등의 보상에 관한 조사
  7. 영업·농업·어업 및 광업 손실에 관한 조사
  8. 보상액의 산정(감정평가업무는 제외한다)
  9. 보상협의, 계약체결 및 보상금의 지급
  10. 보상 관련 민원처리 및 소송수행 관련 업무
  11. 토지 등의 등기 관련 업무
  12. 이주대책의 수립·실시 또는 이주정착금의 지급
  13. 그 밖에 보상과 관련된 부대업무

③ 사업시행자는 법 제81조에 따라 제2항 각 호의 업무를 보상전문기관에 위탁하려는 경우에는 미리 위탁내용과 위탁조건에 관하여 보상전문기관과 협의하여야 한다.

④ 사업시행자는 법 제81조에 따라 제2항 각 호의 업무를 보상전문기관에 위탁할 때에는 별표 1에 따른 위탁수수료를 보상전문기관에 지급하여야 한다. 다만, 사업시행자가 제2항 각 호의 업무 중 일부를 보상전문기관에 위탁하는 경우의 위탁수수료는 사업시행자와 보상전문기관이 협의하여 정한다.

⑤ 사업시행자는 보상전문기관이 통상적인 업무수행에 드는 경비가 아닌 평가수수료·측량수수료·등기수수료 및 변호사의 보수 등 특별한 비용을 지출하였을 때에는 이를 제4항에 따른 위탁수수료와는 별도로 보상전문기관에 지급하여야 한다.

4. 관련문제

(1) 보상업무위탁의 범위

토지보상법 시행령 제43조에서 “그 밖에 보상과 관련된 부대업무”라 규정한 것이, 예시한 것인지 제한적으로 열거한 것인지 문제된다. 보상업무의 범위는 법률에서 명확하게 규정되어야 하며 예시적으로 규정될 수 없다고 판단되는바 열거규정이라 보인다.

(2) 보상전문기관에 의한 재위탁

위탁되는 보상업무가 매우 다양하므로 재위탁이 가능한지 여부가 문제된다. 재위탁은 위탁의 법적 성격과 위탁제도를 마련한 취지에 비추어 타당하지 않다고 본다. 다만, 위탁기관이 허락한 경우에 한하여 예외적으로 재위탁이 가능하다고 본다.

5. 사안의 경우

현행법은 보상전문기관에 대하여 감정평가법인등에 대해서는 규정하고 있지 않다. 그러나, 50억 이하의 소규모 공익사업 보상업무는 위탁수수료 수익이 낮아 현재 규정하고 있는 보상전문기관에서 위탁수수료 수익이 낮아 업무수주를 기피하여 공익사업 추진이 지연되는 점, 보상전문기관에 보상업무의 전문성이 있는 감정평가법인등이 규정되어 있지 않은 점을 고려할 때, 보상업무의 전문성과 신뢰성 도모를 위하여 감정평가법 제29조에 따른 감정평가법인으로서 국토교통부령으로 정하는 법인을 보상전문기관에 추가하는 것은 타당하다고 생각한다.

약술 3 토지보상법상 손실보상원칙

공익사업을 위한 토지 등의 취득 및 보상에 관한 법률 제6장 제1절 손실보상원칙에 대하여 제61조부터 제69조까지 설명하시오. 10점

목차 index

주요 내용 contents

Ⅰ. 개설

손실보상의 원칙이란 공익사업을 시행하는 주체가 공용침해에 따른 손실보상을 함에 있어서 지켜야 하는 것을 의미하며, 이는 헌법 제23조 제3항의 정당보상을 구체화하기 위하여 법률로써 규정한 것이다.

Ⅱ. 토지보상법상 손실보상의 원칙

1. 사업시행자 보상의 원칙(토지보상법 제61조)

공익사업에 필요한 토지 등의 취득 또는 사용으로 인하여 토지소유자나 관계인이 입은 손실은 사업시행자가 이를 보상하여야 한다고 규정하여 손실보상자의 의무자를 규정하여 피수용자의 권리보호를 명확히 하고 있다. 이는 헌법이 규정한 정당한 보상을 원활히 하기 위함이다. 이때 손실보상의 주체가 누구냐에 대한 논의가 있을 수 있는데 권리의 본질은 이익의 향수인바, 수용권의 이익을 누리는 사업시행자가 수용권의 주체가 되는 것은 당연하고 따라서 손실보상의 주체도 당연히 사업시행자로 봄이 타당하다.

2. 사전보상의 원칙(토지보상법 제62조)

(1) 의의 및 취지

사업시행자는 해당 공익사업을 위한 공사에 착수하기 이전에 토지소유자 및 관계인에 대하여 보상액의 전액을 지급하여야 한다고 규정하여 사업시행 전 보상금 지급을 명문화하고 있다. 이는 피수용자의 대체지 취득 등을 고려한 피수용자 보호를 위함이다.

(2) 사전보상원칙을 보장하기 위한 제도

수용 또는 사용의 개시일까지 보상금을 지급하도록 하고 있는바, 사전보상의 원칙의 실효성을 담보하기 위하여 재결의 실효제도(토지보상법 제42조)를 두고 있다.

(3) 사전보상원칙의 예외(천측실기)

토지보상법에는 천재・지변, 시급을 요하는 경우 토지의 사용(토지보상법 제38조, 제39조), 측량조사로 인한 손실보상(토지보상법 제9조), 각종 실효로 인한 손실보상(토지보상법 제23조 제2항, 제24조 제6항, 제42조 제2항), 기타 토지에 대한 비용보상(토지보상법 제79조)을 규정하고 있다.

(4) 관련 판례

대법원은 관할 토지수용위원회에서 재결된 보상금을 그 수용개시일까지 지급・공탁하지 않으면 후급약정 또는 보상금에 대해서만 다툰다는 약정이 없는 한 그 수용재결은 전부 효력을 상실하고 따라서 수용대상토지를 점유・사용함은 불법점유로 되어 그 손해를 배상해야 한다고 판시한 바 있다.

3. 현금보상의 원칙(토지보상법 제63조)

(1) 의의 및 취지

이는 손실보상은 현금으로 보상하여야 한다는 것으로 그 취지는 자유로운 유통이 보장되고, 현금이 객관적 가치의 변동이 적기 때문에 손실의 완전한 보상을 위해서이다. 다만, 다른 법률에 특별한 규정이 있는 경우를 제외한다.

(2) 현금보상의 예외

① 〈현물보상〉 수용사용할 물건에 갈음하여 다른 물건으로 보상하는 방법으로서 피수용자가 수용 이전의 생활상태를 계속할 수 있도록 대체물건으로 보상함에 그 취지가 있다.

② 〈매수보상〉 물건에 대한 이용제한에 따라 종래 이용목적대로 사용이 곤란한 경우, 상대방에게 그 물건에 대한 매수청구권을 인정함으로써 완전보상의 원칙을 실현하는 것이다.

③ 〈채권보상〉공익사업을 위한 수용에 있어서 손실보상금을 지불함에 일정한 경우 채권으로 지급하는 것으로, 이는 보상금의 비율증가에 따라 원활한 사업의 시행과 공익사업의 증대에 대처하기 위한 제도이다(토지보상법 제63조 제7항 이하).

4. 개인별 보상의 원칙(토지보상법 제64조)

손실보상액은 피침해자에게 각각 개별적으로 지불해야 한다는 원칙으로 예외적으로 개인별로 산정할 수 없는 경우 대위주의가 적용된다. 이는 개인의 권리보호에 대위주의보다 개별지불이 유리하기 때문이다.

5. 일괄보상의 원칙(토지보상법 제65조)

사업시행자는 동일한 사업지역에 보상시기를 달리하는 동일인 소유의 토지 등이 여러 개 있는 경우 토지소유자나 관계인이 요구할 때에는 한꺼번에 보상금을 지급하도록 하여야 한다는 원칙으로 이는 토지소유자의 대체지 구입을 원활히 하여 정당보상을 구현하기 위함이다.

6. 사업시행 이익과의 상계금지(토지보상법 제66조)

이에 대해 기업이익이 존재한다면 완전보상 이상을 보상한 결과가 되므로 개발이익 배제의 원칙에 따라 기업이익을 상계해야 한다는 견해가 있으나, 공용수용으로 인한 손실과 개발이익은 원인을 달리하는 것이므로 손실보상과 개발이익환수제도라는 별개의 제도로 운영되는게 타당하다.

7. 시가보상의 원칙(토지보상법 제67조 제1항)

손실보상은 협의 성립 당시 또는 재결 당시의 적정가격을 기준으로 하여야 하며, 토지는 공시지가를 기준으로 보상함을 원칙으로 한다.

8. 개발이익 배제의 원칙(토지보상법 제67조 제2항)

보상액을 산정할 경우에 해당 공익사업으로 인하여 토지 등의 가격이 변동되었을 때에는 이를 고려하지 아니한다.

9. 복수평가의 원칙(토지보상법 제68조 제1항)

사업시행자는 토지 등에 대한 보상액을 산정하려는 경우에는 감정평가법인등 3인(시・도지사와 토지소유자가 모두 감정평가법인등을 추천하지 아니하거나 시・도지사 또는 토지소유자 어느 한쪽이 감정평가법인등을 추천하지 아니하는 경우에는 2인)을 선정하여 토지 등의 평가를 의뢰하여야 한다. 다만, 사업시행자가 국토교통부령으로 정하는 기준에 따라 직접 보상액을 산정할 수 있을 때에는 그러하지 아니하다.

10. 보상채권의 발행(토지보상법 제69조 제1항)

토지보상법 제69조(보상채권의 발행) 재1항에서는 "① 국가는 「도로법」에 따른 도로공사, 「산업입지 및 개발에 관한 법률」에 따른 산업단지개발사업, 「철도의 건설 및 철도시설 유지관리에 관한 법률」에 따른 철도의 건설사업, 「항만법」에 따른 항만개발사업, 그 밖에 대통령령으로 정하는 공익사업을 위한 토지 등의 취득 또는 사용으로 인하여 토지소유자 및 관계인이 입은 손실을 보상하기 위하여 제63조 제7항에 따라 채권으로 지급하는 경우에는 다음 각 호의 회계의 부담으로 보상채권을 발행할 수 있다."라고 규정하고 있다.

Ⅲ. 결어

정당보상을 실현하기 위한 토지보상법제의 발전은 국민들의 권익의식의 확대와도 밀접한 관련을 가지고 있다. 과거 용산 참사와 관련하여 그동안 보상대상에서 제외되었던 권리금의 논쟁도 그렇고, 주거용 세입자와 상가세입자의 이주대책의 개념의 변화도 시대상을 반영한 것이라고 보인다. 다만, 재산권에 기초한 보상은 재산권에 대한 정당보상과 아울러 그 기초생활에 대한 생활보상도 매우 중요한 의미를 지닌다고 할 수 있을 것이다. 입법정책적인 고려가 이루어져야 할 것이며, 국민적인 공감대가 형성되어야 할 부분이기도 하다. 손실보상의 원칙은 공익사업에 있어서 피수용자의 권익을 보호하기 위한 아주 기본적인 규정들로서 반드시 잘 지켜져야 할 원칙으로 평가된다.

약술 4 토지보상법 시행규칙 제22조의 법적 성질

공익사업을 위한 토지 등의 취득 및 보상에 관한 법률 제68조 제3항의 위임에 따라 협의취득의 보상액 산정에 관한 구체적 기준을 정하고 있는 공익사업을 위한 토지 등의 취득 및 보상에 관한 법률 시행규칙 제22 조가 대외적인 구속력을 가지는지 여부(대법원 2012.3.29. 선고 2011다 104253 판결)에 대하여 논평하시오. 5점

목차 index

주요 내용 contents

Ⅰ. 논점의 정리

「공익사업을 위한 토지 등의 취득 및 보상에 관한 법률」(이하 '토지보상법') 시행규칙 제22조는 취득하는 토지의 평가에 있어 기준을 제시하고 있다. 이와 관련하여 토지보상법 시행규칙 제22조의 법적 성질이 문제되는바 관련 대법원 판례를 중심으로 논하기로 한다.

Ⅱ. 토지보상법 시행규칙 제22조의 법적 성질

1. 보상법률주의와 법정평가보상주의

헌법 제23조 제3항은 '공공필요에 의한 재산권의 수용, 사용 또는 제한 및 그에 대한 보상은 법률로써 하되, 정당한 보상을 지급하여야 한다.'고 규정하고 있는바, 공용수용과 손실보상을 개별법률에 법률 유보하여 반드시 법적 근거를 마련하도록 하고 있다. 이에 토지보상법은 보상액 산정 시 감정평가법인등 2인 이상을 선정하여 공정한 보상평가를 행하도록 법정화하고 있다.

2. 토지보상법 시행규칙 제22조의 법적 성질

(1) 개설

토지보상법 시행규칙 제22조 규정 취득하는 토지의 보상평가 시 구체적 규정을 정하고 있다. 이는 토지보상법 제68조 제3항의 위임에 근거하나 형식이 시행규칙으로서 그 법규성 여부에 대한 견해대립이 있다.

(2) 학설의 태도

학설은 ① 〈행정규칙설〉 형식을 중시하여 법규성을 부정하는 견해, ② 〈법규명령설〉 실질을 중시하여 법규성을 인정하는 견해, ③ 〈수권여부기준설〉 상위법의 수권여부에 따라 법규성을 판단하는 견해, ④ 〈위헌무효설〉 헌법에 정하지 않은 형식으로서 위헌무효라는 견해, ⑤ 〈규범구체화 행정규칙설〉 전문적 영역에서 법규성을 인정하자는 견해등이 대립한다.

(3) 판례의 태도

판례는 '공익사업을 위한 토지 등의 취득 및 보상에 관한 법률(이하 '공익사업법'이라 한다) 제68조 제3항은 협의취득의 보상액 산정에 관한 구체적 기준을 시행규칙에 위임하고 있고, 위임 범위 내에서 공익사업을 위한 토지 등의 취득 및 보상에 관한 법률 시행규칙 제22조는 토지에 건축물 등이 있는 경우에는 건축물 등이 없는 상태를 상정하여 토지를 평가하도록 규정하고 있는데, 이는 비록 행정규칙의 형식이나 공익사업법의 내용이 될 사항을 구체적으로 정하여 내용을 보충하는 기능을 갖는 것이므로, 공익사업법 규정과 결합하여 대외적인 구속력을 가진다.'라고 판시하여, 토지보상법 시행규칙 제22조의 법규성을 인정하고 있다.

【판시사항】

[1] 공익사업을 위한 토지 등의 취득 및 보상에 관한 법률 제68조 제3항의 위임에 따라 협의취득의 보상액 산정에 관한 구체적 기준을 정하고 있는 공익사업을 위한 토지 등의 취득 및 보상에 관한 법률 시행규칙 제22조가 대외적인 구속력을 가지는지 여부(적극)

【판결요지】

[1] 공익사업을 위한 토지 등의 취득 및 보상에 관한 법률(이하 '공익사업법'이라 한다) 제68조 제3항은 협의취득의 보상액 산정에 관한 구체적 기준을 시행규칙에 위임하고 있고, 위임 범위 내에서 공익사업을 위한 토지 등의 취득 및 보상에 관한 법률 시행규칙 제22조는 토지에 건축물 등이 있는 경우에는 건축물 등이 없는 상태를 상정하여 토지를 평가하도록 규정하고 있는데, 이는 비록 행정규칙의 형식이나 공익사업법의 내용이 될 사항을 구체적으로 정하여 내용을 보충하는 기능을 갖는 것이므로, 공익사업법 규정과 결합하여 대외적인 구속력을 가진다.

(출처: 대법원 2012.3.29. 선고 2011다104253 판결 [손해배상(기)등])

(4) 검토

토지보상법 시행규칙 제22조는 토지보상법 제68조 제3항에 위임규정을 두고 있고, 그 내용도 토지보상법과 결합하여 보상액 산정에 있어 중요한 법규적 사항을 정하는 것으로서, 최근 대법원 판례와 같이 토지보상법 시행규칙 제22조 규정의 법규성을 인정함이 타당하다고 판단된다.

Ⅲ. 결

우리 헌법은 보상법률주의를 택하고 있으며, 토지의 경우 표준지공시지가를 기준으로 보상하도록 법정보상평가를 토지보상법에 위임하고 있다. 이에 토지보상법 시행규칙 제22조는 구체적인 보상현장에서 토지보상을 행함에 있어 감정평가법인등의 기준과 같은 역할을 수행하고 있다. 앞서 살펴본 최근 대법원 판례(대법원 2012.3.29. 선고 2011다104253 판결)과 같이 토지보상법 시행규칙 제22조는 그 법규성을 인정함이 타당하다고 판단된다.

약술 5 공시가격 현실화 전면 폐지 정책

2024년 3월 19일 정부에서는 공시가격 현실화 계획이 국민재산세 부담을 가중시켰다며 전면 폐지하겠다고 발표하였다. 공시가격 현실화 계획은 국민 부동산 보유 부담을 높여 집값을 잡기 위해 오는 2035년까지 현재 시세의 90%까지 공시가격을 높인다는 골자로 한다. 공시가격 현실화 전면 폐지 정책에 대하여 부동산가격공시제도의 입법취지와 조세법률주의관점에서 논평하시오. 10점

목차 index

1. 공시가격 현실화 전면폐지 정책
2. 부동산공시제도의 입법취지
3. 조세법률주의
4. 공시가격 현실화 전면폐지 정책에 대한 논평
   (1) 부동산공시법 입법취지에 따른 논평
   (2) 조세법률주의에 따를 논평

주요 내용 contents

1. 공시가격 현실화 전면폐지 정책

부동산가격공시제도는 다원화된 지가체계를 일원화하여 공신력을 제고하고, 공적 지가체계의 효율적 운영을 위해 1989년 공시지가제도가 도입되었다. 정부는 공시가격 현실화제도를 발표하여 시가의 90% 수준으로 끌어올린다는 제도를 발표하였지만, 최근에는 2020년에 발표한 공시가격 현실화 90% 수준의 인상계획을 전면폐지하겠다고 발표하였다. 이에 대하여 부동산공시제도의 입법취지와 조세법률주의 관점에서 논평해보고자 한다.

2. 부동산공시제도의 입법취지

부동산가격공시제도는 다원화된 지가체계를 일원화하여 정부의 조세형평주의의 일환으로 세금부과의 기준을 마련하기 위한 제도이다. 부동산 공시가격은 단순히 재산세, 종합부동산세 등 세금뿐 아니라 기초생활보장제도, 국가장학금, 근로장려금 등의 복지제도에서 재산 수준을 평가하는 지표로 쓰이는 기준으로 무려 67개 제도에 활용된다.

> 부동산 가격공시에 관한 법률 제1조(목적)
> 이 법은 부동산의 적정가격(適正價格) 공시에 관한 기본적인 사항과 부동산 시장·동향의 조사·관리에 필요한 사항을 규정함으로써 부동산의 적정한 가격형성과 각종 조세·부담금 등의 형평성을 도모하고 국민경제의 발전에 이바지함을 목적으로 한다.

3. 조세법률주의

조세법률주의란, 국회에서 정한 세법에 따르지 않고 조세를 부과하거나 징수할 수 없다는 조세 원칙이다. 세목의 종류와 세율을 납세자의 대표인 국회의원이 국회에서 법으로 정한다. 소득이 있는 곳에 조세가 있어야 하며, 모든 조세는 법률의 유보된 상태에서 부과되는 것이 타당하다.

4. 공시가격 현실화 전면폐지 정책에 대한 논평

(1) 부동산공시법 입법취지에 따른 논평

공시가격에 높은 현실화율을 적용하여 산정된 시가를 기초로 조세를 부과할 경우, 매년 높아지는 조세에 따라 그 부담이 시장 가격에도 영향을 미치고 이는 입법 취지인 적정 가격 형성 도모에 부합하지 않는다고 판단된다. 따라서 현실화 폐지 정책은 타당하다고 생각된다.

(2) 조세법률주의에 따른 논평

현행 법령규정에 따라 매년 현실화율을 높이고, 미실현이익에 대한 세금 부과는 소비자의 과중한 조세부담으로 이어진다. 따라서 조세법률주의에 따라 현실화 폐지 정책은 타당하다고 사료된다.

약술 6 과징금, 벌금, 과태료의 법적 성질 및 중복 부과처분의 적법성

감정평가법인등 P와 건설업자 Q는 평소에 친밀한 관계를 유지하고 있다. P는 Q의 토지를 평가함에 있어 친분관계를 고려하여 Q에게 유리하게 평가하였다. 국토교통부장관은 P의 행위가 「감정평가 및 감정평가사에 관한 법률」을 위반하였다고 판단하여 과징금, 벌금 또는 과태료의 부과를 검토하고 있다. 다음 물음에 답하시오. 10점

(1) 과징금, 벌금, 과태료의 법적 성질을 비교하여 설명하시오. 5점

(2) 국토교통장관은 과징금과 벌금을 중복하여 부과하고자 한다. 중복 부과처분의 적법성에 관하여 판단하시오. 5점

목차 index

Ⅰ. 논점의 정리

Ⅱ. (물음1)에 대하여

1. 벌금, 과징금, 과태료의 의의 및 취지
2. 법적 성질
3. 부과권자 및 부과절차, 적용법규
4. 불복

Ⅲ. (물음2)에 대하여

1. 부과 사유 및 법적 근거의 차이
2. 과징금과 벌금 중복부과가 가능한지 (일사부재리 원칙 위반 여부)
3. 사안의 경우

Ⅳ. 사례의 해결

주요 내용 contents

Ⅰ. 논점의 정리

(물음1)은 감정평가 및 감정평가사에 관한 법률(이하 '감정평가법')상 행정의 실효성 확보수단으로 과징금, 과태료, 벌금에 대한 법적 성질을 비교하여 그 차이를 살펴본다. (물음2)는 하나의 위반행위에 대하여 과징금과 벌금을 중복하여 부과하는 것이 적법한지 문제된다. 이는 이중처벌금지원칙에 반하는지의 문제이며, 헌법 제13조 제1항에서 규정하고 있는 "동일한 범죄에 대하여 거듭 처벌받지 아니한다."라는 일사부재리의 원칙과 관련된다.

II. (물음1)에 대하여

1. 벌금, 과징금, 과태료의 의의 및 취지

(1) 벌금(감정평가법 제49조 내지 제50조)

벌금은 행정목적을 직접적으로 침해하는 행위에 대하여 과해지는 행정형벌의 일종이다. 형법총칙이 적용되며 감정평가법 제49조 내지 제50조에 규정을 두고 있다.

감정평가법 제49조(벌칙)
다음 각 호의 어느 하나에 해당하는 자는 3년 이하의 징역 또는 3천만원 이하의 벌금에 처한다.
1. 부정한 방법으로 감정평가사의 자격을 취득한 사람
2. 감정평가법인등이 아닌 자로서 감정평가업을 한 자
3. 구비서류를 거짓으로 작성하는 등 부정한 방법으로 제17조에 따른 등록이나 갱신등록을 한 사람
4. 제18조에 따라 등록 또는 갱신등록이 거부되거나 제13조, 제19조 또는 제39조에 따라 자격 또는 등록이 취소된 사람으로서 제10조의 업무를 한 사람
5. 제25조 제1항을 위반하여 고의로 업무를 잘못하거나 같은 조 제6항을 위반하여 제28조의2에서 정하는 유도 또는 요구에 따른 자
6. 제25조 제4항을 위반하여 업무와 관련된 대가를 받거나 감정평가 수주의 대가로 금품 또는 재산상의 이익을 제공하거나 제공하기로 약속한 자

6의2. 제28조의2를 위반하여 특정한 가액으로 감정평가를 유도 또는 요구하는 행위를 한 자

7. 정관을 거짓으로 작성하는 등 부정한 방법으로 제29조에 따른 인가를 받은 자

감정평가법 제50조(벌칙)
다음 각 호의 어느 하나에 해당하는 자는 1년 이하의 징역 또는 1천만원 이하의 벌금에 처한다.
1. 제21조 제4항을 위반하여 둘 이상의 사무소를 설치한 사람
2. 제21조 제5항 또는 제29조 제9항을 위반하여 소속 감정평가사 외의 사람에게 제10조의 업무를 하게 한 자
3. 제25조 제3항, 제5항 또는 제26조를 위반한 자
4. 제27조 제1항을 위반하여 감정평가사의 자격증·등록증 또는 감정평가법인의 인가증을 다른 사람에게 양도 또는 대여한 자와 이를 양수 또는 대여받은 자
5. 제27조 제2항을 위반하여 같은 조 제1항의 행위를 알선한 자

(2) 과징금(감정평가법 제41조)

과징금이란 행정법규의 위반으로 경제상의 이익을 얻게 되는 경우에 해당 위반으로 인한 경제적 이익을 박탈하기 위하여 그 이익규모에 따라 행정기관이 과하는 행정상 제재금을 말한다. 감정평가법 제41조 과징금은 업무정지처분에 갈음하여 과징금을 부과할 수 있도록 한 것이므로 변형된 과징금에 해당한다. 감정평가법인등에 대한 영업정지처분은 공적인 감정평가영역에서 공익을 해할 우려가 있으므로 영업정지처분을 하지 않고 그 대신 영업으로 인한 이익을 박탈하려는 데 취지가 있다.

감정평가법 제41조(과징금의 부과)
① 국토교통부장관은 감정평가법인등이 제32조 제1항 각 호의 어느 하나에 해당하게 되어 업무정지처분을 하여야 하는 경우로서 그 업무정지처분이 「부동산 가격공시에 관한 법률」 제3조에 따른

표준지공시지가의 공시 등의 업무를 정상적으로 수행하는 데에 지장을 초래하는 등 공익을 해칠 우려가 있는 경우에는 업무정지처분을 갈음하여 5천만원(감정평가법인인 경우는 5억원) 이하의 과징금을 부과할 수 있다.
② 국토교통부장관은 제1항에 따른 과징금을 부과하는 경우에는 다음 각 호의 사항을 고려하여야 한다.
1. 위반행위의 내용과 정도
2. 위반행위의 기간과 위반횟수
3. 위반행위로 취득한 이익의 규모
③ 국토교통부장관은 이 법을 위반한 감정평가법인이 합병을 하는 경우 그 감정평가법인이 행한 위반행위는 합병 후 존속하거나 합병으로 신설된 감정평가법인이 행한 행위로 보아 과징금을 부과·징수할 수 있다.
④ 제1항부터 제3항까지에 따른 과징금의 부과기준 등에 필요한 사항은 대통령령으로 정한다.

(3) 과태료(감정평가법 제52조)

과태료의 부과는 행정목적을 간접적으로 침해하는 행위에 대하여 과해지는 행정질서벌에 해당한다. 감정평가법 제52조에서 500만원 이하의 과태료 부과규정을 두고 있다.

감정평가법 제52조(과태료)
① 제24조 제1항을 위반하여 사무직원을 둔 자에게는 500만원 이하의 과태료를 부과한다.
② 다음 각 호의 어느 하나에 해당하는 자에게는 400만원 이하의 과태료를 부과한다.
1. 삭제 〈2021.7.20.〉
2. 삭제 〈2021.7.20.〉
3. 삭제 〈2021.7.20.〉
4. 삭제 〈2021.7.20.〉
5. 제28조 제2항을 위반하여 보험 또는 협회가 운영하는 공제사업에의 가입 등 필요한 조치를 하지 아니한 사람
6. 삭제 〈2021.7.20.〉
6의2. 삭제 〈2021.7.20.〉
7. 제47조에 따른 업무에 관한 보고, 자료 제출, 명령 또는 검사를 거부·방해 또는 기피하거나 국토교통부장관에게 거짓으로 보고한 자
③ 다음 각 호의 어느 하나에 해당하는 자에게는 300만원 이하의 과태료를 부과한다.
1. 제6조 제3항을 위반하여 감정평가서의 원본과 그 관련 서류를 보존하지 아니한 자
2. 제22조 제1항을 위반하여 "감정평가사사무소" 또는 "감정평가법인"이라는 용어를 사용하지 아니하거나 같은 조 제2항을 위반하여 "감정평가사", "감정평가사사무소", "감정평가법인" 또는 이와 유사한 명칭을 사용한 자
④ 다음 각 호의 어느 하나에 해당하는 자에게는 150만원 이하의 과태료를 부과한다.
1. 제9조 제2항을 위반하여 감정평가 결과를 감정평가 정보체계에 등록하지 아니한 자
2. 제13조 제3항, 제19조 제3항 및 제39조 제4항을 위반하여 자격증 또는 등록증을 반납하지 아니한 사람
3. 제28조 제3항을 위반하여 같은 조 제1항에 따른 손해배상사실을 국토교통부장관에게 알리지 아니한 자
⑤ 제1항부터 제4항까지에 따른 과태료는 대통령령으로 정하는 바에 따라 국토교통부장관이 부과·징수한다.

2. 법적 성질

벌금은 행정의 실효성 확보수단으로서 행정벌 중 행정형벌에 해당한다. 과징금은 새로운 수단의 행정의 실효성 확보수단으로 행정상 제재금이며, 과징금 부과는 급부하명에 해당한다. 과태료는 행정의 실효성 확보 수단으로서 행정질서벌에 해당한다. 행정청이 행하는 과태료 부과행위는 행정처분이 된다.

3. 부과권자 및 부과절차, 적용법규

벌금은 국토교통부장관의 고발(범죄사실의 신고)에 따라 수사기관(경찰, 검찰)의 수사를 통해 혐의가 인정되면 검사의 기소에 의해 형사재판에 회부되어 형이 확정된다. 이러한 과벌절차는 형사소송법에 따라 과하여진다. 형법 제8조는 "본법 총칙은 타 법령에 정한 죄에 적용한다. 단, 그 법령에 특별한 규정이 있는 때 에는 예외로 한다."고 규정하고 있다. 감정평가법에서는 벌금형에 대해 특별히 형법총칙의 배제를 규정하고 있지 아니하므로 형법총칙이 적용된다.과징금은 국토교통부장관(행정청)이 업무정지에 갈음하는 과징금 부과처분을 하게 되며, 부과절차 및 징수 등은 감정평가법 제41조 내지 제44조 규정에 따른다. 과태료는 1차적으로는 국토교통부장관이 부과하고 이에 대한 불복으로서 과태료 재판을 거치는 경우에서 2차적으로는 법원이 부과하게 된다. 구체적인 부과절차 및 징수 등은 질서위반행위규제법(과태료 일반법)에 따른다.

4. 불복

벌금은 형사법원이 형사재판을 통해 형을 확정하게 된다. 벌금형에 대해서는 상소를 할 수 있다. 제1심 판결에 대하여 제2심 법원에 불복을 하는 것을 항소라 하고, 제2심 판결에 대하여 상고심에 불복을 하는 것 을 상고라고 하며, 항소와 상고를 통틀어 상소라고 한다. 과징금 부과처분에 대하여는 감정평가법 제42조 제1항에 따라 이의신청을 할 수 있으며, 이의신청에 따른 결과에 이의가 있는 자는 동법 제42조 제3항에 따라 행정심판을 제기할 수 있다. 과징금 부과처분이 항고소송의 대상인 처분이 되므로 항고소송으로 다툴 수 있다. 과태료는 형법 총칙이 적용되지 않고, 과태료의 부과절차, 징수, 불복 등에 대하여는 질서위반행위규제법이 적용된다. 질서위반행위규제법은 불복방법으로는 이의신청과 과태료재판을 규정하고 있다.

II. (물음2)에 대하여

1. 부과 사유 및 법적 근거의 차이

(1) 벌금

1) 3천만원 이하의 벌금 사유(감정평가법 제49조)

감정평가사로서 ① 부정한 방법으로 자격을 취득한 자 및 등록이나 갱신, 인가를 받은 경우 또는 등록, 갱신이 거부되거나 취소되었음에도 업무를 한 자, ② 고의로 업무를 잘못하거나 제28조의2에서 정하는 유도 요구에 따른 경우, ③ 감정평가사가 아닌 자로서 감정평가업을 하거나, 특정한 가액으로 감정평가를 유도 또는 요구하는 행위를 한자는 3년 이하의 징역 또는 3천만원 이하의 벌금에 처해질 수 있다.

2) 1천만원 이하의 벌금사유(감정평가법 제50조)

① 이중사무소설치, ② 감정평가사 외의 자에게 제10조의 감정평가사 업무를 하게 한 자, ③ 매매업을 하거나 이중소속, 다른 평가법인 주식을 소유한 경우, ④ 자격증・등록증을 양도・대여하거나 알선한 자는 1년 이하의 징역 또는 1천만원 이하의 벌금에 처한다고 규정하고 있다.

2. 과징금과 벌금 중복부과가 가능한지(일사부재리원칙 위반 여부)

(1) 판례

헌법재판소는 '피고인이 행형법에 의한 징벌을 받아 그 집행을 종료하였다고 하더라도 행정법상의 징벌은 수형자의 교도소 내의 준수사항위반에 대하여 과하는 행정상의 질서벌의 일종으로서 형법 법령에 위반한 행위에 대한 형사책임과는 그 목적, 성격을 달리하는 것이므로 징벌을 받은 뒤에 형사처벌을 한다고 하여 일사부재리의 원칙에 반하는 것은 아니다(헌재 1994.6.30, 92헌바38).'고 판시하여 동일 사안에 대한 행정벌과 질서벌의 중복 부과가 일사부재리 원칙에 반하는 것은 아니라고 하였다. 또한 헌법재판소는 "행정권에는 행정목적 실현을 위하여 행정법규 위반자에 대한 제재의 권한도 포함되어 있으므로, '제재를 통한 억지'는 행정규제의 본원적 기능이라 볼 수 있는 것이고, 따라서 어떤 행정제재의 기능이 오로지 제재(및 이에 결부된 억지)에 있다고 하여 이를 헌법 제13조 제1항에서 말하는 국가형벌권의 행사로서의 '처벌'에 해당한 다고 할 수 없는바, (구)독점규제 및 공정거래에 관한 법률 제24조의2에 의한 부당내부거래에 대한 과징금은 그 취지와 기능, 부과의 주체와 절차 등을 종합할 때 부당내부거래 억제라는 행정목적을 실현하기 위하여 그 위반행위에 대하여 제재를 가하는 행정상의 제재금으로서의 기본적 성격에 부당이득환수적 요소도 부가되어 있는 것이라 할 것이고, 이를 두고 헌법 제13조 제1항에서 금지하는 국가형벌권 행사로서의 '처벌'에 해당한다고는 할 수 없으므로, 공정거래법에서 형사처벌과 아울러 과징금의 병과를 예정하고 있더라도 이중처벌금지의 원칙에 위반된다고 볼 수 없으며~" (헌재 2003.7.24, 2001헌가25)라고 결정하여 과징금과 벌금의 병과는 이중처벌금지의 원칙에 반하지 않는다고 보았다.

(2) 검토

과징금은 행정상 제재금이고, 범죄에 대한 국가의 형벌권의 실행으로서의 과벌이 아니므로 행정법규 위반에 대하여 벌금 이외에 과징금을 부과하는 것은 이론상 이중처벌금지의 원칙에 반하지 않는다고 보는 것이 타당하다. 그러나 양자는 실질적으로 다 같은 금전부담으로서 함께 부과하는 것은 이중처벌의 성질이 있으므로 양자 중 택일적으로 부과하도록 관계법령을 정비하는 것이 바람직할 것이다.

3. 사안의 경우

P의 위법행위에 대하여 과징금 부과처분과 벌금을 병과하여도 헌법 제13조 제1항의 이중처벌금지의 원칙에 위반되지 않으므로 적법하다.

Ⅳ. 사례의 해결

감정평가법상의 과징금, 과태료, 벌금은 행정의 실효성 확보수단으로 규정되어 있는 것이고, 그 법적 성질과 적용법규가 서로 다르다. 또한 동일한 위법사항에 대하여 과징금과 벌금의 병과는 이중처벌금지의 원칙에 반하지 않는다고 본다.

<table>
<tr><th></th><th>벌금</th><th>과징금</th><th>과태료</th></tr>
<tr><td>의의</td><td>행정목적 침해 제재금</td><td>행정법규 위반으로 얻은 경제력 이익 발달을 위한 제재금</td><td>행정목적을 간접 침해한 경우 제재금</td></tr>
<tr><td>법적 성질</td><td>행정형벌</td><td>행정상 제재금·급부하명</td><td>행정질서범</td></tr>
<tr><td>법적 근거</td><td>형법총칙</td><td>행정기본법</td><td>질서위반행위규제법</td></tr>
<tr><td>감정평가법</td><td>제49조 및 제50조</td><td>제41조</td><td>제52조</td></tr>
<tr><td>절차</td><td>국토교통부장관의 고발 검사의 기소로 형확정</td><td colspan="2">국토교통부장관의 부과(감정평가법 제40조 위원회 의결사항 ×)</td></tr>
<tr><td>불복방법</td><td>상소(항소 및 상고)</td><td>감정평가법 제42조 이의신청</td><td>과태료일반법상
이의신청과 과태료 재판</td></tr>
<tr><td>판례</td><td colspan="2">벌금과 과징금의 중복부과 가능성(긍정)</td><td></td></tr>
</table>

약술 7 감정평가법상 벌칙

감정평가 및 감정평가사에 관한 법률 제8장에서 벌칙을 규율하고 있는바, 동법 제49조(벌칙), 제50조(벌칙), 제50조의2(몰수 · 추징), 제51조(양벌규정), 제52조(과태료)를 설명하시오. 10점

목차 index

Ⅰ. 서

Ⅱ. 감정평가 및 감정평가사에 관한 법률상 벌칙규정

1. 벌칙(감정평가법 제49조 및 제50조) – 형사상 책임
2. 몰수 및 추징(감정평가법 제50조의2)
3. 양벌규정(감정평가법 제51조)
4. 과태료(감정평가법 제52조) – 행정상 책임

Ⅲ. 결

주요 내용 contents

Ⅰ. 서

법적 지위는 법률관계에서 주체 또는 객체로서의 지위를 말하는 것으로 이는 권리와 의무로 나타난다. 감정평가법인등은 주로 부동산의 감정평가와 관련하여 권리 · 의무 · 책임의 주체 또는 객체가 된다. 부동산 감정평가는 사회성 · 공공성이 크므로 전문성을 요한다 할 것이므로, 감정평가 및 감정평가사에 관한 법률은 일정한 자격과 요건을 갖춘 감정평가법인등만이 감정평가를 할 수 있도록 규정하고 있고, 그에 따른 의무와 책임을 법정하고 있다. 이하에서는 감정평가 및 감정평가사에 관한 법률 제8장에서 규율하고 있는 벌칙규정에 대해 살펴본다.

Ⅱ. 감정평가 및 감정평가사에 관한 법률상 벌칙규정

1. 벌칙(감정평가법 제49조 및 제50조) – 형사상 책임

이는 형법이 적용되는 책임으로서 행정형벌이다. 또한 감정평가법인등이 공적평가업무를 수행하는 경우에는 공무원으로 의제하여 알선수뢰죄 등 가중처벌을 받도록 규정하고 있다(법 제48조). 감정평가법 제49조에서는 부정한 방법으로 자격을 취득하거나 감정평가법인등이 아닌 자가 감정평가업을 하는 경우 등에는 3년 이하의 징역 또는 3천만원 이하의 벌금에 처하도록 규정하고 있다. 감정평가법 제50조에서는 둘 이상의 감정평가사무소에 속하거나 또는 명의대여를 하는 경우 등에 대해서는 1년 이하의 징역 또는 1천만 이하의 벌금에 처하도록 규정하고 있다.

> 감정평가법 제49조(벌칙)
> 다음 각 호의 어느 하나에 해당하는 자는 3년 이하의 징역 또는 3천만원 이하의 벌금에 처한다.
> 1. 부정한 방법으로 감정평가사의 자격을 취득한 사람
> 2. 감정평가법인등이 아닌 자로서 감정평가업을 한 자
> 3. 구비서류를 거짓으로 작성하는 등 부정한 방법으로 제17조에 따른 등록이나 갱신등록을 한 사람
> 4. 제18조에 따라 등록 또는 갱신등록이 거부되거나 제13조, 제19조 또는 제39조에 따라 자격 또는 등록이 취소된 사람으로서 제10조의 업무를 한 사람
> 5. 제25조 제1항을 위반하여 고의로 업무를 잘못하거나 같은 조 제6항을 위반하여 제28조의2에서 정하는 유도 또는 요구에 따른 자
> 6. 제25조 제4항을 위반하여 업무와 관련된 대가를 받거나 감정평가 수주의 대가로 금품 또는 재산상의 이익을 제공하거나 제공하기로 약속한 자
>
> 6의2. 제28조의2를 위반하여 특정한 가액으로 감정평가를 유도 또는 요구하는 행위를 한 자
> 7. 정관을 거짓으로 작성하는 등 부정한 방법으로 제29조에 따른 인가를 받은 자
>
> 감정평가법 제50조(벌칙)
> 다음 각 호의 어느 하나에 해당하는 자는 1년 이하의 징역 또는 1천만원 이하의 벌금에 처한다.
> 1. 제21조 제4항을 위반하여 둘 이상의 사무소를 설치한 사람
> 2. 제21조 제5항 또는 제29조 제9항을 위반하여 소속 감정평가사 외의 사람에게 제10조의 업무를 하게 한 자
> 3. 제25조 제3항, 제5항 또는 제26조를 위반한 자
> 4. 제27조 제1항을 위반하여 감정평가사의 자격증·등록증 또는 감정평가법인의 인가증을 다른 사람에게 양도 또는 대여한 자와 이를 양수 또는 대여받은 자
> 5. 제27조 제2항을 위반하여 같은 조 제1항의 행위를 알선한 자

2. 몰수 및 추징(감정평가법 제50조의2)

업무와 관련된 대가를 받거나 감정평가 수주의 대가로 금품 또는 재산상의 이익을 제공하거나 제공하기로 약속한 자와 감정평가사의 자격증·등록증 또는 감정평가법인의 인가증을 다른 사람에게 양도 또는 대여한 자와 이를 양수 또는 대여받은 자에 대하여 이러한 죄를 지은 자가 금품이나 그 밖의 이익은 몰수한다. 이를 몰수할 수 없을 때에는 그 가액을 추징한다.

> 감정평가법 제50조의2(몰수·추징)
> 제49조 제6호 및 제50조 제4호의 죄를 지은 자가 받은 금품이나 그 밖의 이익은 몰수한다. 이를 몰수할 수 없을 때에는 그 가액을 추징한다.

3. 양벌규정(감정평가법 제51조)

법인의 대표자나 법인 또는 개인의 대리인, 사용인, 그 밖의 종업원이 그 법인 또는 개인의 업무에 관하여 제49조 또는 제50조의 위반행위를 하면 그 행위자를 벌하는 외에 그 법인 또는 개인에게도 해당 조문의 벌금형을 부과하도록 규정하면서, 법인 또는 개인이 위반행위를 방지하기 위해 상당한 주의와 감독을 한 경우에는 그러하지 않다고 규정하고 있다.

> 감정평가법 제51조(양벌규정)
> 법인의 대표자나 법인 또는 개인의 대리인, 사용인, 그 밖의 종업원이 그 법인 또는 개인의 업무에 관하여 제49조 또는 제50조의 위반행위를 하면 그 행위자를 벌하는 외에 그 법인 또는 개인에게도 해당 조문의 벌금형을 부과한다. 다만, 법인 또는 개인이 그 위반행위를 방지하기 위하여 해당 업무에 상당한 주의와 감독을 게을리하지 아니한 경우에는 그러하지 아니하다.

4. 과태료(감정평가법 제52조) – 행정상 책임

감정평가법인등이 각종 의무규정에 위반하였을 경우의 제재수단으로서 설립인가취소 또는 업무정지(법 제32조) 등과 행정질서벌로서 500만원 이하의 과태료(법 제52조) 등이 부과될 수 있다. 또한 과징금제도(법 제41조)를 통하여 행정상 책임을 강화시키고 있다. 최근에는 과태료 부과기준을 세부적으로 나누어서 500만원인 경우와 400만원 이하, 300만원 이하, 150만원 이하 4단계로 구분하고 있다.

> 감정평가법 제52조(과태료)
> ① 제24조 제1항을 위반하여 사무직원을 둔 자에게는 500만원 이하의 과태료를 부과한다.
> ② 다음 각 호의 어느 하나에 해당하는 자에게는 400만원 이하의 과태료를 부과한다.
> 1. 삭제 〈2021.7.20.〉
> 2. 삭제 〈2021.7.20.〉
> 3. 삭제 〈2021.7.20.〉
> 4. 삭제 〈2021.7.20.〉
> 5. 제28조 제2항을 위반하여 보험 또는 협회가 운영하는 공제사업에의 가입 등 필요한 조치를 하지 아니한 사람
> 6. 삭제 〈2021.7.20.〉
> 6의2. 삭제 〈2021.7.20.〉
> 7. 제47조에 따른 업무에 관한 보고, 자료 제출, 명령 또는 검사를 거부·방해 또는 기피하거나 국토교통부장관에게 거짓으로 보고한 자
>
> ③ 다음 각 호의 어느 하나에 해당하는 자에게는 300만원 이하의 과태료를 부과한다.
> 1. 제6조 제3항을 위반하여 감정평가서의 원본과 그 관련 서류를 보존하지 아니한 자
> 2. 제22조 제1항을 위반하여 "감정평가사사무소" 또는 "감정평가법인"이라는 용어를 사용하지 아니하거나 같은 조 제2항을 위반하여 "감정평가사", "감정평가사사무소", "감정평가법인" 또는 이와 유사한 명칭을 사용한 자
>
> ④ 다음 각 호의 어느 하나에 해당하는 자에게는 150만원 이하의 과태료를 부과한다.
> 1. 제9조 제2항을 위반하여 감정평가 결과를 감정평가 정보체계에 등록하지 아니한 자
> 2. 제13조 제3항, 제19조 제3항 및 제39조 제4항을 위반하여 자격증 또는 등록증을 반납하지 아니한 사람
> 3. 제28조 제3항을 위반하여 같은 조 제1항에 따른 손해배상사실을 국토교통부장관에게 알리지 아니한 자
>
> ⑤ 제1항부터 제4항까지에 따른 과태료는 대통령령으로 정하는 바에 따라 국토교통부장관이 부과·징수한다.

Ⅲ. 결

부동산의 감정평가는 그 사회성, 공공성으로 인하여 사회일반에 미치는 영향이 크기 때문에 감정평가법인등에게는 각종 의무가 부과되어 있으며, 감정평가법인등이 그러한 의무를 이행하지 아니한 경우에는 그에 따른 책임을 지거나 처벌을 받아야 한다.

약술 8 감정평가서 심사, 검증, 타당성 조사

감정평가 및 감정평가사에 관한 법률(이하 '감정평가법')에서는 감정평가와 관련된 규정이 존재한다. 다음 물음에 답하시오. 10점

(1) 감정평가법 제6조 감정평가사와 동법 제7조 감정평가서 심사 등에 대하여 설명하시오. 5점

(2) 감정평가법 제8조 감정평가 타당성 조사에 대하여 설명하시오. 5점

목차 index

Ⅰ. (물음1)에 대하여
1. 관련 법령의 검토(감정평가법 제6조 및 제7조)
2. 감정평가서 심사
   (1) 심사의 의의 및 법적 근거
   (2) 심사 내용 및 절차
3. 감정평가서 검증
   (1) 검증의 의의 및 법적 근거
   (2) 검증의 절차

Ⅱ. (물음2)에 대하여
1. 타당성 조사의 의의 및 취지
2. 타당성 조사의 요건
   (1) 타당성 조사의 실시 요건
   (2) 타당성 조사의 생략 요건
3. 타당성 조사의 절차
   (1) 타당성 조사의 통지
   (2) 타당성 조사의 완료

주요 내용 contents

Ⅰ. (물음1)에 대하여

1. 관련 법령의 검토(감정평가법 제6조 및 제7조)

감정평가법 제6조(감정평가서)

① 감정평가법인등은 감정평가를 의뢰받은 때에는 지체 없이 감정평가를 실시한 후 국토교통부령으로 정하는 바에 따라 감정평가 의뢰인에게 감정평가서(「전자문서 및 전자거래기본법」 제2조에 따른 전자문서로 된 감정평가서를 포함한다)를 발급하여야 한다.

② 감정평가서에는 감정평가법인등의 사무소 또는 법인의 명칭을 적고, 감정평가를 한 감정평가사가 그 자격을 표시한 후 서명과 날인을 하여야 한다. 이 경우 감정평가법인의 경우에는 그 대표사원 또는 대표이사도 서명이나 날인을 하여야 한다.

③ 감정평가법인등은 감정평가서의 원본과 그 관련 서류를 국토교통부령으로 정하는 기간 이상 보존하여야 하며, 해산하거나 폐업하는 경우에도 대통령령으로 정하는 바에 따라 보존하여야 한다. 이 경우 감정평가법인등은 감정평가서의 원본과 그 관련 서류를 이동식 저장장치 등 전자적 기록매체에 수록하여 보존할 수 있다.

감정평가법 제7조(감정평가서의 심사 등)
① 감정평가법인은 제6조에 따라 감정평가서를 의뢰인에게 발급하기 전에 감정평가를 한 소속 감정평가사가 작성한 감정평가서의 적정성을 같은 법인 소속의 다른 감정평가사에게 심사하게 하고, 그 적정성을 심사한 감정평가사로 하여금 감정평가서에 그 심사사실을 표시하고 서명과 날인을 하게 하여야 한다.
② 제1항에 따라 감정평가서의 적정성을 심사하는 감정평가사는 감정평가서가 제3조에 따른 원칙과 기준을 준수하여 작성되었는지 여부를 신의와 성실로써 공정하게 심사하여야 한다.
③ 감정평가 의뢰인 및 관계 기관 등 대통령령으로 정하는 자는 발급된 감정평가서의 적정성에 대한 검토를 대통령령으로 정하는 기준을 충족하는 감정평가법인등(해당 감정평가서를 발급한 감정평가법인등은 제외한다)에게 의뢰할 수 있다.
④ 제1항에 따른 심사대상·절차·기준 및 제3항에 따른 검토절차·기준 등에 관하여 필요한 사항은 대통령령으로 정한다.

2. 감정평가서 심사

(1) 심사의 의의 및 법적 근거

감정평가법인은 제6조에 따라 감정평가서를 의뢰인에게 발급하기 전에 감정평가를 한 소속 감정평가사가 작성한 감정평가서의 적정성을 같은 법인 소속의 다른 감정평가사에게 심사하게 해야 한다.

(2) 심사 내용 및 절차(동법 시행령 제7조)

감정평가법 제3조 제3항에 따른 원칙과 기준의 준수여부를 검토한다. 감정평가서를 심사하는 평가사가 작성된 평가서의 수정 및 보완이 필요하다고 판단하는 경우, 해당 감정평가서를 작성한 감정평가사에게 수정·보완 의견을 제시한다. 해당 감정평가서의 수정·보완을 확인한 후 감정평가서에 심사사실을 표시하고 서명과 날인을 하여야 한다.

감정평가법 시행령 제7조(감정평가서의 심사대상 및 절차)
① 법 제7조 제1항에 따른 감정평가서의 적정성 심사는 법 제3조 제3항에 따른 원칙과 기준의 준수 여부를 그 내용으로 한다.
② 법 제7조 제1항에 따라 감정평가서를 심사하는 감정평가사는 작성된 감정평가서의 수정·보완이 필요하다고 판단하는 경우에는 해당 감정평가서를 작성한 감정평가사에게 수정·보완 의견을 제시하고, 해당 감정평가서의 수정·보완을 확인한 후 감정평가서에 심사사실을 표시하고 서명과 날인을 하여야 한다.

3. 감정평가서 검증

(1) 검증의 의의 및 법적 근거

감정평가 의뢰인 및 관계 기관 등 대통령령으로 정하는 자는 발급된 감정평가서의 적정성에 대한 검토를 대통령령으로 정하는 기준을 충족하는 감정평가법인등(해당 감정평가서를 발급한 감정평가법인등은 제외한다)에게 의뢰할 수 있다.

(2) 검증의 절차

의뢰인은 제6조의 감정평가서의 사본을 첨부하여 다른 감정평가법인등에게 검토를 의뢰해야한다. 의뢰받은 감정평가법인등은 5년 이상 감정평가 업무를 수행한 경력을 가진 자로 평가실적 100건 이상인 감정평가사에게 검증업무를 수행하게 해야 한다. 적정성 검토가 완료된 경우 검토결과서에 검토를 수행한 감정평가사의 그 자격 표시 후 서명날인을 한다. 만약 해당 감정평가사가 감정평가법인의 소속인 경우 그 대표사원이나 대표이사의 서명날인을 한 후 검토결과서를 의뢰인에게 발급해야 한다.

II. (물음2)에 대하여

1. 타당성 조사의 의의 및 취지(감정평가법 제8조)

타당성 조사란 국토교통부장관이 감정평가서가 발급된 후 해당 감정평가가 감정평가법 또는 다른 법률에서 정하는 절차와 방법 등에 따라 타당하게 이루어졌는지를 직권으로 또는 관계기관 등의 요청에 따라 조사하는 것을 말한다. 이는 감정평가의 공정성을 확보하여 국민의 재산권을 보호하고 국가경제 발전에 기여함을 목적으로 한다.

> 감정평가법 제8조(감정평가 타당성조사 등)
> ① 국토교통부장관은 제6조에 따라 감정평가서가 발급된 후 해당 감정평가가 이 법 또는 다른 법률에서 정하는 절차와 방법 등에 따라 타당하게 이루어졌는지를 직권으로 또는 관계 기관 등의 요청에 따라 조사할 수 있다.
> ② 제1항에 따른 타당성조사를 할 경우에는 해당 감정평가법인등 및 대통령령으로 정하는 이해관계인에게 의견진술기회를 주어야 한다.
> ③ 제1항 및 제2항에 따른 타당성조사의 절차 등에 필요한 사항은 대통령령으로 정한다.
> ④ 국토교통부장관은 감정평가 제도를 개선하기 위하여 대통령령으로 정하는 바에 따라 제6조 제1항에 따라 발급된 감정평가서에 대한 표본조사를 실시할 수 있다.

2. 타당성 조사의 요건

(1) 타당성 조사의 실시 요건

국토교통부 장관은 감정평가법 제47조에 따른 지도 및 감독을 위한 감정평가법인등의 사무소 출입, 검사 또는 제49조 따른 표본조사의 결과 그 밖의 사유에 따라 조사가 필요하다고 인정하는 경우와 관계 기관 또는 이해관계인이 조사를 요청하는 경우에는 타당성 조사를 할 수 있다.

(2) 타당성 조사의 생략 요건

다만, 법원의 판결에 따라 확정된 경우, 재판에 계류 중이거나 수사기관에서 수사 중인 경우, 공익사업을 위한 토지 등의 취득 및 보상에 관한 법률 등 관계 법령에 감정평가와 관련하여 권리구제 절차가 규정되어 있는 경우로서 권리구제 절차가 진행 중이거나 권리구제 절차를 이행할 수 있는 경우(권리구제 절차를 이행하여 완료된 경우를 포함한다), 징계처분, 제재처분, 형사처벌 등을 할 수 없어 타당성조사의 실익이 없는 경우에는 타당성 조사를 하지 아니하거나 중지할 수 있다.

3. 타당성 조사의 절차

(1) 타당성 조사의 통지

국토교통부장관은 타당성 조사에 착수한 경우에는 착수일부터 10일 이내에 해당 감정평가법인등과 이해관계인에게 타당성 조사의 사유, 타당성 조사에 대하여 의견을 제출할 수 있다는 것과 의견을 제출하지 아니하는 경우의 처리방법, 업무를 수탁한 기관의 명칭 및 주소, 그 밖에 국토교통부장관이 공정하고 효율적인 타당성조사를 위하여 필요하다고 인정하는 사항에 대하여 알려야 한다. 또한 이러한 통지를 받은 감정평가법인등 또는 이해관계인은 통지를 받은 날부터 10일 이내에 국토교통부장관에게 의견을 제출할 수 있다.

(2) 타당성 조사의 완료

국토교통부장관은 감정평가법 제8조 제1항에 따른 타당성 조사를 완료한 경우에는 해당 감정평가법인등, 제3항에 따른 이해관계인 및 법 제8조 제1항에 따라 타당성조사를 요청한 관계 기관에 지체 없이 그 결과를 통지하여야 한다.

> 감정평가법 시행령 제8조(타당성조사의 절차 등)
>
> ① 국토교통부장관은 다음 각 호의 어느 하나에 해당하는 경우 법 제8조 제1항에 따른 타당성조사를 할 수 있다.
> 1. 국토교통부장관이 법 제47조에 따른 지도・감독을 위한 감정평가법인등의 사무소 출입・검사 결과나 그 밖의 사유에 따라 조사가 필요하다고 인정하는 경우
> 2. 관계 기관 또는 제3항에 따른 이해관계인이 조사를 요청하는 경우
>
> ② 국토교통부장관은 법 제8조 제1항에 따른 타당성조사의 대상이 되는 감정평가가 다음 각 호의 어느 하나에 해당하는 경우에는 타당성조사를 하지 않거나 중지할 수 있다.
> 1. 법원의 판결에 따라 확정된 경우
> 2. 재판이 계속 중이거나 수사기관에서 수사 중인 경우
> 3. 「공익사업을 위한 토지 등의 취득 및 보상에 관한 법률」 등 관계 법령에 감정평가와 관련하여 권리구제 절차가 규정되어 있는 경우로서 권리구제 절차가 진행 중이거나 권리구제 절차를 이행할 수 있는 경우(권리구제 절차를 이행하여 완료된 경우를 포함한다)
> 4. 징계처분, 제재처분, 형사처벌 등을 할 수 없어 타당성조사의 실익이 없는 경우
>
> ③ 법 제8조 제2항에서 "대통령령으로 정하는 이해관계인"이란 해당 감정평가를 의뢰한 자를 말한다.
>
> ④ 국토교통부장관은 법 제8조 제1항에 따른 타당성조사에 착수한 경우에는 착수일부터 10일 이내에 해당 감정평가법인등과 제3항에 따른 이해관계인에게 다음 각 호의 사항을 알려야 한다.
> 1. 타당성조사의 사유
> 2. 타당성조사에 대하여 의견을 제출할 수 있다는 것과 의견을 제출하지 아니하는 경우의 처리방법
> 3. 법 제46조 제1항 제1호에 따라 업무를 수탁한 기관의 명칭 및 주소
> 4. 그 밖에 국토교통부장관이 공정하고 효율적인 타당성조사를 위하여 필요하다고 인정하는 사항
>
> ⑤ 제4항에 따른 통지를 받은 감정평가법인등과 이해관계인은 통지를 받은 날부터 10일 이내에 국토교통부장관에게 의견을 제출할 수 있다.
>
> ⑥ 국토교통부장관은 법 제8조 제1항에 따른 타당성조사를 완료한 경우에는 해당 감정평가법인등, 제3항에 따른 이해관계인 및 법 제8조 제1항에 따라 타당성조사를 요청한 관계 기관에 지체 없이 그 결과를 통지해야 한다.

약술 9 미래 시점 감정평가에 대한 기준

감정평가사 甲은 토지소유자 乙로부터 그 소유의 토지(이하 '이 사건 토지'라고 한다)를 물류단지로 조성한 후에 형성될 이 사건 토지에 대한 추정 시가를 평가하여 달라는 감정평가를 의뢰받아 1천억원으로 평가하였다(이하 '이 사건 감정평가'라고 한다). 甲은 그 근거로 단순히 인근 공업단지 시세라고 하며 공업용지 평당 3백만원 이상이라고만 감정평가서에 기재하였다. 그러나 얼마 후 이 사건 토지에 대한 경매절차에서 법원의 의뢰를 받은 감정평가사 丙은 이 사건 토지의 가격을 1백억 원으로 평가하였다. 평가금액 간에 10배에 이르는 현저한 차이가 발생하자 사회적으로 문제가 되었다. 이에 국토교통부장관은 적법한 절차를 거쳐 甲에게 "부동산의 적정한 가격을 산정하기 위해서는 정확한 자료를 검토하고 이를 기반으로 가격형성요인을 분석하여야 함에도 그리하지 않은 잘못이 있다."는 이유로 징계를 통보하였다. 이에 대해 甲은 이 사건 감정평가는 미래가격 감정평가로서 비교표준지를 설정할 수 없어 부득이하게 인근 공업단지의 시세를 토대로 평가하였던 것이고, 미래가격 감정평가에는 구체적인 기준이 따로 없으므로 일반적인 평가방법을 따르지 않았다고 해서 자신이 잘못한 것은 아니라고 주장한다. 甲의 주장은 타당한지를 설명하시오. 10점

목차 index

Ⅰ. 논점의 정리

Ⅱ. 관련 규정의 검토
1. 감정평가법 제3조
2. 감정평가법 제10조
3. 감정평가에 관한 규칙 제6조 및 제12조
4. 감정평가실무기준상 조건부 평가

Ⅲ. 관련 판례의 검토
1. 미래시점의 가격조건
2. 평가액의 산출근거를 논리적으로 명확히 밝혀 감정평가서에 기재
3. 이 사건 토지에 대한 가격자료 및 가격형성요인분석
4. 잘못된 평가인지 여부

Ⅳ. 甲 주장의 타당성

주요 내용 contents

Ⅰ. 논점의 정리

사안의 경우에는 감정평가사 甲은 물류단지로 조성한 후 형성될 미래의 추정시가로 1천억원을 평가하였는데, 경매절차에 감정평가사 丙은 1백억원으로 평가하여 10배 이상의 가격 차이가 발생하여 사회적으로 문제가 되었다. 미래가격 감정평가가 일반적인 평가방법을 따르지 않았다고

해서 잘못된 평가로 감정평가 및 감정평가사에 관한 법률(이하 '감정평가법')상 징계 통보되었는 바, 감정평가사 甲이 잘못 평가한 것이 아니라고 하는 주장의 타당성을 검토하는 것으로 관련 규정과 판례를 검토해 보고자 한다.

II. 관련 규정의 검토

1. 감정평가법 제3조

> 감정평가법 제3조(기준)
> ① 감정평가법인등이 토지를 감정평가하는 경우에는 그 토지와 이용가치가 비슷하다고 인정되는 「부동산 가격공시에 관한 법률」에 따른 표준지공시지가를 기준으로 하여야 한다. 다만, 적정한 실거래가가 있는 경우에는 이를 기준으로 할 수 있다.
> ② 제1항에도 불구하고 감정평가법인등이 「주식회사 등의 외부감사에 관한 법률」에 따른 재무제표 작성 등 기업의 재무제표 작성에 필요한 감정평가와 담보권의 설정·경매 등 대통령령으로 정하는 감정평가를 할 때에는 해당 토지의 임대료, 조성비용 등을 고려하여 감정평가를 할 수 있다.
> ③ 감정평가의 공정성과 합리성을 보장하기 위하여 감정평가법인등(소속 감정평가사를 포함한다. 이하 이 조에서 같다)이 준수하여야 할 원칙과 기준은 국토교통부령으로 정한다.
> ④ 국토교통부장관은 감정평가법인등이 감정평가를 할 때 필요한 세부적인 기준(이하 "실무기준"이라 한다)의 제정 등에 관한 업무를 수행하기 위하여 대통령령으로 정하는 바에 따라 전문성을 갖춘 민간법인 또는 단체(이하 "기준제정기관"이라 한다)를 지정할 수 있다.
> ⑤ 국토교통부장관은 필요하다고 인정되는 경우 제40조에 따른 감정평가관리·징계위원회의 심의를 거쳐 기준제정기관에 실무기준의 내용을 변경하도록 요구할 수 있다. 이 경우 기준제정기관은 정당한 사유가 없으면 이에 따라야 한다.
> ⑥ 국가는 기준제정기관의 설립 및 운영에 필요한 비용의 일부 또는 전부를 지원할 수 있다.

2. 감정평가법 제10조

> 감정평가법 제10조(감정평가법인등의 업무)
> 감정평가법인등은 다음 각 호의 업무를 행한다.
> 1. 「부동산 가격공시에 관한 법률」에 따라 감정평가법인등이 수행하는 업무
> 2. 「부동산 가격공시에 관한 법률」 제8조 제2호에 따른 목적을 위한 토지 등의 감정평가
> 3. 「자산재평가법」에 따른 토지 등의 감정평가
> 4. 법원에 계속 중인 소송 또는 경매를 위한 토지 등의 감정평가
> 5. 금융기관·보험회사·신탁회사 등 타인의 의뢰에 따른 토지 등의 감정평가
> 6. 감정평가와 관련된 상담 및 자문
> 7. 토지 등의 이용 및 개발 등에 대한 조언이나 정보 등의 제공
> 8. 다른 법령에 따라 감정평가법인등이 할 수 있는 토지 등의 감정평가
> 9. 제1호부터 제8호까지의 업무에 부수되는 업무

3. 감정평가에 관한 규칙 제6조 및 제12조

감정평가에 관한 규칙 제6조(현황기준 원칙)

① 감정평가는 기준시점에서의 대상물건의 이용상황(불법적이거나 일시적인 이용은 제외한다) 및 공법상 제한을 받는 상태를 기준으로 한다.

② 감정평가법인등은 제1항에도 불구하고 다음 각 호의 어느 하나에 해당하는 경우에는 기준시점의 가치형성요인 등을 실제와 다르게 가정하거나 특수한 경우로 한정하는 조건(이하 "감정평가조건"이라 한다)을 붙여 감정평가할 수 있다.

1. 법령에 다른 규정이 있는 경우
2. 의뢰인이 요청하는 경우
3. 감정평가의 목적이나 대상물건의 특성에 비추어 사회통념상 필요하다고 인정되는 경우

③ 감정평가법인등은 제2항에 따라 감정평가조건을 붙일 때에는 감정평가조건의 합리성, 적법성 및 실현가능성을 검토해야 한다. 다만, 제2항 제1호의 경우에는 그렇지 않다.

④ 감정평가법인등은 감정평가조건의 합리성, 적법성이 결여되거나 사실상 실현 불가능하다고 판단할 때에는 의뢰를 거부하거나 수임을 철회할 수 있다.

감정평가에 관한 규칙 제12조(감정평가방법의 적용 및 시산가액 조정)

① 감정평가법인등은 제14조부터 제26조까지의 규정에서 대상물건별로 정한 감정평가방법(이하 "주된 방법"이라 한다)을 적용하여 감정평가해야 한다. 다만, 주된 방법을 적용하는 것이 곤란하거나 부적절한 경우에는 다른 감정평가방법을 적용할 수 있다.

② 감정평가법인등은 대상물건의 감정평가액을 결정하기 위하여 제1항에 따라 어느 하나의 감정평가방법을 적용하여 산정(算定)한 가액[이하 "시산가액(試算價額)"이라 한다]을 제11조 각 호의 감정평가방식 중 다른 감정평가방식에 속하는 하나 이상의 감정평가방법(이 경우 공시지가기준법과 그 밖의 비교방식에 속한 감정평가방법은 서로 다른 감정평가방식에 속한 것으로 본다)으로 산출한 시산가액과 비교하여 합리성을 검토해야 한다. 다만, 대상물건의 특성 등으로 인하여 다른 감정평가방법을 적용하는 것이 곤란하거나 불필요한 경우에는 그렇지 않다.

③ 감정평가법인등은 제2항에 따른 검토 결과 제1항에 따라 산출한 시산가액의 합리성이 없다고 판단되는 경우에는 주된 방법 및 다른 감정평가방법으로 산출한 시산가액을 조정하여 감정평가액을 결정할 수 있다.

4. 감정평가실무기준상 조건부 평가

5 감정평가조건

5.1 감정평가조건의 부가

감정평가업자는 기준시점의 가치형성요인 등을 실제와 다르게 가정하거나 특수한 경우로 한정하는 조건(이하 "감정평가조건"이라 한다)을 붙여 감정평가할 수 있다.

5.2 감정평가조건의 부가요건 및 검토사항

① 감정평가조건은 다음 각 호의 어느 하나에 해당하는 경우에 한정하여 붙일 수 있다.

1. 감정평가관계법규에 감정평가조건의 부가에 관한 규정이 있는 경우
2. 의뢰인이 감정평가조건의 부가를 요청하는 경우
3. 감정평가의 목적이나 대상물건의 특성에 비추어 사회통념상 당연히 감정평가조건의 부가가 필요하다고 인정되는 경우

> ② 제1항에 따라 감정평가조건을 붙일 때에는 감정평가조건의 합리성, 적법성 및 실현가능성을 검토하여야 한다. 다만, 제1항 제1호의 경우에는 그러하지 아니하다.
>
> 5.3 감정평가조건의 표시
> 감정평가조건이 부가된 감정평가를 할 때에는 다음 각 호의 사항을 감정평가서에 적어야 한다. 다만, [300-5.2-① -1]의 경우에는 해당 법령을 적는 것으로 갈음할 수 있다.
> 1. 감정평가조건의 내용
> 2. 감정평가조건을 부가한 이유
> 3. 감정평가조건의 합리성, 적법성 및 실현가능성의 검토사항
> 4. 해당 감정평가가 감정평가조건을 전제로 할 때에만 성립될 수 있다는 사실

Ⅲ. 관련 판례의 검토

1. 미래시점의 가격조건

감정평가사가 대상물건의 평가액을 가격조사시점의 정상가격이 아닌 특수한 조건을 반영한 가격 또는 현재가 아닌 시점의 가격을 기준으로 정하는 경우에는, 반드시 그 조건 또는 시점을 분명히 하고, 특히 특수한 조건이 수반된 미래시점의 가격이라면 그 조건과 시점을 모두 밝힘으로써, 감정평가서를 열람하는 자가 제시된 감정가를 정상가격 또는 가격조사시점의 가격으로 오인하지 않도록 해야 한다(대판 2012.4.26, 2011두14715).

2. 평가액의 산출근거를 논리적으로 명확히 밝혀 감정평가서에 기재

감정평가사는 공정하고 합리적인 평가액의 산정을 위하여 성실하고 공정하게 자료검토 및 가격형성요인의 분석을 하여야 할 의무가 있고, 특히 특수한 조건을 반영하거나 현재가 아닌 시점의 가격을 기준으로 하는 경우에는 제시된 자료와 대상물건의 구체적인 비교·분석을 통하여 평가액의 산출근거를 논리적으로 밝히는 데 더욱 신중을 기하여야 한다. 만약 위와 같이 하는 것이 곤란한 경우라면 감정평가사로서는 자신의 능력에 의한 업무수행이 불가능하거나 극히 곤란한 경우로 보아 대상물건에 대한 평가를 하지 말아야 하는 것이지, 구체적이고 논리적인 가격형성요인의 분석이 어렵다고 하여 자의적으로 평가액을 산정하여서는 아니 된다(대판 2012.4.26, 2011두14715).

3. 이 사건 토지에 대한 가격자료 및 가격형성요인분석

그 평가액의 산출근거에 대해서는 이 사건 토지의 위치와 물류단지로서의 개발가능성 등을 개략적, 반복적으로 기재해 두었을 뿐이고 정작 가격자료라며 제시한 위 공장용지와 공업단지의 구체적인 형상 등에 관한 기재는 없고, 물류단지로 개발될 예정이라는 이 사건 토지와는 그 용도가 다른 위 공장용지와 공업단지가 어떠한 측면에서 이 사건 토지와 가격평가상 비교가 가능한지를 구체적으로 판단할 만한 자료도 제시한 바가 없으며, 이에 대한 적절한 분석도 없다고 하였다. 나아가 원심은, 이 사건 토지가 미래에 어떻게 개발될지 확정되지 않아 일반감정평가와 같이 개별요인분석 및 비교를 명확히 할 수는 없지만, 인근 토지 등의 공시지가 및 시

세를 기준으로 구체적인 가격산정을 한 이상, 획지조건, 환경조건 등 가능한 개별요인분석 및 비교는 필요하다 할 것인데, 원고는 이 사건 토지에 대한 가격자료 검토 및 가격형성요인 분석을 제대로 하지 않은 것으로 보이고, 결국 감정평가규칙 제8조 제5호에서 규정한 자료검토 및 가격형성요인 분석을 함에 있어 부동산공시법 제37조 제1항에서 규정한 성실의무를 위반하였다고 판단하였다(대판 2012.4.26, 2011두14715).

4. 잘못된 평가인지 여부

甲은 단순히 인근 공업단지 시세라 하여 공업용지를 평당 3백만원 이상이라고만 감정평가서에 기재하였는바, 신의와 성실로써 공정하게 감정평가를 한 것으로 판단하기 어렵다고 보인다. 따라서 감정평가사 甲이 미래 추정가치로 1천억원을 평가한 것은 위 관계규정과 판례를 검토할 때 잘못된 평가라고 할 것이다.

대판 2012.4.26, 2011두14715[징계처분취소]

【판시사항】

[1] 감정평가사가 대상물건의 평가액을 가격조사시점의 정상가격이 아닌 특수한 조건을 반영한 가격 또는 현재가 아닌 시점의 가격을 기준으로 정하는 경우 감정평가서에 기재하여야 할 사항

[2] 감정평가사가 감정평가에 관한 규칙 제8조 제5호의 '자료검토 및 가격형성요인의 분석'을 할 때 부담하는 성실의무의 내용

【판결요지】

[1] 부동산 가격공시 및 감정평가에 관한 법률, 감정평가에 관한 규칙의 취지를 종합해 볼 때, 감정평가사가 대상물건의 평가액을 가격조사시점의 정상가격이 아닌 특수한 조건을 반영한 가격 또는 현재가 아닌 시점의 가격을 기준으로 정하는 경우에는, 반드시 그 조건 또는 시점을 분명히 하고, 특히 특수한 조건이 수반된 미래시점의 가격이라면 그 조건과 시점을 모두 밝힘으로써, 감정평가서를 열람하는 자가 제시된 감정가를 정상가격 또는 가격조사시점의 가격으로 오인하지 않도록 해야 한다.

[2] 감정평가에 관한 규칙 제8조 제5호, 부동산 가격공시 및 감정평가에 관한 법률 제37조 제1항 및 관계 법령의 취지를 종합해 보면, 감정평가사는 공정하고 합리적인 평가액의 산정을 위하여 성실하고 공정하게 자료검토 및 가격형성요인 분석을 해야 할 의무가 있고, 특히 특수한 조건을 반영하거나 현재가 아닌 시점의 가격을 기준으로 하는 경우에는 제시된 자료와 대상물건의 구체적인 비교·분석을 통하여 평가액의 산출근거를 논리적으로 밝히는 데 더욱 신중을 기하여야 한다. 만약 위와 같이 하는 것이 곤란한 경우라면 감정평가사로서는 자신의 능력에 의한 업무수행이 불가능하거나 극히 곤란한 경우로 보아 대상물건에 대한 평가를 하지 말아야 하지 구체적이고 논리적인 가격형성요인의 분석이 어렵다고 하여 자의적으로 평가액을 산정해서는 안 된다.

Ⅳ. 甲 주장의 타당성

위 내용을 토대로 甲 주장의 타당성은 인정되지 않는다.

① 특수한 조건이 수반된 미래시점의 가격이라면 그 조건과 시점을 모두 밝힘으로써, 감정평가서를 열람하는 자가 제시된 감정가를 정상가격 또는 가격조사시점의 가격으로 오인하지 않도록

해야 하는데 이 부분에 있어서 甲의 주장은 타당성이 없다고 보인다.

② 특수한 조건을 반영하거나 현재가 아닌 시점의 가격을 기준으로 하는 경우에는 제시된 자료와 대상물건의 구체적인 비교・분석을 통하여 평가액의 산출근거를 논리적으로 밝히는 데 더욱 신중을 기하여야 하는데 일반적인 시세만을 참작하였다는 甲의 주장은 타당성이 없다.

③ 물류단지로 개발될 예정이라는 이 사건 토지와는 그 용도가 다른 위 공장용지와 공업단지가 어떠한 측면에서 이 사건 토지와 가격평가상 비교가 가능한지를 구체적으로 판단할 만한 자료도 제시한 바가 없으며, 이에 대한 적절한 분석도 없는바, 감정평가사로서의 자질이 의심스러울 만한 감정평가서를 제출하였으므로 甲 주장의 타당성은 없다. 감정평가사 甲은 위의 잘못된 평가로 인하여 감정평가 및 감정평가사에 관한 법률 제25조 성실의무 등을 위반하였는바, 동법에 따라 국토교통부장관에게 징계통보를 받았으므로 동법 제39조 징계규정에 의거하여 감정평가관리・징계위원회 의결을 거쳐 징계가 될 것으로 판단된다.

약술 10 전세사기에 대한 행정상, 형사상, 민사상 책임

감정평가사들이 정상적인 대박감정평가법인에 소속되어 감정평가 업무를 수행하던 중 전세품귀 현상이 발생하여 전세가격이 폭등하는 상황에서 대출업자와 공모하여 HUG의 전세주택보증 감정평가에서 원래 신축빌라 시세는 2억원인데 과도하게 빌라시세를 4억원으로 높게 평가하였다. 결국 전세사기에 대한 대대적인 정부의 감찰로 적발되었다. 이런 경우 감정평가법령상 어떤 규정을 위반한 것이고, 이에 대한 행정상 책임, 형사상 책임, 민사상 책임에 대하여 설명하시오. 10점

목차 index

1. 논점의 정리
2. 감정평가법령상 규정 검토
   (1) 감정평가법 제25조 성실의무 등
   (2) 검토
3. 해당 위반에 대한 책임
   (1) 행정상 책임
   (2) 형사상 책임
   (3) 민사상 책임
4. 사안의 경우

주요 내용 contents

1. 논점의 정리

감정평가법은 감정평가 및 감정평가사에 관한 제도를 확립하여 공정한 감정평가를 도모함으로써 국민의 재산권을 보호하고 국가경제 발전에 기여함을 목적으로 하기 위해 제25조와 제27조에서 성실의무와 명의대여 금지 등에 대해서 규정하고 있다. 사안의 경우 대출업자와 공모하여 HUG의 전세주택보증 감정평가에 있어 과도하게 높게 평가하여 손해를 입힌 사안으로 이에 대한 행정상 책임, 형사상 책임, 민사상 책임에 대하여 검토한다.

2. 감정평가법령상 규정 검토

(1) 감정평가법 제25조 성실의무 등

감정평가법인등은 감정평가업무를 행함에 있어 품위를 유지하여야 하고 신의와 성실로써 공정하게 감정평가를 하여야 하며, 고의 또는 중대한 과실로 잘못된 평가를 할 수 없는 등의 의무를 부담한다.

감정평가법 제25조(성실의무 등)
① 감정평가법인등(감정평가법인 또는 감정평가사사무소의 소속 감정평가사를 포함한다. 이하 이 조에서 같다)은 제10조에 따른 업무를 하는 경우 품위를 유지하여야 하고, 신의와 성실로써 공정하게 하여야 하며, 고의 또는 중대한 과실로 업무를 잘못하여서는 아니 된다.
② 감정평가법인등은 자기 또는 친족 소유, 그 밖에 불공정하게 제10조에 따른 업무를 수행할 우려가 있다고 인정되는 토지 등에 대해서는 그 업무를 수행하여서는 아니 된다.
③ 감정평가법인등은 토지 등의 매매업을 직접 하여서는 아니 된다.
④ 감정평가법인등이나 그 사무직원은 제23조에 따른 수수료와 실비 외에는 어떠한 명목으로도 그 업무와 관련된 대가를 받아서는 아니 되며, 감정평가 수주의 대가로 금품 또는 재산상의 이익을 제공하거나 제공하기로 약속하여서는 아니 된다.
⑤ 감정평가사, 감정평가사가 아닌 사원 또는 이사 및 사무직원은 둘 이상의 감정평가법인(같은 법인의 주·분사무소를 포함한다) 또는 감정평가사사무소에 소속될 수 없으며, 소속된 감정평가법인 이외의 다른 감정평가법인의 주식을 소유할 수 없다.
⑥ 감정평가법인등이나 사무직원은 제28조의2에서 정하는 유도 또는 요구에 따라서는 아니 된다.

(2) 검토

사안의 경우 대출업자와 공모하여 2억원의 빌라시세를 4억원으로 높게 평가한 것으로 불공정한 감정평가이며, 고의로 잘못된 평가를 한 것인바 감정평가법 제25조에 위반된다. 국토교통부장관은 일정한 절차를 거쳐 제재조치를 취할 수 있을 것으로 보인다.

3. 해당 위반에 대한 책임

(1) 행정상 책임

1) 법인설립인가 취소 또는 업무정지처분(감정평가법 제32조)

국토교통부장관은 감정평가법인등이 성실의무위반 등이 있는 경우에 그 설립인가를 취소하거나 업무정지를 명할 수 있다.

2) 과징금 부과처분(감정평가법 제41조)

국토교통부장관은 감정평가법인등에게 제32조 제1항의 업무정지처분을 하여야 하는 경우로서 그 업무정지처분이 공익을 해칠 우려가 있는 경우에는 업무정지처분에 갈음하는 과징금을 부과할 수 있다.

3) 감정평가법 제39조 징계

감정평가법 제39조에 의거하여 감정평가사 乙에 대해서는 감정평가관리·징계위원회의 의결에 따라 징계를 할 수 있다. 징계는 자격의 취소, 등록의 취소, 2년 이하의 업무정지, 견책 등을 할 수 있다.

감정평가법 제32조(인가취소 등)
① 국토교통부장관은 감정평가법인등이 다음 각 호의 어느 하나에 해당하는 경우에는 그 설립인가를 취소(제29조에 따른 감정평가법인에 한정한다)하거나 2년 이내의 범위에서 기간을 정하여

업무의 정지를 명할 수 있다. 다만, 제2호 또는 제7호에 해당하는 경우에는 그 설립인가를 취소하여야 한다.

1. 감정평가법인이 설립인가의 취소를 신청한 경우
2. 감정평가법인등이 업무정지처분 기간 중에 제10조에 따른 업무를 한 경우
3. 감정평가법인등이 업무정지처분을 받은 소속 감정평가사에게 업무정지처분 기간 중에 제10조에 따른 업무를 하게 한 경우
4. 제3조 제1항을 위반하여 감정평가를 한 경우
5. 제3조 제3항에 따른 원칙과 기준을 위반하여 감정평가를 한 경우
6. 제6조에 따른 감정평가서의 작성・발급 등에 관한 사항을 위반한 경우
7. 감정평가법인등이 제21조 제3항이나 제29조 제4항에 따른 감정평가사의 수에 미달한 날부터 3개월 이내에 감정평가사를 보충하지 아니한 경우
8. 제21조 제4항을 위반하여 둘 이상의 감정평가사사무소를 설치한 경우
9. 제21조 제5항이나 제29조 제9항을 위반하여 해당 감정평가사 외의 사람에게 제10조에 따른 업무를 하게 한 경우
10. 제23조 제3항을 위반하여 수수료의 요율 및 실비에 관한 기준을 지키지 아니한 경우
11. 제25조, 제26조 또는 제27조를 위반한 경우. 다만, 소속 감정평가사나 그 사무직원이 제25조 제4항을 위반한 경우로서 그 위반행위를 방지하기 위하여 해당 업무에 관하여 상당한 주의와 감독을 게을리하지 아니한 경우는 제외한다.
12. 제28조 제2항을 위반하여 보험 또는 한국감정평가사협회가 운영하는 공제사업에 가입하지 아니한 경우
13. 정관을 거짓으로 작성하는 등 부정한 방법으로 제29조에 따른 인가를 받은 경우
14. 제29조 제10항에 따른 회계처리를 하지 아니하거나 같은 조 제11항에 따른 재무제표를 작성하여 제출하지 아니한 경우
15. 제31조 제2항에 따라 기간 내에 미달한 금액을 보전하거나 증자하지 아니한 경우
16. 제47조에 따른 지도와 감독 등에 관하여 다음 각 목의 어느 하나에 해당하는 경우
    가. 업무에 관한 사항의 보고 또는 자료의 제출을 하지 아니하거나 거짓으로 보고 또는 제출한 경우
    나. 장부나 서류 등의 검사를 거부, 방해 또는 기피한 경우
17. 제29조 제5항 각 호의 사항을 인가받은 정관에 따라 운영하지 아니하는 경우

② 제33조에 따른 한국감정평가사협회는 감정평가법인등에 제1항 각 호의 어느 하나에 해당하는 사유가 있다고 인정하는 경우에는 그 증거서류를 첨부하여 국토교통부장관에게 그 설립인가를 취소하거나 업무정지처분을 하여 줄 것을 요청할 수 있다.

③ 국토교통부장관은 제1항에 따라 설립인가를 취소하거나 업무정지를 한 경우에는 그 사실을 관보에 공고하고, 정보통신망 등을 이용하여 일반인에게 알려야 한다.

④ 제1항에 따른 설립인가의 취소 및 업무정지처분은 위반 사유가 발생한 날부터 5년이 지나면 할 수 없다.

⑤ 제1항에 따른 설립인가의 취소와 업무정지에 관한 기준은 대통령령으로 정하고, 제3항에 따른 공고의 방법, 내용 및 그 밖에 필요한 사항은 국토교통부령으로 정한다.

감정평가법 제39조(징계)

① 국토교통부장관은 감정평가사가 다음 각 호의 어느 하나에 해당하는 경우에는 제40조에 따른 감정평가관리・징계위원회의 의결에 따라 제2항 각 호의 어느 하나에 해당하는 징계를 할 수

있다. 다만, 제2항 제1호에 따른 징계는 제11호, 제12호에 해당하는 경우 및 제27조를 위반하여 다른 사람에게 자격증·등록증 또는 인가증을 양도 또는 대여한 경우에만 할 수 있다.
1. 제3조 제1항을 위반하여 감정평가를 한 경우
2. 제3조 제3항에 따른 원칙과 기준을 위반하여 감정평가를 한 경우
3. 제6조에 따른 감정평가서의 작성·발급 등에 관한 사항을 위반한 경우
3의2. 제7조 제2항을 위반하여 고의 또는 중대한 과실로 잘못 심사한 경우
4. 업무정지처분 기간에 제10조에 따른 업무를 하거나 업무정지처분을 받은 소속 감정평가사에게 업무정지처분 기간에 제10조에 따른 업무를 하게 한 경우
5. 제17조 제1항 또는 제2항에 따른 등록이나 갱신등록을 하지 아니하고 제10조에 따른 업무를 수행한 경우
6. 구비서류를 거짓으로 작성하는 등 부정한 방법으로 제17조 제1항 또는 제2항에 따른 등록이나 갱신등록을 한 경우
7. 제21조를 위반하여 감정평가업을 한 경우
8. 제23조 제3항을 위반하여 수수료의 요율 및 실비에 관한 기준을 지키지 아니한 경우
9. 제25조, 제26조 또는 제27조를 위반한 경우
10. 제47조에 따른 지도와 감독 등에 관하여 다음 각 목의 어느 하나에 해당하는 경우
  가. 업무에 관한 사항의 보고 또는 자료의 제출을 하지 아니하거나 거짓으로 보고 또는 제출한 경우
  나. 장부나 서류 등의 검사를 거부 또는 방해하거나 기피한 경우
11. 감정평가사의 직무와 관련하여 금고 이상의 형을 2회 이상 선고받아(집행유예를 선고받은 경우를 포함한다) 그 형이 확정된 경우. 다만, 과실범의 경우는 제외한다.
12. 이 법에 따라 업무정지 1년 이상의 징계처분을 2회 이상 받은 후 다시 제1항에 따른 징계사유가 있는 사람으로서 감정평가사의 직무를 수행하는 것이 현저히 부적당하다고 인정되는 경우

② 감정평가사에 대한 징계의 종류는 다음과 같다.
1. 자격의 취소
2. 등록의 취소
3. 2년 이하의 업무정지
4. 견책

③ 협회는 감정평가사에게 제1항 각 호의 어느 하나에 해당하는 징계사유가 있다고 인정하는 경우에는 그 증거서류를 첨부하여 국토교통부장관에게 징계를 요청할 수 있다.

④ 제1항과 제2항에 따라 자격이 취소된 사람은 자격증과 등록증을 국토교통부장관에게 반납하여야 하며, 등록이 취소되거나 업무가 정지된 사람은 등록증을 국토교통부장관에게 반납하여야 한다.

⑤ 제1항 및 제2항에 따라 업무가 정지된 자로서 등록증을 국토교통부장관에게 반납한 자 중 제17조에 따른 교육연수 대상에 해당하는 자가 등록갱신기간이 도래하기 전에 업무정지기간이 도과하여 등록증을 다시 교부받으려는 경우 제17조 제1항에 따른 교육연수를 이수하여야 한다.

⑥ 제19조 제2항·제4항은 제1항과 제2항에 따라 자격 취소 또는 등록 취소를 하는 경우에 준용한다.

⑦ 제1항에 따른 징계의결은 국토교통부장관의 요구에 따라 하며, 징계의결의 요구는 위반사유가 발생한 날부터 5년이 지나면 할 수 없다.

감정평가법 제41조(과징금의 부과)

① 국토교통부장관은 감정평가법인등이 제32조 제1항 각 호의 어느 하나에 해당하게 되어 업무정지처분을 하여야 하는 경우로서 그 업무정지처분이 「부동산 가격공시에 관한 법률」 제3조에 따른 표준지공시지가의 공시 등의 업무를 정상적으로 수행하는 데에 지장을 초래하는 등 공익을 해칠 우려가 있는 경우에는 업무정지처분을 갈음하여 5천만원(감정평가법인인 경우는 5억원) 이하의 과징금을 부과할 수 있다.

② 국토교통부장관은 제1항에 따른 과징금을 부과하는 경우에는 다음 각 호의 사항을 고려하여야 한다.

1. 위반행위의 내용과 정도
2. 위반행위의 기간과 위반횟수
3. 위반행위로 취득한 이익의 규모

③ 국토교통부장관은 이 법을 위반한 감정평가법인이 합병을 하는 경우 그 감정평가법인이 행한 위반행위는 합병 후 존속하거나 합병으로 신설된 감정평가법인이 행한 행위로 보아 과징금을 부과·징수할 수 있다.

④ 제1항부터 제3항까지에 따른 과징금의 부과기준 등에 필요한 사항은 대통령령으로 정한다.

(2) 형사상 책임(감정평가법 벌칙 제49조 및 제50조, 몰수·추징 제50조의2조, 양벌규정 제51조)

성실의무위반 등이 있는 때에는 감정평가법 제49조 및 50조에 따라 3년 이하의 징역 또는 3천만원 이하의 벌금 및 1년 이하의 징역 또는 1천만원 이하의 벌금에 처해질 수 있다. 공적업무 수행 시 공무원에 의제되어 뇌물수뢰죄가 적용된다. 감정평가는 국민의 경제에 미치는 영향이 크기 때문에 감정평가업무 수행 시에는 성실의무를 준수하도록 노력하여야 할 것이다.

감정평가법 제49조(벌칙)

다음 각 호의 어느 하나에 해당하는 자는 3년 이하의 징역 또는 3천만원 이하의 벌금에 처한다.

1. 부정한 방법으로 감정평가사의 자격을 취득한 사람
2. 감정평가법인등이 아닌 자로서 감정평가업을 한 자
3. 구비서류를 거짓으로 작성하는 등 부정한 방법으로 제17조에 따른 등록이나 갱신등록을 한 사람
4. 제18조에 따라 등록 또는 갱신등록이 거부되거나 제13조, 제19조 또는 제39조에 따라 자격 또는 등록이 취소된 사람으로서 제10조의 업무를 한 사람
5. 제25조 제1항을 위반하여 고의로 업무를 잘못하거나 같은 조 제6항을 위반하여 제28조의2에서 정하는 유도 또는 요구에 따른 자
6. 제25조 제4항을 위반하여 업무와 관련된 대가를 받거나 감정평가 수주의 대가로 금품 또는 재산상의 이익을 제공하거나 제공하기로 약속한 자

6의2. 제28조의2를 위반하여 특정한 가액으로 감정평가를 유도 또는 요구하는 행위를 한 자

7. 정관을 거짓으로 작성하는 등 부정한 방법으로 제29조에 따른 인가를 받은 자

감정평가법 제50조(벌칙)

다음 각 호의 어느 하나에 해당하는 자는 1년 이하의 징역 또는 1천만원 이하의 벌금에 처한다.

1. 제21조 제4항을 위반하여 둘 이상의 사무소를 설치한 사람
2. 제21조 제5항 또는 제29조 제9항을 위반하여 소속 감정평가사 외의 사람에게 제10조의 업무를 하게 한 자
3. 제25조 제3항, 제5항 또는 제26조를 위반한 자

4. 제27조 제1항을 위반하여 감정평가사의 자격증·등록증 또는 감정평가법인의 인가증을 다른 사람에게 양도 또는 대여한 자와 이를 양수 또는 대여받은 자
5. 제27조 제2항을 위반하여 같은 조 제1항의 행위를 알선한 자

감정평가법 제50조의2(몰수·추징)
제49조 제6호 및 제50조 제4호의 죄를 지은 자가 받은 금품이나 그 밖의 이익은 몰수한다. 이를 몰수할 수 없을 때에는 그 가액을 추징한다.

감정평가법 제51조(양벌규정)
법인의 대표자나 법인 또는 개인의 대리인, 사용인, 그 밖의 종업원이 그 법인 또는 개인의 업무에 관하여 제49조 또는 제50조의 위반행위를 하면 그 행위자를 벌하는 외에 그 법인 또는 개인에게도 해당 조문의 벌금형을 부과한다. 다만, 법인 또는 개인이 그 위반행위를 방지하기 위하여 해당 업무에 상당한 주의와 감독을 게을리하지 아니한 경우에는 그러하지 아니하다.

(3) 민사상 책임

감정평가법은 성실한 평가를 유도하고 불법행위로 인한 평가의뢰인 및 선의의 제3자를 보호하기 위하여 감정평가법인등에게 손해배상책임을 인정하고 있다. 사안의 경우 불법행위로 인해 세입자 및 HUG에 손해를 입혔으므로 감정평가법 제28조에 따라 손해배상책임이 따른다.

감정평가법 제28조(손해배상책임)
① 감정평가법인등이 감정평가를 하면서 고의 또는 과실로 감정평가 당시의 적정가격과 현저한 차이가 있게 감정평가를 하거나 감정평가 서류에 거짓을 기록함으로써 감정평가 의뢰인이나 선의의 제3자에게 손해를 발생하게 하였을 때에는 감정평가법인등은 그 손해를 배상할 책임이 있다.
② 감정평가법인등은 제1항에 따른 손해배상책임을 보장하기 위하여 대통령령으로 정하는 바에 따라 보험에 가입하거나 제33조에 따른 한국감정평가사협회가 운영하는 공제사업에 가입하는 등 필요한 조치를 하여야 한다.
③ 감정평가법인등은 제1항에 따라 감정평가 의뢰인이나 선의의 제3자에게 법원의 확정판결을 통한 손해배상이 결정된 경우에는 국토교통부령으로 정하는 바에 따라 그 사실을 국토교통부장관에게 알려야 한다.
④ 국토교통부장관은 감정평가 의뢰인이나 선의의 제3자를 보호하기 위하여 감정평가법인등이 갖추어야 하는 손해배상능력 등에 대한 기준을 국토교통부령으로 정할 수 있다.

감정평가법 제28조의2(감정평가 유도·요구 금지)
누구든지 감정평가법인등(감정평가법인 또는 감정평가사사무소의 소속 감정평가사를 포함한다)과 그 사무직원에게 토지 등에 대하여 특정한 가액으로 감정평가를 유도 또는 요구하는 행위를 하여서는 아니 된다.

4. 사안의 경우

전세사기와 관련하여 감정평가의 적정성에 대한 사회적 이슈가 있다. 감정평가법 제25조에서는 성실의무 등을 규정하고 있고, 이에 반하는 경우 행정상 책임, 형사상 책임, 민사상 책임에 대해 규정하고 있는바, 감정평가의 사회성, 공공성을 고려하여 성실하게 감정평가해야 할 것으로 판단된다.

제 3 부

대법원 중요 판례

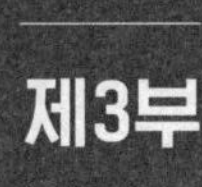

출제 예상논점 판례

1 손실보상금 채권에 압류 및 추심명령시 당사자적격 상실 여부(2018두67 판결)

■ **대법원 2022.11.24. 선고 2018두67 전원합의체 판결** [손실보상금]

판례의 사실관계: 보상금증감청구소송 도중에 제3채권자가 손실보상금 채권에 관하여 압류 및 추심명령을 하는 경우에 토지소유자 등 당사자는 보상금증감청구소송의 당사자적격이 상실되는지가 쟁점입니다.

Point

종전 판례에서는 제3채권자가 손실보상금 채권에 대하여 압류 및 추심명령을 하는 경우에는 보상금증감청구소송의 당사자 적격을 상실하였으나, 변경된 전원합의체 판결 토지보상법상 손실보상 당사자는 일신전속적인 보상청구의 당사자이므로 압류나 추심명령이 있더라도 보증소를 제기하는 당사자 적격을 상실하지 않는다는 것이 핵심입니다. 이에 대한 아래 판례의 논거를 구체적으로 기술하는 것이 득점 포인트입니다.

【판시사항】

공익사업을 위한 토지 등의 취득 및 보상에 관한 법률에 따른 토지소유자 또는 관계인의 사업시행자에 대한 손실보상금 채권에 관하여 압류 및 추심명령이 있는 경우, 채무자인 토지소유자 등이 보상금의 증액을 구하는 소를 제기하고 그 소송을 수행할 당사자적격을 상실하는지 여부(소극)

【판결요지】

공익사업을 위한 토지 등의 취득 및 보상에 관한 법률(이하 '토지보상법'이라 한다) 제85조 제2항에 따른 보상금의 증액을 구하는 소(이하 '보상금 증액 청구의 소'라 한다)의 성질, 토지보상법상 손실보상금 채권의 존부 및 범위를 확정하는 절차 등을 종합하면, 토지보상법에 따른 토지소유자 또는 관계인(이하 '토지소유자 등'이라 한다)의 사업시행자에 대한 손실보상금 채권에 관하여 압류 및 추심명령이 있더라도, 추심채권자가 보상금 증액 청구의 소를 제기할 수 없고, 채무자인 토지소유자 등이 보상금 증액 청구의 소를 제기하고 그 소송을 수행할 당사자적격을 상실하지 않는다고 보아야 한다. 그 상세한 이유는 다음과 같다.

① 토지보상법 제85조 제2항은 토지소유자 등이 보상금 증액 청구의 소를 제기할 때에는 사업시행자를 피고로 한다고 규정하고 있다. 위 규정에 따른 보상금 증액 청구의 소는 토지소유자 등이 사업시행자를 상대로 제기하는 당사자소송의 형식을 취하고 있지만, 토지수용위원회의 재결 중 보상금 산정에 관한 부분에 불복하여 그 증액을 구하는 소이므로 실질적으로는 재결을 다투는 항고소송의 성질을 가진다.
   행정소송법 제12조 전문은 "취소소송은 처분 등의 취소를 구할 법률상 이익이 있는 자가 제기할 수 있다." 라고 규정하고 있다. 앞서 본 바와 같이 보상금 증액 청구의 소는 항고소송의 성질을 가지므로, 토지소유자 등에 대하여 금전채권을 가지고 있는 제3자는 재결에 대하여 간접적이거나 사실적·경제적 이해관계를 가질 뿐 재결을 다툴 법률상의 이익이 있다고 할 수 없어 직접 또는 토지소유자 등을 대위하여 보상금 증액 청구의 소를 제기할 수 없고, 토지소유자 등의 손실보상금 채권에 관하여 압류 및 추심명령이 있더라도 추심채권자가 재결을 다툴 지위까지 취득하였다고 볼 수는 없다.

② 토지보상법 등 관계 법령에 따라 토지수용위원회의 재결을 거쳐 이루어지는 손실보상금 채권은 관계 법령상 손실보상의 요건에 해당한다는 것만으로 바로 존부 및 범위가 확정된다고 볼 수 없다. 토지소유자 등이 사업시행자로부터 손실보상을 받기 위해서는 사업시행자와 협의가 이루어지지 않으면 토지보상법 제34조, 제50조 등에 규정된 재결절차를 거친 뒤에 그 재결에 대하여 불복이 있는 때에 비로소 토지보상법

제83조 내지 제85조에 따라 이의신청 또는 행정소송을 제기할 수 있을 뿐이고, 이러한 절차를 거치지 않은 채 곧바로 사업시행자를 상대로 손실보상을 청구하는 것은 허용되지 않는다.

이와 같이 손실보상금 채권은 토지보상법에서 정한 절차로서 관할 토지수용위원회의 재결 또는 행정소송 절차를 거쳐야 비로소 구체적인 권리의 존부 및 범위가 확정된다. 아울러 토지보상법령은 토지소유자 등으로 하여금 위와 같은 손실보상금 채권의 확정을 위한 절차를 진행하도록 정하고 있다. 따라서 사업인정고시 이후 위와 같은 절차를 거쳐 장래 확정될 손실보상금 채권에 관하여 채권자가 압류 및 추심명령을 받을 수는 있지만, 그 압류 및 추심명령이 있다고 하여 추심채권자가 위와 같은 손실보상금 채권의 확정을 위한 절차에 참여할 자격까지 취득한다고 볼 수는 없다.

③ 요컨대, 토지소유자 등이 토지보상법 제85조 제2항에 따라 보상금 증액 청구의 소를 제기한 경우, 그 손실보상금 채권에 관하여 압류 및 추심명령이 있다고 하더라도 추심채권자가 그 절차에 참여할 자격을 취득하는 것은 아니므로, 보상금 증액 청구의 소를 제기한 토지소유자 등의 지위에 영향을 미친다고 볼 수 없다. 따라서 보상금 증액 청구의 소의 청구채권에 관하여 압류 및 추심명령이 있더라도 토지소유자 등이 그 소송을 수행할 당사자적격을 상실한다고 볼 것은 아니다.

참고 대법관 안철상의 보충의견 ★★★

가. 대법원은, 민사소송의 경우 채무자의 제3채무자에 대한 채권에 관하여 압류 및 추심명령이 있으면 제3채무자에 대한 이행의 소는 추심채권자만 제기할 수 있고, 채무자에 의하여 이행의 소가 이미 제기된 경우에도 채무자는 그 소송을 수행할 당사자적격을 상실한다고 보고 있다(대법원 2000.4.11. 선고 99다23888 판결, 대법원 2009.11.12. 선고 2009다48879 판결 등 참조). 그러나 이와 같은 민사소송에 관한 판례의 법리는 그 자체도 의문이 제기되고 있지만, 앞에서 살펴본 바와 같이 행정소송인 토지보상법 제85조 제2항에 따른 보상금 증액 청구의 소에는 그대로 적용된다고 볼 수 없다.

공법관계는 사법관계와 다른 여러 가지 특수성이 있으므로, 행정소송에서는 민사소송의 법리를 그대로 적용할 것인지에 대하여 다시 한번 살펴보는 태도가 필요하다. 앞서 본 압류 및 추심명령이 있는 경우 채무자가 보상금 증액 청구의 소를 제기할 당사자적격을 상실한다는 선례는 민사법의 법리와의 통일성에 집중한 나머지 토지보상 법률관계라는 공법관계의 특수성을 잘 살피지 못한 결과라고 할 수 있다.

나. 헌법은 제23조에서 국가에게 국민의 재산권을 보장할 의무를 부여하는 한편, 국민의 재산권을 수용・사용 또는 제한하기 위해서는 공공필요에 의하여야 하고 법률로써 그에 대한 정당한 보상을 지급하여야 한다고 규정하고 있다. 이 사건과 같은 토지수용은 특정한 공적 과제의 이행을 위하여 구체적 재산권을 박탈하는 고권적 행위로서 토지보상법에서 정한 엄격한 요건과 절차에 따라 이루어진다.

토지보상법은 제85조 제2항에서 토지소유자 등이 재결에 불복하는 행정소송으로 토지수용 부분의 위법을 다투지 아니하고 보상금의 액수만 다투려는 경우에는 재결청을 상대로 재결 취소소송을 제기할 필요 없이 사업시행자를 피고로 하여 정당한 보상액과 이의재결 보상액의 차액을 당사자소송의 형식으로 구할 수 있게 하였다. 이러한 보상금 증액 청구의 소는 실질적으로는 재결청의 재결을 다투는 것이지만 형식적으로는 재결로 형성된 법률관계를 다투기 위하여 위 법률관계의 한쪽 당사자인 사업시행자를 피고로 하는 소송이고, 이를 형식적 당사자소송이라 하고 있다.

이 사건과 같은 보상금 증액 청구의 소에서는 토지소유자 등의 손실보상금 채권에 관하여 압류 및 추심명령이 있다 하더라도 토지소유자 등에게 당사자적격을 유지시켜 조속히 공법상 법률관계를 확정시킬 필요성이 크다. 압류 및 추심명령이 있었다는 사정으로 인하여 재판절차를 새로 진행하여야 하는 것은 소송경제에 반할 뿐만 아니라, 제소기간의 경과로 인하여 다시 소를 제기할 수 없는 상황이 발생하는 것은 토지보상법령을 비롯한 공법관계가 예정하고 있는 문제해결 방식이 아니다.

다. 정의의 여신상은 천으로 눈을 가리고 있다. 이는 '법 앞에 평등'을 의미하는 것으로, 소송 당사자 중 어느 한쪽에 치우치지 말고 사사로움이나 편견 없이 공평하게 심판할 것을 상징한다. 이 여신상은 대등한 당사자 관계를 전제로 한다. 그러나 오늘날 우리 사회는 대등한 관계를 갖지 못하는 법률관계가 곳곳에 존재하고 있다. 당사자가 대등하다는 전제를 갖추지 못한다면, 정의의 여신은 눈을 가려서는 안 되고 눈을 크게 떠서 구체적 개인에게 그의 지위에 상응하는 권리를 찾아주는 것이 필요하다.
공법관계도 일반적으로 대등관계가 아니다. 국가 또는 지방자치단체는 거대한 힘을 가지고 있고, 이를 상대하는 개인은 공익을 앞세워 개인의 권익을 침해하는 행정주체의 막강한 권력으로부터 보호되어야 마땅하다. 이러한 의미에서 공법관계에 관한 정의의 여신상은 눈을 부릅뜨고 있는 것이어야 한다.
현행 행정소송법은 1984.12.15. 전부 개정이 이루어진 이래 현재 46개 조문으로 된 낡은 틀을 유지하고 있다. 이는 국가 등 행정주체의 권력에 대응하여 개인의 권익을 구제하는 데 크게 부족하다. 우리 사회의 변화와 발전에 걸맞은 선진화된 행정소송법을 갖추는 것은 책임 행정에 대한 국민의 갈증을 해소하기 위한 우리의 시대적 요청이다. 행정소송법의 전면 개정이 절실하다.

이상과 같이 보충의견을 밝힌다.

(출처: 대법원 2022.11.24. 선고 2018두67 전원합의체 판결 [손실보상금])

2 공익사업시행지구 밖의 간접손실보상(2018두227 판결)

■ **대법원 2019.11.28. 선고 2018두227 판결**

[공익사업시행지구 밖의 간접손실보상에 대한 새로운 해석]

Point

간접손실보상을 받기 위해서는 법률에 규정이 있어야 하는데 토지보상법 시행규칙 제64조의 해석을 판례가 어떻게 하여 보상대상에 해당한다고 보고 있는지 중심으로 정리

【판시사항】

[1] 공익사업을 위한 토지 등의 취득 및 보상에 관한 법률 시행규칙 제64조 제1항 제2호에서 정한 공익사업 시행지구 밖 영업손실보상의 요건인 '공익사업의 시행으로 인한 그 밖의 부득이한 사유로 일정 기간 동안 휴업이 불가피한 경우'에 공익사업의 시행 결과로 휴업이 불가피한 경우가 포함되는지 여부(적극)

【판결요지】

[1] 모든 국민의 재산권은 보장되고, 공공필요에 의한 재산권의 수용 등에 대하여는 정당한 보상을 지급하여야 하는 것이 헌법의 대원칙이고(헌법 제23조), 법률도 그런 취지에서 공익사업의 시행 결과 공익사업의 시행이 공익사업시행지구 밖에 미치는 간접손실 등에 대한 보상의 기준 등에 관하여 상세한 규정을 마련해 두거나 하위법령에 세부사항을 정하도록 위임하고 있다. 이러한 공익사업시행지구 밖의 영업손실은 공익사업의 시행과 동시에 발생하는 경우도 있지만, 공익사업에 따른 공공시설의 설치공사 또는 설치된 공공시설의 가동・운영으로 발생하는 경우도 있어 그 발생원인과 발생시점이 다양하므로, 공익사업시행지구 밖의 영업자가 발생한 영업상 손실의 내용을 구체적으로 특정하여 주장하지 않으면 사업시행자로서

는 영업손실보상금 지급의무의 존부와 범위를 구체적으로 알기 어려운 특성이 있다. 공익사업을 위한 토지 등의 취득 및 보상에 관한 법률 제79조 제2항에 따른 손실보상의 기한을 공사완료일부터 1년 이내로 제한하면서도 영업자의 청구에 따라 보상이 이루어지도록 규정한 것[공익사업을 위한 토지 등의 취득 및 보상에 관한 법률 시행규칙(이하 '시행규칙'이라 한다) 제64조 제1항]이나 손실보상의 요건으로서 공익사업시행지구 밖에서 발생하는 영업손실의 발생원인에 관하여 별다른 제한 없이 '그 밖의 부득이한 사유'라는 추상적인 일반조항을 규정한 것(시행규칙 제64조 제1항 제2호)은 간접손실로서 영업손실의 이러한 특성을 고려한 결과이다.

위와 같은 공익사업시행지구 밖 영업손실보상의 특성과 헌법이 정한 '정당한 보상의 원칙'에 비추어 보면, 공익사업시행지구 밖 영업손실보상의 요건인 '공익사업의 시행으로 인한 그 밖의 부득이한 사유로 일정 기간 동안 휴업이 불가피한 경우'란 공익사업의 시행 또는 시행 당시 발생한 사유로 휴업이 불가피한 경우만을 의미하는 것이 아니라 공익사업의 시행 결과, 즉 그 공익사업의 시행으로 설치되는 시설의 형태·구조·사용 등에 기인하여 휴업이 불가피한 경우도 포함된다고 해석함이 타당하다.

[2] 공익사업을 위한 토지 등의 취득 및 보상에 관한 법률(이하 '토지보상법'이라 한다) 제79조 제2항(그 밖의 토지에 관한 비용보상 등)에 따른 손실보상과 환경정책기본법 제44조 제1항(환경오염의 피해에 대한 무과실책임)에 따른 손해배상은 근거 규정과 요건·효과를 달리하는 것으로서, 각 요건이 충족되면 성립하는 별개의 청구권이다. 다만 손실보상청구권에는 이미 '손해 전보'라는 요소가 포함되어 있어 실질적으로 같은 내용의 손해에 관하여 양자의 청구권을 동시에 행사할 수 있다고 본다면 이중배상의 문제가 발생하므로, 실질적으로 같은 내용의 손해에 관하여 양자의 청구권이 동시에 성립하더라도 영업자는 어느 하나만을 선택적으로 행사할 수 있을 뿐이고, 양자의 청구권을 동시에 행사할 수는 없다. 또한 '해당 사업의 공사완료일로부터 1년'이라는 손실보상 청구기간(토지보상법 제79조 제5항, 제73조 제2항)이 도과하여 손실보상청구권을 더 이상 행사할 수 없는 경우에도 손해배상의 요건이 충족되는 이상 여전히 손해배상청구는 가능하다.

[3] 공익사업을 위한 토지 등의 취득 및 보상에 관한 법률(이하 '토지보상법'이라 한다) 제26조, 제28조, 제30조, 제34조, 제50조, 제61조, 제79조, 제80조, 제83조 내지 제85조의 규정 내용과 입법 취지 등을 종합하면, 공익사업으로 인하여 공익사업시행지구 밖에서 영업을 휴업하는 자가 사업시행자로부터 공익사업을 위한 토지 등의 취득 및 보상에 관한 법률 시행규칙 제47조 제1항에 따라 영업손실에 대한 보상을 받기 위해서는, 토지보상법 제34조, 제50조 등에 규정된 재결절차를 거친 다음 그 재결에 대하여 불복이 있는 때에 비로소 토지보상법 제83조 내지 제85조에 따라 권리구제를 받을 수 있을 뿐이다. 이러한 재결절차를 거치지 않은 채 곧바로 사업시행자를 상대로 손실보상을 청구하는 것은 허용되지 않는다.

[4] 어떤 보상항목이 공익사업을 위한 토지 등의 취득 및 보상에 관한 법령상 손실보상대상에 해당함에도 관할 토지수용위원회가 사실을 오인하거나 법리를 오해함으로써 손실보상대상에 해당하지 않는다고 잘못된 내용의 재결을 한 경우에는, 피보상자는 관할 토지수용위원회를 상대로 그 재결에 대한 취소소송을 제기할 것이 아니라, 사업시행자를 상대로 공익사업을 위한 토지 등의 취득 및 보상에 관한 법률 제85조 제2항에 따른 보상금증감소송을 제기하여야 한다.

(출처: 대법원 2019.11.28. 선고 2018두227 판결 [보상금])

3 재결신청청구거부에 대한 불복(2018두57865 판결)

■ **대법원 2019.8.29. 2018두57865 판결**

[재결신청청구거부에 대하여 거부처분취소소송으로 다툼]

Point

종전 민사소송으로 권리구제를 부정한 판례의 태도와 달리 재결신청청구 거부 역시 항고소송의 대상이 되는 처분으로 보고 권리구제 수단 위주로 답안작성하는 것이 핵심, 제32회 1번 기출됨.

【판시사항】

[2] 편입토지 보상, 지장물 보상, 영업·농업 보상에 관하여 토지소유자나 관계인이 사업시행자에게 재결신청을 청구했음에도 사업시행자가 재결신청을 하지 않을 경우, 토지소유자나 관계인의 불복 방법 및 이때 사업시행자에게 재결신청을 할 의무가 있는지가 소송요건 심사단계에서 고려할 요소인지 여부(소극)

【판결요지】

[2] 공익사업을 위한 토지 등의 취득 및 보상에 관한 법률 제28조, 제30조에 따르면, 편입토지 보상, 지장물 보상, 영업·농업 보상에 관해서는 사업시행자만이 재결을 신청할 수 있고 토지소유자와 관계인은 사업시행자에게 재결신청을 청구하도록 규정하고 있으므로, 토지소유자나 관계인의 재결신청 청구에도 사업시행자가 재결신청을 하지 않을 때 토지소유자나 관계인은 사업시행자를 상대로 거부처분 취소소송 또는 부작위 위법확인소송의 방법으로 다투어야 한다. 구체적인 사안에서 토지소유자나 관계인의 재결신청 청구가 적법하여 사업시행자가 재결신청을 할 의무가 있는지는 본안에서 사업시행자의 거부처분이나 부작위가 적법한가를 판단하는 단계에서 고려할 요소이지, 소송요건 심사단계에서 고려할 요소가 아니다.

(출처: 대법원 2019.8.29. 선고 2018두57865 판결 [수용재결신청청구거부처분취소])

4 이주대책 대상자 요건(2017다278668 판결)

■ **대법원 2019.7.25. 선고 2017다278668 판결**

[이주대책대상자에 해당하기 위해서는 토지보상법 제4조 공익사업에 포함되면서 주거용 건축물을 제공한 자]

Point

토지보상법 제2조에서 규정한 공익사업의 개념 및 제78조에서 규정한 이주대책 대상자가 되기 위해서는 주거용 건축물을 제공하여야 한다는 조문을 명시해주시면 됩니다.

【판시사항】

[1] 구 공익사업을 위한 토지 등의 취득 및 보상에 관한 법률 제78조 제1항에서 정한 이주대책대상자에 해당하기 위해서는 같은 법 제4조 각 호의 어느 하나에 해당하는 공익사업의 시행으로 인하여 주거용 건축물을 제공함에 따라 생활의 근거를 상실하게 되어야 하는지 여부(적극)

[2] 갑 지방자치단체가 시범아파트를 철거한 부지를 기존의 근린공원에 추가로 편입시키는 내용의 '근린공원

조성사업'을 추진함에 따라 도시계획시설사업의 실시계획이 인가·고시되었고, 을 등이 소유한 각 시범아파트 호실이 수용대상으로 정해지자 갑 지방자치단체가 을 등과 공공용지 협의취득계약을 체결하여 해당 호실에 관한 소유권을 취득한 사안에서, '근린공원 조성사업'이 구 공익사업을 위한 토지 등의 취득 및 보상에 관한 법률 제4조 제7호의 공익사업에 포함된다고 볼 여지가 많은데도, 이와 달리 본 원심판단에 법리오해 등의 잘못이 있다고 한 사례

【판결요지】

[1] 구 공익사업을 위한 토지 등의 취득 및 보상에 관한 법률(2007.10.17. 법률 제8665호로 개정되기 전의 것, 이하 '구 토지보상법'이라 한다) 제78조 제1항은 "사업시행자는 공익사업의 시행으로 인하여 주거용 건축물을 제공함에 따라 생활의 근거를 상실하게 되는 자(이하 '이주대책대상자'라 한다)를 위하여 대통령령이 정하는 바에 따라 이주대책을 수립·실시하거나 이주정착금을 지급하여야 한다."라고 규정하고, 같은 조 제4항 본문은 "이주대책의 내용에는 이주정착지에 대한 도로·급수시설·배수시설 그 밖의 공공시설 등 당해 지역조건에 따른 생활기본시설이 포함되어야 하며, 이에 필요한 비용은 사업시행자의 부담으로 한다."라고 규정하고 있다. 그리고 구 토지보상법 제2조 제2호는 "공익사업이라 함은 제4조 각 호의 1에 해당하는 사업을 말한다."라고 정의하고 있고, 제4조는 제1호 내지 제6호에서 국방·군사에 관한 사업 등 구체적인 공익사업의 종류나 내용을 열거한 다음, 제7호에서 "그 밖에 다른 법률에 의하여 토지 등을 수용 또는 사용할 수 있는 사업"이라고 규정하고 있다. 위와 같은 각 규정의 내용을 종합하면, 이주대책대상자에 해당하기 위해서는 구 토지보상법 제4조 각 호의 어느 하나에 해당하는 공익사업의 시행으로 인하여 주거용 건축물을 제공함에 따라 생활의 근거를 상실하게 되어야 한다.

[2] 갑 지방자치단체가 시범아파트를 철거한 부지를 기존의 근린공원에 추가로 편입시키는 내용의 '근린공원 조성사업'을 추진함에 따라 도시계획시설사업의 실시계획이 인가·고시되었고, 을 등이 소유한 각 시범아파트 호실이 수용대상으로 정해지자 갑 지방자치단체가 을 등과 공공용지 협의취득계약을 체결하여 해당 호실에 관한 소유권을 취득한 사안에서, 도시계획시설사업 실시계획의 인가에 따른 고시가 있으면 도시계획시설사업의 시행자는 사업에 필요한 토지 등을 수용 및 사용할 수 있게 되고, 을 등이 각 아파트 호실을 제공한 계기가 된 '근린공원 조성사업' 역시 구 국토의 계획 및 이용에 관한 법률(2007.1.26. 법률 제8283호로 개정되기 전의 것)에 따라 사업시행자에게 수용권한이 부여된 도시계획시설사업으로 추진되었으므로, 이는 적어도 구 공익사업을 위한 토지 등의 취득 및 보상에 관한 법률(2007.10.17. 법률 제8665호로 개정되기 전의 것) 제4조 제7호의 공익사업, 즉 '그 밖에 다른 법률에 의하여 토지 등을 수용 또는 사용할 수 있는 사업'에 포함된다고 볼 여지가 많은데도, 이와 달리 본 원심판단에 법리오해 등의 잘못이 있다고 한 사례

(출처: 대법원 2019.7.25. 선고 2017다278668 판결 [부당이득금])

5 이주대책의 법적 성격(2007다63089 · 63096 전원합의체 판결)

■ 대법원 2011.6.23. 선고 2007다63089 · 63096 전원합의체 판결

[채무부존재확인 · 채무부존재확인]

Point

토지보상법 제78조 제1항과 이주대책의 내용을 정하고 있는 같은 조 제4항은 강행규정이며, 이로 인하여 생활기본시설을 설치하여야 하며 생활기본시설 설치비용 또한 사업주체가 부담하는 것이 핵심입니다.

【판시사항】

[1] 계약당사자 중 일방이 상대방 및 제3자와 3면 계약을 체결하거나 상대방의 승낙을 얻어 계약상 당사자의 지위를 포괄적으로 제3자에게 이전하는 경우, 제3자가 종래 계약에서 이미 발생한 채권·채무도 모두 이전받는지 여부(적극)

[2] 사업시행자가 구 공익사업을 위한 토지 등의 취득 및 보상에 관한 법률 시행령 제40조 제2항 단서에 따라 택지개발촉진법 또는 주택법 등 관계 법령에 의하여 이주대책대상자들에게 택지 또는 주택을 공급하는 경우에도 이주정착지를 제공하는 경우와 마찬가지로 사업시행자 부담으로 구 공익사업을 위한 토지 등의 취득 및 보상에 관한 법률 제78조 제4항에서 정한 생활기본시설을 설치하여 이주대책대상자들에게 제공하여야 하는지 여부(적극)

[3] 사업시행자의 이주대책 수립·실시의무를 정하고 있는 구 공익사업을 위한 토지 등의 취득 및 보상에 관한 법률 제78조 제1항과 이주대책의 내용을 정하고 있는 같은 조 제4항 본문이 강행법규인지 여부(적극)

[4] 구 공익사업을 위한 토지 등의 취득 및 보상에 관한 법률 제78조 제4항에서 정한 '도로·급수시설·배수시설 그 밖의 공공시설 등 당해 지역조건에 따른 생활기본시설'의 의미 및 이주대책대상자들과 사업시행자 등이 체결한 택지 또는 주택에 관한 특별공급계약에서 위 조항에 규정된 생활기본시설 설치비용을 분양대금에 포함시킴으로써 이주대책대상자들이 그 비용까지 사업시행자 등에게 지급하게 된 경우, 사업시행자가 그 비용 상당액을 부당이득으로 이주대책대상자들에게 반환하여야 하는지 여부(적극)

【판결요지】

[1] 계약당사자 중 일방이 상대방 및 제3자와 3면 계약을 체결하거나 상대방의 승낙을 얻어 계약상 당사자로서의 지위를 포괄적으로 제3자에게 이전하는 경우 이를 양수한 제3자는 양도인의 계약상 지위를 승계함으로써 종래 계약에서 이미 발생한 채권·채무도 모두 이전받게 된다.

[2] [다수의견] 구 공익사업을 위한 토지 등의 취득 및 보상에 관한 법률(2007.10.17. 법률 제8665호로 개정되기 전의 것, 이하 '구 공익사업법'이라 한다) 제78조 제1항은 사업시행자의 이주대책 수립·실시의무를 정하고 있고, 구 공익사업을 위한 토지 등의 취득 및 보상에 관한 법률 시행령(2008.2.29. 대통령령 제20722호로 개정되기 전의 것, 이하 '구 공익사업법 시행령'이라 한다) 제40조 제2항은 "이주대책은 건설교통부령이 정하는 부득이한 사유가 있는 경우를 제외하고는 이주대책대상자 중 이주를 희망하는 자가 10호 이상인 경우에 수립·실시한다. 다만 사업시행자가 택지개발촉진법 또는 주택법 등 관계 법령에 의하여 이주대책대상자에게 택지 또는 주택을 공급한 경우(사업시행자의 알선에 의하여 공급한 경우를 포함한다)에는 이주대책을 수립·실시한 것으로 본다."고 규정하고 있으며, 한편 구 공익사업법 제78조 제4항 본문은 "이주대책의 내용에는 이주정착지에 대한 도로·급수시설·배수시설 그 밖의 공공시설 등 당해 지역조건에 따른 생활기본시설이 포함되어야 하며, 이에 필요한 비용은 사업시행자의 부담으로 한다."고 규정하고 있다. 위 각 규정을 종합하면 사업시행자가 구 공익사업법 시행령 제40조 제2항 단서에 따라 택지개발촉진법 또는 주택법 등 관계 법령에 의하여 이주대책대상자들에게 택지 또는 주택을 공급(이하 '특별공급'이라 한다)하는 것도 구 공익사업법 제78조 제1항의 위임에 근거하여 사업시행자가 선택할 수 있는 이주대책의 한 방법이므로, 특별공급의 경우에도 이주정착지를 제공하는 경우와 마찬가지로 사업시행자의 부담으로 같은 조 제4항이 정한 생활기본시설을 설치하여 이주대책대상자들에게 제공하여야 한다고 보아야 하고, 이주대책대상자들이 특별공급을 통해 취득하는 택지나 주택의 시가가 공급가액을 상회하여 그들에게 시세차익을 얻을 기회나 가능성이 주어진다고 하여 달리 볼 것은 아니다.

[3] 구 공익사업을 위한 토지 등의 취득 및 보상에 관한 법률(2007.10.17. 법률 제8665호로 개정되기 전의 것, 이하 '구 공익사업법'이라 한다)은 공익사업에 필요한 토지 등을 협의 또는 수용에 의하여 취득하거나 사용함에 따른 손실보상에 관한 사항을 규정함으로써 공익사업의 효율적인 수행을 통하여 공공복리의 증진과 재산권의 적정한 보호를 도모함을 목적으로 하고 있고, 위 법에 의한 이주대책은 공익사업의 시행에

필요한 토지 등을 제공함으로 인하여 생활의 근거를 상실하게 되는 이주대책대상자들에게 종전 생활상태를 원상으로 회복시키면서 동시에 인간다운 생활을 보장하여 주기 위하여 마련된 제도이므로, 사업시행자의 이주대책 수립・실시의무를 정하고 있는 구 공익사업법 제78조 제1항은 물론 이주대책의 내용에 관하여 규정하고 있는 같은 조 제4항 본문 역시 당사자의 합의 또는 사업시행자의 재량에 의하여 적용을 배제할 수 없는 강행법규이다.

[4] [다수의견] 구 공익사업을 위한 토지 등의 취득 및 보상에 관한 법률(2007.10.17. 법률 제8665호로 개정되기 전의 것, 이하 '구 공익사업법'이라 한다) 제78조 제4항의 취지는 이주대책대상자들에게 생활 근거를 마련해 주고자 하는 데 목적이 있으므로, 위 규정의 '도로・급수시설・배수시설 그 밖의 공공시설 등 당해 지역조건에 따른 생활기본시설'은 주택법 제23조 등 관계 법령에 의하여 주택건설사업이나 대지조성사업을 시행하는 사업주체가 설치하도록 되어 있는 도로 및 상하수도시설, 전기시설・통신시설・가스시설 또는 지역난방시설 등 간선시설을 의미한다고 보아야 한다. 따라서 만일 이주대책대상자들과 사업시행자 또는 그의 알선에 의한 공급자에 의하여 체결된 택지 또는 주택에 관한 특별공급계약에서 구 공익사업법 제78조 제4항에 규정된 생활기본시설 설치비용을 분양대금에 포함시킴으로써 이주대책대상자들이 생활기본시설 설치비용까지 사업시행자 등에게 지급하게 되었다면, 사업시행자가 직접 택지 또는 주택을 특별공급한 경우에는 특별공급계약 중 분양대금에 생활기본시설 설치비용을 포함시킨 부분이 강행법규인 위 조항에 위배되어 무효이고, 사업시행자의 알선에 의하여 다른 공급자가 택지 또는 주택을 공급한 경우에는 사업시행자가 위 규정에 따라 부담하여야 할 생활기본시설 설치비용에 해당하는 금액의 지출을 면하게 되어, 결국 사업시행자는 법률상 원인 없이 생활기본시설 설치비용 상당의 이익을 얻고 그로 인하여 이주대책대상자들이 같은 금액 상당의 손해를 입게 된 것이므로, 사업시행자는 그 금액을 부당이득으로 이주대책대상자들에게 반환할 의무가 있다. 다만 구 공익사업을 위한 토지 등의 취득 및 보상에 관한 법률 제78조 제4항에 따라 사업시행자의 부담으로 이주대책대상자들에게 제공하여야 하는 것은 위 조항에서 정한 생활기본시설에 국한되므로, 이와 달리 사업시행자가 이주대책으로서 이주정착지를 제공하거나 택지 또는 주택을 특별공급하는 경우 사업시행자는 이주대책대상자들에게 택지의 소지(소지)가격 및 택지조성비 등 투입비용의 원가만을 부담시킬 수 있고 이를 초과하는 부분은 생활기본시설 설치비용에 해당하는지를 묻지 않고 그 전부를 이주대책대상자들에게 전가할 수 없다는 취지로 판시한 종래 대법원판결들은 이 판결의 견해에 배치되는 범위 안에서 모두 변경하기로 한다.

6 이주대책대상자제외처분취소(2020두50324 판결) – 이의신청에 대한 2차 결정도 처분임.

■ 이주대책대상자제외처분취소(대법원 2021.1.14. 선고 2020두50324 판결)

Point

수익적 행정처분을 구하는 신청에 대한 거부처분은 당사자의 신청에 대하여 관할 행정청이 이를 거절하는 의사를 대외적으로 명백히 표시함으로써 성립됩니다. 거부처분이 있은 후 당사자가 다시 신청을 한 경우에는 신청의 제목 여하에 불구하고 그 내용이 새로운 신청을 하는 취지라면 관할 행정청이 이를 다시 거절하는 것은 새로운 거부처분이라고 보아야 한다고 보는 것이 득점 포인트입니다. 더불어 항고소송의 대상인 처분을 설명할 때 [1]의 내용을 언급하면 좋습니다.

【판시사항】

[1] 행정청의 행위가 항고소송의 대상이 될 수 있는지 결정하는 방법 및 행정청의 행위가 '처분'에 해당하는지 불분명한 경우, 이를 판단하는 방법

[2] 수익적 행정처분을 구하는 신청에 대한 거부처분이 있은 후 당사자가 새로운 신청을 하는 취지로 다시 신청을 하였으나 행정청이 이를 다시 거절한 경우, 새로운 거부처분인지 여부(적극)

【판결요지】

[1] 항고소송의 대상인 '처분'이란 "행정청이 행하는 구체적 사실에 관한 법집행으로서의 공권력의 행사 또는 그 거부와 그 밖에 이에 준하는 행정작용"(행정소송법 제2조 제1항 제1호)을 말한다. 행정청의 행위가 항고소송의 대상이 될 수 있는지는 추상적・일반적으로 결정할 수 없고, 구체적인 경우에 관련 법령의 내용과 취지, 그 행위의 주체・내용・형식・절차, 그 행위와 상대방 등 이해관계인이 입는 불이익 사이의 실질적 견련성, 법치행정의 원리와 그 행위에 관련된 행정청이나 이해관계인의 태도 등을 고려하여 개별적으로 결정하여야 한다. 행정청의 행위가 '처분'에 해당하는지 불분명한 경우에는 그에 대한 불복방법 선택에 중대한 이해관계를 가지는 상대방의 인식가능성과 예측가능성을 중요하게 고려하여 규범적으로 판단하여야 한다.

[2] 수익적 행정처분을 구하는 신청에 대한 거부처분은 당사자의 신청에 대하여 관할 행정청이 이를 거절하는 의사를 대외적으로 명백히 표시함으로써 성립된다. 거부처분이 있은 후 당사자가 다시 신청을 한 경우에는 신청의 제목 여하에 불구하고 그 내용이 새로운 신청을 하는 취지라면 관할 행정청이 이를 다시 거절하는 것은 새로운 거부처분이라고 보아야 한다. 관계 법령이나 행정청이 사전에 공표한 처분기준에 신청기간을 제한하는 특별한 규정이 없는 이상 재신청을 불허할 법적 근거가 없으며, 설령 신청기간을 제한하는 특별한 규정이 있더라도 재신청이 신청기간을 도과하였는지는 본안에서 재신청에 대한 거부처분이 적법한가를 판단하는 단계에서 고려할 요소이지, 소송요건 심사단계에서 고려할 요소가 아니다.

7 이주대책대상자 확인・결정의 법적 성질(2013두10885 판결)

■ **대법원 2014.2.27. 선고 2013두10885 판결 [일반분양이주택지결정무효확인]**

Point

종전 판례는 확인・결정이 있어야만 비로소 구체적인 수분양권이 발생하게 된다고 판시하였지만 최근 판례는 처분이라고 판시하여 국민의 권리구제에 도모하였다고 토지보상법 입법 목적과 같이 적어주면 좋습니다.

【판시사항】

공익사업을 위한 토지 등의 취득 및 보상에 관한 법률상의 공익사업시행자가 하는 이주대책대상자 확인・결정의 법적 성질(=행정처분)과 이에 대한 쟁송방법(=항고소송)

【판결요지】

공익사업을 위한 토지 등의 취득 및 보상에 관한 법률상의 공익사업시행자가 하는 이주대책대상자 확인・결정은 구체적인 이주대책상의 수분양권을 부여하는 요건이 되는 행정작용으로서의 처분이지 이를 단순히 절차상의 필요에 따른 사실행위에 불과한 것으로 평가할 수는 없다. 따라서 수분양권의 취득을 희망하는 이주

자가 소정의 절차에 따라 이주대책대상자 선정신청을 한 데 대하여 사업시행자가 이주대책대상자가 아니라고 하여 위 확인·결정 등의 처분을 하지 않고 이를 제외시키거나 거부조치한 경우에는, 이주자로서는 사업시행자를 상대로 항고소송에 의하여 제외처분이나 거부처분의 취소를 구할 수 있다. 나아가 이주대책의 종류가 달라 각 그 보장하는 내용에 차등이 있는 경우 이주자의 희망에도 불구하고 사업시행자가 요건 미달 등을 이유로 그중 더 이익이 되는 내용의 이주대책대상자로 선정하지 않았다면 이 또한 이주자의 권리의무에 직접적 변동을 초래하는 행위로서 항고소송의 대상이 된다.

(출처: 대법원 2014.2.27. 선고 2013두10885 판결 [일반분양이주택지결정무효확인])

8 공법상 제한 받는 토지의 평가(2019두34982 판결)

■ **대법원 2019.9.25. 선고 2019두34982 판결**

[토지보상법 시행규칙 제23조 공법상 제한받는 토지의 평가]

Point

토지보상법 시행규칙 제23조와 관련하여 자연공원 지정이 '일반적 계획 제한'에 해당하는지와 '당해 사업을 목적으로 한 제한인지' 여부로 나누어 답안지에 포섭해주는 방식으로 서술해주시면 됩니다. 특히, '일반적 계획 제한'으로 본 판례의 근거를 암기해두시기 바랍니다(2020년 제31회 1번 문제로 기출된 판례 사례 내용임).

【판시사항】

[1] 공법상 제한이 그 자체로 제한목적이 달성되는 일반적 계획제한으로서 구체적 도시계획사업과 직접 관련되지 아니한 때와 공법상 제한이 구체적 사업이 따르는 개별적 계획제한이거나, 일반적 계획제한에 해당하는 용도지역 등의 지정 또는 변경에 따른 제한이더라도 그 용도지역 등의 지정 또는 변경이 특정 공익사업의 시행을 위한 것일 때의 각 경우에 보상액 산정을 위한 토지의 평가 방법

[2] 자연공원법에 의한 '자연공원 지정' 및 '공원용도지구계획에 따른 용도지구 지정'이 공익사업을 위한 토지 등의 취득 및 보상에 관한 법률 시행규칙 제23조 제1항 본문에서 정한 '일반적 계획제한'에 해당하는지 여부(원칙적 적극)

【판결요지】

[1] 공익사업을 위한 토지 등의 취득 및 보상에 관한 법률 제68조 제3항은 손실보상액의 산정기준 등에 관하여 필요한 사항은 국토교통부령으로 정한다고 규정하고 있다. 그 위임에 따른 공익사업을 위한 토지 등의 취득 및 보상에 관한 법률 시행규칙 제23조는 "공법상 제한을 받는 토지에 대하여는 제한받는 상태대로 평가한다. 다만 그 공법상 제한이 당해 공익사업의 시행을 직접 목적으로 하여 가하여진 경우에는 제한이 없는 상태를 상정하여 평가한다."(제1항), "당해 공익사업의 시행을 직접 목적으로 하여 용도지역 또는 용도지구 등이 변경된 토지에 대하여는 변경되기 전의 용도지역 또는 용도지구 등을 기준으로 평가한다."(제2항)라고 규정하고 있다.

따라서 공법상 제한을 받는 토지에 대한 보상액을 산정할 때에 해당 공법상 제한이 구 도시계획법(2002.2.4. 법률 제6655호 국토의 계획 및 이용에 관한 법률 부칙 제2조로 폐지)에 따른 용도지역·지구·구역의 지정 또는 변경과 같이 그 자체로 제한목적이 달성되는 일반적 계획제한으로서 구체적 도시

계획사업과 직접 관련되지 아니한 경우에는 그러한 제한을 받는 상태 그대로 평가하여야 하고, 도로・공원 등 특정 도시계획시설의 설치를 위한 계획결정과 같이 구체적 사업이 따르는 개별적 계획제한이거나 일반적 계획제한에 해당하는 용도지역・지구・구역의 지정 또는 변경에 따른 제한이더라도 그 용도지역・지구・구역의 지정 또는 변경이 특정 공익사업의 시행을 위한 것일 때에는 당해 공익사업의 시행을 직접 목적으로 하는 제한으로 보아 위 제한을 받지 아니하는 상태를 상정하여 평가하여야 한다.

[2] 자연공원법은 자연공원의 지정・보전 및 관리에 관한 사항을 규정함으로써 자연생태계와 자연 및 문화경관 등을 보전하고 지속가능한 이용을 도모함을 목적으로 하며(제1조), 자연공원법에 의해 자연공원으로 지정되면 그 공원구역에서 건축행위, 경관을 해치거나 자연공원의 보전・관리에 지장을 줄 우려가 있는 건축물의 용도변경, 광물의 채굴, 개간이나 토지의 형질변경, 물건을 쌓아 두는 행위, 야생동물을 잡거나 가축을 놓아먹이는 행위, 나무를 베거나 야생식물을 채취하는 행위 등을 제한함으로써(제23조) 공원구역을 보전・관리하는 효과가 즉시 발생한다. 공원관리청은 자연공원 지정 후 공원용도지구계획과 공원시설계획이 포함된 '공원계획'을 결정・고시하여야 하고(제12조 내지 제17조), 이 공원계획에 연계하여 10년마다 공원별 공원보전・관리계획을 수립하여야 하지만(제17조의3), 공원시설을 설치・조성하는 내용의 공원사업(제2조 제9호)을 반드시 시행하여야 하는 것은 아니다. 공원관리청이 공원시설을 설치・조성하고자 하는 경우에는 자연공원 지정이나 공원용도지구 지정과는 별도로 '공원시설계획'을 수립하여 결정・고시한 다음, '공원사업 시행계획'을 결정・고시하여야 하고(제19조 제2항), 그 공원사업에 포함되는 토지와 정착물을 수용하여야 한다(제22조).
이와 같은 자연공원법의 입법 목적, 관련 규정들의 내용과 체계를 종합하면, 자연공원법에 의한 '자연공원 지정' 및 '공원용도지구계획에 따른 용도지구 지정'은, 그와 동시에 구체적인 공원시설을 설치・조성하는 내용의 '공원시설계획'이 이루어졌다는 특별한 사정이 없는 한, 그 이후에 별도의 '공원시설계획'에 의하여 시행 여부가 결정되는 구체적인 공원사업의 시행을 직접 목적으로 한 것이 아니므로 공익사업을 위한 토지 등의 취득 및 보상에 관한 법률 시행규칙 제23조 제1항 본문에서 정한 '일반적 계획제한'에 해당한다.

(출처: 대법원 2019.9.25. 선고 2019두34982 판결 [손실보상금])

9 협의성립확인신청수리처분취소(2016두51719 판결) – 진정한 소유자 동의

■ **대법원 2018.12.13. 선고 2016두51719 판결 [협의성립확인신청수리처분취소]**

Point

진정한 소유자 동의가 없는 협의성립확인신청수리처분은 위법하다고 본 판례를 잘 숙지해야 하며, "토지보상법 제1조 입법 목적을 잘 보여주고 있다.", "최소침해 원칙 측면에서 타당하다."는 문장을 검토 시 꼭 언급해 주셔야 합니다.

【판시사항】

공익사업을 위한 토지 등의 취득 및 보상에 관한 법률 제29조 제3항에 따른 협의 성립의 확인 신청에 필요한 동의의 주체인 토지소유자는 협의 대상이 되는 '토지의 진정한 소유자'를 의미하는지 여부(적극) / 사업시행자가 진정한 토지소유자의 동의를 받지 못한 채 등기부상 소유명의자의 동의만을 얻은 후 관련 사항에 대한 공증을 받아 위 제29조 제3항에 따라 협의 성립의 확인을 신청하였으나 토지수용위원회가 신청을 수리한 경우, 수리 행위가 위법한지 여부(원칙적 적극) / 이와 같은 동의에 흠결이 있는 경우 진정한 토지소유자 확정에서 사업시행자의 과실 유무를 불문하고 수리 행위가 위법한지 여부(적극) 및 이때 진정한 토지소유자가 수리 행위의 위법함을 이유로 항고소송으로 취소를 구할 수 있는지 여부(적극)

【판결요지】

공익사업을 위한 토지 등의 취득 및 보상에 관한 법률(이하 '토지보상법'이라 한다) 제29조에서 정한 협의 성립 확인제도는 수용과 손실보상을 신속하게 실현시키기 위하여 도입되었다. 토지보상법 제29조는 이를 위한 전제조건으로 협의 성립의 확인을 신청하기 위해서는 협의취득 내지 보상협의가 성립한 데에서 더 나아가 확인 신청에 대하여도 토지소유자 등이 동의할 것을 추가적 요건으로 정하고 있다. 특히 토지보상법 제29조 제3항은, 공증을 받아 협의 성립의 확인을 신청하는 경우에 공증에 의하여 협의 당사자의 자발적 합의를 전제로 한 협의의 진정 성립이 객관적으로 인정되었다고 보아, 토지보상법상 재결절차에 따르는 공고 및 열람, 토지소유자 등의 의견진술 등의 절차 없이 관할 토지수용위원회의 수리만으로 협의 성립이 확인된 것으로 간주함으로써, 사업시행자의 원활한 공익사업 수행, 토지수용위원회의 업무 간소화, 토지소유자 등의 간편하고 신속한 이익실현을 도모하고 있다.

한편 토지보상법상 수용은 일정한 요건하에 그 소유권을 사업시행자에게 귀속시키는 행정처분으로서 이로 인한 효과는 소유자가 누구인지와 무관하게 사업시행자가 그 소유권을 취득하게 하는 원시취득이다. 반면, 토지보상법상 '협의취득'의 성격은 사법상 매매계약이므로 그 이행으로 인한 사업시행자의 소유권 취득도 승계취득이다. 그런데 토지보상법 제29조 제3항에 따른 신청이 수리됨으로써 협의 성립의 확인이 있었던 것으로 간주되면, 토지보상법 제29조 제4항에 따라 그에 관한 재결이 있었던 것으로 재차 의제되고, 그에 따라 사업시행자는 사법상 매매의 효력만을 갖는 협의취득과는 달리 확인대상 토지를 수용재결의 경우와 동일하게 원시취득하는 효과를 누리게 된다.

<u>이처럼 간이한 절차만을 거치는 협의 성립의 확인에, 원시취득의 강력한 효력을 부여함과 동시에 사법상 매매계약과 달리 협의 당사자들이 사후적으로 그 성립과 내용을 다툴 수 없게 한 법적 정당성의 원천은 사업시행자와 토지소유자 등이 진정한 합의를 하였다는 데에 있다. 여기에 공증에 의한 협의 성립 확인 제도의 체계와 입법 취지, 그 요건 및 효과까지 보태어 보면, 토지보상법 제29조 제3항에 따른 협의 성립의 확인 신청에 필요한 동의의 주체인 토지소유자는 협의 대상이 되는 '토지의 진정한 소유자'를 의미한다. 따라서 사업시행자가 진정한 토지소유자의 동의를 받지 못한 채 단순히 등기부상 소유명의자의 동의만을 얻은 후 관련 사항에 대한 공증을 받아 토지보상법 제29조 제3항에 따라 협의 성립의 확인을 신청하였음에도 토지수용위원회가 신청을 수리하였다면, 수리 행위는 다른 특별한 사정이 없는 한 토지보상법이 정한 소유자의 동의 요건을 갖추지 못한 것으로서 위법하다. 진정한 토지소유자의 동의가 없었던 이상, 진정한 토지소유자를 확정하는 데 사업시행자의 과실이 있었는지 여부와 무관하게 그 동의의 흠결은 위 수리 행위의 위법사유가 된다. 이에 따라 진정한 토지소유자는 수리 행위가 위법함을 주장하여 항고소송으로 취소를 구할 수 있다.</u>

10 수용재결 이후 협의의 가능성 및 수용재결의 무효확인(2016두64241 판결)

■ 대법원 2017.4.13. 선고 2016두64241 판결 [수용재결 이후 협의의 가능성 및 수용재결의 무효 확인]

판례의 사실관계: 당사자들 사이에 협의로 보상금액을 정했지만, 이후 수용재결에 따른 보상금이 협의 금액보다 높게 나오자 피수용자가 수용재결에 따른 보상금을 받기 위해 수용재결 이후 협의가 불가능하다는 주장을 하면서 협의의 무효를 주장한 사안입니다.

Point

수용재결 이후 협의 취득이 가능한지 여부에 대한 판시사항 근거 및 이때 협의취득은 법률행위에 의한 물권변동으로써 승계취득이라는 점과 수용재결의 무효확인을 구할 실익이 있는지 여부를 중심으로 정리해두시면 됩니다.

【판시사항】

[1] 공익사업을 위한 토지 등의 취득 및 보상에 관한 법률상 토지수용위원회의 수용재결이 있은 후 토지소유자 등과 사업시행자가 다시 협의하여 토지 등의 취득이나 사용 및 그에 대한 보상에 관하여 임의로 계약을 체결할 수 있는지 여부(적극)

[2] 중앙토지수용위원회가 지방국토관리청장이 시행하는 공익사업을 위하여 갑 소유의 토지에 대하여 수용재결을 한 후, 갑과 사업시행자가 '공공용지의 취득협의서'를 작성하고 협의취득을 원인으로 소유권이전등기를 마쳤는데, 갑이 '사업시행자가 수용개시일까지 수용재결보상금 전액을 지급·공탁하지 않아 수용재결이 실효되었다'고 주장하며 수용재결의 무효확인을 구하는 소송을 제기한 사안에서, 갑이 수용재결의 무효확인 판결을 받더라도 토지의 소유권을 회복시키는 것이 불가능하고, 무효확인으로써 회복할 수 있는 다른 권리나 이익이 남아 있다고도 볼 수 없다고 한 사례

【판결요지】

[1] 공익사업을 위한 토지 등의 취득 및 보상에 관한 법률(이하 '토지보상법'이라 한다)은 사업시행자로 하여금 우선 협의취득 절차를 거치도록 하고, 협의가 성립되지 않거나 협의를 할 수 없을 때에 수용재결취득 절차를 밟도록 예정하고 있기는 하다. <u>그렇지만 일단 토지수용위원회가 수용재결을 하였더라도 사업시행자로서는 수용 또는 사용의 개시일까지 토지수용위원회가 재결한 보상금을 지급 또는 공탁하지 아니함으로써 재결의 효력을 상실시킬 수 있는 점, 토지소유자 등은 수용재결에 대하여 이의를 신청하거나 행정소송을 제기하여 보상금의 적정 여부를 다툴 수 있는데, 그 절차에서 사업시행자와 보상금액에 관하여 임의로 합의할 수 있는 점, 공익사업의 효율적인 수행을 통하여 공공복리를 증진시키고, 재산권을 적정하게 보호하려는 토지보상법의 입법 목적(제1조)에 비추어 보더라도 수용재결이 있은 후에 사법상 계약의 실질을 가지는 협의취득 절차를 금지해야 할 별다른 필요성을 찾기 어려운 점 등을 종합해 보면, 토지수용위원회의 수용재결이 있은 후라고 하더라도 토지소유자 등과 사업시행자가 다시 협의하여 토지 등의 취득이나 사용 및 그에 대한 보상에 관하여 임의로 계약을 체결할 수 있다고 보아야 한다.</u>

[2] 중앙토지수용위원회가 지방국토관리청장이 시행하는 공익사업을 위하여 갑 소유의 토지에 대하여 수용재결을 한 후, 갑과 사업시행자가 '공공용지의 취득협의서'를 작성하고 협의취득을 원인으로 소유권이전등기를 마쳤는데, 갑이 '사업시행자가 수용개시일까지 수용재결보상금 전액을 지급·공탁하지 않아 수용재결이 실효되었다'고 주장하며 수용재결의 무효확인을 구하는 소송을 제기한 사안에서, 갑과 사업시행자가 수용재결이 있은 후 토지에 관하여 보상금액을 새로 정하여 취득협의서를 작성하였고, 이를 기초로 소유권이전등기까지 마친 점 등을 종합해 보면, 갑과 사업시행자가 수용재결과는 별도로 '토지의 소유권을 이전한다는 점과 그 대가인 보상금의 액수'를 합의하는 계약을 새로 체결하였다고 볼 여지가 충분하고, <u>만약 이러한 별도의 협의취득 절차에 따라 토지에 관하여 소유권이전등기가 마쳐진 것이라면 설령 갑이 수용재결의 무효확인 판결을 받더라도 토지의 소유권을 회복시키는 것이 불가능하고, 나아가 무효확인으로써 회복할 수 있는 다른 권리나 이익이 남아 있다고도 볼 수 없다고 한 사례</u>

(출처: 대법원 2017.4.13. 선고 2016두64241 판결 [수용재결무효확인])

11 사업시행자의 공익사업 수행능력과 의사(2009두1051 판결)

■ **대법원 2011.1.27. 선고 2009두1051**

[사업인정을 하기 위한 요건: 사업시행자의 공익사업 수행능력과 의사]

판례의 사실관계: 사업시행자는 골프장 사업을 추진했으나, 이후 재정상황의 악화로 인한 강제 경매등이 이루어져 사업진행이 어렵게 된 사안입니다. 판례는 사업시행자의 공익사업 수행능력과 의사도 사업인정의 요건이므로 사안과 같은 경우는 수용권 남용에 해당한다고 보았습니다.

Point

규정상으로는 명확히 사업인정의 요건에 대해서 규정하고 있지 않습니다. 따라서 판례가 명시하고 있는 사업인정의 요건을 암기하시면 됩니다. 특히, 사업시행자의 공익사업 수행능력과 의사도 요건의 하나라는 점이 중요합니다.

【판시사항】

[1] 사업인정기관이 공익사업을 위한 토지 등의 취득 및 보상에 관한 법률상의 사업인정을 하기 위한 요건

[2] 사업시행자가 사업인정을 받은 후 그 사업이 공용수용을 할 만한 공익성을 상실하거나 사업인정에 관련된 자들의 이익이 현저히 비례의 원칙에 어긋나게 된 경우 또는 사업시행자가 해당 공익사업을 수행할 의사나 능력을 상실한 경우, 그 사업인정에 터잡아 수용권을 행사할 수 있는지 여부(소극)

【판결요지】

[1] 사업인정이란 공익사업을 토지 등을 수용 또는 사용할 사업으로 결정하는 것으로서 공익사업의 시행자에게 그 후 일정한 절차를 거칠 것을 조건으로 일정한 내용의 수용권을 설정하여 주는 형성행위이므로, 해당 사업이 외형상 토지 등을 수용 또는 사용할 수 있는 사업에 해당한다고 하더라도 사업인정기관으로서는 그 사업이 공용수용을 할 만한 공익성이 있는지의 여부와 공익성이 있는 경우에도 그 사업의 내용과 방법에 관하여 사업인정에 관련된 자들의 이익을 공익과 사익 사이에서는 물론, 공익 상호 간 및 사익 상호 간에도 정당하게 비교·교량하여야 하고, 그 비교·교량은 비례의 원칙에 적합하도록 하여야 한다. 그뿐만 아니라 해당 공익사업을 수행하여 공익을 실현할 의사나 능력이 없는 자에게 타인의 재산권을 공권력적·강제적으로 박탈할 수 있는 수용권을 설정하여 줄 수는 없으므로, 사업시행자에게 해당 공익사업을 수행할 의사와 능력이 있어야 한다는 것도 사업인정의 한 요건이라고 보아야 한다.

[2] 공용수용은 헌법상의 재산권 보장의 요청상 불가피한 최소한에 그쳐야 한다는 헌법 제23조의 근본취지에 비추어 볼 때, 사업시행자가 사업인정을 받은 후 그 사업이 공용수용을 할 만한 공익성을 상실하거나 사업인정에 관련된 자들의 이익이 현저히 비례의 원칙에 어긋나게 된 경우 또는 사업시행자가 해당 공익사업을 수행할 의사나 능력을 상실하였음에도 여전히 그 사업인정에 기하여 수용권을 행사하는 것은 수용권의 공익 목적에 반하는 수용권의 남용에 해당하여 허용되지 않는다.

(출처: 대법원 2011.1.27. 선고 2009두1051 판결 [토지수용재결처분취소])

12 풍납토성 보존을 위한 사업인정 사건(2017두71031)

■ **대법원 2019.2.28. 선고 2017두71031 판결 [사업인정고시취소]**

〈풍납토성 보존을 위한 사업인정 사건〉

판례의 사실관계: 송파구청장이 풍납토성 보존을 위한 사업인정을 받아 공익사업을 진행하는 과정에서 사업인정을 하기 위한 요건과 공물의 수용가능성, 사업시행자의 공익사업 수행능력과 의사에 대한 다툼이 있었던 판례입니다.

Point

사업시행자가 사업인정을 받기 위해서는 4가지 전제조건(① 토지보상법 제4조 공익사업에 해당할 것, ② 공공필요가 있을 것, ③ 그 공공필요는 비례의 원칙으로 판단할 것, ④ 사업시행자의 공익사업수행능력과 의사가 있을 것)을 충족해야 합니다. 또한 특별한 필요가 있는 경우에는 용도폐지 없이 공물의 수용가능성이 인정되고, 송파구청장은 지방자치단체장으로 공익사업 수행능력과 의사가 충분히 있다고 판단되는 것을 잘 적시해야 합니다.

【판시사항】

[1] 사업인정의 법적 성격 및 사업인정기관이 공익사업을 위한 토지 등의 취득 및 보상에 관한 법률상의 사업인정을 하기 위한 요건

[2] 문화유산의 보존을 위한 사업인정 등 처분에 대하여 재량권 일탈·남용 여부를 심사하는 방법 및 이때 구체적으로 고려할 사항

[3] 국가지정문화유산에 대하여 관리단체로 지정된 지방자치단체의 장이 문화유산의 보존 및 활용에 관한 법률 제83조 제1항 및 공익사업을 위한 토지 등의 취득 및 보상에 관한 법률에 따라 국가지정문화유산나 그 보호구역에 있는 토지 등을 수용할 수 있는지 여부(적극)

[4] 사업시행자에게 해당 공익사업을 수행할 의사와 능력이 있어야 한다는 것이 사업인정의 한 요건인지 여부(적극)

【판결요지】

[1] 사업인정이란 공익사업을 토지 등을 수용 또는 사용할 사업으로 결정하는 것으로서 공익사업의 시행자에게 그 후 일정한 절차를 거칠 것을 조건으로 일정한 내용의 수용권을 설정하여 주는 형성행위이다. 그러므로 해당 사업이 외형상 토지 등을 수용 또는 사용할 수 있는 사업에 해당하더라도 사업인정기관으로서는 그 사업이 공용수용을 할 만한 공익성이 있는지 여부와 공익성이 있는 경우에도 그 사업의 내용과 방법에 관하여 사업인정에 관련된 자들의 이익을 공익과 사익 사이에서는 물론, 공익 상호 간 및 사익 상호 간에도 정당하게 비교·교량하여야 하고, 비교·교량은 비례의 원칙에 적합하도록 하여야 한다.

[2] 문화유산의 보존 및 활용에 관한 법률은 관할 행정청에 문화유산 보호를 위하여 일정한 행위의 금지나 제한, 시설의 설치나 장애물의 제거, 문화유산 보존에 필요한 긴급한 조치 등 수용권보다 덜 침익적인 방법을 선택할 권한도 부여하고 있기는 하다. 그러나 문화유산란 인위적이거나 자연적으로 형성된 국가적·민족적 또는 세계적 유산으로서 역사적·예술적·학술적 또는 경관적 가치가 큰 것을 말하는데(문화유산의 보존 및 활용에 관한 법률 제2조 제1항), 문화유산의 보존·관리 및 활용은 원형 유지를 기본원칙으로 한다(문화유산의 보존 및 활용에 관한 법률 제3조). 그리고 문화유산는 한번 훼손되면 회복이 곤란한 경우가 많을 뿐 아니라, 회복이 가능하더라도 막대한 비용과 시간이 소요되는 특성이 있다.
이러한 문화유산의 보존을 위한 사업인정 등 처분에 대하여 재량권 일탈·남용 여부를 심사할 때에는, 위와 같은 문화유산의 보존 및 활용에 관한 법률의 내용 및 취지, 문화유산의 특성, 사업인정 등 처분으로

인한 국민의 재산권 침해 정도 등을 종합하여 신중하게 판단하여야 한다.

구체적으로는 ① 우리 헌법이 "국가는 전통문화의 계승·발전과 민족문화의 창달에 노력하여야 한다."라고 규정하여(제9조), 국가에 전통문화 계승 등을 위하여 노력할 의무를 부여하고 있는 점, ② 문화유산의 보존 및 활용에 관한 법률은 이러한 헌법 이념에 근거하여 문화유산의 보존·관리를 위한 국가와 지방자치단체의 책무를 구체적으로 정하는 한편, 국민에게도 문화유산의 보존·관리를 위하여 국가와 지방자치단체의 시책에 적극 협조하도록 규정하고 있는 점(제4조), ③ 행정청이 문화유산의 역사적·예술적·학술적 또는 경관적 가치와 원형의 보존이라는 목표를 추구하기 위하여 문화유산의 보존 및 활용에 관한 법률 등 관계 법령이 정하는 바에 따라 내린 전문적·기술적 판단은 특별히 다른 사정이 없는 한 이를 최대한 존중할 필요가 있는 점 등을 고려하여야 한다.

[3] 문화유산의 보존 및 활용에 관한 법률 제83조 제1항은 "문화유산청장이나 지방자치단체의 장은 문화유산의 보존·관리를 위하여 필요하면 지정문화유산나 그 보호구역에 있는 토지, 건물, 입목(立木), 죽(竹), 그 밖의 공작물을 공익사업을 위한 토지 등의 취득 및 보상에 관한 법률(이하 '토지보상법'이라 한다)에 따라 수용(收用)하거나 사용할 수 있다."라고 규정하고 있다.

한편 국가는 문화유산의 보존·관리 및 활용을 위한 종합적인 시책을 수립·추진하여야 하고, 지방자치단체는 국가의 시책과 지역적 특색을 고려하여 문화유산의 보존·관리 및 활용을 위한 시책을 수립·추진하여야 하며(문화유산의 보존 및 활용에 관한 법률 제4조), 문화유산청장은 국가지정문화유산 관리를 위하여 지방자치단체 등을 관리단체로 지정할 수 있고(문화유산의 보존 및 활용에 관한 법률 제34조), 지방자치단체의 장은 국가지정문화유산와 역사문화환경 보존지역의 관리·보호를 위하여 필요하다고 인정하면 일정한 행위의 금지나 제한, 시설의 설치나 장애물의 제거, 문화유산 보존에 필요한 긴급한 조치 등을 명할 수 있다(문화유산의 보존 및 활용에 관한 법률 제42조 제1항).

이와 같이 문화유산의 보존 및 활용에 관한 법률은 지방자치단체 또는 지방자치단체의 장에게 시·도지정문화유산뿐 아니라 국가지정문화유산에 대하여도 일정한 권한 또는 책무를 부여하고 있고, 문화유산의 보존 및 활용에 관한 법률에 해당 문화유산의 지정권자만이 토지 등을 수용할 수 있다는 등의 제한을 두고 있지 않으므로, 국가지정문화유산에 대하여 관리단체로 지정된 지방자치단체의 장은 문화유산의 보존 및 활용에 관한 법률 제83조 제1항 및 토지보상법에 따라 국가지정문화유산나 그 보호구역에 있는 토지 등을 수용할 수 있다.

[4] 공익사업을 수행하여 공익을 실현할 의사나 능력이 없는 자에게 타인의 재산권을 공권력적·강제적으로 박탈할 수 있는 수용권을 설정하여 줄 수는 없으므로, 사업시행자에게 해당 공익사업을 수행할 의사와 능력이 있어야 한다는 것도 사업인정의 한 요건이라고 보아야 한다.

(출처: 대법원 2019.2.28. 선고 2017두71031 판결 [사업인정고시취소])

13 원처분주의(2008두1504 판결)

■ **대법원 2010.1.28. 선고 2008두1504 판결 [수용재결취소등]**

Point

취소소송의 대상적격과 피고적격은 작년 제34회 1번의 물음2로 출제된 바 있지만 취소소송의 요건은 중요성이 높으므로 잘 정리해두셔야 합니다.

【판시사항】

토지소유자 등이 수용재결에 불복하여 이의신청을 거친 후 취소소송을 제기하는 경우 피고적격(=수용재결을 한 토지수용위원회) 및 소송대상(=수용재결)

【판결요지】

공익사업을 위한 토지 등의 취득 및 보상에 관한 법률 제85조 제1항 전문의 문언 내용과 같은 법 제83조, 제85조가 중앙토지수용위원회에 대한 이의신청을 임의적 절차로 규정하고 있는 점, 행정소송법 제19조 단서가 행정심판에 대한 재결은 재결 자체에 고유한 위법이 있음을 이유로 하는 경우에 한하여 취소소송의 대상으로 삼을 수 있도록 규정하고 있는 점 등을 종합하여 보면, 수용재결에 불복하여 취소소송을 제기하는 때에는 이의신청을 거친 경우에도 수용재결을 한 중앙토지수용위원회 또는 지방토지수용위원회를 피고로 하여 수용재결의 취소를 구하여야 하고, 다만 이의신청에 대한 재결 자체에 고유한 위법이 있음을 이유로 하는 경우에는 그 이의재결을 한 중앙토지수용위원회를 피고로 하여 이의재결의 취소를 구할 수 있다고 보아야 한다.

14 환매권과 공익사업변환(2010다30782 판결)

■ **대법원 2010.9.30. 선고 2010다30782 판결 [소유권이전등기]**

Point

토지보상법 제91조 제1항에서 규정한 '당해 사업에 필요 없게 된 경우'의 의미를 해석한 판례입니다. 마지막에 가면 대부분이 암기하고 있는 판례이기 때문에 문제로 나올 경우 '당해 사업', ' 필요 없게 된 경우' 등으로 나누어서 주어진 사례를 포섭해야 하며, 공익사업변환의 요건 또한 판결요지를 논거로 꼼꼼히 검토해주셔야 합니다.

【판시사항】

[1] 환매권에 관하여 규정한 '공익사업을 위한 토지 등의 취득 및 보상에 관한 법률' 제91조 제1항에 정한 '당해 사업'의 의미 및 협의취득 또는 수용된 토지가 필요 없게 되었는지 여부의 판단 기준

[2] '공익사업을 위한 토지 등의 취득 및 보상에 관한 법률' 제91조 제1항에 정한 환매권 행사기간의 의미

[3] '공익사업을 위한 토지 등의 취득 및 보상에 관한 법률' 제91조 제6항에 정한 공익사업의 변환이 인정되는 경우, 환매권 행사가 제한되는지 여부(적극)

[4] '공익사업을 위한 토지 등의 취득 및 보상에 관한 법률' 제91조 제6항에 정한 공익사업의 변환은 새로운 공익사업에 관해서도 같은 법 제20조 제1항의 규정에 의해 사업인정을 받거나 위 규정에 따른 사업인정을 받은 것으로 의제되는 경우에만 인정할 수 있는지 여부(적극)

[5] 공익사업을 위해 협의취득하거나 수용한 토지가 변경된 사업의 사업시행자 아닌 제3자에게 처분된 경우에도 '공익사업의 변환'을 인정할 수 있는지 여부(소극)

[6] 지방자치단체가 도시관리계획상 초등학교 건립사업을 위하여 학교용지를 협의취득하였으나 위 학교용지 인근에서 아파트 건설사업을 하던 주택건설사업 시행자와 그 아파트 단지 내에 들어설 새 초등학교 부지와 위 학교용지를 교환하고 위 학교용지에 중학교를 건립하는 것으로 도시관리계획을 변경한 사안에서, 위 학교용지에 관한 환매권 행사를 인정한 사례

【판결요지】

[1] 환매권에 관하여 규정한 '공익사업을 위한 토지 등의 취득 및 보상에 관한 법률'(이하 '공익사업법'이라고 한다) 제91조 제1항에서 말하는 '당해 사업'이란 토지의 협의취득 또는 수용의 목적이 된 구체적인 특정의 공익사업으로서 공익사업법 제20조 제1항에 의한 사업인정을 받을 때 구체적으로 특정된 공익사업을 말하고, '국토의 계획 및 이용에 관한 법률' 제88조, 제96조 제2항에 의해 도시계획시설사업에 관한 실시계획의 인가를 공익사업법 제20조 제1항의 사업인정으로 보게 되는 경우에는 그 실시계획의 인가를 받을 때 구체적으로 특정된 공익사업이 바로 공익사업법 제91조 제1항에 정한 협의취득 또는 수용의 목적이 된 당해 사업에 해당한다. 또 위 규정에 정한 당해 사업의 '폐지 · 변경'이란 당해 사업을 아예 그만두거나 다른 사업으로 바꾸는 것을 말하고, 취득한 토지의 전부 또는 일부가 '필요 없게 된 때'란 사업시행자가 취득한 토지의 전부 또는 일부가 그 취득 목적 사업을 위하여 사용할 필요 자체가 없어진 경우를 말하며, 협의취득 또는 수용된 토지가 필요 없게 되었는지 여부는 사업시행자의 주관적인 의사를 표준으로 할 것이 아니라 당해 사업의 목적과 내용, 협의취득의 경위와 범위, 당해 토지와 사업의 관계, 용도 등 제반 사정에 비추어 객관적 · 합리적으로 판단하여야 한다.

[2] '공익사업을 위한 토지 등의 취득 및 보상에 관한 법률' 제91조 제1항에서 환매권의 행사요건으로 정한 "당해 토지의 전부 또는 일부가 필요 없게 된 때로부터 1년 또는 그 취득일로부터 10년 이내에 그 토지를 환매할 수 있다"라는 규정의 의미는 취득일로부터 10년 이내에 그 토지가 필요 없게 된 경우에는 그때로부터 1년 이내에 환매권을 행사할 수 있으며, 또 필요 없게 된 때로부터 1년이 지났더라도 취득일로부터 10년이 지나지 않았다면 환매권자는 적법하게 환매권을 행사할 수 있다는 의미로 해석함이 옳다.

[3] 공익사업의 변환을 인정한 입법 취지 등에 비추어 볼 때, '공익사업을 위한 토지 등의 취득 및 보상에 관한 법률' 제91조 제6항은 사업인정을 받은 당해 공익사업의 폐지 · 변경으로 인하여 협의취득하거나 수용한 토지가 필요 없게 된 때라도 위 규정에 의하여 공익사업의 변환이 허용되는 다른 공익사업으로 변경되는 경우에는 당해 토지의 원소유자 또는 그 포괄승계인에게 환매권이 발생하지 않는다는 취지를 규정한 것이라고 보아야 하고, 위 조항에서 정한 "제1항 및 제2항의 규정에 의한 환매권 행사기간은 관보에 당해 공익사업의 변경을 고시한 날로부터 기산한다."는 의미는 새로 변경된 공익사업을 기준으로 다시 환매권 행사의 요건을 갖추지 못하는 한 환매권을 행사할 수 없고 환매권 행사 요건을 갖추어 제1항 및 제2항에 정한 환매권을 행사할 수 있는 경우에 그 환매권 행사기간은 당해 공익사업의 변경을 관보에 고시한 날로부터 기산한다는 의미로 해석해야 한다.

[4] '공익사업을 위한 토지 등의 취득 및 보상에 관한 법률' 제91조 제6항에 정한 공익사업의 변환은 같은 법 제20조 제1항의 규정에 의한 사업인정을 받은 공익사업이 일정한 범위 내의 공익성이 높은 다른 공익사업으로 변경된 경우에 한하여 환매권의 행사를 제한하는 것이므로, 적어도 새로운 공익사업에 관해서도 같은 법 제20조 제1항의 규정에 의해 사업인정을 받거나 또는 위 규정에 따른 사업인정을 받은 것으로 의제하는 다른 법률의 규정에 의해 사업인정을 받은 것으로 볼 수 있는 경우에만 공익사업의 변환에 의한 환매권 행사의 제한을 인정할 수 있다.

[5] 공익사업의 원활한 시행을 위한 무익한 절차의 반복 방지라는 '공익사업의 변환'을 인정한 입법 취지에 비추어 볼 때, 만약 사업시행자가 협의취득하거나 수용한 당해 토지를 제3자에게 처분해 버린 경우에는 어차피 변경된 사업시행자는 그 사업의 시행을 위하여 제3자로부터 토지를 재취득해야 하는 절차를 새로 거쳐야 하는 관계로 위와 같은 공익사업의 변환을 인정할 필요성도 없게 되므로, 공익사업의 변환을 인정하기 위해서는 적어도 변경된 사업의 사업시행자가 당해 토지를 소유하고 있어야 한다. 나아가 공익사업을 위해 협의취득하거나 수용한 토지가 제3자에게 처분된 경우에는 특별한 사정이 없는 한 그 토지는 당해 공익사업에는 필요 없게 된 것이라고 보아야 하고, 변경된 공익사업에 관해서도 마찬가지이므로, 그 토지가 변경된 사업의 사업시행자 아닌 제3자에게 처분된 경우에는 공익사업의 변환을 인정할 여지도 없다.

제3부

[6] 지방자치단체가 도시관리계획상 초등학교 건립사업을 위하여 학교용지를 협의취득하였으나 위 학교용지 인근에서 아파트 건설사업을 하던 주택건설사업 시행자와 그 아파트 단지 내에 들어설 새 초등학교 부지와 위 학교용지를 교환하고 위 학교용지에 중학교를 건립하는 것으로 도시관리계획을 변경한 사안에서, 위 학교용지에 대한 협의취득의 목적이 된 당해 사업인 '초등학교 건립사업'의 폐지·변경으로 위 토지는 당해 사업에 필요 없게 되었고, 나아가 '중학교 건립사업'에 관하여 사업인정을 받지 않았을 뿐만 아니라 위 학교용지가 중학교 건립사업의 시행자 아닌 제3자에게 처분되었으므로 공익사업의 변환도 인정할 수 없다는 이유로 위 학교용지에 관한 환매권 행사를 인정한 사례

15 보상계획 공고 이후 설치한 지장물의 손실보상(2012두22096 판결)

■ 대법원 2013.2.15. 선고 2012두22096 판결

[손실보상의 대상: 보상계획 공고 이후 설치한 지장물]

판례의 사실관계: 공익사업이 예정되자 사업인정고시 이전에 손실보상을 받기 위해 의도적으로 지장물 여러 개를 설치한 사안입니다. 원칙적으로 사업인정고시 이전의 지장물은 손실보상의 대상이 되나, 판례는 이는 특별한 희생에 대한 전보라는 점을 이유로 손실보상의 대상에 해당하지 않는다고 보았습니다.

Point

손실보상의 의의 및 개념에 대해 서술해주셔야 합니다. 특히 원칙적으로는 토지보상법 제25조에 따라 손실보상의 대상이 된다는 점과 손실보상은 특별한 희생에 대한 전보라는 점에서 사안은 특별한 희생에 해당되지 않는다는 점을 답안지에 나타내주어야 합니다.

【판시사항】

구 공익사업을 위한 토지 등의 취득 및 보상에 관한 법률 제15조 제1항에 따른 사업시행자의 보상계획공고 등으로 공익사업의 시행과 보상 대상 토지의 범위 등이 객관적으로 확정된 후 해당 토지에 지장물을 설치하는 경우, 손실보상의 대상에 해당하는지 여부(한정 소극)

【참조조문】

구 공익사업을 위한 토지 등의 취득 및 보상에 관한 법률(2011.8.4. 법률 제11017호로 개정되기 전의 것) 제2조 제5호, 제25조 제2항, 제3항, 제61조

【이유】

1. 피고의 상고이유 제2점에 관하여

구 공익사업을 위한 토지 등의 취득 및 보상에 관한 법률(2011.8.4. 법률 제11017호로 개정되기 전의 것, 이하 '구 공익사업법'이라 한다) 제61조는 "공익사업에 필요한 토지 등의 취득 또는 사용으로 인하여 토지소유자 또는 관계인이 입은 손실은 사업시행자가 이를 보상하여야 한다."고 규정하고 있고, 제25조 제2항은 "사업인정고시가 있은 후에는 고시된 토지에 건축물의 건축·대수선, 공작물의 설치 또는 물건의 부가·증치를 하고자 하는 자는 특별자치도지사, 시장·군수 또는 구청장의 허가를 받아야 한다. 이 경우 특별자치도지사, 시장·군수 또는 구청장은 미리 사업시행자의 의견을 들어야 한다.", 같은 조 제3항은 "제2항의 규정에 위반하여 건축물의 건축·대수선, 공작물의 설치 또는 물건의 부가·증치를 한 토지소유

자 또는 관계인은 당해 건축물·공작물 또는 물건을 원상으로 회복하여야 하며 이에 관한 손실의 보상을 청구할 수 없다."고 규정하고 있으며, 제2조 제5호는 "관계인이라 함은 사업시행자가 취득 또는 사용할 토지에 관하여 지상권·지역권·전세권·저당권·사용대차 또는 임대차에 의한 권리 기타 토지에 관한 소유권 외의 권리를 가진 자 또는 그 토지에 있는 물건에 관하여 소유권 그 밖의 권리를 가진 자를 말한다. 다만, 제22조의 규정에 의한 사업인정의 고시가 있은 후에 권리를 취득한 자는 기존의 권리를 승계한 자를 제외하고는 관계인에 포함되지 아니한다."고 규정하고 있다.
구 공익사업법상 손실보상 및 사업인정고시 후 토지 등의 보전에 관한 위 각 규정의 내용에 비추어 보면, 사업인정고시 전에 공익사업시행지구 내 토지에 설치한 공작물 등 지장물은 원칙적으로 손실보상의 대상이 된다고 보아야 한다. 그러나 손실보상은 공공필요에 의한 행정작용에 의하여 사인에게 발생한 특별한 희생에 대한 전보라는 점을 고려할 때, 구 공익사업법 제15조 제1항에 따른 사업시행자의 보상계획공고 등으로 공익사업의 시행과 보상 대상 토지의 범위 등이 객관적으로 확정된 후 해당 토지에 지장물을 설치하는 경우에 그 공익사업의 내용, 해당 토지의 성질, 규모 및 보상계획공고 등 이전의 이용실태, 설치되는 지장물의 종류, 용도, 규모 및 그 설치시기 등에 비추어 그 지장물이 해당 토지의 통상의 이용과 관계없거나 이용 범위를 벗어나는 것으로 손실보상만을 목적으로 설치되었음이 명백하다면, 그 지장물은 예외적으로 손실보상의 대상에 해당하지 아니한다고 보아야 한다.

(출처: 대법원 2013.2.15. 선고 판결 [보상금증액])

16 손실보상금에 관한 당사자 간의 합의가 성립한 경우(2012다3517 판결)

■ **대법원 2013.8.22. 선고 2012다3517 판결 [부당이득반환]**

Point

사업인정 후 협의는 사법상 계약의 성질을 지니지만, 수용권 실행 방법의 하나이며, 협의 불성립 시 재결에 의한다는 점을 볼 때 <공법상 계약>으로 봄이 타당하며, 따라서 그에 대한 분쟁은 공법상 당사자소송으로 하여야 함에 유의하셔야 합니다.

【판시사항】

공익사업을 위한 토지 등의 취득 및 보상에 관한 법률에 의한 보상을 하면서 손실보상금에 관한 당사자 간의 합의가 성립한 경우, 그 합의 내용이 같은 법에서 정하는 손실보상 기준에 맞지 않는다는 이유로 그 기준에 따른 손실보상금 청구를 추가로 할 수 있는지 여부(원칙적 소극)

【판결요지】

공익사업을 위한 토지 등의 취득 및 보상에 관한 법률(이하 '공익사업법'이라고 한다)에 의한 보상합의는 공공기관이 사경제주체로서 행하는 사법상 계약의 실질을 가지는 것으로서, 당사자 간의 합의로 같은 법 소정의 손실보상의 기준에 의하지 아니한 손실보상금을 정할 수 있으며, 이와 같이 같은 법이 정하는 기준에 따르지 아니하고 손실보상액에 관한 합의를 하였다고 하더라도 그 합의가 착오 등을 이유로 적법하게 취소되지 않는 한 유효하다. 따라서 공익사업법에 의한 보상을 하면서 손실보상금에 관한 당사자 간의 합의가 성립하면 그 합의 내용대로 구속력이 있고, 손실보상금에 관한 합의 내용이 공익사업법에서 정하는 손실보상 기준에 맞지 않는다고 하더라도 합의가 적법하게 취소되는 등의 특별한 사정이 없는 한 추가로 공익사업법상 기준에 따른 손실보상금 청구를 할 수는 없다.

17 주거이전비의 법적 성질(2011두3685 판결) – 포기각서는 무효

■대법원 2011.7.14. 선고 2011두3685 판결 [주거이전비등]

Point

해당 판례는 세입자에 대한 주거이전비 관련 판례로서, 토지보상법 시행규칙 제54조 제2항에 해당하는 세입자인지 요건을 먼저 검토하여 주시는 것이 포인트입니다.

【판시사항】

[1] 도시 및 주거환경정비법에 따라 사업시행자에게서 임시수용시설을 제공받는 세입자가 공익사업을 위한 토지 등의 취득 및 보상에 관한 법률 및 같은 법 시행규칙에서 정한 주거이전비를 별도로 청구할 수 있는지 여부(적극)

[2] 사업시행자의 세입자에 대한 주거이전비 지급의무를 정하고 있는 공익사업을 위한 토지 등의 취득 및 보상에 관한 법률 시행규칙 제54조 제2항이 강행규정인지 여부(적극)

[3] 주택재개발사업 정비구역 안에 있는 주거용 건축물에 거주하던 세입자 갑이 주거이전비를 받을 수 있는 권리를 포기한다는 취지의 주거이전비 포기각서를 제출하고 사업시행자가 제공한 임대아파트에 입주한 다음 별도로 주거이전비를 청구한 사안에서, 위 포기각서의 내용은 강행규정에 반하여 무효라고 한 사례

【판결요지】

[1] 도시 및 주거환경정비법(이하 '도시정비법'이라 한다) 제36조 제1항 제1문 등에서 정한 세입자에 대한 임시수용시설 제공 등은 주거환경개선사업 및 주택재개발사업의 사업시행자로 하여금 주거환경개선사업 및 주택재개발사업의 시행으로 철거되는 주택에 거주하던 세입자에게 거주할 임시수용시설을 제공하거나 주택자금 융자알선 등 임시수용시설 제공에 상응하는 조치를 취하도록 하여 사업시행기간 동안 세입자의 주거안정을 도모하기 위한 조치로 볼 수 있는 반면, 공익사업을 위한 토지 등의 취득 및 보상에 관한 법률(이하 '공익사업법'이라 한다) 제78조 제5항, 공익사업을 위한 토지 등의 취득 및 보상에 관한 법률 시행규칙(이하 '공익사업법 시행규칙'이라 한다) 제54조 제2항 본문의 각 규정에 의하여 공익사업 시행에 따라 이주하는 주거용 건축물의 세입자에게 지급하는 주거이전비는 당해 공익사업 시행지구 안에 거주하는 세입자들의 조기이주를 장려하여 사업추진을 원활하게 하려는 정책적인 목적과 주거이전으로 말미암아 특별한 어려움을 겪게 될 세입자들을 대상으로 하는 사회보장적인 차원에서 지급하는 돈의 성격을 갖는 것으로 볼 수 있는 점, 도시정비법 및 공익사업법 시행규칙 등의 관련 법령에서 임시수용시설 등 제공과 주거이전비 지급을 사업시행자의 의무사항으로 규정하면서 임시수용시설 등을 제공받는 자를 주거이전비 지급대상에서 명시적으로 배제하지 않은 점을 비롯한 위 각 규정의 문언, 내용 및 입법 취지 등을 종합해 보면, 도시정비법에 따라 사업시행자에게서 임시수용시설을 제공받는 세입자라 하더라도 공익사업법 및 공익사업법 시행규칙에 따른 주거이전비를 별도로 청구할 수 있다고 보는 것이 타당하다.

[2] 공익사업을 위한 토지 등의 취득 및 보상에 관한 법률은 공익사업에 필요한 토지 등을 협의 또는 수용에 의하여 취득하거나 사용함에 따른 손실의 보상에 관한 사항을 규정함으로써 공익사업의 효율적인 수행을

통하여 공공복리의 증진과 재산권의 적정한 보호를 도모함을 목적으로 하고 있고, 위 법에 근거하여 공익사업을 위한 토지 등의 취득 및 보상에 관한 법률 시행규칙(이하 '공익사업법 시행규칙'이라 한다)에서 정하고 있는 세입자에 대한 주거이전비는 공익사업 시행으로 인하여 생활 근거를 상실하게 되는 세입자를 위하여 사회보장적 차원에서 지급하는 금원으로 보아야 하므로, 사업시행자의 세입자에 대한 주거이전비 지급의무를 정하고 있는 공익사업법 시행규칙 제54조 제2항은 당사자 합의 또는 사업시행자 재량에 의하여 적용을 배제할 수 없는 강행규정이라고 보아야 한다.

[3] 주택재개발사업 정비구역 안에 있는 주거용 건축물에 거주하던 세입자 갑이 주거이전비를 받을 수 있는 권리를 포기한다는 취지의 '이주단지 입주에 따른 주거이전비 포기각서'를 제출한 후 사업시행자가 제공한 임대아파트에 입주한 다음 별도로 주거이전비를 청구한 사안에서, 사업시행자는 주택재개발 사업으로 철거되는 주택에 거주하던 갑에게 임시수용시설 제공 또는 주택자금 융자알선 등 임시수용에 상응하는 조치를 취할 의무를 부담하는 한편, 갑이 공익사업을 위한 토지 등의 취득 및 보상에 관한 법률 시행규칙(이하 '공익사업법 시행규칙'이라 한다) 제54조 제2항에 규정된 주거이전비 지급요건에 해당하는 세입자인 경우, 임시수용시설인 임대아파트에 거주하게 하는 것과 별도로 주거이전비를 지급할 의무가 있고, 갑이 임대아파트에 입주하면서 주거이전비를 포기하는 취지의 포기각서를 제출하였다 하더라도, 포기각서의 내용은 강행규정인 공익사업법 시행규칙 제54조 제2항에 위배되어 무효라고 한 사례

18 주거이전비의 보상청구권 및 소송의 형태(2007다8129 판결)

■ **대법원 2008.5.29. 선고 2007다8129 판결 [주거이전비의 보상청구권 및 소송의 형태]**

판례의 사실관계: 생활보상의 일환으로 주거이전비 역시 손실보상의 일환입니다. 사안은 지급받은 주거이전비에 대하여 불복하는 경우 어떠한 방법으로 권리구제를 받을 수 있는지에 관한 내용입니다. 주거이전비 청구권의 법적 성질에 따라 권리구제 수단이 달라지는바, 해당 내용이 판례의 쟁점사항입니다.

Point

권리구제수단은 결국 해당 행정작용의 법적 성질에 의하여 결정됩니다. 따라서 주거이전비 청구권이 공권인지 사권인지에 대하여 우선적으로 공권이라고 결론을 내고 그에 따른 분쟁은 행정소송에 의하여 다투어야 한다는 순서로 답안작성을 하시면 됩니다.

【판시사항】

[1] 구 공익사업을 위한 토지 등의 취득 및 보상에 관한 법령에 의하여 주거용 건축물의 세입자에게 인정되는 주거이전비 보상청구권의 법적 성격(=공법상의 권리) 및 그 보상에 관한 분쟁의 쟁송절차(=행정소송)

[2] 구 공익사업을 위한 토지 등의 취득 및 보상에 관한 법령에 따라 주거용 건축물의 세입자가 주거이전비 보상을 소구하는 경우 그 소송의 형태

【판결요지】

[1] 구 공익사업을 위한 토지 등의 취득 및 보상에 관한 법률(2007.10.17. 법률 제8665호로 개정되기 전의 것) 제2조, 제78조에 의하면, 세입자는 사업시행자가 취득 또는 사용할 토지에 관하여 임대차 등에 의한 권리를 가진 관계인으로서, 같은 법 시행규칙 제54조 제2항 본문에 해당하는 경우에는 주거이전에 필요한 비용을 보상받을 권리가 있다. 그런데 이러한 주거이전비는 당해 공익사업 시행지구 안에 거주하는

세입자들의 조기이주를 장려하여 사업추진을 원활하게 하려는 정책적인 목적과 주거이전으로 인하여 특별한 어려움을 겪게 될 세입자들을 대상으로 하는 사회보장적인 차원에서 지급되는 금원의 성격을 가지므로, 적법하게 시행된 공익사업으로 인하여 이주하게 된 주거용 건축물 세입자의 주거이전비 보상청구권은 공법상의 권리이고, 따라서 그 보상을 둘러싼 쟁송은 민사소송이 아니라 공법상의 법률관계를 대상으로 하는 행정소송에 의하여야 한다.

[2] 구 공익사업을 위한 토지 등의 취득 및 보상에 관한 법률(2007.10.17. 법률 제8665호로 개정되기 전의 것) 제78조 제5항, 제7항, 같은 법 시행규칙 제54조 제2항 본문, 제3항의 각 조문을 종합하여 보면, 세입자의 주거이전비 보상청구권은 그 요건을 충족하는 경우에 당연히 발생하는 것이므로, 주거이전비 보상청구소송은 행정소송법 제3조 제2호에 규정된 당사자소송에 의하여야 한다. 다만, 구 도시 및 주거환경정비법(2007.12.21. 법률 제8785호로 개정되기 전의 것) 제40조 제1항에 의하여 준용되는 구 공익사업을 위한 토지 등의 취득 및 보상에 관한 법률 제2조, 제50조, 제78조, 제85조 등의 각 조문을 종합하여 보면, 세입자의 주거이전비 보상에 관하여 재결이 이루어진 다음 세입자가 보상금의 증감 부분을 다투는 경우에는 같은 법 제85조 제2항에 규정된 행정소송에 따라, 보상금의 증감 이외의 부분을 다투는 경우에는 같은 조 제1항에 규정된 행정소송에 따라 권리구제를 받을 수 있다.

(출처: 대법원 2008.5.29. 선고 2007다8129 판결 [주거이전비등])

19 주거이전비 등의 지급, 공탁이 인정되는 경우 인도청구가 가능한지 여부(2021다310088 판결)

■ **대법원 2022.6.30. 선고 2021다310088 · 310095 판결 [건물명도 · 기타(금전)]**

【판시사항】

주택재개발사업의 사업시행자가 현금청산대상자나 세입자로부터 정비구역 내 토지 또는 건축물을 인도받기 위해서는 협의나 재결절차 등에 의하여 결정되는 주거이전비 등도 지급하여야 하는지 여부(적극) 및 사업시행자가 협의나 재결절차를 거치지 않더라도 주거이전비 등을 지급하였거나 공탁하였다는 사정을 인정할 수 있는 경우, 주거이전비 등의 지급절차가 선행되었다고 보아 사업시행자의 토지나 건축물에 관한 인도청구를 인정할 수 있는지 여부(적극)

【판결요지】

구 도시 및 주거환경정비법(2017.2.8. 법률 제14567호로 전부 개정되기 전의 것, 이하 '구 도시정비법'이라 한다) 제49조 제6항은 '관리처분계획의 인가 · 고시가 있은 때에는 종전의 토지 또는 건축물의 소유자 · 지상권자 · 전세권자 · 임차권자 등 권리자는 제54조의 규정에 의한 이전의 고시가 있은 날까지 종전의 토지 또는 건축물에 대하여 이를 사용하거나 수익할 수 없다. 다만 사업시행자의 동의를 받거나 제40조 및 공익사업을 위한 토지 등의 취득 및 보상에 관한 법률(이하 '토지보상법'이라 한다)에 따른 손실보상이 완료되지 아니한 권리자의 경우에는 그러하지 아니하다.'고 정한다. 토지보상법 제78조 등에서 정한 주거이전비, 이주정착금, 이사비(이하 '주거이전비 등'이라 한다)는 구 도시정비법 제49조 제6항 단서의 '토지보상법에 따른 손실보상'에 해당한다. 주택재개발사업의 사업시행자가 공사에 착수하기 위하여 현금청산대상자나 세입자로부터 정비구역 내 토지 또는 건축물을 인도받으려면 협의나 재결절차 등에 따라 결정되는 주거이전비 등도 지급할 것이 요구된다.

주거이전비 등은 토지보상법 제78조와 관계 법령에서 정하는 요건을 충족하면 당연히 발생하고 그에 관한 보상청구소송은 행정소송법 제3조 제2호에서 정하는 당사자소송으로 해야 한다. 사업시행자는 협의나 재결절차를 거칠 필요 없이 현금청산대상자나 세입자에게 주거이전비 등을 직접 지급하거나 현금청산대상자나 세입자가 지급을 받지 않거나 받을 수 없을 때에는 민법 제487조에 따라 변제공탁을 할 수도 있다. 주택재개발사업의 사업시행자가 관리처분계획의 인가·고시 후 현금청산대상자나 세입자에 대하여 토지나 건축물에 관한 인도청구의 소를 제기하고 현금청산대상자나 세입자가 그 소송에서 주거이전비 등에 대한 손실보상을 받지 못하였다는 이유로 인도를 거절하는 항변을 하는 경우, 이를 심리하는 법원은 사업시행자가 협의나 재결절차를 거치지 않더라도 주거이전비 등을 지급하였거나 공탁하였다는 사정을 인정할 수 있으면 주거이전비 등의 지급절차가 선행되었다고 보아 사업시행자의 인도청구를 인정할 수 있다.

20 주거이전비 지급의 동시이행 또는 선행지급 의무 여부(2019다207813 판결)

■ **대법원 2021.6.30. 선고 2019다207813 판결 [부동산인도청구의소]**

〈주택재개발사업에서 사업시행자가 현금청산대상자를 상대로 부동산의 인도를 구하자 현금청산대상자가 주거이전비 등의 미지급을 이유로 인도를 거절한 사건〉

판례의 사실관계: 공익사업에 있어서 주거이전비 지급이 동시이행 또는 선행지급 의무인지에 대한 내용이 쟁점입니다.

Point

"사업시행자와 현금청산대상자나 세입자 사이에 주거이전비 등에 관한 협의가 성립된다면 사업시행자의 주거이전비 등 지급의무와 현금청산대상자나 세입자의 부동산 인도의무는 동시이행의 관계에 있게 되고, 재결절차 등에 의할 때에는 주거이전비 등의 지급절차가 부동산 인도에 선행되어야 한다."라고 판시함으로써 주거이전비 지급은 동시이행 관계에 있으며, 재결절차 등에 의할 때에는 주거이전비 지급절차가 부동산 인도에 선행되어야 한다는 내용을 강조하여 기술하여야 합니다.

【판시사항】

주택재개발사업의 사업시행자가 현금청산대상자나 세입자로부터 정비구역 내 토지 또는 건축물을 인도받기 위해서는 협의나 재결절차 등에 의하여 결정되는 주거이전비 등도 지급하여야 하는지 여부(적극)

【판결요지】

구 도시 및 주거환경정비법(2017.2.8. 법률 제14567호로 전부 개정되기 전의 것, 이하 '구 도시정비법'이라 한다) 제49조 제6항은 '관리처분계획의 인가·고시가 있은 때에는 종전의 토지 또는 건축물의 소유자·지상권자·전세권자·임차권자 등 권리자는 제54조의 규정에 의한 이전의 고시가 있은 날까지 종전의 토지 또는 건축물에 대하여 이를 사용하거나 수익할 수 없다. 다만 사업시행자의 동의를 받거나 제40조 및 공익사업을 위한 토지 등의 취득 및 보상에 관한 법률(이하 '토지보상법'이라 한다)에 따른 손실보상이 완료되지 아니한 권리자의 경우에는 그러하지 아니하다.'고 규정하고 있다. 따라서 사업시행자가 현금청산대상자나 세입자에 대해서 종전의 토지나 건축물의 인도를 구하려면 관리처분계획의 인가·고시만으로는 부족하고 구 도시정비법 제49조 제6항 단서에서 정한 토지보상법에 따른 손실보상이 완료되어야 한다.

구 도시정비법 제49조 제6항 단서의 내용, 개정 경위와 입법 취지를 비롯하여 구 도시정비법 및 토지보상법의 관련 규정들을 종합하여 보면, 토지보상법 제78조에서 정한 주거이전비, 이주정착금, 이사비(이하 '주거이전비 등'이라 한다)도 구 도시정비법 제49조 제6항 단서에서 정한 '토지보상법에 따른 손실보상'에 해당한다.

그러므로 주택재개발사업의 사업시행자가 공사에 착수하기 위하여 현금청산대상자나 세입자로부터 정비구역 내 토지 또는 건축물을 인도받기 위해서는 협의나 재결절차 등에 의하여 결정되는 주거이전비 등도 지급할 것이 요구된다. 만일 사업시행자와 현금청산대상자나 세입자 사이에 주거이전비 등에 관한 협의가 성립된다면 사업시행자의 주거이전비 등 지급의무와 현금청산대상자나 세입자의 부동산 인도의무는 동시이행의 관계에 있게 되고, 재결절차 등에 의할 때에는 주거이전비 등의 지급절차가 부동산 인도에 선행되어야 한다.

(출처: 대법원 2021.6.30. 선고 2019다207813 판결 [부동산인도청구의소])

21 무상임대차도 주거이전비 대상자에 해당하는지 여부(2022두44392 판결)

■ **대법원 2023.7.27. 선고 2022두44392 판결 [주거이전비등]**

〈주택재개발 정비구역 내의 주거용 주택에 거주하였던 자들이 사업시행자에 대하여 주거이전비 등의 지급을 구한 사건〉

Point

주거이전비 관련 최근 판례로서 무상임대차의 경우도 주거이전비 대상에 포함된다고 판시하였으며, 주거이전비 대상자를 폭넓게 인정하였습니다. 앞서 언급한 판례들을 종합하여 주거이전비 문제가 나온다면 판례를 풍부하게 적어주는 것이 핵심입니다.

【판시사항】

[1] 구 공익사업을 위한 토지 등의 취득 및 보상에 관한 법률 시행규칙 제54조 제2항의 '세입자'에 주거용 건축물을 무상으로 사용하는 거주자도 포함되는지 여부(적극)

[2] 구 공익사업을 위한 토지 등의 취득 및 보상에 관한 법률 시행규칙 제54조 제2항에 따른 주거이전비 지급요건인 '정비사업의 시행으로 인하여 이주하게 되는 경우'에 해당하는지 판단하는 기준 및 이에 대한 증명책임의 소재(= 주거이전비의 지급을 구하는 세입자) / 세입자가 사업시행계획 인가고시일까지 해당 주거용 건축물에 계속 거주하고 있는 경우, 정비사업의 시행으로 인하여 이주하게 되는 경우에 해당하는지 여부(원칙적 적극)

【판결요지】

[1] 구 공익사업을 위한 토지 등의 취득 및 보상에 관한 법률 시행규칙(2016.1.6. 국토교통부령 제272호로 개정되기 전의 것, 이하 '구 토지보상법 시행규칙'이라고 한다) 제54조 제2항의 '세입자'에는 주거용 건축물을 무상으로 사용하는 거주자도 포함된다고 봄이 타당하다. 구체적인 이유는 다음과 같다.

① 구 공익사업을 위한 토지 등의 취득 및 보상에 관한 법률(2022.2.3. 법률 제18828호로 개정되기 전의 것, 이하 '구 토지보상법'이라고 한다) 제78조 제5항은 주거용 건물의 '거주자'에 대하여는 주거 이전에 필요한 비용과 가재도구 등 동산의 운반에 필요한 비용을 산정하여 보상하여야 한다고 규정하여 사용대가의 지급 여부를 구분하지 않고 주거용 건물의 거주자 일반에 대하여 주거이전비 등을 필요적으로 보상하도록 정하고 있다. 구 토지보상법 제78조 제9항은 주거이전비의 보상에 대하여는 국토교통부령이 정하는 기준에 의한다고 규정하고 있으나, 이러한 규정을 살펴보더라도 무상으로 사용하는 거주자를 주거이전비 보상대상에서 일률적으로 배제하는 내용이 규율될 것이라고 예상할 수 없다. 따라서 구 토지보상법 시행규칙 제54조 제2항의 '세입자'에 무상으로 사용하는 거주자가 포함되지 않

는다고 볼 경우, 이는 모법 조항의 위임 목적 및 취지와 달리 모법 조항에서 주거이전비 보상대상자로 규정된 자에 대하여 보상 자체를 받을 수 없도록 제한하는 것이어서 모법 조항의 위임 범위를 벗어난 것이 된다.

② 주거이전비는 당해 공익사업 시행지구 안에 거주하는 세입자들의 조기이주를 장려하여 사업추진을 원활하게 하려는 정책적인 목적과 주거이전으로 인하여 특별한 어려움을 겪게 될 세입자들을 대상으로 하는 사회보장적인 차원에서 지급하는 금원인데, 조기이주 장려 및 사회보장적 지원의 필요성이 사용대가의 지급 여부에 따라 달라진다고 보기 어렵다. 이와 같은 제도의 취지에 비추어 보더라도 보상대상자의 범위에서 무상으로 사용하는 거주자를 배제하는 것은 타당하지 않다.

③ 주거이전비와 이사비는 모두 구 토지보상법 제78조 제5항에 따라 보상되는 것으로 제도의 취지도 동일하다. 이사비의 경우 무상으로 사용하는 거주자도 보상대상에 포함됨에 이론이 없고, 양자를 달리 취급할 합리적인 이유를 발견하기 어려우므로, 주거이전비의 경우에도 보상대상에 무상으로 사용하는 거주자가 포함된다고 보는 것이 형평에 부합한다.

④ 구 토지보상법 시행규칙 제54조 제2항의 '세입자'에 무상으로 사용하는 거주자도 포함된다고 보는 해석은 상위법령의 위임 범위와 제도의 취지, 구체적 타당성을 고려한 결과이다. 위 조항이 '세입자'라는 문언을 사용한 것은 같은 조 제1항의 '소유자'의 경우와 구분하기 위한 것으로 볼 수 있으므로, 위와 같은 해석이 문언의 가능한 의미를 벗어났다고 볼 것은 아니다.

⑤ 공익사업을 위한 토지 등의 취득 및 보상에 관한 법률 시행규칙이 2020.12.11. 국토교통부령 제788호로 개정되면서 제54조 제2항의 주거용 건축물의 세입자에 '무상으로 사용하는 거주자'도 포함됨이 명시되었다. 앞서 살펴 본 사정에 더하여 개정 조항이 '세입자'라는 문언을 그대로 유지하면서 괄호 안에서 무상으로 사용하는 거주자가 '세입자'에 포함된다고 추가한 점 등에 비추어 볼 때, 위와 같은 개정 조항은 기존 법령의 규정 내용으로부터 도출되는 사항을 주의적·확인적으로 규정한 것이라고 봄이 타당하다.

[2] 구 공익사업을 위한 토지 등의 취득 및 보상에 관한 법률 시행규칙(2016.1.6. 국토교통부령 제272호로 개정되기 전의 것) 제54조 제2항에 의해 주거이전비 보상의 대상이 되기 위해서는 해당 세입자가 공익사업인 정비사업의 시행으로 인하여 이주하게 되는 경우여야 하는데, 여기서 '정비사업의 시행으로 인하여 이주하게 되는 경우'에 해당하는지는 세입자의 점유권원의 성격, 세입자와 건축물 소유자와의 관계, 계약기간의 종기 및 갱신 여부, 실제 거주기간, 세입자의 이주시점 등을 종합적으로 고려하여 판단하여야 한다. 이러한 주거이전비 지급요건을 충족하는지는 주거이전비의 지급을 구하는 세입자 측에 주장·증명책임이 있다고 할 것이나, 세입자에 대한 주거이전비의 보상 방법 및 금액 등의 보상내용은 원칙적으로 사업시행계획 인가고시일에 확정되므로, 세입자가 사업시행계획 인가고시일까지 해당 주거용 건축물에 계속 거주하고 있었다면 특별한 사정이 없는 한 정비사업의 시행으로 인하여 이주하게 되는 경우에 해당한다고 보는 것이 타당하다.

22 감정평가실무기준 및 토지보상평가지침의 구속력 여부(2013두4620 판결)

■ **대법원 2014.6.12. 선고 2013두4620 판결**

[감정평가실무기준 및 토지보상평가지침의 구속력 여부]

판례의 사실관계: 보상금 산정은 대외적 구속력이 있는 법률에 근거하여 해야 합니다. 사안은 감정평가 실무기준 및 토지보상평가지침이 이러한 대외적 구속력이 있는 규정에 해당하는지가 쟁점입니다.

Point

판례는 감정평가실무기준뿐만 아니라 토지보상평가 지침 모두 대외적 구속력이 없는 행정규칙에 해당한다고 보고 있습니다. 다만, 학설 및 일반적인 견해는 감정평가 실무기준이 법령보충적 행정규칙에 해당하여 대외적 구속력이 있다고 보고 있기 때문에 학설 및 판례의 태도를 구분하여 서술해주시면 됩니다.

【판시사항】

[1] 수용대상토지가 개발제한구역으로 지정되어 있는 경우 손실보상금 산정에서 참작할 지가변동률 및 이러한 법리는 개발제한구역의 지정 및 관리에 관한 특별조치법이 제정・시행되었어도 마찬가지인지 여부(적극)

[2] 감정평가에 관한 규칙에 따른 '감정평가 실무기준'이나 한국감정평가업협회가 제정한 '토지보상평가지침'이 일반 국민이나 법원을 기속하는지 여부(소극)

[3] 손실보상금의 증감에 관한 소송에서 이의재결의 기초가 된 감정평가와 법원 감정인의 감정평가가 개별요인비교에 관하여만 평가를 달리하여 감정 결과에 차이가 생긴 경우, 그중 어느 것을 신뢰할 것인지가 법원의 재량에 속하는지 여부(적극) 및 이의재결 감정기관의 감정평가와 법원 감정인의 감정평가가 품등비교를 제외한 나머지 요인에서도 견해가 다르거나 평가 방법에 위법사유가 있을 경우, 법원의 감정평가 채택 방법

【이유】

상고이유를 판단한다. (...)

그리고 감정평가에 관한 규칙에 따른 '감정평가 실무기준'(2013.10.22. 국토교통부 고시 제2013-620호)은 감정평가의 구체적 기준을 정함으로써 감정평가업자가 감정평가를 수행할 때 이 기준을 준수하도록 권장하여 감정평가의 공정성과 신뢰성을 제고하는 것을 목적으로 하는 것이고, 한국감정평가업협회가 제정한 '토지보상평가지침'은 단지 한국감정평가업협회가 내부적으로 기준을 정한 것에 불과하여 어느 것도 일반 국민이나 법원을 기속하는 것이 아니다(대법원 2010.3.25. 선고 2009다97062 판결 등 참조).

(출처: 대법원 2014.6.12. 선고 2013두4620 판결 [보상금증액])

23 사업인정고시 후 건축물의 건축(2013두19738,19745 판결)

■ **대법원 2014.11.13. 선고 2013두19738,19745 판결**

[공용수용 목적물의 범위: 허가 없이 건축된 건축물]

판례의 사실관계: 사업인정고시 이후에 건축물을 건축하였으나 별도의 허가를 받지 않은 사안입니다. 피수용자는 건축물에 대해서도 손실보상을 청구하였으나, 대법원은 토지보상법 제25조를 근거로 피수용자의 주장을 받아들이지 않았습니다.

Point

토지보상법 제25조의 규정내용에 관한 판례입니다. 사업인정고시 이후에는 건축을 하기 위해 별도의 허가를 받아야 하고, 허가를 받지 않은 경우 손실보상을 청구할 수 없다는 규정내용을 정리해두시면 됩니다. 무허가건축물 등이라도 사업인정고시 이전에 건축되었다면 손실보상대상이라는 점도 같이 정리해두시기 바랍니다.

【판시사항】

건축법상 건축허가를 받았으나 허가받은 건축행위에 착수하지 않고 있는 사이에 구 공익사업을 위한 토지 등의 취득 및 보상에 관한 법률상 사업인정고시가 된 경우, 고시된 토지에 건축물을 건축하려는 자는 구 공익사업을 위한 토지 등의 취득 및 보상에 관한 법률 제25조에 정한 허가를 따로 받아야 하는지 여부(적극) 및 그 허가 없이 건축된 건축물에 관하여 손실보상을 청구할 수 있는지 여부(소극)

【참조조문】

구 공익사업을 위한 토지 등의 취득 및 보상에 관한 법률(2011.8.4. 법률 제11017호로 개정되기 전의 것) 제25조 제2항, 제3항

【이유】

상고이유를 판단한다.

1. 이 사건 축사의 손실보상에 관한 상고이유에 대하여
   가. 구 「공익사업을 위한 토지 등의 취득 및 보상에 관한 법률」(2011.8.4. 법률 제11017호로 개정되기 전의 것. 이하 '토지보상법'이라 한다) 제25조 제2항은 "사업인정고시가 있은 후에는 고시된 토지에 건축물의 건축・대수선, 공작물의 설치 또는 물건의 부가・증치를 하고자 하는 자는 특별자치도지사, 시장・군수 또는 구청장의 허가를 받아야 한다. 이 경우 특별자치도지사, 시장・군수 또는 구청장은 미리 사업시행자의 의견을 들어야 한다."고 규정하고, 같은 조 제3항은 "제2항의 규정에 위반하여 건축물의 건축・대수선, 공작물의 설치 또는 물건의 부가・증치를 한 토지소유자 또는 관계인은 당해 건축물・공작물 또는 물건을 원상으로 회복하여야 하며 이에 관한 손실의 보상을 청구할 수 없다."고 규정하고 있다. 이러한 규정의 취지에 비추어 보면, 건축법상 건축허가를 받았더라도 허가받은 건축행위에 착수하지 아니하고 있는 사이에 토지보상법상 사업인정고시가 된 경우 고시된 토지에 건축물을 건축하려는 자는 토지보상법 제25조에 정한 허가를 따로 받아야 하고, 그 허가 없이 건축된 건축물에 관하여는 토지보상법상 손실보상을 청구할 수 없다고 할 것이다.

(출처: 대법원 2014.11.13. 선고 2013두19738・19745 판결 [토지수용재결처분취소등・수용재결처분취소])

24 시행규칙 제48조 제2항 단서 제1호가 헌법상 정당보상원칙, 비례원칙에 위반되거나 위임입법의 한계를 일탈한 것인지 여부(2019두32696 판결)

■ **대법원 2020.4.29. 선고 2019두32696 판결 [손실보상금]**

Point

토지보상법 시행규칙 부칙은 헌법상 정당보상 원칙, 비례의 원칙 및 위임입법의 한계를 일탈하지 않으며, 만일 이에 대해 불복할 경우에는 농업손실보상청구권이 공법상 권리이므로 행정소송을 제기하여야 하는 것도 같이 알아두시면 됩니다.

【판시사항】

[1] 2013.4.25. 국토교통부령 제5호로 개정된 공익사업을 위한 토지 등의 취득 및 보상에 관한 법률 시행규칙 제48조 제2항 단서 제1호가 헌법상 정당보상원칙, 비례원칙에 위반되거나 위임입법의 한계를 일탈한 것인지 여부(소극)

[2] 2013.4.25. 국토교통부령 제5호로 개정된 공익사업을 위한 토지 등의 취득 및 보상에 관한 법률 시행규칙 시행일 전에 사업인정고시가 이루어졌으나 위 시행규칙 시행 후 보상계획의 공고 · 통지가 이루어진 공익사업에 대해서도 영농보상금액의 구체적인 산정방법 · 기준에 관한 위 시행규칙 제48조 제2항 단서 제1호를 적용하도록 규정한 위 시행규칙 부칙(2013.4.25.) 제4조 제1항이 진정소급입법에 해당하는지 여부(소극)

【판결요지】

[1] 공익사업을 위한 토지 등의 취득 및 보상에 관한 법률 제77조 제4항은 농업손실보상액의 구체적인 산정 및 평가 방법과 보상기준에 관한 사항을 국토교통부령으로 정하도록 위임하고 있다. 그 위임에 따라 2013.4.25. 국토교통부령 제5호로 개정된 공익사업을 위한 토지 등의 취득 및 보상에 관한 법률 시행규칙(이하 '개정 시행규칙'이라 한다) 제48조 제2항 단서 제1호가 실제소득 적용 영농보상금의 예외로서, 농민이 제출한 입증자료에 따라 산정한 실제소득이 동일 작목별 평균소득의 2배를 초과하는 경우에 해당 작목별 평균생산량의 2배를 판매한 금액을 실제소득으로 간주하도록 규정함으로써 실제소득 적용 영농보상금의 '상한'을 설정하였다.

이와 같은 개정 시행규칙 제48조 제2항 단서 제1호는, 영농보상이 장래의 불확정적인 일실소득을 보상하는 것이자 농민의 생존배려 · 생계지원을 위한 보상인 점, 실제소득 산정의 어려움 등을 고려하여, 농민이 실농으로 인한 대체생활을 준비하는 기간의 생계를 보장할 수 있는 범위 내에서 실제소득 적용 영농보상금의 '상한'을 설정함으로써 나름대로 합리적인 적정한 보상액의 산정방법을 마련한 것이므로, 헌법상 정당보상원칙, 비례원칙에 위반되거나 위임입법의 한계를 일탈한 것으로는 볼 수 없다.

[2] 사업인정고시일 전부터 해당 토지를 소유하거나 사용권원을 확보하여 적법하게 농업에 종사해 온 농민은 사업인정고시일 이후에도 수용개시일 전날까지는 해당 토지에서 그간 해온 농업을 계속할 수 있다. 그러나 사업인정고시일 이후에 수용개시일 전날까지 농민이 해당 공익사업의 시행과 무관한 어떤 다른 사유로 경작을 중단한 경우에는 손실보상의 대상에서 제외될 수 있다. 사업인정고시가 이루어졌다는 점만으로 농민이 구체적인 영농보상금 청구권을 확정적으로 취득하였다고는 볼 수 없으며, 보상협의 또는 재결절차를 거쳐 협의성립 당시 또는 수용재결 당시의 사정을 기준으로 구체적으로 산정되는 것이다.

또한 공익사업을 위한 토지 등의 취득 및 보상에 관한 법률 시행규칙 제48조에 따른 영농보상은 수용개시일 이후 편입농지에서 더 이상 영농을 계속할 수 없게 됨에 따라 발생하는 손실에 대하여 장래의 2년간 일실소득을 예측하여 보상하는 것이므로, 수용재결 당시를 기준으로도 영농보상은 아직 발생하지 않은 장래의 손실에 대하여 보상하는 것이다.

따라서 공익사업을 위한 토지 등의 취득 및 보상에 관한 법률 시행규칙 부칙(2013.4.25.) 제4조 제1항이 영농보상금액의 구체적인 산정방법 · 기준에 관한 2013.4.25. 국토교통부령 제5호로 개정된 공익사업을 위한 토지 등의 취득 및 보상에 관한 법률 시행규칙(이하 '개정 시행규칙'이라 한다) 제48조 제2항 단서 제1호를 개정 시행규칙 시행일 전에 사업인정고시가 이루어졌으나 개정 시행규칙 시행 후 보상계획의 공고 · 통지가 이루어진 공익사업에 대해서도 적용하도록 규정한 것은 진정소급입법에 해당하지 않는다.

25 영업보상의 가격시점(2010두11641 판결)

■대법원 2010.9.9. 선고 2010두11641 판결 [영업보상의 가격시점]

판례의 사실관계: 소유자가 무허가 건축물에서 하는 영업은 영업손실보상 대상에서 제외하고 있습니다. 사안은 어느 시점을 기준으로 보느냐에 따라 영업보상 대상자인지 여부가 달라지는데 판례는 토지보상법 제67조를 기준으로 협의 또는 수용재결 당시에 무허가 건축물인지 여부를 판단해야 한다고 보고 있습니다.

Point

토지보상법 제67조에서는 보상의 가격시점에 대해 규정하고 있습니다. 영업보상 역시 이를 기준으로 협의 또는 수용재결 당시를 기준으로 하기 때문에 해당 규정을 적어주셔야 합니다.

【판시사항】

영업손실의 보상대상인 영업을 정한 공익사업을 위한 토지 등의 취득 및 보상에 관한 법률 시행규칙 제45조 제1호에서 말하는 '적법한 장소에서 인적·물적 시설을 갖추고 계속적으로 행하고 있는 영업'에 해당하는지 여부의 판단 기준 시기

【판결요지】

공익사업을 위한 토지 등의 취득 및 보상에 관한 법률 제67조 제1항은 공익사업의 시행으로 인한 손실보상액의 산정은 협의에 의한 경우에는 협의성립 당시의 가격을, 재결에 의한 경우에는 수용 또는 사용의 재결 당시의 가격을 기준으로 한다고 규정하므로, 위 법 제77조 제4항의 위임에 따라 영업손실의 보상대상인 영업을 정한 같은 법 시행규칙 제45조 제1호에서 말하는 '적법한 장소(무허가 건축물 등, 불법형질변경토지, 그 밖에 다른 법령에서 물건을 쌓아놓는 행위가 금지되는 장소가 아닌 곳을 말한다)에서 인적·물적시설을 갖추고 계속적으로 행하고 있는 영업'에 해당하는지 여부는 협의성립, 수용재결 또는 사용재결 당시를 기준으로 판단하여야 한다.

(출처: 대법원 2010.9.9. 선고 2010두11641 판결 [영업손실보상거부처분취소])

26 행정소송이 묵시적 이의유보인지 여부(2006두15462 판결)

■ 행정소송이 묵시적 이의유보로 본 대법원 판례 – 대법원 2009.11.12. 선고 2006두15462 판결 – 5가지 논거

판례의 사실관계: 행정소송이 묵시적 이의유보인지가 쟁점이였습니다

Point

묵시적 이의유보에 해당되는 5가지 논거를 잘 기술해야 좋은 득점 포인트가 됩니다.

Ⅰ. 기본적으로 공탁의 의미와 취지 언급

토지보상법은 재결의 실효방지 및 사전보상 실현과 담보물권자의 권익을 보호하기 위하여 보상금의 공탁

제도를 두고 있다. 즉 공탁이란 재결에서 정한 보상금을 일정한 요건에 해당하는 경우 관할 공탁소에 보상금을 공탁함으로써 보상금의 지급에 갈음하는 것을 말한다.

Ⅱ. 공탁의 요건 언급(거알불압)

토지보상법 제40조(보상금의 지급 또는 공탁)

① 사업시행자는 제38조 또는 제39조에 따른 사용의 경우를 제외하고는 수용 또는 사용의 개시일(토지수용위원회가 재결로써 결정한 수용 또는 사용을 시작하는 날을 말한다. 이하 같다)까지 관할 토지수용위원회가 재결한 보상금을 지급하여야 한다.

② 사업시행자는 다음 각 호의 어느 하나에 해당할 때에는 수용 또는 사용의 개시일까지 수용하거나 사용하려는 토지 등의 소재지의 공탁소에 보상금을 공탁(供託)할 수 있다.

1. 보상금을 받을 자가 그 수령을 거부하거나 보상금을 수령할 수 없을 때
2. 사업시행자의 과실 없이 보상금을 받을 자를 알 수 없을 때
3. 관할 토지수용위원회가 재결한 보상금에 대하여 사업시행자가 불복할 때
4. 압류나 가압류에 의하여 보상금의 지급이 금지되었을 때

Ⅲ. 종전 판례 언급(89누4109)

이 경우 이의보류의 의사표시는 반드시 명시적으로 하여야 하는 것은 아니지만 토지소유자가 공탁물을 수령할 당시 원재결에서 정한 보상금을 증액하기로 한 이의신청의 재결에 대하여 토지소유자가 제기한 행정소송이 계속 중이었다는 사실만으로는, 묵시적인 이의보류의 의사표시가 있었다고 볼 수 없다.

Ⅳ. 최근 판례 언급(2006두15462)

따라서 원고는 위와 같은 소송 진행 과정과 시가감정의 비용지출 등을 통하여 이의재결의 증액 보상금에 대하여는 이 사건 소송을 통하여 확정될 정당한 수용보상금의 일부로 수령한다는 묵시적인 의사표시의 유보가 있었다고 볼 수 있다.

라고 보면서 몇 가지 논거를 제시하고 있는데 이 부분을 잘 숙지하여 답안에 정리하여야 좋은 득점을 받을 수 있을 것입니다.

① 원고가 이의재결에 따라 증액된 보상금을 수령할 당시 수용보상금의 액수를 다투어 행정소송을 제기하고 상당한 감정비용(그 이후 결정된 이의재결의 증액된 보상금을 초과하는 금액이다)을 예납하여 시가감정을 신청한 점

② 원고가 수령한 이의재결의 증액 보상금은 원고가 이 사건 소장에 시가감정을 전제로 잠정적으로 기재한 최초 청구금액의 1/4에도 미치지 못하는 금액인 점

③ 수용보상금의 증감만을 다투는 행정소송에서 통상 시가감정 외에는 특별히 추가적인 절차비용의 지출이 요구되지는 않으므로 원고로서는 이의재결의 증액 보상금 수령 당시 이 사건 소송결과를 확인하기 위하여 더 이상의 부담되는 지출을 추가로 감수할 필요는 없는 상황이었던 점

④ 피고 소송대리인도 위와 같은 증액 보상금의 수령에 따른 법률적 쟁점을 제1심에서 즉시 제기하지 아니하고 그로부터 약 6개월이 경과하여 원심에서 비로소 주장하기 시작한 점

⑤ 이미 상당한 금액의 소송비용을 지출한 원고가 이 사건 소장에 기재한 최초 청구금액에도 훨씬 못 미치는 이의재결의 증액분을 수령한 것이 이로써 이 사건 수용보상금에 관한 다툼을 일체 종결하려는 의사는 아니라는 점은 피고도 충분히 인식하였거나 인식할 수 있었다고 봄이 상당

〈출처 : 행정소송이 묵시적 이의유보로 본 대법원 판례 - 대법원 2009.11.12. 선고 2006두15462 판결 - 5가지 논거|작성자 박문각 법규 강정훈〉

27 농업손실보상청구권의 법적 성질 및 재결전치주의(2009다43461 판결)

■ **대법원 2011.10.13. 선고 2009다43461 판결 [농업손실보상금]**

Point

공법상 권리에 해당하여 민사소송이 아닌 공권에 대한 분쟁을 다루는 행정소송절차에 의하여야 한다고 법적 성질과 권리구제를 엮어서 서술하여 주시면 됩니다.

【판시사항】

[1] 구 공익사업을 위한 토지 등의 취득 및 보상에 관한 법률 제77조 제2항에서 정한 농업손실보상청구권에 관한 쟁송은 행정소송절차에 의하여야 하는지 여부(적극) 및 공익사업으로 인하여 농업손실을 입게 된 자가 사업시행자에게서 위 규정에 따른 보상을 받기 위해서는 재결절차를 거쳐야 하는지 여부(적극)

[2] 갑 등이 자신들의 농작물 경작지였던 각 토지가 공익사업을 위하여 수용되었음을 이유로 공익사업 시행자를 상대로 구 공익사업을 위한 토지 등의 취득 및 보상에 관한 법률 제77조 제2항에 의하여 농업손실보상을 청구한 사안에서, 갑 등이 재결절차를 거쳤는지를 전혀 심리하지 아니한 채 농업손실보상금 청구를 민사소송절차에 의하여 처리한 원심판결을 파기한 사례

【판결요지】

[1] 구 공익사업을 위한 토지 등의 취득 및 보상에 관한 법률(2007.10.17. 법률 제8665호로 개정되기 전의 것, 이하 '구 공익사업법'이라 한다) 제77조 제2항은 "농업의 손실에 대하여는 농지의 단위면적당 소득 등을 참작하여 보상하여야 한다."고 규정하고, 같은 조 제4항은 "제1항 내지 제3항의 규정에 의한 보상액의 구체적인 산정 및 평가방법과 보상기준은 건설교통부령으로 정한다."고 규정하고 있으며, 이에 따라 구 공익사업을 위한 토지 등의 취득 및 보상에 관한 법률 시행규칙(2007.4.12. 건설교통부령 제556호로 개정되기 전의 것)은 농업의 손실에 대한 보상(제48조), 축산업의 손실에 대한 평가(제49조), 잠업의 손실에 대한 평가(제50조)에 관하여 규정하고 있다. 위 규정들에 따른 농업손실보상청구권은 공익사업의 시행 등 적법한 공권력의 행사에 의한 재산상의 특별한 희생에 대하여 전체적인 공평부담의 견지에서 공익사업의 주체가 그 손해를 보상하여 주는 손실보상의 일종으로 공법상의 권리임이 분명하므로 그에 관한 쟁송은 민사소송이 아닌 행정소송절차에 의하여야 할 것이고, 위 규정들과 구 공익사업법 제26조, 제28조, 제30조, 제34조, 제50조, 제61조, 제83조 내지 제85조의 규정 내용 및 입법 취지 등을 종합하여 보면, 공익사업으로 인하여 농업의 손실을 입게 된 자가 사업시행자로부터 구 공익사업법 제77조 제2항에 따라 농업손실에 대한 보상을 받기 위해서는 구 공익사업법 제34조, 제50조 등에 규정된 재결절차를 거친 다음 그 재결에 대하여 불복이 있는 때에 비로소 구 공익사업법 제83조 내지 제85조에 따라 권리구제를 받을 수 있다.

[2] 갑 등이 자신들의 농작물 경작지였던 각 토지가 공익사업을 위하여 수용되었음을 이유로 공익사업 시행자를 상대로 구 공익사업을 위한 토지 등의 취득 및 보상에 관한 법률(2007.10.17. 법률 제8665호로 개정되기 전의 것, 이하 '구 공익사업법'이라 한다) 제77조 제2항에 의하여 위 농작물에 대한 농업손실보상을 청구한 사안에서, 원심으로서는 농업손실보상금 청구가 구 공익사업법 제34조, 제50조 등에 규정된 재결절차를 거쳐 같은 법 제83조 내지 제85조에 따른 당사자소송에 의한 것인지를 심리했어야 함에도, 이를 간과하여 갑 등이 재결절차를 거쳤는지를 전혀 심리하지 아니한 채 농업손실보상금 청구를 민사소송절차에 의하여 처리한 원심판결에는 농업손실보상금 청구의 소송형태에 관한 법리오해의 위법이 있다고 한 사례

28 영농손실보상의 법적 성격 및 시설콩나물의 포함 여부(2022두34913 판결)

■ 대법원 2023.8.18. 선고 2022두34913 판결 [손실보상금]

Point

시설콩나물 재배업도 적용된다는 사안의 경우 검토 시 "손실보상은 정당보상이어야 하고 정당보상은 완전한 보상이어야 한다"의 문장을 포함하여 검토해주시면 됩니다.

【판시사항】

[1] 구 공익사업을 위한 토지 등의 취득 및 보상에 관한 법률 제77조 제2항, 같은 법 시행규칙 제48조 제2항 본문에서 정한 '영농손실보상'의 법적 성격 / 같은 법 시행규칙 제48조에서 규정한 영농손실보상은 공익사업시행지구 안에서 수용의 대상인 농지를 이용하여 경작을 하는 자가 그 농지의 수용으로 인하여 장래에 영농을 계속하지 못하게 되어 특별한 희생이 생기는 경우 이를 보상하기 위한 것인지 여부(적극)

[2] 구 공익사업을 위한 토지 등의 취득 및 보상에 관한 법률 시행규칙 제48조 제2항 단서 제2호의 '직접 해당 농지의 지력을 이용하지 아니하고 재배 중인 작물을 이전하여 해당 영농을 계속하는 것이 가능하다고 인정하는 작목 및 재배방식'을 규정한 '농작물실제소득인정기준'(국토교통부고시) 제6조 제3항 [별지 2]에 열거되어 있지 아니한 시설콩나물 재배업에 관하여도 같은 시행규칙 제48조 제2항 단서 제2호를 적용할 수 있는지 여부(적극)

【판결요지】

[1] 공공필요에 의한 재산권의 수용·사용 또는 제한 및 그에 대한 보상은 법률로써 하되, 정당한 보상을 지급하여야 한다(헌법 제23조 제3항). 구 공익사업을 위한 토지 등의 취득 및 보상에 관한 법률(2020.6.9. 법률 제17453호로 개정되기 전의 것, 이하 '구 토지보상법'이라고 한다) 제77조 소정의 영업의 손실 등에 대한 보상은 위와 같은 헌법상의 정당한 보상 원칙에 따라 공익사업의 시행 등 적법한 공권력의 행사에 의한 재산상의 특별한 희생에 대하여 사유재산권의 보장과 전체적인 공평부담의 견지에서 행하여지는 조절적인 재산적 보상이다. 특히 구 토지보상법 제77조 제2항, 구 공익사업을 위한 토지 등의 취득 및 보상에 관한 법률 시행규칙(2020.12.11. 국토교통부령 제788호로 개정되기 전의 것, 이하 '구 토지보상법 시행규칙'이라고 한다) 제48조 제2항 본문에서 정한 <u>영농손실보상(이하 '영농보상'이라고 한다)은 편입토지 및 지장물에 관한 손실보상과는 별개로 이루어지는 것으로서, 농작물과 농지의 특수성으로 인하여 같은 시행규칙 제46조에서 정한 폐업보상과 구별해서 농지가 공익사업시행지구에 편입되어 공익사업의 시행으로 더 이상 영농을 계속할 수 없게 됨에 따라 발생하는 손실에 대하여 원칙적으로 같은 시행규칙 제46조에서 정한 폐업보상과 마찬가지로 장래의 2년간 일실소득을 보상함으로써, 농민이 대체농지를 구입하여 영농을 재개하거나 다른 업종으로 전환하는 것을 보장하기 위한 것이다. 즉, 영농보상은 원칙적으로 농민이 기존 농업을 폐지한 후 새로운 직업 활동을 개시하기까지의 준비기간 동안에 농민의 생계를 지원하는 간접보상이자 생활보상으로서의 성격을 가진다.</u>

영농보상은 그 보상금을 통계소득을 적용하여 산정하든, 아니면 해당 농민의 최근 실제소득을 적용하여 산정하든 간에, 모두 장래의 불확정적인 일실소득을 예측하여 보상하는 것으로, 기존에 형성된 재산의 객관적 가치에 대한 '완전한 보상'과는 그 법적 성질을 달리한다.

<u>결국 구 토지보상법 시행규칙 제48조 소정의 영농보상 역시 공익사업시행지구 안에서 수용의 대상인 농지를 이용하여 경작을 하는 자가 그 농지의 수용으로 인하여 장래에 영농을 계속하지 못하게 되어 특별한 희생이 생기는 경우 이를 보상하기 위한 것이기 때문에, 위와 같은 재산상의 특별한 희생이 생겼다고</u>

할 수 없는 경우에는 손실보상 또한 있을 수 없고, 이는 구 토지보상법 시행규칙 제48조 소정의 영농보상이라고 하여 달리 볼 것은 아니다.

[2] 관련 법리와 구 공익사업을 위한 토지 등의 취득 및 보상에 관한 법률 시행규칙(2020.12.11. 국토교통부령 제788호로 개정되기 전의 것, 이하 '구 토지보상법 시행규칙'이라고 한다) 제48조 제2항 단서 제2호의 신설 경과 등에 비추어 보면, 국토교통부장관이 농림축산식품부장관과의 협의를 거쳐 관보에 고시하는 '농작물실제소득인정기준' 제6조 제3항 [별지 2]에 열거된 작목 및 재배방식에 시설콩나물 재배업이 포함되어 있지 않더라도 시설콩나물 재배업에 관하여도 구 토지보상법 시행규칙 제48조 제2항 단서 제2호를 적용할 수 있다고 봄이 타당하다. 그 이유는 다음과 같다.

(가) 관련 법령의 내용, 형식 및 취지 등에 비추어 보면, 공공필요에 의한 수용 등으로 인한 손실의 보상은 정당한 보상이어야 하고, 영농손실에 대한 정당한 보상은 수용되는 '농지의 특성과 영농상황' 등 고유의 사정이 반영되어야 한다.

(나) 농지의 지력을 이용한 재배가 아닌 용기에 식재하여 재배되는 콩나물과 같이 용기를 기후 등 자연적 환경이나 교통 등 사회적 환경 등이 유사한 인근의 대체지로 옮겨 생육에 별다른 지장을 초래함이 없이 계속 재배를 할 수 있는 경우에는, 유사한 조건의 인근대체지를 마련할 수 없는 등으로 장래에 영농을 계속하지 못하게 되는 것과 같은 특단의 사정이 없는 이상 휴업보상에 준하는 보상이 필요한 범위를 넘는 특별한 희생이 생겼다고 할 수 없다.

(다) 시설콩나물 재배시설에서 재배하는 콩나물과 '농작물실제소득인정기준' 제6조 제3항 [별지 2]에서 규정하고 있는 작물인 버섯, 화훼, 육묘는 모두 직접 해당 농지의 지력을 이용하지 않고 재배한다는 점에서 상호 간에 본질적인 차이가 없으며, 특히 '용기(트레이)에 재배하는 어린묘'와 그 재배방식이 유사하다.

(라) 시설콩나물 재배방식의 본질은 재배시설이 설치된 토지가 농지인지 여부, 즉 농지의 특성에 있는 것이 아니라 '고정식온실' 등에서 용기에 재배하고, 특별한 사정이 없는 한 그 재배시설 이전이 어렵지 않다는 점에 있다. 본질적으로 같은 재배방식에 대하여 '고정식온실' 등이 농지에 설치되어 있다는 사정만으로 2년간의 일실소득을 인정하는 것은 정당한 보상 원칙에 부합하지 않는다.

(마) 구 토지보상법 시행규칙 제48조 제2항 단서 제2호가 적용되어 실제소득의 4개월분에 해당하는 농업손실보상을 하는 작물에 관하여 규정한 '농작물실제소득인정기준' 제6조 제3항 [별지 2]는 '직접 해당 농지의 지력을 이용하지 아니하고 재배 중인 작물을 이전하여 해당 영농을 계속하는 것이 가능하다고 인정하는 경우'를 예시한 것으로, 거기에 열거된 작목이 아니더라도 객관적이고 합리적으로 '직접 해당 농지의 지력을 이용하지 아니하고 재배 중인 작물을 이전하여 해당 영농을 계속하는 것이 가능'하다고 인정된다면 구 토지보상법 시행규칙 제48조 제2항 단서 제2호에 따라 4개월분의 영농손실보상을 인정할 수 있다고 보는 것이 영농손실보상제도의 취지에 부합한다.

29 사실상 사도의 판단 기준(2011두7007 판결)

■ 대법원 2013.6.13. 선고 2011두7007 판결 [토지수용보상금증액]

Point

사실상 사도의 요건 중 자기 토지의 편익을 위하여 스스로 설치한 도로의 경우 아직 출제된 바 없으니 잘 정리해두셔야 합니다.

【판시사항】

[1] 공익사업을 위한 토지 등의 취득 및 보상에 관한 법률 시행규칙 제26조 제1항 제2호에 의하여 '사실상의 사도'의 부지로 보고 인근 토지 평가액의 3분의 1 이내로 보상액을 평가하기 위한 요건

[2] 공익사업을 위한 토지 등의 취득 및 보상에 관한 법률 시행규칙 제26조 제2항 제1호에서 규정한 '도로개설 당시의 토지소유자가 자기 토지의 편익을 위하여 스스로 설치한 도로'에 해당하는지 판단하는 기준

[3] 공익사업을 위한 토지 등의 취득 및 보상에 관한 법률 시행규칙 제26조 제2항 제2호가 규정한 '토지소유자가 그 의사에 의하여 타인의 통행을 제한할 수 없는 도로'의 의미 및 그에 해당하는지 판단하는 기준

【판결요지】

[1] 공익사업을 위한 토지 등의 취득 및 보상에 관한 법률 시행규칙 제26조 제1항 제2호에 의하여 '사실상의 사도'의 부지로 보고 인근 토지 평가액의 3분의 1 이내로 보상액을 평가하려면, 도로법에 의한 일반 도로 등에 연결되어 일반의 통행에 제공되는 등으로 사도법에 의한 사도에 준하는 실질을 갖추고 있어야 하고, 나아가 위 규칙 제26조 제2항 제1호 내지 제4호 중 어느 하나에 해당하여야 할 것이다.

[2] 공익사업을 위한 토지 등의 취득 및 보상에 관한 법률 시행규칙 제26조 제2항 제1호에서 규정한 '도로개설 당시의 토지소유자가 자기 토지의 편익을 위하여 스스로 설치한 도로'에 해당한다고 하려면, 토지 소유자가 자기 소유 토지 중 일부에 도로를 설치한 결과 도로 부지로 제공된 부분으로 인하여 나머지 부분 토지의 편익이 증진되는 등으로 그 부분의 가치가 상승됨으로써 도로부지로 제공된 부분의 가치를 낮게 평가하여 보상하더라도 전체적으로 정당보상의 원칙에 어긋나지 않는다고 볼 만한 객관적인 사유가 있다고 인정되어야 하고, 이는 도로개설 경위와 목적, 주위환경, 인접토지의 획지 면적, 소유관계 및 이용상태 등 제반 사정을 종합적으로 고려하여 판단할 것이다.

[3] 공익사업을 위한 토지 등의 취득 및 보상에 관한 법률 시행규칙 제26조 제2항 제2호가 규정한 '토지소유자가 그 의사에 의하여 타인의 통행을 제한할 수 없는 도로'는 사유지가 종전부터 자연발생적으로 또는 도로예정지로 편입되어 있는 등으로 일반 공중의 교통에 공용되고 있고 그 이용상황이 고착되어 있어, 도로부지로 이용되지 아니하였을 경우에 예상되는 표준적인 이용상태로 원상회복하는 것이 법률상 허용되지 아니하거나 사실상 현저히 곤란한 정도에 이른 경우를 의미한다고 할 것이다. 이때 어느 토지가 불특정 다수인의 통행에 장기간 제공되어 왔고 이를 소유자가 용인하여 왔다는 사정이 있다는 것만으로 언제나 도로로서의 이용상황이 고착되었다고 볼 것은 아니고, 이는 당해 토지가 도로로 이용되게 된 경위, 일반의 통행에 제공된 기간, 도로로 이용되고 있는 토지의 면적 등과 더불어 그 도로가 주위 토지로 통하는 유일한 통로인지 여부 등 주변 상황과 당해 토지의 도로로서의 역할과 기능 등을 종합하여 원래의 지목 등에 따른 표준적인 이용상태로 회복하는 것이 용이한지 여부 등을 가려서 판단해야 할 것이다.

30 잔여지수용재결 거부에 대한 소송의 형태: 보상금증감청구소송(2008두822 판결)

■ **대법원 2010.8.19. 선고 2008두822 판결**

[잔여지 수용재결 거부에 대한 소송의 형태: 보상금 증감 청구소송]

판례의 사실관계: 도로사업에 편입되어 기존에 토지소유자가 추진 중이던 건축사업이 중단되자 이에 대해 잔여지 수용청구 및 보상금 증감 청구소송을 통한 권리구제를 구한 사안입니다. 판례는 잔여지 수용청구가 거부된 경우 소송의 형식으로 보상금 증감 청구소송은 타당하나, 이는 잔여지 수용이 아닌 감가에 해당하는 사안이라 보았습니다.

Point

잔여지뿐만 아니라 확장수용 거부에 대한 권리구제 수단으로 보상금 증감 청구소송이 있다는 점을 정리해 두시면 됩니다. 특히, 형성권, 손실보상의 일환, 보상금 증감 청구 소송에 해당, 사업시행자를 피고로 한다는 문장을 반드시 서술해야 합니다.

【판시사항】

[1] 구 '공익사업을 위한 토지 등의 취득 및 보상에 관한 법률' 제74조 제1항에 의한 잔여지 수용청구를 받아들이지 않은 토지수용위원회의 재결에 대하여 토지소유자가 불복하여 제기하는 소송의 성질 및 그 상대방

[2] 구 '공익사업을 위한 토지 등의 취득 및 보상에 관한 법률' 제74조 제1항의 잔여지 수용청구권 행사기간의 법적 성질(=제척기간) 및 잔여지 수용청구 의사표시의 상대방(=관할 토지수용위원회)

[3] 토지소유자가 자신의 토지에 숙박시설을 신축하기 위해 부지를 조성하던 중 그 토지의 일부가 익산–장수간 고속도로 건설공사에 편입되자 사업시행자에게 부지조성비용 등의 보상을 청구한 사안에서, 부지조성비용이 별도의 보상대상으로 인정되지 않는다면 토지소유자에게 잔여지의 가격 감소로 인한 손실보상을 구하는 취지인지 여부에 관하여 의견을 진술할 기회를 부여하고 그 당부를 심리·판단하였어야 함에도, 이러한 조치를 취하지 않은 원심판결에 석명의무를 다하지 않아 심리를 제대로 하지 않은 위법이 있다고 한 사례

【판결요지】

[1] 구 '공익사업을 위한 토지 등의 취득 및 보상에 관한 법률'(2007.10.17. 법률 제8665호로 개정되기 전의 것) 제74조 제1항에 규정되어 있는 잔여지 수용청구권은 손실보상의 일환으로 토지소유자에게 부여되는 권리로서 그 요건을 구비한 때에는 잔여지를 수용하는 토지수용위원회의 재결이 없더라도 그 청구에 의하여 수용의 효과가 발생하는 형성권적 성질을 가지므로, 잔여지 수용청구를 받아들이지 않은 토지수용위원회의 재결에 대하여 토지소유자가 불복하여 제기하는 소송은 위 법 제85조 제2항에 규정되어 있는 '보상금의 증감에 관한 소송'에 해당하여 사업시행자를 피고로 하여야 한다.

[2] 구 '공익사업을 위한 토지 등의 취득 및 보상에 관한 법률'(2007.10.17. 법률 제8665호로 개정되기 전의 것) 제74조 제1항에 의하면, 잔여지 수용청구는 사업시행자와 사이에 매수에 관한 협의가 성립되지 아니한 경우 일단의 토지의 일부에 대한 관할 토지수용위원회의 수용재결이 있기 전까지 관할 토지수용위원회에 하여야 하고, 잔여지 수용청구권의 행사기간은 제척기간으로서, 토지소유자가 그 행사기간 내에 잔여지 수용청구권을 행사하지 아니하면 그 권리가 소멸한다. 또한 위 조항의 문언 내용 등에 비추어 볼 때, 잔여지 수용청구의 의사표시는 관할 토지수용위원회에 하여야 하는 것으로서, 관할 토지수용위원회가 사업시행자에게 잔여지 수용청구의 의사표시를 수령할 권한을 부여하였다고 인정할 만한 사정이 없는 한, 사업시행자에게 한 잔여지 매수청구의 의사표시를 관할 토지수용위원회에 한 잔여지 수용청구의 의사표시로 볼 수는 없다.

[3] 토지소유자가 자신의 토지에 숙박시설을 신축하기 위해 부지를 조성하던 중 그 토지의 일부가 익산–장수간 고속도로 건설공사에 편입되자 사업시행자에게 부지조성비용 등의 보상을 청구한 사안에서, 잔여지에 지출된 부지조성비용은 그 토지의 가치를 증대시킨 한도 내에서 잔여지의 감소로 인한 손실보상액을 산정할 때 반영되는 것일 뿐, 별도의 보상대상이 아니므로, 잔여지에 지출된 부지조성비용이 별도의 보상대상으로 인정되지 않는다면 토지소유자에게 잔여지의 가격 감소로 인한 손실보상을 구하는 취지인지 여부에 관하여 의견을 진술할 기회를 부여하고 그 당부를 심리·판단하였어야 함에도, 이러한 조치를 취하지 않은 원심판결에 석명의무를 다하지 않아 심리를 제대로 하지 않은 위법이 있다고 한 사례

(출처: 대법원 2010.8.19. 선고 2008두822 판결 [토지수용이의재결처분취소등])

31 잔여지 또는 잔여 건축물 수용청구의 재결전치주의(2012두24092 판결)

■ **대법원 2014.9.25. 선고 2012두24092 판결 [손실보상금]**

【판시사항】

토지소유자가 구 공익사업을 위한 토지 등의 취득 및 보상에 관한 법률 제34조, 제50조 등에 규정된 재결절차를 거치지 않은 채 곧바로 사업시행자를 상대로 같은 법 제73조, 제75조의2에 따른 잔여지 또는 잔여 건축물 가격감소 등으로 인한 손실보상을 청구할 수 있는지 여부(원칙적 소극) 및 이는 잔여지 또는 잔여 건축물 수용청구에 대한 재결절차를 거친 경우에도 마찬가지인지 여부(적극)

【판결요지】

구 공익사업을 위한 토지 등의 취득 및 보상에 관한 법률(2011.8.4. 법률 제11017호로 개정되기 전의 것, 이하 '공익사업법'이라고 한다) 제73조, 제75조의2와 같은 법 제34조, 제50조, 제61조, 제83조 내지 제85조의 규정 내용 및 입법 취지 등을 종합하면, 토지소유자가 사업시행자로부터 공익사업법 제73조, 제75조의2에 따른 잔여지 또는 잔여 건축물 가격감소 등으로 인한 손실보상을 받기 위해서는 공익사업법 제34조, 제50조 등에 규정된 재결절차를 거친 다음 그 재결에 대하여 불복할 때 비로소 공익사업법 제83조 내지 제85조에 따라 권리구제를 받을 수 있을 뿐이며, 특별한 사정이 없는 한 이러한 재결절차를 거치지 않은 채 곧바로 사업시행자를 상대로 손실보상을 청구하는 것은 허용되지 않는다 할 것이고, 이는 잔여지 또는 잔여 건축물 수용청구에 대한 재결절차를 거친 경우라고 하여 달리 볼 것은 아니다.

32 잔여지가치하락이 해당 공익사업으로 인한 것이 아닌 경우 보상가능성(2017다40860 판결)

■ **대법원 2017.7.11. 선고 2017두40860 판결**

[잔여지 가치하락이 해당 공익사업으로 인한 것이 아닌 경우의 보상 가능성]

판례의 사실관계: 도로사업이 시행된 이후 별도로 접도구역이 지정되어 토지의 가치가 하락한 사안입니다. 피수용자는 가치가 하락한 것이 도로사업의 시행으로 인한 것이라고 주장하였으나, 판례는 접도구역의 지정으로 인한 손실이며 이는 도로사업으로 인한 것이 아니므로 손실보상의 대상이 아니라고 결론지은 사안입니다.

Point

기본적으로 토지보상법상 손실의 대상은 해당 공익사업의 시행으로 인한 것을 전제로 합니다. 즉, 잔여지에 손실이 발생하였으나 해당 공익사업이 아닌 경우 보상대상이 될 수 없다는 점이 핵심입니다. 따라서 접도구역 지정이 해당 공익사업에 해당하지 않는다는 점을 답안지에 서술해주시면 됩니다.

【판시사항】

공익사업의 사업시행자가 동일한 소유자에게 속하는 일단의 토지 중 일부를 취득하거나 사용하고 남은 잔여지에 현실적 이용상황 변경 또는 사용가치 및 교환가치의 하락 등이 발생하였으나 그 손실이 토지의 일부가 공익사업에 취득되거나 사용됨으로 인하여 발생한 것이 아닌 경우, 공익사업을 위한 토지 등의 취득 및 보상에 관한 법률 제73조 제1항 본문에 따른 잔여지 손실보상 대상에 해당하는지 여부(원칙적 소극)

【판결요지】

공익사업을 위한 토지 등의 취득 및 보상에 관한 법률(이하 '토지보상법'이라고 한다) 제73조 제1항 본문은 "사업시행자는 동일한 소유자에게 속하는 일단의 토지의 일부가 취득되거나 사용됨으로 인하여 잔여지의 가격이 감소하거나 그 밖의 손실이 있을 때 또는 잔여지에 통로·도랑·담장 등의 신설이나 그 밖의 공사가 필요할 때에는 국토교통부령으로 정하는 바에 따라 그 손실이나 공사의 비용을 보상하여야 한다."라고 규정하고 있다.

여기서 특정한 공익사업의 사업시행자가 보상하여야 하는 손실은, 동일한 소유자에게 속하는 일단의 토지 중 일부를 사업시행자가 그 공익사업을 위하여 취득하거나 사용함으로 인하여 잔여지에 발생하는 것임을 전제로 한다. 따라서 이러한 잔여지에 대하여 현실적 이용상황 변경 또는 사용가치 및 교환가치의 하락 등이 발생하였더라도, 그 손실이 토지의 일부가 공익사업에 취득되거나 사용됨으로 인하여 발생하는 것이 아니라면 특별한 사정이 없는 한 토지보상법 제73조 제1항 본문에 따른 잔여지 손실보상 대상에 해당한다고 볼 수 없다.

(출처: 대법원 2017.7.11. 선고 2017두40860 판결 [잔여지가치하락손실보상금청구])

33 보상금액에 지연가산금 포함 여부(2018두54675 판결)

■ **대법원 2019.1.17. 선고 2018두54675 판결**

[공탁된 수용 보상금에 대한 가산금청구의 소]

Point

토지보상법 제87조에서는 가산금에 대해서 규정하고 있습니다. 이는 토지보상법 제30조의 지연가산금과는 구별하셔야 하며 판례에서 제87조의 가산금에 제30조의 지연가산금도 포함된다고 한 이유를 암기해 두시면 됩니다.

【판시사항】

갑 등 토지소유자들이 주택재개발정비사업 시행자에게 수용재결신청을 청구한 날로부터 60일이 지난 후에 사업시행자가 지방토지수용위원회에 수용재결을 신청하였고, 지방토지수용위원회가 공익사업을 위한 토지 등의 취득 및 보상에 관한 법률 제30조 제3항에 따른 지연가산금을 재결보상금에 가산하여 지급하기로 하는 내용의 수용재결을 하자, 사업시행자가 지연가산금 전액의 감액을 구하는 손실보상금감액 청구를 하였으나 청구기각 판결이 확정된 사안에서, 공익사업을 위한 토지 등의 취득 및 보상에 관한 법률 제87조의 '보상금'에는 같은 법 제30조 제3항에 따른 지연가산금도 포함된다고 보아, 수용재결에서 인정된 가산금에 관하여 재결서 정본을 받은 날부터 판결일까지의 기간에 대하여 소송촉진 등에 관한 특례법 제3조에 따른 법정이율을 적용하여 산정한 가산금을 지급할 의무가 있다고 본 원심판단을 수긍한 사례

34 감정평가서의 기재 내용과 정도(2007두20140 판결)

■대법원 2009.12.10. 선고 2007두20140 판결 [공시지가확정처분취소]

Point

표준지공시지가는 국민에게 직접적인 영향을 미치는 처분이라는 법적 성질과 부동산공시법 제1조 입법목적을 언급해 주시는게 좋으며, 위법성이 인정되어 부동산공시법 시행령 제8조 제7항에 의거 국토교통부장관이 재공시하여야 한다고 검토하여 주시면 됩니다.

【판시사항】

[1] 보통우편의 방법으로 우편물을 발송한 경우 그 송달을 추정할 수 있는지 여부(소극) 및 그 송달에 관한 증명책임자

[2] 표준지공시지가의 결정절차와 그 효력

[3] 감정평가업자의 토지 평가액 산정의 적정성을 인정하기 위한 감정평가서의 기재 내용과 정도

[4] 건설교통부장관이 표준지공시지가를 결정·공시하는 절차에서 감정평가서에 토지의 전년도 공시지가와 세평가격 및 인근 표준지의 감정가격만을 참고가격으로 삼고 평가의견을 추상적으로만 기재한 사안에서, 평가요인별 참작 내용과 정도가 평가액 산정의 적정성을 알아볼 수 있을 만큼 객관적으로 설명되어 있다고 보기 어려워, 이를 근거로 한 표준지공시지가 결정은 토지의 적정가격을 반영한 것이라고 인정하기 어려워 위법하다고 한 사례

【판결요지】

[1] 내용증명우편이나 등기우편과는 달리, 보통우편의 방법으로 발송되었다는 사실만으로는 그 우편물이 상당한 기간 내에 도달하였다고 추정할 수 없고, 송달의 효력을 주장하는 측에서 증거에 의하여 이를 입증하여야 한다.

[2] 구 부동산 가격공시 및 감정평가에 관한 법률(2008.2.29. 법률 제8852호로 개정되기 전의 것) 제2조 제5호, 제6호, 제3조 제1항, 제5조, 제10조와 같은 법 시행령(2008.2.29. 대통령령 제20722호로 개정되기 전의 것) 제8조 등을 종합하여 보면, 건설교통부장관은 토지이용상황이나 주변 환경 그 밖의 자연적·사회적 조건이 일반적으로 유사하다고 인정되는 일단의 토지 중에서 표준지를 선정하고, 그에 관하여 매년 공시기준일 현재의 적정가격을 조사·평가한 후 중앙부동산평가위원회의 심의를 거쳐 이를 공시하여야 한다. 표준지의 적정가격을 조사·평가할 때에는 인근 유사토지의 거래가격, 임대료, 당해 토지와 유사한 이용가치를 지닌다고 인정되는 토지의 조성에 필요한 비용추정액 등을 종합적으로 참작하되, 둘 이상의 감정평가업자에게 이를 의뢰하여 평가한 금액의 산술평균치를 기준으로 하고, 감정평가업자가 행한 평가액이 관계 법령을 위반하거나 부당하게 평가되었다고 인정되는 경우 등에는 당해 감정평가업자 혹은 다른 감정평가업자로 하여금 다시 조사·평가하도록 할 수 있으며, 여기서 '적정가격'이란 당해 토지에 대하여 통상적인 시장에서 정상적인 거래가 이루어지는 경우 성립될 가능성이 가장 높다고 인정되는 가격을 말하고, 한편 이러한 절차를 거쳐 결정·공시된 표준지공시지가는 토지시장의 지가정보를 제공하고 일반적인 토지거래의 지표가 되며, 국가·지방자치단체 등의 기관이 그 업무와 관련하여 지가를 산정하거나 감정평가업자가 개별적으로 토지를 감정평가하는 경우에 기준이 되는 효력을 갖는다.

[3] 표준지공시지가의 결정절차 및 그 효력과 기능 등에 비추어 보면, 표준지공시지가는 당해 토지뿐 아니라 인근 유사토지의 가격을 결정하는 데에 전제적·표준적 기능을 수행하는 것이어서 특히 그 가격의 적정성이 엄격하게 요구된다. 이를 위해서는 무엇보다도 적정가격 결정의 근거가 되는 감정평가업자의 평가액 산정이 적정하게 이루어졌음이 담보될 수 있어야 하므로, 그 감정평가서에는 평가원인을 구체적으로 특정하여 명시함과 아울러 각 요인별 참작 내용과 정도가 객관적으로 납득이 갈 수 있을 정도로 설명됨으로써, 그 평가액이 당해 토지의 적정가격을 평가한 것임을 인정할 수 있어야 한다.

[4] 건설교통부장관이 2개의 감정평가법인에 토지의 적정가격에 대한 평가를 의뢰하여 그 평가액을 산술평균한 금액을 그 토지의 적정가격으로 결정·공시하였으나, 감정평가서에 거래선례나 평가선례, 거래사례비교법, 원가법 및 수익환원법 등을 모두 공란으로 둔 채, 그 토지의 전년도 공시지가와 세평가격 및 인근 표준지의 감정가격만을 참고가격으로 삼으면서 그러한 참고가격이 평가액 산정에 어떻게 참작되었는지에 관한 별다른 설명 없이 평가의견을 추상적으로만 기재한 사안에서, 평가요인별 참작 내용과 정도가 평가액 산정의 적정성을 알아볼 수 있을 만큼 객관적으로 설명되어 있다고 보기 어려워, 이러한 감정평가액을 근거로 한 표준지공시지가 결정은 그 토지의 적정가격을 반영한 것이라고 인정하기 어려워 위법하다고 한 사례

35 개별공시지가 산정 업무의 손해배상책임(2010다13527 판결)

■ **대법원 2010.7.22. 선고 2010다13527 판결**

[개별공시지가 산정업무 손해배상책임: 지방자치단체의 손해배상책임 인정]

판례의 사실관계: 잘못 산정된 개별공시지가를 기초로 담보대출을 시행하였으나, 이후 손해가 발생한 경우 국가배상청구가 가능한지에 관한 사안입니다. 판례는 개별공시지가를 잘못 산정한 경우 위법성은 인정되나 손해사이의 인과관계가 인정되지 않아 국가배상책임을 부정하였습니다.

Point

국가배상청구에는 어떠한 요건이 있는지, 특히 사안에서는 그중에서 위법성과 인과관계가 문제되며, 개별공시지가를 잘못 산정한 경우 위법성은 인정되나, 인과관계가 인정되지 않는다는 점을 구분하여 포섭해 주어야 합니다.

【판시사항】

[1] 개별공시지가 산정업무 담당공무원 등이 부담하는 직무상 의무의 내용 및 그 담당공무원 등이 직무상 의무에 위반하여 현저하게 불합리한 개별공시지가가 결정되도록 함으로써 국민 개개인의 재산권을 침해한 경우, 그 담당공무원 등이 속한 지방자치단체가 손해배상책임을 지는지 여부(적극)

[2] 시장(市長)이 토지의 이용상황을 실제 이용되고 있는 '자연림'으로 하여 개별공시지가를 산정한 다음 감정평가법인에 검증을 의뢰하였는데, 감정평가법인이 그 토지의 이용상황을 '공업용'으로 잘못 정정하여 검증지가를 산정하고, 시(市) 부동산평가위원회가 검증지가를 심의하면서 그 잘못을 발견하지 못함에 따라, 그 토지의 개별공시지가가 적정가격보다 훨씬 높은 가격으로 결정·공시된 사안에서, 이는 개별공시지가 산정업무 담당공무원 등이 직무상 의무를 위반한 것으로 불법행위에 해당한다고 한 사례

[3] 개별공시지가가 토지의 거래 또는 담보제공에서 그 실제 거래가액 또는 담보가치를 보장하는 등의 구속력을 갖는지 여부(소극) 및 개개 토지에 관한 개별공시지가를 기준으로 거래하거나 담보제공을 받았다가 토지의 실제 거래가액 또는 담보가치가 개별공시지가에 미치지 못함으로 인하여 발생한 손해에 대해서도 개별공시지가를 결정·공시한 지방자치단체가 손해배상책임을 부담하는지 여부(소극)

[4] 개별공시지가 산정업무 담당공무원 등이 잘못 산정·공시한 개별공시지가를 신뢰한 나머지 토지의 담보가치가 충분하다고 믿고 그 토지에 관하여 근저당권설정등기를 경료한 후 물품을 추가로 공급함으로써 손해를 입었음을 이유로 그 담당공무원이 속한 지방자치단체에 손해배상을 구한 사안에서, 그 담당공무원

등의 개별공시지가 산정에 관한 직무상 위반행위와 위 손해 사이에 상당인과관계가 있다고 보기 어렵다고 판단한 사례

【판결요지】

[2] 시장(市長)이 토지의 이용상황을 실제 이용되고 있는 '자연림'으로 하여 개별공시지가를 산정한 다음 감정평가법인에 검증을 의뢰하였는데, 감정평가법인이 그 토지의 이용상황을 '공업용'으로 잘못 정정하여 검증지가를 산정하고, 시(市) 부동산평가위원회가 검증지가를 심의하면서 그 잘못을 발견하지 못함에 따라, 그 토지의 개별공시지가가 적정가격보다 훨씬 높은 가격으로 결정・공시된 사안에서, 이는 개별공시지가 산정업무 담당공무원 등이 개별공시지가의 산정 및 검증, 심의에 관한 직무상 의무를 위반한 것으로 불법행위에 해당한다고 한 사례

[3] 개별공시지가는 그 산정 목적인 개발부담금의 부과, 토지 관련 조세 부과 등 다른 법령이 정하는 목적을 위해 지가를 산정하는 경우에 그 산정 기준이 되는 범위 내에서는 납세자인 국민 등의 재산상 권리・의무에 직접적인 영향을 미칠 수 있지만, 이에 더 나아가 개별공시지가가 당해 토지의 거래 또는 담보제공을 받음에 있어 그 실제 거래가액 또는 담보가치를 보장한다거나 어떠한 구속력을 미친다고 할 수는 없다. 그럼에도 개개 토지에 관한 개별공시지가를 기준으로 거래하거나 담보제공을 받았다가 당해 토지의 실제 거래가액 또는 담보가치가 개별공시지가에 미치지 못함으로 인해 발생할 수 있는 손해에 대해서까지 그 개별공시지가를 결정・공시하는 지방자치단체에 손해배상책임을 부담시키게 된다면, 개개 거래당사자들 사이에 이루어지는 다양한 거래관계와 관련하여 발생한 손해에 대하여 무차별적으로 책임을 추궁당하게 되고, 그 거래관계를 둘러싼 분쟁에 끌려들어가 많은 노력과 비용을 지출하는 결과가 초래되게 된다. 이는 결과발생에 대한 예견가능성의 범위를 넘어서는 것임은 물론이고, 행정기관이 사용하는 지가를 일원화하여 일정한 행정목적을 위한 기준으로 삼음으로써 국토의 효율적인 이용과 국민경제의 발전에 기여하려는 구 부동산 가격공시 및 감정평가에 관한 법률(2008.2.29. 법률 제8852호로 개정되기 전의 것)의 목적과 기능, 그 보호법익의 보호범위를 넘어서는 것이다.

[4] 개별공시지가 산정업무 담당공무원 등이 잘못 산정・공시한 개별공시지가를 신뢰한 나머지 토지의 담보가치가 충분하다고 믿고 그 토지에 관하여 근저당권설정등기를 경료한 후 물품을 추가로 공급함으로써 손해를 입었음을 이유로 그 담당공무원이 속한 지방자치단체에 손해배상을 구한 사안에서, 그 담당공무원 등의 개별공시지가 산정에 관한 직무상 위반행위와 위 손해 사이에 상당인과관계가 있다고 보기 어렵다고 한 사례

(출처: 대법원 2010.7.22. 선고 2010다13527 판결 [손해배상(기)])

36 개별공시지가 정정의 효력(93누15588 판결)

■대법원 1994.10.7. 선고 93누15588 판결

[개별공시지가 정정되면 당초 공시기준일에 소급하여 효력이 발생하는지 여부]

판례의 사실관계: 개별공시지가 산정에 오류가 있는 경우 시장, 군수, 구청장 등은 이를 즉시 정정할 수 있습니다. 사안은 이러한 정정된 공시지가는 언제부터 효력이 있는지 여부가 쟁점입니다.

Point

정정된 개별공시지가의 효력에 관한 문제입니다. 정정과 관련된 부동산공시법 제12조를 언급하고, 정정을 한 경우 당초의 공시지가는 효력을 상실한다는 점, 정정된 공시지가가 소급하여 효력을 발생한다는 점, 이의신청 정정과의 비교 정도를 정리해두시면 됩니다.

【판시사항】

가. 과세처분 등 행정처분의 취소를 구하는 행정소송에서 선행처분인 개별공시지가결정의 위법을 독립된 위법사유로 주장할 수 있는지 여부

나. 토지특성조사의 착오가 명백하여야만 개별토지가격경정결정을 할 수 있는지 여부

다. 개별토지가격이 경정되면 당초 공시기준일에 소급하여 효력이 발생하는지 여부

라. 과세기간 개시일의 개별토지가격을 소급적으로 하향 경정결정함으로써 토지초과이득세 과세대상이 된 경우, 소급과세금지원칙·신의칙·신뢰보호원칙에 어긋나는지 여부

【판결요지】

가. 개별토지가격의 결정에 위법이 있는 경우에는 그 자체를 행정소송의 대상이 되는 행정처분으로 보아 그 위법 여부를 다툴 수 있음은 물론 이를 기초로 한 과세처분 등 행정처분의 취소를 구하는 행정소송에서도 선행처분인 개별토지가격결정의 위법을 독립된 위법사유로 주장할 수 있다.

나. 개별토지가격합동조사지침 제12조의3에 의하면 토지특성조사의 착오 기타 위산·오기 등 지가산정에 명백한 잘못이 있을 경우에는 시장·군수 또는 구청장이 지방토지평가위원회의 심의를 거쳐 경정결정할 수 있고, 다만, 경미한 사항일 경우에는 지방토지평가위원회의 심의를 거치지 아니할 수 있다고 규정되어 있는바, 여기서 토지특성조사의 착오 또는 위산·오기는 지가산정에 명백한 잘못이 있는 경우의 예시로서 이러한 사유가 있으면 경정결정할 수 있는 것으로 보아야 하고 그 착오가 명백하여야 비로소 경정결정할 수 있다고 해석할 것은 아니다.

다. <u>개별토지가격이 지가산정에 명백한 잘못이 있어 경정결정 공고되었다면 당초에 결정 공고된 개별토지가격은 그 효력을 상실하고 경정결정된 새로운 개별토지가격이 공시기준일에 소급하여 그 효력을 발생한다.</u>

라. 소급과세금지의 원칙이란 조세법령의 효력발생 전에 종결된 과세요건 사실에 대하여 당해 법령을 적용할 수 없다는 취지일 뿐이지 과세표준의 계산에 착오가 있음을 이유로 나중에 이를 경정하는 것을 제한하려는 것은 아니므로 지가상승액 내지 토지초과이득세 과세표준을 계산함에 있어 공제항목이 되는 과세기간 개시일의 개별토지가격을 소급적으로 하향 경정결정한 결과 토지초과이득세 과세대상으로 되었다고 하더라도 이는 소급과세의 문제와는 아무런 관련이 없고, 또한 개별토지가격합동조사지침 제12조의3에 근거하여 위법한 당초의 개별지가결정을 취소하고 새로운 개별지가를 결정한 것을 들어 신의성실의 원칙 또는 신뢰보호의 원칙에 어긋난다고 할 수 없다.

(출처: 대법원 1994.10.7. 선고 93누15588 판결 [토지초과이득세부과처분취소])

37 감정평가법인 등의 성실의무(2020두41689 판결)

■대법원 2021.10.28. 선고 2020두41689 판결 [과징금부과처분취소청구]

Point

소속평가사의 잘못으로 법인에게 과징금을 부과한 것은 위법하다고 주장하는 사례입니다. 감정평가법 제41조와 동법 제25조를 언급해주고 재량권 일탈·남용은 비례의 원칙으로 판단하여 주시면 됩니다.

【판시사항】

[1] 감정평가업자가 감정평가법인인 경우, 감정평가법인이 감정평가 주체로서 구 부동산 가격공시 및 감정평가에 관한 법률 제37조 제1항에 따라 부담하는 성실의무의 의미

[2] 제재적 행정처분이 재량권의 범위를 일탈·남용하였는지 판단하는 방법

【판결요지】

[1] 구 부동산 가격공시 및 감정평가에 관한 법률(2016.1.19. 법률 제13796호 부동산 가격공시에 관한 법률로 전부 개정되기 전의 것) 제37조 제1항에 따르면, 감정평가업자(감정평가법인 또는 감정평가사사무소의 소속감정평가사를 포함한다)는 감정평가업무를 행함에 있어서 품위를 유지하여야 하고, 신의와 성실로써 공정하게 감정평가를 하여야 하며, 고의 또는 중대한 과실로 잘못된 평가를 하여서는 아니 된다. 한편 감정평가업자가 감정평가법인인 경우에 실질적인 감정평가업무는 소속감정평가사에 의하여 이루어질 수밖에 없으므로, 감정평가법인이 감정평가의 주체로서 부담하는 성실의무란, 소속감정평가사에 대한 관리·감독의무를 포함하여 감정평가서 심사 등을 통해 감정평가 과정을 면밀히 살펴 공정한 감정평가결과가 도출될 수 있도록 노력할 의무를 의미한다.

[2] 제재적 행정처분이 재량권의 범위를 일탈하였거나 남용하였는지는, 처분사유인 위반행위의 내용과 그 위반의 정도, 그 처분에 의하여 달성하려는 공익상의 필요와 개인이 입게 될 불이익 및 이에 따르는 제반 사정 등을 객관적으로 심리하여 공익침해의 정도와 처분으로 인하여 개인이 입게 될 불이익을 비교·교량하여 판단하여야 한다.

38 감액된 과징금에 대한 소제기 시 소의 대상(2011두27247 판결)

■대법원 2012.9.27. 선고 2011두27247 판결 [부당이득금부과처분취소]

Point

종전 제31회에서 기출된 바 있으며, 종전에 출제될 때에는 행정기본법 제36조 제4항이 제정되기 전으로 규정을 언급하여 주는 것이 핵심입니다.

【판시사항】

[1] 행정청이 산업재해보상보험법에 의한 보험급여 수급자에 대하여 부당이득 징수결정을 한 후 그 하자를 이유로 징수금 액수를 감액하는 경우, 징수의무자에게 감액처분의 취소를 구할 소의 이익이 있는지 여부(소극) 및 감액처분으로도 아직 취소되지 않고 남은 부분을 다투고자 하는 경우 항고소송의 대상과 제소기간 준수 여부의 판단 기준이 되는 처분(=당초 처분)

[2] 행정소송법 제20조 제1항의 취지 및 이미 제소기간이 지나 불가쟁력이 발생한 후에 행정청이 행정심판청구를 할 수 있다고 잘못 알린 경우, 그 안내에 따라 청구된 행정심판 재결서 정본을 송달받은 날부터 다시 취소소송의 제소기간이 기산되는지 여부(소극)

【판결요지】

[1] 행정청이 산업재해보상보험법에 의한 보험급여 수급자에 대하여 부당이득 징수결정을 한 후 징수결정의 하자를 이유로 징수금 액수를 감액하는 경우에 감액처분은 감액된 징수금 부분에 관해서만 법적 효과가 미치는 것으로서 당초 징수결정과 별개 독립의 징수금 결정처분이 아니라 그 실질은 처음 징수결정의 변경이고, 그에 의하여 징수금의 일부취소라는 징수의무자에게 유리한 결과를 가져오는 처분이므로 징수의무자에게는 그 취소를 구할 소의 이익이 없다. 이에 따라 감액처분으로도 아직 취소되지 않고 남아 있는 부분이 위법하다 하여 다투고자 하는 경우, 감액처분을 항고소송의 대상으로 할 수는 없고, 당초 징수결정 중 감액처분에 의하여 취소되지 않고 남은 부분을 항고소송의 대상으로 할 수 있을 뿐이며, 그 결과 제소기간의 준수 여부도 감액처분이 아닌 당초 처분을 기준으로 판단해야 한다.

[2] 행정소송법 제20조 제1항은 '취소소송은 처분 등이 있음을 안 날부터 90일 이내에 제기하여야 하나 행정청이 행정심판청구를 할 수 있다고 잘못 알린 경우에 행정심판청구가 있은 때의 기간은 재결서의 정본을 송달받은 날부터 기산한다'고 규정하고 있는데, 위 규정의 취지는 불가쟁력이 발생하지 않아 적법하게 불복청구를 할 수 있었던 처분 상대방에 대하여 행정청이 법령상 행정심판청구가 허용되지 않음에도 행정심판청구를 할 수 있다고 잘못 알린 경우에, 잘못된 안내를 신뢰하여 부적법한 행정심판을 거치느라 본래 제소기간 내에 취소소송을 제기하지 못한 자를 구제하려는 데에 있다. 이와 달리 이미 제소기간이 지남으로써 불가쟁력이 발생하여 불복청구를 할 수 없었던 경우라면 그 이후에 행정청이 행정심판청구를 할 수 있다고 잘못 알렸다고 하더라도 그 때문에 처분 상대방이 적법한 제소기간 내에 취소소송을 제기할 수 있는 기회를 상실하게 된 것은 아니므로 이러한 경우에 잘못된 안내에 따라 청구된 행정심판 재결서 정본을 송달받은 날부터 다시 취소소송의 제소기간이 기산되는 것은 아니다. 불가쟁력이 발생하여 더 이상 불복청구를 할 수 없는 처분에 대하여 행정청의 잘못된 안내가 있었다고 하여 처분 상대방의 불복청구 권리가 새로이 생겨나거나 부활한다고 볼 수는 없기 때문이다.

39 감정평가업무협약에 따른 조사의무를 다하지 않은 과실(2006다82625 판결)

■대법원 2007.4.12. 선고 2006다82625 판결

[감정평가업무협약에 따른 조사의무를 다하지 않은 과실]

판례의 사실관계: 감정평가법인 등의 손해배상책임에 관한 쟁점입니다. 사안에서는 손해배상책임의 요건과 임대차 조사를 제대로 하지 않은 경우 손해배상책임이 인정되는지 여부가 쟁점입니다.

Point

손해배상책임의 요건은 감 / 고 / 적 / 3 / 손 / 인으로 암기하시면 됩니다. 해당 요건마다 판례가 존재하기 때문에 기본서에 있는 내용을 반드시 암기해 두시기 바랍니다. 또한, 판시사항을 암기한 경우 항상 사안과 엮어서 검토의견을 작성해 주셔야 합니다.

【판시사항】

[1] 감정평가업자가 금융기관과 감정평가업무협약을 체결하면서 감정 목적물인 주택에 대한 임대차 사항을 상세히 조사할 것을 약정한 경우, 감정평가업자의 임대차관계 조사의무의 내용

[2] 감정평가업자가 금융기관으로부터 조사를 의뢰받은 담보물건과 관련된 임대차관계 등을 조사함에 있어

단순히 다른 조사기관의 전화조사만으로 확인된 실제와는 다른 임대차관계 내용을 기재한 임대차확인조사서를 제출한 사안에서, 감정평가업자에게 감정평가업무협약에 따른 조사의무를 다하지 아니한 과실이 있다고 한 사례

[3] 감정평가업자가 담보목적물에 대하여 부당한 감정을 함으로써 감정 의뢰인이 그 감정을 믿고 정당한 감정가격을 초과한 내출을 한 경우, 감정 의뢰인의 손해액의 산출 방법 및 위 대출금의 연체로 인한 지연손해금이 감정평가업자의 부당한 감정으로 인하여 발생한 손해인지 여부(원칙적 소극)

【판결요지】

[1] 감정평가업자가 금융기관과 감정평가업무협약을 체결하면서 감정 목적물인 주택에 관한 임대차 사항을 상세히 조사할 것을 약정한 경우, 이는 금융기관이 감정평가업자에게 그 주택에 관한 대항력 있는 임차인의 존부 및 그 임차보증금의 액수에 대한 사실 조사를 의뢰한 취지이므로, 감정평가업자로서는 협약에 따라 성실하고 공정하게 주택에 대한 위와 같은 임대차관계를 조사하여 금융기관에게 알림으로써 금융기관이 그 주택의 담보 가치를 적정하게 평가하여 불측의 손해를 입지 않도록 협력하여야 할 의무가 있다.

[2] 감정평가업자가 금융기관으로부터 조사를 의뢰받은 담보물건과 관련된 임대차관계 등을 조사함에 있어 단순히 다른 조사기관의 전화조사만으로 확인된 실제와는 다른 임대차관계 내용을 기재한 임대차확인조사서를 제출한 사안에서, 감정평가업자에게 감정평가업무협약에 따른 조사의무를 다하지 아니한 과실이 있다고 한 사례

[3] 담보목적물에 대하여 감정평가업자가 부당한 감정을 함으로써 감정 의뢰인이 그 감정을 믿고 정당한 감정가격을 초과한 대출을 한 경우에는 부당한 감정가격에 근거하여 산출된 담보가치와 정당한 감정가격에 근거하여 산출된 담보가치의 차액을 한도로 하여 대출금 중 정당한 감정가격에 근거하여 산출된 담보가치를 초과한 부분이 손해액이 되고, 통상 감정평가업자로서는 대출 당시 앞으로 대출금이 연체되리라는 사정을 알기는 어려우므로 대출 당시 감정평가업자가 대출금이 연체되리라는 사정을 알았거나 알 수 있었다는 특별한 사정이 없는 한 연체된 약정 이율에 따른 지연손해금은 감정평가업자의 부당한 감정으로 인하여 발생한 손해라고 할 수 없다.

(출처: 대법원 2007.4.12. 선고 2006다82625 판결 [손해배상(기)])

40 토지가격비준표를 사용하여 산정한 지가와 달리 결정된 개별공시지가의 위법성 여부(2012두15364 판결)

■ **대법원 2013.11.14. 선고 2012두15364 판결 [개별공시지가결정처분취소]**

Point

토지가격비준표의 경우 개별공시지가의 위법성, 법적 성질 등으로 다양하게 출제될 수 있습니다. 이때 논점과 관련된 판례를 풍부하게 써주는 것이 핵심이며 아래와 같이 유형별 검토로 정리하여 두시길 추천드립니다.

【판시사항】

시장 등이 어떠한 토지에 대하여 표준지공시지가와 균형을 유지하도록 결정한 개별공시지가가 토지가격비준표를 사용하여 산정한 지가와 달리 결정되었거나 감정평가사의 검증의견에 따라 결정되었다는 이유만으로 위법한 것인지 여부(원칙적 소극)

[판결요지]

부동산 가격공시 및 감정평가에 관한 법률 제11조, 부동산 가격공시 및 감정평가에 관한 법률 시행령 제17조 제2항의 취지와 문언에 비추어 보면, 시장・군수 또는 구청장은 표준지공시지가에 토지가격비준표를 사용하여 산정된 지가와 감정평가업자의 검증의견 및 토지소유자 등의 의견을 종합하여 당해 토지에 대하여 표준지공시지가와 균형을 유지한 개별공시지가를 결정할 수 있고, 그와 같이 결정된 개별공시지가가 표준지공시지가와 균형을 유지하지 못할 정도로 현저히 불합리하다는 등의 특별한 사정이 없는 한, 결과적으로 토지가격비준표를 사용하여 산정한 지가와 달리 결정되었거나 감정평가사의 검증의견에 따라 결정되었다는 이유만으로 그 개별공시지가 결정이 위법하다고 볼 수는 없다.

참고 토지가격비준표 판례의 유형별 검토

① 94누12937
토지가격비준표상의 가격배율은 개별토지의 가격을 산정할 때 모두 반영하여야 한다고 하고, 따라서 그 비교된 토지특성 중 임의로 일부 항목에 관한 가격배율만을 적용하여 산정한 지가를 기초로 하여 결정・공고된 개별 토지가격 결정은 위법하다.

② 97누3125
가격조정률은 토지가격비준표상의 것을 적용하여야 하며, 이와는 다른 조정률을 적용하여 개별토지가격을 결정하게 되면 그 처분은 위법한 것이 된다고 하였다.

③ 2012두15364
판례는 토지가격비준표는 상위법인 부동산공시법의 구체적 내용을 보충하는 기능을 하는 법규적 성질을 가진다고 본다.

④ 2013두25702
개별공시지가가 없는 토지의 가액을 지가형성요인이 유사한 인근 토지를 표준지로 보고 토지가격비준표에 따라 평가하도록 규정함으로써, 납세의무자가 표준지 선정과 토지가격비준표 적용의 적정 여부, 평가된 가액이 인근 유사토지의 개별공시지가와 균형을 유지하고 있는지 여부 등을 확인할 수 있도록 하고 있으므로, 표준지를 특정하여 선정하지 않거나 토지가격비준표에 의하지 아니한 채 개별공시지가가 없는 토지의 가액을 평가하고 기준시가를 정하는 것은 위법하다.

41 자격증 부당행사의 의미(2013두727 판결)

■**대법원 2013.10.24. 선고 2013두727 판결 [징계처분취소]**

Point

명의대여는 감정평가법 제13조의 자격 취소 요건에 해당하여 동법 제45조에 따라 청문을 하여야 하나, 부당행사의 경우에는 감정평가법상 청문 규정이 없는바 행정절차법 제22조를 논거로 제시하여 주시면 됩니다.

[판시사항]

부동산 가격공시 및 감정평가에 관한 법률 제37조 제2항에서 정한 '자격증 등을 부당하게 행사'한다는 의미 및 감정평가사가 감정평가법인에 적을 두었으나 당해 법인의 업무를 수행하거나 운영 등에 관여할 의사가 없고 실제 업무 등을 전혀 수행하지 않았다거나 소속 감정평가사로서 업무를 실질적으로 수행한 것으로 평가하기 어려운 경우, 자격증 등의 부당행사에 해당하는지 여부(적극)

【판결요지】

부동산 가격공시 및 감정평가에 관한 법률(이하 '법'이라고 한다) 제37조 제2항에 의하면, 감정평가업자(감정평가법인 소속 감정평가사를 포함한다)는 다른 사람에게 자격증・등록증 또는 인가증(이하 '자격증 등'이라고 한다)을 양도 또는 대여하거나 이를 부당하게 행사해서는 안 된다. 여기에서 '자격증 등을 부당하게 행사'한다는 것은 감정평가사 자격증 등을 본래의 용도 외에 부당하게 행사하는 것을 의미하고, 감정평가사가 감정평가법인에 적을 두기는 하였으나 당해 법인의 업무를 수행하거나 운영 등에 관여할 의사가 없고 실제로도 업무 등을 전혀 수행하지 않았다거나 당해 소속 감정평가사로서 업무를 실질적으로 수행한 것으로 평가하기 어려울 정도라면 이는 법 제37조 제2항에서 정한 자격증 등의 부당행사에 해당한다.

부록

쟁점체크

01 강정훈 법학박사의 법규시험 쟁점체크

I 40점, 50점, 60점 답안 만드는 법

40점 답안 : 문제에 대해서 답을 하고 전반적인 맥락이 맞으면 된다. 답안지 형식에 맞춰 질문에 대한 답을 하면 그게 맞든 틀리든 채점자는 인정해준다. 이렇게만 하더라도 절대로 과락이 나올 수 없다.

50점 답안 : 문제 맥락에 맞춰서 그에 맞는 판례를 답으로 기술하고, 해당 주제에 맞춰 문학판검을 쓰고, 구성도 면에서 형식적인 측면을 갖추는 경우에 해당한다.

60점 답안 : <u>답안지의 형식적인 구성을 갖추고, 맥락에 맞는 정확한 판례 기술, 그에 맞춰 사안에 대해 포섭을 잘 해서 소결을 한 경우이다. 판례가 구체적일수록 추가적으로 득점한다</u>.

II 답안지 내용에 관하여

1. 관련 규정, 판례, 소결의 구조로 해서 해당 사안을 규정과 판례를 통해서 포섭했다는 것을 꼭 보여줘야 한다.

2. 문제에서 제시한 조문은 어떤 형식으로든 답안지에 기술해야 한다. 조문을 숙지하고 있음을 줄글의 형식으로 간단하게 정리해서 보여주는 것이 가장 좋고, 그럴 수 없다면 소제목 옆에 규정을 병기하는 식으로라도 반드시 써야 한다.
   예 협의성립확인의 의의와 취지(토지보상법 제29조)

3. 문제에서 제시된 내용의 주제어에 대해 의의와 취지는 반드시 써야 한다.
   예 이주대책 처분사유추가변경을 묻는 문제라고 할지라도 이주대책에 대한 의의, 취지를 작성

4. 소결에서 사안에 대해 포섭하는 경우에는 최대한 구체적으로 작성하는 것이 좋다. 넘버링을 해도 되고, 어떻게든 채점자 눈에 사안 포섭을 논리적으로 했는지를 보여주는 것이 중요하다.

5. 문제가 판례로 구성된 경우에는 판례 키워드를 토대로 목차를 잡으면 된다.

6. 결론에는 법령 입법, 개정의 취지, 해당 판례의 취지 같은 것을 써주면 답지 품격을 높일 수 있다.
   예 공익성 검토, 대토보상 개정 등

7. 규정이 바뀐 경우에는 답안 쓸 때 '개정된~' '개정예정인~' 이런 코멘트를 넣고 한두 줄이라도 바뀌거나 바뀔 내용에 관해 쓰면 좋다. 입법 취지를 쓰면 추가점수를 받을 수 있다. 모두가 잘 쓰는 내용일수록 이런 부분을 준비해서 차별화를 하려고 해야 한다.

III 태도에 관하여

1. 답안에 정성을 쏟아야 한다.

2. 불의타 문제라도 빈칸은 절대 안 된다. 성의를 보여야 한다.

3. 불의타는 기본적인 틀을 갖추는 정도로 하고 넘기고, 잘 쓸 수 있는 문제에 공을 들여야 한다.

IV 기타 팁

1. 혹시라도 페이지를 잘못 넘겨서 2장씩 넘기면 '이하 여백'으로 처리하고 다음 페이지로 빨리 넘어갈 것!

2. 이주대책 훈령 위법성 → 소송 형식의 기술 같은 경우 절대 문제의 순서를 바꿔서 풀면 안 된다.

02 감정평가 및 보상법규 FINAL 쟁점체크

I 토지보상법

공물의 수용가능성	비례의 원칙에 의한 수용가능성 검토(행정기본법 제10조), 광평대군 묘역(95누13241), 풍납토성 판례(2017두71031)
확장수용	확장수용의 종류(완전수용 · 잔여지수용 · 이전수용), 법적 성질(형성권), 토지수용위원회의 잔여지 수용청구 거부 시 소송의 대상과 형식은 보증소(2008두822)
잔여지 수용과 잔여지 가치하락 손실보상	잔여지 수용요건(법 제74조, 영 제29조, 판례요건), 접도구역은 사업시행자의 보상대상이 아님, 잔여지 가치하락 손실보상, 잔여건축물과 잔여영업시설은 재결전치주의에 의함, 잔여지 매수청구 불성립 시 수용청구 가능, 잔여지 손실 지연손해금은 이행청구를 한 다음 날부터 지급의무 발생
협의, 협의성립확인	법적 성질과 효력, 사업인정 전후 협의가 필수적 전치절차인지, 협의성립확인 관련 토지의 진정한 소유자 판례, 협의성립확인의 효과(재결로 간주, 차단효), 최소침해의 원칙 구현
사업인정	요건, 법적 성질과 효력, 절차상 하자, 사업인정의제 공익성 검토(법 제21조 제2항), 사업인정의 요건과 사업시행자의 수행능력과 의사, 사업인정 시에 공물의 용도폐지가 선행되어야 하는지 여부, 사업인정의 불복에 대하여 명문의 규정이 없음, 인근 주민의 소송(원고적격 문제), 사업인정의 실효
재결신청청구	취지, 법적 성질, 업무대행자에게도 청구서 제출 가능, 협의기간 통지 아니한 경우 · 협의 불성립 명백한 경우에 재결신청청구 가능, 60일의 기산점은 협의기간 만료일, 재결신청청구 거부 시 불복방법(종전 판례, 최근 판례), 지연가산금에 대한 다툼 판례
수용재결	법적 성질, 요건, 사업시행자의 수행능력과 의사가 문제되는 경우 수용권 남용 판례, 수용재결 후 협의 시 재결 무효에 관한 판례, 사업인정과 수용재결 하자의 승계, 사용재결서 기재 내용(법 제50조 규정, 판례), 수용재결 이후 협의하여 임의로 계약체결 가능
수용재결의 불복	이의신청(특별법상 이의신청), 취소소송, 보상금증감청구소송(법적 성질, 소의 대상, 소의 내용, 제소기간 등 특징, 2018두67 꼭 언급), 무효등확인소송
보상금 공탁	요건(거알불압), 이의재결절차는 수용재결과는 별개의 절차, 공탁금 수령의 효과, 묵시적 이의유보 판례
대집행	의의(행정기본법 제30조), 요건, 철거약정 판례, 실력행사 가능성
환매권	법적 성질(형성권, 판례의 태도는 사권이나 토지보상법상 권리로 공권으로 보는 것이 타당), 행사요건(개정), 환매 통지 공고(법상 의무), 대항력, 헌법불합치 결정(2019헌바131), 공익사업 변환 특칙

손실보상 총론	요건(공재적 특보), 특별한 희생(형식설, 실질설), 보상규정 존재 논의, 헌법 제23조 제3항, 정당보상은 완전보상, 손실보상 원칙(사전현개일상시개복), 기타 요인보정은 입증된 경우 참작 가능
사실상 사도	요건(자제건조), 판단기준(판례), 평가방법, 법적 성질(법보행), 예정공도는 사실상 사도 아님
영업손실보상	요건(규칙 제45조, 사적시계, 무허가영업 특례, 관련규정 법 제67조), 휴업・폐업 구분, 5일장 판례
농업손실보상	법적 성질(공법상 권리), 요건, 재결전치주의, 진정소급입법 판례, 시설 콩나물 판례, 미나리 사건(사전착공으로 인한 손해배상의무)
이주대책	법적 성격(생활보상, 강행규정), 요건, 생활기본시설 포함 판례, 사업시행자의 재량 존중, 쟁송방법, 이주대책대상자 확인・결정, 공부상 주거용 건물이 아닌 건물의 용도변경, 생활기본시설 판례, 수분양권 논의, 2차 처분 판례
주거이전비	법적 성질(공법상 권리, 강행규정), 소유자・세입자 요건, 포기각서의 효력, 인도와 주거이전비 보상은 동시이행의무가 있는지와 인도거부 시 벌금 부과가 정당한지, 권리구제수단(재결 전과 재결 후 나누어서), 무상임대차도 포함
간접손실보상	2018두227 판례, 양돈업 판례, 손실보상에 해당하는지, 보상규정 결여 시 보상청구 가능성, 수산업협동조합 등 판례
손실보상 각론	공법상 제한, 무허가건축물, 가설건축물, 불법형질변경토지, 미지급용지
사업폐지	재결전치주의, 권리구제방법(2010다23210)

II 부동산공시법 - 부동산공시 과표의 적정성 문제

표준지공시지가	의의, 법적 성질(처분), 공시절차(표조의심공), 효력, 불복(이의신청, 행정심판, 행정쟁송), 엉터리 공시지가 판례, 수용재결의 하자승계(2007두13845), 표준지공시지가와 과세처분 하자승계(2018두50147)
개별공시지가	의의, 법적 성질(처분), 공시절차(산검의심공), 효력, 강학상 이의신청(2008두19987), 정정처분, 개별공시지가 검증, 자연림-공업용 지방자치단체 손해배상책임 판례
토지가격비준표	법보행, 토지가격비준표 적용오류는 내용상 하자로서 치유되지 않음
개별공시지가 직권정정	정정사유, 직권정정(소급효), 이의신청 정정(새로운 처분, 행정기본법 제36조 언급)
주택가격공시제도	주택가격공시, 비주거용 등

III 감정평가법 - 개정법령은 반드시 기술할 것

성실의무 등	성실의무 나오면 감정평가법 제25조(성실의무), 제26조(비밀엄수), 제27조(명의대여) 모두 기술, 성실의무 위반 전세사기 행정상 책임, 형사상 책임, 민사상 책임 구분하여 숙지
명의대여, 부당행사	양자의 구분, 부당행사의 의미 판례
감정평가법인등의 손해배상책임	요건(감고적3손인), 법 제28조 제3항 및 제4항 신설, 임대차조사 판례, 1.3배가 유일한 판단기준이 될 수 없음, 현저한 차이의 의미, 손해배상책임의 범위는 부당한 감정평가와 상당인과관계가 있는 모든 손해
감정평가법인등	업무범위(법 제10조), 회계사와 심마니 판례, 소속평가사 잘못으로 법인에게 과징금 부과, 제3자의 의뢰에 의한 경우도 포함됨, 감정평가사 직무(법 제4조)
별표 3	법적 성질(법규명령 형식의 행정규칙), 협의의 소익 2003두1684 판례
청문	필수절차인지 여부(행정절차법 제22조 제1항, 감정평가법 제45조), 예외사유(공증현포), 충분히 방어하였다면 하자는 치유
자격취소	법적 성질, 절차, 권리구제
징계제도	법적 성질(재량행위), 종류, 절차(법 제39조의2 징계의 공고 신설), 징계위원회(필수기관)
타당성조사	중지하는 경우(확실중권)
변형된 과징금	법적 성질(재량행위), 과징금과 행정형벌 이중부과 가능성, 권리구제, 감정평가법인등에게 과징금 부과 시 징계위원회의 의결이 없어도 절차의 하자 아님, 과징금, 벌금, 과태료 비교

IV 행정법 및 기타

행정법의 일반원칙	비례의 원칙(제10조), 신뢰보호의 원칙(제12조), 자기구속의 법리(제12조 제2항), 부당결부금지의 원칙(제13조) 등 → 행정기본법에 있는 규정을 꼭 언급함
행정규칙 등	– 순수 행정규칙 : 감정평가실무기준, 국토교통부 K지침, 이주민지원규정 – 법규명령 형식의 행정규칙 : 별표 3 – 법보행 : 토지가격비준표, 규칙 제22조, 표준지선정관리지침, 표준지조사평가기준
하자의 승계	요건, 인정범위, 판례의 유형별 검토, 포섭 꼼꼼히 해주기
하자의 치유	내용상 하자는 치유가 불가능, 치유시기(행정쟁송 제기 전), 효과(소급)
부관	종류, 독립쟁송가능성(부담만 가능), 독립취소가능성(부담만 가능)
행정절차	사전통지(행정절차법 제21조), 의견청취(동법 제22조), 이유제시(동법 제23조), 생략 가능 사유
절차의 하자	독자적 위법성, 하자의 치유 가능성, 치유시기, 기속력
행정소송	당사자소송 · 항고소송(취소소송, 부작위위법확인소송, 무효등확인소송, 가구제 등)
취소소송요건	대소원기피(대상적격, 협의의 소익, 원고적격, 제소기간, 피고적격)
대상적격	처분 등, 거부가 처분이 되기 위한 요건(공권신), 수용절차를 개시한 바 없으면 거부처분이 아님 판례
협의의 소익	별표 3과 관련, 2003두1684, 이강국 대법관님 별개 의견
원고적격	개직구간사경, 인근주민(2006두330)
제소기간	이의신청(강학상 이의신청), 토지보상법 이의신청(특별법상 행정심판), 행정심판, 토지보상법 취소소송과 보증소, 행정소송법상 취소소송, 무효등확인소송, 행정기본법 제36조 제4항
집행정지	적극적 요건(계처손긴)과 소극적 요건(공본), 거부처분 시 집행정지, 처분청의 조치 판례
국가배상소송의 요건	공직고위인손(공무원 또는 공무를 위탁받은 사인이 직무를 집행하면서 고의 또는 과실로 법령을 위반하여 타인에게 손해가 발생한 경우), 요건 중 위법 중요, 법적 성질, 선택적 청구, 기판력의 문제
처분사유의 추가 · 변경	시간적 범위(처분 시 객관적으로 존재하였던 사유만, 사실심 변론종결 시까지), 객관적 범위(기사동사시행)
판결의 종류	각하판결, 기각판결, 인용판결, 사정판결
판결의 효력	형성력–대세효, 기속력, 기판력(취소소송과 국가배상 위법)
철회	철회권자, 법적 근거, 철회의 사유, 제한법리 검토(철근사제)

합격까지 박문각

박문각
감정평가사

강정훈
감정평가 및 보상법규

2차 | 최종점검 찍기강의

제2판 인쇄 2024. 6. 20. | **제2판 발행** 2024. 6. 25. | **편저자** 강정훈
발행인 박 용 | **발행처** (주)박문각출판 | **등록** 2015년 4월 29일 제2019-000137호
주소 06654 서울시 서초구 효령로 283 서경 B/D 4층 | **팩스** (02)584-2927
전화 교재 문의 (02)6466-7202

저자와의 협의하에 인지생략

정가 28,000원
ISBN 979-11-7262-027-1

MEMO

MEMO

MEMO